Let's
KcLep Program

국가공인 전산세무회계 자격시험 대비
이론 + 최신기출문제 수록

한 권으로 끝내는

전산회계
1급

직업훈련교사
강현구 지음

Let's
한권으로 끝내는
전산회계 1급

발행 2022년 5월 2일
지은이 강현구
기획 김응태
감수 송은주
디자인 서제호, 서진희, 조아현
제작 조재훈
판매영업 김승규, 권기원

발행처 ㈜아이비김영
펴낸이 김석철
등록번호 제22-3190호
주소 (06728)서울 서초구 서운로 32, 우진빌딩 5층
전화 (대표전화) 1661-7022
팩스 02)3456-8073

ⓒ ㈜아이비김영
이 책은 저작권법에 따라 보호받는 저작물이므로 무단복제를 금지하며,
책 내용의 전부 또는 일부를 이용하려면 반드시 저작권자의 서면동의를 받아야 합니다.

ISBN 978-89-6512-154-1 13000
정가 27,000원

잘못된 책은 바꿔드립니다.

교재원고를 마감하며

본 교재를 집필하면서 실기연습도 중요하지만, 일반기업회계기준에 의한 이론을 쉽게 전달하기 위해 노력했습니다.
부족한 점이 많지만, 교육자보다는 교육생에게 보다 쉽게 전달하도록 회계원리 기초와 재무회계·부가가치세·원가회계 각 단원별 이론과 기출문제들을 정리하였습니다.

본교재의 특징입니다.
하나, 분개 연습과 이론문제를 충실히 반영하였습니다.
둘, 고정으로 출제되는 단원을 분석하여 단원별 연습에 집중하였습니다.
셋, 보다 많은 예제와 문제 속에서 출제의 다양성에 대비하였습니다.
넷, 정확한 실기연습을 위해 답안해설에 정답화면을 첨부하여 정확성을 높였습니다.
다섯, 본 교재는 92회부터 최근 101회 기출문제까지를 참고하여 이론문제를 수록하였습니다.

본 교재를 통해 전산회계1급이나 회계관리2급 및 FAT1급 이론준비에 많은 도움이 되길 바라며, 겨우 70점을 넘는 합격자가 아닌 만점을 위해 노력해서 높은 점수로 합격을 하시길 기원합니다.

끝으로 본 교재를 출간할 수 있도록 기회를 주신 김석철 대표님과 관계자분들께 진심으로 깊은 감사의 말씀을 드립니다.

직업훈련교사 강현구

Contents

전산세무회계 시험안내 및 출제범위와 시험응시요령

● PART 1
재무회계
財務會計
Financial Accounting

CHAPTER **01** 회계기초이론 ·· 014
CHAPTER **02** 비용/수익/자산/부채 계정과목 분개연습 및 결합관계 ········ 057
CHAPTER **03** 당좌자산 관련 회계처리 ······································· 085
            1. 현금 및 현금성자산 연습
            2. 유가증권(단기매매증권 등) 연습
            3. 매출채권과 기타채권 연습
            4. 대손상각비와 대손충당금 연습
            5. 외화채권과 외화채무 연습
CHAPTER **04** 재고자산 관련 회계처리 ······································· 139
CHAPTER **05** 투자자산 관련 회계처리 ······································· 160
CHAPTER **06** 유형자산 관련 회계처리 ······································· 163
CHAPTER **07** 무형자산 관련 회계처리 ······································· 187
CHAPTER **08** 기타비유동자산 관련 회계처리 ······························· 193
CHAPTER **09** 유동부채와 비유동부채 회계처리 ···························· 195
CHAPTER **10** 주식회사의 자본에 관한 회계처리 ··························· 219
CHAPTER **11** 손익의 정리 회계처리 ·· 240
CHAPTER **12** 재무회계 기본가정 및 기본 질적 특성 ······················ 254

● PART 2
부가가치세
附加價値稅
Value-Added Tax

CHAPTER **01** 부가가치세편 총설 ·· 262
CHAPTER **02** 과세거래와 공급시기 ··· 271
CHAPTER **03** 과세표준 ··· 279
CHAPTER **04** 영세율과 면세 ··· 286
CHAPTER **05** 세금계산서와 영수증 ··· 292
CHAPTER **06** 공제가능한 매입세액과 불공제 매입세액 ··················· 297
CHAPTER **07** 신고와 납부 ··· 301

- PART 3
원가회계
原價會計
Cost Accounting

CHAPTER 01	원가의 개념과 분류	306
CHAPTER 02	원가의 흐름	319
CHAPTER 03	제조간접비 배부와 제조간접비 배부차이	326
CHAPTER 04	부문별원가계산	332
CHAPTER 05	개별원가계산과 종합원가계산	340
CHAPTER 06	공손품과 작업폐물	350

- PART 4
단원별 실기연습

CHAPTER 01	기초정보관리	354
CHAPTER 02	증빙에 의한 거래인식과 전표처리	389
CHAPTER 03	일반전표 입력	397
CHAPTER 04	매입매출전표 입력	428
CHAPTER 05	전표수정(일반전표 및 매입매출전표 정정)	485
CHAPTER 06	결산정리분개(수동결산 및 자동결산)	496
CHAPTER 07	프로그램 없이 연습하는 장부조회	517

- PART 5
기출문제

| CHAPTER 01 | 전산회계1급 기출문제(92회 ~ 101회) | 540 |
| CHAPTER 02 | 전산회계1급 기출문제 정답 | 632 |

전산세무회계 시험안내 출제범위 / 시험응시요령

2022년 국가공인 전산세무회계 자격시험 일정

한국세무사회 국가공인자격시험 license.kacpta.or.kr

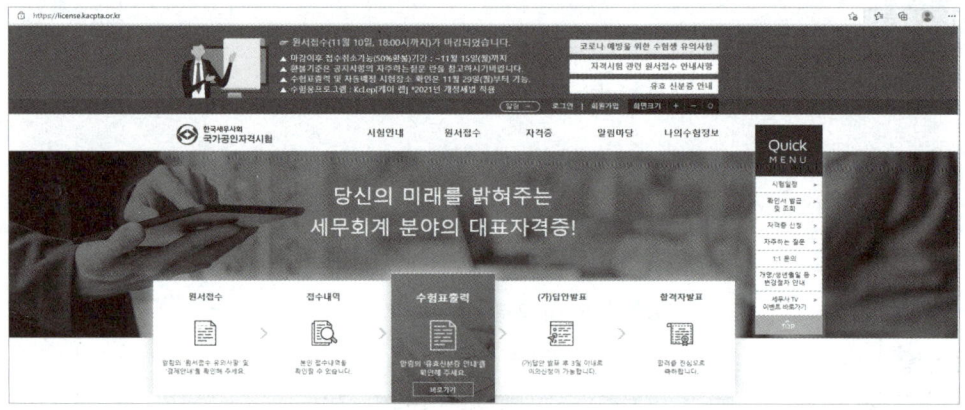

1 2022년 국가공인 전산세무회계 자격시험 일정

종목/등급	회차	원서접수	시험일자	발표
전산세무1,2급 전산회계1,2급	100회	01.05 ~ 01.11	02.13 (일)	03.03 (목)
	101회	03.10 ~ 03.16	04.10 (일)	04.27 (수)
	102회	05.03 ~ 05.09	06.04 (토)	06.23 (목)
	103회	07.06 ~ 07.12	08.06 (토)	08.25 (목)
	104회	08.31 ~ 09.06	10.02 (일)	10.20 (목)
	105회	11.02 ~ 11.08	12.03 (토)	12.22 (목)

2 응시과목 및 시간

응시과목	전산세무1급	전산세무2급	전산회계1급		전산회계2급
시험시간	15:00 ~ 16:30	12:30 ~ 14:00	(특별) 09:30 ~ 10:30	(정규) 15:00 ~ 16:00	17:30 ~ 18:30
	(90분)		(60분)		
접수료	각 과목별 25,000원				
자격증 발급비	4,000원				

3 시험종목 및 평가범위

종목		등급		평가 범위
전산세무회계	법인기업	전산세무1급	이론 30점	재무회계 (10점), 원가회계 (10점), 세무회계 (10점-부가세/소득세/법인세)
			실무 70점	전표회계처리 (12점) / 부가세신고서와부속서류 (10점) / 결산정리분개 (8점) 원천징수관련 (10점) / 법인세무조정 (30점)
		전산세무2급	이론 30점	재무회계 (10점), 원가회계 (10점), 세무회계 (10점-부가세/소득세)
			실무 70점	일반전표입력 (15점) / 매입매출전표입력 (15점) / 결산정리분개 (15점) 부가세신고서와 부속서류 (10점) / 원천징수자료 관련 (15점)
		전산회계1급	이론 30점	회계원리 (16점), 원가회계 (8점), 세무회계 (6점)
			실무 70점	기초정보관리 (10점) / 일반전표입력 (18점) / 매입매출전표입력 (18점) 결산정리분개 (9점) / 전표정정 (6점) / 장부조회 (9점)
	개인기업	전산회계2급	이론 30점	회계원리 (30%)
			실무 70점	기초정보관리 (18점) / 일반전표입력 (24점) / 전표정정 (6점) / 결산정리분개 (12점) / 장부조회 (10점)

4 KcLep(케이렙) 프로그램 설치방법

(1) 한국세무사회 자격시험 홈페이지 사이트화면 하단부 케이렙다운로드를 선택합니다.

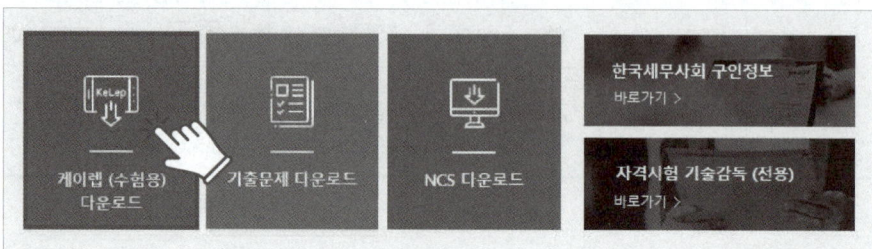

(2) KcLep(케이렙) 회계프로그램을 다운받으면  KcLepSetup이 나타나면 Setup파일을 더블 클릭하여 회계프로그램을 설치합니다. 마지막으로 설치 완료 화면이 뜨면 확인을 클릭합니다. 그러면 바탕화면에 바로가기 아이콘이 아래와 같이 생깁니다.

5 기출문제 연습하기

KcLep교육용 프로그램이 설치된 상태에서 회차별 기출문제 알집을 더블클릭하여 압축풀기를 선택하여 압축을 풉니다. 압축을 풀고 난 이후 해당 회차 폴더가 생성되어 클릭하여 들어가면 응시하는 과목의 교시가 뜹니다.

예) 회계1급은 1교시 또는 3교시 폴더가 생성됩니다. 해당폴더 안에 있는 Tax.exe 더블클릭하여 문제를 설치하면 됩니다. (임시수험번호와 감독자 확인번호 설치는 이렇게 라는 파일 안에 있습니다)

6 시험당일 시험지 표지에 있는 수험요령

① USB 수령
- 감독관으로부터 시험에 필요한 응시종목별 기초백데이타 설치용 USB를 지급받는다.
- USB 꼬리표가 본인 응시종목인지 확인하고, 뒷면에 수험정보를 정확히 기재한다.

↓

② USB 설치
(1) USB를 컴퓨터에 정확히 꽂은 후, 인식된 해당 USB드라이브로 이동한다.
(2) USB드라이브에서 기초백데이타설치프로그램인 'Tax.exe' 파일을 실행시킨다.
[주의] USB는 처음 설치이후, 시험 중 수험자 임의로 절대 재설치(초기화)하지 말 것

↓

③ 수험정보입력
- [수험번호(8자리)] -[성명]을 정확히 입력한 후 [설치]버튼을 클릭한다.
  * 처음 입력한 수험정보는 이후 절대 수정이 불가하니 정확히 입력할 것

↓

④ 시험지 수령
- 시험지가 본인의 응시종목(급수)인지 여부와 문제유형(A또는B)을 확인한다.
- 문제유형(A또는B)을 프로그램에 입력한다.
- 시험지의 총 페이지수를 확인한다.
- 급수와 페이지수를 확인하지 않은 것에 대한 책임은 수험자에게 있음.

↓

⑤ 시험시작
- 감독관이 불러주는 '감독관확인번호'를 정확히 입력하고, 시험에 응시한다.

↓

(시험을 마치면) ⑥ USB 저장
(1) 이론문제의 답은 메인화면에서 `이론문제 답안작성` 을 클릭하여 입력한다.
(2) 실무문제의 답은 문항별 요구사항을 수험자가 파악하여 각 메뉴에 입력한다.
(3) 이론과 실무문제의 답을 모두입력한 후 `답안저장(USB로 저장)` 을 클릭하여 저장한다.
(4) 저장완료 메시지를 확인한다.

↓

⑦ USB제출
- 답안이 수록된 USB메모리를 빼서, 〈감독관〉에게 제출 후 조용히 퇴실한다.

▶ 본 자격시험은 전산프로그램을 이용한 자격시험입니다. 컴퓨터의 사양에 따라 전산진행속도가 느려질 수도 있으므로 전산프로그램의 진행속도를 고려하여 입력해주시기 바랍니다.
▶ 수험번호나 성명 등을 잘못 입력했거나, 답안을 USB에 저장하지 않음으로써 발생하는 일체의 불이익과 책임은 수험자 본인에게 있습니다.
▶ 타인의 답안을 자신의 답안으로 부정 복사한 경우 해당 관련자는 모두 불합격 처리됩니다.
▶ 타인·본인의 답안을 복사하거나 외부로 반출시키는 행위는 모두 부정행위 처리됩니다.
▶ PC, 프로그램 등 조작미숙으로 시험이 불가능하다고 판단될 경우 불합격처리 될 수 있습니다.
▶ 시험진행 중에는 자격검정(KcLep)프로그램을 제외한 다른 프로그램을 사용할 수 없습니다.
 (인터넷, 메모장, 윈도우 계산기 등 사용불가)

NCS / 학습모듈

02.경영·회계·사무 > 03.재무·회계 > 02.회계 > 01.회계·감사

1 0203020101_20v4 전표관리(2수준)

능력단위요소	수행준거
0203020101_20v4.1 회계상 거래인식하기	1.1 회계상 거래와 일상생활에서의 거래를 구분할 수 있다. 1.2 회계상 거래를 구성 요소별로 파악하여 거래의 결합관계를 차변요소와 대변요소로 구분 할 수 있다 1.3 회계상 거래의 결합관계를 통해 거래 종류별로 구별할 수 있다. 1.4 거래의 이중성에 따라서 기입된 내용의 분석을 통해 대차평균의 원리를 파악할 수 있다.
0203020101_20v4.2 전표작성하기	2.1 회계상 거래를 현금거래 유무에 따라 사용되는 입금전표, 출금전표, 대체전표로 구부할 수 있다. 2.2 현금의 수입거래를 파악하여 입금전표를 작성할 수 있다. 2.3 현금의 지출거래를 파악하여 출금전표를 작성할 수 있다. 2.4 현금의 수입과 지출이 없는 거래를 파악하여 대체전표를 작성할 수 있다.
0203020101_20v4.3 증빙서류 관리하기	3.1 발생한 거래에 따라 필요한 관련 서류 등을 확인하여 증빙여부를 검토 할 수 있다. 3.2 발생한 거래에 따라 관련 규정을 준수하여 증빙서류를 구분 대조할 수 있다. 3.3 증빙서류 관련 규정에 따라 제증빙자료를 관리할 수 있다.

2 0203020102_20v4 자금관리(2수준)

능력단위요소	수행준거
0203020102_20v4.1 현금시재 관리하기	1.1 회계 관련 규정에 따라 현금입출금을 관리할 수 있다. 1.2 회계 관련 규정에 따라 소액현금 업무를 처리할 수 있다. 1.3 회계 관련 규정에 따라 입·출금 전표 및 현금출납부를 작성할 수 있다. 1.4 회계 관련 규정에 따라 현금 시재를 일치시키는 작업을 할 수 있다.
0203020102_20v4.2 예금 관리하기	2.1 회계 관련 규정에 따라 예·적금 업무를 처리할 수 있다. 2.2 자금 운용을 위한 예·적금 계좌를 예치기관별·종류별로 구분·관리할 수 있다. 2.3 은행 업무시간 종료 후 회계 관련 규정에 따라 은행잔고를 확인할 수 있다. 2.4 은행잔고의 차이 발생 시 그 원인을 규명할 수 있다.
0203020102_20v4.3 법인카드 관리하기	3.1 회계 관련 규정에 따라 금융기관에 법인카드를 신청할 수 있다. 3.2 회계 관련 규정에 따라 법인카드 관리대장 작성 업무를 처리할 수 있다. 3.3 법인카드의 사용범위를 파악하고 결제일 이전에 대금이 정산될 수 있도록 회계 처리 할 수 있다.
0203020102_20v4.4 어음·수표 관리하기	4.1 관련 규정에 따라 수령한 어음·수표의 예치 업무를 할 수 있다. 4.2 관련 규정에 따라 어음·수표를 발행·수령할 때 회계처리 할 수 있다. 4.3 관련 규정에 따라 어음관리대장에 기록하여 관리할 수 있다. 4.4 관련 규정에 따라 어음·수표의 분실 처리 업무를 할 수 있다.

3 0203020104_20v4 결산처리(2수준)

능력단위요소	수행준거
0203020104_20v4.1 결산준비하기	1.1 회계의 순환과정을 파악할 수 있다. 1.2 회계관련 규정에 따라 시산표를 작성할 수 있다. 1.3 회계관련 규정에 따라 재고자산표를 작성할 수 있다. 1.4 회계관련 규정에 따라 정산표를 작성할 수 있다.
0203020104_20v4.2 결산분개하기	2.1 손익 관련 결산분개를 할수 있다. 2.2 자산, 부채 계정에 관한 결산정리사항을 분개할 수 있다. 2.3 손익계정을 집합계정에 대체할 수 있다.
0203020104_20v4.3 장부마감하기	3.1 회계관련 규정에 따라 주요장부를 마감할 수 있다. 3.2 회계관련 규정에 따라 보조장부를 마감할 수 있다. 3.3 회계관련 규정에 따라 각 장부의 오류를 수정할 수 있다. 3.4 자본거래를 파악하여 자본의 증감여부를 확인할 수 있다.

4 0203020202_20v5 결산관리(2수준)

능력단위요소	수행준거
0203020202_20v5.1 손익계정 마감하기	1.1 회계 관련 규정 미 세법에 따라 손익 관련 제반서류를 준비할 수 있다. 1.2 손익계정에 관한 결산정리사항을 분개할 수 있다. 1.3 손익 관련 계정과목의 오류를 수정할 수 있다. 1.4 법인세, 소득세 신고 관련 사항을 분개할 수 있다.
0203020202_20v5.2 자산부채계정 마감하기	2.1 회계 관련 규정 및 세법에 따라 자산·부채 관련 제반서류를 준비할 수 있다. 2.2 자산·부채계정에 관한 결산정리사항을 분개할 수 있다. 2.3 자산·부채 관련 계정과목의 오류를 수정할 수 있다. 2.4 부가가치세 신고 관련 사항을 분개할 수 있다.
0203020202_20v5.3 재무제표 작성하기	3.1 회계 관련 규정에 따라 재무상태표를 작성할 수 있다. 3.2 회계 관련 규정에 따라 손익계산서를 작성할 수 있다. 3.3 회계 관련 규정에 따라 자본변동표를 작성할 수 있다. 3.4 회계 관련 규정에 따라 이익잉여금처분계산서를 작성할 수 있다.

PART 01 재무회계

- CHAPTER 01 회계기초이론
- CHAPTER 02 비용/수익/자산/부채 계정과목 분개연습 및 결합관계
- CHAPTER 03 당좌자산 관련 회계처리
- CHAPTER 04 재고자산 관련 회계처리
- CHAPTER 05 투자자산 관련 회계처리
- CHAPTER 06 유형자산 관련 회계처리
- CHAPTER 07 무형자산 관련 회계처리
- CHAPTER 08 기타비유동자산 관련 회계처리
- CHAPTER 09 유동부채와 비유동부채 회계처리
- CHAPTER 10 주식회사의 자본에 관한 회계처리
- CHAPTER 11 손익의 정리 회계처리
- CHAPTER 12 재무회계 기본가정 및 기본 질적 특성

CHAPTER 01 회계기초이론

제1절 회계의 개념과 분류 및 목적

1 회계의 개념

회계(Accounting)란 '우리 회사(당사)의 경영활동에 관심을 갖는 다양한 정보이용자들이 합리적인 의사결정을 할 수 있도록 기업의 경영활동 성과(경영성과)와 재무상태의 변동을 기록, 정리하여 유용한 정보를 화폐단위로 파악(측정)하여 이해관계자들에게 전달하는 과정을 말한다.

| 회사의 경영성과와 재무상태 | → 기간 중 기록, 정리 (전표입력) → | 집계된 회계정보 | → 회계정보 전달 (재무제표) → | 이해관계자 |

2 회계의 분류

(1) 재무회계(financial accounting) : 외부 정보이용자(투자자, 채권자 등)에게 재무제표를 통해 회계정보를 제공하기 위한 것으로 기업회계기준에 의하지만 상장기업은 2010년부터 한국채택국제회계기준(K-IFRS)에 의한다.

(2) 관리회계(managerial accounting) : 내부정보이용자(경영자 등)의 의사결정에 필요한 정보를 제공하기 위한 회계로 회계원칙 등에 구속받지는 않는다.(종류: 원가관리회계 등)

(3) 세무회계(tax accounting) : 기업이나 임직원의 과세소득을 법인세법, 부가가치세법, 소득세법 등 세법 규정에 의해 세무정보를 산출하여 제공하는 것을 말한다.

(4) 영리성 유·무에 따른 분류
   ❶ 영리회계 : 영리를 목적으로 하는 기업에서 사용하는 회계를 말하며 상업부기, 공업부기(원가회계), 은행부기, 건설업부기 등이 이에 속한다.
   ❷ 비영리회계 : 영리를 목적으로 하지 않는 가계나 학교, 관공서 등에서 사용하는 부기를 말하며 가계부, 학교부기, 정부관청부기, 재단부기 등이 이에 속한다.

(5) 기록, 계산방법에 따른 분류
   ❶ 단식회계 : 일정한 원리원칙이 없이 기록, 정리 계산이 단순한 회계로서 비영리기업에서 사용한다.
   ❷ 복식회계 : 일정한 원리원칙에 의해 기록, 정리 계산하며, 자기검증의 기능이 있으며 영리기업에서 사용

3 회계의 목적

(1) 회계정보이용자의 합리적인 의사결정에 유용한 정보를 제공하는 것
(2) 기업의 미래 현금창출능력에 대한 정보를 제공하는 것
(3) 기업의 재무상태와 경영성과 및 자본변동에 관한 정보를 제공하는 것.

제2절 회계정보 전달수단 → 재무제표(결산보고서)

회사가 회계를 통해 전달하는 다양한 재무정보는 이해관계자(정보이용자)들에게 유용한 정보전달을 목적으로 한다. 하지만 모든 정보이용자가 재무정보를 신뢰하는 것은 아니다. 그래서 '기업회계기준'이라는 통일된 기준에 따라 신뢰성 높은 재무정보를 전달하는 수단인 '재무제표'를 사용한다.

1 재무제표의 의의
일정 회계기간 동안 회사의 경영성과와 동 기말의 재무상태 등에 관한 회계정보를 이해관계자에게 전달하는 각종의 보고서

2 재무제표의 종류
정보이용자가 유용한 의사결정을 할 수 있도록 제공하는 보고서이다. 기업의 거래내역을 일정한 기준에 의하여 기간별로 측정, 기록, 분류, 요약하여 이를 전달하는 수단으로 이용되는 재무보고서이다.

→ 재무상태표(구, 대차대조표), 손익계산서, 현금흐름표, 자본변동표, 주석

확인문제 다음 ( )안에 알맞은 말을 넣으시오.

1. 일정시점의 기업의 재무상태를 나타내는 표 (구성요소 - 자산, 부채, 자본) ▶
2. 일정기간의 기업의 경영성과를 나타내는 표 (구성요소 - 비용, 수익) ▶
3. 일정기간의 기업의 현금흐름을 나타내는표 (영업활동, 재무활동, 투자활동) ▶
4. 일정기간의 기업의 자본변동을 나타내는 표 (자본금 ~ 이익잉여금의 변동) ▶
5. 재무제표 본문 금액표시 항목에 대한 세부설명으로 재무제표에 표시되지 않는 정보에 대해 기호나 부호를 붙여 별지의 형식으로 설명하는 보충설명서 ▶

정답 1.재무상태표 2.손익계산서 3.현금흐름표 4.자본변동표 5.주석

※ 주석
① 재무제표의 작성기준 및 중요한 거래와 회계사건의 회계처리에 적용한 회계정책을 표시한다.
② 재무제표의 본문에 표시되지 않는 사항으로 재무제표를 이해하는데 필요한 추가정보가 포함된다.
③ 기업회계기준에서 주석공시를 요구하는 사항을 표시한다.
④ 재무제표상의 해당과목과 밀접한 관련사항은 기호나 부호를 붙여 별지에 작성하여 공시한다.

문제   재무제표

1. 다음 중 재무제표에 속하지 않는 것은?
① 재무상태표 ② 주석 ③ 현금흐름표 ④ 합계잔액시산표

2. 재무제표에 대한 설명 중 옳은 것은?
① 재무상태표의 구성요소인 자산은 차변에 부채와 자본은 대변에 표시한다.
② 현금흐름표는 일정시점의 영업활동, 재무활동, 투자활동의 현금흐름을 보고하는 보고서이다.
③ 손익계산서는 일정시점의 기업의 재무상태를 나타낸다.
④ 재무상태표는 일정기간의 기업의 경영성과를 나타낸다.

3. 다음 중 회계와 재무제표에 관한 설명으로 가장 옳지 않은 것은? (회계관리 2급)
① 기업이 산출한 회계정보를 다양한 정보이용자들에게 전달하는 수단으로 재무제표가 이용된다.
② 재무제표는 기업회계기준이라는 통일된 기준에 따라 작성된다.
③ 회계는 정보이용자에 따라 내부보고를 목적으로 하는 재무회계와 외부보고를 목적으로 하는 관리회계로 구분된다.
④ 회계정보이용자는 재무상태표를 통하여 일정시점의 기업의 자산과 부채, 자본에 대한 정보를 알 수 있다.

4. 다음 중 재무회계에 관한 설명으로 가장 적절하지 않은 것은?
① 재무제표에서는 재무상태표, 손익계산서, 자본변동표, 현금흐름표, 주석이 있다.
② 특정시점의 재무상태를 나타내는 보고서는 재무상태표이다.
③ 기업의 내부이해관계자에게 유용한 정보를 제공하는 것을 주된 목적으로 한다.
④ 재무제표의 작성과 표시에 대한 책임은 경영자에게 있다.

5. 재무제표의 일부인 주석에 대한 설명이 적절하지 않은 것은?
① 재무제표의 작성기준 및 중요한 거래와 회계사건의 회계처리에 적용한 회계정책을 표시한다.
② 재무제표의 본문에 표시되지 않는 사항으로 재무제표를 이해하는데 필요한 추가정보가 포함된다.
③ 기업회계기준에서 주석공시를 요구하는 사항을 표시한다.
④ 재무제표상의 해당과목과 밀접한 관련사항을 재무제표 본문에 괄호를 해서 기재한다.

> **정답**
1. ④ 합계잔액시산표(합.잔시산표)는 총계정원장에 전기가 잘되었는지를 검증하기 위해 작성하는 결산 예비절차에서 작성하는 표로서 재무제표가 아니다.
2. ① 부채는 유동부채와 비유동부채로 구분하고, 손익계산서는 일정기간의 경영성과를 나타내는 재무제표이며, 재무상태표는 일정시점의 재무상태를 나타내는 재무제표 이다.
3. ③ 내부보고를 목적으로 하는 회계는 관리회계이고, 외부보고를 목적으로 하는 회계는 재무회계이다.
4. ③ 재무회계는 외부이해관계자에게 유용한 정보를 제공하는 것을 목적으로 하며, 내부이해관계자에게 정보 제공하는 회계는 관리회계이다.
5. ④ 주석은 재무제표상의 해당과목 또는 금액에 기호나 번호를 붙이고 난외 또는 별지에 그 내용을 간결하게 설명한다.

제3절 회계기간 (= 회계연도)

기업의 경영성과와 재무상태를 파악하여 외부정보이용자 또는 내부정보이용자에게 보고하기 위하여 기업이 인위적으로 1년 또는 6개월로 구분한 기간을 회계연도 또는 회계기간이라 한다. 회계기간은 원칙적으로 1년을 초과할 수 없으며, 업종에 따라 영업주기가 될 수도 있다.

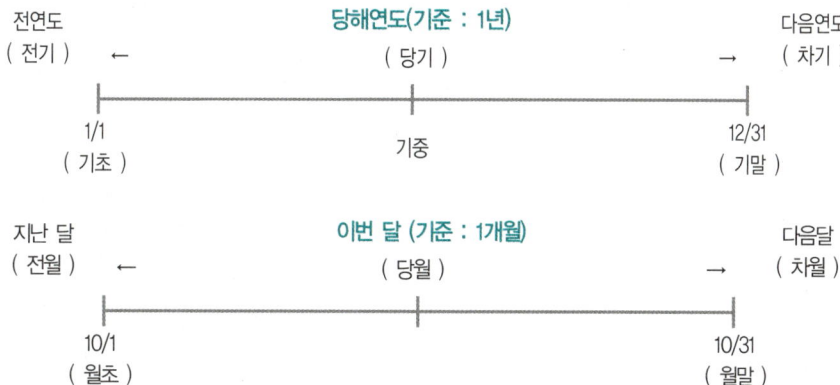

> **기초용어**
- **기초** : 회계기간 처음 시작하는 날 (1/1)
- **전기** : 직전 회계연도
- **차기** : 다음 회계연도
- **전기이월(=기초잔액)** : 전기말에서 당해연도 기초(1/1)로 넘어오다
- **차기이월(=기말잔액)** : 당기말 잔액이 차기로 넘어가다.
- **기중** : 회계기간 중
- **기말** : 회계기간 끝나는 날 (12/31)
- **당기** : 현재 회계연도

문제 | 회계기간

1. 회계기간에 관한 설명 중 틀린 것은?
   ① 회계기간은 원칙적으로 1년을 초과할 수 없다.
   ② 인위적으로 구분한 기간으로 회계연도라고도 한다.
   ③ 한 회계기간은 전기부터 차기까지를 의미한다.
   ④ 경영성과와 재무상태를 파악하기 위한 시간적 개념이다.

2. 다음 표의 ( )에 들어갈 올바른 내용은?

직전 회계연도 (전기)	당해 회계연도 (당기)	다음 회계연도 (가)

   ① 후기   ② 차기   ③ 기초   ④ 기말

정답

1. ③ 한 회계기간은 기초부터 기말까지를 의미한다.
   ① 회계기간은 원칙적으로 1년을 초과할 수 없다. (O)
   ② 인위적으로 구분한 기간으로 회계연도라고도 한다. (O)
   ③ 한 회계기간은 전기부터 차기까지를 의미한다. (X)   회계기간 ➡ 1/1(기초) ~ 12/31(기말)
   ④ 경영성과와 재무상태를 파악하기 위한 시간적 개념이다. (O)

2. ② 다음 회계연도 = 차기

제4절 계정

1 계정이란?

기업의 영업활동 변화 즉, 거래를 기록, 정리, 계산하는 단위를 말한다.

2 계정의 분류(중요)

1. 재무상태표계정	자산계정 : 우리 회사가 보유한 재화와 채권을 말한다.
	부채계정 : 우리 회사가 타인에게 지급해야 할 채무(빚)를 말한다.
	자본계정 : 자산에서 부채를 차감한 잔액으로 순자산 또는 자기자본이라고 한다
2. 손익계산서 계정	비용계정 : 수익을 얻기 위한 지출로서 비용이 발생하면 그 결과로 자산감소 또는 부채증가가 수반된다.
	수익계정 : 회사가 창출한 수입을 말하며, 그 결과로 자산의 증가 또는 부채의 감소, 자본의 증가가 수반된다.
3. 임시계정 (가계정)	회계기간 중 임시로 처리 하였다가 거래의 원인이 밝혀지면 판명된 계정과목으로 대체시킨다. `종류` 현금과부족, 가지급금, 가수금

3 계정과목

계정에 속하는 세부항목의 이름을 계정과목이라 한다.

제5절 재무상태표와 자산, 부채, 자본

1 재무상태표의 개념

일정시점에 우리 기업이 보유하고 있는 재무상태 즉, 자산과 부채, 그리고 자본에 대한 정보를 제공하는 재무보고서로서, 기초와 기말에 측정하여 보고하며 재무상태표 작성기준에 의하여 작성한다. 〈기업회계기준에서는 보고식(차변, 대변 구분없는 양식)과 계정식 모두 인정한다.〉

재무상태표(=대차대조표)

(상호)	2022.12.31.	단위
자 산 10억	부 채(타인자본) 4억	
	자 본(자기자본) 6억	

❶ 재무상태표 등식 : 자산 = 부채 + 자본   ❷ 자본등식 : 자산 − 부채 = 자본

2 재무상태표(자산, 부채, 자본)의 구분

(1) 자산은 유동자산과 비유동자산으로 구분한다.
 - 유동자산은 ❶ 당좌자산과 ❷ 재고자산으로 구분한다.
 - 비유동자산은 ❶ 투자자산, ❷ 유형자산, ❸ 무형자산, ❹ 기타비유동자산으로 구분한다.
(2) 부채는 ❶ 유동부채와 ❷ 비유동부채로 구분한다.
(3) 자본은 자산에서 부채를 차감한 잔액으로 개인기업에서는 기업주가 출자한 현물을 말하며, 법인기업에서는 주주와의 거래. 즉 자본거래에서 생긴 항목들을 말한다.

`자본 종류` ❶ 자본금(액면금액) ❷ 자본잉여금 ❸ 자본조정 ❹ 기타포괄손익누계액 ❺ 이익잉여금

재무상태표

(상호)　　　　　　　　　　　　　2022.12.31　　　　　　　　　　　　　단위

자　산	부　채　와　자　본
Ⅰ. 유동자산	부채 (★★)
1. 당좌자산(★★★★)	Ⅰ. 유동부채 (★★★★)
2. 재고자산(★★)	Ⅱ. 비유동부채 (★★)
Ⅱ. 비유동자산	
1. 투자자산(★)	자본 (★★★★★)
2. 유형자산(★★★★★)	Ⅰ. 자본금
3. 무형자산(★★)	Ⅱ. 자본잉여금
4. 기타비유동자산(★)	Ⅲ. 자본조정
	Ⅳ. 기타포괄손익누계액
	Ⅴ. 이익잉여금(vs 결손금)

3 재무상태표 작성기준

(1) 자산, 부채, 자본은 순액으로 표시하지 않고 총액으로 표시한다. ➡ 총액주의
 (예외) 채권자와 채무자 동의하에 채권과 채무를 상계(=서로 차감)할 수 있다.
(2) 자산, 부채는 유동성이 큰 순서(=현금화 가능성이 높은 순서)로 배열하여 보고한다.
　　　　　　　　　　　　　　　　　　　　　　　　　　　　➡ 유동성배열법
(3) 자본거래에서 발생한 잉여금(자본잉여금)과 영업활동에서 발생한 잉여금(이익잉여금)을 구분하여 표시한다. ➡ 잉여금구분표시
(4) 자산, 부채, 자본을 종류별, 성격별로 구분하여 표시한다. ➡ 구분표시
(5) 자산과 부채는 결산일 현재 1년을 기준으로 보고한다. ➡ 1년 기준
(6) 미결산항목 및 임시계정(가지급금, 가수금 등)은 적절한 계정과목으로 대체하여 표시하고, 재무상태표에 보고해서는 안 된다. ➡ 비망계정사용금지

> 문제 재무상태표

1. 다음 중 회계와 재무제표에 관한 설명으로 가장 옳지 않은 것은?
   ① 기업이 산출한 회계정보를 다양한 정보이용자들에게 전달하는 수단으로 재무제표가 이용된다.
   ② 재무제표는 기업회계기준이라는 통일된 기준에 따라 작성된다.
   ③ 회계는 정보이용자에 따라 내부보고를 목적으로 하는 재무회계와 외부보고를 목적으로 하는 관리회계로 구분된다.
   ④ 회계정보이용자는 재무상태표를 통하여 일정시점의 기업의 자산과 부채, 자본에 대한 정보를 알 수 있다.

2. 다음 ( ) 안에 들어갈 내용의 연결이 옳은 것은?

   > 유동자산은 당좌자산과 (A)으로 구분하고, 비유동자산은 (B), (C), 무형자산, (D)으로 구분한다.

   ① A : 자본,   B : 투자자산
   ② A : 투자자산,   D : 재고자산
   ③ B : 재고자산,   C : 투자자산
   ④ B : 투자자산,   D : 기타비유동자산

3. 회사는 재무적 정보를 이해관계자들에게 제공하기 위하여 정형화된 보고양식인 재무제표를 작성한다. 다음은 재무제표의 종류와 각각의 재무제표를 통해 알 수 있는 정보를 연결한 것이다. 올바르지 않은 것은?
   ① 재무상태표 : 일정시점의 기업의 자산, 부채, 자본 등 재무상태를 표시
   ② 손익계산서 : 일정기간의 기업의 수익, 비용 등 경영성과에 대해서 표시
   ③ 자본변동표 : 일정기간동안 자본금의 변동내역을 표시
   ④ 현금흐름표 : 일정기간 동안 기업이 금융기관으로부터 차입한 현금과 상환기간 표시

> 정답

1. ③ 내부보고를 목적으로 하는 회계는 관리회계이고, 외부보고를 목적으로 하는 회계는 재무회계
2. ④ 유동자산은 당좌자산과 재고자산으로 구분하고, 비유동자산은 투자자산, 유형자산, 무형자산, 기타비유동자산으로 구분한다.
3. ④ 차입금의 상환기간은 주석을 통해 알 수 있는 정보이다. 현금흐름표는 영업활동, 재무활동, 투자활동으로 인한 현금의 유입과 유출을 파악할 수 있다.

4 자산 (資産: Assets) 계정과목들

기업이 경영활동을 위하여 보유한 재화(돈+물건)와 채권(받을 권리)을 말한다. 자산은 유동자산과 비유동자산으로 구분한다.

(1) 재화 : 돈이나 물건 예) 현금, 당좌예금, 보통예금, 상품, 제품, 기계장치, 차량운반구 건물, 토지 등

번호	자산 거래 내용	회계에서 사용하는 계정과목
1	주화, 지폐, 자기앞수표, 동사(=거래처)발행 당좌수표, 송금수표, 등	
2	당사가 당좌수표를 발행하기 위해 가입한 예금	
3	입출금이 자유로운 보통예금	
4	판매목적으로 구입한 물품 예) 하이마트에서 판매하는 전자제품(에어컨 등)	
5	가공된 완성품 예) 삼성전자 공장에서 완성된 전자제품(에어컨 등)	
6	제품제조를 위해 구입한 기계 또는 설비 등	
7	제품을 운반하기 위해 구입한 화물차, 승용차, 오토바이, 지게차 등	
8	영업활동에 사용하는 건물 예) 영업용 창고, 기숙사	
9	영업활동에 사용하는 땅 [나대지(건축물 없는 땅), 임야, 전답]	

(2) 채권 : 우리 회사(= 당사)가 받을 권리를 말함. ➡ 전표 입력 시 상대방 거래처를 표시해야 합니다.
  ❶ 매출채권 (외상매출금+받을어음) : 주된 영업활동 거래(= 주된 매출거래)에서 생긴 채권을 말한다.
  ❷ 기타채권 (미수금, 단기대여금, 선급금 등) : 주된 영업활동 이외의 거래에서 생긴 채권을 말한다.

번호	자산 거래 내용	회계에서 사용하는 계정과목
1	제조업에서 제품이나 도소매업에서 상품을 외상으로 판매할 때 생긴 외상채권	
2	제조업에서 제품을 판매하거나 도소매업에서 상품을 판매하고, 대금을 약속어음(또는 전자어음)으로 받았을 때 생긴 어음상의 채권	
3	제품이나 상품이외의 물건(= 유형자산 등)을 외상으로 처분할 때 생긴 채권이나 어음을 받았을 때 생긴 채권을 통합한 것을 말한다.	
4	현금을 1년이내(=단기)에 받기로 하고 현금을 대여할 때 생긴 채권	
5	물건을 구입하기로 계약 맺고, 계약금을 지급할 때 생긴 채권을 말한다 (물건을 받을 수 있는 권리)	
6	수익을 수령 할 때 원천징수세를 차감할 경우 생긴 채권	
7	원인불명의 현금을 지급할 때 처리하는 임시자산계정과목	

정답 재화 계정과목

번호	계정과목	번호	계정과목	번호	계정과목
1	현금	2	당좌예금	3	보통예금
4	상품	5	제품(=완성품)	6	기계장치
7	차량운반구	8	건물	9	토지

정답 채권 계정과목

번호	계정과목	번호	계정과목	번호	계정과목
1	외상매출금(거래처)	2	받을어음(거래처)	3	미수금(거래처)
4	단기대여금(거래처)	5	선급금(거래처)	6	선납세금
7	가지급금(거래처)	8		9	

5 부채(負債: liabilities)의 개념과 부채 계정과목들

당사가 타인(거래처 등)에게 지급해야 할 채무(빚)를 말하며, 타인자본이라고 합니다.

(1) **유동부채** : 상환기간이 재무상태표 작성일(= 12/31)로부터 1년 이내인 부채를 말한다.
　　종류 매입채무(외상매입금+지급어음), 단기차입금, 미지급금, 선수금, 예수금, 미지급비용 등

(2) **비유동부채** : 상환기간이 재무상태표 작성일(= 12/31)로부터 1년 초과인 부채를 말한다.
　　종류 사채, 장기차입금, 퇴직급여충당부채, 임대보증금 등

(3) 부채 계정과목들

번호	부채 거래 내용	부채 계정과목
1	도소매업의 상품이나 제조업의 원재료를 외상으로 매입할 때 생긴 부채	
2	상품이나 원재료를 구입하고, 약속(전자)어음을 발행할 때 생긴 부채	
3	상품이나 제품 매출계약을 맺고 계약금을 받았을 때 생긴 부채	
4	상품이나 원재료이외의 자산(건물, 비품, 차량운반구, 기계장치, 토지 등)을 외상구입하거나 약속어음을 발행하여 지급할 때 생긴 부채	
5	현금을 1년이내에 갚기로하고 차입할 때 생긴 부채	
6	우리 회사가 타인(직원, 거래처 등)의 현금을 일시적으로 받아 둘 때 생긴 부채 (예) 비용을 지급할 때 원천징수세를 받아둔 금액 → 직원 급여나 퇴직금 지급 시 받아두거나 이자 지급시 원천징수세액	
7	당기분 비용을 차기에 지급하는 경우 당기 미지급인 부채	
8	당사가 부동산(건물, 토지)을 임대하고 보증금을 받았을 때 생긴 부채	

9	발생주의 원칙에 따라 당기에 받은 수익 중 차기분 수익금액을 말함	
10	물건이나 서비스를 제공하고, 부가가치세 10%를 받을 경우 생긴 부채	
11	비유동부채의 상환기간이 결산일로부터 1년 이내로 도래시 대체할 때 생긴 부채	
12	당사가 원인불명의 현금이나 예금을 받았을 경우 생긴 임시부채과목	

정답 부채 계정과목

번호	계정과목	번호	계정과목	번호	계정과목
1	외상매입금(거래처)	2	지급어음(거래처)	3	선수금(거래처)
4	미지급금(거래처)	5	단기차입금(거래처)	6	예수금
7	미지급비용	8	임대보증금(거래처)	9	선수수익
10	부가세예수금	11	유동성장기부채(거래처)	12	가수금

(4) 채권과 채무 상대 계정과목들

- 외상매출금(자산)   ≠   외상매입금(부채)
- 받을어음(자산)   ≠   지급어음(부채)
- 미수금(자산)   ≠   미지급금(부채)
- 단기대여금(자산)   ≠   단기차입금(부채)
- 선급금(자산)   ≠   선수금(부채)
- 선급비용(자산)   ≠   선수수익(부채)
- 미수수익(자산)   ≠   미지급비용(부채)
- 부가세대급금(자산)   ≠   부가세예수금(부채) 등

6 자본 (순자산 또는 자기자본)

(1) 개인기업 자본의 분류

❶ 자본금 : 기업주가 출자한 금품
❷ 인출금 : 기업주가 사용한(= 인출한) 금액 (회계2급 출제)

(2) 주식회사 자본의 분류

❶ 자본금 : 당사가 주식을 발행하여 투자 받은 금액 중 액면금액을 자본금으로 표시한다.
   종류 보통주자본금, 우선주자본금
❷ 자본잉여금 : 주주와의 거래(=자본거래)에서 남은 잉여금으로 자본증가항목이다.
   종류 주식발행초과금, 감자차익, 자기주식처분이익
❸ 자본조정 : 자본거래 중 자본금과 자본잉여금을 제외한 나머지 항목으로 자본가산조정과 자본차감조정으로 분류한다.
   종류 주식할인발행차금, 감자차손, 자기주식처분손실, 자기주식 등

❹ **기타포괄손익누계액** : 당기에 실현되지 않는 미실현손익으로 손익계산서에 분류되지 않고, 자본으로 분류하여 이월시킨 누적항목을 말한다.
　종류 해외사업환산손익, 매도가능증권평가손익, 현금흐름위험회피 파생상품평가손익, 재평가잉여금 등
❺ **이익잉여금** : 제3자와의 거래인 손익거래에서 남은 잉여금을 말한다.
　종류 이익준비금, 재무구조개선적립금, 임의적립금, 미처분이익잉여금(실가 : 이월이익잉여금)

확인문제 1 다음 (　　)안에 적당한 말을 기입하세요.

1. 유동자산 중 판매하지 않고 당장 현금화 할 수 있는 자산은?　▶
2. 유동자산 중 판매를 목적으로 구입하거나 제조 또는 소비하는 자산은?　▶
3. 투자목적으로 장기간 보유하고 있는 자산은?　▶
4. 장기간 영업활동에 사용하는 형태가 있는 자산은?　▶
5. 장기간 영업활동에 사용하는 형태가 없는 자산은?　▶
6. 비유동자산 중 투자, 유형, 무형자산이외의 자산은?　▶
7. 결산일(12/31)로부터 1년 이내에 상환하는 부채를 　　　　　라 한다.
8. 결산일(12/31)로부터 1년 이후에 상환기하는 부채를 　　　　　라 한다.
9. 주식을 발행하여 납입 받은 금액 중 액면금액을 　　　　　이라 한다.
10. 주주와의 거래(자본거래)에서 남은 잉여금을 　　　　　이라 한다.
11. 자본거래 중 자본금과 자본잉여금을 제외한 나머지로서 자본의 증가 또는 감소항목을 　　　　　이라한다.
12. 당기에 실현되지 않는 미실현손익으로 손익계산서에 분류되지 않고 자본으로 분류하여 이월시켜 누적된 항목을 　　　　　이라 한다.
13. 제 3자와의 거래인 손익거래에서 남은 잉여금을 　　　　　이라 한다.

정답

번호	항목	번호	항목
1	당좌자산	2	재고자산
3	투자자산	4	유형자산
4	무형자산	6	기타비유동자산
7	유동부채	8	비유동부채
9	자본금	10	자본잉여금
11	자본조정	12	기타포괄손익누계액
13	이익잉여금		

확인문제 2 다음 거래 내용을 읽고 계정과목 란에 알맞은 계정과목을 기입하시오.

번호	거래내용	계정과목	자산/부채구분
1	입출금이 자유로운 보통예금		
2	당사가 판매목적으로 구입한 물건 (예) 하이마트의 전자제품		
3	상품이나 제품 판매계약을 맺고 받은 계약금		
4	현금을 대여할 때 생긴 채권 (대여기간 1년이내 = 단기)		
5	상품이나 원재료를 외상으로 매입할 때 생긴 계정과목		
6	현금을 차입할 때 생긴 채무 (차입기간 2년 = 장기)		
7	1년이내에 소모되는 물건 (사무용품, 청소용품 등)		
8	도소매업에서 상품을 외상매입하거나, 제조업에서 원재료를 외상매입할 때 생긴 부채 계정과목		
9	상품이나 원재료 매입계약을 맺고 지급한 계약금		
10	상품이나 원재료를 구입하고 대금을 약속어음 또는 전자어음을 발행하여 지급할 때 계정과목(약속일에 지급해야할 어음)		
11	당사가 부동산 등을 임차할 때 맡긴 보증금		
12	제조업에서 판매를 목적으로 제조한 완성품		
13	영업활동에 장기간 사용하는 화물차(트럭), 승용차, 오토바이		
14	상품이나 제품을 매출하고 약속어음이나 전자어음을 받았을 경우 생긴 계정과목		
15	상품이나 제품을 외상매출할 때 생긴 계정과목		
16	제품제조를 위해 구입한 원료나 재료		
17	만기 1년 이내인 정기예금		
18	당사가 타 회사의 주식이나 채권을 단기매매목적 (=단기시세차익목적)으로 구입할 경우 계정과목		
19	유형자산 등(상품이나 제품 제외)을 외상으로 처분하거나 약속어음을 받았을 경우 생긴 계정과목		
20	영업활동에 장기간 사용하는 땅 (투자목적이면 투자부동산임)		
21	동사(=거래처)발행당좌수표, 여행자수표, 송금수표 등		
22	비용을 지급할 때 당사가 원천징수하여 받아둔 금액		
23	원인불명의 현금을 지급할 때 처리하는 임시자산계정과목		

정답

번호	거래내용	계정과목	자산/부채구분
1	입출금이 자유로운 보통예금	보통예금(은행)	(당좌)자산
2	당사가 판매목적으로 구입한 물건 (예) 하이마트의 전자제품	상품	(재고)자산
3	상품이나 제품 판매계약을 맺고 받은 계약금	선수금(거래처)	(유동)부채
4	현금을 대여할 때 생긴 채권 (대여기간 1년이내 = 단기)	단기대여금(거래처)	(당좌)자산
5	상품이나 원재료를 외상으로 매입할 때 생긴 계정과목	외상매입금(거래처)	(유동)부채
6	현금을 차입할 때 생긴 채무 (차입기간 2년 = 장기)	장기차입금(거래처)	(비유동)부채
7	업무에 사용하며 1년이내에 소모되는 물건으로 미사용한 금액을 자산처리함. (사무용품, 청소용품 등)	소모품(=저장품)	(재고)자산
8	도소매업에서 상품을 외상매입하거나, 제조업에서 원재료를 외상매입할 때 생긴 부채 계정과목	외상매입금(거래처)	(유동)부채
9	상품이나 원재료 매입계약을 맺고 지급한 계약금	선급금(거래처)	(당좌)자산
10	상품이나 원재료를 구입하고 대금을 약속어음 또는 전자어음을 발행하여 지급할 때 계정과목(약속일에 지급해야할 어음)	지급어음(거래처)	(유동)부채
11	당사가 부동산 등을 임차할 때 맡긴 보증금	임차보증금(거래처)	(비유동)자산
12	제조업에서 판매를 목적으로 제조한 완성품	제품	(재고)자산
13	영업활동에 장기간 사용하는 화물차(트럭), 승용차, 오토바이	차량운반구	(유형)자산
14	상품이나 제품을 매출하고 약속어음이나 전자어음을 받았을 경우 생긴 계정과목	받을어음(거래처)	(당좌)자산
15	상품이나 제품을 외상매출할 때 생긴 계정과목	외상매출금(거래처)	(당좌)자산
16	제품제조를 위해 구입한 원료나 재료	원재료	(재고)자산
17	만기 1년이내의 정기예금	정기예금 (= 단기금융상품)	(당좌)자산
18	당사가 타 회사의 주식이나 채권을 단기매매목적(=단기시세 차익목적)으로 구입할 경우 계정과목	단기매매증권	(당좌)자산
19	유형자산 등(상품이나 제품 제외)을 외상으로 처분하거나 약속어음을 받았을 경우 생긴 계정과목	미수금(거래처)	(당좌)자산
20	영업활동에 장기간 사용하는 땅 (투자목적이면 투자부동산임)	토지	(유형)자산
21	동사(=거래처)발행당좌수표, 여행자수표, 송금수표 등	현금	(당좌)자산
22	비용을 지급할 때 당사가 원천징수하여 받아둔 금액	예수금	(유동)부채
23	원인불명의 현금을 지급할 때 처리하는 임시자산계정과목	가지급금	(임시)자산

확인문제 3 (주)현구는 스마트폰을 제조, 판매하는 회사이다. 다음 자산, 부채에 속하는 계정과목을 구분하시오. 자산에 속하면 "자산", 부채에 속하면 "부채"를 표시한다.

계정과목	구분	계정과목	구분	계정과목	구분
① 보통예금		⑨ 선급금		⑰ 정기예금	
② 상품		⑩ 지급어음		⑱ 예수금	
③ 선수금		⑪ 임차보증금		⑲ 미수금	
④ 단기대여금		⑫ 제품		⑳ 토지	
⑤ 외상매입금		⑬ 차량운반구		㉑ 선납세금	
⑥ 장기차입금		⑭ 받을어음		㉒ 가지급금	
⑦ 소모품		⑮ 외상매출금			
⑧ 미지급금		⑯ 원재료			

정답

계정과목	구분	계정과목	구분	계정과목	구분
① 보통예금	자산	⑨ 선급금	자산	⑰ 정기예금	자산
② 상품	자산	⑩ 지급어음	부채	⑱ 예수금	부채
③ 선수금	부채	⑪ 임차보증금	자산	⑲ 미수금	자산
④ 단기대여금	자산	⑫ 제품	자산	⑳ 토지	자산
⑤ 외상매입금	부채	⑬ 차량운반구	자산	㉑ 선납세금	자산
⑥ 장기차입금	부채	⑭ 받을어음	자산	㉒ 가지급금	자산
⑦ 소모품	자산	⑮ 외상매출금	자산		
⑧ 미지급금	부채	⑯ 원재료	자산		

7 자산, 부채, 자본 전표입력

전기 말에서 이월되어 넘어온 기초자산과 기초부채, 기초자본잔액을 기초로 당기 중에 영업활동 등에 의해 자산, 부채, 자본의 증가 또는 감소의 변동을 회계담당자가 측정하여 아래와 같이 전표(일반전표 또는 매입매출전표)에 입력하게 되면 계산원리에 따라 회계프로그램은 기말자산, 기말부채, 기말자본 금액을 자동으로 계산하여 당기 말 재무상태표를 작성한다.

(1) 기중에 자산이 증가하면 차변에 입력하고, 자산이 감소하면 대변에 입력한다.
(2) 기중에 부채가 증가하면 대변에 입력하고, 부채가 감소하면 차변에 입력한다.
(3) 기중에 자본이 증가하면 대변에 입력하고, 자본이 감소하면 차변에 입력한다.

제6절 손익계산서 및 비용과 수익

1 손익계산서(Statement of comprehensive income)

일정기간 동안 우리 기업의 경영성과(당해연도에 발생한 비용과 수익)를 나타내는 보고서이다.

손익계산서 (당기.1.1.~ 12.31)	
(당기분) 총비용	(당기분) 총수익
당기순이익	

↳ 법인기업 : 이익잉여금(자본증가항목)으로 칭함.

손익계산서 (당기.1.1.~ 12.31)	
(당기분) 총비용	(당기분) 총수익
	당기순손실

↳ 법인기업 : 결손금으로 칭함(자본감소항목)

▶ 손익계산서 등식①   총비용 + 당기순이익 = 총수익
▶ 손익계산서 등식②   총비용 = 총수익 + 당기순손실

2 손익계산서 작성기준

(1) 비용과 수익은 총액으로 작성한다. ➜ 총액주의
(2) 손익계산서는 4번을 구분계산(매출총이익/영업이익/법인세비용차감전순이익/당기순이익) 표시한다.
    ➜ 구분계산
(3) 수익은 실현시기에 따라 대응되는 관련된 비용을 인식해야 한다. ➜ 수익, 비용 대응의 원칙
(4) 수익과 비용은 당기에 발생한 기간에 정당하게 배분되도록 처리한다. ➜ 발생주의
(5) 수익은 실현시기를 기준으로 수익을 인식한다. ➜ 실현주의

3 수익의 개념

당사가 일정기간동안 경영활동을 통해 번 돈을 말한다. 수익이 발생하면 그 결과로 자산의 증가 또는 부채의 감소 그리고 자본의 증가라는 결과를 가져오는 원인을 수익이라 한다.

4 수익의 종류

(1) 400번대 영업수익 : 주된 영업활동에서 생긴 수익
   ❶ 상품매출 : 도소매업(상품매매업)에서 상품을 매출할 때 생긴 수익
   ❷ 제품매출 : 제조업에서 제품을 판매할 때(=매출할 때) 생긴 수익
   ❸ 임대료수익 : 당사가 부동산임대업자일 경우 공장, 사무실 등을 임대하고 받은 임대료

(2) 영업외수익 : 주된 영업활동 이외에서 발생한 수익
     제조업자가 임대료 받을 경우(임대료), 예금이나 대여금에 대한 이자수익, 유형자산처분이익,
     단기매매증권처분이익, 자산수증이익, 채무면제이익 등

5 비용의 개념

당사가 일정기간 동안 경영활동의 결과로 자산의 감소 또는 부채의 증가(=자본의 감소)를 가져오는 원인을 비용이라 한다.

6 비용의 분류

(1) 손익계산서에 반영되는 비용

❶ 매출원가 = 기초상품 + (순)매입액 − 기말상품
❷ 판매비와 관리비 : 판매비용과 관리비용을 말한다.
              본사, 영업부, 관리부에서 지출한 금액으로 800번대 사용
                예) 비 / 료 / 세 / 여 (~비, ~료, 세금과공과(금), ~여),   → 영업비용
❸ 영업외비용 : 영업활동이외 거래에서 지출한 금액으로 900번대 사용
              예) 이 / 기 / 손 → 이자비용 / 기부금 / ~손실
❹ 법인세비용(= 법인세등) : 기말에 당기분 법인세 추정한 금액.

(2) 손익계산서에 반영되지 않는 비용(자산에 가산되는 비용)

❶ 부대비용 : 자산 구입할 때 발생한 추가비용 → 구입 자산증가 처리
              예) 승용차, 건물 등 구입시 취득세 등은 취득하는 자산의 취득원가로 결정한다.
❷ 자본으로 분류되는 손실항목 → 자본감소항목
              예) 매도가능증권평가손실, 자기주식처분손실 등

7 비용과 당기순이익 그리고 이익잉여금의 관계

비용과 이익 반비례 관계이고, 이익과 이익잉여금(자본)은 비례관계이다.
비용↑ ≠ 이익↓ = 이익잉여금(자본)↓, 비용↓ ≠ 이익↑ = 이익잉여금(자본)↑

8 비용과 수익 전표입력

전표입력 시 비용의 발생은 비용가산으로 차변에 입력하고, 비용의 소멸은 비용차감으로 대변에 입력하고, 잔액은 당기에 귀속된 비용금액으로 손익계산서 차변에 보고한다.

> 비용의 발생(비용가산) → 차변 입력,   비용의 소멸(비용차감) → 대변 입력

전표 입력할 때 수익이 발생하면 수익가산으로 대변에 입력하고, 수익이 소멸하면 수익차감으로 차변에 입력한다. 그리고 잔액은 당해 연도에 귀속된 수익금액으로 손익계산서 대변에 보고한다.

> 수익의 발생(수익가산) → 대변 입력,   수익의 소멸(수익차감) → 차변 입력

9 비용 계정과목

비용 계정과목	거 래 내 용
제품매출원가	제품을 매출하기 위해 지출한 제조원가
이 자 비 용	단기차입금 또는 대출금에 대한 이자를 지급하면 발생한 비용
임 차 료	건물, 토지 등을 빌리고(=임차하고), 월세 등 사용요금 등 지출액
800대 수수료비용	용역을 제공받고, 수수료 지급액(이체수수료, 기장수수료 등) (단, 단기매매증권 구입 시 매입수수료만 900번대 수수료비용으로 처리함)
급 여	본사(영업부, 관리부) 직원에게 월급을 지급하면 (※ 공장직원월급→ 임금)
복 리 후 생 비	종업원의 복리, 후생을 위한 의료비, 경조사비, 회식비(식대), 야유회 비용 지출액 회사가 부담하는 직원의 건강보험료(50%) 지출액 등
차 량 유 지 비	영업용 차량에 대한 유류대금, 주차요금, 엔진오일 교체대금, 수리비 등을 지출하면 유형자산에서는 수익적지출(수익을 얻기 위한 지출) → 비용처리
여 비 교 통 비	택시요금, KTX요금, 항공권(비행기표), 시내 출장비 지출액(영수증 있는 출장비) ※ 영수증 없는 출장비 → 가지급금(임시자산)
통 신 비	전화요금, 인터넷 사용료, 우편요금 등 지출액
수 도 광 열 비	본사에서 지출한 수도요금, 전기요금, 가스요금 등에 사용되는 비용 [주의] 공장에서 지출한 전기요금 → 500번대 전력비(제조원가) 공장에서 지출한 가스요금과 수도요금 → 500대 가스수도료
소 모 품 비	사무용 장부, 볼펜, 복사용지 등 구입액 중 사용한 금액
접 대 비	거래처 직원에게 지출하는 식대, 선물, 경조사비(축하화환조화) 등을 지출액
세 금 과 공 과	재산세, 자동차세, 상공회의소회비, 적십자회비, 협회비 등을 지출액 [주의] 취득세 등 자산 부대비용 → 자산 가산처리 회사가 부담하는 직원의 국민연금
보 험 료	화재보험료 및 자동차보험료 지급액 중 당기에 귀속된 금액(당기분 금액) [주의] 차기분에 해당하는 보험료 금액은 선급비용(자산)으로 처리함.
광 고 선 전 비	상품 판매를 위하여 지급되는 TV, 신문의 광고선전비용
운 반 비	상품이나 제품 매출 시(판매 시) 택배비용, 퀵서비스 비용 등 지출액 [주의] 원재료 매입운반비는 부대비용으로 원재료로 처리 한다.
수 선 비	건물, 비품, 기계장치 등의 수리비 지출액 (유형자산의 수익적지출)
도 서 인 쇄 비	신문구독료, 도서구입, 월간지 대금, 명함인쇄대금 지출액
단기매매증권처분손실	단기매매증권을 장부금액(기말공정가치) 이하로 처분하였을 때 생기는 손실
유형자산처분손실	건물, 비품, 토지 등의 유형자산을 장부금액 이하로 처분하였을 때 생기는 손실
잡 손 실	영업활동과 관계없이 생기는 적은 금액의 손실 (도난손실) 등
감 가 상 각 비	유형자산 사용할 때 취득원가의 가치가 감소하여 없어질 때 발생한 비용
대 손 상 각 비	채권이 회수불가능하게 되어 채권(자산)이 없어질 때 발생한 비용
매출채권처분손실	받을어음을 만기일 이전에 거래은행에서 할인할 때 할인수수료를 말한다. (받을어음을 처분할 때 할인수수료를 차감하여 발생하는 손실)
기 부 금	업무와 관련 없는 곳에 기부할 때 발생하는 비용 (불우이웃돕기 등)

10 손익계산서에 반영되지 않는 비용

(1) 자산 구입하거나 사용하기 전까지 지출한 비용을 부대비용이라 하며, 부대비용에 해당하는 금액은 구입하는 자산에 가산하여 취득원가를 결정하므로 구입하는 자산증가처리 한다.

(2) 주주와의 거래(=자본거래)에서 생긴 손실은 비용이 아니고, 자본감소항목으로 분류하여 재무상태표 자본항목으로 분류된다.

확인문제

1. 원재료 구입시 운반비 ▶ _____ 에 가산처리
2. 상품 구입시 운반비 ▶ _____ 에 가산처리
3. 건물 구입시 취득세 ▶ _____ 에 가산처리
4. 승용차, 트럭 등 구입시 취득세 ▶ _____ 에 가산처리
5. 기계 구입시 설치비와 시운전비 ▶ _____ 에 가산처리
6. 제품 판매시 운반비 ▶ _____ 에 가산처리
7. 단기매매목적으로 구입한 주식(=단기매매증권)의 매입수수료는 부대비용이 아니고, 영업외비용임. ▶ _____
8. 상품의 매입원가에 가산하는 항목이 아닌 것은? (회계2급 70회 출제)
   ① 매입운임　　② 매입하역료　　③ 매입수수료　　④ 매입할인
9. 다음 중 취득원가에 포함되지 않는 것은? (회계1급 78회 출제)
   ① 수입한 기계장치의 시운전비　　② 단기투자목적의 주식매입수수료
   ③ 상품 구입시 당사부담 운송보험료　　④ 건물 구입시 부동산 중개수수료

정답

번호	정답	번호	정답	번호	정답
1	원재료	2	상품	3	건물
4	차량운반구	5	기계장치	6	운반비 (판매비용으로 부대비용 아님)
7	900번대 수수료비용				
8	④ 재고자산의 매입원가는 매입금액에 매입운임, 하역료 및 수수료 등 취득과정에서 정상적으로 발생한 부대원가를 가산한 금액이다. 그리고 매입과 관련된 매입할인, 매입에누리 및 매입환출은 매입원가에서 차감하는 항목으로 매입액에서 차감한다.				
9	② 단기투자목적의 주식매입수수료는 단기매매증권 구입시 부대비용으로 별도로 영업외비용(900번대 수수료비용)으로 처리한다.				

11 수익 계정과목들

번호	수익 발생거래내용	계정과목
1	제품을 정상적으로 판매할 때 생긴 수익	제품매출
2	상품을 정상적으로 판매할 때 생긴 수익	상품매출
3	판매한 상품이나 제품이 반품되어 올 경우 매출액에서 차감하는 항목	매출환입
4	매출한 물건에 대해 결함이나 하자가 생겨 판매가격을 에누리할 경우 매출차감항목으로 분류함.	매출에누리
5	외상매출금을 약정일 이전에 조기회수할 때 외상대금을 할인해주는 것	매출할인
6	대여금이나 은행예금에 대해 이자를 받을 때 발생하는 영업외수익	이자수익
7	보유한 주식에 대해 이익분배를 현금으로 받을 경우 발생한 영업외수익 (주식배당 받을 경우 장부금액은 변동이 없어 회계처리 안함)	배당금수익
8	당사가 공장이나 사무실을 임대하고 받는 월세를 말한다.	임대료
9	단기매매증권은 공정가치법으로 기말공정가액으로 평가하여 보고할 때 기말공정가액이 상승할 때 생긴 이익을 말한다.	단기매매증권평가이익
10	단기매매증권을 장부금액 이상으로 처분할 때 발생한 이익	단기매매증권처분이익
11	유형자산을 장부금액이상으로 처분할 때 발생한 이익	유형자산처분이익
12	외화채권을 회수할 때 또는 외화채무를 상환할 때 환율 변동에 의한 이익을 말한다.	외환차익
13	결산시 외화채권이나 외화채무를 기말환율로 변경할 때 환율변동에 의해 발생하는 이익	외화환산이익
14	자산을 무상으로 기증받았을 때 생긴 이익	자산수증이익
15	부채를 면제 받았을 때 생긴 이익	채무면제이익
16	재해로 인해 보험회사로부터 보험금을 수령할 때 발생한 수익	보험금수익
17	결산시 기타채권(미수금 등)에 대한 대손충당금을 설정할 때 대손율금액보다 결산전 대손충당금 잔액이 더 많아 차액을 환입할 때 수익	대손충당금 환입
18	결산시 현금장부잔액보다 실제잔액이 초과하여 그 원인을 모를 경우 영업외수익으로 처리하는 계정과목	잡이익

12 보고식 손익계산서 양식 ✓순서암기

<u>손익계산서(보고식)</u>
(상호)　　　　　　　　　　당기 1.1 ~ 12.31　　　　　　　　　　(단위)

과　목	당　기	전　기
Ⅰ. 매 출 액		
(-) Ⅱ. 매출원가		
Ⅲ. 매출총이익 ❶		
(-) Ⅳ. 판매비와관리비 (~비, ~료, 세금과공과, ~여)		
Ⅴ. 영업이익 ❷		
(+) Ⅵ. 영업외수익		
(-) Ⅶ. 영업외비용 (이자비용, 기부금, ~손실, ~차손)		
Ⅷ. 법인세비용차감전순이익 ❸		
(-) Ⅸ. 법인세비용(또는 법인세등)		
Ⅹ. 당기순이익 ❹		

13 손익계산서와 재무상태표 상관관계

▶ 법인기업의 기말재무상태표

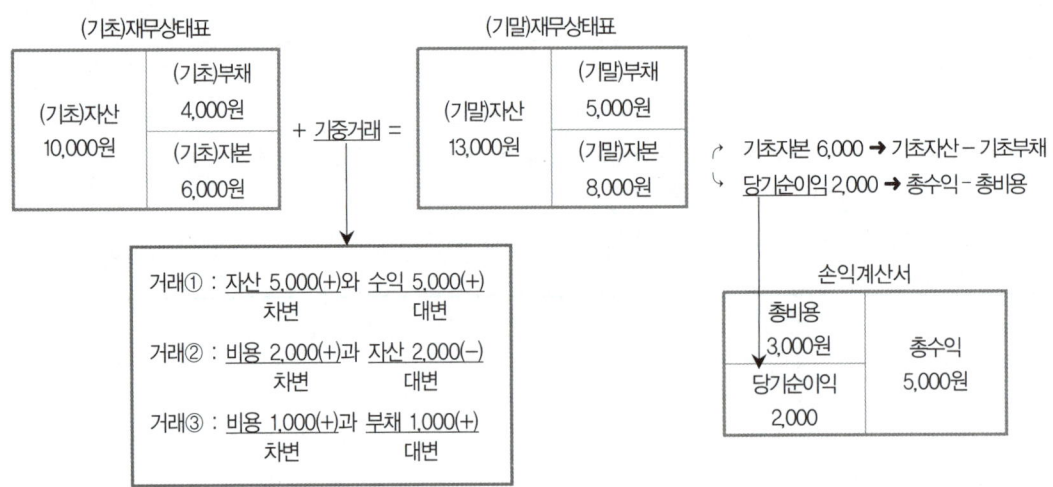

출제

법인기업에서　수익(↑) ➡ 이익(↑) ➡ 이익잉여금(↑) ➡ 자본(순자산)(↑)
　　　　　　　비용(↑) ➡ 이익(↓) ➡ 이익잉여금(↓) ➡ 자본(순자산)(↓)

손익계산서에서 산출한 당기순이익은 이익잉여금 처분계산서를 거쳐 재무상태표 대변 이월이익잉여금으로 대체된다.

문제 — 손익계산서와 재무상태표 상관관계

1. 회계연도말 장부를 조사하여 다음과 같은 자료를 얻었다. (전산회계 2급)

• 자산총액 1,500,000원	• 부채총액 800,000원
• 1년간 수익총액 3,000,000원	• 1년간 비용총액 2,800,000원

회계연도 기초에 자산총액이 700,000원이었다면, 부채총액은 얼마인가?

① 100,000원
② 200,000원
③ 300,000원
④ 400,000원

2. 다음과 같은 재무상태와 경영성과를 가진 회사에서 당기순이익이 40,000원일 때 기말 총자본과 총수익은 각각 얼마인가? (회계관리 2급)

• 기초 총자본 100,000원   • 총비용 20,000원

	기말 총자본	총수익
①	100,000원	60,000원
②	100,000원	40,000원
③	140,000원	60,000원
④	140,000원	40,000원

3. 각 재무제표의 명칭과 함께 기재해야 할 사항으로 틀린 것은? (회계1급 53회)

① 기업명   ② 보고기간종료일   ③ 금액단위   ④ 기능통화

4. 다음의 회계등식 중 옳지 않는 것은? (회계1급 59회)

① 기말자산 = 기말부채 + 기초자산 + 이익
② 총비용 + 이익 = 총수익
③ 기말자본 − 기초자본 = 이익
④ 자산 = 부채 + 순자산

정답

1. ② (공식에 의한 풀이)

기초자본 + 당기순이익 = 기말자본

기말자산(1,500,000) − 기말부채(800,000) = 기말자본 700,000

총수익(3,000,000) − 총비용(2,800,000) = 당기순이익 200,000

기초자본 500,000

기초자산(700,000) − 기초자본(500,000) = 기초부채 (200,000)

(재무상태표 그림으로 풀이)

(기말)재무상태표		
(기말)자산 1,500,000	(기말)부채 800,000	→ 기초자본 + 당기순이익
	(기말)자본 700,000	(500,000) + 200,000

손익계산서	
총비용 2,800,000	총수익 3,000,000
당기순이익 200,000	

(기초)재무상태표		
(기초)자산 700,000	(기초)부채 200,000	
	(기초)자본 500,000	

2. ③ 당기순이익(40,000원) = 총수익 − 총비용(20,000원) ∴ 총수익 = 60,000원

기말총자본 = 기초총자본 + 당기순이익 = 100,000원 + 40,000원 = 140,000원

(재무상태표 그림으로 풀이)

(기말)재무상태표		
(기말)자산	(기말)부채	→ 기초자본+당기순이익
	(기말)자본 (140,000)	100,000 + 40,000

손익계산서	
총비용 20,000	총수익 (60,000)
당기순이익 40,000	

3. ④ 일반기업회계기준 2.16. 재무제표는 재무상태표, 손익계산서, 현금흐름표, 자본변동표 및 주석으로 구분하여 작성하며, 다음의 사항을 각 재무제표의 명칭과 함께 기재한다.
(1) 기업명 (2) 보고기간종료일 또는 회계기간 (3) 보고통화 및 금액단위

4. ① 기말자산 = 기말부채 + <u>기초자본 + 이익</u>
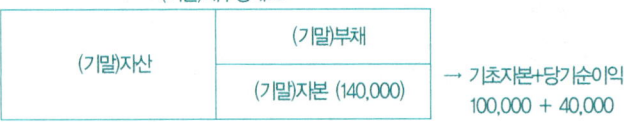
기말자본(순자산)

14 당기순손익 (당기순이익 + 당기순손실) 계산법

당기순손익 계산방법은 재산법과 손익법이 있으며, 두 가지 계산방법에서 산출한 당기순손익은 동일하다.

(1) **재산법** : 기말자본 − 기초자본 = 당기순이익(− 는 당기순손실)
　　　　　　기말자본 = 기초자본 + 당기순이익(총수익 − 총비용)
(2) **손익법** : 총수익 − 총비용 = 당기순이익 (− 는 당기순손실)

공식

기말자산 − 기말부채 =	기말자본
기초자산 − 기초부채 =	(−) 기초자본
총 수 익 − 총 비 용 =	당기순이익

복습하기 1

1. 전기말 잔액이 당기 기초에 이월되어 오는 것을 _____이고, 당해연도 기말잔액이 다음연도로 넘어가는 것을 _____이라 한다.
2. 의사결정을 잘하도록 도움을 주는 결산보고서는? ▶ _____
3. 일정기간 기업의 기초자본, 기말자본 등 자본의 변동 나타내는 결산보고서는? ▶ _____
4. 일정시점의 재무상태(자산, 부채, 자본)를 나타내는 보고서는? ▶ _____
5. 기업의 재무상태나 경영성과를 보고하기 위해 구분한 기간은? ▶ _____
6. 재무상태표계정에 속하는 3가지 구성요소는 ? _____, _____, _____
7. 손익계산서계정에 속하는 2가지 구성요소는 ? _____, _____
8. 외부정보이용자에게 보고하는 회계는? ▶ _____
9. 내부정보이용자에게 보고하는 회계는? ▶ _____
10. 일정기간의 영업활동, 재무활동, 투자활동을 통해 현금의 유입과 유출 정보를 제공하는 결산보고서는? ▶ _____
11. 회계기간 초일. 즉 1월1일을 무엇이라 하는가? ▶ _____
12. 회계기간 말일. 즉 12월31일을 무엇이라 하는가? ▶ _____

13 회계를 기록, 정리, 계산하는 단위를 무엇이라 하는가? ▶ _____

14 재무제표에 기호나 부호를 붙여 별도에 용지에 보충 설명하는 것을? ▶ _____

15 기업이 보유하고 있는 재화와 채권을 무엇이라 하는가? ▶ _____

16 기업이 타인에게 지급할 의무(채무)를 무엇이라 하는가? ▶ _____

17 재무상태표에 자산 증가는 _____에 표시하고, 부채와 자본은 _____변에 표시한다.

18 자산 - 부채 = _____이다.

19 기업이 판매활동 없이 당장 현금화 할 수 있는 자산은? ▶ _____

20 기업이 판매를 통해 현금화 할 수 있는 자산 또는 쌓아둔 자산은? ▶ _____

21 기업이 장기간 영업활동에 사용하는 형체가 있는 자산은? ▶ _____

22 기업이 장기간 영업활동에 사용하는 형체가 없는 자산은? ▶ _____

23 기업이 투자를 목적으로 보유하고 있는 자산은? ▶ _____

24 유동자산의 종류 2가지 _____, _____

25 비유동자산의 종류 4가지 _____, _____, _____, _____

26 재무상태표에서 자산이 증가하면 자본도 _____한다.

27 재무상태표에서 부채가 증가하면 자본은 _____한다.

28 차변합계와 대변합계가 동일하다는 자기 검증의 기능이 있는 것을 _____라 한다.

정답

번호	정답	번호	정답	번호	정답
1	전기이월 , 차기이월	2	재무제표	3	자본변동표
4	재무상태표	5	회계기간	6	자산, 부채, 자본
7	비용 , 수익	8	재무회계	8	관리회계
10	현금흐름표	11	기초	12	기말
13	계정	14	주석	15	자산
16	부채	17	차변 , 대변	18	자본
19	당좌자산	20	재고자산	21	유형자산
22	무형자산	23	투자자산	24	당좌자산 , 재고자산
25	투자자산, 유형자산, 무형자산, 기타비유동자산			26	증가
27	감소	28	대차평균의 원리		

복습하기 2

1 일정기간의 경영성과를 나타내는 결산보고서를 ⬚ 라 한다.

2 손익계산서의 구성요소이다. ⬚ 안에 알맞은 말을 넣으시오.

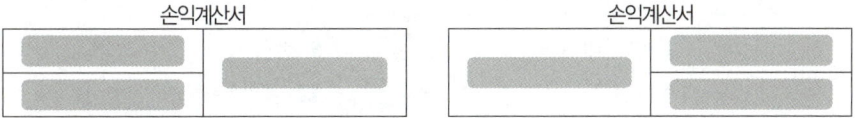

3 기말재무상태표의 구성요소이다. ⬚ 안에 알맞은 말을 넣으시오.

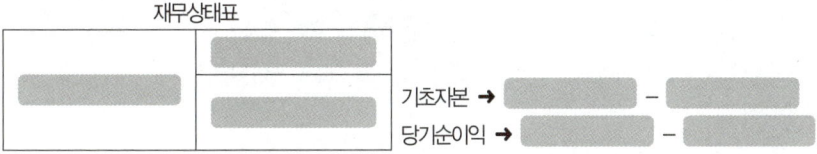

기초자본 ➡ ⬚ – ⬚
당기순이익 ➡ ⬚ – ⬚

4 자산의 증가 또는 부채의 감소 라는 결과를 가져오는 원인을 ⬚ 이라 한다.

5 자산의 감소 또는 부채의 증가 라는 결과를 가져오는 원인을 ⬚ 이라 한다.

6 자산의 증가는 ⬚ 변에 입력하고, 자산의 감소는 ⬚ 변에 입력한다.

7 부채의 증가는 ⬚ 변에 입력하고, 부채의 감소는 ⬚ 변에 입력한다.

8 자본의 증가는 ⬚ 변에 입력하고, 자본의 감소는 ⬚ 변에 입력한다.

9 비용의 발생은 ⬚ 변에 입력하고, 비용의 소멸은 ⬚ 변에 입력한다.

10 수익의 발생은 ⬚ 변에 입력하고, 수익의 소멸은 ⬚ 변에 입력한다.

11 손익계산서에서 수익이 증가하면 당기순이익과 자본도 ⬚ 한다.

12 손익계산서에서 비용이 증가하면 당기순이익과 자본은 ⬚ 한다.

정답

1. 손익계산서

2.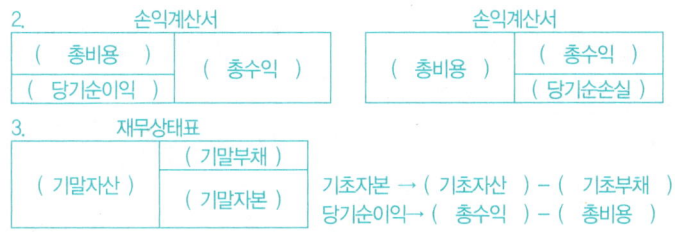

3. 재무상태표

기초자본 → (기초자산) – (기초부채)
당기순이익 → (총수익) – (총비용)

4. 수익 5. 비용 6. 차변, 대변 7. 대변, 차변 8. 대변, 차변 9. 차변, 대변 10. 대변, 차변 11. 증가 12. 감소

복습하기 3

다음 과목을 자산, 부채, 자본으로 구분하시오.

1 상품		2 외상매입금		3 당좌예금	
4 단기매매증권		5 지급어음		6 미수금	
7 차량운반구		8 단기대여금		9 현금	
10 외상매출금		11 건물		12 단기차입금	
13 자본금		14 소모품		15 미지급금	
16 가지급금		17 비품		18 선수금	
19 받을어음		20 예수금		21 제품	
22 임차보증금		23 가수금		24 선납세금	
25 보통예금					

정답 1.상품 (자산) 2.외상매입금 (부채) 3.당좌예금 (자산) 4.단기매매증권 (자산) 5.지급어음 (부채) 6.미수금 (자산) 7.차량운반구 (자산) 8.단기대여금 (자산) 9.현금 (자산) 10.외상매출금 (자산) 11.건물 (자산) 12.단기차입금 (부채) 13.자본금 (자본) 14.소모품 (자산) 15.미지급금 (부채) 16.가지급금 (임시자산) 17.비품 (자산) 18.선수금 (부채) 19.받을어음 (자산) 20.예수금 (부채) 21.제품 (자산) 22.임차보증금 (자산) 23.가수금 (임시부채) 24.선납세금 (자산) 25.보통예금(자산)

복습하기 4

다음 ( ) 안에 알맞은 계정과목과 자산 또는 부채를 분류하여 기입하시오.

1 자기앞수표, 동사발행당좌수표, 송금수표 등 계정과목과 분류는? ▶

2 당사가 당좌수표를 발행하기 위해 가입한 예금 계정과목과 분류는? ▶

3 입출금이 자유로운 예금 계정과목과 분류는? ▶

4 상품이나 제품을 외상매출할 때 생긴 채권 계정과목과 분류는? ▶

5 당사가 1년이내에 받기로 하고 현금을 대여할 때 생긴 채권 계정과목과 분류는?
▶

6 상품이나 제품을 매출하고 약속(=전자)어음 받으면 생긴 채권계정과목과 분류는?
▶

7 상품이나 제품이외의 자산을 처분하고 약속(=전자)어음 받으면 생긴 채권계정과목과 분류는?
▶ ☐ ☐

8 당사가 영업활동에 사용하기 위해 구입한 승용차, 화물차, 오토바이 계정과목과 분류는?
▶ ☐ ☐

9 당사가 계약금을 지급할 때 물건 받을 수 있는 채권계정과목과 분류는?
▶ ☐ ☐

10 상품이나 제품 이외의 다른 자산을 외상처분 할 때 생긴 채권 계정과목과 분류는?
▶ ☐ ☐

11 출장비 개산액, 원인불명의 현금을 지급할 때 처리하는 임시자산계정과목과 분류는?
▶ ☐ ☐

12 이자나 배당금 받을 때 원천징수 당한 세금으로서 당사가 미리 낸 세금계정과목과 분류는?
▶ ☐ ☐

13 당사가 부동산 등을 임차할 때 맡긴 보증금 계정과목과 분류는? ▶ ☐ ☐

14 판매를 목적으로 구입한 물건에 대한 계정과목과 분류는? ▶ ☐ ☐

15 영업활동에 사용하기 위해 비치한 물건(영업용 책상, 컴퓨터 등)에 대한 계정과목과 분류는?
▶ ☐ ☐

16 완성된 물건, 완성품 계정과목과 분류는? ▶ ☐ ☐

17 단기매매목적(=단기시세차익목적)으로 주식이나 채권을 구입할 때 사용하는 계정과목과 분류는?
▶ ☐ ☐

18 상품이나 원재료를 외상구입 할 때 생긴 채무계정과목과 분류는? ▶ ☐ ☐

19 상품이나 원재료를 구입하고 대금은 약속(전자)어음 발행할 때 생긴 계정과목과 분류는?
▶ ☐ ☐

20 당사가 1년이내 갚기로 하고 현금을 차입할 때 생긴 계정과목과 분류는?
▶ ☐ ☐

21 판매하기 전에 계약금을 받았을 때(물건을 줘야할 의무가 생길 때) 계정과목과 분류는?
▶ ☐ ☐

22 상품이나 원재료이외의 대금을 외상구입하거나 어음발행 할 때 생긴 계정과목과 분류는?
▶ ☐ ☐

23 원인불명의 현금을 받았을 때 생긴 임시계정과목과 분류는? ▶ ☐ ☐

24 당사가 비용 지급할 때 원천징수하여 받아 둔 금액에 대한 계정과목과 분류는?
▶ ☐ ☐

25 당사가 부동산 등을 임대할 때 받아 둔 보증금 계정과목과 분류는? ▶ ☐ ☐

26 제품 제조에 사용하기 위해 기계설비 등을 구입할 때 계정과목과 분류는? ▶ ☐ ☐

27 영업활동에서 사용하는 공장건물, 본사건물 등을 구입할 때 계정과목과 분류는? ▶ ☐ ☐

28 투자목적으로 구입한 건물이나 토지 계정과목과 분류는? ▶ ☐ ☐

정답

번호	정답	번호	정답	번호	정답
1	현금 , 자산	2	당좌예금 , 자산	3	보통예금 , 자산
4	외상매출금 , 자산	5	단기대여금 , 자산	6	받을어음 , 자산
7	미수금 , 자산	8	차량운반구 , 자산	9	선급금 , 자산
10	미수금 , 자산	11	가지급금 , 자산	12	선납세금 , 자산
13	임차보증금 , 자산	14	상품 , 자산	15	비품 , 자산
16	제품 , 자산	17	단기매매증권 , 자산	18	외상매입금 , 부채
19	지급어음 , 부채	20	단기차입금 , 부채	21	선수금 , 부채
22	미지급금 , 부채	23	가수금 , 부채	24	예수금 , 부채
25	임대보증금 , 부채	26	기계장치 , 자산	27	건물 , 자산
28	투자부동산 , 자산				

제7절 거래와 거래의 8요소

1 거래란?

우리 회사의 영업활동 등으로 인한 자산, 부채, 자본의 증감변동 및 비용, 수익의 발생, 소멸을 가져오는 사건을 말한다.

(1) 회계상 거래인 경우

당사의 재산변동이 있는 경우를 말한다. 예를 들어 화재로 인한 건물소실, 현금의 도난이나 분실, 거래처 파산으로 인한 회수불능 시 비용 발생(=대손상각비 발생), 유형자산의 가치감소로 인한 비용 발생(=감가상각비 발생), 채권과 채무의 발생과 소멸 등이 있다.

(2) 회계상 거래가 아닌 경우

당사의 재산변동이 없는 경우를 말한다. 대표적인 사례로는 상품 주문, 부동산 임대차 또는 매매 계약, 급여인상해주기로 약속, 물건 보관, 부동산 담보, 직원채용, 경영자의 의사결정 등이 있다

확인문제 회계상의 거래인 것(= 재산변동 있는 것)은 ○표, 아닌 것은 × 표를 하시오.

1. 회사에 상품 400,000원을 보관하다. ▶ ☐
2. 화재로 인하여 창고 1,000,000원이 소실되다. ▶ ☐
3. 상품 300,000원을 외상으로 매출하다. ▶ ☐
4. 당사가 주식 1,000,000원을 발행하고 대금은 현금으로 받다. ▶ ☐
5. 거래처인 경기상회에 갑상품 200,000원을 주문하다. ▶ ☐
6. 강원상점에 상품 100,000원을 매입하고, 대금은 현금으로 지급하다. ▶ ☐
7. 금고에 보관 중이던 현금 500,000원을 도난당하다. ▶ ☐
8. 매월 급여 1,200,000원을 지급하기로 하고, 종업원 1명을 채용하다. ▶ ☐
9. 거래처 한성상회의 파산으로 외상매출금 600,000원이 대손되다. ▶ ☐
10. 자동차를 사용함으로 인하여 가치가 300,000원 감소하다. ▶ ☐
11. 사무실 보증금 5,000,000원을 지급하기로 하고 계약하다. ▶ ☐
12. 매월 100,000원의 이자를 받기로 하고, 현금 3,000,000원을 대여하다. ▶ ☐
13. 외상매출한 상품이 운송중 파손된 것이 발견되어 50,000원 에누리 해주고 100,000원은 반품되어오다. ▶ ☐

정답 1. × 2. ○ 3. ○ 4. ○ 5. × 6. ○ 7. ○ 8. × 9. ○ 10. ○ 11. × 12. ○ 13. ○

2 거래의 결합관계

거래의 8요소(거래를 구성하는 8가지 요소)

차변요소	↔	대변요소
자산의 증가		자산의 감소
부채의 감소		부채의 증가
자본의 감소		자본의 증가
비용의 발생		수익의 발생

3 거래의 종류

❶ 교환거래 : 차변과 대변에 자산, 부채, 자본만 증감 변화가 있는 거래를 말한다.
❷ 손익거래 : 차변과 대변 한쪽에 수익이나 비용이 발생하는 거래를 말한다.
❸ 혼합거래 : 한 거래에 교환거래와 손익거래가 동시에 발생한 거래를 말한다.
　㉠ (차) 자산증가 ***　　(대) 자산감소 *** (또는 부채증가)
　　　　　　　　　　　　　 수익발생 ***
　㉡ (차) 자산증가 ***　　(대) 자산감소 *** (또는 부채증가)
　　　 비용발생 ***

★ 자본거래(법인기업) : 주주(투자자)와의 거래를 말하며, 자본거래에서 생긴 이익은 자본잉여금이며, 자본거래에서 생긴 손실은 자본조정항목으로 분류한다.

4 거래의 이중성

회계상의 거래는 반드시 자산, 부채, 자본, 수익, 비용의 증감변화에 대한 원인과 결과를 동시에 가지고 있는데 이러한 원인과 결과를 차변과 대변에 각각 동일한 금액으로 기록하는 것을 '거래의 이중성'이라 한다.

5 대차평균의 원리

T계정 또는 표에서 차변 합계와 대변 합계 금액이 일치해야 한다는 원리로서 자기검증의 기능을 한다.

| 문제 | 거래 |

1. 다음 중 회계상의 거래가 아닌 것은? (68회)
① 건물을 매각하면서 계약금을 받았다.
② 당사제품을 관할구청에 불우이웃돕기 목적으로 기탁하였다.
③ 원재료로 구입한 부품이 부주의로 파손되어 감모처리 하였다.
④ 박희동 신입사원과 근로계약서를 작성하였다.

2. 다음 중 회계상의 거래가 아닌 것은? (특별시험)
① 건물을 매각하면서 계약금을 받았다.   ② 재고자산의 일부가 파손되었다.
③ 지난 달 사무실 임대료가 미지급되었다.   ④ 직원 회식을 위해 레스토랑에 구두로 예약을 했다.

3. 다음 중 회계상의 거래에 해당하지 않는 것은? (회계1 49회)
① 상품구매계약을 체결하였다.   ② 신용카드로 우편요금을 지급하였다.
③ 사무실 임대료 2개월분을 받지 못했다.   ④ 직원 급여를 미지급하였다.

4. 회계상 거래가 발생하면 재무제표의 차변과 대변에 동시에 영향을 미치게 되는데, 이는 회계의 어떤 특성 때문인가? (회계1급 42회)
① 거래의 이중성   ② 중요성   ③ 신뢰성   ④ 유동성

5. 다음 괄호 안에 들어갈 내용으로 옳은 것은? (61회)

| 미지급된 보증금 1,000,000원을 현금으로 지급한 것은 (　　　)의 감소이다. |

① 자산, 부채   ② 자산, 자본   ③ 수익, 부채   ④ 비용, 자산

6. 다음은 회계상 거래의 결합관계를 표시한 것이다. 옳지 않은 것은? (86회)

거 래	거래의 결합관계
① 대형 가습기를 150만원에 현금 구입하였다.	자산의 증가 – 자산의 감소
② 주식발행으로 2억원을 현금 조달하였다.	자산의 증가 – 자본의 증가
③ 제품을 30만원에 현금으로 매출하였다.	자산의 증가 – 비용의 감소
④ 관리부 직원의 출산 축의금 10만원을 현금 지급하였다.	비용의 발생 – 자산의 감소

> 정답

1. ④
   ① 건물을 매각하면서 계약금을 받았다. → 부채(선수금)증가와 자산(현금이나 예금) 증가
   ② 당사 제품을 관할구청에 불우이웃돕기 목적으로 기탁하였다.→ 기부금(비용)발생과 제품(자산)감소
   ③ 원재료로 구입한 부품이 부주의로 파손되어 감모처리 하였다.
       → 비용(재고자산감모손실)발생과 자산(원재료) 감소
   ④ 박희동 신입사원과 근로계약서를 작성하였다. → 재산변동 없으므로 회계상 거래에 해당하지 않는다.
2. ④
   ① 건물을 매각하면서 계약금을 받았다. → 부채(선수금)증가와 자산(현금이나 예금) 증가
   ② 재고자산의 일부가 파손되었다. → 비용(재고자산감모손실)발생과 재고자산(원재료, 상품 등) 감소
   ③ 지난 달 사무실 임대료가 미지급되었다. → 비용(임차료)발생과 부채(미지급비용)증가
   ④ 직원 회식을 위해 레스토랑에 구두로 예약을 했다. → 예약이나 계약은 재산변동이 없으므로 회계상 거래에 해당하지 않는다.
3. ① 상품구매계약은 회계상 거래에 해당하지 않는다.
4. ① 거래 발생시 원인과 결과가 차변과 대변 서로 다른 성질의 변에 동시에 두 번 기록하여 영향을 미치는 것은 '거래의 이중성'이다.
5. ① 미지급된 보증금 1,000,000원은 미지급금이라는 부채로서 지급하면(갚으면) 부채가 감소한다. 현금으로 지급한 것은 현금(자산)의 감소이다.
6. ③ 자산(현금)증가, 수익(제품매출)발생

제8절 분개(分介, journalizing)와 전기(傳記)

1 분개란

거래가 발생하면 거래의 이중성에 따라 재산변동의 증감변화를 원인과 결과로 구분하여 차변과 대변에 각각의 원인과 결과에 해당하는 계정과목을 기록하는 절차를 말한다.

2 분개의 법칙(전표입력 방법과도 동일, 회계처리방법이라고도 한다) ★★

❶ 자산의 증가는 ▢변에, 자산의 감소는 ▢변에 입력한다. 자산 잔액은 증가변인 ▢변에 남는다.
❷ 부채의 증가는 ▢변에, 부채의 감소는 ▢변에 입력한다. 부채 잔액은 증가변인 ▢변에 남는다.
❸ 자본의 증가는 ▢변에, 자본의 감소는 ▢변에 입력한다. 자본 잔액은 증가변인 ▢변에 남는다.
❹ 수익의 발생은 ▢변에, 수익의 소멸은 ▢변에 입력한다. 수익 잔액은 증가변인 ▢변에 남는다.
❺ 비용의 발생은 ▢변에, 비용의 소멸은 ▢변에 입력한다. 비용 잔액은 증가변인 ▢변에 남는다.

> 정답
① 자산의 증가 - 차변, 자산의 감소 - 대변, 자산 잔액 - 차변.
② 부채의 증가 - 대변, 부채의 감소 - 차변, 부채 잔액 - 대변.
③ 자본의 증가 - 대변, 자본의 감소 - 차변, 자본 잔액 - 대변.
④ 수익의 발생 - 대변, 수익의 소멸 - 차변, 수익 잔액 - 대변.
⑤ 비용의 발생 - 차변, 비용의 소멸 - 대변, 비용 잔액 - 차변.

3 분개절차(=분개방법)

❶ 거래를 읽고 재산변동 원인과 결과에 대한 계정과목을 생각한다.
❷ 재산변동의 증감변화를 측정(자산, 부채, 자본, 수익, 비용의 변동을 측정)하여 차변 또는 대변을 결정한다.
❸ 해당 계정과목의 금액을 결정하여 입력한다.

거래 5/1   상품 200,000원을 구입하고 대금은 현금으로 지급하다.
⇩
분개 5/1   상품   200,000   /   현금   200,000
결합관계   (자산증가)   (자산감소)

4 전기란

분개(기록)한 것을 총계정원장의 해당 계정에 옮겨 적는 과정을 말한다.
[주의] 계정에서 다른 계정으로 금액을 옮기는 것은 "대체 (바꾸어 기록함)"라 한다.
전기하는 순서(해당 계정에 기입하는 순서): ❶ 날짜 ❷ 반대변 계정과목 ❸ 해당계정 금액

```
                          상품
5/1      현금     200,000원 |

                          현금
                          |  5/1     상품          200,000원
```

참고 T자 계정 기입의 특징

(1) 분개방법과 계정기입 방법(=전기)이 동일하다.
(2) 계정 기입된 금액에서 차변과 대변 금액 중 차변이 많으면 자산계정 또는 비용계정에 속하는 과목이고, 대변에 기입된 금액이 많으면 부채계정, 자본계정, 수익계정에 속하는 과목이다.
(3) 자산의 기초잔액(전기이월)은 전년도에서 넘어온 잔액으로 증가변인 차변에 들어오고, 기말잔액(차기이월)은 당해 연도 기말잔액이 다음 연도로 넘어가므로 감소변인 대변에 기입하여 나간다.
(4) 부채와 자본의 기초잔액(전기이월)은 전년도에서 넘어온 잔액으로 증가변인 대변에 기입하여 들어오고, 기말잔액(차기이월)은 다음 연도로 넘어가므로 차변에 기입하여 감소되어 나간다.

확인문제

1. 자산계정과목의 기초잔액(전기이월)은 _____변에 들어왔다가, 기말잔액(차기이월)은 _____변에 나간다.
2. 부채와 자본 계정과목의 기초잔액(전기이월)은 _____변에 들어왔다가, 기말잔액(차기이월)은 _____변에 나간다.

정답
1. 자산계정과목의 기초잔액(전기이월)은 (차)변에 들어왔다가, 기말잔액(차기이월)은 (대)변에 나간다.
2. 부채와 자본 계정과목의 기초잔액(전기이월)은 (대)변에 들어왔다가, 기말잔액(차기이월)은 (차)변에 나간다.

제9절 회계의 순환과정 및 결산

1 회계의 순환과정

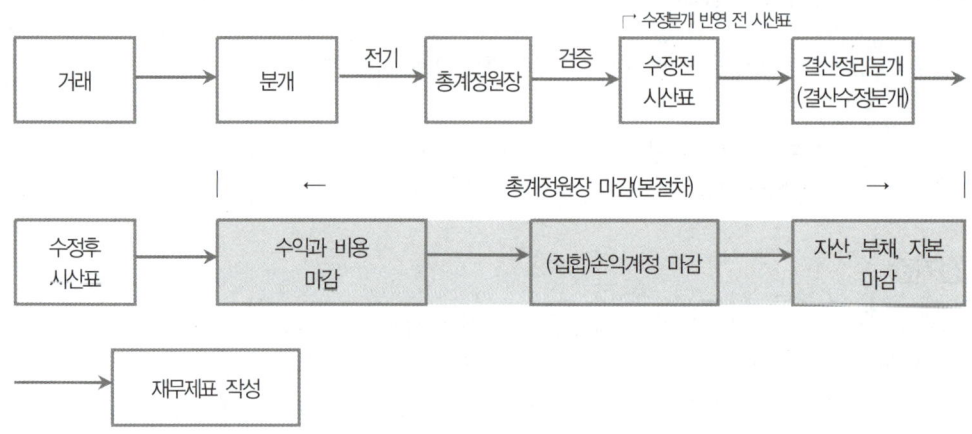

2 총계정원장 마감순서

순서1. 수익과 비용계정의 잔액(당기분금액)을 집합손익계로 대체하고, 손익계산서를 작성한다.

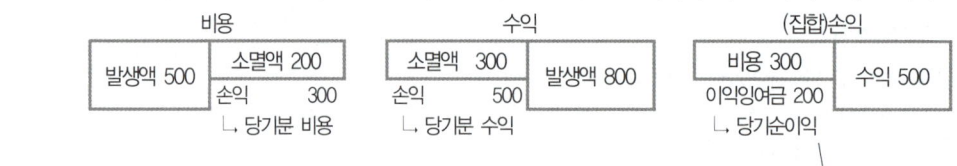

순서2. 자산, 부채, 자본의 기말잔액을 차기이월 시키고, 기말잔액으로 재무상태표를 작성하여 보고한다.

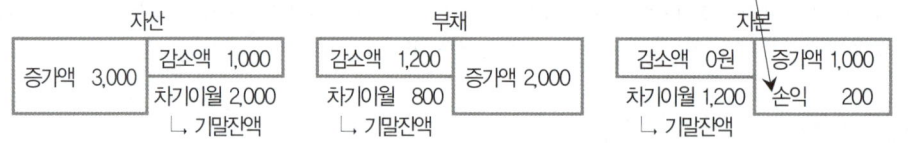

3 결산수정분개순서

❶ 수동결산 – 일반전표 12/31로 수정분개를 입력한다. (기/무/대/감/퇴/법)
  [기말재고액 / 무형자산상각비 / 대손충당금 / 감가상각비 / 퇴직급여충당부채 / 법인세 등]
❷ 자동결산 – 결산자료입력메뉴(1월~12월)에서 자동결산 계정과목들을 입력한 뒤 창 닫기 전에 전표추가를 선택한다.

4 시산표

총계정원장을 검증하기 위해 작성한 표로서 실무에서는 합계와 잔액으로 작성하는 합계잔액시산표를 많이 사용한다.

★ 시산표 차변합계와 대변합계 금액이 동일하면 시산표에서 오류를 발견 못한다.
★ 시산표에서 발견할 수 없는 오류들 : 거래누락, 이중기입, 차변과 대변 계정과목이 바뀐 경우

확인문제 다음 (   )안에 알맞은 금액을 기입하시오.

합계잔액시산표

차 변		계정과목	대 변	
잔 액(원)	합 계(원)		합 계(원)	잔 액(원)
	2,000	자산	400	
	400	부채	700	
	–	자본	500	
	–	수익	1,500	
	700	비용	–	

▶ 암기

시산표등식 : (기말)자산 + 총비용 = (기말)부채 + (기초)자본 + 총수익

정답

차 변		계정과목	대 변	
잔 액(원)	합 계(원)		합 계(원)	잔 액(원)
(① 1,600)	2,000	자산	400	
	400	부채	700	(② 300)
	–	자본	500	(③ 500)
	–	수익	1,500	(④ 1,500)
(⑤ 700)	700	비용	–	

① 1,600원은 자산증가 2,000원에서 자산감소 400원을 차감한 나머지 잔액을 말한다.
② 300원은 부채증가 700원에서 부채감소 400원을 차감한 나머지 잔액을 말한다.
③ 500원은 자본증가 500원에서 자본감소 0원을 차감한 나머지 잔액을 말한다.
④ 1,500원은 수익발생 1,500원에서 수익소멸 0원을 차감한 나머지 잔액을 말한다.
⑤ 700원은 비용발생 700원에서 비용소멸 0원을 차감한 나머지 잔액을 말한다.

문제 **회계의 순환과정 및 결산**

1. 다음 합계잔액시산표상 A,B,C에 들어갈 금액의 합은? (69회)

합계잔액시산표

차 변		계정과목	대 변	
잔 액(원)	합 계(원)		합 계(원)	잔 액(원)
10,000	(A)	현　　　　금	240,000	
20,000	(B)	외 상 매 출 금	310,000	
	110,000	외 상 매 입 금	(C)	10,000
		자　본　금	500,000	500,000
250,000	250,000	여 비 교 통 비		
		이 자 수 익	110,000	110,000

① 560,000원　　② 620,000원　　③ 680,000원　　④ 700,000원

2. 다음 중 회계순환과정의 순서가 가장 올바른 것은? (69회)
① 거래식별 → 전기 → 분개 → 수정전시산표 작성 → 기말 수정분개
② 수정전시산표 작성 → 수익비용계정의 마감 → 수정후시산표 작성 → 기말 수정분개 → 집합손익계정의 마감 → 자산, 부채, 자본계정의 마감→ 재무제표 작성
③ 수정후시산표 작성 → 기말 수정분개 → 자산부채자본계정의 마감 → 집합손익계정의 마감 → 수익비용계정의 마감 → 재무제표 작성
④ 기말 수정분개 → 수정후시산표 작성 → 수익비용계정의 마감 → 집합손익계정의 마감 → 자산부채자본계정의 마감 → 재무제표 작성

3. 다음 중 합계잔액시산표에서 발견할 수 있는 오류는? (73회)
① 동일한 금액을 차변과 대변에 반대로 전기한 경우
② 차변과 대변의 전기를 동시에 누락한 경우
③ 차변과 대변에 틀린 금액을 똑같이 전기한 경우
④ 차변만 이중으로 전기한 경우

정답

1. ④ 250,000원 + 330,000원 + 120,000원 = 700,000원
2. ④
3. ④

복습하기

1 회계상의 거래인 것(= 재산변동 있는 것)은 ○표, 아닌 것은 × 표를 하시오.

(1) 회사에 상품 400,000원을 보관하다. ▶
(2) 화재로 인하여 창고 1,000,000원이 소실되다. ▶
(3) 상품 300,000원을 외상으로 매출하다. ▶
(4) 현금 1,000,000원을 출자하여 영업개시하다. ▶
(5) 거래처인 경기상회에 갑상품 200,000원을 주문하다. ▶
(6) 강원상점에 상품 100,000원을 매입하고, 대금은 현금으로 지급하다. ▶
(7) 금고에 보관 중이던 현금 500,000원을 도난 당하다. ▶
(8) 매월 급여 1,200,000원을 지급하기로 하고, 종업원 1명을 채용하다. ▶
(9) 거래처 한성상회의 파산으로 외상매출금 600,000원이 대손되다. ▶
(10) 자동차를 사용함으로 인하여 가치가 300,000원 감소하다. ▶
(11) 사무실 보증금 5,000,000원을 지급하기로 하고 계약하다. ▶
(12) 매월 100,000원의 이자를 받기로 하고, 현금 3,000,000원을 대여하다. ▶
(13) 외상매출한 상품이 운송중 파손된 것이 발견되어 50,000원 에누리 해주고 100,000원은 반품되어오다. ▶

2 거래의 결합관계

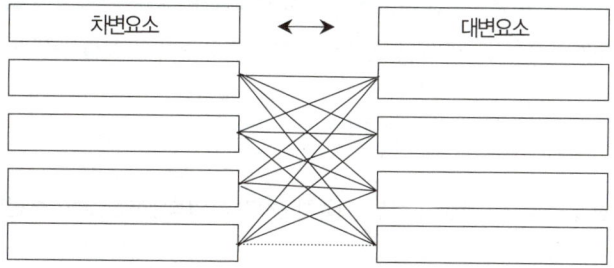

거래의 8요소(거래의 결합관계)

차변요소 ↔ 대변요소

3 거래의 종류

(1) 자산, 부채, 자본만 증감하는 거래를 _____라 한다.
(2) 자산증가(부채감소)와 수익발생, 비용발생과 자산감소(부채증가)의 거래를 _____라 한다.
(3) 교환거래와 손익거래 한 거래에 동시에 생기는 거래를 _____라 한다.

4 시산표등식은

_____ + _____ = _____ + _____ + _____ 이다.

5 회계순환과정의 순서

> 정답

1. (1)× (2)○ (3)○ (4)○ (5)× (6)○ (7)○ (8)× (9)○ (10)○ (11)× (12)○ (13)○
2. 거래의 결합관계

차변요소	↔	대변요소
자산증가		자산감소
부채감소		부채증가
자본감소		자본증가
비용발생		수익발생

3. (1)교환거래 (2)손익거래 (3)혼합거래
4. 기말자산 + 총비용 = 기말부채 + 기초자본 + 총수익
5. 거래 → 분개 → 총계정원장 → 수정전시산표 → 결산수정분개 → 수정후시산표 → 수익비용계정의 마감→ 집합손익계정의 마감 → 자산, 부채, 자본계정의 마감 → 재무제표 작성

> 문제 계정과목

1. 제품이나 상품을 외상매출하거나 카드매출 할 경우 회계처리하는 채권 계정과목은?
　① 미수금　　② 외상매출금　　③ 미지급금　　④ 미지급금

2. 차량운반구, 토지, 건물, 비품, 기계장치 등을 외상처분하거나 약속어음을 받고 처분할 경우 생긴 채권 계정과목은?
　① 받을어음　　② 외상매출금　　③ 미수금　　④ 미지급금

3. 공장직원들의 복리를 위하여 회사가 지출하는 금품을 처리하는 계정과목은?
　① 500대 복리후생비　② 미지급금　　③ 가지급금　　④ 800대 복리후생비

4. 대여금에 대한 이자 수령시 제외한 원천징수금액 또는 법인세 중간예납액을 처리하는 계정과목은?
　① 이자수익　　② 예수금　　③ 선납세금　　④ 법인세등

5. 본사에서 사용하는 승용차에 대한 자동차세를 납부할 때 발생하는 판매비와관리비항목에 속하는 계정과목은?
① 차량운반구   ② 500대 세금과공과   ③ 800대 세금과공과   ④ 자동차세

6. 단기매매차익(단기시세차익)을 목적으로 상장주식이나 채권을 구입할 경우 회계처리는?
① 유가증권   ② 매도가능증권   ③ 만기보유증권   ④ 단기매매증권

7. 단기매매차익(단기시세차익)을 목적으로 구입한 주식이나 채권을 구입할 때 지급하는 매입수수료의 회계처리는?
① 800대 수수료비용   ② 단기매매증권에 포함   ③ 900대 수수료비용   ④ 회계처리 안함.

8. 단기매매차익(단기시세차익)을 목적으로 구입한 주식이나 채권을 처분시 지급하는 수수료(처분수수료)의 회계처리는?
① 800대 수수료비용   ② 단기매매증권에 포함   ③ 처분가액에서 차감   ④ 900대 수수료비용

9. 장기매매차익을 목적으로 비상장주식이나 채권을 구입할 경우 회계처리는?
① 유가증권   ② 매도가능증권   ③ 만기보유증권   ④ 단기매매증권

10. 만기보유의사 또는 만기보유능력이 있는 목적으로 채권(공.사채)을 구입할 경우 회계처리는?
① 만기보유증권   ② 매도가능증권   ③ 유가증권   ④ 단기매매증권

11. 은행예금 이체수수료 또는 송금수수료 및 추심수수료 지급시 회계처리는?
① 800대 수수료비용   ② 매출채권처분손실   ③ 이자비용   ④ 900대 수수료비용

12. 건물 또는 제품 등이 화재, 홍수 등 천재지변에 의해 소실될 경우 영업외비용항목에 속하는 계정과목 회계처리는?
① 잡손실   ② 건물손실   ③ 제품소실   ④ 재해손실

13. 내용불명의 현금을 받았을 경우 대변에 처리하는 임시부채 계정과목은?
① 가지급금   ② 선수금   ③ 가수금   ④ 예수금

14. 출장비 또는 대표이사 등에게 현금 지급시 사용내역이 불분명할 경우 처리하는 차변계정과목은?
① 가지급금   ② 가수금   ③ 여비교통비   ④ 현금

15. 당사가 불우이웃돕기 성금 또는 국군위문품으로 지출할 경우 차변에 처리하는 계정과목은?
① 잡손실   ② 복리후생비   ③ 여비교통비   ④ 기부금

16. 수입한 원재료에 대한 통관수수료를 지급할 경우 입력하는 차변 계정과목은?
① 800대 수수료비용   ② 원재료   ③ 통관수수료   ④ 수수료수익

17. 거래처발행 당좌수표를 받을 경우 차변에 처리하는 계정과목은?
① 당좌예금   ② 받을어음   ③ 현금   ④ 보통예금

18. 예금 이자 수령시 차감한 원천징수금액에 대한 계정과목은?
① 이자수익   ② 예수금   ③ 선납세금   ④ 세금과공과

19. 제품매출 대금으로 거래처에서 받아 보관중인 약속어음 계정과목은?
① 받을어음   ② 약속어음   ③ 지급어음   ④ 미수금

20. 구입한 업무용 차량의 등록세와 취득세를 납부할 경우 처리하는 차변 계정과목은?
① 세금과공과   ② 차량운반구   ③ 취득세와 등록세   ④ 비품

21. 대표이사가 개인적으로 사용하는 금품을 처리하는 계정과목은?
① 가지급금   ② 가수금   ③ 여비교통비   ④ 선급금

22. 원재료 구입하고 당사발행 약속어음을 지급할 경우 생긴 부채 계정과목은?
① 미지급금   ② 당좌예금   ③ 지급어음   ④ 외상매입금

23. 업무용 승용차를 구입하고 대금으로 약속어음을 발행할 경우 생긴 부채 계정과목은?
① 미지급금   ② 차량운반구   ③ 지급어음   ④ 외상매입금

24. 수입한 원재료에 대한 운송료에 대한 회계처리 계정과목은?
① 운반비　　② 원재료　　③ 수수료비용　　④ 운송료

25. 원재료 매입계약 또는 임차보증금에 대한 계약금을 지급할 경우 생긴 채권 계정과목은?
① 선급금　　② 원재료　　③ 선수금　　④ 미지급금

26. 만기된 받을어음을 추심할 경우 은행에 지급하는 추심수수료에 대한 계정과목은?
① 800대 수수료비용　　② 900대 수수료비용　　③ 이자비용　　④ 매출채권처분손실

27. 기중에 법인세 중간예납세액 또는 이자수령시 원천징수금액을 처리하는 계정과목은?
① 선납세금　　② 세금과공과　　③ 법인세등　　④ 예수금

28. 단기차입금에 대한 이자 지급시 원천징수한 금액에 대한 회계처리 계정과목은?
① 선납세금　　② 예수금　　③ 세금과공과　　④ 이자비용

29. 기말결산시 매출채권잔액에 대하여 대손을 예상하여 설정하는 매출채권에 대한 차감계정과목은?
① 기타의 대손상각비　　② 대손상각비　　③ 대손충당금　　④ 대손충당금 환입

30. 판매용 에어컨, 판매용 컴퓨터, 판매용 의류 등 판매용 물건에 대한 계정과목은?
① 비품　　② 에어컨　　③ 제품　　④ 상품

31. 당기 비용금액 중 미경과분(차기분) 비용금액에 대한 자산 계정과목은?
① 선급비용　　② 선수수익　　③ 미지급비용　　④ 미수수익

32. 당기 수익금액 중 미경과분(차기분) 수익금액에 대한 부채 계정과목은?
① 선급비용　　② 선수수익　　③ 미지급비용　　④ 미수수익

33. 당기에 귀속된 비용 금액 중 미계상분(= 미지급분) 금액에 대한 계정과목은?
① 선급비용　　② 선수수익　　③ 미지급비용　　④ 미수수익

34. 당기에 귀속된 수익 금액 중 차기에 받아서 당기에 미계상된(= 미수분) 금액에 대한 계정과목은?
① 선급비용　　② 선수수익　　③ 미지급비용　　④ 미수수익

35. 배당금 결의일에 주주에게 현금배당금을 결정할 때 처리하는 계정과목은?
① 배당금수익　　② 현금배당금　　③ 미지급배당금　　④ 배당금비용

36. 당사가 당좌수표를 발행할 경우 회계처리 하는 계정과목은?
① 현금　　② 당좌수표　　③ 지급어음　　④ 당좌예금

37. 거래처 발행 당좌수표를 받았을 경우 회계처리 하는 계정과목은?
① 현금　　② 당좌수표　　③ 지급어음　　④ 당좌예금

38. 비유동부채 상환기간이 1년 이내로 도래하여 유동부채로 전환 할 때 회계처리하는 계정과목은?
① 단기차입금　　② 유동부채　　③ 유동성장기부채　　④ 전환부채

39. 은행이나 거래처에 현금 차입 시 약속어음을 발행할 때 생긴 부채 계정과목은? (차입기간 3년)
① 단기차입금　　② 미지급금　　③ 외상매입금　　④ 장기차입금

정답

번호	정답	번호	정답	번호	정답	번호	정답
1	②	2	③	3	①	4	③
5	③	6	④	7	③	8	③
9	②	10	①	11	①	12	④
13	③	14	①	15	④	16	②
17	③	18	③	19	①	20	②
21	①	22	③	23	①	24	②
25	①	26	①	27	①	28	②
29	③	30	④	31	①	32	②
33	③	34	④	35	③	36	④
37	①	38	③	39	④		

비용/수익/자산/부채 계정과목 분개연습 및 결합관계

제1절 비용계정과목 및 분개연습

1 매출원가
기말 결산시 매출총이익이나 매출총손실을 산출하기 위한 금액 (상품매출원가, 제품매출원가)

2 판매비와 관리비(코드번호 800번대) (주된 영업활동에서 반복적으로 발생하는 비용)
계정과목 종류 암기 (비,료,세,여) ➡ ~ 비, ~ 료, 세금과공과, ~ 여

(1) 급여 : 본사(영업부 등)사원에게 지급하는 월급(급료, 수당, 등)을 말한다.
 ※ 공장(생산직)사원의 월급은 "임금"으로 처리한다.

(2) 퇴직급여 : 본사(영업부)종업원이 퇴직하는 경우 지급하는 퇴직금으로 퇴직급여충당부채잔액이 남아 있으면 먼저 상계 처리하고 나머지를 당기비용인 퇴직급여로 처리한다.

(3) 복리후생비 : 본사(영업부)종업원의 복리후생을 위해 지출하는 금액
 (단합대회비용, 회식비, 경조사비, 직원 선물세트 등) 회사가 부담하는 건강보험료

(4) 광고선전비 : 제품 또는 상품판매를 촉진하기 위해 지출된 광고비용 또는 선전비용
 (TV, 신문 등 의 홍보, 광고료)

(5) 여비교통비 : 본사(영업부)종업원이 쓴 출장여비, 교통비(택시, 버스, 지하철요금 등), 일시주차료, 출장비 정산액 등 ★ 영수증 없는 출장비는 "가지급금(임시자산)"으로 처리

(6) 접대비 : 업무와 관련하여 거래처에 지출한 비용(거래처 경조사비, 거래처 식사비, 선물용품비 등)

(7) 통신비 : 본사(영업부) 업무와 관련된 전화요금, 팩스사용료, 우편요금, 인터넷사용료 등

(8) 수도광열비 : 본사(영업부)에서 지급한 수도료, 전기료, 난방유류비, 가스비 등을 말한다.
 ※ 공장에서 지급한 전기요금은 "전력비"로 처리.
  공장에서 지급한 가스요금이나 수도요금은 "가스수도료"로 처리하여 500번대 원가항목으로 분류 한다.

(9) 세금과공과(금) : 보유하고 있는 재산에 대한 세금(재산세, 자동차세 등)과 공공단체, 조합 등의 공과금
　　　　　　　　　(재산세, 자동차세, 각종 협회비, 벌금, 과태료, 회사가 부담하는 국민연금 등)

(10) 감가상각비 : 본사 업무를 위해 구입한 유형자산은 시간이 경과함에 따라 가치감소가 일어날 때 발생하는 비용 (단 토지와 건설중인자산은 감가상각대상에서 제외)

(11) 임차료 : 업무상 필요에 의해 토지나 건물 등을 빌려 사용할 때(임차할 때) 발행하는 비용.
　　　　　　(창고 임차료, 복사기 임차료, 주차장 임차료, 차량 임차료, 정수기 임차료 등)

(12) 수선비 : 업무용 건물, 비품 기계장치 등을 수리할 때 지출된 비용(수익적 지출이라고도 한다)

(13) 보험료 : 업무용 건물, 비품, 차량 등에 대해 지급되는 보험료(화재보험료, 손해보험료, 자동차보험료 등)

(14) 차량유지비 : 업무에 관련된 차량에 지출되는 유지비용(주유대금, 정기주차료, 차량수리비, 통행료, 세차요금 등)

(15) 운반비 : 상품, 제품 매출 시 지출하는 운임(택배비 = 퀵서비스) ★ 원재료 매입운반비 → 원재료

(16) 도서인쇄비 : 업무와 관련된 도서구입비와 인쇄와 관련된 비용을 말한다.
　　　　　　　(신문구독료, 도서대금, 복사대금, 인쇄비용(게시판 인쇄비 등), 명함대금 등)

(17) 소모품비(사용액) : 업무시 소모되는 물품을 구입할 때 지출되는 비용(사무용지, 문구, 소모자재등 구입비)

(18) 수수료비용(800번대) : 용역(서비스)를 제공받고 지출하는 비용 (은행 송금수수료(=이체수수료), 추심수수료, 보안업체 관리유지비지급, 등
　　[주의] 자산 취득시 지급하는 수수료는 부대비용으로 해당 자산에 포함하여 취득원가를 결정하며, 단기매매증권 구입시 지급하는 거래수수료는 900번대 수수료비용(영업외비용)으로 분류된다.

(19) 대손상각비 : 매출채권(외상매출금, 받을어음) 대금이 회수 불가능하게 되어 대손처리시 발생하는 비용

(20) 연구비 : 신제품 신기술 연구단계에서 지출한 비용

(21) 교육훈련비 : 임직원의 업무능력(직무능력)향상을 위해 지출되는 교육비나 훈련비(강사초청료, 위탁교육훈련비, 해외연수비 등이 있다)

확인문제 다음 판매비와관리비 거래를 분개하시오 (비용발생 - 자산감소 또는 부채증가)

1-1. 본사직원 강현구의 12월분 급여 5,000,000원 중 소득세 310,000원과 건강보험료 290,000원을 차감한 잔액은 보통예금계좌로 이체하여 지급하다.

구 분	차변(3번)	대변(4번)
분 개		

1-2. 본사직원 강현구의 급여에서 차감한 소득세 및 지방소득세 310,000원을 현금으로 납부하다.

구 분	차변(3번)	대변(4번)
분 개		

1-3. 본사직원 강현구의 급여에서 공제한 건강보험료 290,000원과 회사부담분 290,000원을 현금으로 납부하다.

구 분	차변(3번)	대변(4번)
분 개		

2-1. 본사직원 김회계의 퇴직금 5,000,000원을 현금으로 지급하다.(퇴직급여충당부채 잔액 없다)

구 분	차변(3번)	대변(4번)
분 개		

2-2. 본사직원 김회계의 퇴직금 5,000,000원을 현금으로 지급하다.(퇴직급여충당부채 잔액 500,000원 있다)

구 분	차변(3번)	대변(4번)
분 개		

3. 본사사원 강지민의 결혼축하금 100,000원을 현금으로 지급하다.

구 분	차변(3번)	대변(4번)
분 개		

4. 영업부 직원의 회식대 500,000원을 신한국갈비집에서 삼성카드로 결제하다.

구 분	차변(3번)	대변(4번)
분 개		

5. 관리부 직원의 출장비 개산액 200,000원을 현금으로 지급하다.

구 분	차변(3번)	대변(4번)
분 개		

6. 매출거래처에 선물하기 위해 구입한 선물셋트 300,000원을 현금으로 지급하다.

구 분	차변(3번)	대변(4번)
분 개		

7. 거래처 과장의 결혼축하금 200,000원을 현금으로 지급하다.

구 분	차변(3번)	대변(4번)
분 개		

8. 부천우체국에 업무용 서류를 등기우편으로 발송하고 우편요금 50,000원을 현금으로 지급하다.

구 분	차변(3번)	대변(4번)
분 개		

9. 하나로텔레콤에게 사무실의 인터넷사용료 50,000원을 월말에 납부하기로 하다.

구 분	차변(3번)	대변(4번)
분 개		

10. 공장 전기요금 500,000원을 거래은행의 보통예금계좌에서 이체하여 지급하다.

구 분	차변(3번)	대변(4번)
분 개		

11. 본사 전기요금 100,000원을 은행에 현금으로 납부하다.

구 분	차변(3번)	대변(4번)
분 개		

12. 부동산매매 계약을 맺고 계약서에 첨부할 수입인지 50,000원을 현금으로 구입하다.

구 분	차변(3번)	대변(4번)
분 개		

13. 영업부에서 사용하는 승용차의 자동차세 100,000원을 구청에 현금으로 납부하다.

구 분	차변(3번)	대변(4번)
분 개		

14. 상공회의소회비 100,000원과 전자출판협회비 100,000원을 현금으로 납부하다.

구 분	차변(3번)	대변(4번)
분 개		

15. 본사의 토지와 건물에 대한 재산세 200,000원을 국민은행에 현금으로 납부하다.

구 분	차변(3번)	대변(4번)
분 개		

16. 영업부 사무실을 임차하기로 하고 임차료 1,000,000원을 현금으로 지급하다.

구 분	차변(3번)	대변(4번)
분 개		

17. 본사건물의 도색이 노후 되어 새로 도색하고 도색비 200,000원을 현금으로 지급하다. (수익적지출 처리)

구 분	차변(3번)	대변(4번)
분 개		

18. 본사건물의 화재보험을 삼성화재에 가입하고 보험료 100,000원을 현금으로 지급하다.(비용처리)
  → 당기분 금액

구 분	차변(3번)	대변(4번)
분 개		

19. 본사건물의 화재보험을 삼성화재에 가입하고 보험료 100,000원을 현금으로 지급하다.(자산처리)
  → 차기분 금액

구 분	차변(3번)	대변(4번)
분 개		

20. 제품 판매를 위해 운반비 50,000원을 현금으로 지급하다.

구 분	차변(3번)	대변(4번)
분 개		

[주의] 원재료 매입운반비는 원재료 부대비용으로 원재료에 가산하므로 원재료 증가입력한다.

21. 본사 사무실의 신문구독료 50,000원과 영업사원 명함인쇄대금 50,000원을 현금으로 지급하다.

구 분	차변(3번)	대변(4번)
분 개		

22. 당해연도 개정세법에 대한 직원 직무향상 교육을 위한 외부강사 교육비 300,000원 중 원천징수세액 66,000원을 제외한 나머지 금액은 보통예금으로 이체하다

구 분	차변(3번)	대변(4번)
분 개		

23. 본사 회계과에서 업무와 관련된 참고도서 100,000원을 구입하고 현금으로 지급하다.

구 분	차변(3번)	대변(4번)
분 개		

24. 사무실에서 사용할 빗자루 등 청소용품 20,000원을 현금으로 구입하다(구입시 사용한 금액으로 비용처리)

구 분	차변(3번)	대변(4번)
분 개		

25. 거래처 은행으로부터 외상대금 이체수수료 1,000원이 보통예금에서 차감 되었다는 통보를 받다.

구 분	차변(3번)	대변(4번)
분 개		

26. 상품 판매촉진을 위해 선전비용 70,000원을 현금으로 지급하다.

구 분	차변(3번)	대변(4번)
분 개		

27. 거래처 ㈜대한의 파산으로 인하여 외상매출금 1,000,000원이 회수불능되어 대손처리하다(대손충당금 잔액 없다.

구 분	차변(3번)	대변(4번)
분 개		

정답

1-1.	(차)	급여	5,000,000	(비용발생)	(대)	예수금	600,000	(부채증가)
						보통예금	4,400,000	(자산감소)
1-2.	(차)	예수금	310,000	(부채감소)	(대)	현금	310,000	(자산감소)
1-3.	(차)	예수금	290,000	(부채감소)	(대)	현금	580,000	(자산감소)
		800번대 복리후생비	290,000	(비용발생)				
2-1.	(차)	800대 퇴직급여	5,000,000	(비용발생)	(대)	현금	5,000,000	(자산감소)
2-2.	(차)	퇴직급여충당부채	500,000	(부채감소)	(대)	현금	5,000,000	(자산감소)
		퇴직급여	4,500,000	(비용발생)				
3.	(차)	800번대 복리후생비	100,000	(비용발생)	(대)	현금	100,000	(자산감소)
4.	(차)	800번대 복리후생비	500,000	(비용발생)	(대)	미지급금(삼성)	500,000	(부채증가)
5.	(차)	가지급금	200,000	(임시자산증가)	(대)	현금	200,000	(자산감소)
6.	(차)	800번대 접대비	300,000	(비용발생)	(대)	현금	300,000	(자산감소)
7.	(차)	800번대 접대비	200,000	(비용발생)	(대)	현금	200,000	(자산감소)
8.	(차)	800번대 통신비	50,000	(비용발생)	(대)	현금	50,000	(자산감소)
9.	(차)	800번대 통신비	50,000	(비용발생)	(대)	미지급금(하나로)	50,000	(부채증가)
10.	(차)	전력비	500,000	(500번대 원가발생)	(대)	보통예금	500,000	(자산감소)
11.	(차)	800번대 수도광열비	100,000	(비용발생)	(대)	현금	100,000	(자산감소)
12.	(차)	800번대 세금과공과	50,000	(비용발생)	(대)	현금	50,000	(자산감소)
13.	(차)	800번대 세금과공과	100,000	(비용발생)	(대)	현금	100,000	(자산감소)
14.	(차)	800번대 세금과공과	200,000	(비용발생)	(대)	현금	200,000	(자산감소)
15.	(차)	800번대 세금과공과	200,000	(비용발생)	(대)	현금	200,000	(자산감소)
16.	(차)	800번대 임차료	1,000,000	(비용발생)	(대)	현금	1,000,000	(자산감소)
17.	(차)	800번대 수선비	200,000	(비용발생)	(대)	현금	200,000	(자산감소)
18.	(차)	800번대 보험료	100,000	(비용발생)	(대)	현금	100,000	(자산감소)
19.	(차)	선급비용	100,000	(자산증가-차기분금액)	(대)	현금	100,000	(자산감소)
20.	(차)	800번대 운반비	50,000	(비용발생)	(대)	현금	50,000	(자산감소)
21.	(차)	800번대 도서인쇄비	100,000	(비용발생)	(대)	현금	100,000	(자산감소)
22.	(차)	800번대 교육훈련비	300,000	(비용발생)	(대)	예수금	66,000	(부채증가)
						현금	234,000	(자산감소)
23.	(차)	800번대 도서인쇄비	100,000	(비용발생)	(대)	현금	100,000	(자산감소)
24.	(차)	800번대 소모품비	20,000	(비용발생)	(대)	현금	20,000	(자산감소)
25.	(차)	800번대 수수료비용	1,000	(비용발생)	(대)	보통예금	1,000	(자산감소)
26.	(차)	800번대 광고선전비	70,000	(비용발생)	(대)	현금	70,000	(자산감소)
27.	(차)	800번대 대손상각비	1,000,000	(비용발생)	(대)	외상매출금(대한)	1,000,000	(자산감소)

확인문제 다음 영업외비용 거래를 분개하시오 (비용발생 – 자산감소 또는 부채증가)

1. 기업은행 대출금에 대한 이자 200,000원이 보통예금에서 차감되었다는 통보를 받다.

구 분	차변(3번)	대변(4번)
분 개		

2. 연말 불우이웃돕기 성금 1,000,000원을 현금으로 지급하다.

구 분	차변(3번)	대변(4번)
분 개		

3. (주)대한에 제품매출대금으로 받은 약속어음 500,000원을 만기일 이전에 지급은행에서 할인하고, 할인료 10,000원을 차감한 나머지는 보통예금으로 입금되다.

구 분	차변(3번)	대변(4번)
분 개		

4. 물류창고 건물 장부금액 100,000,000원이 화재로 인해 소실되다. (감가상각누계액은 고려하지 않는다)

구 분	차변(3번)	대변(4번)
분 개		

나머지 영업외비용 등 계정과목 분개연습은 해당 자산단원에서 학습합니다.

정답
1. (차) 이자비용　　　　200,000　　(대) 보통예금　　　200,000
2. (차) 기부금　　　　1,000,000　　(대) 현금　　　　1,000,000
3. (차) 매출채권처분손실　10,000　　(대) 받을어음(대한)　500,000
　　　보통예금　　　490,000
4. (차) 재해손실　　100,000,000　　(대) 건물　　　100,000,000

제2절 수익계정과목 및 분개연습

1 영업수익 : 매출액

(1) 상품매출(401) : 상품을 매출할 때 발생하는 수익(판매가격) ➔ 상품매매업의 주된 매출
(2) 제품매출(404) : 제품을 매출할 때 발생하는 수익(판매가격) ➔ 제조업의 주된 매출

2 영업외수익 (주된 영업활동 이외 활동에서 생기는 수익)

(1) 임대료 (당사가 부동산임대업자일 경우 주된 수입원인 임대료를 받으면 ➔ 400번대 임대료수입)
당사가 부업으로 건물(상가 등)이나 토지 등을 임대하고 사용료를 받으면 생기는서 수익을 말한다.

(2) 이자수익
당사가 대여금(빌려준돈)이나 은행예금에서 생긴 이자를 받으면서 생기는 수익을 말한다.

(3) 수수료수익
서비스(용역)를 제공하거나 상품 중개 알선을 하고 수수료를 받으면서 생기는 수익

(4) 잡이익
영업활동 이외에서 생긴 비교적 적은 금액의 이익 (12/31 원인불명의 장부잔액보다 실제 현금초과액 등)

(5) 유형자산처분이익 (※ 처분금액 - 장부금액 = (+)금액)
유형자산(건물, 비품, 토지 등)을 장부가액 보다 많이 받고 처분했을 때 생기는 이익
예 3억에 취득한 건물(감가상각누계액 1억)을 4억에 처분했을 때 생기는 이익(차액 2억)

★ 장부가액 2억 = 취득원가 3억 - 감가상각누계액(차감계정) 1억　✓유형자산편에서 학습

※ 감가상각누계액은 유형자산의 취득원가를 취득하는 연도에 비용처리하지 않고 사용기간(내용연수)동안에 합리적인 방법에 의해 감가상각비를 계산하여 비용처리 하는데 이때 금액을 누계한 금액으로 해당 유형자산을 차감하는 평가계정이다.

(6) 단기매매증권처분이익(= 단기투자자산처분이익)
단기매매목적으로 구입한 유가증권(주식, 사채, 국.공채)을 장부금액 이상으로 처분할 때 생긴 이익을 말한다.
예 단기매매증권 장부금액 500원을 700원에 처분할 때 생긴 차액 200원 말한다.

(7) 단기매매증권평가이익(공정가치법 : 단기매매증권은 기말공정가액으로 재무상태표에 표시)

기중 단기매매증권 장부금액과 기말 공정가액을 비교하여 기말공정가액이 상승할 때 생긴 차액을 말한다.

예 기중에 취득한 단기매매증권 1,000원이 기말 결산시 1,200원으로 평가되면 재무상태표에 보고하는 단기매매증권은 기말공정가치인 1,200원이다. 따라서 1,200원을 보고하기 위해서 기중에 장부금액 1,000원과 기말공정가치 1,200원과의 차액 200원만큼 단기매매증권과 단기매매증권평가이익 증가분개를 추가로 입력한다.

(8) 자산수증이익

타인(주주나 채권자, 거래처 등)로 부터 자산을 무상으로 증여 받았을 경우 생기는 이익

(9) 채무면제이익

당사가 타인(주주나 채권자, 거래처 등)에게 지급할 부채(채무)를 면제받았을 경우 생기는 이익

(10) 외환차익

기간 중에 외화자산의 회수 또는 외화부채의 상환할 때 환산하는 경우 발행한 차이나는 이익

(11) 외화환산이익

기말결산일에 외화자산이나 외화부채의 기말환율로 변경할 때 발생하는 환율변동에 대한 이익.

(12) 보험금수익(구, 보험차익)

재해손실을 막기 위해 보험에 가입한 경우 사고시 보험회사로부터 수령하는 보험금.

(13) 배당금수익

타 회사에 투자한 주식에 대하여 이익의 분배로 현금으로 받는 배당금.

등

확인문제 다음 매출거래와 영업외수익 거래를 분개하시오 (자산증가 – 수익발생 : 손익거래 분개연습)

1-1. 한국상사로부터 단기대여금에 대한 이자 30,000원을 현금으로 받다

구 분	차변(3번)	대변(4번)
분 개		

1-2. 정기예금이자 90,000원이 당사 보통예금계좌에 입금되었다는 통보를 받다.

구 분	차변(3번)	대변(4번)
분 개		

2-1. 보유하고 있는 (주)동서전자의 주식에 대하여 250,000원의 배당금을 현금으로 받다.

구 분	차변(3번)	대변(4번)
분 개		

2-2. 보유중인 (주)수원의 주식에 대한 현금배당금 500,000원이 당사 보통예금통장에 입금되었음을 확인하였다

구 분	차변(3번)	대변(4번)
분 개		

3. 단기매매목적으로 소유한 삼성전자(주)의 주식 장부금액 800,000원을 900,000원에 매각하고, 대금은 동사발행당좌수표로 받다. (자산증가 – 자산감소,수익발생)(혼합거래)

구 분	차변(3번)	대변(4번)
분 개		

4. (주)삼천리에 운반용 오토바이 취득원가 1,000,000원을 1,200,000원에 처분하고 대금은 월말에 받기로 하다. (감가상각누계액 회계처리 생략한다) (자산증가–자산감소,수익발생) (혼합거래)

구 분	차변(3번)	대변(4번)
분 개		

5. 대주주로부터 건물 500,000,000원(공정가액)을 무상으로 증여받다(기증받다)

구 분	차변(3번)	대변(4번)
분 개		

6. (주)서울상사에게 차입한 단기차입금 500,000원을 전액 면제받다

구 분	차변(3번)	대변(4번)
분 개		

7. 대리점에서 발생한 상품포장 박스를 250,000원에 처분하고 현금으로 받다.

구 분	차변(3번)	대변(4번)
분 개		

8. (주)부천상사에 제품 100개 (@₩50,000)를 매출하고, 대금은 부천상사발행 약속어음을 받다. 제품매출시 운반비 200,000원은 현금으로 지급하다.

구 분	차변(3번)	대변(4번)
분 개		

9. (주)호주상사의 단기대여금 10,000,000원과 그 이자 500,000원을 보통예금계좌에서 이체하여 받다.

구 분	차변(3번)	대변(4번)
분 개		

10. ㈜셀트리온과 임대차 계약을 맺고, 1개월분 임대료 1,000,000원을 보통예금으로 이체받다.

구 분	차변(3번)	대변(4번)
분 개		

정답

1-1.	(차)	현금	30,000	(자산증가)	(대)	이자수익	30,000	(수익발생)
1-2.	(차)	보통예금	90,000	(자산증가)	(대)	이자수익	90,000	(수익발생)
2-1.	(차)	현금	250,000	(자산증가)	(대)	배당금수익	250,000	(수익발생)
2-2.	(차)	보통예금	500,000	(자산증가)	(대)	배당금수익	500,000	(수익발생)
3.	(차)	현금	900,000	(자산증가)	(대)	단기매매증권	800,000	(자산감소)
						단기매매증권처분이익	100,000	(수익발생)
4.	(차)	미수금(삼천리)	1,200,000	(자산증가)	(대)	차량운반구	1,000,000	(자산감소)
						유형자산처분이익	200,000	(수익발생)
5.	(차)	건물	500,000,000	(자산증가)	(대)	자산수증이익	500,000,000	(수익발생)
6.	(차)	단기차입금(서울)	500,000	(부채감소)	(대)	채무면제이익	500,000	(수익발생)
7.	(차)	현금	250,000	(자산증가)	(대)	잡 이 익	250,000	(수익발생)
8.	(차)	받을어음(부천)	5,000,000	(자산증가)	(대)	제품매출	5,000,000	(수익발생)
		800대 운반비	200,000	(비용발생)		현금	200,000	(자산감소)
9.	(차)	보통예금	10,500,000	(자산증가)	(대)	단기대여금(호주)	10,000,000	(자산감소)
						이자수익	500,000	(수익발생)
10.	(차)	보통예금	1,000,000	(자산증가)	(대)	임 대 료	1,000,000	(수익발생)

(만약, 타회사에 투자하여 보유한 주식에 대해 주식배당을 받으면 금액변동이 없으므로(=장부금액) 변동이 없으므로 회계처리하지 않고, 수량증가와 단가감소만 계산한다.) (회계1급 출제)

제3절 자산, 부채 계정과목 분개연습

확인문제 1 다음 거래를 읽고 분개를 하시오.

1. 제조업을 하는 당사는 수원상사에서 원재료 300,000원을 구입하고, 대금은 자기앞수표로 지급하다.

구 분	차변(3번)	대변(4번)
분 개		

2. 도소매업을 하는 당사는 (주)중앙에서 상품 500,000원을 매입하고, 대금은 동사발행당좌수표를 지급하다.

구 분	차변(3번)	대변(4번)
분 개		

3. (주)부산에서 상품 1,500,000원을 매입하고, 대금은 당사발행 당좌수표로 지급하다.

구 분	차변(3번)	대변(4번)
분 개		

4. 거래처 서울상사에 개업선물로 상품 원가 300,000원 (매가 500,000원)을 제공하다.

구 분	차변(3번)	대변(4번)
분 개		

5. (주)서울상사에 상품 판매가격 500,000원을 외상으로 매출하다.(자산증가 / 수익발생 거래)

구 분	차변(3번)	대변(4번)
분 개		

6-1. (주)서울상사의 외상매출금 200,000원을 현금으로 회수하였다.

구 분	차변(3번)	대변(4번)
분 개		

* 매출할인(매출액 차감항목) : 외상매출금을 약정일이전에 회수할 때 외상매출금을 할인해주고 생기는 항목으로 매출액(수익)차감항목이다.

6-2. ㈜대구상사의 외상매출금 2,000,000원을 약정일 이전에 회수하여 2% 할인해주고 나머지 금액은 보통예금계좌로 이체하여 받다.

구 분	차변(3번)	대변(4번)
분 개		

7-1. 잘나가매매센터에서 일주일전에 구입한 업무용 화물차 취득원가 20,000,000원을 ㈜부천상사에 원가로 외상처분하다.

구 분	차변(3번)	대변(4번)
분 개		

7-2. 보유하고 있던 화물차를 (주)대전상사에 18,000,000원에 매각하고, 대금은 월말에 받기로 하다. (취득원가 16,000,000원) (혼합거래)

구 분	차변(3번)	대변(4번)
분 개		

8. 미수금으로 처리한 (주)부천상사의 업무용 화물차 외상대금 20,000,000을 현금으로 회수하였다.

구 분	차변(3번)	대변(4번)
분 개		

9. 매출처 삼성상회의 외상대금(외상매출금) 1,000,000원이 당사 신한은행 보통예금계좌에 입금되었음을 확인하였다.

구 분	차변(3번)	대변(4번)
분 개		

10. (주)강남에 판매용 컴퓨터(상품) 10대 @₩1,000,000을 외상으로 구입하고, 매입운반비 500,000원은 현금으로 지급하다.

구 분	차변(3번)	대변(4번)
분 개		

11. (주)한신사무기에 영업용 에어컨(비품)을 취득원가 1,500,000원에 처분하고, 대금은 30일 후에 받기로 하다.

구분	차변(3번)	대변(4번)
분개		

12. (주)한신사무기에 처분한 업무용 에어컨 외상대금(미수금) 1,500,000원을 기업은행 보통예금 계좌로 받다.

구분	차변(3번)	대변(4번)
분개		

13. (주)한국상사에 차용증을 받고 현금 2,500,000원을 대여하다(대여기간 6개월)

구분	차변(3번)	대변(4번)
분개		

14. 단기매매목적으로 주식10주 @₩300,000을 구입하고 대금 중 2,000,000원은 자기앞수표로 지급하고, 잔액은 당사발행수표로 지급하다. 이때 매입거래수수료 100,000원은 현금으로 지급하다.

구분	차변(3번)	대변(4번)
분개		

15. (주)제주상사와 상품 1,000,000원을 매입하기로 계약하고, 계약금 10%를 현금으로 지급하다.

구분	차변(3번)	대변(4번)
분개		

16. 상품 1,000,000원을 매입하고, (주)제주상사에 미리 지급한 계약금을 차감한 잔액은 당사발행당좌수표로 지급하다.

구분	차변(3번)	대변(4번)
분개		

17. (주)잘나가매매센터에 사용 중인 승용차 1대를 10,000,000원에 처분하고 대금은 약속어음으로 받다. (취득원가 12,000,000원, 감가상각누계액은 고려하지 않는다.)

구 분	차변(3번)	대변(4번)
분 개		

18. (주) 한솔에서 제품 20,000,000원을 매출하고 대금은 (주)서울상사발행 약속어음을 받다.

구 분	차변(3번)	대변(4번)
분 개		

19. (주)광주상사에서 원재료 10개(@₩2,000,000)를 매입하고 대금은 (주)서울상사에서 받아 보관중인 약속어음을 배서양도하다.

구 분	차변(3번)	대변(4번)
분 개		

* 어음의 배서양도 : 원재료매입대금이나 외상매입금을 지급하기 위하여 보관하고 있던 약속어음(받을어음)을 타인에게 양도하여 주는 것을 말하며, 이때 받을어음은 소유권이 이전되므로 받을어음감소 회계처리를 한다.

20. (주)한라상사에서 매출대금으로 받은 약속어음 5,000,000원이 당사의 자금사정으로 인해 거래은행에 할인하고, 할인료와 수수료 200,000원을 공제한 잔액을 보통예금에 입금하다.(매각거래)

구 분	차변(3번)	대변(4번)
분 개		

* 어음할인 : 보유하고 있던 약속어음(받을어음)을 할인할 경우 매각거래로 받을어음은 감소한다. 이때 공제하는 할인료와 수수료는 매출채권(받을어음)을 처분할 때 발생하는 손실로 '매출채권처분손실'이라 한다.

확인문제 2 다음 거래를 읽고 분개를 하시오.

★ 자산을 구입할 때 발생한 추가비용을 "부대비용"이라하며, 기업회계기준에서는 취득원가에 포함하기 위해 구입하는 자산계정으로 처리한다.

1-1. (주)제주에서 판매용 의류 10벌(@₩100,000)을 외상으로 구입하고, 매입운반비 50,000원은 현금으로 지급하다.

구 분	차변(3번)	대변(4번)
분 개		

1-2. (주)제주에서 외상구입한 상품대금 1,000,000원을 당사 보통예금계좌로 이체하여 지급하다.

구 분	차변(3번)	대변(4번)
분 개		

2-1. 대한건설(주)에서 건물 5,000,000을 외상구입하고, 취득세 150,000원은 현금으로 지급하다.

구 분	차변(3번)	대변(4번)
분 개		

2-2. 대한건설(주)에서 외상구입한 건물대금 5,000,000원 당사발행당좌수표로 지급하다.

구 분	차변(3번)	대변(4번)
분 개		

3-1. 당사의 자금사정으로 (주)한일에 약속어음을 발행하고 현금 2,000,000원을 1년간 차입하다.

구 분	차변(3번)	대변(4번)
분 개		

3-2. (주)한일에 약속어음을 발행하여 차입한 현금 2,000,000원을 보통예금계좌로 이체하여 지급하다.

구 분	차변(3번)	대변(4번)
분 개		

4-1. 동서(주)에서 원재료 300,000원을 매입하고, 대금은 약속어음을 발행하여 지급하고, 매입운반비 40,000원은 현금으로 지급하다.

구 분	차변(3번)	대변(4번)
분 개		

4-2. 원재료 구입으로 동서(주)에 발행한 약속어음대금 300,000원을 동사발행당좌수표로 지급하다.

구 분	차변(3번)	대변(4번)
분 개		

5-1. 구미상사에 판매용 에어컨 1,000,000원을 매입하고, 300,000원은 약속어음을 발행하여 지급하고 잔액은 외상으로 하다.

구 분	차변(3번)	대변(4번)
분 개		

5-2. 상품매입대금으로 구미상사에 발행한 약속어음대금 300,000원과 외상매입대금 700,000원을 보통예금계좌로 이체하여 지급하다.

구 분	차변(3번)	대변(4번)
분 개		

6-1. 안양건설에서 본사 건물 10,000,000원을 구입하고 대금은 약속어음을 발행하여 지급하고, 취득세 및 등록세 500,000원은 현금으로 지급하다.

구 분	차변(3번)	대변(4번)
분 개		

6-2. 본사 건물을 구입하고 안양건설에 발행한 약속어음대금 10,000,000원을 당사발행당좌수표로 지급하다.

구 분	차변(3번)	대변(4번)
분 개		

7-1. 대한가구에 상품 7,200,000원을 판매하기로 하고, 계약금 720,000원을 현금으로 받다.

구 분	차변(3번)	대변(4번)
분 개		

7-2. 대한가구에 상품 7,200,000원을 판매하고, 계약금 720,000원을 차감한 잔액은 보통예금계좌로 이체하여 받다.

구 분	차변(3번)	대변(4번)
분 개		

8-1. (주)스피드매매센터에서 상품수송을 위해 화물차 1대를 20,000,000원에 구입하고 대금은 약속어음을 발행하여 지급하고, 취득세 및 등록세 520,000원은 현금으로 지급하다.

구 분	차변(3번)	대변(4번)
분 개		

8-2. (주)스피드매매센터에 화물차 구입대금으로 발행한 약속어음 20,000,000원을 보통예금계좌로 이체하다.

구 분	차변(3번)	대변(4번)
분 개		

9-1. 창고 건립목적으로 (주)현대에서 토지 15,000,000원을 외상구입하고, 등록세 500,000원은 현금 지급하다.

구 분	차변(3번)	대변(4번)
분 개		

9-2. 투자목적(비업무용)으로 (주)현대에서 토지 15,000,000원을 외상구입하고, 등록세 500,000원은 현금 지급하다.

구 분	차변(3번)	대변(4번)
분 개		

10. 컴퓨터 제조업을 하는 당사는 거래처 대박상사에서 컴퓨터 부품(원재료) 2,500,000원을 외상으로 구입하다.

구 분	차변(3번)	대변(4번)
분 개		

11-1. 거래처 대박상사에서 판매용컴퓨터 2,500,000원을 구입하고 대금은 삼성카드로 결제하다.

구 분	차변(3번)	대변(4번)
분 개		

11-2. 대박에서 구입한 상품카드대금(삼성카드) 2,500,000원을 동사발행당좌수표로 지급하다.

구 분	차변(3번)	대변(4번)
분 개		

12-1. (주)인천상사에 판매용 에어컨 2,000,000원을 2개월 할부로 판매하다.

구 분	차변(3번)	대변(4번)
분 개		

12-2. (주)인천상사에서 판매용 에어컨 할부대금 1,000,000원을 보통예금계좌로 이체하여 받다.

구 분	차변(3번)	대변(4번)
분 개		

확인문제 3 다음 거래를 읽고 분개를 하시오.

1. (주)부산상사에서 차입한 단기차입금 600,000원을 보통예금으로 이체하여 지급하다.

구 분	차변(3번)	대변(4번)
분 개		

2. 은평상점의 외상매입금 3,500,000원을 당사발행당좌수표로 지급하다.

구 분	차변(3번)	대변(4번)
분 개		

3. 대구상사에 원재료 구입대금으로 당사가 발행한 약속어음대금 2,000,000원을 현금으로 지급하다.

구 분	차변(3번)	대변(4번)
분 개		

4. (주)현대에서 할부로 구입한 승용차대금 800,000원을 보통예금계좌에서 이체하여 지급하다.

구 분	차변(3번)	대변(4번)
분 개		

5. (주)동대문의 외상매입금 500,000원과 (주)남대문의 단기차입금 300,000원을 현금으로 지급하다.

구 분	차변(3번)	대변(4번)
분 개		

6. 2월분 급여를 다음과 같이 보통예금계좌로 이체하여 지급하다.(생산직 월급은 "임금"이다)

성 명	총급여	소득세 및 지방소득세	차감지급액
영업부사원	2,500,000	42,000	2,458,000
생산부사원	1,800,000	28,000	1,772,000

구 분	차변(3번)	대변(4번)
분 개		

7. 종업원의 급여에서 차감한 소득세 및 지방소득세(주민세) 70,000원을 보통예금계좌로 이체하여 납부하다.

구 분	차변(3번)	대변(4번)
분 개		

8. (주)한솔에 상품대금으로 발행한 약속어음대금 3,000,000원과 (주)마포상사에 비품대금으로 발행한 약속어음대금 2,000,000원을 동사발행당좌수표로 지급하다.

구 분	차변(3번)	대변(4번)
분 개		

9. (주)서울상사에 대한 외상매출금 2,000,000원을 동사의 외상매입금과 상계하다.

구 분	차변(3번)	대변(4번)
분 개		

확인문제 4 다음 거래를 읽고 분개를 하시오.

개인기업에서는 대표이사가 개인적으로 사용하는 금품은 "인출금"(자본금차감항목)으로 처리하며, 법인기업에서는 대표이사가 개인적으로 사용하는 금품을 "가지급금"으로 처리한다.
그리고 재고자산(제품, 상품, 원재료 등)이 정상적 판매나 소비가 아닌 경우 재고자산 입력시 실기에서는 적요8(타계정대체)을 입력하여 표시하여 손익계산서 매출원가 차감항목으로 자동 반영된다.

1. 대표이사가 개인적으로 사용하기 위해 보통예금 3,000,000원을 인출하다.(개인기업)(회계2급 제)

구 분	차변(3번)	대변(4번)
분 개		

2. 판매용 의류인 상품 매가 700,000원(원가 500,000원)을 대표이사가 가사용으로 사용하다.(법인기업)

구 분	차변(3번)	대변(4번)
분 개		

3. 대표이사가 마포상점의 외상매출금 1,500,000원을 회수하여 개인적으로 사용하다.(법인기업)

구 분	차변(3번)	대변(4번)
분 개		

4. 제품 원가 500,000원, 시가 700,000원을 불우이웃돕기 성금(기부품)으로 기부하다.

구 분	차변(3번)	대변(4번)
분 개		

→ 재고자산(상품, 제품 등)을 정상적으로 판매하지 않았을 경우 매출원가에서 차감하기 위해 적요8번을 표시한다.

5. 매출거래처 (주)안산상사에 개업기념으로 제품 1,000,000원을 전달하다

구 분	차변(3번)	대변(4번)
분 개		

정답 확인문제 1

번호	차변	금액	대변	금액
1	원재료	300,000	현금	300,000
2	상품	500,000	현금	500,000
3	상품	1,500,000	당좌예금	1,500,000
4	접대비	300,000	상품 (적요8)	300,000
5	외상매출금(서울)	500,000	상품매출	500,000
6-1	현금	200,000	외상매출금(서울)	200,000
6-2	매출할인(406) 보통예금	40,000 1,960,000	외상매출금(대구)	2,000,000
7-1	미수금(부천)	20,000,000	차량운반구	20,000,000
7-2	미수금(대전)	18,000,000	차량운반구 유형자산처분이익	16,000,000 2,000,000
8	현금	20,000,000	미수금(부천)	20,000,000
9	보통예금(신한)	1,000,000	외상매출금(삼성)	1,000,000
10	상품	10,500,000	외상매입금(강남) 현금	10,000,000 500,000
11	미수금(한신)	1,500,000	비품	1,500,000
12	보통예금(기업)	1,500,000	미수금(한신)	1,500,000
13	단기대여금(한국)	2,500,000	현금	2,500,000
14	단기매매증권 900번대 지급수수료	3,000,000 100,000	현금 당좌예금	2,100,000 1,000,000
15	선급금(제주)	100,000	현금	100,000
16	상품	1,000,000	선급금(제주) 당좌예금	100,000 900,000
17	미수금(잘나가) 유형자산처분손실	10,000,000 2,000,000	차량운반구	12,000,000
18	받을어음(서울)	20,000,000	제품매출	20,000,000
19	원재료	20,000,000	받을어음(서울)	20,000,000
20	매출채권처분손실 보통예금	200,000 4,800,000	받을어음(한라)	5,000,000

정답 확인문제 2

번호	차변	금액	대변	금액
1-1	상품	1,050,000	외상매입금(제주) 현금	1,000,000 50,000
1-2	외상매입금(제주)	1,000,000	보통예금	1,000,000
2-1	건물	5,150,000	미지급금(대한) 현금	5,000,000 150,000
2-2	미지급금(대한)	5,000,000	당좌예금	5,000,000
3-1	현금	2,000,000	단기차입금(한일)	2,000,000
3-2	단기차입금(한일)	2,000,000	보통예금	2,000,000
4-1	원재료	340,000	지급어음(동서) 현금	300,000 40,000
4-2	지급어음(동서)	300,000	현금	300,000
5-1	상품	1,000,000	지급어음(구미) 외상매입금(구미)	300,000 700,000
5-2	지급어음(구미) 외상매입금(구미)	300,000 700,000	보통예금	1,000,000
6-1	건물	10,500,000	미지급금(안양) 현금	10,000,000 500,000
6-2	미지급금(안양)	10,000,000	당좌예금	10,000,000
7-1	현금	720,000	선수금(대한)	720,000
7-2	선수금(대한) 보통예금	720,000 6,480,000	상품매출	7,200,000
8-1	차량운반구	20,520,000	미지급금(스피드) 현금	20,000,000 520,000
8-2	미지급금(스피드)	20,000,000	보통예금	20,000,000
9-1	토지	15,500,000	미지급금(현대) 현금	15,000,000 500,000
9-2	투자부동산	15,500,000	미지급금(현대) 현금	15,000,000 500,000
10	원재료	2,500,000	외상매입금(대박)	2,500,000
11-1	상품	2,500,000	외상매입금(삼성)	2,500,000
11-2	외상매입금(삼성)	2,500,000	현금	2,500,000
12-1	외상매출금(인천)	2,000,000	상품매출	2,000,000
12-2	보통예금	1,000,000	외상매출금(인천)	1,000,000

정답 확인문제 3

번호	차변	금액	대변	금액
1	단기차입금(부산)	600,000	보통예금	600,000
2	외상매입금(은평)	3,500,000	당좌예금	3,500,000
3	지급어음(대구)	2,000,000	현금	2,000,000
4	미지급금(현대)	800,000	보통예금	800,000
5	외상매입금(동대문) 단기차입금(남대문)	500,000 300,000	현금	800,000
6	800번대 급여 500번대 임금	2,500,000 1,800,000	예수금 보통예금	70,000 4,230,000
7	예수금	70,000	보통예금	70,000
8	지급어음(한솔) 미지급금(마포)	3,000,000 2,000,000	현금	5,000,000
9	외상매입금(서울)	2,000,000	외상매출금(서울)	2,000,000

정답 확인문제 4

번호	차변	금액	대변	금액
1	인출금	3,000,000	보통예금	3,000,000
2	가지급금(대표이사)	500,000	상품(적요8)	500,000
3	가지급금(대표이사)	1,500,000	외상매출금(마포)	1,500,000
4	900번대 기부금	500,000	제품(적요8)	500,000
5	800번대 접대비	1,000,000	제품(적요8)	1,000,000

★ 상품이나 제품 등 재고자산을 정상적으로 판매하지 않았을 경우 재고자산 입력시 적요란에 8번(타계정대체액)을 표시하여 매출원가 항목에서 자동으로 차감되도록 입력한다.

당좌자산(當座資産) 관련 회계처리

자산 중에서 유동성이 가장 높은 자산, 유동자산 2가지 중 재고자산을 제외한 나머지 자산으로 판매과정을 거치지 않고 언제든지 현금화가 가능한 자산을 말한다.

자산	부채 · 자본
Ⅰ. 유동자산 1. 당좌자산 → 판매활동 없이 당장 현금화 할 수 있는 자산 ❶ 현금 및 현금성자산(현금 + 당좌예금 + 보통예금 + 현금성자산) ❷ 단기투자자산(단기매매증권+단기금융상품+단기대여금) ❸ 매출채권(외상매출금+받을어음) ❹ 미 수 금 ❺ 미수수익 ❻ 선 급 금 ❼ 선급비용 ❽ 가지급금 ❾ 선납세금 ❿ 부가세대급금 등	 ↔ 매입채무(외상매입금+지급어음) ↔ 미지급금(유동부채) ↔ 미지급비용(유동부채) ↔ 선수금(유동부채) ↔ 선수수익(유동부채) ↔ 가수금(임시부채) ↔ 예수금(유동부채) ↔ 부가세예수금(유동부채)

1 현금 및 현금성자산

현금, 당좌예금, 보통예금(저축예금), 현금성자산을 통합하여 재무상태표에 표시하는 통합과목.

(1) 현금
  ❶ 통화 : 주화, 지폐
  ❷ 통화대용증권 : 동사(=거래처)발행당좌수표, 자기앞수표, 여행자수표, 송금수표, 가계수표
        만기된 공사채 이자표, 배당금지급통지표, 우편환증서 등은 현금이다.
(2) 요구불예금 : 입출금이 자유로운 예금(보통예금, 저축예금 등)
(3) 당좌예금 : 당좌수표를 발행하기 위하여 가입한 예금
(4) 현금성자산 : 취득일로부터 만기가 3개월 이내인 금융자산들 (결산일 아님!)
  ❶ 취득당시 만기가 3개월 이내에 도래하는 채권 및 단기금융상품(정기예금)
  ❷ 취득당시 상환일까지의 기간이 3개월 이내인 상환우선주
  ❸ 취득당시 만기일이 3개월 이내 환매조건부채권

※ 현금성자산 요건
① 큰 거래비용이 없이 현금전환이 용이해야 한다(쉬워야 한다).
② 이자율변동에 따른 가치변동의 위험이 중요하지 않아야 한다.
③ 취득일로부터 만기가 3개월 이내에 도래하여야 한다. [결산일 아님!!]

➡ 당사(= 우리 회사)발행당좌수표와 선일자수표는 현금이 아니다.
: 당사발행당좌수표는 당좌예금이고, 선일자수표는 약속날짜가 정해져 있는 수표로서 약속어음과 동일하게 처리한다.

확인문제

다음 중 현금 및 현금성자산으로 구분할 수 없는 것은? (82회)
① 보통예금　　　　② 우편환증서　　　　③ 자기앞수표　　　　④ 정기적금

정답 ④

정기적금은 금융기관에서 취득하는 상품으로 보유기간에 따라 아래와 같이 구분한다.
1년 이내인 경우 ➡ 단기금융상품(당좌자산)
3개월 이내인 경우 ➡ 현금성자산(당좌자산)
1년 초과하는 경우 ➡ 장기금융상품(투자자산)

현금/당좌예금/보통예금 회계처리

❶ 자기앞수표, 동사발행당좌수표 등을 받으면 ☞ 현금증가 ➡ (차) 현금 ×××
❷ 자기앞수표, 동사발행당좌수표 등을 지급하면 ☞ 현금감소 ➡ (대) 현금 ×××
❸ 보통예금이나 당좌예금구좌에 입금하면 ➡ ○○예금증가 ➡ (차) ○○예금 ×××
[출제] 마이너스 보통예금은 보통예금이 잔액이 대변으로 기말에 ~차입금으로 대체합니다.
❹ 보통예금을 인출하거나 당사발행당좌수표를 지급하면 ➡ 예금감소 ➡ (대) ○○예금 ×××
　　[AT자격시험에서 ➡ 보통예금이나 당좌예금 등은 거래처 거래은행을 표시함]
[주의] 당좌차월(부채) : 우리 회사가 은행에 있는 당좌예금잔액보다 초과하여 당좌수표를
　　　　　　 발행 할 때 생긴 은행에 대한 부채를 말한다.(재무상태표에 단기차입금으로 통합표시 됨)
　　㉠ 예금잔액을 초과하여 당좌수표를 발행하여 생긴 부채 ➡ (대) 당좌차월 or 단기차입금(+)(부채증가)
　　㉡ 은행에 당좌예금에 입금하면→ 당좌차월을 갚으면 ➡ (차) 당좌차월 or 단기차입금(-) (부채감소)
　　㉢ 기중에 처리한 당좌차월은 기말결산시 재무상태표에는 단기차입금으로 통합표시 된다.
❺ 현금 및 현금성자산 금액은 재무상태표(제출용)에서 조회한다.
★ 당좌수표 회계처리(전표입력처리)
　(1) 당사(=우리 회사)가 발행한 당좌수표 ➡ 당좌예금으로 처리(입력)
　(2) 동사(=거래처)가 발행한 당좌수표 ➡ 현금으로 처리(입력)

(5) 당좌차월(= 단기차입금) (거래처 표시함)

당좌수표 발행은 당좌예금 잔액 한도내에서 발행하는 것이 원칙이지만, 사전에 은행과 당좌차월계약을 맺은 경우에는, 당좌예금잔액을 초과하여 당사가 당좌수표발행 할 수 있다.

이때 당좌예금잔액을 초과하여 당사가 당좌수표를 발행할 때 생긴 차액은 은행에 대한 부채로서 이것을 실무에서는 당좌차월(부채)이라 하며 재무상태표에는 단기차입금으로 통합표시한다.

확인문제 다음 거래를 읽고 분개하시오.

1. 기계장치 300,000원을 취득하고 대금은 당사발행 당좌수표로 주었다. 이때 당좌예금잔액은 100,000원이었으며 신한은행과 500,000원한도의 당좌차월계약을 맺었다 (단기차입금으로 처리)

구 분	차변(3번)	대변(4번)
분 개		

2. (주)인천상사의 외상매출금 1,000,000원이 당좌예금계좌로 이체되어 입금되었다 이때 신한은행에 당좌차월 200,000원이 있으며, 단기차입금으로 회계처리하였다.

구 분	차변(3번)	대변(4번)
분 개		

3. 기말결산시 마이너스 보통예금 5,000,000원을 단기차입금으로 대체하다.

구 분	차변(3번)	대변(4번)
분 개		

정답

1. (차) 기계장치　　　300,000　　(대) 당좌예금　　　　　100,000
　　　　　　　　　　　　　　　　　　단기차입금(신한)　200,000
2. (차) 당좌예금　　　800,000　　(대) 외상매출금(인천)　1,000,000
　　　단기차입금(신한)　200,000
3. (차) 보통예금　　5,000,000　　(대) 단기차입금　　　5,000,000

문제 | 현금 및 현금성자산

1. 다음 중 현금 및 현금성자산으로 분류될 수 없는 것은?
① 취득 당시 만기가 3개월 이내에 도래하는 채권
② 취득일로부터 3개월 이내의 환매조건부 채권
③ 사용이 제한된 예금
④ 당좌예금

2. 다음 중 기업회계기준상 현금 및 현금성자산이 아닌 것은? (28회)
① 은행권, 주화
② 즉시 인출가능한 보통예금
③ 타인발행수표
④ 수입인지

3. 다음 중 현금성자산에 속하지 않는 것은?
① 취득당시 만기가 3개월 이내에 도래하는 채권
② 취득당시 상환일까지의 기간이 3개월 이내인 우선주
③ 취득당시 3개월 이내의 정기예금
④ 취득당시 만기가 6개월인 정기적금

4. 다음 항목 중 반드시 현금성자산에 해당하는 것은?(57회)
① 지급기일 도래한 사채이자표
② 결산시점 만기 6개월 양도성예금증서
③ 선일자수표
④ 결산시점 만기 3개월 양도성예금증서

정답

1. ③ 사용이 제한된 예금은 사용제한 기간에 따라 단기금융상품 또는 장기금융상품으로 분류된다.
2. ④ 수입인지는 세금과공과이거나 소모품비 등으로 처리한다.
3. ④ 취득당시 만기가 6개월이내인 정기적금은 정기예.적금으로 분개하며, 재무상태표에 단기금융상품에 포함되어 표시된다.
4. ① 지급기일이 도래한 사채이자표는 현금성자산으로 처리한다. 결산시점 만기 6개월 양도성예금증서는 단기금융상품이며, 현금성자산은 반드시 취득일로부터 만기가 3개월이내 도래하는 금융상품들이다. 선일자수표는 어음과 동일하게 처리하므로 현금이 아니다.

(6) 현금과부족 회계처리

회계기간 중에 현금장부잔액(=현금계정잔액)과 실제잔액(=금고잔액)이 불일치 할 경우 불일치 원인을 조사하여 판명하기 전까지 처리하는 임시계정과목으로 나중에 그 원인이 판명되면 판명계정과목으로 대체하며, 만약 결산 시까지 그 원인이 판명되지 않았을 경우에는 영업외수익(잡이익) 또는 영업외비용(잡손실)로 대체한다.

만약 회계기간 중에 현금과부족으로 처리한 것 없는 상태에서 기말 결산 시 현금 불일치를 발견하면 현금에서 가감하면서 그 원인을 잡이익 또는 잡손실로 처리한다.

확인문제

1. 다음 현금초과 거래(현금 장부잔액 < 현금 실제잔액)를 분개하시오.

(1) 기중에 현금 장부잔액 250,000원, 실제잔액 270,000원으로 불일치를 발견하고 원인조사 중이다.

구 분	차변(3번)	대변(4번)
분 개		

(2) 기중에 현금과부족으로 처리한 초과액 15,000원은 대여금에 대한 이자를 현금으로 받은 것이 누락됨이 밝혀졌다.

구 분	차변(3번)	대변(4번)
분 개		

(3) 기말에 현금과부족으로 처리한 금액 5,000원은 결산시까지 원인불명으로 영업외수익으로 대체하다.

구 분	차변(3번)	대변(4번)
분 개		

(4) 12월31일 기중에 처리한 현금과부족 20,000원 중 15,000원은 ㈜메가에 상품매출하고 받은 계약금으로 판명되고, 나머지 5,000원은 원인불명으로 영업외수익으로 처리한다.

구 분	차변(3번)	대변(4번)
분 개		

(5) 기말 결산 시 현금 장부잔액 250,000원, 실제잔액 270,000원으로 불일치를 발견하다.

구 분	차변(3번)	대변(4번)
분 개		

2. 다음 현금부족 (현금장부잔액 > 현금 실제잔액) 거래를 분개하시오.

(1) 기중에 현금 장부잔액은 300,000원 실제잔액 270,000원으로 불일치를 발견하고 원인 조사 중이다

구 분	차변(3번)	대변(4번)
분 개		

(2) 현금과부족으로 처리한 부족액 중 20,000원은 ㈜김영과 상품매입계약에 대한 계약금 지급액으로 판명되다.

구 분	차변(3번)	대변(4번)
분 개		

(3) 기말결산시 현금과부족으로 처리한 금액 10,000원은 결산 시까지 원인불명으로 영업외비용으로 대체하다.

구 분	차변(3번)	대변(4번)
분 개		

(4) 12월31일 현금과부족으로 처리한 30,000원 중 20,000원은 ㈜인천에 상환할 차입금에 대한 이자비용으로 판명되고, 나머지 10,000원은 결산시까지 원인불명으로 영업외비용으로 처리하다.

구 분	차변(3번)	대변(4번)
분 개		

(5) 기말 결산시 현금 장부잔액 300,000원, 실제잔액 270,000원으로 불일치를 발견하다.

구 분	차변(3번)	대변(4번)
분 개		

정답

1-(1)	(차) 현금	20,000	(대) 현금과부족	20,000	
1-(2)	(차) 현금과부족	15,000	(대) 이자수익	15,000	
1-(3)	(차) 현금과부족	5,000	(대) 잡이익	5,000	
1-(4)	(차) 현금과부족	20,000	(대) 선수금(메가)	15,000	
			잡이익	5,000	
1-(5)	(차) 현금	20,000	(대) 잡이익	20,000	
2-(1)	(차) 현금과부족	30,000	(대) 현금	30,000	
2-(2)	(차) 선급금(김영)	20,000	(대) 현금과부족	15,000	
2-(3)	(차) 잡손실	10,000	(대) 현금과부족	10,000	
2-(4)	(차) 이자비용	20,000	(대) 현금과부족	30,000	
	잡손실	10,000			
2-(5)	(차) 잡손실	30,000	(대) 현금	30,000	

(7) 부도어음과수표(또는 부도어음, 부도수표) ➔ 기타비유동자산에 속함.

거래처로부터 받은 당좌수표(=현금) 또는 거래처로부터 받아둔 약속어음(=받을어음)이 거래처의 파산, 부도 등의 사유로 은행에서 지급거절당하는 것을 「부도」라 하며, 이때 차변에 부도시 발생한 채권을 "부도어음과수표(자산-채권)"(거래처 표시함)라 한다.

확인문제

1. 제품매출대금으로 받아 보유하고 있던 (주)한라상사발행당좌수표 5,000,000원이 신한은행에 제시하였으나 지급거절(=부도) 되다.

구 분	차변(3번)	대변(4번)
분 개		

2. 7월 10일 5월10일에 제품을 매출하고 (주)동우로부터 수취한 어음 5,000,000원이 부도처리 되었다는 것을 행복은행으로부터 통보받았다(당해연도 7월 10일자로 회계처리 하시오).(55회)

구 분	차변(3번)	대변(4번)
분 개		

정답

1. (차) 부도어음과수표(한라) 5,000,000 (대) 현금 5,000,000
2. 7월 10일 (차) 부도어음과수표(동우) 5,000,000원 (대) 받을어음 (동우) 5,000,000원

(8) 단기투자자산(통합과목)

기업이 단기간 여유자금을 활용할 목적으로 보유하는 단기예금, 단기매매증권, 단기대여금을 통합한 재무상태표에 표시하는 과목을 말한다.

- 단기금융상품(= 단기예금)
  3개월 초과 1년 이내의 정기예금이나 정기적금이거나 기타 금융상품(양도성예금증서, 어음관리구좌, 기업어음, 환매체 등)을 말한다.

★ 정기예금
- 만기가 취득일 3개월 이내인 정기예금 ➔ 현금성자산으로 분류
- 만기가 결산일로부터 3개월 이후 1년 이내인 정기예금 ➔ 단기금융상품(당좌자산)
- 결산일로부터 만기가 1년 초과하는 정기예금 ➔ 장기성예금(투자자산)

확인문제

1. 국민은행에 가입된 만기 6개월 정기예금 1,000,000원이 만기되어 이자 30,000원과 함께 당사 보통예금계좌로 이체되었다.(원천징수세액 생략할 것.)

구 분	차변(3번)	대변(4번)
분 개		

2. 신한은행 정기예금 10,000,000원과 그에 대한 이자 1,000,000원이 금일 만기되어 원천징수세액 154,000원(지방소득세 포함)을 차감한 나머지는 보통예금에 이체하여 받다. (법인세는 자산처리)(회계1급)

구 분	차변(3번)	대변(4번)
분 개		

정답

1. (차) 보통예금　1,030,000　　(대) 정기예금　1,000,000
　　　　　　　　　　　　　　　　　　　이자수익　　 30,000

2. (차) 선납세금　　154,000　　(대) 정기예금　10,000,000
　　　보통예금　10,846,000　　　　이자수익　 1,000,000

2 유가증권 ✓중요

당사가 여유자금이 있을 때 유가증권(재산권을 나타내는 증권)을 구입한다. 유가증권 지분증권(주식)과 채무증권(공채, 사채 등)으로 구분된다. 타 회사의 주식이나 사채 등을 구입할 때 구입목적에 따라 아래와 같이 4가지로 구분한다.

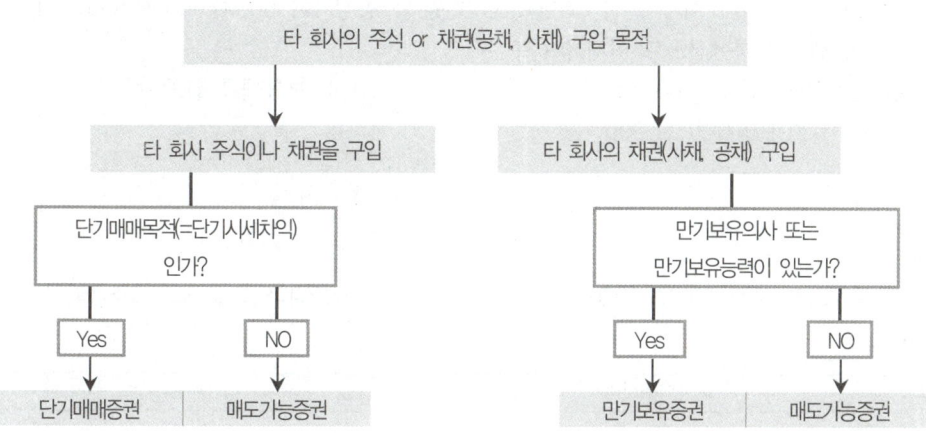

매도가능증권과 만기보유증권의 보유기간 1년 이내이면 ➡ 120번대 코드번호 선택(유동자산)
매도가능증권과 만기보유증권의 보유기간 1년 이상이면 ➡ 178 매도가능증권과 181만기보유증권으로 선택함(투자자산으로 분류)

번호	거 래	계정과목	구분
1	단기매매(=단기시세차익)목적으로 구입하는 주식이나 채권(공채, 사채 등) 구입하면 처리하는 계정과목은? 구입대상 2가지(주식과 채권:공채, 사채)		당좌A
2	만기까지 보유의사가 있거나 만기까지 보유 할 능력을 갖고 있을 경우 채권(공채, 사채 등)을 구입하면 처리하는 계정과목은? ★ 만기보유증권 구입대상 1가지 ➡ 채권(공채, 사채 등)		1년이내-유동A 120번대
			1년이상-투자A 181번
3	단기매매증권과 만기보유증권이외의 목적으로 주식이나 채권(공채, 사채 등)을 구입할 때 처리하는 계정과목은? [비상장주식(시장성 없는 주식) 또는 장기보유목적] ★ 매도가능증권의 구입대상 2가지 ➡ 주식과 채권(공채, 사채)		1년이내-유동A 120번대
			1년이상-투자A 178번
4	지배목적, 경영권을 행사할 목적으로 주식을 구입하면(총주식수의 20% 이상을 보유)		투자A

정답 1.단기매매증권 2. 만기보유증권(181) 3.매도가능증권(178) 4.지분법적용투자주식(시험출제 없다)

(1) 단기매매증권 구입 시 매입수수료

단기매매목적(=단기시세차익목적)으로 주식이나 공채, 사채 등을 구입하면 차변에 단기매매증권을 가산 입력 한다. 이때 매입수수료는 부대비용이 아니고, 영업외비용 항목인 900번대 수수료비용으로 차변에 입력한다.

[사례] 단기매매목적으로 타 회사 주식 (액면 50,000원)를 공정가치 60,000에 구입하고, 매입수수료 1,000과 함께 보통예금으로 이체하여 주다.
　　　(차) 단기매매증권　　　60,000　　　　　　　(대) 보통예금 61,000
　　　　　수수료비용(900대)　1,000

확인문제

1. 단기매매목적으로 주식 70,000원에 구입하고, 매입수수료 500원과 함께 보통예금계좌로 이체하여 지급하다.

구 분	차변(3번)	대변(4번)
분 개		

2. 단기시세차익목적으로 주식 10주(액면@₩5,000)를 @₩8,000에 구입하고, 매입수수료 600원과 함께 보통예금계좌로 이체하여 지급하다.

구 분	차변(3번)	대변(4번)
분 개		

정답

1. 단기매매증권 취득시 지급하는 매입수수료는 별도로 영업외비용인'900대 수수료비용으로 처리하여 입력합니다.
　　(차) 단기매매증권　　　70,000　　　　　(대) 보통예금 70,500
　　　　수수료비용(900번대)　500
2. 단기매매증권 취득시 지급하는 매입수수료는 별도로 영업외비용으로 분류되므로 900대 수수료비용으로 입력합니다.
　　(차) 단기매매증권　　　80,000　　　　　(대) 보통예금 80,600
　　　　수수료비용(900번대)　500

(2) 단기매매증권 매각(처분) 처분수수료

단기매매증권 처분(매각) 시 처분수수료는 별도로 비용(수수료비용)으로 처리하지 않고, 처분가액에서 차감한다.
[주의] 처분가액에서 차감하지 않고, 별도로 현금으로 지급하는 경우도 시험에서는 출제 됨.

▶ 단기매매증권처분이익 = 처분가액 > 장부금액 : 차액발생 ➡ 단기매매증권처분이익 대변 발생
▶ 단기매매증권처분손실 = 처분가액 < 장부금액 : 차액발생 ➡ 단기매매증권처분손실 차변 발생

❶ 단기매매증권 장부가액 이상으로 처분할 경우 회계처리
단기매매증권을 장부금액이상으로 처분하면 (대)단기매매증권 감소와 (대) 단기매매증권처분이익이 발생하고, 처분대금은 차변에 현금이나 예금 등으로 받는다.

[사례] 단기매매증권 10주(액면@₩5,000)를 @₩7,000에 매각(처분)하고, 대금은 보통예금으로 받다. (장부가액 @₩6,000이다)
    (차) 보통예금   70,000   (대) 단기매매증권   60,000
                                     단기매매증권처분이익 10,000
                                     (영업외수익으로 분류)

※ 단기매매증권처분이익 계산 : 처분가액 70,000 - 장부금액 60,000

❷ 단기매매증권 장부금액 이하로 처분할 경우 회계처리
단기매매증권을 장부금액 또는 취득원가이하로 처분할 경우 (대변) 단기매매증권이 감소하고, 처분대금은 차변에 현금이나 예금 등으로 받고, 나머지 차액은 (차변)단기매매증권처분손실(영업외비용)이 차변에 발생한다.

[사례] 단기매매증권 10주(액면@₩5,000)를 @₩5,500에 매각(처분)하고, 대금은 보통예금으로 받다. (장부가액 @₩6,000이다)
    (차) 보통예금   55,000   (대) 단기매매증권 60,000
       단기매매증권처분손실 5,000
       (영업외비용으로 분류)

기초용어
- **취득원가** : 취득할 때 쓴 돈으로 단기매매증권은 구입가격을 말하고, 만기보유증권과 매도가능증권은 구입가격+매입수수료
- **처분가액** : 처분하고 받는 금액으로 장부금액에 처분이익 또는 처분손실을 포함한 금액이다.
- **장부가액** : 장부에 입력된 금액을 말하는 것으로 기말 결산 전에는 취득원가이고, 기말결산 이후에는 공정가액이다.

확인문제

1. 단기매매목적으로 구입한 주식 10주 중 8주(액면@₩5,000)를 @₩7,000에 매각(처분)하고, 처분수수료 500원을 차감한 잔액은 보통예금으로 받다.(취득원가는 1주당 6,000원이다)

구 분	차변(3번)	대변(4번)
분 개		

2. 단기매매증권 10주(액면@₩5,000)를 @₩5,000에 매각(처분)하고, 처분수수료 1,000원을 차감한 잔액은 보통예금으로 받다.(취득원가는 1주당 6,000원이다)

구 분	차변(3번)	대변(4번)
분 개		

정답

★ 유가증권 처분수수료는 별도로 수수료비용으로 처리하지 않고, 처분가액에서 차감한다.

1. 단기매매증권 처분시 지출하는 처분수수료는 별도로 비용처리하지 않고, 처분가액(=받는 돈)에서 차감하여 처분이익에 차감하거나, 처분손실에 가산처리 된다.
   (차) 보통예금　　　　　55,500　　　(대) 단기매매증권　　　　48,000
   　　　　　　　　　　　　　　　　　　　　단기매매증권처분이익　 7,500

2. (차) 보통예금　　　　　49,000　　　(대) 단기매매증권　　　　60,000
   　　단기매매증권처분손실　11,000

(3) 기말 단기매매증권 평가(=후속측정) ➡ 공정가액법

기말까지 보유하고 있는 단기매매증권은 재무상태표에 기말 공정가액으로 보고한다.(공정가액법) 따라서, 결산 전 장부가액(또는 취득원가)과 기말공정가액을 비교하여 그 차액을 결산정리분개 하는데 결산수정분개는 다음과 같다.

❶ 공정가액 상승할 경우 (단기매매증권 장부금액 < 기말공정가액) 차액분개
   12/31　(차) 단기매매증권　×××　　　(대) <u>단기매매증권평가이익</u>　×××
   　　　　　　　　　　　　　　　　　　　　(영업외수익으로 분류)

❷ 공정가액 하락할 경우 (단기매매증권 장부금액 > 기말공정가액) 차액분개
   12/31　(차) <u>단기매매증권평가손실</u>　×××　　　(대) 단기매매증권　×××
   　　　(영업외비용으로 분류)

확인문제

1. 기말에 단기매매증권 취득원가 60,000원이 기말 공정가액 65,000원으로 평가하다.

구 분	차변(3번)	대변(4번)
분 개		

2. 기말결산 시 단기매매목적 보유하고 있는 주식을 다음과 같이 평가하다

주식	취득원가	전기말 공정가치 (장부금액)	당기말 공정가액
A회사	50,000원	60,000원	70,000원
B회사	60,000원	70,000원	58,000원
C회사	65,000원	80,000원	80,000원

12/31 수동결산분개 (종목별로 평가하여 통산한다) 단, 종목별로 평가하라는 경우 예외

구 분	차변(3번)	대변(4번)
분 개		

3. 다음 ( )안에 알맞은 말을 넣으시오.

(1) 유가증권은 발행목적에 따라 _____ 과 _____ 으로 구분 한다

(2) 단기매매증권 구입 시 매입수수료는 (차변) _____ 으로 입력한다.

(3) 매도가능증권 구입 시 매입수수료는 (차변) _____ 으로 입력하고, 만기보유증권 구입 시 매입수수료는 (차변) _____ 으로 입력한다.

(4) 단기매매증권 처분 시 장부금액과 처분금액을 비교하여 주가상승시 처분하면 _____ 을 _____ 변에 입력하고, 주가 하락시 처분하면 _____ 을 _____ 변에 입력한다.

(5) 기말결산 시(12/31) 단기매매증권과 매도가능증권 평가는 _____ 법이다. 따라서 장부가액과 기말 공정가액을 비교하여 공정가액이 상승하면 차액을 (대변) _____ 이라 입력하고, 공정가액이 하락하면 차액을 (차변) _____ 이라 입력한다.

(6) 유가증권의 분류는 취득 시 결정되면 그 이후에도 목적에 따라 과목이 변동이 가능하다. 그리고 매도가능증권과 만기보유증권은 보유목적에 따라 유동자산과 투자자산으로 분류된다.

> 정답

1. 취득원가와 기말공정 가액의 차액을 결산일(12/31)에 수정분개 한다. 이때 공정가액이 많으면 시가상승으로 단기매매증권 증가로 차변에 분개하고, 단기매매증권평가이익 발생은 대변에 수정분개 한다.
   (차) 단기매매증권 5,000   (대) 단기매매증권평가이익 5,000

2. 단기매매증권은 종목별로 평가한다. 따라서 A회사 B회사를 각각 평가하여 회계처리 함.
   이때 C회사는 장부금액과 당기 말 공정가치가 동일하므로 평가차액이 0원이므로 A와 B주식의 평가차익을 산출하여 통산하여 계산한다. 시험에서는 한 거래에 전표 한 장에 입력하는 것을 원칙으로 하므로 다음과 같이 분개입력 한다.
   (차) 단기매매증권평가손실 2,000   (대) 단기매매증권 2,000

[암기] 단기매매증권과 매도가능증권은 재무상태표에 기말공정가치로 보고한다.(공정가치법)
   이때, 단기매매증권평가이익이나 단기매매증권평가손실은 영업외손익으로 손익계산서에 표시하고, 매도가능증권평가이익이나 매도가능증권평가손실은 자본(기타포괄손익누계액)항목으로 재무상태표에 표시한다. 그리고, 만기보유증권은 기말결산 시 상각후원가법으로만 평가한다.(이론)

[중요] 단기매매증권처분이익 = 처분가액 − 장부가액 (양수는 처분이익이고 음수는 처분손실이다.)
   단기매매증권평가이익 = 장부가액(취득원가) ➔ 기말공정가액(시가)로 변경 (시가상승)
                    ↳ 차액 : 단기매매증권평가이익발생, 단기매매증권(+)

3. (1) 지분증권, 채무증권
   (2) 900번대 수수료비용
   (3) 매도가능증권 , 만기보유증권
   (4) 단기매매증권처분이익, 대변, 단기매매증권처분손실
   (5) 공정가액, 단기매매증권평가이익, 단기매매증권평가손실

(4) 보유 중인 단기매매증권에 대한 이자 또는 배당금 수령 시 회계처리

❶ 보유 중인 단기매매증권(주식)에 대해 배당금 받을 경우
   ㉠ 현금배당 받을 경우 ➔ (대변) 배당금수익(영업외수익)으로 처리
   ㉡ 주식배당 받을 경우 ➔ 장부금액에는 변동 없으므로 회계처리 안함 (수량↑, 단가↓조정)

[사례] 단기매매증권 보유 주식 10주 @₩11,000 110,000원이다. 이때 주식배당 1주를 받았다.
   보유 주식 10주   @₩11,000   110,000원
   주식배당 1주 받다
        11주↑ (@₩10,000)↓ 110,000원

❷ 단기매매증권(채권)에 대해 이자를 받을 경우 ➔ 이자수익(영업외수익)으로 처리함.

> 확인문제

1. 보유중인 단기매매증권에 대해 현금배당 50,000원을 보통예금으로 받다.

구 분	차변(3번)	대변(4번)
분 개		

2. 보유중인 단기매매증권에 대해 주식배당 10주를 배당 받다.

구 분	차변(3번)	대변(4번)
분 개		

3. 유가증권을 보유함에 따라 무상으로 주식을 배정 받은 경우 회계처리 방법은?
   ① 배당금수익(영업외수익)으로 처리한다.
   ② 장부가액을 증가시켜주는 회계처리는 하지 않고, 수량과 단가를 새로이 계산한다.
   ③ 장부가액을 증가시켜주는 회계처리를 하고, 수량과 단가를 새로이 계산한다.
   ④ 장부가액을 증가시켜주는 회계처리를 하고, 수량과 단가를 새로이 계산하지 않는다.

4. 다음의 자료로 당해연도 5월 5일 현재 주식수와 주당금액을 계산한 것으로 맞는 것은?

   - (주)갑의 주식을 전년도 8월 5일 100주를 주당 10,000원(액면가액 5,000원)에 취득 하였다. 회계처리시 계정과목은 단기매매증권을 사용하였다.
   - (주)갑의 주식을 전년도 12월 31일 주당 공정가치는 7,700원이었다.
   - (주)갑으로부터 당해연도 5월 5일에 무상으로 주식 10주를 수령하였다.

   ① 100주, 7,000원/주   ② 100주, 7,700원/주
   ③ 110주, 7,000원/주   ④ 110주, 7,700원/주

> 정답

1. 투자해서 갖고 있던 단기매매증권에 대해 현금배당을 받을 경우 (대변) 배당금수익(영업외수익) 으로 입력 한다.
   (차) 보통예금 50,000   (대) 배당금수익 50,000
2. 주식으로 배당을 받을 경우에는 장부금액에는 변동이 없으므로 회계처리하지 않고, 수량↑과 단가↓만 조정한다.
3. ② 장부금액 변동없고, 수량↑, 단가↓
4. ③ 770,000 ÷ 110주 = 주당 7,000원

(5) 만기보유증권과 매도가능증권 취득 시 매입수수료

만기보유증권과 매도가능증권 구입시 매입수수료는 부대비용으로 만기보유증권과 매도가능증권의 취득원가에 포함한다. 따라서 전표입력시에는 해당 자산의 증가처리 함.

확인문제

1. 9월 10일 ㈜서울에서 발행한 채권(만기는 3년 이후이고, 시장성은 없다) 10,000,000원을 만기까지 보유할 목적으로 당좌수표를 발행하여 취득하였다. 단, 채권을 취득하는 과정에서 발생한 수수료 50,000원은 현금으로 지급하였다. (56회)

구 분	차변(3번)	대변(4번)
분 개		

2. ㈜인천에서 발행한 채권(만기는 3년이후 이고, 시장성은 없다) 20,000,000원을 장기매매목적으로 보통예금으로 이체하여 취득하였다. 단, 채권을 취득하는 과정에서 발생한 수수료 200,000원은 현금 지급하였다.

구 분	차변(3번)	대변(4번)
분 개		

정답

1. 9월 10일 (차) 만기보유증권(181) 10,050,000 (대) 당좌 예금 10,000,000
   현금 50,000

2. 9월 10일 (차) 매도가능증권(178) 20,200,000 (대) 보통 예금 20,000,000
   현금 200,000

◆ 유가증권의 구분요약

구 분	구입대상	보유목적, 의도와 능력	재무상태표
단기매매증권	지분증권과 채무증권	시장성 있고(상장주식) 단기매매차익을 얻을 목적	유동자산(당좌자산)
매도가능증권		단기매매목적 또는 만기보유 능력이나 의사가 없는 경우	유동자산(120번대) 또는 투자자산(178번이상)
만기보유증권	채무증권만	만기까지 보유의사 및 능	
지분법적용투자주식	지분증권만	타 회사의 지배 및 통제	투자자산

◆ 단기매매증권과 매도가능증권 비교

구 분	단기매매증권	매도가능증권
구입대상	주식과 채권	
구입목적	단기매매목적(=단기시세차익목적)	단기매매증권과 만기보유증권이외의 목적 (= 장기보유목적)
자산구분	유동자산	1년이내 - 유동자산 (120번대) 1년이상 - 투자자산 (178번)
매입수수료	영업외비용으로 900번대 수수료비용	부대비용으로 매도가능증권에 가산
처분수수료	처분가액에서 차감 (별도로 비용처리하지 않음. 수수료비용 아님)	
기말평가방법	공정가액법 (= 공정가치법)	
기말평가	단기매매증권평가손익(영업외손익 발생)	매도가능증권평가손익(자본증감항목)

문제 유가증권

1. 유가증권을 보유함에 따라 무상으로 주식을 배정 받은 경우 회계처리 방법은?
 ① 배당금수익(영업외수익)으로 처리한다.
 ② 장부가액을 증가시켜주는 회계처리는 하지 않고, 수량과 단가를 새로이 계산한다.
 ③ 장부가액을 증가시켜주는 회계처리를 하고, 수량과 단가를 새로이 계산한다.
 ④ 장부가액을 증가시켜주는 회계처리를 하고, 수량과 단가를 새로이 계산하지 않는다.

2. (주)서원은 당해연도 6월 1일 은행으로부터 30,000,000원(상환기간 2년, 이자율 12%)을 차입하여 단기투자목적으로 삼성전자(주) 주식을 매입하였다. 주가가 상승하여 당해연도 10월 10일 일부를 처분 하였다. 이와 관련하여 당해연도 재무제표에 나타나지 않는 계정과목은?
 ① 단기매매증권   ② 단기매매증권처분익   ③ 이자비용   ④ 단기차입금

3. 다음은 (주)한강이 보유중인 유가증권(시장성이 있으며, 단기매매목적임)에 대한 내역이다. 기말 재무상태표상 단기매매증권의 장부가액은 얼마인가?

구 분	갑 회 사
보유 주식 수	100주
취 득 단 가	@ 1,000원
기말공정가액	@ 2,000원

 ① 200,000원   ② 300,000원   ③ 400,000원   ④ 500,000원

4. 매도가능증권의 평가에 대한 설명 중 가장 옳지 않은 것은?
   ① 매도가능증권평가손익은 영업외손익으로 손익계산서에 반영된다.
   ② 장부가액이 공정가액보다 높을 경우에는 매도가능증권평가손실로 계상한다.
   ③ 단기매매증권이나 만기보유증권으로 분류되지 않는 유가증권에 대한 평가이다.
   ④ 시장성 있는 매도가능증권은 장부상 금액을 공정가액에 일치시켜야 한다.

5. 유가증권 중 단기매매증권에 대한 설명이다. 다음 보기 중 가장 틀린 것은?
   ① 시장성이 있어야 하고, 단기시세차익을 목적으로 하여야 한다.
   ② 기말의 평가방법은 공정가액법이다.
   ③ 기말평가차이는 영업외수익 또는 영업외비용으로 처리한다.
   ④ 단기매매증권은 유형자산으로 분류된다.

6. 현행 기업회계기준상 유가증권 분류에 관한 설명으로 옳지 않는 것은?
   ① 유가증권은 취득시 만기보유증권, 단기매매증권, 매도가능증권, 그리고 지분법적용투자주식 중의 하나로 분류된다.
   ② 단기매매증권과 매도가능증권은 채무증권을 포함하지 않는다.
   ③ 만기가 확정된 채무증권으로서 상환금액이 확정되었거나 확정이 가능한 채무증권을 만기까지 보유할 적극적인 의도와 능력이 있는 경우에는 만기보유증권으로 분류한다.
   ④ 단기매매증권이나 만기보유증권으로 분류되지 아니하는 유가증권은 매도가능증권으로 분류한다.

7. 단기간 내의 매매차익을 목적으로 A사 주식 10주를 주당 ₩3,000에 취득하고, 거래수수료 ₩2,000을 지급하였다. 결산일 현재 A사 주식의 공정가액은 주당 ₩3,100이다. 기업회계기준에 의할 경우 결산일의 회계처리로 올바른 것은?
   ① 단기매매증권평가이익 ₩1,000을 계상한다.
   ② 단기매매증권평가손실 ₩1,000을 계상한다.
   ③ 단기매매증권은 취득원가로 평가하므로 별다른 회계처리가 필요 없다.
   ④ 단기매매증권처분손실 ₩1,000을 계상한다.

8. 다음은 (주)알파의 당해연도 거래 중 단기매매증권과 관련된 것이다. 당해연도 (주)알파의 재무제표에 표시될 단기매매증권 및 영업외수익은 각각 얼마인가?

   • 4월 8일 (주)오메가전자의 보통주 100주를 ₩5,000,000에 취득하였다.
   • 8월 1일 (주)오메가전자로부터 ₩200,000의 중간배당금을 현금 수령하였다.
   • 12월31일 (주)오메가전자의 보통주 시가(공정가액)는 ₩5,450,0000이다.

   ① ₩ 5,000,000   ₩ 200,000   ② ₩ 5,000,000   ₩ 450,000
   ③ ₩ 5,450,000   ₩ 650,000   ④ ₩ 5,450,000   ₩ 450,000

9. 다음 자료는 (주)대한물산이 단기간 내에 매매차익을 목적으로 취득하여 보유중인 ㈜세계물산주식내역으로 당사는 단기매매증권으로 분류하여 회계처리하고 있다. 당해연도. 2.11. 처분 시 분개로 가장 옳은 것은?

• 전년도. 11. 1 취득가액	₩1,500,000
• 전년도. 12.31 결산일 현재 공정가액	₩1,600,000
• 당해연도. 2.11 처분가액	₩1,400,000

① (차) 현금　　　　　　　　　1,400,000　　　(대) 단기매매증권　1,400,000
② (차) 현금　　　　　　　　　1,400,000　　　(대) 단기매매증권　1,500,000
　　　단기매매증권처분손실　 100,000
③ (차) 현금　　　　　　　　　1,400,000　　　(대) 단기매매증권　1,600,000
　　　단기매매증권처분손실　 200,000
④ (차) 현금　　　　　　　　　1,400,000　　　(대) 단기매매증권　1,500,000
　　　단기매매증권처분손실　 100,000

10. 기업회계기준상 장기시세차익 목적으로 시장성 없는 주식을(비상장주식) 취득하는 경우 가장 적합한 계정과목은 무엇인가?
　① 만기보유증권　　② 매도가능증권　　③ 단기매매증권　　④ 지분법적용투자주식

11. 다음 중 유가증권에 대한 내용으로 가장 옳지 않은 것은?
　① 유가증권은 취득 후에 만기보유증권, 단기매매증권, 매도가능증권 중의 하나로 분류한다.
　② 유가증권의 분류는 취득시 결정되면 그 후에 변동되지 않는다.
　③ 주로 단기간 내의 매매차익을 목적으로 취득한 유가증권으로서 매수와 매도가 적극적이고 빈번하게 이루어지는 것은 단기매매증권이다.
　④ 만기가 확정된 채무증권으로서 상환금액이 확정되었거나 확정이 가능한 채무증권을 만기까지 보유할 적극적인 의도와 능력이 있는 경우에는 만기보유증권이다.

12. 다음 중 유가증권의 후속측정에 대해 바르게 설명하지 않은 것은?
　① 단기매매증권과 매도가능증권은 원칙적으로 공정가치로 평가한다.
　② 매도가능증권 중 시장성이 없는 지분증권의 공정가치를 신뢰성 있게 측정할 수 없는 경우에는 취득원가로 평가한다.
　③ 만기보유증권을 상각후원가로 측정할 때에는 장부금액과 만기액면금액의 차이를 상환기간에 걸쳐 유효이자율법에 의하여 상각하여 취득원가와 이자수익에 가감한다.
　④ 만기보유증권은 공정가치와 상각후원가 중 선택하여 평가한다.

13. 기말 현재 단기매매증권 보유현황은 다음과 같다. 다음 중 일반기업회계기준에 따른 기말 평가를 하는 경우 올바른 분개로 가장 타당한 것은? (52회)

- A사 주식의 취득원가는 200,000원이고 기말공정가액은 300,000원이다.
- B사 주식의 취득원가는 150,000원이고 기말공정가액은 120,000원이다.

① (차) 단기매매증권 100,000원   (대) 단기매매증권평가이익 100,000원
② (차) 단기매매증권 70,000원   (대) 단기매매증권평가이익 70,000원
③ (차) 단기매매증권 420,000원   (대) 단기매매증권평가이익 420,000원
④ (차) 단기매매증권 350,000원   (대) 단기매매증권평가이익 350,000원

14. 다음 중 유가증권에 대한 설명으로 틀린 것은?
① 단기매매증권과 매도가능증권은 원칙적으로 공정가치로 평가한다.
② 매도가능증권은 보유목적에 따라 유동자산이나 투자자산으로 분류된다.
③ 단기매매증권과 매도가능증권의 미실현보유이익은 당기순이익항목으로 처리한다.
④ 단기매매증권이 시장성을 상실한 경우에는 매도가능증권으로 분류하여야 한다.

15. 기말 현재 단기매매증권 보유현황은 다음과 같다. 단기매매증권 보유를 함에 따라 손익계산서에 반영할 영업외손익의 금액은 얼마인가?

- A사 주식의 취득원가는 200,000원이고 기말공정가액은 300,000원이다
- A사 주주총회를 통해 현금배당금 60,000원을 받다.
- B사 주식의 취득원가는 150,000원이고 기말공정가액은 120,000원이다.

① 70,000원   ② 100,000원
③ 130,000원   ④ 160,000원

16. 시장성 있는 (주)A의 주식 10주를 1주당 56,000원에 구입하고, 거래수수료 5,600원을 포함하여 보통예금계좌에서 결제하였다. 당해 주식은 단기매매차익을 목적으로 보유하는 경우이며, 일반기업회계기준에 따라 회계처리하는 경우 발생하는 계정과목으로 적절치 않은 것은?
① 단기매매증권   ② 만기보유증권
③ 지급수수료   ④ 보통예금

17. 다음의 자료로 당기 5월 5일 현재 주식수와 주당금액을 계산한 것으로 맞는 것은?

> - (주)갑의 주식을 전기 8월 5일 100주를 주당 10,000원(액면가액 5,000원)에 취득하였다. 회계처리시 계정과목은 단기매매증권을 사용하였다.
> - (주)갑의 주식을 전기 12월 31일 주당 공정가치는 7,700원이었다.
> - (주)갑으로부터 당기 5월 5일에 무상으로 주식 10주를 수령하였다.

① 100주, 7,000원/주 ② 100주, 7,700원/주
③ 110주, 7,000원/주 ④ 110주, 7,700원/주

18. 기말현재 보유하고 있는 유가증권의 현황이 다음과 같을 경우 적절한 회계처리는?

> - 취득원가 1,000,000원의 갑회사 주식(단기보유목적), 기말공정가액 1,200,000원
> - 취득원가 9,000,000원의 을회사 주식(장기투자목적, 시장성있음), 기말공정가액 8,500,000원

① (차) 유가증권평가손실   300,000   (대) 유가증권   300,000
② (차) 단기매매증권   200,000   (대) 단기매매증권평가이익 200,000
   (차) 매도가능증권평가손실 500,000   (대) 매도가능증권   500,000
③ (차) 단기매매증권   200,000   (대) 단기매매증권평가이익 200,000
   (차) 매도가능증권평가손실 500,000   (대) 매도가능증권평가손실충당금 200,000
④ (차) 유가증권평가손실   300,000   (대) 유가증권평가손실충당금 300,000

19. 다음 괄호 안에 들어갈 내용을 순서대로 적은 것으로 옳은 것은?

> (   )에 대한 미 실현 보유손익은 당기손익항목으로 처리한다. (   )에 대한 미 실현 보유 손익은 기타포괄손익누계액으로 처리한다.

① 단기매매증권, 만기보유증권   ② 단기매매증권, 매도가능증권
③ 매도가능증권, 만기보유증권   ④ 매도가능증권, 지분법적용투자주식

정답

1. ② 무상으로 타 회사의 주식을 배당 받으면 회계처리하지 않고 수량과 단가만 새로 계산 반대로 우리회사가 주주총회에서 무상으로 주식을 배당을 결정하면, 미교부주식배당금(자본조정항목)으로 처리하였다가 주식을 배당하면 미교부주식배당금을 소멸시키고 자본금 증가분개를 한다.
2. ④ 상환기간이 2년이면 장기차입금(비유동부채)이다.
   이자계산은 원금 × 이율 × 기간 으로 차입시 이자는 이자비용으로 처리한다.
3. ① 재무상태표상 단기매매증권의 장부가액은 공정가액이다.
4. ① 매도가능증권평가손익은 기타포괄손익누계액으로 분류 되므로 손익계산서에 기입할 수 없다.
5. ④ 단기매매증권은 유동자산으로 분류한다.
   기말평가차이는 단기매매증권평가손실(영업외비용), 단기매매증권평가이익(영업외수익)으로 처리

6. ② 단기매매증권과 매도가능증권은 채무증권(사채 등)과 지분증권(주식)을 모두 포함한다. 채무증권은 지분법적용투자주식에만 포함되지 않고, 지분증권은 만기보유증권에만 포함되지 않는다.

7. ① 취득원가는 30,000(10주×3,000)이다. 따라서 1주당 취득원가는 ₩3,000 이므로 결산일 공정가액 3,100으로 평가되었다면 1주당 100원의 평가이익이다. 따라서 10주× ₩100 = ₩1,000 단기매매증권평가이익이 대변에 발생한다.

8. ③ 중간배당금을 수령하였다는 말은 회기간 중에 중간결산을 통해 배당금을 받았다는 말이다. 따라서 배당금 수령 시 발생하는 수익을 "배당금수익"이라 하며 200,000은 영업외수익으로 분류된다.

   8/1 분개 : (차) 현 금 200,000   (대) 배당금수익 200,000 (영업외수익)

   4/8 취득한 단기매매증권 5,000,000을 12/31 5,450,000(공정가액)으로 평가함에 따라 보유하고 있는 단기매매증권은 5,000,000원이 아니라 12/31 현재 5,450,000원으로 변경될 때 아래와 같이 분개 처리한다.

   12/31분개 : (차) 단기매매증권 450,000   (대) 단기매매증권평가이익 450,000 (영업외수익)

9. ③ 처음 취득한 금액은 1,500,000원 이지만 12/31 평가를 통해 보유하고 있는 단기매매증권의 장부가액은 공정가액 1,600,000원 이다. 따라서 이것을 1,400,000에 처분할 경우 차변 차액 200,000원은 단기매매증권처분손실이 발생한다.

10. ②

11. ② 일반기업회계기준 6장 문단 6.34

유가증권의 보유의도와 보유능력에 변화가 있어 재분류가 필요한 경우에는 다음과 같이 처리한다.

(1) 단기매매증권은 다른 범주로 재분류할 수 없으며, 다른 범주의 유가증권의 경우에도 단기매매증권으로 재분류할 수 없다. 다만, (일반적이지 않고 단기간 내에 재발할 가능성이 매우 낮은 단일한 사건에서 발생하는)드문 상황에서 더 이상 단기간 내의 매매차익을 목적으로 보유하지 않는 단기매매증권은 매도가능증권이나 만기보유증권으로 분류할 수 있으며, 단기매매증권이 시장성을 상실한 경우에는 매도가능증권으로 분류하여야 한다.

(2) 매도가능증권은 만기보유증권으로 재분류할 수 있으며 만기보유증권은 매도가능증권으로 재분류할 수 있다

(3) 유가증권과목의 분류를 변경할 때에는 재분류일 현재의 공정가치로 평가한 후 변경한다.

12. ④ 만기보유증권은 공정가액으로 평가하지 않고 상각후 취득원가로 평가하여 재무상태표에 표시한다.

13. ② 단기매매증권평가이익= (300,000+120,000)-(200,000+150,000)=70,000원

14. ③ 매도가능증권에 대한 미실현보유손익은 기타포괄손익누계액으로 처리한다.(일반기업회계기준 6.31)

15. ③ A사 주식단기매매증권평가이익 100,000원 + 배당금수익 60,000원 = 160,000원

   B사 주식 단기매매증권평가손실   △30,000원

   합 계   130,000원

16. ② 상기의 거래는 다음과 같이 회계처리된다.

   단기매매증권 560,000   /   보통예금 565,600
   900대 수수료비용 5,600

유가증권은 취득한 후에 만기보유증권, 단기매매증권 그리고 매도가능증권 중의 하나로 분류하여야 한다. (일반기업회계기준 6.22)

17. ③ 단기매매증권 보유시 주식을 배당받으면 별도의 회계처리는 하지 않고 보유수량과 합산하여 단가만 재조정한다.

   110주, 7,000원   2012.8.5.   단기매매증권 1,000,000원(100주, 10,000원/주)
                    2012.12.31. 단기매매증권   770,000원(100주, 7,700원/주)
                                 ＋ 10주
                    2013.5.5.   단기매매증권   770,000원(110주, 7,000원/주)

18. ② · 단기매매증권과 매도가능증권은 공정가치로 평가한다. 다만, 매도가능증권 중 시장성이 없는 지분증권의 공정가치를 신뢰성있게 측정할 수 없는 경우에는 취득원가로 평가한다.(일반기업회계기준 6.30)

· 단기매매증권에 대한 미실현보유손익은 당기손익항목으로 처리한다. 매도가능증권에 대한 미실현보유손익은 기타포괄손익누계액으로 처리하고, 당해 유가증권에 대한 기타포괄손익누계액은 그 유가증권을 처분하거나 손상차손을 인식하는 시점에 일괄하여 당기손익에 반영한다.(일반기업회계기준 6.31)-

19. ② 단기매매증권에 대한 미실현보유손익은 당기손익항목으로 처리한다. 매도가능증권에 대한미실현보유손익은 기타포괄손익누계액으로 처리하고, 당해 유가증권에 대한 기타포괄손익누계액은 그 유가증권을 처분하거나 손상차손을 인식하는 시점에 일괄하여 당기손익에 반영한다.(일반기업회계기준 6.31)

3 매출채권(vs 매입채무) ~ 재무상태표(제출용)에 표시되는 통합과목

(1) 외상매출금(자산) : 거래처 필수입력 계정과목

도소매업의 상품이나, 제조업에서 제품을 외상매출 할 때 차변에 생긴 채권을 말한다. 만약, 상품매출, 제품매출 이외의 다른 자산을 외상으로 처분할 경우에는 외상매출금이 아니고 미수금(자산)으로 처리한다.

※ 외상매출금의 증감변화(차변과 대변) 구분하기

① 상품이나 제품을 외상매출하면(채권발생) ➡ 외상매출금 증가 ➡ 차변 외상매출금을 기입한다.
② 외상매출금을 회수하면(채권소멸) ➡ 외상매출금 감소 ➡ 대변 외상매출금을 기입한다.
③ 매출환입(=매출반품), 매출에누리, 매출할인 ➡ 외상매출금 차감항목 ➡ 대변에 외상매출금을 기입한다.
④ 외상매출금에 대해 대손(=회수불능) 발생하면 ➡ 외상매출금 감소 ➡ 대변에 기입한다.
⑤ 외상매출금 기초 잔액(전기이월) ➡ 차변에 기입하다.
⑥ 외상매출금 기말 잔액(차기이월) ➡ 대변에 기입한다.

[외상매출금 계정의 구성요소] 공부는 차변요소와 대변요소 항목을 구분할 수 있는 것이 중요 합니다.

(+)	외상매출금	(−)	
기초잔액 (전기말 미회수액)	×××	외상매출금 회수액	×××
외상매출금 발생액	×××	외상매출금 대손액	×××
		매출환입 · 매출에누리 · 매출할인	×××
		기말잔액 (당기말 미회수액)	×××

> 확인문제

1. (주)대한상사에 제품 5,000,000원을 매출하고 대금은 월말에 받기로 하다.

구 분	차변(3번)	대변(4번)
분 개		

2. (주)대한상사에 대한 외상매출금 5,000,000원을 약정일에 보통예금계좌로 이체하여 받다.

구 분	차변(3번)	대변(4번)
분 개		

3. (주)부천상사에 외상매출한 제품에 대해 30,000원이 환입되다. (차감계정 설정할 것)

구 분	차변(3번)	대변(4번)
분 개		

정답

1. (차) 외상매출금(대한)   5,000,000   (대) 제품매출   5,000,000
2. (차) 보통예금   5,000,000   (대) 외상매출금(대한)   5,000,000
3. (차) 매출환입 및 에누리   30,000   (대) 외상매출금(부천)   30,000

(2) 매출할인(매출액 차감항목)

외상매출금을 약정일 이전에 조기 회수할 때 외상매출금을 할인해주는 것(깎아주는 것)을 차변에 "매출할인"이라 하며, 제품매출 또는 상품매출(수익)에서 차감하는 형식으로 차변에 전표입력하여 손익계산서 제품매출 밑에 차감하는 형식으로 차감항목을 표시한다.

[매출할인 코드번호]
① 제품 외상매출금에 대한 매출할인 ➔ (406)매출할인(제품매출)을 선택하여 입력.
② 상품 외상매출금에 대한 매출할인 ➔ (403)매출할인(상품매출)을 선택하여 입력.

확인문제 다음 거래를 읽고 분개 하시오.

대한상사의 제품 외상매출금 7,000,000원을 회수하면서 약정기일보다 20일 빠르게 회수하여 350,000원을 할인해 주었다. 그리고 나머지 대금은 모두 보통예금에 입금되었다.

구 분	차변(3번)	대변(4번)
분 개		

정답

(차) 매출할인(제품매출) 350,000   (대) 외상매출금(대한) 7,000,000
    보통예금   6,650,000

(3) 받을어음(vs 지급어음) : 거래처 필수입력 계정과목

도소매업에서 상품매출이나 제조업에서 제품을 매출하고 거래처발행 어음(약속어음, 전자어음) 등을 받은경우 생긴 채권을 말한다.

❶ 제품(=주된 영업활동)을 500원에 매출하고 거래처 발행 약속어음을 받을 경우 회계처리
(차) 받을어음(거래처) 500   (대) 제품매출(수익) 500

❷ 만기일에 받을어음 500원을 추심(=회수)할 때 추심수수료 30원 차감한 나머지 보통예금에 입금되는 경우
(차) 수수료비용(800대)   30   (대) 받을어음(거래처) 500
     보통예금   470

❸ 만기일에 받을어음 500원이 부도(= 지급거절)될 경우
(차) 부도어음과수표(거래처) 500   (대) 받을어음(거래처) 500

❹ 원재료 500원 구입 할 때 매출대금으로 받은 약속어음(=받을어음) 500원을 배서양도 할 경우
(차) 원재료 500   (대) 받을어음(거래처) 500

❺ 만기일 이전에 받을어음 500원을 할인하고 할인료 40원을 차감한 나머지는 보통예금이 입금되는 경우(매각거래)
(차) 매출채권처분손실   40   (대) 받을어음(거래처) 500
     보통예금   460

(4) 받을어음의 배서양도

우리 회사(당사)가 원재료 구입하거나 외상매입금 상환(=지급)으로 매출대금으로 받아 보유하고 있는 약속어음(=받을어음)을 타인(=거래처)에게 주는 것(➜ 받을어음 감소)

❶ 원재료1,000원을 구입하고 대금은 매출대금으로 받아둔 어음(=받을어음)을 배서양도하면
(차) 원재료   1,000   (대) 받을어음(거래처) 1,000

❷ 외상매입금 1,500원을 지급을 위해 받을어음 1,000원을 배서양도하고, 나머지는 당사가 약속어음을 발행하면
(차) 외상매입금(거래처) 1,500   (대) 받을어음(거래처) 1,000
                                       지급어음(거래처)   500

확인문제

1. (주)서울에서 원재료 10,000,000원을 구입하고 대금 중 6,000,000원은 제품매출대금으로 받아둔 (주)부천발행 약속어음을 배서양도하고 나머지는 당사발행약속어음을 지급하다.

구 분	차변(3번)	대변(4번)
분 개		

2. 원재료 매입처인 (주)부산상사의 외상매입금 20,000,000원을 지급하기 위해 (주)인천에서 받아 보관 중인 약속어음 15,000,000원을 배서양도하고 나머지는 당사가 당좌수표를 발행하여 지급하다.

구 분	차변(3번)	대변(4번)
분 개		

정답

1. (차) 원재료　　　　　　10,000,000　　　　(대) 받을어음(부천)　6,000,000
　　　　　　　　　　　　　　　　　　　　　　　　지급어음(서울)　4,000,000
2. (차) 외상매입금(부산) 20,000,0000　　　　(대) 받을어음(인천) 15,000,000

(5) 받을어음 할인

우리 회사(=당사)가 어음 만기일 이전에 받을어음을 거래은행에 매각(처분)하므로써 받을어음 감소와 할인료(할인수수료)는 "매출채권처분손실"(영업외비용)이 발생한다.

❶ 매각거래(받을어음을 처분하는 거래) ➡ (대변) 받을어음 감소와 할인수수료를 차감할 때(수수료비용 아님)
　　　　　　　　　　　　　　　➡ (차변) 매출채권처분손실로 처리(입력)하여 영업외비용 분류
(매각거래 시 할인수수료는 처분거래로써 받을어음(매출채권)을 처분할 때 못 받는 손실 ➡ 매출채권처분손실로 처리)
❷ 차입거래(받을어음을 담보로 차입금이 생기는 거래)
　세무2, 1급 출제범위로서 전산회계1급에서는 매각거래만 출제하고 있으므로 매각거래만 연습합니다.

확인문제

1. (주)대박으로부터 매출대금으로 받은 약속어음 30,000,000원을 곧바로 신한은행에서 할인(매각)하고 할인료 500,000원을 차감한 잔액을 보통예금으로 이체하여 받다. (단, 어음할인은 매각(처분)거래로 간주한다.)

구 분	차변(3번)	대변(4번)
분 개		

2. 대구상회로부터 제품매출대금으로 받아둔 약속어음 4,000,000원을 만기일 전에 거래은행에 할인하고, 할인수수료 100,000원을 차감한 잔액은 보통예금에 입금하였다. (단, 어음할인은 매각(=처분)거래로 처리한다.)

구 분	차변(3번)	대변(4번)
분 개		

정답

1. (차) ② 매출채권처분손실   500,000   (대) ① 받을어음(대박) 30,000,000
       ③ 보통예금(신한) 29,500,000
2. (차) ② 매출채권처분손실   100,000   (대) ① 받을어음(대구)   4,000,000
       ③ 보통예금   3,900,000

(6) 받을어음 회수

우리 회사(=당사)가 어음 만기일에 받을어음 은행을 통해 은행이 대신 제시하고 어음대금을 추심(=회수)할 때 차감하는 수수료(= 추심수수료)는 은행에 지출한 비용(판.관.비)으로 800대 수수료비용(=구 버전 → 지급수수료)으로 처리한다.

확인문제

만기가 도래하여 거래은행에 추심 의뢰한 (주)송도전자의 받을어음 50,000,000원 중에서, 추심수수료 100,000원을 차감한 금액이 보통예금 계좌로 추심하다.(= 어음대금회수)

구 분	차변(3번)	대변(4번)
분 개		

정답

(차) 800대 수수료비용   100,000   (대) 받을어음(송도) 50,000,000
    보통예금   49,900,000

(7) 부도어음과 수표(채권)

매출대금으로 거래처에 받아 보유하고 있는 약속어음(=받을어음)이나 현금으로 처리한 거래처발행 당좌수표를 거래은행에 추심의뢰 할 때 은행에서 지급거절(=부도)될 경우 생긴 채권을 말한다. (거래처 표시함)

확인문제

1. 3월1일 1개월 전에 제품을 매출하고 (주)인천으로부터 받아둔 어음 3,000,000원이 금일 부도처리 되었다는 것을 신한은행으로부터 통보받았다.(금일 부도 시 회계 처리하시오)

구 분	차변(3번)	대변(4번)
분 개		

2. 5월1일 제품을 매출하고 받은 (주)제주발행당좌수표 5,000,000원이 금일 부도처리 되었다는 것을 기업은행으로부터 통보받았다.

구 분	차변(3번)	대변(4번)
분 개		

정답

1. (차) 부도어음과 수표(인천)   3,000,000   (대) 받을어음(인천)   3,000,000
2. (차) 부도어음과 수표(제주)   5,000,000   (대) 현금   5,000,000

4 기타채권과 임시계정과목 회계처리

(1) 단기대여금(빌려준 돈-자산) (거래처표시 계정과목)

현금을 대여할 때 생긴 채권으로 재무상태표 작성일로부터 1년 이내인 대여금 ➔ 단기대여금(당좌자산)대여기간이 1년 이상인 대여금 ➔ 장기대여금(투자자산)으로 구분된다 (전표입력시 거래처명 입력한다)

❶ 현금을 대여하면(대여기간 1년 이내) ➔ (차변) 단기대여금(거래처) 입력한다.
❷ 단기대여금과 대여금에 대한 이자를 함께 회수하면 ➔ (대변) 단기대여금(거래처) 감소
　　　　　　　　　　　　　　　　　　　　　　　　　　(대변) 이자수익 발생
❸ 이자수령 시 원천징수세액은 차감하고 받는다. 이때 원천징수세액은 당사(법인기업)가 기중에 납부한 법인세로 "(차변) 선납세금(자산)"이라 입력하였다가 기말결산 시 법인세 등(=법인세비용)으로 대체되면서 선납세금은 대변에 차감된다.
❹ 차용증 대신 약속어음을 받고 현금을 대여하면 ➔ (차변) 단기대여금(거래처) 입력 한다.

> **확인문제**

1. 매입처 한라전자에 6개월 후 회수조건으로 차용증서를 받고 현금 5,000,000원을 대여하였다.

구 분	차변(3번)	대변(4번)
분 개		

2. 한라전자의 단기대여금 5,000,000원과 이자 300,000원을 원천징수세 75,000원(지방소득세 별도)를 공제한 나머지가 보통예금통장으로 입금 되었다.

구 분	차변(3번)	대변(4번)
분 개		

3. (주)동진의 외상매출금 10,000,000원을 거래처의 자금사정으로 10개월후 상환하는 조건으로 차용증을 받고 대여금으로 전환하여 주다.

구 분	차변(3번)	대변(4번)
분 개		

> **정답**

1. (차) 단기대여금(한라)　5,000,000　(대) 현금　5,000,000
2. (차) 선납세금　　　　　　75,000　(대) 단기대여금(한라)　5,000,000
　　　보통예금　　　　5,225,000　　　이자수익　　　　　300,000
3. (차) 단기대여금(동진)　10,000,000　(대) 외상매출금(동진)　10,000,000

(2) 미수금(vs 미지급금)

도소매업에서 상품매출 또는 제조업에서 제품매출 이외의 다른 자산을 처분할 때 생긴 외상대금이나 어음대금을 "미수금(자산)"이라하며 기타채권에 속한다.

❶ 건물, 차량운반구, 비품 등을 처분하고 대금을 외상하거나, 약속어음을 받을 경우 생긴 채권
  ➜ (차변) 미수금(거래처) 입력한다.
❷ 건물, 차량운반구, 비품 등 외상처분대금(=미수금)을 회수할 경우 ➜ 채권소멸
  ➜ (대변) 미수금(거래처) 입력한다.

★ 유형자산을 처분하면 재무상태표에서 유형자산과 차감계정인 감가상각누계액이 차감분개하고, 처분가액 받는 금액입력 이후 (대변)유형자산처분이익 또는 (차변)유형자산처분손실을 산출하여 입력합니다.

확인문제

1. (주)안산상사에 업무용 온풍기(비품)(취득원가 800,000, 감가상각누계액 500,000원)를 200,000원에 외상으로 처분하다.

구 분	차변(3번)	대변(4번)
분 개		

2. (주)인천상사에 업무용 승용차(취득원가 5,000,000원, 감가상각누계액 3,000,000원)를 2,500,000원에 매각하고 대금은 약속어음(한달 후 만기)을 받았다.

구 분	차변(3번)	대변(4번)
분 개		

3. (주)한국상사에 본사 건물(취득원가 100,000,000원, 처분 전 감가상각누계액 30,000,000원)를 70,000,000원에 매각하고 대금 중 50,000,000원은 자기앞수표로 받고, 나머지는 약속어음을 받았다.

구 분	차변(3번)	대변(4번)
분 개		

4. (주)한국상사에게 건물을 매각하고 받은 약속어음 20,000,000원을 금일 보통예금으로 이체받다.

구 분	차변(3번)	대변(4번)
분 개		

> 정답

1. (차) ② 213감가상각누계액   500,000   (대) ① 212비품   800,000 (원가)
      ③ 유형자산처분손실   100,000
      ④ 미수금(안산)   200,000
2. (차) ② 209감가상각누계액   3,000,000   (대) ① 208차량운반구 5,000,000 (원가)
      ④ 미수금(인천)   2,500,000   ③ 유형자산처분이익   500,000
3. (차) ② 203감가상각누계액 30,000,000   (대) ① 202건물   100,000,000
      ③ 현금   50,000,000
        미수금(한국)   20,000,000
4. (차) 보통예금   20,000,000   (대) 미수금(한국)   20,000,000

(3) 선급금(vs 선수금) (거래처 표시함)

상품이나 원재료 등 구입 계약하고, 계약금을 먼저 지급할 때 차변에 생기는 채권으로 상품이나 원재료를 매입하면 대변에 선급금을 차감한다.

❶ 원재료나 상품 구입계약을 맺고 계약금을 지급하면 ➔ (차변) 선급금(거래처) 입력한다.(가산입력)
❷ 상품이나 원재료 등을 매입하고 계약금을 차감하면 ➔ (대변) 선급금(거래처) 입력한다.(차감입력)

[주의] 건물을 신축(건설)하기 위해 공사계약금을 지급하면 → (차변) 건설중인자산(임시유형자산) 입력. 건설중인 자산은 나중에 준공(=완공)되면 건물로 대체되면서 대변에 차감된다.

> 확인문제

1. 7월 27일 창고 임차보증금에 대한 계약금 2,000,000원을 상화빌딩에 자기앞수표로 지급하였다. 계약기간은 2022년 8월 1일 ~ 2023년 7월 31일이다.(회계1 46회)

구 분	차변(3번)	대변(4번)
분 개		

2. (주)서울상사에 제품 5,000,000원 매출계약을 맺고, 계약금 500,000원을 동사발행당좌수표로 받다.

구 분	차변(3번)	대변(4번)
분 개		

3. (주)서울상사에 제품 5,000,000원을 매출하고, 계약금 500,000원을 차감한 나머지는 동사발행약속어음을 받다.

구 분	차변(3번)	대변(4번)
분 개		

4. (주)인천에서 원재료 10,000,000원 구입계약을 맺고 계약금 10%를 현금으로 지급하다.

구 분	차변(3번)	대변(4번)
분 개		

5. (주)인천에서 원재료 10,000,000원을 구입하고 계약금 1,000,000원을 차감한 나머지는 당사발행당좌수표로 지급하다.

구 분	차변(3번)	대변(4번)
분 개		

정답

1. (차) 선급금(상화빌딩)   2,000,000   (대) 현금   2,000,000
2. (차) 현금   500,000   (대) 선수금(서울)   500,000
3. (차) ② 선수금(서울)   500,000   (대) ① 제품매출   5,000,000
       ③ 받을어음(서울) 4,500,000
4. (차) 선급금(인천)   1,000,000   (대) 현금   1,000,000
5. (차) 원재료   10,000,000   (대) 선급금(인천)   1,000,000
                                        당좌예금   9,000,000

(4) 가지급금(임시자산계정) ~ 거래처 표시 (실무: 전도금이라고도 함)

현금지출 시 그 사용내역이나 금액이 불확실할 때 차변에 설정하는 임시자산계정과목으로 나중에 가지급금의 원인이 판명되면 판명계정으로 대체(바뀐다)되면서 가지급금(거래처표시)은 대변에 감소한다.

▶ 실무사례
❶ 출장비개산액(불확실한 금액) 지급하거나, 활동비개산액 지급할 경우 ➡ 가지급금(거래처) 증가로 차변 입력
❷ 출장간 사원이 귀사하여 정산하면(영수증 제출 받으면) ➡ 가지급금(거래처)을 여비교통비(접대비 별도)로 대체
   (차) 여비교통비 ×××   (대) 가지급금(직원명) ×××   → 차액은 현금으로 받거나 지급한다.
❸ 법인기업의 대표이사가 개인적으로 사용하는 금품 회계처리 ➡ (차변) 가지급금(+) 입력한다.

확인문제

1. 관리부 직원 홍길동에게 출장을 명하고 출장비 300,000원을 현금으로 지급하였다.

구 분	차변(3번)	대변(4번)
분 개		

2. 출장을 다녀온 관리부직원 홍길동이 가지급금으로 처리한 출장비 300,000원에 대하여 정산을 하고 잔액은 현금으로 회수하였다. 출장비사용내역상의 영수증금액은 250,000원임

구 분	차변(3번)	대변(4번)
분 개		

3. 대표이사가 제품 원가1,000,000원 시가 1,500,000원을 개인적으로 사용하였다.

구 분	차변(3번)	대변(4번)
분 개		

★ 재고자산(상품, 제품, 원재료 등)을 정상적으로 판매 또는 소비하지 않아 감소할 경우 대변에 재고자산 입력시 적요란에 8번 표시 함(매출원가 차감)

4. 출장갔던 생산직사원 이익동이 복귀하여 지난 주에 가지급금으로 처리하였던 출장비 150,000원을 정산하고, 초과지출분 16,000원을 추가로 현금지급 하였다. (가지급금계정에 거래처 입력할 것)(49회)

구 분	차변(3번)	대변(4번)
분 개		

5. 4월 17일 4월 1일에 계상된 가지급금은 영업팀의 이무영씨가 대전에 출장을 다녀 온 후 출장비로 다음과 같이 정산되었다.(단, 가지급금의 거래처 입력은 생략함)

참고 가지급금 금액은 4/1 일반전표를 조회하면 확인할 수 있다

출장비지출 내역	·교통비와 음식숙박비 : 870,000원(영수증 금액) ·현금잔액 : 30,000원

구 분	차변(3번)	대변(4번)
분 개		

정답

1. (차)	가지급금(김제동)	300,000	(대) 현금	300,000	
2. (차)	현　　금	50,000	(대) 가지급금(김제동)	300,000	
	800대 여비교통비	250,000			
3. (차)	가지급금(대표이사)	1,000,000	(대) 제품(적요 8번 표시)	1,000,000	
4. (차)	여비교통비(500대)	166,000	(대) 가지급금(이익동)	150,000	
			현금	16,000	
5. 4월 17일 (차)	현금	30,000	(대) 가지급금	900,000	
	여비교통비(800대)	870,000			

(5) **선납세금**(실기입력 시 계정과목이며, 이론에서는 선급법인세라 함)

　법인세는 법인기업이 번 소득에 대해서 납부하는 세금으로 다음연도 3월(3/1~3/31)이 납부기한이다. 이때 선납세금은 회계기간 중에 법인기업이 미리 납부한 법인세로서 법인기업의 이자나 배당소득에 대한 원천징수세액과 법인세 중간예납액을 기중에 납부할 때 차변에 선납세금으로 자산처리 하였다가 기말에 선납세금을 법인세 등에 대체하면서 대변에 선납세금을 차감하고 차변에 법인세 등(=법인세비용)으로 처리한다. 그리고, 나머지 법인세 금액은 다음연도 3월에 납부하므로 기말에는 미지급세금(부채)으로 처리함.

❶ 기중에 중간예납세액 또는 이자수익 수령 시 원천징수세액을 차감하면 ➜ (차변) 선납세금(자산) 처리입력
❷ 기말에 법인세 추계액 분개시 선납세금은 법인세로 대체하고 나머지는 부채(미지급세금)로 처리한다.
　➜ (차) 법인세 등 ×××　　　(대) 선납세금(자산) ××× (-)
　　　　　　　　　　　　　　　　　미지급세금(부채) ××× → (당기분 법인세금액 - 선납세금금액)
❸ 3월(법인세 납부기한)에 전기말에 법인세 납부시 회계처리☞ (차변) 미지급세금(부채) 감소 입력.
　　(차) 미지급세금　×××　　　(대) 보통예금 또는 현금　×××

확인문제

1. 보통예금에 대한 이자 200,000원에 대한 원천징수세액 28,000원을 차감한 잔액이 보통예금 통장에 입금되었다. (법인세는 자산처리 할 것)

구 분	차변(3번)	대변(4번)
분 개		

2. 기말 결산시 당기분 법인세추계액(=예상액) 500,000원을 계상하다. 이때 선납세금 잔액 280,000원 있다.

구 분	차변(3번)	대변(4번)
분 개		

3. 다음해 3월 25일에 전년도 법인세 미지급액 220,000원을 현금으로 납부하다.

구 분	차변(3번)	대변(4번)
분 개		

4. 당사 보통예금계좌에서 이자가 발생하여 원천징수세액 14,000원을 제외한 나머지 금액 86,000원이 입금되었다. (42회)

구 분	차변(3번)	대변(4번)
분 개		

5. 기말결산 시 당기분 법인세 3,000,000원을 계상하다. 이때 원천징수세액 42,000과 중간예납액 1,800,000원은 선납세금으로 처리하였다.

구 분	차변(3번)	대변(4번)
분 개		

정답

1. (차) 선납세금   28,000   (대) 이자수익   200,000
       보통예금   172,000
2. (차) 법인세등   500,000   (대) 선납세금   280,000
                                    미지급세금   220,000 → 다음연도 3월에 신고납부 할 부채금액
3. (차) 미지급세금   220,000   (대) 현금   220,000
4. (차) 보통예금   86,000   (대) 이자수익   100,000
       선납세금   14,000
5. (차) 법인세등   3,000,000   (대) 선납세금   1,842,000
                                    미지급세금   1,158,000 → 다음해 3월 신고 납부 금액
                                    (= 당기법인세부채)

(6) 선급비용(자산)

당기에 지급한 비용 금액 중 차기에 해당하는 미경과분 금액으로 회계기간 중에 처리한 비용 중 미경과분(차기분 금액)은 기중 처리한 비용을 차감하고, 선급비용(자산)으로 대체한다.

경우① 보험료 지급 시 당기분 보험료 금액(비용)으로 처리한 경우 기말결산 시 지급 처리한 보험료를 차감하고, 선급비용(자산)으로 대체하는 수정분개를 한다.

경우② 보험료 지급 시 차기분 미경과 금액(자산 - 선급비용)으로 처리한 경우 기말결산 시 기중에 처리한 선급비용(자산)을 차감하고 당기에 귀속된 보험료(당기분 금액)로 대체하는 수정분개를 한다.

확인문제

1. 2월 1일에 지급한 본사 보험료 1년분 1,200,000원 중 미경과분(차기분) 보험료 100,000원을 대체하시오.

구 분	차변(3번)	대변(4번)
분 개		

위 수정분개후 재무제표에 미치는 영향은? 비용( ) 자산( ) 이익( ) 이익잉여금(자본)( )

2. 8월1일 전액 선급비용(자산)처리한 본사 1년분 보험료 2,400,000원 중 당기분(경과분) 보험료 5개월 금액을 대체하시오.

구 분	차변(3번)	대변(4번)
분 개		

위 수정분개후 재무제표에 미치는 영향은? 비용( ) 자산( ) 이익( ) 이익잉여금(자본)( )

정답

1. 기중에 처리한 보험료(비용)는 당기분 금액으로 손익계산서에 반영된다. 이때 보험료 중 미경과분(차기분)금액이 있을 경우에는 보험료가 아니고 선급비용(자산)이므로 보험료를 선급비용으로 대체하는 수정분개를 하며, 이때 금액은 차기분 미경과 금액을 수정분개한다..

차기분 1개월 금액계산 : 1년분 1,200,000원 × 1/12 = 100,000원 (차기분 미경과 1개월 금액)

구 분	차변(3번)		대변(4번)	
12/31	선급비용	100,000	보험료	100,000

위 수정분개후 재무제표에 미치는 영향은? 비용(↓) 자산(↑) 이익(↑) 이익잉여금(자본)(↑)

2. 기중에 처리한 선급비용(자산) 중 당기분 금액은 선급비용이 아니고 당기분 보험료이므로 기중에 처리한 선급비용을 보험료로 대체하는 수정분개를 한다. 이때 수정분개 금액은 기중에 처리한 선급비용 중 당기분 금액을 수정한다.
당기분 금액 계산 : 1년분 보험료 2,400,000원 × 5/12 = 1,000,000원 (당기분 보험료 금액)
기중에 입력한 선급비용(자산)중 당기분 금액을 보험료(비용)로 바꾸는 수정분개를 한다.

구 분	차변(3번)	대변(4번)
12/31	800보험료 1,000,000	선급비용 1,000,000
위 수정분개 후 재무제표에 미치는 영향은? 비용(↑) 자산(↓) 이익(↓) 이익잉여금(자본)(↓)		

(7) 미수수익(자산)

당기 발생주의 원칙에 따라 수익을 현금으로 받지 않아도 당기에 귀속된 수익은 수익 처리해야 한다. 이때 생긴 채권을 미수수익(아직 못 받은 수익)이라고 한다.

확인문제

1. 기말결산 시 7/1에 가입하고 정기예금에 대한 이자는 만기일에 원금과 함께 수령하기로 하였다. 당기에 귀속된 이자수익 미계상분을 회계처리 하시오. (원금 1억, 연이율 6%)

구 분	차변(3번)	대변(4번)
분 개		
위 수정분개후 재무제표에 미치는 영향은? 수익( ) 자산( ) 이익( ) 이익잉여금(자본)( )		

2. 기말결산 시 10/1에 가입하고 정기예금에 대한 이자는 만기일에 원금과 함께 수령하기로 하였다. 당기에 귀속된 이자수익 미계상분을 회계처리 하시오. (원금 50,000,000원, 연이율 3%)

구 분	차변(3번)	대변(4번)
분 개		
위 수정분개후 재무제표에 미치는 영향은? 수익( ) 자산( ) 이익( ) 이익잉여금(자본)( )		

정답

1. 당기분 미수이자계산 : 100,000,000 × 6% × 6/12 = 3,000,000원

구 분	차변(3번)	대변(4번)
12/31	미수수익 3,000,000	이자수익 3,000,000
위 수정분개후 재무제표에 미치는 영향은? 수익 ↑ 자산 ↑ 이익 ↑ 이익잉여금(자본) ↑		

2. 당기분 미수이자계산 : 50,000,000 × 3% × 3/12 = 375,000원

구 분	차변(3번)		대변(4번)	
12/31	미수수익	375,000	이자수익	375,000

위 수정분개후 재무제표에 미치는 영향은? 수익 ↑ 자산 ↑ 이익 ↑ 이익잉여금(자본) ↑

5 대손에 관한 회계처리 ✓중요

(1) 대손이란?

우리 회사(= 당사)가 거래처에 받을 수 있는 채권(매출채권, 기타채권)이 회수불능 될 경우를 말한다.

(2) 대손 관련 계정과목

	거 래 내 용	계정과목
(1)	기중에 매출채권이 거래처의 파산 등으로 대손(=회수불능)이 발생할 경우 회사가 처리하는 비용 계정과목	대손상각비(판관비)
(2)	기중에 기타채권이 거래처의 파산 등으로 대손(=회수불능)이 발생할 경우 회사가 처리하는 비용 계정과목	기타의 대손상각비 (영업외비용)
(3)	당기말 대손충당금 예상액(=대손율금액)보다 결산 전 대손충당금 잔액이 더 많을 경우 대손충당금을 차변에 차감시키고, 수익으로 환입한다.	대손충당금환입 (영업외수익 또는 판.관.비 차감항목)
(4)	재무상태표 해당채권계정과목 밑에 차감형식으로 표시하는 계정과목 [자산차감계정]	대손충당금

```
        (+)      외상매출금     (−)                     재무상태표            (대손율1%)
기초잔액           1,000 | 매출환입·에누리·할인  500
외상매출금 발생액 10,000 | 대손금(회수불능액)   2,500   108외상매출금  3,000 → 기말잔액
                        | 외상매출금 회수액    5,000   109대손충당금 (−) 30 → [암기] 대손율금액(대손충당금기말잔액)
                        | 기말잔액(미회수액)   3,000                  2,970 → 순장부금액=회수가능액
```

→ 매출채권(외상매출금 + 받을어음)은 재무상태표에 기말잔액을 보고하며, 이때 차감계정인 대손충당금(대손율 금액)을 같이 보고한다. (순장부금액 = 회수가능액을 파악한다)

(3) 12/31 재무상태표 대손충당금 기말잔액은 대손율 금액을 표시 보고한다.

이때 대손율 금액과 결산 전 대손충당금 잔액을 비교하여 그 차액을 아래와 같이 수정분개 한다.

❶ 보충법 (추가설정)분개 : 대손율금액 500원 > 결산전 대손충당금 잔액 300원 = 차액 200원 대손충당금 증가분개 →
12/31 (차) 대손상각비 200 (대) 대손충당금 200(+)

❷ 환입법 분개 : 대손율금액 500 < 결산전 대손충당금 잔액 600원 = 차액 100원 대손충당금 차감분개
 → 12/31 (차) 대손충당금 100(-)   (대) 대손충당금환입 100

기중에 매출채권의 증감변동을 전표에 입력하면 컴퓨터가 자동으로 합계잔액시산표에 증감변동을 정리하고 재무상태표에 매출채권 잔액을 보고한다. 이때 표시되는 매출채권 잔액은 다음연도에 100% 회수하지 못하므로 기말결산 시(12/31) 매출채권 잔액에 대해 대손율 금액을 계산하여 재무상태표 매출채권 밑에 차감항목인「대손충당금」이라는 차감계정을 표시하여 순장부금액을 보고한다. 이때 재무상태표에 표시하는 대손충당금은 대손율 금액(= 대손예상액 = 대손추산액)이다.

따라서 당기말 대손율 금액(비상금)과 결산 전 대손충당금 잔액(기초잔액 - 대손발생액 + 대손금회수액)이 얼마인가에 따라 차액 수정분개 금액은 다르다.

기말결산 시 대손충당금 추가설정분개 ➜ 대손율금액과 결산전 대손충당금 잔액을 비교하여 차액을 분개한다.

확인문제

1. 12/31 매출채권 잔액 1,000,000원, 대손율 1% 일 경우 대손충당금 설정하는 결산수정분개 하시오.
(결산 전 대손충당금 잔액 10,000원)

    계산:

구 분	차변(3번)	대변(4번)
분 개		

2. 12/31 매출채권 잔액 1,100,000원, 대손율 1% 일 경우 대손충당금 설정하는 결산수정분개
(결산 전 대손충당금 잔액 10,000원)

    계산:

구 분	차변(3번)	대변(4번)
분 개		

3. 12/31 매출채권 잔액 1,200,000원, 대손율 1% 일 경우 대손충당금 설정하는 결산수정분개
(결산 전 대손충당금 잔액 10,000원)

    계산:

구 분	차변(3번)	대변(4번)
분 개		

4. 12/31 매출채권 잔액 100,000원, 대손율 1% 일 경우 대손충당금 설정하는 결산수정분개
   (결산 전 대손충당금 잔액 10,000원)

   계산:

구 분	차변(3번)	대변(4번)
분 개		

5. 12/31 120미수금 잔액 20,000,000원에 대하여 대손율 1%일 경우 대손충당금을 설정하다.
   미수금에 대한 대손충당금 잔액 120,000원 있다.

   계산:

구 분	차변(3번)	대변(4번)
분 개		

정답

1. 12/31 매출채권 잔액 1,000,000원, 대손율 1% 일 경우 대손충당금 설정하는 결산수정분개
   (결산 전 대손충당금 잔액 10,000원)
   결산 전 대손충당금 잔액 10,000원 → 기말 대손율금액(1%) 10,000원으로 변경해서 보고함.
                          ㄴ. 차액이 없으므로 결산수정분개를 하지 않는다.
   12/31 수정분개 없다.

2. 12/31 매출채권 잔액 1,100,000원, 대손율 1% 일 경우 대손충당금 설정하는 결산수정분개
   (결산 전 대손충당금 잔액 10,000원)
   결산 전 대손충당금 잔액 10,000원 → 기말 대손율금액(1%) 11,000원으로 변경해야 함.
                          ㄴ. 차액 1,000원은 증가 보충분개(보충법)
      12/31   대손상각비   1,000   / 대손충당금   1,000 → 보충법분개
                (비용발생)→ 손익계산서에 반영   (자산차감계정 발생)

3. 12/31 매출채권 잔액 1,200,000원, 대손율 1% 일 경우 대손충당금 설정하는 결산수정분개
   (결산 전 대손충당금 잔액 10,000원)
                                          ┌ (1%금액 = 1,200,000×1%)
   결산 전 대손충당금 잔액 10,000원 → 기말 대손율금액 12,000원으로 변경해서 보고함.
                          ㄴ. 차액 2,000원은 증가 보충분개(보충법)
      12/31   대손상각비   2,000   / 대손충당금   2,000
                (비용발생)   (자산차감계정 발생)

4. 12/31 매출채권 잔액 100,000원, 대손율 1% 일 경우 대손충당금 설정하는 결산수정분개
   (결산 전 대손충당금 잔액 10,000원)
   결산 전 대손충당금 잔액 10,000원 → 기말 대손율금액 1,000원으로 변경해서 보고함.
                          ㄴ. 차액 9,000은 감소분개(환입법 분개)
      12/31   대손충당금   9000   / 대손충당금환입 9,000 → 환입법분개
                (자산차감계정소멸)   (판관비 차감)   (대손충당금차감분개)

5. 12/31 120미수금 잔액 20,000,000원에 대하여 대손율 1%일 경우 대손충당금을 설정하다.
   미수금에 대한 대손충당금 잔액 120,000원 있다.
   결산 전 대손충당금 잔액 120,000원 → 기말 대손율금액 200,000원(1%금액)으로 변경하여 보고함
                      ㄴ, 차액 80,000원 증가 보충분개 (보충법 분개)
   12/31   기타의대손상각비   80,000 / 대손충당금(121)   80,000

이론출제포인트

대손충당금 환입은 당기 대손예상액(당기말 대손율금액 = 재무상태표 보고금액)보다 결산전 대손충당금 잔액이 더 많을 경우 대손충당금을 차변에 차감하고, 대변에는 수익으로 환입한다.

❶ 매출채권에 대한 대손충당금환입은 「판·관·비」 차감항목으로 분류 (기출문제)
❷ 기타채권에 대한 대손충당금환입은 「영업외수익」항목으로 분류하여 손익계산서에 분류 됨.

요약 기말결산 시 대손충당금 설정

❶ 보충법(추가처리) : 기말대손율 금액이 대손충당금 잔액보다 많아서 기말에 차액(대손율금액 − 대손충당금잔액)을 추가 설정하여 (대변) 대손충당금 증가 분개하는 방법

(산출식) 당기말 대손율금액 − 결산전 대손충당금잔액 = 차액 보충금액 (대손충당금 증가)
              ㄴ, [기말 매출채권 잔액 × 대손율(%)]

12/31 수동결산분개
(차) 대손상각비   2,475,000   (대) 대손충당금(109)   990,000
                                         대손충당금(111) 1,485,000

또는 (케이렙프로그램) 간편메뉴(대손상각) > 대손충당금설정하는 채권 추가설정금액은 놔두고, 나머지 채권금액은 삭제한 후 [Enter↵] 하단에 있는 [결산반영]을 선택하면 자동으로 대손상각란에 입력해 준다.

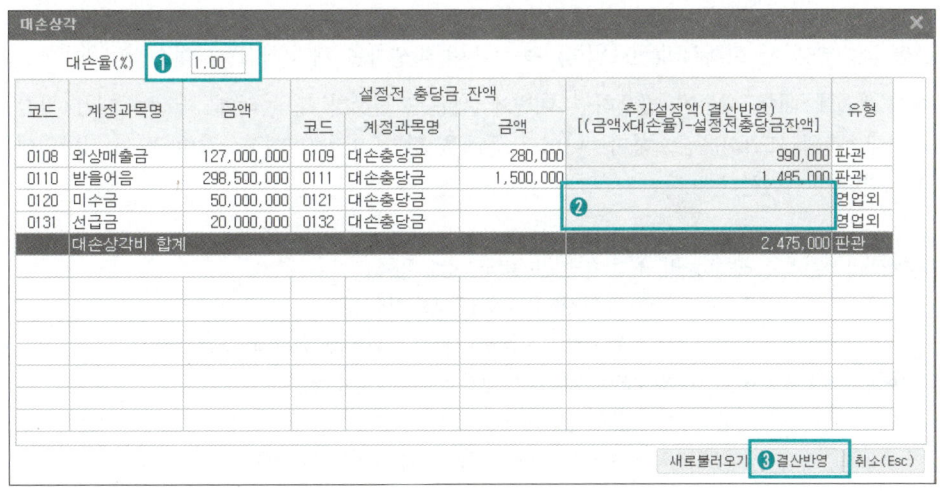

❶ 대손율 확인
❷ 대손충당금을 설정하지 않는 기타채권에 대한 추가설정액은 삭제
❸ 결산반영 클릭
아래 화면에 매출채권에 대한 대손충당금 추가설정액이 자동 반영된다.

	3. 매출총이익		-54,900,000	-54,900,000
	4. 판매비와 일반관리비		2,475,000	2,475,000
0818	4). 감가상각비			
0202	건물			
0206	기계장치			
0208	차량운반구			
0835	5). 대손상각		2,475,000	2,475,000
0108	외상매출금		990,000	990,000
0110	받을어음		1,485,000	1,485,000

참고 (더존프로그램 방식) 자동결산 → 결산자료입력메뉴(01월~12월)〉판.관.비 > 대손상각(비)〉외상매출금과 받을어음란에 각각 입력

❷ 환입법 : 당기말 대손율 금액보다 대손충당금 잔액이 더 많을 경우 그 차액은 차변에 대손충당금을 차감시키고, 대변에 수익(또는 판관비 차감)으로 환입하는 방법이다.

(산출식) 기말매출채권 잔액 × 대손율(%) − 결산 전 대손충당금잔액 = (−)차액은 대손충당금 차감하고, 환입함

12/31 일반전표 수동결산분개(환입법분개 − 대손충당금을 차변에 차감하는 분개)
(차) 대손충당금 ***(차감계정소멸)　　　　(대) 대손충당금 환입 ***
　　　　　　　　　　　　　　　　　　　(기타채권−영업외수익 또는 매출채권−판관비 차감)

★ 대손충당금은 매출채권차감계정으로 기말결산시 대변에 설정했다가 기중에 대손발생하면 대손충당금은 차변에 소멸(차감)되며, 기중에 대손처리한 채권을 회수하면 대변에 대손충당금은 증가한다. 따라서 재무상태표에 보고하는 대손충당금 잔액은 당기말 대손예상액(대손율 금액)이므로 결산전 대손충당금 잔액과 차액이 있으면 그 차액을 다음과 같이 기말수정분개 한다.

(4) 기중에 대손발생 시 회계처리(전표입력) ➡ 대손이 발생하면 채권(자산)과 대손충당금이 감소한다.
　　기중에 채권에 대해 대손이 발생하면 대변에 채권은 감소하고, 동시에 채권에 대한 차감계정인 (차변) 대손충당금도 사용감소하며, 나머지 금액을 당기 비용인 대손상각비 또는 기타의대손상각비로 처리하여 입력한다.

　　❶ 매출채권의 대손(=회수불능) 처리 ➡ ㉠ (대변) 매출채권 감소 입력
　　　　　　　　　　　　　　　　㉡ (차변) 대손충당금 사용감소 입력
　　　　　　　　　　　　　　　　㉢ 나머지는 (차변) 대손상각비(판매비와관리비) 발생 입력
　　❷ 기타채권의 대손처리 ➡ ㉠ (대변) 기타채권(미수금, 단기대여금 등) 감소 입력
　　　　　　　　　　　　㉡ (차변) 대손충당금 사용감소 입력
　　　　　　　　　　　　㉢ 나머지 (차변) 기타의대손상각비(영업외비용) 발생 입력

확인문제

1. 부산상사의 108외상매출금 500원을 대손처리하다. (109대손충당금 잔액 100원 있을 경우)

구 분	차변(3번)	대변(4번)
분 개		

2. 서울상사의 114단기대여금 1,000원이 거래처 파산으로 대손처리하다. (115대손충당금잔액 700원)

구 분	차변(3번)	대변(4번)
분 개		

3. 부산상사의 외상매출금 500,000원을 거래처 파산으로 대손처리하다. 이때 외상매출금에 대한 대손충당금 잔액 300,000원 있다.

구 분	차변(3번)	대변(4번)
분 개		

4. 부산상사의 외상매출금 500,000원을 거래처 파산으로 대손처리하다. 이때 외상매출금에 대한 대손충당금 잔액 700,000원 있다.

구 분	차변(3번)	대변(4번)
분 개		

5. 부산상사의 114단기대여금 1,000,000원을 거래처 파산으로 대손처리하다. 이때 단기대여금 대한 대손 충당금 잔액 400,000원 있다.

구 분	차변(3번)	대변(4번)
분 개		

정답

1. (차) 대손충당금(109)　　　100　　(대) 108외상매출금(부산)　500
　　　 대손상각비　　　　　 400
2. (차) 대손충당금(115)　　　700　　(대) 114단기대여금(서울)　1,000
　　　 기타의대손상각비　　 300
3. (차) 대손충당금(109)　　300,000　(대) 외상매출금(부산)　　500,000
　　　 대손상각비　　　　 200,000
4. (차) ② 대손충당금(109)　500,000　(대) 외상매출금(부산)　　500,000
5. (차) 대손충당금(115)　　400,000　(대) 114단기대여금(부산)　1,000,000
　　　 기타의대손상각비　 600,000

(5) 대손처리한 채권을 회수할 경우 회계처리 ➡ 전액 (대)대손충당금 가산(증가)

전기에 대손처리한 매출채권을 당기에 회수하면 회수액 전액을 대변에 대손충당금(비상금)이라는 차감계정을 대변에 설정한다. 한국채택국제회계기준(K-IFRS)에서는 이미 대손처리 했던 채권을 회수할 경우 언제 대손(전기 또는 당기)이 발생하였는지에 관계없이 회수액 모두 대변에 대손충당금이라는 자산차감계정을 증가 처리 한다. 따라서 당기에 대손처리한 채권회수는 일반기업회계기준과 상충되어 출제빈도가 낮다 따라서 전기에 대손처리한 채권을 회수하는 경우만 학습한다.

전기에 대손처리한 채권을 현금으로 회수할 경우 회계처리 : (채권감소분개 안함)
(차) 현금 ×××　　　　　(대) 대손충당금(차감계정) ××× (매출채권 차감계정 증가)
　　　　　　　　　　　　　　　　(+)

▶ 실기입력 시 주의
108외상매출금에 대한 대손충당금은 108외상매출금 + 1 → 109 대손충당금이다.
110받을어음에 대한 대손충당금은 110받을어음 + 1 → 111 대손충당금이다.
114단기대여금에 대한 대손충당금 114단기대여금 + 1 → 115 대손충당금으로 입력한다.

확인문제

1. 전기에 대손처리한 (주)현대상사의 108외상매출금 500,000원을 당기에 현금으로 회수하다.

구 분	차변(3번)	대변(4번)
분 개		

2. 전기에 대손처리한 현대상사의 외상매출금 1,500,000원 중 1,000,000원을 당기에 현금으로 회수하다.

구 분	차변(3번)	대변(4번)
분 개		

정답
1. (차) 현금　500,000　　　(대) 대손충당금(109)　500,000
2. (차) 현금　1,000,000　　(대) 대손충당금(109) 1,000,000

요약 대손에 관한 회계처리 ✓암기

1. 기중에 채권을 대손처리 할 경우(= 채권을 못 받게 될 경우) → 대손충당금(비상금) 사용(−)
   → 채권감소(대변), 채권에 대한 차감항목인 대손충당금을 사용하여 감소한다.(차변)
   그리고 나머지 금액이 있으면 비용처리 한다.(대손상각비 또는 기타의 대손상각비)

2. 회계기간 중 전기에 대손처리한 채권을 현금으로 회수하면 ☞ 전액 대손충당금(비상금)을 증가시킴
   → (차) 현금 ×××   (대) 대손충당금 ×××
   (대손처리한 채권(외상매출금 등)은 과거에 분개한 것으로 회수시에 분개하지 않는다)

3. 기말결산시 대손충당금 설정 [차액분개 : ❶보충법 → 대손충당금(+) ❷환입법 → 대손충당금(−)]
   기말결산시 채권 밑에 못받을 금액을 예상하여 대손충당금을 표시한다. 이때 대손충당금은 매출 채권차감계정이며 대손충당금 금액은 대손율 금액으로 표시 보고하도록 규정하고 있다. 기중에 실제로 대손이 발생하면 채권을 소멸시키면서 차감계정인 대손충당금도 소멸시킨다.

   ① 보충법(대손충당금 가산분개) : 대손율금액 500원 > 대손충당금 잔액 300원
      → 차액 200원 가산하는 결산정리분개 한다.
         (차) 대손상각비 200   (대) 대손충당금 200
   ② 환입법(대손충당금 차감분개) : 대손율금액 500원 < 대손충당금 잔액 600원
      → 차액 100원 차감하는 결산정리분개 한다.
         (차) 대손충당금 100   (대) 대손충당금환입 100

   * 대손충당금환입
     ㉠ 매출채권에 대한 대손충당금환입→ 판매비와관리비 차감으로 분류
     ㉡ 기타채권에 대한 대손충당금환입→ 영업외수익으로 분류

   ③ 결산정리분개 하지 않는 경우는 기말 대손율금액과 결산전 대손충당금잔액 동일하여 차액이 없는 경우

[중요] 재무상태표에 표시되는 대손충당금 기말잔액은 대손율금액이다.
   손익계산서에 표시되는 대손상각비 = ❶기중에 발생한 대손상각비 + ❷기말에 대손충당금 설정시 대손상각비

★ 대손충당금을 과대계상(=과다처리)하면 재무제표에 미치는 영향은?
  대손상각비(비용)↑, 자산장부금액↓, 이익↓, 이익잉여금(자본=순자산)↓, 수익과 부채는 영향이 없다. (과소계상은 반대임)

	자산차감항목
(−) 대손충당금	(+)
대손발생액	기초잔액
	대손금 회수액
기말잔액(대손율금액) → 재무상태표 표시	보충액(추가설정액)→ 결산수정분개금액

PART1 재무회계

문제 　 대손

1. 당해연도 말 외상매출금은 50,000,000원이고 대손충당금잔액은 200,000원이다. 기말외상매출금잔액의 1%를 대손충당금으로 설정한다. 추가 계상될 대손상각비는 얼마인가?

　① 100,000원　　② 200,000원　　③ 300,000원　　④ 500,000원

2. 결산일 현재 매출채권 잔액은 1,000,000원이며 이에 대한 결산전 대손충당금 잔액은 70,000원이다. 기업회계기준에 따라 기말의 매출채권 잔액에 대하여 1%의 대손충당금을 설정할 경우 재무상태표에 표시되는 매출채권의 순장부가액은 얼마인가?

　① 1,000,000원　　② 930,000원　　③ 990,000원　　④ 920,000원

3. 3거래처에 매출하여 받은 약속어음 1,000,000원이 거래처의 파산으로 회수 불가능한 것으로 판명(당해연도 12월 15일)되었다. 단, 이미 대손충당금 1,200,000원이 설정되어 있다. 기업회계기준에 의한 당해연도 12월 15일 적정한 분개는?

　① (차) 대손상각비 1,000,000원　　(대) 매출채권 1,000,000원
　② (차) 대손충당금 1,000,000원　　(대) 매출채권 1,000,000원
　③ (차) 대손충당금 500,000원　　(대) 매출채권 1,000,000원
　 　　　대손상각비　 500,000원
　④ (차) 대손충당금 1,200,000원　　(대) 매출채권 1,200,000원

4. 기중에 외상매출금 20,000원이 회수불능 되었다. 기업회계기준에 따라 회계처리 할 경우 다음 각 상황별로 계상되어야 할 대손상각비는 얼마인가?

> • 상황1 : 대손충당금 잔액이 없는 경우
> • 상황2 : 대손충당금 잔액이 13,000원인 경우
> • 상황3 : 대손충당금 잔액이 23,000원인 경우

　① 20,000원, 13,000원, 3,000원　　② 20,000원, 7,000원, 0원
　③ 20,000원, 7,000원, 3,000원　　④ 20,000원, 13,000원, 0원

5. 외국에 제품을 수출하기 위해 수출업자에게 제품을 200,000원에 외상매출하면서 30일 이내에 대금을 회수하면 5%를 할인해 주기로 하였다. 실제로 30일 이내에 대금을 받았다면 기업회계기준상 매출액은 얼마인가?

　① 190,000원　　② 195,000원　　③ 200,000원　　④ 205,000원

6. 매출채권에 대한 설명이다. 다음 중 가장 틀린 것은? (38회 기출)
   ① 기업의 일반적인 상거래에서 발생하는 외상대금을 처리하는 계정이다.
   ② 제품을 매출한 후 제품의 파손, 부패 등의 사유로 값을 깎아 주는 것을 매출할인이라 한다.
   ③ 제품의 하자로 인하여 반품된 매출환입은 제품의 총매출액에서 차감한다.
   ④ 매출채권을 매각할 경우 "매출채권처분손실" 계정이 발생할 수 있다.

7. 다음 중 대손충당금 설정 대상으로 적절하지 않는 것은? (31회)
   ① 외상매출금   ② 받을어음   ③ 선 수 금   ④ 단기대여금

8. 매출채권이나 미수금 등의 기타채권이 거래처의 파산, 부도 등으로 회수불가능하게 되는 것을 대손이라고 한다. 매출채권에 대한 대손은 대손상각비로(㉠)처리하고, 미수금 등의 기타채권의 대손은 기타의 대손상각비로 (㉡)으로 처리한다. 다음 중 ㉠과 ㉡에 들어갈 알맞은 말은?
   ① ㉠ 판관비   ㉡ 판관비   ② ㉠ 영업외비용   ㉡ 영업비용
   ③ ㉠ 판관비   ㉡ 영업외비용   ④ ㉠ 영업외비용   ㉡ 판관비

9. 전기매출채권 중 20,000원에 대하여 당기에 대손이 발생하였다. 전기말 대손충당금 잔액은 15,000원 이었고, 당기 결산일 현재 대손충당금계상액은 20,000이었다. 당기 손익계산서에 계상될 대손상각비는 얼마인가?
   ① 5,000원   ② 15,000원   ③ 20,000원   ④ 25,000원

10. 다음 자료에 의하여 매출채권의 회계처리로 바른 것은?

    • 기말매출채권 잔액 12,000,000원
    • 대손예상률 2%
    • 대손예상 전 대손충당금 잔액 300,000 원

    ① (차) 대손충당금   60,000   (대) 대손충당금환입   60,000
    ② (차) 대손상각비   60,000   (대) 대손충당금환입   60,000
    ③ (차) 대손상각비   60,000   (대) 대손충당금   60,000
    ④ (차) 대손충당금   60,000   (대) 대손상각비   60,000

11. 다음은 결산시 매출채권에 대한 대손충당금을 계산하는 경우의 예이다. 틀린 것은? (44회)

	결산전 대손충당금잔액	기말 매출채권잔액 (대손율 1%)	회계처리의 일부
①	10,000원	100,000원	(대)대손충당금환입 9,000원
②	10,000원	1,000,000원	회계처리 없음
③	10,000원	1,100,000원	(차)대손상각비 1,000원
④	10,000원	1,100,000원	(차)기타의대손상각비 1,000원

12. 다음의 거래에 대한 분개로 맞는 것은? (52회)

> 8월 31일 : 거래처의 파산으로 외상매출금 100,000원이 회수불능이 되다.
> (단, 8월 31일 이전에 설정된 대손충당금 잔액은 40,000원이 있다)

① (차) 대손상각비 100,000원　(대) 외상매출금 100,000원
② (차) 대손충당금 40,000원　(대) 외상매출금 100,000원
　　　 대손상각비 60,000원
③ (차) 대손충당금 60,000원　(대) 외상매출금 100,000원
　　　 대손상각비 40,000원
④ (차) 대손충당금환입 40,000원　(대) 외상매출금 100,000원
　　　 대손상각비 60,000원

13. 영업활동과 관련하여 비용이 감소함에 따라 발생하는 매출채권의 대손충당금환입은 다음의 계정구분 중 어디에 속하는가?(56회)
① 판매비와 관리비　② 영업외수익　③ 자본조정　④ 이익잉여금

14. 다음 중 대손충당금 설정대상자산으로 적합한 것은? (61회)
① 미지급금　② 대여금　③ 외상매입금　④ 예수금

15. 다음 중 당좌자산에 속하지 않는 계정과목은?(2월 특별시험)
① 보통예금　② 외상매출금　③ 단기대여금　④ 퇴직연금운용자산

정답

1. ③ 50,000,000 * 1% - 200,000 = 300,000 (보충법)
   재무상태표에 표시되는 외상매출금의 장부가액은 50,000,000 - 1%(500,000) = 49,500,000이다.
2. ③ 매출채권(1,000,000) - 1%(10,000) = 990,000 이다.
   기말결산시 대손충당금은 충당금잔액이 많이 남아 있으므로 환입법으로 처리한다. 따라서 대손충당금 1% 초과한 잔액은 대손충당금환입(수익)으로 처리하여 대손충당금 60,000원을 감소시킨다
   매출채권의 순장부가액이란 재무상태표에 표시되는 매출채권에서 대손충당금 잔액을 차감한 잔액이다.
3. ② 회수불능시는 매출채권을 상각시키는 방법으로 먼저 대손충당금과 상계처리한다.
4. ② 상황1 : (차) 대손상각비 20,000   (대) 외상매출금 20,000
   상황2 : (차) 대손충당금 13,000   (대) 외상매출금 20,000
          대손상각비 7,000
   상황3 : (차) 대손충당금 20,000   (대) 외상매출금 20,000
5. ① 외상매출금을 약정일 이전에 대금을 회수할 경우 할인해주는 것을 매출할인이라 한다.
   매출할인은 매출액 차감항목으로 총매출액에서 매출환입 및 에누리와 매출할인을 차감하여 (순)매출액을 산출한다.
6. ② 매출할인은 물건의 하자로 인하여 발생하는 것이 아니라 물건대금을 조기에 회수하는 경우 깎아 주는 것을 말한다. 물품대금 값을 깎아 주는 것은 매출에누리이다.
7. ③ 선수금은 유동부채이고 대손충당금 설정대상은 채권(매출채권, 기타채권)이다.
8. ③ 대손상각비는 "판관비"이고, 기타의 대손상각비는 "영업외비용"이다.
9. ④ 대손처리시 분개1 (차) 대손충당금 15,000   (대) 매출채권 20,000
                       대손상각비 5,000
   기말결산시 분개2 (차) 대손상각비 20,000   (대) 대손충당금 20,000
10. ① 12,000,000 × 0.02 - 300,000 = -60,000 (대손충당금 잔액이 많으므로 환입처리한다)
11. ④ 외상매출금과 받을어음에 대한 대손처리시와 대손예상시 처리계정과목은 대손상각비이다.
    재무상태표에 대손추정율 금액이 매출채권 밑에 표기된다. 이때 대손충당금 잔액이 남아 있으면 대손추정율 금액에서 잔액을 차감한 금액을 12/31에 보충 설정하는 분개를 하거나 대손충당금 잔액이 더 많이 남았으면 대손충당금을 소멸시켜 환입처리하는 수정분개를 하면 재무상태표에는 대손추정율이 표시된다.
    ① 10,000원   100,000원   (100,000×1% - 10,000 = -9,000)
        (차) 대손충당금 9,000   (대) 대손충당금환입 9,000원
                                          (판관비 차감항목)
    ② 10,000원   1,000,000원 (1,000,000×1% - 10,000 = 0원)   회계처리 없음
    ③ 10,000원   1,100,000원 (1,100,000×1% - 10,000 = 1,000)
        (차)대손상각비 1,000원   (대) 대손충당금 1,000원
        (판관비)
    ④ 10,000원   1,100,000원 (기타채권에 대한 대손처리시 계정과목)
        (차)기타의대손상각비 1,000원   (대) 대손충당금 1,000원
        (영업외비용)
12. ② 대손이 발생하면 대손충당금에서 우선 상계한 후 대손충당금이 부족하면 대손상각비 비용으로 인식
13. ① 영업활동과 관련하여 비용이 감소함에 따라 발생하는 대손충당금환입, 퇴직급여충당부채환입, 판매보증충당부채환입 등은 판매비와 관리비의 부(-)의 금액으로 표시한다. 그리고 매출채권이외의 채권(기타채권)에 대한 대손충당금환입은 영업외수익으로 분류한다.
14. ② 대여금은 대손충당금을 설정할 수 있다.
15. ④ 퇴직연금운용자산은 퇴직급여충당부채 차감적 평가계정이다.

6 외화채권과 외화채무 회계처리

당사가 무역업을 할 때 제품을 수출하고 나중에 받을 때 생긴 외화채권 또는 외화를 차입할 경우 생긴 외화부채를 재무상태표에 기말환율로 변경하여 보고하도록 규정하고 있다.(표시한다) 따라서 외화채권이나 외화채무의 기중에 발생한 금액과 기말 환율금액을 비교하여 그 차액이 생기면 결산정리(수정)분개 하고, 차액이 발생하지 않으면 결산정리(수정)분개를 하지 않는다.

(1) 외화채권을 회수하거나 또는 외화 채무를 지급할 때 환율변동에 의한 이익이나 손실 계정과목
 → (대) 외환차익(영업외수익) vs (차) 외환차손(영업외비용)

(2) 기말(12/31)에 기중 발생한 환율과 기말 환율의 차액이 생길 때 환율변동에 의한 이익이나 손실 계정과목
 → (대) 외화환산이익(영업외수익) vs (차) 외화환산손실(영업외비용)

	거래	계정과목	
1	외화자산을 회수할 때 환율상승하거나, 외화부채를 지급할 때 환율하락에 의해 발생한 영업외수익 계정과목은?	(대)외환차익	4글자
2	외화자산을 회수할 때 환율하락하거나, 외화부채를 지급할 때 환율상승에 의해 발생한 영업외비용 계정과목은?	(차)외환차손	
3	기말에 보유중인 외화자산의 기말환율 상승 또는 외화부채의 기말 환율하락에 의해 발생한 영업외수익 계정과목은?	(대)외화환산이익	6글자
4	기말에 보유중인 외화자산의 기말환율 하락 또는 외화부채의 기말 환율상승에 의해 발생한 영업외비용 계정과목은?	(차)외화환산손실	

확인문제

1. 다음 연결 거래를 분개하시오.

(1) 3년 만기의 상환조건으로 거래처 오스카상사에서 $100를 현금으로 차입하다
 (차입일 당시 환율 $1 =1,000원)

구 분	차변(3번)	대변(4번)
분 개		

(2) 기말에 오스카의 장기차입금 $100에 대해 평가하다(기말환율 $1/900원, 차입환율1$/1,000원)
 ★ 외화채권, 채무는 재무상태표에 기말환율금액으로 보고한다. 따라서 기중금액과 기말환율금액 차이가 발생할 때 차액을 수정 분개해야 한다.

구 분	차변(3번)	대변(4번)
분 개		

(3) 다음해 오스카상사에서 3년만기 상환하기로 하고 차입한 $100 에 대해 현금으로 상환(지급)하다. (상환일 현재 환율 $1 = 800원)

구 분	차변(3번)	대변(4번)
분 개		

2. 다음 연결 거래를 분개하시오.

(1) 르노상사에 제품을 수출하고 대금$1,000는 6개월 후에 받기로 하다.(선적일 기준환율 1$ = 1,000원)

구 분	차변(3번)	대변(4번)
분 개		

(2) 기말결산 시 르노상사의 외상매출금에 대해 평가하다 (결산일 환율은 $1 = 1,200원 이다)

구 분	차변(3번)	대변(4번)
분 개		

(3) 다음해 르노상사의 외상매출금 $1,000를 현금으로 회수하다.
  (회수 시 환율 $1 = 1,100원, 외상매출 시 환율 $1 = 1,000원, 기말환율 $1 = 1,200원)

구 분	차변(3번)	대변(4번)
분 개		

정답

1. (1) (차) 현금　　　　　　　　　100,00　　　　　(대) 장기차입금(오스카)　　100,000
   (2) (차) 장기차입금(오스카)　　10,000　　　　　(대) 외화환산이익　　　　　10,000 (영업외수익)발생
   (3) (차) 장기차입금(오스카)　　90,000　　　　　(대) 현금　　　　　　　　　80,000
   　　　　　　　　　　　　　　　　　　　　　　　　　　외환차익　　　　　　　10,000 (영업외수익)발생

2. (1) (차) 외상매출금(르노)　　1,000,000　　　　(대) 제품매출　　　　　　　1,000,000
   (2) (차) 외상매출금(르노)　　200,000　　　　　(대) 외환환산이익　　　　　200,000 (영업외수익)발생
   (3) (차) 현금　　　　　　　　1,100,000　　　　(대) 외상매출금(르노)　　　1,200,000
   　　　　외환차손　　　　　　100,000 (영업외비용)발생

문제: 외화채권, 외화채무

1. 9월 14일 미국기업인 벤카인터내셔날에 수출(선적일자 9월 5일)하였던 제품에 대한 외상매출금이 보통예금 계좌에 입금되었다. (회계1 46회)

- 외상매출금 : 20,000달러
- 9월 05일 환율 : 1,500원/달러
- 9월 14일 환율 : 1,300원/달러

구 분	차변(3번)	대변(4번)
분 개		

2. 8월 26일 구글에 수출(선적일자 6월 25일)한 제품 외상매출금이 보통예금 계좌에 원화로 환전되어 입금되었다. (51회 출제)

- 외상매출금 : 3,000달러
- 6월25일 환율 : 1,200원/달러
- 8월26일 환율 : 1,300원/달러

구 분	차변(3번)	대변(4번)
분 개		

3. 11월 19일 미국 워싱턴은행으로부터 차입한 단기차입금을 상환하기 위하여 국민은행에서 달러로 환전하여 상환하였다. 환전대금은 국민은행 보통예금계좌에서 이체하였다. (39회)

차입금액 10,000달러
* 차입시 적용한 환율 : 1,100원/달러   * 상환시 적용한 환율 : 1,200원/달러

구 분	차변(3번)	대변(4번)
분 개		

4. 12월 13일 ABC에 수출(선적일자 12월 10일)한 제품 외상매출금이 보통예금 계좌에 원화로 환전되어 입금되었다.(61회)

- 외상매출금 : 2,000달러
- 12월 10일 환율 : 1,200원/달러
- 12월 13일 환율 : 1,100원/달러

구 분	차변(3번)	대변(4번)
분 개		

5. 외상매출금계정에는 거래처 Angel에 대한 외화금액 10,000,000원(미화 $10,000)이 계상되어 있다. (회계기간 종료일 현재 적용환율 : 미화 $1당 1,080원)(78회)

구 분	차변(3번)	대변(4번)
분 개		

6. 기말 외상매입금 중에는 미국 로리알회사의 외화외상매입금 13,000,000원(미화 $10,000)이 포함되어 있다. (결산일 현재 적용환율 : 1,100원/$)(76회)

구 분	차변(3번)	대변(4번)
분 개		

정답

1. 외상매출금을 보통예금으로 회수하는 거래로서 외상매출금 발생액 30,000,000원을 26,000,000원에 회수함으로써 환율변동에 의해 차변에 손실이 발생하는데 이것을 외환차손이라 하며 손익계산서 영업외비용으로 분류된다.
   (차) 보통예금   26,000,000   (대) 외상매출금 (벤카) 30,000,000
       외환차손   4,000,000(영업외비용)

2. 6월 25일은 외상매출한 날이고, 8월 26일은 외상매출금을 보통예금으로 회수하여 입금하는 날인데 이때 외상매출금 발생액 3,600,000원을 3,900,000원에 회수하였으므로 환율변동에 의해 대변에 차액이 발생하는데 이것을 외환차익이라 하며, 손익계산서 영업외수익으로 분류된다.
   (차) 보통예금 3,900,000원   (대) 외상매출금(구글) 3,600,000원
                                   외환차익   300,000원

3. 단기차입금을 보통예금으로 상환하는 거래(= 갚는 거래)이다.
   단기차입금 상환(=지급) → 부채감소(차변) ($10,000× 1,100원 = 11,000,000원)
   보통예금 이체지급 → 보통예금 감소(대변) ($10,000× 1,200원 = 12,000,000원)
   이때 차변과 대변의 차액 1,000,000원은 단기차입금 11,000,000원을 12,000,000원에 환율변동에 의해 더 많이 지급할 때 차변에 생긴 차액(손실)로서 외환차손이라 한다.(손익계산서 영업외비용에 분류 됨)
   (차) 단기차입금(워싱턴은행) 11,000,000원   (대) 보통예금 12,000,000원
       외환차손   1,000,000원

4. 12월 13일 (차) 보통예금 2,200,000원   (대) 외상매출금(ABC)   2,400,000원
              외환차손   200,000원
   └ 2,000달러 × (1,100원 - 1,200원) = 손실 200,000원
   외상매출금 : 선적일이 공급시기이므로 $2,000× 선적일 환율 1,200원으로 계산함.
   보통예금 : 회수(입금)일 환율 적용이므로 $2,000× 1,100원으로 계산.
   외환차손 : 기중에 외상매출금 환율이 하락하여 회수할 때 발생한 손실.

5. 12월 31일 일반전표입력 → 기중환율 10,000,000원과 기말환율 10,800,000원의 차액수정분개
   (차) 외상매출금(Angel)   800,000원   (대) 외화환산이익   800,000원

6. 12월 31일 일반전표입력 → 기중 외상매입금 13,000,000원과 기말환율 11,000,000원의 차액 수정분개
   (차) 외상매입금(로리알) 2,000,000원   (대) 외화환산이익 2,000,000원

복습하기

1 기중에 환율변동에 의해 발생한 이익 → 외화자산의 발생환율 < 회수환율인 경우 또는
외화부채의 발생환율 > 상환환율인 경우 기중에 발생하는 계정과목은? ▶

2 기중에 환율변동에 의해 발생한 손실 → 외화자산 발생환율 > 회수환율인 경우 또는
외화부채의 발생환율 < 상환환율인 경우 기중에 발생하는 계정과목은? ▶

3 기말에 환율변동에 의해 발생한 이익 → 기중 외화자산 발생환율 < 기말환율인 경우
또는 외화부채의 발생환율 > 기말환율인 경우 기말에 발생하는 계정과목은? ▶

4 기말에 환율변동에 의해 발생한 손실 → 기중 외화자산 발생환율 > 기말환율인 경우
또는 외화부채의 발생환율 < 기말환율인 경우 기말에 발생하는 계정과목은? ▶

정답 1.외환차익 2.외환차손 3.외화환산이익 4.외화환산손실

CHAPTER 04 재고자산(在庫資産) 관련 회계처리

1 재고자산의 개념과 종류

재고자산이란 판매나 제품생산과 소비에 관련하여 보유하고 있는 자산으로 유동자산 중 당좌자산을 제외한 나머지 자산 또는 판매를 통해 현금화 되는 자산을 말한다.

재고자산 종류 ~품으로 끝나는 과목. 단, 비품은 유형자산임.
예 상품, 제품, 재공품, 원재료, 반제품, 소모품 등

번호	내 용	계정과목
1	판매를 목적으로 외부에서 구입한 물품(판매용 물품) – 하이마트 전자제품	
2	판매를 목적으로 공장에서 제조한 물품(완성품) – LG공장의 전자제품	
3	제품을 제조하기 위해 구입한 원료와 재료 및 부품을 말한다.	
4	제품 제조과정에서 가공하는 있는 물품(=미완성 물품)	
5	회사에서 제조한 판매가능한 중간제품이나 부분품(출제빈도낮음)	
6	운송중인 상품으로 아직 도착하지 않은 상품이나 원재료	
7	위탁자(부탁하는자= 당사)가 수탁자(부탁받은 사람 – 홈쇼핑)에게 위탁판매하기 위해 발송한 물건(물품)	
8	단기간 업무에 사용하는 소모되는 물품 (예) 학원 보드마카, 회사 청소용품 또는 사무용품 등 → 미사용금액(=재고액) → 소모품 → 소모품을 사용한 금액 → 소모품비(비용)처리	

정답 1.상품 2.제품 3.원재료 4.재공품 5.반제품 6.미착품 7.적송품 8.소모품

2 재고자산의 취득원가 결정 → 상품매입하면 → (차) 상품 ××× → 취득원가

재고자산의 취득원가는 구입가격과 부대비용(매입수수료, 수입관세, 매입보관료, 매입운반비, 보험료, 하역비 등)이 포함된 금액에서 매입환출, 매입에누리, 매입할인은 차감항목으로 뺀다.

<u>순매입액 = 구입가격 + 매입부대비용 – 매입환출, 매입에누리, 매입할인</u>

[주의] 재고자산 원가에 포함할 수 없으며 발생기간의 비용으로 인식하여야 하는 금액(부대비용이 아닌 것들)
  (1) 재료원가, 노무원가 및 기타의 제조원가 중 비정상적으로 낭비된 부분 → (영업외비용)
  (2) 추가 생산단계에 투입하기 전에 보관이 필요한 경우(제조활동) 이외의 보관비용 → (판.관.비)
  (3) 재고자산을 현재의 장소에 현재의 상태로 이르게 하는데 기여하지 않은 관리간접원가(판.관.비)
  (4) 판매원가(=매출원가)

(1) 재무상태표에 표시하는 재고자산
→ 저가법 (취득원가보다 시가가 낮은 경우 낮은 금액인 시가를 표시하는 방법)

재고자산은 원칙적으로 재무상태표에 취득원가로 표시한다. 다만 시가가 취득원가보다 낮을 경우에는 낮은 금액인 시가를 재무상태표에 표시한다.(저가법) 이때 하락한 차액을 결산수정분개 한다. 만약, 취득원가보다 시가가 높다면 재무상태표에는 원가를 보고한다.(결산수정분개 안함)

확인문제

1. 다음은 재고자산을 취득하면서 발생한 내용이다. 취득원가에 포함시킬 수 없는 것은? (26회)
   ① 매입가액   ② 하역비   ③ 매입에누리   ④ 운송비

2. 다음 중 재고자산의 취득원가에 포함시켜야 하는 항목으로 가장 적절한 것은? (39회)
   ① 판매수수료   ② 판매시 운송비용
   ③ 재고자산 매입시 수입관세   ④ 인수 후 판매까지의 보관료

3. 다음 중 재고자산의 취득원가를 구성하는 항목은? (회계2급 49회)
   ① 매입운임   ② 매입할인   ③ 매입환출   ④ 매입에누리

4. 다음 중 재고자산 취득원가 측정에 대한 내용으로 올바른 것은? (61회)
   ① 매입과 관련된 할인, 에누리는 취득원가에서 차감하지 않는다.
   ② 취득과정에서 정상적으로 발생한 부대비용은 취득원가에 포함하지 않는다.
   ③ 제조원가 중 비정상적으로 낭비된 부분은 취득원가에 포함하지 않는다.
   ④ 제조원가 중 추가 생산단계에 투입하기 전에 보관이 필요한 경우 외의 보관비용은 취득원가에 포함한다.

정답

1. ③ 매입에누리는 재고자산의 취득원가에서 차감한다.
2. ③ ①②④는 취득시관련비용이 아닌 취득이후 발생한 비용으로 판매비와 관리비에 속하는 항목들이다.
3. ① 재고자산의 취득원가는 매입가액에 매입운임 등 취득과정에서 정상적으로 발생한 부대비용을 가산한 금액이다. 나머지는 매입원가에서 차감한다.
4. ③ · 재고자산의 매입원가는 매입금액에 매입운임, 하역료 및 보험료 등 취득과정에서 정상적으로 발생한 부대원가를 가산한 금액이다. 매입과 관련된 할인, 에누리 및 기타 유사한 항목은 매입가액에서 차감한다.(일반기업회계기준 7.6)
   · 재고자산 원가에 포함할 수 없으며 발생기간의 비용으로 인식하여야 하는 원가의 예는 다음과 같다.(일반기업회계기준 7.10)
   (1) 재료원가, 노무원가 및 기타의 제조원가 중 비정상적으로 낭비된 부분
   (2) 추가 생산단계에 투입하기 전에 보관이 필요한 경우(제조활동) 외의 보관비용
   (3) 재고자산을 현재의 장소에 현재의 상태로 이르게 하는 데 기여하지 않은 관리간접원가
   (4) 판매원가

▶ 매입차감항목과 매출차감항목 정리

번호		설 명	과 목	
매입차감항목	1	파손, 불량품 등에 대해 매입할 때 상품매입대금을 깎는 것	매입에누리	대변에 생김
	2	매입한 상품을 반품시키는 것(매입반품)	매입환출	
	3	외상매입금을 조기 지급함으로써 외상매입금의 일부를 할인받는 것	매입할인	
매출차감항목	4	파손, 불량품 등에 대해 매출한 상품대금을 깎아주는 것	매출에누리	차변에 생김
	5	매출한 상품이 반품되어 오는 것(매출반품)	매출환입	
	6	외상매출금을 조기 회수함으로써 외상매출금의 일부를 할인하여 주는 것	매출할인	

▶ 실기입력

1. 원재료(153) 매입에 대한 매입환출(반품)과 에누리 코드번호 → 154 매입에누리 및 환출을 선택한다.
2. 상 품(146) 매입에 대한 매입환출(반품)과 에누리 코드번호 → 147 매입에누리 및 환출을 선택한다.
3. 원재료(153) 외상매입금에 대한 매입할인 코드번호 → 155.매입할인(원재료)을 선택한다.
4. 상 품(146) 외상매입금에 대한 매입할인 코드번호 → 148.매입할인(상품)을 선택한다.
5. 제품매출(404)에 대한 매출환입(반품)과 에누리 코드번호 → 405.매출에누리 및 환입을 선택한다.
6. 제품 외상매출금(404)에 대한 매출할인 코드번호 → 406.매출할인(제품매출)을 선택한다.

[확인문제]

1. (주)미국상사에서 원재료 ₩5,000을 외상으로 수입하고, 관세 및 하역비 500원은 현금으로 지급하다

구 분	차변(3번)	대변(4번)
분 개		

2. (주)한국상사에서 매입한 원재료 일부에서 불량품이 발견되어 외상대금잔액 5,000원 중 1,200원은 감액받고 나머지는 보통예금으로 결제하였다.(74회)

구 분	차변(3번)	대변(4번)
분 개		

3. (주)서울상사에 외상매출한 제품대금 ₩10,000을 약정일 이전에 회수하게 되어 3% 할인 해주고, 잔액은 보통예금계좌로 이체하여 받다.

구 분	차변(3번)	대변(4번)
분 개		

정답

1. 원재료 구입시 지출하는 부대비용(관세 및 하역비 등)은 원재료에 포함하여 취득원가를 결정한다.
   (차) 원재료 5,500   (대) 외상매입금(한국)   5,000
                                현금   500
2. 매입한 원재료에 대한 불량품에 대한 감액은 매입에누리로 해석합니다.
   (차) 외상매입금(한국) 5,000   (대) 매입환출 및 에누리(원재료) 1,200
                                보통예금   3,800
3. 제품 외상매출금을 조기 회수할 때 할인은 '406 매출할인'이다.
   (차) 406 매출할인(제품매출) 300 (대) 외상매출금(서울)   10,000
        보통예금   9,700

(2) 재고자산을 정상적 판매 또는 소비가 아닐 경우 회계처리(재고자산 입력 시 적요 8번)

재고자산을 정상적 판매가 아닌 다른 용도로 사용했을 경우(비정상적 판매 또는 소비) 대변에 재고자산을 감소처리하고 재고자산을 전표에 입력할 때 적요란에 8번(타계정으로 대체액)을 반드시 입력해야 한다. 이때 재고자산 회계처리 시 재고자산금액은 원가로 회계처리 한다.

▶ 정상적 판매나 소비가 아닌 경우 거래들 ✓출제

① 상품을 매출거래처에 선물로 제공하면 → (차) 800대접대비 *** (대) 상품(적요8) *** (원가)
② 기계 수리 시 원재료를 사용하면 → (차) 500대 수선비 *** (대) 원재료(적요8) *** (원가)
③ 명절에 제품을 종업원에게 선물하면 → (차) 복리후생비 *** (대) 제품(적요8) *** (원가)
④ 제품을 영업용 물품(비품)으로 사용하면 → (차) 비품 *** (대) 제품(적요8) *** (원가)
⑤ 원재료나 제품의 장부수량보다 실제수량이 부족하면(비정상적 감모손실 발생)(이론1급출제, 실기는 세무 2급 출제)
   → (차) 재고자산감모손실 *** (대) 원재료(적요8) *** [또는 제품 (적요8)]
⑥ 제품을 불우이웃돕기로 기부하다(원가 1,000,000원, 시가 1,400,000원)
   → (차) 기부금 1,000,000   (대) 제품(적요8) 1,000,000 (원가)

➡ 비정상적으로 사용된 재고자산은 기말 손익계산서 매출원가 산출 시 타계정으로 대체액 항목(적요8)에 금액이 반영되어 매출원가를 차감시킨다.(원재료는 제조원가명세서에 반영된다)

확인문제

1. 생산된 제품(원가 50,000,000원, 시가 85,000,000원)을 국군 위문금품으로 전달하였다(44회)

구 분	차변(3번)	대변(4번)
분 개		

2. 생산된 제품(원가 10,000,000원, 시가 15,000,000원)을 원재료 구입처 선물용으로 전달하였다.

구 분	차변(3번)	대변(4번)
분 개		

3. 2월 15일 당사에서 제조한 제품(원가 1,500,000원, 시가 2,000,000원)을 경기도에 기부하였다. (62회)

구 분	차변(3번)	대변(4번)
분 개		

정답

1. (차) 기부금   50,000,000   (대) 제 품 (적요8)   50,000,000
2. (차) 접대비(500대) 10,000,000   (대) 제 품 (적요8. 타계정으로 대체액) 10,000,000
3. (차) 기부금   1,500,000   (대) 제품(적요8)   1,500,000

문제

1. (주)납세물산의 당해년도 손익계산서상 매출총이익이 2,600,000원일 경우, 아래 자료를 보고 당해연도 매출액을 추정하면? 단, (주)납세물산은 상품도매업만 영위하고 있으며, 아래 이외의 자료는 없는 것으로 가정한다. (40회)

- 기초 상품재고액 : 3,000,000원
- 당기 상품매입액 : 2,500,000원
- 상품 타계정대체액 : 1,000,000원   (※접대목적 거래처 증정)
- 기말 상품재고액 : 2,000,000원

① 2,500,000원   ② 3,500,000원   ③ 5,100,000원   ④ 6,100,000원

2. 다음 주어진 재고자산 자료를 가지고 매출원가를 계산하면 얼마인가? (55회)

- 기초재고액 : 300,000원
- 당기총매입액 : 1,200,000원
- 기말재고액 : 200,000원
- 매출환입 : 50,000원
- 매입환출 : 80,000원
- 매입에누리 : 100,000원

① 1,070,000원   ② 1,120,000원   ③ 1,200,000원   ④ 1,300,000원

정답

1. ③

상 품	
기초상품 (3,000,000)	매 출 원 가 (①)
순매입액 (2,500,000 − 0) (총매입액−반품,에누리,할인)	타 계정대체 (1,000,000)
	기 말 상 품 (2,000,000)

+ 매출총이익 = 매출액
(2,600,000) (?)

매출원가 = 3,000,000 + 2,500,000 − 1,000,000 − 2,000,000 = 2,500,000
2,600,000(매출총이익) = X(매출액) − 2,500,000(매출원가), X(매출액) = 5,100,000

2. ②

상 품	
기초상품 300,000원	매출원가(1,120,000원)
순매입액 1,020,000원 (1,200,000원− 180,000원)	기말상품 200,000원

3 재고자산의 기록, 계산방법

상품의 기록, 계산방법은 상품 단일계정, 2분법(상품과 상품매출), 3분법(이월상품, 매입, 매출), 5분법(3분법+ 매입환출 및 에누리, 매출환입 및 에누리)등이 있으나 더존실무에서는 2분법을 사용.

- 상품을 현금으로 구입하면 → (차) 상품(3분법처리 : 매입) (대) 현금
- 상품을 현금받고 매출하면 → (차) 현금   (대) 상품매출(3분법처리 : 매출)
- 12/31 매출원가를 산출하기 위해 기말재고액(상품, 원재료, 재공품, 제품)을 결산자료입력메뉴에 해당 기말재고액을 입력하고 전표추가 선택한다.(자동결산분개)

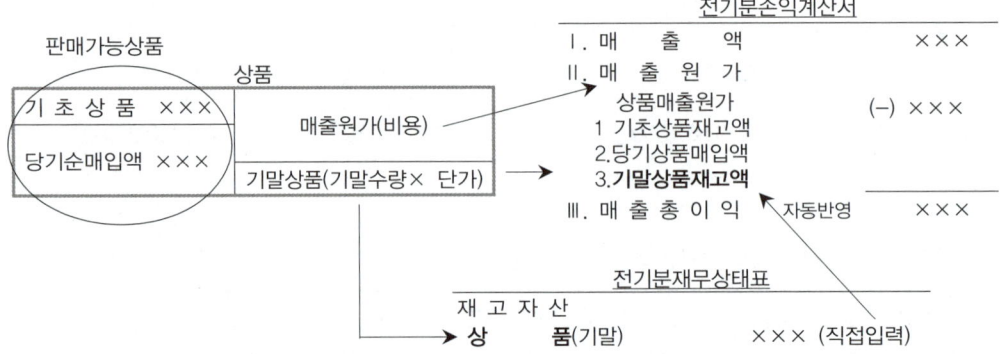

기말상품재고액은 손익계산서와 재무상태표에 동일한 금액으로 반영되는데 이때 두 군데 모두 입력하지 않고 재무상태표에 기말상품 금액을 입력하면 손익계산서에 기말상품이 자동 반영된다.

▶ 기말제품과 제품매출원가 산출

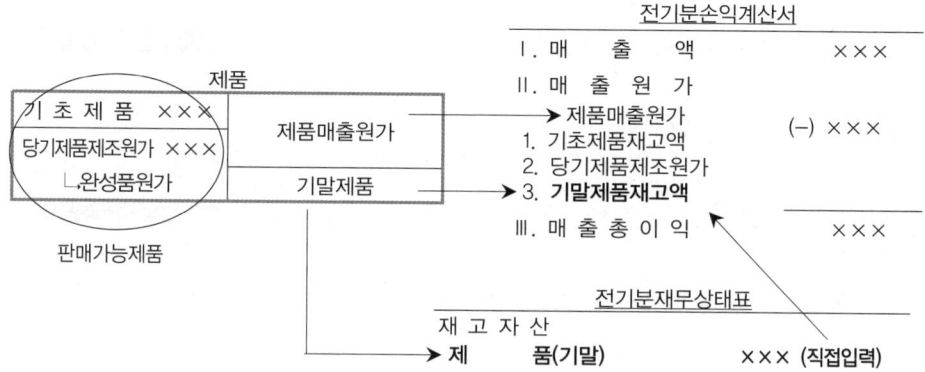

기말제품재고액은 손익계산서와 재무상태표에 동일한 금액으로 반영되는데 이때 두 군데 모두 입력하지 않고 재무상태표에 기말재고자산(기말제품,기말상품)을 입력하면 손익계산서에 자동 반영된다.

▶ 기말원재료와 원재료비 산출

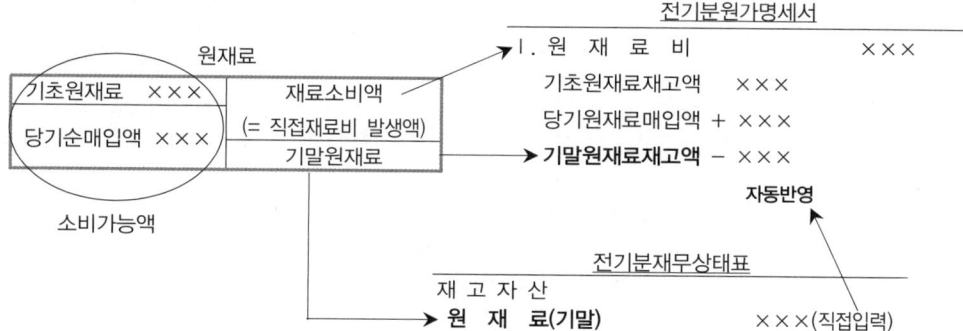

기말원재료재고액은 제조원가명세서와 재무상태표에 동일한 금액으로 반영되는데 이때 두 군데 모두 입력하지 않고 재무상태표에 기말원재료(재고자산)을 입력하면 제조원가명세서에 자동 반영된다.

▶ 당기말 기말재고자산 자동결산분개입력 (결산자료입력 1월 ~ 12월)

1. 기말원재료 ➜ ⑩기말원재료재고액란에 입력

			565,594,000
	1)원재료비		565,594,000
0501	원재료비		565,594,000
0153	① 기초 원재료 재고액		21,000,000
0153	② 당기 원재료 매입액		544,594,000
0153	⑩ 기말 원재료 재고액		

2. 기말재공품 ➡ ⑩기말재공품재고액란에 입력

0455	8) 당기 총제조비용		643,842,210
0169	① 기초 재공품 재고액		2,500,000
0169	⑩ 기말 재공품 재고액		

3. 기말제품 ➡ ⑩기말제품재고액란에 입력

0150	9) 당기완성품제조원가		646,342,210
0150	① 기초 제품 재고액		50,000,000
0150	⑩ 기말 제품 재고액		

4. 기말상품 ➡ 상품매출원가 > ⑩기말상품재고액란에 입력

4 재고자산의 매출원가 계산 및 수량결정방법과 단가결정방법

2021년 상품

| 기초재고액 | 500 | 매출원가 | (5,200) |
| (순)매입액 | 5,000 | 기말재고액 | 300 |

매출액이 10,000원이라면 매출총이익은? 4,800원

2022년 상품

| 기초재고액 | 300 | 매출원가 | (5,800) |
| (순)매입액 | 6,000 | 기말재고액 | 500 |

매출액이 10,000원이라면 매출총이익은? 4,200원

상품

| 기초상품 | 매출원가 |
| (순)매입 | 기말재고액 |

┌ 단위당 원가(= 1개당 원가)   ┌ 이동평균법과 총평균법

기말수량×단가→단가결정방법 : 개별법, 선입선출법, **평균법**, 후입선출법, 매출가격환원법

↓

수량결정방법: ① 계속기록법 ➡ 장부수량 파악
② 실지재고조사법 ➡ 실제수량 파악
③ 혼합법 = 계속기록법 + 실지재고조사법

※ 혼합법은 기업회계기준에서 채택하는 방법으로 기중에는 계속기록법으로 기록하다가 기말에 실사를 통해 수량과 금액을 조정하고 원가흐름의 가정(단가결정방법)에 의해 단가를 곱하여 기말재고액을 구하고 매출원가를 사후 계산하는 방법이다. 이 방법은 재고자산감모손실 금액을 파악할 수 있는 장점이 있다.

확인문제

1. 다음 중 재고자산의 수량결정방법에 해당하는 것은?
   ① 실지재고조사법   ② 선입선출법   ③ 개별법   ④ 이동평균법

2. 다음 중 재고자산의 수량결정방법에 해당하는 것은 어느 것인가?(56회)
   ① 선입선출법   ② 이동평균법   ③ 후입선출법   ④ 계속기록법

정답

1. ① 수량결정방법에는 실지재고조사법과 계속기록법과 혼합법이 있다. 단가산정방법(=원가흐름의 가정)에는 개별법, 선입선출법, 후입선출법, 평균법, 매출가격환원법(소매재고법)이 있다.
2. ④ 계속기록법, 실지재고조사법은 재고자산의 수량결정방법이고, 선입선출법, 이동평균법, 후입선출법, 총평균법, 개별법은 재고자산의 단가결정방법이다.

5 원가흐름의 가정(단가결정방법)

재고자산의 실제물량흐름과는 무관하게 인위적으로 원가흐름을 가정하고 그 가정에 의해 단가를 기말재고수량에 곱하여 기말재고자산원가를 결정하는 방법을 말한다.

▶ 기업회계기준에서 인정하는 방법

1. 개별법 2. 선입선출법 3. 후입선출법 4. 평균법(이동평균법과 총평균법) 5. 매출가격환원법

[사례] 다음 자료를 보고 물가상승시(인플레이션시)매출원가, 기말재고액, 매출총이익을 산출하고 금액의 크기 순서를 비교하시오.

[자료]

2/8	상품	매입	100개	@₩600	₩60,000
2/12	상품	매입	100개	@₩800	₩80,000
2/15		매출	150개	@₩1,000	₩150,000(매출액)
2/20	상품	매입	100개	@₩900	₩90,000

┌ 낮은 단가
(선입선출법) 먼저 매입한 단가를 매출원가로 결정하는 방법으로 물가상승시 저렴한 단가를 먼저 판매하므로써 이익과 재고가 가장 크고, 재고단가를 비싼 단가로 결정하는 방법.(실무는 물가변동이 있다)

선입선출법은 과거에 매입한 단가를 매출원가로 결정하므로 수익, 비용 대응이 부적절하다.

원가	상품	원가	(선입선출법)

┌ 최근에 매입한 단가 (물가상승시 – 비싼 단가)
(후입선출법) 나중에 매입한 단가를 매출원가로 결정하는 방법. 물가상승시 비싼 단가를 먼저 판매하므로써 매출원가는 가장 크고, 이익과 재고가 가장 적게 계상되는 방법. (실무는 물가변동이 있다)
수익, 비용 대응이 적절하다.

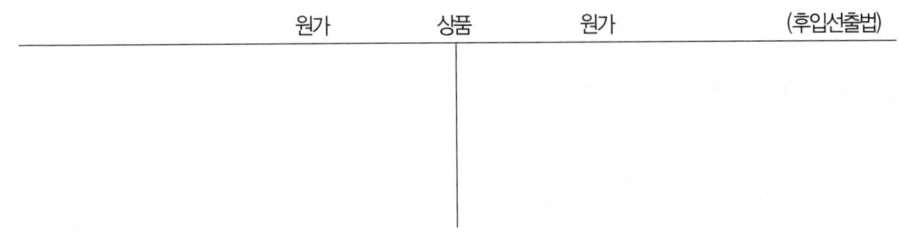

(평균법) 이동평균법과 총평균법이 있으며, 이동평균법은 매입할 때마다 평균단가를 계산하여 매출단가와 재고단가로 결정하는 방법으로 평균단가가 매번 다른 것이 특징이고, 총평균법은 재고와 매입의 수량과 금액을 월말에 합계하여 총평균단가를 계산하여 매출단가와 재고단가로 결정하는 방법을 말한다.

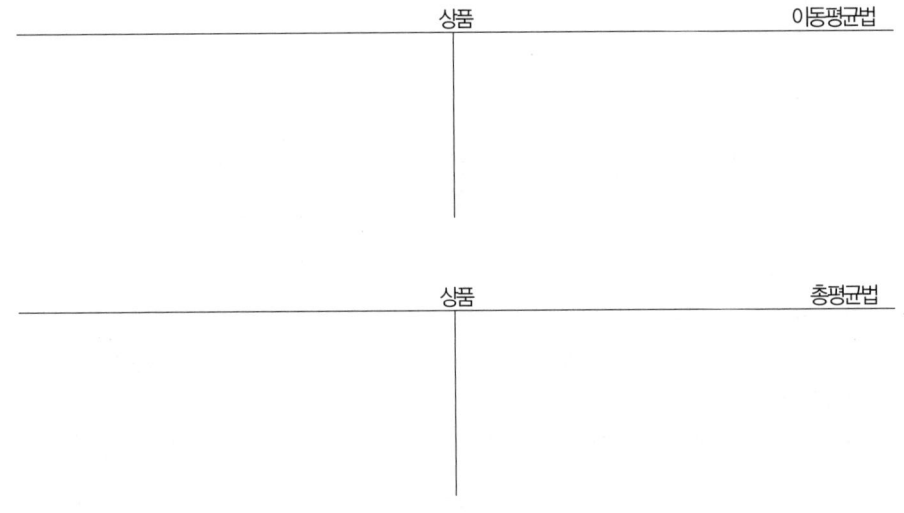

(후입선출법)

상품			
2/ 8 매입 100개 × 600 = 60,000	2/15 매출원가 150개	100개 × 800 = 80,000	
		50개 × 600 = 30,000	
2/12 매입 100개 × 800 = 80,000			
2/15 재고 50개 × 600 = 30,000	2월말 기말재고 150개	50개 × 600 = 30,000	
2/20 매입 100개 × 900 = 90,000		100개 × 900 = 90,000	

(평균법)

상품	이동평균법
2/8 매입 100개 × 600 = 60,000	2/15 매출원가 150개× 700= 105,000
2/12 매입 100개 × 800 = 80,000	
200개 [700] 140,000	
2/15 재고 50개 × 700 = 35,000	
2/20 매입 100개 × 900 = 90,000	2월말 기말재고 150개×833 =125,000
150개 [833] 125,000	

상품	총평균법
2/8 매입100개 600원 60,000	2/15 150개 766.66 115,000
2/12 매입100개 800원 80,000	
2/20 매입100개 900원 90,000	2/28 150개 766.66 115,000
300개 (766.66) 230,000	

> 요점정리

▶ 물가상승(인플레이션)일 경우 기말재고와 매출총이익 및 매출원가 크기순서

1. 기말재고액 크기순서(물가상승시) : 선입선출법 > 평균법(이동 > 총) > 후입선출법
2. 매출총이익(당기순이익)크기순서 : 선입선출법 > 평균법(이동 > 총) > 후입선출법
3. 매출원가 크기순서(물가상승시) : 후입선출법 > 평균법(총 > 이동) > 선입선출법

▶ 기말재고액과 매출원가와 매출총이익의 관계와 재무제표에 미치는 영향

1. 기말재고자산과 매출총이익(당기순이익)의 증감 변화는 같다(비례한다).
2. 기말재고자산과 매출원가의 증감변화는 반대(반비례)이다.
3. 기말재고액⇧, 매출원가(비용)⇩, 이익⇧, 법인세비용⇧, 이익잉여금⇧ 자본(순자산)⇧

(1) 개별법 특징
- ❶ 가격표 등을 붙여 매입상품별로 매출원가와 기말재고를 구분하는 방법이다.
- ❷ 원가흐름과 실제물량흐름이 일치하기 때문에 수익과 비용이 정확히 대응된다.
- ❸ 귀금속이나, 자동차매매업, 특별주문품 등과 같이 고가품목에 적용되는 방법

(2) 선입선출법 특징
- ❶ 먼저 매입한 자산이 먼저 매출된다는 가정하에 기말재고 매출원가를 결정하는 방법
- ❷ 원가흐름가정과 실제물량흐름이 대체적으로 일치한다.
- ❸ 가장 최근에 매입한 단가(나중에 매입한 단가)가 재무상태표 기말재고자산으로 표시된다.
- ❹ 물가상승시 재고자산과 이익이 가장 크게 표시되어 법인세와 배당압력이 높아 현금유출이 많아진다
- ❺ 현행수익(매출액)에 과거원가(매출원가)가 대응되므로 수익. 비용대응이 부적절하다.

(3) 후입선출법 특징
- ❶ 실제물량흐름과는 일치하지 않으며 가장 최근에 매입된 상품(나중에 매입한 상품)이 먼저 매출된다는 가정 하에 기말재고와 매출원가를 계산하는 방법이다
- ❷ 현행수익(매출액)에 현행원가(매출원가)가 대응되므로 수익. 비용 대응에 적절하다.
- ❸ 물가상승시 기말재고자산이 과거매입원가로 구성되어 과소평가되며 이익이 가장 적게 계상됨
- ❹ 후입선출법은 선입선출법과는 달리 계속기록법과 실지재고조사법을 각각 사용할 경우 기말재고액이 서로 다르게 계산된다.

(4) 평균법 특징
- ❶ 먼저 매입한 상품과 나중에 매입한 상품에서 평균단가를 산출하여 매출단가로 결정하는 방법이다.(단가 구분하지 않고, 매입할 때 마다 평균단가를 계산하는 방법)
- ❷ 평균법은 이동평균법과 총평균법으로 나뉜다. 이동평균법은 재고자산을 매입할 때마다 평균단가를 새로 계산하는 방법으로서 계속기록법 하에서의 평균법이 이동평균법이고, 매입할 때마다 단가를 재산정해야 하는 번거로움이 있다.
- ❸ 총평균법은 기말에 총액에서 한번만 총평균단가를 계산해서 매출단가로 결정하는 방법으로서 실지재고조사법하에서의 평균법이다.

(5) 매출가격환원법(매가환원법)
- * 매출가격환원법은 소매재고법이라고도 불리는 것으로 재고자산에 관한 자료를 소비자판매가격(소매가격)으로 기록, 보존하였다가 원가와 판매가격 사이의 일정한 관계를 근거로 원가율을 계산하여 재고자산의 원가를 결정하는 방법이다. 이 방법은 백화점, 소매상, 도매상과 같이 유통업에서만 사용할 수 있다.
- * 기업회계기준서에서는 원칙적으로 많은 종류의 상품을 취급하여 실제원가에 기초한 원가결정방법의 사용이 곤란한 유통업종에서만 매출가격환원법에 의한 재고자산평가를 허용한다. 다만, 유통업 이외의 업종이 매출가격환원법을 사용하는 경우에는 매출가격환원법의 사용이 실제원가에 기초한 다른 원가결정 방법을 적용하는 것보다 합리적이라는 정당한 이유와 매출가격환원법의 원가율 추정이 합리적이라는 근거를 주석으로 기재해야 한다.

$$\text{기말재고자산의 추정원가} = \text{판매가로 표시된 기말재고자산} \times \text{원가율(\%)}$$

$$\text{(추정)원가율(\%)} = \frac{\text{기초재고(원가)} + \text{당기매입(원가)}}{\text{기초재고(매가)} + \text{당기매입(매가)}}$$

확인문제

충청상사의 갑상품 거래내역이다. 갑상품의 월말재고액으로 옳은 것은?(단, 선입선출법임)

- 월초재고 : 5개 @5,000원   · 당월 매입 : 8개 @6,000원   · 당월 매출 : 10개 @10,000원

① 10,000원   ② 12,000원   ③ 15,000원   ④ 18,000원

정답

④ 선입선출법은 먼저 매입한 상품이 먼저 매출되는 것으로 간주하여 상품의 인도단가를 결정하는 방법이며, 가장 최근에 매입한 상품이 월말 재고액으로 남는다. 갑상품 월말재고액 : 3개 × @₩6,000 = 18,000원

문제 — 재고자산 원가흐름의 가정

1. 다음 재고자산의 원가결정방법에 대한 설명 중 옳지 않은 것은? (41회)
① 선입선출법은 가장 최근에 매입한 상품이 기말재고로 남아 있다.
② 평균법에는 총평균법과 이동평균법이 있다.
③ 성격 또는 용도면에서 차이가 있는 재고자산이더라도 모두 같은 방법을 적용하여야만 한다.
④ 기초재고와 기말재고의 수량이 동일하다는 전제하에 인플레이션 발생시 당기순이익이 가장 적게 나타나는 방법은 후입선출법이다.

2. 다음 중 기업회계기준에서 정하는 재고자산평가방법이 아닌 것은? (22회)
① 평균법   ② 지분법   ③ 후입선출법   ④ 선입선출법

3. 다음은 장비상사의 제1기(1.1.~12.31.)재고자산 내역이다. 이를 통하여 이동평균법에 의한 기말재고자산의 단가를 계산하면 얼마인가? (49회)

일 자	적 요	수 량	단 가
1월 4일	매입	200	1,000원
3월 6일	매출	100	1,200원
5월 7일	매입	200	1,300원
7월 10일	매입	300	1,100원

① 1,150원   ② 1,200원   ③ 1,250원   ④ 1,270원

4. 다음은 청솔상회의 재고자산과 관련된 문제이다. 선입선출법에 의하여 평가할 경우 매출총이익은 얼마인가? (다른 원가는 없다고 가정한다.) (46회)

일 자	매입매출구분	수량	단가
10월 1일	기초재고	10개	개당 100원
10월 8일	매 입	30개	개당 110원
10월 15일	매 출	25개	개당 140원
10월 30일	매 입	15개	개당 120원

① 850원　　② 2,650원　　③ 3,500원　　④ 6,100원

5. 다음 중 재고자산 평가방법이 아닌 것은? (53회)
   ① 실지재고조사법　② 후입선출법　③ 가중평균법　④ 선입선출법

6. 다음 중 물가가 상승하는 경우 재무상태표에 재고자산을 가장 최근의 원가, 즉 시가나 공정가치로 표현 할 수 있는 재고자산의 원가 결정방법은 무엇인가? (54회)
   ① 개별법　② 선입선출법　③ 후입선출법　④ 이동평균법

7. 기말재고자산가액을 실제보다 높게 계상한 경우 재무제표에 미치는 영향으로 잘못된 것은? (48회)
   ① 매출원가가 실제보다 감소한다.　　② 매출총이익이 실제보다 증가한다.
   ③ 당기순이익이 실제보다 증가한다.　　④ 자본총계가 실제보다 감소한다.

정답

1. ③ 성격 또는 용도면에서 차이가 있는 재고자산에 대하여는 서로 다른 취득단가 결정방법을 적용할 수 있으나 일단 특정 방법을 선택하면 정당한 사유없이 이를 변경할 수 없다.
2. ② 지분법은 유가증권 평가방법 중 하나에 해당한다. 재고자산평가방법과 혼동하지 않도록 주의.
3. ① (100×1,000+200×1,300)/300=1,200　　(300×1,200+300×1,100)/600=1,150
4. ① 매 출 액 = 25개 × 140원 = 3,500원
   매출원가 = 10개 × 100원 = 1,000원
   　　　　　15개 × 110원 = 1,650원　합계 2,650원
   매출총이익 = 매출액 – 매출원가 = 3,500원 – 2,650원 = 850원(이익)
5. ① 실지재고조사법은 평가방법이 아니라 재고자산 수량결정방법이다.
6. ② 선입선출법을 선택하면 재무상태표에 보고하는 기말재고자산을 가장 최근 원가(나중에 매입한 원가)로 결정한다. 개별법은 실물흐름에 따른 방법이고 후입선출법은 기말재고자산이 먼저 매입한 원가(과거 매입 원가)로 표시되고, 이동평균법은 상품을 매입할 때마다 새로운 평균단가를 계산하는 방법으로 취득가격이 서로 섞이게 된다.
7. ④ 기말재고자산을 실제보다 높게 계상한 경우(과다처리 할 경우)
   매출원가는 감소하고, 그 결과 매출총이익과 당기순이익은 증가한다. 당기순이익이 증가하면, 이익잉여금(자본)도 증가한다. 따라서 기말재고자산과 이익과 자본은 증감변화가 같다.
   그리고 기말재고자산 과소계상하면: 매출원가↑, 매출총이익 또는 당기순이익↓, 이익잉여금(자본)↓

6 재고자산감모손실 회계처리

재고자산감모손실은 재고자산의 도난, 분실, 파손, 증발, 마모 등에 의한 수량차이에서 발생하는 손실(장부수량과 실제수량의 차이에서 발생하는 손실)이다.
재고자산감모손실에서 정상적인 감모손실 금액은 매출원가에 산입하고, 비정상적인 감모손실 금액은 영업외비용으로 분류한다.

> 재고자산감모손실(수량차이) = (장부수량 − 실제수량) × 단위당원가(=1개당 원가)

참고 재고자산감모손실 실기입력 방법 ✓세무2급 내용

❶ 정상적 감모(원가성 있는 감모) → 매출원가에 가산(적요8 표시 안함)되므로 별도로 일반전표에 분개하지 않고, 결산자료입력메뉴(자동결산)에서 기말재고액을 실제재고액을 입력한다.

❷ 비정상적 감모(원가성 없는 감모) → 일반전표에 영업외비용으로 분류하기 위해 (차변)"재고자산감모손실"을 입력하고, (대변)재고 자산 입력시 (적요8 타계정대체액) 표시한다.

확인문제

제품 장부상 재고수량은 200개이나 실지재고조사 결과 180개인 것으로 판명되었다. 개당 원가 200원이고 시가가 180원일 경우 재고자산감모손실은?

① 4,000원　　　　② 3,600원　　　　③ 2,000원　　　　④ 1,600원

정답 ①

재고자산감모손실 = (장부수량 200개 − 실제수량 180개) × 단위당원가 200원 = 4,000원
재고자산 평가손실을 가격차이에서 발생한 손실로 질문한 것이 아니므로 계산 생략

7 재고자산의 기말평가(저가법)

재고자산은 기말에 시가를 추정하여 시가가 취득원가보다 하락한 경우에는 저가법을 선택하므로 재무상태표가액을 낮은 금액인 시가로 결정한다. 이때 원가와 시가를 비교하여 차액이 발생하면 결산수정분개 한다. (저가법이란 원가와 시가를 비교하여 낮은 가액을 재무상태표에 보고하는 방법을 말한다)

결산수정분개 : 12/31 (차) 재고자산평가손실***　(대) 재고자산평가충당금 ***
　　　　　　　　　　　(매출원가산입)　　　　　(재고자산차감항목)

재고자산평가를 위한 저가법은 종목별(개별항목별)기준을 적용하는 것을 원칙으로 한다. 총계기준으로 적용할 수는 없다. 그리고 시가는 기말에 추정하며, 제품, 상품, 재공품의 시가는 순실현가능가치를 말한다.

출제

재고자산평가손실은 가격차이에서 발생한 비용으로 매출원가로 산입한다. 그리고, 동시에 차감계정(재고자산평가충당금)을 대변에 표시한다.

(1) 10/ 1 상품 5,000원 외상매입하다.
　(차)　상품　　5,000　　　(대)　외상매입금　5,000
　12/31 취득원가 5,000원을 시가 4,000원으로 평가하다.
　(시가하락 → 저가법적용 수정분개)
　(차)　재고자산평가손실　1,000　(대)　재고자산평가충당금　1,000
　　　　(매출원가산입)　　　　　　　(재고자산차감항목)

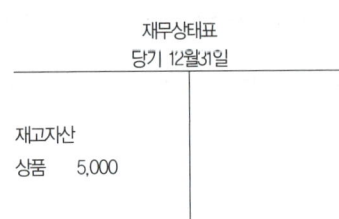

(2) 시가 4,000원이 시가 5,500원으로 회복될 경우
　→ 재고자산평가충당금만 제거한다.
　12/31 장부금액 4,000원이 시가 5,500원으로 회복되다.
　(시가회복 → 재.평.충 제거분개)
　(차)　재고자산평가충당금 1,000 (대) 재고자산평가충당금환입 1,000
　　　　　(-)　　　　　　　　　　(매출원가 차감항목)

확인문제

다음은 재고자산에 대한 설명이다. 틀린 것은? (34회)
① 재고자산은 취득원가를 재무상태표 가액으로 한다.
② 재고자산의 시가가 취득원가보다 높은 경우에는 시가를 재무상태표가액으로 한다.
③ 재고자산의 취득원가는 매입원가 또는 제조원가를 말한다.
④ 재고자산의 매입원가는 매입가액에 취득과정에서 정상적으로 발생한 부대비용을 가산한 금액이다.

정답 ②
재고자산은 취득원가를 재무상태표 가액으로 한다. 다만, 시가가 취득원가보다 낮은 경우에는 시가를 재무상태표가액으로 하여야 하는데 이를 '저가법'이라고 한다. 재고자산의 시가와 취득원가와의 차액은 재고자산평가손실의 항목으로 하여 매출원가에 가산하고, 동시에 재고자산평가손실충당금(누계액)은 재고자산의 차감계정으로 표시한다.

8 기말재고자산 포함여부

(1) 미착상품(현재 운송중인 매입상품 = 아직 도착하지 않은 상품)
　❶ 선적지 인도조건 : 매입자는 상품을 배에 선적할 때부터 매입으로 인식하여 매입자의 재고자산에 포함하는 조건을 말한다. (선적지 인도조건은 운송중인 상품이든 아니든 상관없다.)
　　※ 당사가 판매자일 경우 → 수익(매출)으로 인식하여 재고자산에 차감(제외)한다.
　❷ 도착지 인도조건 : 상품이 도착할 때 매입자는 매입으로 인식하여 매입자의 재고자산에 포함한다. 만약 운송중인 상품일 경우 도착 전이므로 매입자는 매입자의 재고자산에 포함하지 않는다.

(2) **적송품**(위탁자(당사)가 수탁자(홈쇼핑)에게 판매를 부탁하기 위해 적송한 물품)

수탁자(홈쇼핑)가 위탁품을 판매할 경우 → 위탁자는 수익으로 인식, 위탁자의 재고자산에서 제외함.
수탁자가 판매하지 않고 보관하고 있을 경우 → 수익인식×, 위탁자(당사)의 재고자산에 포함.

(3) **시송품**(시용품, 시험적으로 고객이 사용해보기 위해 인도하는 상품 – (이해) 시식코너

고객이 구입의사표시하면→ 수익으로 인식하고 재고자산에서 차감한다.
구매자의 구입의사표시 없으면→ 수익으로 인식 안하고, 재고자산에 포함한다.

(4) **할부판매상품**(장기, 단기할부판매) – 판매기준(= 인도기준)때 수익을 인식함.

대금회수여부에 관계없이 판매시점(=인도시점)에 수익으로 인식한다.
할부판매 계약을 맺고, 판매전(인도전)일 경우→ 수익인식 안함.(재고자산에 포함)
할부판매 계약을 맺고, 판매(인도)할 경우→ 수익인식 하고, 재고자산에 차감한다.

(5) **반품가능판매**

구매자가 매입한 상품이 마음에 들지 않을 경우 반품기간이내에 반품을 할 수 있는 판매를 말한다.

❶ 반품률이 추정 가능할 경우 : 반품기간 종료시점까지 기다리지 않고 상품인도시점(=판매시점)에 수익으로 인식하고, 판매자 재고자산에서 차감한다.
❷ 반품률 추정 불가능할 경우 : 반품기간종료시점 또는 구매자가 구매의사 표시할 때 수익을 인식하고, 수익인식하기 전까지는 판매자의 재고자산에 포함한다.

(6) **상품권매출** ➜ 매출(수익)아님! 부채가 생김

상품과 교환할 수 있는 증권인 상품권을 판매하고 대금을 미리 받는 것으로 "선수금"(부채)으로 처리하고, 상품권을 회수하여 상품과 교환할 경우 수익(매출)을 인식하며, 상품권회수전(상품교환 전)까지는 판매자의 재고자산에 포함된다.

❶ 상품권을 매출하고 현금을 받으면 : (차) 현금 ×××   (대) 선수금 ×××
❷ 상품권과 상품을 교환하고, 차액은 현금으로 받으면,
  (차) 현　　　금 ×××   (대) 상품매출(수익발생) ×××
     선 수 금(거래처) ×××

> 확인문제

1. 다음은 판매자의 재고자산에 포함되는 항목을 열거한 것이다. 올바르지 않은 것은?
    ① 수탁자가 보관하고 있는 적송품
    ② 도착지 인도조건으로 판매한 운송중인 자산
    ③ 금융기관에 담보로 제공한 저당상품
    ④ 판매대금이 회수되지 않은 장기할부판매상품

2. 다음 중 기말재고자산에 포함되지 않는 것은?
    ① 선적지 인도기준으로 운송 중에 있는 미착상품
    ② 위탁판매에 의해서 이미 수탁자가 판매한 위탁품
    ③ 매입자가 매입의사표시가 없는 시송품
    ④ 매입계약이 체결되었으나 인도되지 않은 상품

3. 다음 중 재고자산에 포함되지 아니하는 것은? (24회)
    ① 상품 인도 후 고객이 구매의사를 표시하지 아니한 시용판매상품
    ② 상품권은 발행되었으나, 상품권이 결산시까지 회수되지 아니한 상품
    ③ 위탁판매를 위하여 발송한 후 수탁자가 창고에 보관중인 적송품
    ④ 도착지 인도기준에 의하여 구매계약 완료 후 결산일 현재 운송중인 상품

4. 다음 중 매출자의 기말재고자산에 포함되지 않는 것은?
    ① 도착지 인도기준으로 운송 중에 있는 미착상품
    ② 위탁판매에 의해서 이미 수탁자가 판매한 위탁품
    ③ 매입자의 매입의사표시가 없는 시송품
    ④ 매입계약이 체결되었으나 인도되지 않은 상품

5. 다음 재고자산에 대한 설명 중 (주)태성의 소유가 아닌 것은?

    | 가. (주)태성은 선적지 인도조건인 운송중인 상품을 (주)황소로부터 구입하였다.
    | 나. (주)태성이 (주)북부에게 판매를 위탁한 상품(적송품)이 (주)북부의 창고에 보관중이다.
    | 다. (주)태성은 (주)한국에게 반품률을 합리적으로 추정가능한 상태로 상품을 판매(인도)하였다.
    | 라. (주)태성은 운송중인 상품을 도착지 인도조건으로 (주)남부에 판매하였다.

    ① 가   ② 나   ③ 다   ④ 라

6. 다음은 기말재고자산에 포함될 항목의 결정에 대한 설명이다. 가장 틀린 것은?
   ① 적송품은 수탁자가 판매한 경우 위탁자의 재고자산에서 제외한다.
   ② 시송품은 매입자가 매입의사표시를 한 경우 판매자의 재고자산에서 제외한다.
   ③ 할부판매상품은 인도기준으로 매출을 인식하므로 대금회수와 관계없이 인도시점에서 판매자의 재고자산에서 제외한다.
   ④ 미착품이 도착지인도조건인 경우 도착시점에서 판매자의 재고자산에 포함한다.

▶ 실기연습

1. 기말결산 시 기말재고자산은 다음과 같다.
   원재료재고액 ₩5,000,000   재공품재고액 ₩20,000,000   제품재고액 ₩10,000,000

* 기말제품재고액 중 ₩5,000,000은 수탁자가 판매하지 않고 보관중인 제품으로 기말제품에 제외되어 있다.

2. 기말결산 시 기말재고자산은 다음과 같다.
   원재료재고액 ₩1,000,000   재공품재고액 ₩5,000,000   제품재고액 ₩20,000,000

* 원재료재고액 중 ₩300,000은 도착지인도기준으로 운송중인 원재료가 포함되어 있다.
      ↳ 300,000원 원재료에 불포함 한다.

정답 확인문제

1. ④ 할부판매의 경우에는 대금이 모두 회수되지 않았더라도 상품의 판매시점에 수익으로 인식 하므로 판매자의 재고자산 에서 제외 하여야 한다.
2. ② 위탁상품은 수탁자가 판매하기 전까지는 위탁자의 재고자산이지만, 수탁자가 판매 하게되면 더 이상 위탁자의 상품이 아니다.
3. ④ 도착지 인도기준에 의한 매매의 경우 상품이 도착하는 시점에 소유권이 이전된다. 따라서 현재 운송중인 상품(미착품)은 구매자의 재고자산에 포함할 수 없다.
4. ② 수탁자가 판매하지 않은 위탁품은 위탁자(판매를 부탁한 사람=매출자)의 재고자산에 포함되지만, 판매한 위탁품은 수익으로 인식되어 위탁자의 재고자산에 포함되지 않는다.
5. ③ 반품률을 합리적으로 추정 가능한 상태로 판매하는 경우에는 판매자가 수익으로 인식하므로 판매자의 재고자산에서 제외하고 구매자의 재고자산에 포함한다.
6. ④ 운송중인 상품(미착품)의 도착지인도조건인 경우에는 도착시점에서 매입자의 재고자산에 포함한다.

정답 실기연습

1. 결산자료입력 메뉴에 기말원재료 5,000,000원, 기말재공품 20,000,000원 기말제품15,000,000원 해당항목을 찾아서 입력한다.
   결산자료입력에 의한 자동결산 입력화면

±	코드	과 목	결산분개금액	결산전금액	결산반영금액
		1. 매출액		1,400,098,277	
	0401	상품매출		18,421,821	
	0404	제품매출		1,381,676,456	
		2. 매출원가		845,921,510	
	0455	제품매출원가			
		1)원재료비		689,429,000	
	0501	원재료비		689,429,000	
	0153	① 기초 원재료 재고액		4,700,000	
	0153	② 당기 원재료 매입액		685,029,000	
	0153	⑥ 타계정으로 대체액		300,000	
	0153	⑩ 기말 원재료 재고액			5,000,000
		3)노 무 비		54,820,000	
	0208	차량운반구			
	0212	비품			
	0455	8)당기 총제조비용		833,221,510	828,221,510
	0169	① 기초 재공품 재고액		2,700,000	2,700,000
	0169	⑩ 기말 재공품 재고액		20,000,000	20,000,000
	0150	9)당기완성품제조원가		835,921,510	810,921,510
	0150	① 기초 제품 재고액		10,000,000	10,000,000
	0150	⑩ 기말 제품 재고액		15,000,000	15,000,000

2. 도착지인도기준으로 운송중인 원재료는 도착을 해야 매입자의 재고자산에 포함하므로 운송중일 경우에는 재고자산에 포함하지 않으므로 기말원재료에서 300,000원을 차감하여 700,000원을 입력한다. 기말원재료 700,000원 입력 기말재공품 5,000,000원 입력 기말제품 20,000,000원 입력
   결산자료입력에 의한 자동결산 입력화면

±	코드	과 목	결산분개금액	결산전금액	결산반영금액
		1. 매출액		1,400,098,277	
	0401	상품매출		18,421,821	
	0404	제품매출		1,381,676,456	
		2. 매출원가		845,921,510	
	0455	제품매출원가			
		1)원재료비		689,429,000	
	0501	원재료비		689,429,000	
	0153	① 기초 원재료 재고액		4,700,000	
	0153	② 당기 원재료 매입액		685,029,000	
	0153	⑥ 타계정으로 대체액		300,000	
	0153	⑩ 기말 원재료 재고액			700,000
		3)노 무 비		54,820,000	
	0212	비품			
	0455	8)당기 총제조비용		833,221,510	832,521,510
	0169	① 기초 재공품 재고액		2,700,000	2,700,000
	0169	⑩ 기말 재공품 재고액		5,000,000	5,000,000
	0150	9)당기완성품제조원가		835,921,510	830,221,510
	0150	① 기초 제품 재고액		10,000,000	10,000,000
	0150	⑩ 기말 제품 재고액		20,000,000	20,000,000

9 소모품 관한 회계처리

처리방법	구입시 회계처리	결산시 회계처리(결산수정분개)
1. 자산처리	(차) 소모품 XXX (미사용액)	12/31 소모품비 XXX / 소모품 XXX (사용액) 결산시 사용액 수정분개 = 구입액 – 미사용액(재고)
2. 비용처리	(차) 소모품비 XXX (사용액)	12/31 소모품 XXX / 소모품비 XXX(미사용액) 결산시 미사용액 수정분개 = 구입액 – 사용액

확인문제

1. 회계기간 중에 소모품 구입 시 소모품으로 처리한 금액 800,000원 중 기말결산 시 미사용액 300,000원으로 판명되었으며, 본사와 제조부 각각 5:5 사용 시 결산수정분개 하시오.

구 분	차변(3번)	대변(4번)
12/31 분 개		

2. 회계기간 중에 소모품 구입 시 소모품비로 처리한 금액 1,000,000원 중 기말결산 시 사용액 400,000원으로 판명 시 결산수정분개 하시오.

구 분	차변(3번)	대변(4번)
12/31 분 개		

정답

1. 기중에(구입 시) 소모품(자산)처리하면 기말결산 시 사용액을 수정분개함.

   구입액 800,000 – 미사용액 300,000원 = 사용액 500,000원 ⇨ 소모품 감소와 소모품비 발생

구 분	차변(3번)		대변(4번)	
12/31 분개	800대 소모품비	250,000	소모품	500,000
	500대 소모품비	250,000		

2. 기중에(구입 시) 소모품비(비용)처리하면 기말결산 시 미사용액(=재고액)을 수정분개함.

   구입액 1,000,000원 – 사용액 400,000원 = 미사용액 600,000원 ➜ 소모품비 차감과 소모품 생김

구 분	차변(3번)		대변(4번)	
12/31 분개	소모품	600,000	소모품비	600,000

투자자산(投資資産) 관련 회계처리

당사가 보유하고 있는 비유동자산 중 투자를 목적(비업무용)으로 보유한 자산을 말한다.
(종류) 투자부동산, 매도가능증권(178), 만기보유증권(181), 장기대여금, 장기금융상품 등

1 178매도가능증권 과 181만기보유증권

(1) 매도가능증권과 만기보유증권 취득원가 결정

❶ 매도가능증권 구입 시 매입수수료는 부대비용으로 매도가능증권에 가산하여 취득원가를 결정한다.
❷ 만기보유증권 구입 시 매입수수료는 부대비용으로 만기보유증권에 가산하여 취득원가를 결정한다.

[주의] 단기매매증권 구입 시 매입수수료는 영업외비용으로 900대수수료비용으로 회계처리 하는 것과 구분할 것.

(2) 매도가능증권 매각(처분)

매도가능증권처분이익 = 처분가액 > 취득원가
매도가능증권처분손실 = 처분가액 < 취득원가

(3) 매도가능증권과 만기보유증권 평가

❶ 기말결산 시 매도가능증권을 신뢰성 있게 측정할 수 있는 경우 공정가액법(=공정가치법)으로 평가한다. 다만, 공정가액을 신뢰성 있게 측정할 수 없는 경우에는 취득원가로 평가한다. 이때 발생하는 매도가능증권 평가손익은 미실현손익으로 자본항목 중 기타포괄손익누계액으로 분류하므로 당기손익으로 처리하지 않는다.
❷ 기말결산 시 만기보유증권은 유효이자율법을 적용하여 상각 후 원가로 평가한다.(상각 후 원가법)

2 지분법적용투자주식

투자자인 당사가 피 투자회사에 대해 경영에 참여하여 중대한 영향력을 행사할 목적으로 일정비율 이상의 주식지분을 취득할 때 처리하는 계정과목

3 투자부동산

투자를 목적으로 구입한(보유한) 건물, 토지 등 부동산을 말한다.

4 장기대여금

이자를 받을 목적으로 재무상태표 작성일로부터 대여기간이 1년이 초과하여 장기간 대여한 채권 금액을 말한다.

5 장기금융상품

재무상태표 작성일로부터 1년 이후에 만기가 도래하는 금융기관이 취득하는 정형화된 상품을 취득할 경우 처리하는 계정과목을 말한다.

확인문제

1. 다음 자료에 의한 회계처리 시 차변 계정과목과 금액으로 옳은 것은?

> (주)한공은 유가증권시장에 상장되어 있는 (주)국제의 주식 1,000주를 1주당 6,000원(1주당 액면금액 5,000원)에 취득하고, 거래수수료 100,000원을 지급하였다.(회사는 주식을 장기보유목적으로 취득하였다.)

	계정과목	금 액
①	단기매매증권	5,000,000원
②	매도가능증권	5,100,000원
③	단기매매증권	6,000,000원
④	매도가능증권	6,100,000원

2. 다음 자료에 의한 회계처리 시 차변 계정과목과 금액으로 옳은 것은?

> (주)한공은 유가증권시장에 상장되어 있는 (주)국제의 주식 1,000주를 1주당 6,000원(1주당 액면금액 5,000원)에 취득하고, 거래수수료 100,000원을 지급하였다.(회사는 주식을 장기보유목적으로 취득하였다.)

	계정과목	금 액
①	단기매매증권	5,000,000원
②	매도가능증권	5,100,000원
③	단기매매증권	6,000,000원
④	매도가능증권	6,100,000원

3. 다음 중 투자자산에 해당하지 않는 계정과목은?
  ① 장기금융상품   ② 단기매매증권
  ③ 장기대여금   ④ 투자부동산

4. 다음은 (주)한공의 매도가능증권 관련 자료이다. 당해연도말 결산분개로 옳은 것은?

- 전년도 8월에 장기투자 목적으로 시장성 있는 (주)서울의 주식 10,000주를 1주당 1,000원에 현금으로 취득하였다.
- 전년도말 매도가능증권평가손실 1,200,000원을 계상하였다.
- 당해연도말 현재 (주)서울의 주식은 1주당 1,200원으로 평가되었다.

① (차) 매도가능증권　2,000,000원　　(대) 매도가능증권평가이익　2,000,000원
② (차) 매도가능증권　2,000,000원　　(대) 매도가능증권평가손실　1,200,000원
　　　　　　　　　　　　　　　　　　　　매도가능증권평가이익　　800,000원
③ (차) 매도가능증권　3,200,000원　　(대) 매도가능증권평가이익　3,200,000원
④ (차) 매도가능증권　3,200,000원　　(대) 매도가능증권평가손실　1,200,000원
　　　　　　　　　　　　　　　　　　　　매도가능증권평가이익　2,000,000원

정답

1. ④ 주식을 단기매매증권으로 분류하기 위해서는 시장성과 단기 매매차익 실현 목적이라는 두 가지 조건을 모두 충족하여야 한다. 단기매매증권의 거래수수료는 당기비용으로 처리하고, 매도가능증권의 거래수수료는 취득원가에 가산한다.
2. ④ 주식을 단기매매증권으로 분류하기 위해서는 시장성과 단기 매매차익 실현 목적이라는 두 가지 조건을 모두 충족하여야 한다. 단기매매증권의 거래수수료는 당기비용으로 처리하고, 매도가능증권의 거래수수료는 취득원가에 가산한다.
3. ② 투자자산에 속하는 계정과목은 투자부동산, 매도가능증권, 만기보유증권, 장기대여금, 장기금융상품 등이며, 비유동자산으로 분류된다. 단기매매증권은 유동자산 중 당좌자산에 속하는 계정과목이다.
4. ④ 매도가능증권평가손익은 매도가능증권평가이익(자본증가항목)과 매도가능증권평가손실(자본감소항목)로서 재무상태표상의 자본항목 중 기타포괄손익누계액으로 분류하고, 기말결산시 매도가능증권평가이익이나 매도가능증권평가손실 잔액이 있으면 자본항목으로 서로 상계처리(서로차감)하여 일반전표에 수동결산분개 입력한다.

　전년도 8월 (차) 매도가능증권　　　　10,000,000원　　(대) 현금　　　　　　　　10,000,000원
　전년도말　 (차) 매도가능증권평가손실　1,200,000원　　(대) 매도가능증권　　　　1,200,000원
　당해연도말 기초에 매도가증증권평가손실 잔액 1,200,000원 있으므로 평가이익과 상계처리한다.
　　　　　　 (차) 매도가능증권(178)　　3,200,000원　　(대) 매도가능증권평가손실　1,200,000원
　　　　　　　　　　　　　　　　　　　　　　　　　　　　　매도가능증권평가이익　2,000,000원

유형자산(有形資産) 관련 회계처리

> **출제**
> ① 취득원가 결정 = 구입가격 + 부대비용(추가비용)→ 유형자산 사용하기 전까지의 지출
> ② 유형자산 사용할 때 지출 ➡ 자본적지출(자산의 증가를 가져오는 지출) ➡ 자산처리(구입한 자산)
>   수익적지출(수익을 얻기 위한 지출) ➡ 비용처리(수선비 또는 차량유지비)
> ③ 12/31 감가상각비 계상(=처리) ➡ (차) 감가상각비(500대, 800대) ××× (대) 감가상각누계액 ×××
> ④ 유형자산 매각(처분) ➡ 유형자산 장부금액 < 처분가액 ➡ 유형자산처분이익 발생
>   유형자산 장부금액 > 처분가액 ➡ 유형자산처분손실 발생
>   유형자산 장부금액 = 취득원가 – 감가상각누계액

1 유형자산의 개념과 종류

(1) 유형자산의 개념

장기간(1년 이상) 영업활동에서 사용하기 위해 보유하고 있는 물리적형태가 있는 자산이다.
예 부동산 임대업자가 임대하는 부동산(토지 또는 건물), 영업용 컴퓨터, 복사기, 에어컨 등

(2) 유형자산의 종류

❶ 토지(201) 건물(202) 차량운반구(208) 비품(212) 기계장치(206)(제품생산을 위해 구입한 기계설비 등) 등
❷ 구축물(204)(토지 위에 정착한 건물 이외의 교량, 정원설비, 굴뚝 기타 토목설비 등)
❸ 건설중인자산(임시유형자산) : 건물을 신축하기 위해 지출되는 공사금액(공사계약금, 중도금 등 공사금액)으로 건물이 완공되기 전에 설정하는 임시계정으로 건물이 완공(준공)되면 건물로 대체되면서 대변에 건설중인자산은 감소한다. (감가상각대상 제외 항목 – 토지와 건설중인자산)

번호	내용	계정과목
1	영업목적(= 업무목적)으로 취득한 토지 (단, 투자목적이면 투자부동산)	
2	영업목적으로 구입하거나 완공된 사무실, 창고, 점포, 공장 등	
3	영업(업무)목적으로 구입한 물품(영업용 책상, 컴퓨터, 에어컨 복사기, 팩스 등)	
4	영업목적으로 구입한 승용차, 승합차, 트럭(화물차), 오토바이 등	
5	토지위에 정착한 건물 이외의 교량, 정원설비 굴뚝 기타 토목설비	
6	제품생산을 위해 구입한 기계나 운송설비(콘베어, 기중기 등)	
7	건물을 신축하기 위해 지출되는 공사금액(공사계약금), 신축을 위해 대출받은 이자비용 등	

정답 1.토지 2.건물 3.비품 4.차량운반구 5.구축물 6.기계장치 7. 건설중인자산

2 유형자산의 취득원가 결정

당사(우리 회사)가 영업활동에 사용할 목적으로 유형자산을 취득(구입)할 때 지출한 총비용을 취득원가라 한다.

유형자산의 취득원가 = 구입가격 + 취득 부대비용

[출제] 유형자산 취득 시 자산처리 하는 부대비용들

① 취득 시 운반비와 설치비 또는 시운전비, 중개수수료 등
② 설치장소 준비를 위한 지출[토지 등을 사용할 목적에 맞도록 투입된 구획정리비용, 배수로비용, 정지비용, 구건물 철거비용은 토지부대비용으로 토지 취득원가에 포함하므로 토지로 입력한다.
[주의] 사용 중인 기존 건물 철거비용은 부대비용이 아니고, 유형자산처분손실(영업외비용)으로 처리한다.
   [구건물철거비용과 기존건물철거비용 구분할 것]
③ 유형자산 취득과 관련된 세금이나 공과금(취득세, 등록세 등)
[중요] 취득 후 지출한 재산세, 자동차세, 수입인지세 등은 세금과공과(판관비)로 처리함.
④ 차량운반구 취득과 관련하여 의무적으로 매입하는 채권(국,공채)에 대한 손실(액면금액과 시가의 차액)은 차량 부대비용으로 차량운반구로 처리한다
⑤ 자본화대상 금융비용(= 부대비용)
   원칙: 차입금(=대출금)에 대한 이자는 이자비용(영업외비용)으로 처리함
   예외: 자산을 취득하기 위한 대출금의 이자비용은 자본화대상의 금융비용으로 구입하는 유형자산에 포함 하여 취득원가로 결정한다.
   (자산을 취득하기 위해 지출한 부대비용으로 취득원가에 포함하여 자산처리 하는데 이것을 금융비용의 자본화 라고도 한다.)

[확인문제]

1. 대한부동산에서 공장 신축에 사용할 토지를 5,000,000원에 외상구입하고, 토지정지비용 200,000원과 취득세 50,000원을 현금으로 지급하다.

구 분	차변(3번)	대변(4번)
분 개		

2. 건물신축 공사 80,000,000원 계약을 맺고, 공사계약금 ₩8,000,000을 당사발행 당좌수표로 지급하다.

구 분	차변(3번)	대변(4번)
분 개		

3. 위 건물이 완공되어 인수하고, 공사비 잔액 ₩30,000,000을 동사발행당좌수표로 지급하다. 이때 건설중인자산 금액은 50,000,000원 있다.

구 분	차변(3번)	대변(4번)
분 개		

4. 공장 신축을 위해 대출받은 금액의 이자비용 2,000,000원을 보통예금 계좌에서 이체하였다. (차입금의 이자비용은 자본화 대상의 금융비용이다)

구 분	차변(3번)	대변(4번)
분 개		

★ 차입금에 대한 이자는 원칙은 이자비용이다. 하지만 자산취득을 위해 차입할 때 지출하는 이자비용으로 자본화 대상의 금융비용(자산에 포함되는 부대비용)으로 구입하는 자산으로 처리한다.

5. 사옥신축을 위한 신한은행 차입금의 이자비용 3,000,000원을 우리은행 보통예금에서 이체하였으며, 이자비용은 자본화하기로 하였다. 착공일은 당해연도 11월 1일, 완공일은 다음연도 9월 30일이다. (61회)

구 분	차변(3번)	대변(4번)
분 개		

6. 생산라인 증설을 위해 지난 5월 9일 계약금 1,000,000원을 주고 (주)인천테크에 제작의뢰한 기계장치가 설치완료 되어 잔금 19,000,000원 중 15,000,000원은 신한은행 보통예금으로 지급하고 나머지는 3개월 만기 약속어음을 발행하다.(단, 부가가치세는 고려하지 말것)

구 분	차변(3번)	대변(4번)
분 개		

7. 9월 18일 (주)대우자동차로부터 업무용 승용차를 구입하는 과정에서 취득해야 하는 공채를 구입하면서 대금 300,000원(액면금액)은 보통예금으로 지급하였다. 단, 공채의 현재가치는 260,000원이며 회사는 이를 단기매매증권으로 처리하고 있다.(3점)

구 분	차변(3번)	대변(4번)
분 개		

정답

1. (차) 토지　　　　　5,250,000　　(대) 미지급금(대한)　5,000,000
　　　　　　　　　　　　　　　　　　　현금　　　　　　　250,000
2. (차) 건설중인자산　8,000,000　　(대) 당좌예금　　　　8,000,000
3. (차) 건물　　　　　80,000,000　 (대) 건설중인자산　　50,000,000
　　　　　　　　　　　　　　　　　　　현금　　　　　　　30,000,000
4. (차) 건설중인자산　2,000,000　　(대) 보통예금　　　　2,000,000
5. (차) 건설중인자산　3,000,000　　(대) 보통예금　　　　3,000,000
6. (차) 기계장치　　　20,000,000　 (대) 선급금(인천)　　1,000,000
　　　　　　　　　　　　　　　　　　　보통예금　　　　　15,000,000
　　　　　　　　　　　　　　　　　　　미지급금(인천)　　4,000,000
7. 승용차 구입시 의무적으로 구입하는 채권(공채)에 대한 손실(액면금액-공정가치)는 차량운반구 부대비용으로 차량운반구로 처리하여 취득원가에 포함하도록 규정하고 있다.
　9월 18일 : (차) 단기매매증권　260,000　　(대) 보통예금　300,000
　　　　　　　　차량운반구　　　　40,000

문제 - 유형자산 취득원가

1. 유형자산의 취득원가 결정에 관한 사항 중 틀린 것은? (34회)
① 토지 취득 시 납부한 토지관련 등록세는 토지의 취득원가이다.
② 기계장치 구입 시 발생한 설치비는 취득원가이다.
③ 3대의 기계를 일괄 구입시 각 기계의 취득원가는 각 기계의 시가를 기준으로 안분계산 한다
④ 무상으로 증여 받은 비품은 취득원가를 계상하지 않는다.

2. 다음 중 유형자산으로 볼 수 없는 것은? (32회)
① 부동산매매업자가 보유한 판매목적용 토지　　② 건설중인 지점 건물
③ 제조용 기계장치　　　　　　　　　　　　　　④ 사업용 차량운반구

★ 투자목적으로 구입한 토지 또는 건물→ 투자부동산(투자자산)으로 처리하여 입력함.

3. 다음 중 취득원가에 포함되지 않는 것은? (21회)
① 수입한 기계장치의 시운전비
② 토지 구입시 중개수수료
③ 상품을 수입해 오는 과정에서 가입한 당사 부담의 운송보험료
④ 건물 구입 후 가입한 화재보험료

4. 다음의 설명 중 올바른 회계처리 방법이 아닌 것은?

① 기계장치를 구입하는 과정에서 발생된 보험료는 판매비와 관리비에 포함된다.
② 토지를 취득할 때 발생하는 취득세, 등록세 등은 토지의 취득원가를 구성한다.
③ 기업이 매매차익 목적으로 장기간 보유하고는 건물은 재무상태표에 투자자산으로 보고한다.
④ 사용 중인 건물의 철거비용은 취득원가를 구성하지 않으며, 영업외비용으로 보고한다.

5. 다음 중 유형자산의 취득원가에 포함되지 않는 것은?

① 취득세
② 시운전비
③ 하역비
④ 취득완료 후 발생한 이자비용

6. (주)진로는 업무용 컴퓨터를 구입하고 다음과 같은 금액을 지출하였다. 이때 컴퓨터 취득원가는?

• 구입가액 ₩8,000,000	• 업무용 소프트웨어 별도 구입비 ₩2,000,000
• 택배배송료 ₩100,000	• 설치비 ₩200,000

① 10,200,000원
② 10,000,000원
③ 8,300,000원
④ 8,000,000원

★ 컴퓨터 소프트웨어는 무형자산이고, 컴퓨터 택배배송료와 설치비는 취득부대비용으로 비품으로 처리하여 취득원가로 결정한다.(만약 컴퓨터에 포함된 소프트웨어는 부대비용임)

7. 다음은 유형자산 취득시 회계처리를 설명한 것이다. 가장 옳지 않는 것은?(42회)

① 유형자산에 대한 건설자금이자는 취득원가에 포함할 수 있다.
② 무상으로 증여받은 건물은 취득원가를 계상하지 않는다.
③ 교환으로 취득한 토지의 가액은 공정가액을 취득원가로 한다.
④ 유형자산 취득시 그 대가로 주식을 발행하는 경우 주식의 발행가액을 그 유형자산의 취득원가로 한다.

8. 다음 중 유형자산에 대한 설명 중 잘못된 것은? (50회)

① 동일한 업종 내에서 유사한 용도로 사용되고 공정가액이 비슷한 동종자산과의 교환으로 유형자산을 취득하는 경우 당해 자산의 취득원가는 교환으로 제공한 자산의 공정가액 으로 한다.
② 현물출자, 증여, 기타 무상으로 취득한 유형자산의 가액은 공정가액을 취득원가로 한다.
③ 건물을 신축하기 위하여 사용 중인 기존 건물을 철거하는 경우 그 건물의 장부가액은 제거하여 처분손실로 반영하고, 철거비용은 전액 당기비용으로 처리한다.
④ 유형자산의 취득과 관련하여 국·공채 등을 불가피하게 매입하는 경우 당해 채권의 매입가액과 기업회계기준에 따라 평가한 현재가치와의 차액은 유형자산의 취득원가로 구성된다

9. 다음은 유형자산의 취득원가와 관련된 내용이다. 틀린 것은? (55회)
   ① 유형자산은 최초 취득원가로 측정한다.
   ② 현물출자, 증여, 기타 무상으로 취득한 자산은 공정가치를 취득원가로 한다.
   ③ 취득원가는 구입원가 또는 경영진이 의도하는 방식으로 자산을 가동하는데 필요한 장소와 상태에 이르게 하는데 지출된 직접원가와 간접원가를 포함한다.
   ④ 유형자산이 정상적으로 작동되는지 여부를 시험하는 과정에서 발생하는 원가도 취득원가에 포함한다.

10. 다음 중 유형자산의 취득원가에 포함되지 않는 것은?(58회)
    ① 설치장소 준비를 위한 지출   ② 외부운송 및 취급비
    ③ 새로운 시설을 개설하는데 소요되는 원가 ④ 설치비

11. 다음 중 유형자산의 취득원가가 아닌 것은? (59회)
    ① 설치장소 준비를 위한 지출   ② 관리 및 기타 일반간접원가
    ③ 자본화대상인 차입원가   ④ 설치비

정답

1. ④ 무상으로 증여받은 유형자산은 공정가치로 취득원가를 계상한다. 이때 발생하는 수익을 자산수증이익(영업외수익)이라 한다.
2. ① 부동산매매업자가 판매 목적으로 보유하고 있는 토지는 상품으로 재고자산이다.
3. ④ 자산 구입 후 화재보험료는 판매비와 관리비로 분류 된다
4. ① 기계장치 구입과정에서 발행한 보험료는 기계장치 취득원가에 포함된다.
5. ④ 자산 취득 후 발생한 이자비용은 회계기간에 발생한 비용으로 영업외비용으로 분류된다.
6. ③ 외부에서 소프트웨어를 구입한 경우 그 구입비용은 무형자산(컴퓨터소프트웨어)에 해당한다.
7. ② 무상으로 증여받은 유형자산은 공정가치로 취득원가를 계상한다.
8. ① 일반기업회계기준 10.20. 교환으로 제공한 자산의 장부가액으로 한다.
9. ③ 일반기업회계기준 10.8. 유형자산을 취득하는데 직접 관련된 원가만 포함한다.
10. ③ 유형자산의 원가가 아닌 예는 다음과 같다.(제10장 유형자산 문단 10.10)
    (1) 새로운 시설을 개설하는 데 소요되는 원가는 취득 후의 opening 원가를 의미하므로 원가에 포함되지 않습니다.(opening 원가란 오픈이벤트 행사비용으로 이해하세요)
    (2) 새로운 상품과 서비스를 소개하는 데 소요되는 원가(예: 광고 및 판촉활동과 관련된 원가)
    (3) 새로운 지역에서 또는 새로운 고객층을 대상으로 영업을 하는 데 소요되는 원가(예:직원 교육훈련비)
    (4) 관리 및 기타 일반간접원가
11. ② 관리비 및 기타 일반간접원가는 당해 비용의 성격에 따라 기간비용 또는 제조원가로 처리한다.

3 유형자산 취득 후의 지출에 관한 회계처리

(1) 자본적지출(자산증가를 가져오는 지출, 장기간 사용하는 지출(=사용기간 연장을 가져오는 지출)로서 취득원가에 포함하였다가 감가상각을 통해 비용처리함) → 자산 처리 (= 자산증가처리)

(2) 수익적지출(수익을 얻기 위한 지출 = 현상유지비용, 원상복구비용) → 비용(수선비)처리 (단, 차량은 차량유지비)

★ 자본적지출과 수익적지출의 사례

자본적 지출 (자산증가 처리)	수익적 지출 (→ 수선비 or 차량유지비로 처리)
① 엘리베이터, 에스컬레이터의 설치 → 건물(+) ② 냉난방 장치의 설치 → 건물(+) ③ 빌딩 등에 피난시설 등의 설치 → 건물(+) ④ 기타 개량, 확장, 증설, 증축 등 → 건물(+) ⑤ 사용용도 변경으로 인한 비용 → 건물(+) ⑥ 엔진교체비용(사용기간 연장을 가져오는 지출) 　→ 차량운반구(+) 또는 기계엔진교체 → 기계장치	① 건물의 도색비(페인트비용) → 수선비 ② 파손된 유리의 교체 → 수선비 ③ 기계부속품의 교체 → 수선비 ④ 자동차의 타이어, 배터리, 엔진오일 교체 → 차량유지비 ⑤ 기타 조업가능한 상태유지(= 현상유지) 등

★ 자본적지출을 수익적 지출로 처리할 경우 재무제표에 미치는 영향은?
　자본적지출(자산처리×)하지 않고, 수익적지출(비용처리○)로 처리하였으므로 자산(−), 비용(+), 당기순이익(−), (= 이익잉여금↓)(−)　자본(순자산=자기자본)↓

★ 수익적지출을 자본적지출로 처리할 경우 재무제표에 미치는 영향은 위와 반대이다.

확인문제 다음 거래를 읽고 자본적지출과 수익적지출 거래를 분류하여 회계처리 하시오.

1. 기계장치 취득 후 2년이 지난 현재 주요수선 및 설비증설을 위한 자본적지출로 2,000,000원을 현금 지출하였다.

구 분	차변(3번)	대변(4번)
분 개		

2. 공장의 기계장치를 (주)대성기업에서 수리하고 당좌수표를 발행하여 수리비용 3,000,000원을 지급하다. (수익적지출로 회계처리 할 것)(54회)

구 분	차변(3번)	대변(4번)
분 개		

3. 공장의 전등설비 수선대금 24,000,000원을 ㈜태양조명에 어음으로 발행(만기:1년이내)하여 지급하였다. 단, 수선비용 중 4,000,000원은 수익적지출로 처리하고, 나머지는 자본적지출('비품'계정)로 처리 한다.(57회)

구 분	차변(3번)	대변(4번)
분 개		

4. 다음의 공장건물에 대한 지출내역을 보고 회계처리를 하시오.(고정자산 등록은 생략하고, 하나의 전표로 입력한다) 단, 대금은 전액 당좌수표를 발행하여 지급하였다.(58회)

- 파손으로 인한 유리교체비용 : 1,800,000원
- 내용연수 증가를 위한 대수선비 : 14,600,000원
- 건물외벽의 도색비 : 3,300,000원

구 분	차변(3번)	대변(4번)
분 개		

정답

1. (차) 기계장치 2,000,000 (대) 현금 2,000,000
2. (차) 수선비(500번대) 3,000,000 (대) 당좌예금 3,000,000
3. (차) 수 선 비(500번대) 4,000,000 (대) 미지급금(태양) 24,000,000
   　　비　품 20,000,000
4. 공장건물(유형자산) 취득후 지출은 자본적지출과 수익적지출로 분류한다. 이때 자본적지출은 자산 증가 처리하므로 건물로 처리하고, 수익적지출은 비용처리 즉, 현상 유지비용(=원상복구비용)으로 수선비로 처리한다. 이때 500대 수선비와 800대 수선비 구분한다.
   - 파손으로 인한 유리교체비용 → 수익적지출(수선비)
   - 내용연수 증가를 위한 대수선비 → 자본적지출(건물)
   - 건물외벽의 도색비 → 수익적지출(수선비)
   　(차) 수선비(500대) 5,100,000원　　(대) 당좌예금 19,700,000원
   　　　건물　　14,600,000원
   　(수선비(500번대) 5,100,000원을 1,800,000원 과 3,300,000원 으로 각각 입력하여도 됨)

문제 **자본적지출과 수익적지출**

1. 다음은 유형자산의 보유 중에 발생한 지출이다. 회계처리의 성격이 다른 하나는? (25회)
   ① 오래된 건물의 도색작업
   ② 계단식 3층 건물의 에스컬레이터 설치
   ③ 3년 동안 사용한 트럭의 배터리 교체
   ④ 건물 내부의 조명기구 교환

2. 다음 중 유형자산에 대한 설명으로 틀린 것은? (36회)
   ① 취득원가에는 자산을 사용할 수 있도록 준비하는데 직접 관련되는 지출 등을 포함한다.
   ② 자산의 수선, 유지를 위한 지출은 감가상각을 통하여 비용처리한다.
   ③ 감가상각비는 제조와 관련된 경우에는 관련 자산의 제조원가로, 그 밖의 경우에는 판매비와 관리비로 처리한다.
   ④ 자산 취득에 사용한 정부보조금은 취득원가에서 차감하는 형식으로 표시한다.

3. 수선비를 비용처리 하지 않고 유형자산의 가액을 증가시킨 경우 해당연도의 상황으로 맞는 것은? (36회)
   ① 당기순이익이 증가한다.
   ② 자산의 장부가액이 과소계상 된다.
   ③ 자기자본이 과소계산 된다.
   ④ 자본의 총액이 과소계상 된다.

4. 유형자산을 취득한 후에 추가의 지출이 발생하는 경우 처리하는 성격이 다른 하나는? (40회)
   ① 파손된 유리 등의 교체비용
   ② 사용 용도를 변경하기 위한 비용
   ③ 엘리베이터, 냉난방 장치 설치비
   ④ 개량, 증설, 확장 등을 위한 비용

5. 다음과 같은 결과가 재무상태 또는 경영성과에 미치는 영향을 가장 바르게 설명한 것은?

   > 본사 사무실로 사용하고 있는 건물의 리모델링을 실시하고 비용 3,000,000원을 현금으로 지출 한 것에 대하여 이후 건물 가치의 증대 및 내용연수가 연장될 것으로 예상되므로 다음과 같이 분개하였다.
   > (차변) 건   물 3,000,000   (대변) 현   금 3,000,000
   > 그러나, 단순한 현상 유지를 위한 지출로 판명되어 회계 처리에 오류가 있었음이 발견 되었다.

   ① 자산이 과대 계상 되었다.
   ② 자본이 과소 계상 되었다.
   ③ 비용이 과대 계상 되었다.
   ④ 수익이 과소 계상 되었다.

6. 당기에 기계장치에 대한 자본적지출을 수익적지출로 잘못 처리한 경우의 영향이다. 틀린 것은? (39회)
   ① 당기순이익의 감소   ② 이익잉여금의 감소   ③ 자기자본의 감소   ④ 자본금의 감소

> **정답**
> 1. ② 에스컬레이터 설치는 자산의 미래 경제적효익을 증가시키는 자본적지출이고, 나머지 수익적 지출이다.
> 2. ② 기업회계기준서 제5호 유형자산 문단23, 유형자산의 수선유지를 위한 지출은 해당 자산으로부터 당초 예상되었던 성능수준을 회복하거나 유지하기 위한 것이므로 일반적으로 발생한 기간의 비용으로 인식한다
> 3. ① 비용처리(수익적지출)하지 않고 자산을 증가(자본적지출)로 처리하면 비용은 과소계상, 자산은 과대계상되어 당기순이익이 증가하며 이익잉여금(자본)도 증가(과대계상)한다.
> 4. ① ①은 수익적 지출이기 때문에 수선비로 처리하고, ②,③,④은 자본적 지출이므로 건물계정에 기입한다.
> 5. ① 현상유지(원상복구)를 위한 지출은 수익적 지출로 비용으로 처리할 것을 자본적 지출로 판단하여 자산으로 처리함으로써 자산이 과대계상(자산증가처리)되고, 비용이 과소계상(비용차감처리)되어 순이익이 과대계상(이익증가)되었다.
> 6. ④ 자본은 자본금(액면), 자본잉여금, 자본조정, 기타포괄손익누계액, 이익잉여금으로 구성되어 있다. 수선비로 처리하지 않고, 자산을 증가시키는 회계처리를 하면(수익적지출을 자본적지출로 처리하는 경우) 비용이 과소계상(비용감소)되거나 자산이 과대계상(자산증가)되어 당기순이익이 과대계상(당기순이익 증가)된다.

4 유형자산의 감가상각비 계상

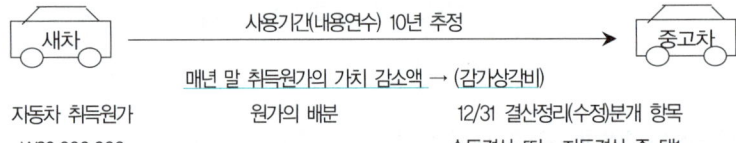

자동차 취득원가   원가의 배분   12/31 결산정리(수정)분개 항목
₩20,000,000   수동결산 또는 자동결산 중 택1

[주의] 모든 유형자산을 감가상각하는 것은 아니다. 토지와 건설중인자산은 감가상각대상에서 제외한다.

(1) 감가상각이란

  유형자산의 취득원가(취득하기 위해 지출한 비용)를 내용연수기간동안 취득원가를 체계적이고 합리적인 방법으로 원가를 배분하는 과정을 말한다.(1년상각, 월할상각)

(2) 기중에 취득한 유형자산은 당기 사용기간 동안 가치감소분을 다음과 같이 기말에 처리한다.
  기말결산 시 감가상각비 수동결산분개
  12/31 감가상각비 분개는 간접차감표시법(누계액 표시법)으로 한다.

  (차) 감가상각비(500번대)   × × ×   (대) 감가상각누계액   × × ×
      감가상각비(800번대)   × × ×   감가상각누계액   × × ×

본사 유형자산에 대한 감가상각비는 "800대 감가상각비(판관비)"로서 차변에 처리하면 손익계산서 판관비 밑에 감가상각비에 반영되고, 동시에 해당 유형자산 차감항목인 "감가상각누계액"을 대변에 전표 입력하면 재무상태표 유형자산 취득원가 밑에 차감계정인 감가상각누계액을 표시하여 유형자산 장부가액을 보고한다.

그리고 제조부(=공장) 유형자산에 대한 감가상각비는 제조원가와 관련 있으므로 500대 감가상각비로서 제조원가명세서 제조경비 밑 일반감가상각비에 반영된다.

▶ 감가상각누계액 (유형자산 차감적 평가계정)

유형자산 취득원가가 내용연수동안 영업활동을 통해 가격이 감소되는데, 이것을 모아둔 누계액으로 재무상태표 작성 시 해당유형자산 밑에 차감형식으로 표시된다.

(3) 감가상각비 계산요소

❶ 취득원가 (구입가격 + 부대비용 + 자본적지출)
❷ 내용연수 (유형자산의 추정사용기간)
❸ 잔존가액(=잔존가치) (유형자산 처분 시 받을 수 있는 추정금액 – 처분비용)

(4) 감가상각비 계산방법

❶ 정액법
❷ 정률법, 연수합계법, 이중체감법 (전산세무2급) → 체감잔액법
❸ 생산량비례법, 작업시간비례법 → 비례법

확인문제

기말결산 시 본사의 차량운반구(208)에 대한 감가상각비 ₩500,000과 기계장치(206)에 대한 감가상각비 ₩300,000을 계상하다.

구 분	차변(3번)	대변(4번)
12/31		

또는 자동결산분개(결산자료입력메뉴 : 1월 ~12월 입력)

800대 감가상각비 → 판.관.비 > 감가상각비란 > 차량운반구란에 500,000원 입력

500대 감가상각비 → (제조)경비 > 일반감가상각비 > 기계장치란에 300,000원 입력

				83,275,000	300,000	83,575,000
	7) 경 비			83,275,000		83,275,000
	1). 복리후생비 외					
0511	복리후생비			27,315,000		27,315,000
0513	접대비			900,000		900,000
0514	통신비			1,250,000		1,250,000
0515	가스수도료			6,350,000		6,350,000
0516	전력비			26,000,000		26,000,000
0517	세금과공과			2,510,000		2,510,000
0520	수선비			9,100,000		9,100,000
0521	보험료			250,000		250,000
0522	차량유지비			1,400,000		1,400,000
0525	교육훈련비			750,000		750,000
0526	도서인쇄비			850,000		850,000
0528	포장비			250,000		250,000
0530	소모품비			1,100,000		1,100,000
0531	수수료비용			200,000		200,000
0533	외주가공비			5,050,000		5,050,000
0518	2). 일반감가상각비				300,000	300,000
0202	건물					
0206	기계장치				300,000	300,000
0208	차량운반구					
0212	비품					

정답

12/31 수동결산분개는 일반전표 12/31로 입력한다.
(차) 800대 감가상각비 500,000   (대) 감가상각누계액(209) 500,000
    500대 감가상각비 300,000   감가상각누계액(207) 300,000

(5) 감가상각비 계산공식

❶ 정액법 : (취 − 잔) ÷ 내
특징 : 매년 일정한 금액으로 감가상각비를 계상한다.

$$감가상각비(1년분) = (취득원가 - 잔존가치) \div 내용연수$$

❷ 정률법 : (취 − 감) × 상
특징 : 정률(정해진 상각률)로 계산하는 방법으로 초기년도(1차)에 감가상각비가 가장 많이 계상되며, 매년 감가상각금액이 점차 감소하는 특징이 있다.

$$감가상각비 = 장부금액(취득원가 - 감가상각누계액) \times 상각률(정률)$$

❸ 연수합계법 (연수 → 내용연수) : (취 − 잔) × 잔/내
정률법처럼 초기에 감가상각비를 많이 계상하는 특징이 있으며, 내용연수의 합계를 분모로 잔여내용연수(=남은 내용연수)를 분자로하여 상각률을 구하고, 이 상각률을 감가상각 대상액에 곱해 당해 감가상각비를 산출하는 방법이다.

$$감가상각비 = (취득원가 - 잔존가치) \times \frac{잔여내용연수}{내용연수합계}$$

내용연수가 5년일 경우 →   1차 → $\frac{5년}{15년}$ 2차 → $\frac{4년}{15년}$

❹ **비례법(생산량비례법, 작업시간비례법)** : (취 − 잔) × 실/예
   조업도(생산량, 작업시간)에 의해 유형자산(기계장치 등)이 감가상각되는 경우 사용하는 방법

$$감가상각비 = (취득원가 - 잔존가치) \times \frac{당기\ 실제생산량}{예정총생산량}$$

❺ **이중체감법(세무2급)**
   정률법의 단점인 정률계산의 복잡성을 보완하기 위하여 정액상각률의 2배법을 이용하여 상각률을 계산하여 미상각잔액에 곱하여 감가상각비를 산출하는 방법이다.

$$감가상각비 = (취득원가 - 감가상각누계액) \times 2 \div 내용연수$$

[암기] 손익계산서에 표시하여 보고하는 감가상각비는 당기분 금액이고, 재무상태표에 표시하여 보고하는 감가상각누계액 금액은 사용기간 누적분 금액이다.

확인문제

전년도 7월 1일 취득, 취득원가 ₩20,000,000, 잔존가액은 취득원가의 10%, 내용연수 20년, 정률(상각률) 10%인 기계의 감가상각비를 전년도말과 당해연도 결산일을 기준으로 정액법, 정률법으로 감가상각비 금액을 계산하시오.

[정액법]
전년도말(1기) 감가상각비 계산 :

전년도 12/31 기말결산일 감가상각비 수동결산분개(일반전표 12/31자로 입력)

(차)   (대)

	재무상태표	(1기)
206 기 계 장 치 20,000,000		
207 감가상각누계액 ( )		
( )		

당해연도말(2기) 감가상각비 계산 :

당해연도 12/31 기말결산일 수동결산분개(일반전표 12/31자로 입력)

(차)   (대)

	재무상태표	(2기)
206 기 계 장 치 20,000,000		
207 감가상각누계액 ( )		
( )		

[정률법] 2차년도 계산문제 출제
전년도 기말(1기) 감가상각비 계산 : _____

전년도 12/31 기말결산일 수동결산분개(일반전표 12/31자로 분개)

(차)   (대)

―――――――――――――――― 재무상태표 ―――――――――――――――― (1기)
  206 기 계 장 치   20,000,000
  207 감가상각누계액 (   )
                    (   )

당해연도 (2기) 감가상각비 계산 :

당해연도 12/31 감가상각비 수동결산분개
(차)   (대)

―――――――――――――――― 재무상태표 ―――――――――――――――― (2기)
  206 기 계 장 치   20,000,000   → 취득원가
  207 감가상각누계액 (   )
                    (17,100,000)   → 12/31 장부가액

정답

[정액법]
전년도말(1기) 감가상각비 계산 : (20,000,000 − 2,000,000) ÷ 20년 = 900,000원(1년분) × 6/12 = 450,000원
전년도 12/31 기말결산일 감가상각비 수동결산분개(일반전표 12/31자로 입력)
12/31 (차) 감가상각비(500번대) 450,000   (대) 207감가상각누계액(기계장치) 450,000

―――――――――――――――― 재무상태표 ―――――――――――――――― (1기)
  206 기 계 장 치   20,000,000
  207 감가상각누계액 (450,000)
                    (19,550,000)

당해연도말(2기) 감가상각비 계산 : (20,000,000 − 2,000,000) ÷ 20년 = 900,000원(1년분) ➔ 1/1~12/31사용
당해연도 12/31 기말결산일 수동결산분개(일반전표 12/31자로 입력)
12/31 (차) 500번대 감가상각비 900,000   (대) 207감가상각누계액(기계장치) 900,000

―――――――――――――――― 재무상태표 ―――――――――――――――― (2기)
  206 기 계 장 치   20,000,000
  207 감가상각누계액 (1,350,000)
                    (18,650,000)

[정률법]

전년도 기말(1기) 감가상각비 계산 : (20,000,000 - 0) × 10% = 2,000,000원(1년분) × 6/12 = 1,000,000원

전년도 12/31 기말결산일 수동결산분개(일반전표 12/31자로 분개)

12/31 : (차) 감가상각비(500번대)   1,000,000   (대) 207감가상각누계액(기계장치) 1,000,000

```
            재무상태표                    (1기)
 206 기 계 장 치    20,000,000
 207 감가상각누계액 (  1,000,000)    → 사용기간 6개월 금액
                  ( 19,000,000)    → 장부금액
```

당해연도 (2기) 감가상각비 계산 : (20,000,000 - 1,000,000) × 10% = 1,900,000원(1년분) ➜ 1/1~12/31사용

당해연도 12/31 감가상각비 수동결산분개

12/31 (차) 500번대 감가상각비   1,900,000   (대) 207감가상각누계액(기계장치) 1,900,000

```
            재무상태표                    (2기)
 206 기 계 장 치    20,000,000       → 취득원가
 207 감가상각누계액 (  2,900,000)    → 사용기간 1년6개월 누적분금액
                  ( 17,100,000)    → 12/31 장부가액
```

(감가상각비 기말수정분개는 수동결산과 자동결산 분개 중 택1 한다. 단, 문제에서 지시어가 있으면 지시한 방법으로 입력해야 한다.)
① 수동결산분개(일반전표)
  : 12/31 (차) 감가상각비(500대 또는 800대) ×××   (대) 감가상각누계액 ×××
② 자동결산분개(결산자료입력) : 제조와 관련된 감가상각비(500대 감가상각비)는 경비항목 밑 일반감가상각비란에 입력하고, 본사(영업부)의 감가상각비는 판매비와 관리비(800대 감가상각비) 항목 밑 감가상각비란에 금액을 입력한다.

		4. 판매비와 일반관리비		118,407,500	500,000	118,907,500
		1). 급여 외		61,000,000		61,000,000
0801		급여		61,000,000		61,000,000
0806		2). 퇴직급여(전입액)				
0850		3). 퇴직연금충당금전입액				
0818		4). 감가상각비			500,000	500,000
0202		건물				
0206		기계장치				
0208		차량운반구			500,000	500,000
0212		비품				
		7)경 비		83,275,000	300,000	83,575,000
		1). 복리후생비 외		83,275,000		83,275,000
0511		복리후생비		27,315,000		27,315,000
0513		접대비		900,000		900,000
0514		통신비		1,250,000		1,250,000
0515		가스수도료		6,350,000		6,350,000
0516		전력비		26,000,000		26,000,000
0517		세금과공과		2,510,000		2,510,000
0520		수선비		9,100,000		9,100,000
0521		보험료		250,000		250,000
0522		차량유지비		1,400,000		1,400,000
0525		교육훈련비		750,000		750,000
0526		도서인쇄비		850,000		850,000
0528		포장비		250,000		250,000
0530		소모품비		1,100,000		1,100,000
0531		수수료비용		200,000		200,000
0533		외주가공비		5,050,000		5,050,000
0518		2). 일반감가상각비			300,000	300,000
0202		건물				
0206		기계장치			300,000	300,000
0208		차량운반구				
0212		비품				

▶ 암기
❶ 유형자산의 장부가액은 정률법(취득원가 − 감가상각누계액) 이다.
❷ 감가상각누계액을 과대계상(과다처리)하면 → 유형자산의 자산장부가액↓, 감가상각비↑, 이익↓, 이익잉여금(자본=순자산)↓
   반대로 → 감가상각누계액을 과소계상하면(= 감가상각비 과소처리) 유형자산(장부가액)은 과대계상, 당기순이익(=이익잉여금)(자본)도 과대계상 된다.
❸ 손익계산서에 반영되는 감가상각비는 당해연도에 귀속분 금액이며 재무상태표에 보고되는 감가상각누계액은 사용기간 누적분 금액이다.

	재무상태표			재무상태표	
차량운반구	10,000,000		차량운반구	10,000,000	
		→ 감가상각누계액 1,000,000원 과대계상하면 미치는 영향은?			
감가상각누계액	2,000,000		감가상각누계액	3,000,000	
	8,000,000			7,000,000	

   ㄴ. 감가상각비(+), 자산장부금액(−), 이익(−), 이익잉여금(자본)(−)

❹ 정액법을 정률법으로 회계처리 할 경우 재무제표(재무상태표와 손익계산서)에 미치는 영향은?
   (감가상각누계액을 과대계상하는 결과와 동일함)
   → 정액법보다 정률법이 감가상각비와 감가상각누계액이 많으므로 자산 장부가액은 정률법
     (1기 : 19,000,000원)이 적고 정액법(1기 : 19,550,000원)이 크다.
     따라서 자산 장부가액↓(과소계상), 비용↑(과대계상), 당기순이익↓(과소계상), 이익잉여금(자본)↓(과소계상) 된다.(부채와 수익과 자본금은 변동없다)
❺ 보수주의(= 안전성의 원칙) : 유형자산 감가상각시 정액법을 선택하지 않고 정률법으로 선택하여 재무상태를 견고히 하기 위한 방법을 말한다.
❻ 유형자산처분손익 = 처분금액(받는금액) > 장부금액 = (+)금액 : (대) 유형자산처분이익 발생
                 = 처분금액(받는금액) < 장부금액 = (−)금액 : (차) 유형자산처분손실 발생

5 유형자산의 매각(처분)

유형자산을 매각(처분)하면 유형자산의 장부가액과 처분가액을 비교하여 (+)금액이 생기면 대변에 유형자산처분이익이고, (−)금액이 생기면 차변에 유형자산처분손실을 처리한다. 유형자산 매각 시 회계처리는 대변에 유형자산이 감소하고 그 유형자산에 대한 차감계정인 감가상각누계액 잔액도 차변에 모두 감소한다. 그리고 장부가액이상으로 처분할 때 대변에 생긴 차액을 유형자산처분이익(영업외수익)이라 하고, 반대로 장부가액이하로 처분하면 차변에 차액이 생기면 유형자산처분손실(영업외비용)이라 한다.
입력순서 ① 유형자산 취득원가 감소 ② 감가상각누계액 감소 ③ 처분가액 (받는 돈) ④ 처분손익 판단

확인문제

1. (주)제주상사에 사용 중 이던 비품 (취득원가 2,000,000원, 감가상각누계액 1,200,000원)을 700,000원에 매각처분하고, 대금은 월말에 받기로 하다.

구 분	차변(3번)	대변(4번)
분 개		

2. (주)현구산업에 보유 중인 토지 일부를 25,000,000원(장부가액 22,000,000원)에 매각하고, 대금 중 15,000,000원은 현금으로 받고 잔액은 다음연도 초에 받기로 하였다.

구 분	차변(3번)	대변(4번)
분 개		

3. 강남상사에 건물(취득원가 63,000,000원, 감가상각누계액 10,000,000원)을 70,000,000원에 매각하고, 40,000,000원은 동사발행당좌수표로 받고, 잔액은 당좌예금계좌로 입금되었다.

구 분	차변(3번)	대변(4번)
분 개		

4. (주)부천상사에 업무용으로 사용하던 승용차(취득원가 25,000,000원, 감가상각누계액 7,000,000원)을 18,000,000원에 매각하고 대금 중 8,000,000원은 보통예금으로 이체하여 받고, 나머지는 부천상사발행 약속어음으로 받다.

구 분	차변(3번)	대변(4번)
분 개		

정답

1. (차) 감가상각누계액(213) 1,200,000   (대) 212 비 품   2,000,000
      미수금(제주)   700,000
      유형자산처분손실   100,000

2. (차) 현금   15,000,000   (대) 201 토 지   22,000,000
      미수금(현구)   10,000,000   유형자산처분이익   3,000,000

3. (차) 감가상각누계액(203) 10,000,000   (대) 202 건 물   63,000,000
      현금   40,000,000
      당좌예금   30,000,000

4. (차) 감가상각누계액(209) 7,000,000   (대) 208 차량운반구   25,000,000
      보통예금   8,000,000
      미수금(부천)   10,000,000

문제

1. 내용연수 10년, 잔존가액 100,000원인 기계장치를 1,000,000원에 구입하여 정액법으로 상각해 왔다. 기계장치 구입 후 3년이 되는 기말에 이 기계장치를 800,000원에 처분하였을 경우 처분손익은 얼마인가?
　① 100,000원 처분이익　　　　　② 100,000원 처분손실
　③ 70,000원 처분이익　　　　　　④ 70,000원 처분손실

2. 유형자산 중 감가상각자산을 취득한 연도의 감가상각비를 비교한 것이다. 맞는 것은?
　① 정액법 > 정률법　　　　　　② 정액법 < 정률법
　③ 정액법 = 정률법　　　　　　④ 알 수 없다

3. 유형자산의 취득원가에서 잔존가치를 차감한 금액을 추정내용연수에 걸쳐 체계적이고 합리적으로 배분하는 절차를 감가상각이라 한다. 일반적으로 보수주의에 의하여 초기에 비용을 많이 계상하는 감가상각 처리방법은?
　① 정액법　　② 정률법　　③ 생산량비례법　　④ 상각기금법

4. 다음 중 현행 기업회계기준에서 인정하는 유형자산의 감가상각방법이 아닌 것은? (39회)
　① 자산의 내용연수 동안 일정액의 감가상각비를 계상하는 방법
　② 자산의 내용연수 동안 감가상각비가 매기간 감소하는 방법
　③ 자산의 예상조업도 혹은 예상생산량에 근거하여 감가상각비를 계상하는 방법
　④ 자산의 원가가 서로 다를 경우에 이를 평균하여 감가상각비를 계상하는 방법

5. 다음 중 특정 수익에 직접 관련되어 발생하지 않지만 일정기간 동안 수익창출활동에 기여할 것으로 판단하여 합리적이고 체계적으로 일정한 기간에 배분하는 원가 또는 비용은 무엇인가? (40회)
　① 판매수수료　　② 광고선전비　　③ 감가상각비　　④ 매출원가

6. 유형자산의 감가상각과 관련한 다음 설명 중 가장 옳지 않은 것은? (46회)
　① 감가상각대상금액은 취득원가에서 잔존가치를 차감하여 결정한다.
　② 감가상각의 주목적은 취득원가의 배분에 있다.
　③ 감가상각비는 다른 자산의 제조와 관련된 경우 관련자산의 제조원가로 계상한다.
　④ 정률법은 내용연수동안 감가상각비를 매 기간 동일하게 계산하는 방법이다.

7. 다음 자료를 보고 정률법으로 감가상각할 경우 2차 회계연도에 계상될 감가상각비로 맞는 것은? (53회)

| • 취득원가 : 10,000,000원 | • 잔존가치 : 1,000,000원 |
| • 내용연수 : 5년 | • 상각율 : 0.45(가정) |

① 1,800,000원 ② 2,227,500원
③ 2,475,000원 ④ 2,677,500원

8. 유형자산에 대한 감가상각을 하는 가장 중요한 목적으로 맞는 것은?(53회)
① 유형자산의 정확한 가치평가 목적
② 사용가능한 연수를 매년마다 확인하기 위해서
③ 현재 판매할 경우 예상되는 현금흐름을 측정할 목적으로
④ 자산의 취득원가를 체계적인 방법으로 기간배분하기 위해서

9. 유형자산의 감가상각과 관련한 다음 설명 중 가장 옳지 않은 것은? (56회)
① 연수합계법은 자산의 내용연수 동안 동일한 금액의 감가상각비를 계상하는 방법이다.
② 감가상각의 주목적은 원가의 합리적이고 체계적인 배분에 있다.
③ 감가상각비가 제조와 관련된 경우 재고자산의 원가를 구성한다.
④ 유형자산의 잔존가치가 유의적인 경우 매 보고기간 말에 재검토한다.

10. 유형자산의 감가상각비를 계산하는 방법으로 옳은 것은?(57회)
① 정액법 : (취득원가 − 감가상각누계액) ÷ 내용연수
② 정률법 : (취득원가 − 잔존가치) × 상각률
③ 연수합계법 : (취득원가 − 감가상각누계액) × $\dfrac{\text{잔여내용연수}}{\text{내용연수의 합계}}$
④ 생산량비례법 : (취득원가 − 잔존가치) × $\dfrac{\text{당기실제생산량}}{\text{총추정예정량}}$

11. 연초에 취득하여 영업부서에 사용한 소형승용차(내용연수 5년, 잔존가치 "0")를 정률법으로 감가상각 할 경우, 정액법과 비교하여 1차년도의 당기순이익 및 1차년도말 유형자산(차량운반구)의 순액에 미치는 영향으로 올바른 것은? (59회)
① 당기순이익은 과대계상 되고, 유형자산은 과대계상 된다.
② 당기순이익은 과대계상 되고, 유형자산은 과소계상 된다.
③ 당기순이익은 과소계상 되고, 유형자산은 과대계상 된다.
④ 당기순이익은 과소계상 되고, 유형자산은 과소계상 된다.

12. (주)세원은 2013년 7월 18일 구입하여 사용 중인 기계장치를 2014년 6월 1일 37,000,000원에 처분하였다. 당기분에 대한 감가상각 후 처분시점의 감가상각누계액은 8,000,000원이며, 처분이익 5,000,000원이 발생하였다. 내용연수 5년, 정액법으로 월할상각하였다고 가정할 경우 기계장치의 취득원가는?(60회)
   ① 32,000,000원   ② 40,000,000원   ③ 45,000,000원   ④ 50,000,000원

13. 다음 중 유형자산의 감가상각에 대한 내용으로 옳지 않은 것은? (63회)
   ① 감가상각은 자산이 사용가능한 시점부터 시작한다.
   ② 자산의 내용연수 동안 감가상각액이 매 기간 감소하는 상각방법은 정률법이다.
   ③ 제조공정에서 사용된 유형자산의 감가상각액은 당기비용으로 처리한다.
   ④ 유형자산의 내용연수는 자신으로부터 기대되는 효용에 따라 결정된다.

14. 다음 자료를 이용하여 유형자산에 대한 감가상각을 실시하는 경우에 정액법, 정률법 및 연수합계법 각각에 의한 2차년도말까지의 감가상각누계액 크기와 관련하여 가장 맞게 표시한 것은? (64회)

• 기계장치 취득원가 : 2,000,000원(1월 1일 취득)	• 내용연수 : 5년
• 잔존가치 : 취득원가의 10%	• 정률법 상각률 : 0.4

   ① 연수합계법 > 정률법 > 정액법   ② 연수합계법 > 정액법 > 정률법
   ③ 정률법 > 정액법 > 연수합계법   ④ 정률법 > 연수합계법 > 정액법

15. 유형자산에 대해 계속해서 5년간 감가상각할 경우 상각액에 대한 설명이다. 다음 중 가장 거리가 먼 것은? (68회)
   ① 정률법의 경우 상각율이 정해져 있으므로 상각액은 매년 일정하다.
   ② 정액법의 경우 금액이 정해져 있으므로 상각액은 매년 일정하다.
   ③ 연수합계법의 경우 내용년수를 역순으로 적용하므로 상각액은 매년 감소한다.
   ④ 이중체감법의 경우 매년 상각잔액에 대하여 상각율을 적용하므로 상각액은 매년 감소한다.

16. 다음 자료를 이용하여 유형자산에 대한 감가상각을 실시하는 경우 연수합계법에 의한 3차년도말 현재의 장부금액(장부가액)으로 맞는 것은? (69회)

• 기계장치 취득원가 : 50,000,000원(1월 1일 취득)	• 내용연수 : 5년
• 잔존가치 : 취득원가의 10%	• 정률법 상각률 : 0.45

   ① 8,318,750원   ② 10,000,000원   ③ 14,000,000원   ④ 23,000,000원

정답

1. ③ 감가상각누계액(3년분) = (1,000,000 − 100,000) ÷ 10년 × 3년 = 270,000
2. ② 정액법은 매년 감가상각액이 일정하고, 정률법은 처음 감가상각액이 가장 크다. 따라서 감가상각비금액은 정액법보다 정률법을 선택하면 비용이 커지므로 당기순이익이 적게 계상되어 재무상태를 견고히 하는 보수주의이다.
3. ② 보수주의는 당기순이익을 작게 계상하여 재무상태를 견고히 하는 방법이다. 따라서 정률법은 초기에 감가상각비를 과대계상하여 당기순이익을 적게 표시해준다.
4. ④ ①은 정액법, ②는 정률법 및 연수합계법, ③은 생산량비례법에 대한 설명이며, ④는 이동평균법 및 총평균법에 대한 설명으로 재고자산 단가 결정방법이다.
5. ③ 감가상각비는 일정기간동안 수익창출활동에 기여할 것을 판단하여 자산의 내용연수 동안 체계적으로 일정한 기간에 배분하는 원가 또는 비용을 말한다.
6. ④ 유형자산의 감가상각방법에는 정액법, 체감잔액법(예를 들면, 정률법 등), 연수합계법, 생산량비례법 등이 있다.
  정액법은 자산의 내용연수 동안 일정액의 감가상각액을 인식하는 방법이다. 체감잔액법과 연수합계법은 자산의 내용연수 동안 감가상각액이 매기간 감소하는 방법이다. 생산량비례법은 자산의 예상조업도 혹은 예상생산량에 근거하여 감가상각액을 인식하는 방법이다. 감가상각방법은 해당 자산으로부터 예상되는 미래경제적효익의 소멸형태에 따라 선택하고, 소멸형태가 변하지 않는 한 매기 계속 적용한다.
7. ③ 1차 연도 감가상각비 10,000,000원 × 0.45 = 4,500,000원
  2차 연도 감가상각비 (10,000,000원 − 4,500,000원) × 0.45 = 2,475,000원
8. ④ 감가상각은 자산의 취득원가를 체계적인 방법으로 기간배분하기 위해서 하는 것이다.(일반기업회계기준 10.32)
9. ① 연수합계법은 내용연수동안 감가상각액이 매 기간 감소하는 방법이고, 자산의 내용연수 동안 동일한 금액의 감가상각비를 계상하는 방법은 정액법 설명이다.
10. ④ 유형자산의 감가상각방법에는 정액법, 체감잔액법(예를 들면, 정률법 등), 연수합계법, 생산량비례법 등이 있다.(일반기업회계기준 10.40)
    · 정액법 : (취득원가 − 잔존가치) ÷ 내용연수
    · 정률법 : (취득원가 − 감가상각누계액) × 상각률
    · 연수합계법 : (취득원가 − 잔존가치) × $\dfrac{\text{잔존내용연수}}{\text{내용연수의 합계}}$
11. ④ 1차년도에 정액법과 비교하여 정률법으로 감가 상각할 경우 감가상각비(비용)가 과대계상(증가) 되므로 당기순이익은 과소계상(감소) 되고, 또한 차감항목인 감가상각누계액이 과대계상(증가) 되므로 유형자산의 장부금액은 과소계상(감소) 된다.
12. ② 40,000,000원 = 처분가액 37,000,000원 − 처분이익 5,000,000원 + 감가상각누계액 8,000,000원
13. ③ 제조공정에서 사용된 유형자산의 감가상각액은 재고자산의 원가를 구성한다.
14. ④
    · 정액법 : · 1차년도말 감가상각비 : 360,000원 = (2,000,000원 − 200,000원) × 1/5
             · 2차년도말 감가상각비 : 360,000원 = (2,000,000원 − 200,000원) × 1/5
             ∴ 2차년도말 감가상각누계액 : 360,000원 + 360,000원 = 720,000원
    · 정률법 : · 1차년도말 감가상각비 : 800,000원 = 2,000,000원 × 0.4
             · 2차년도말 감가상각비 : 480,000원 = (2,000,000원 − 800,000원) × 0.4
             ∴ 2차년도말 감가상각누계액 : 800,000원 + 480,000원 = 1,280,000원
    · 연수합계법 : · 1차년도말 감가상각비 : 600,000원 = (2,000,000원 − 200,000원) × 5/15
               · 2차년도말 감가상각비 : 480,000원 = (2,000,000원 − 200,000원) × 4/15
               ∴ 2차년도말 감가상각누계액 : 600,000원 + 480,000원 = 1,080,000원
15. ① 정률법의 경우 매년 상각잔액에 대하여 정해진 상각율을 적용하므로 상각액은 매년 감소한다.
16. ③ 50,000,000원 − 36,000,000원 = 14,000,000원
    · 1차년도말 감가상각비 : 15,000,000원 = (50,000,000원 − 5,000,000원) × 5/15
    · 2차년도말 감가상각비 : 12,000,000원 = (50,000,000원 − 5,000,000원) × 4/15
    · 3차년도말 감가상각비 : 9,000,000원 = (50,000,000원 − 5,000,000원) × 3/15
    · 3차년도말 감가상각누계액(3년분 누계액) : 15,000,000원 + 12,000,000원 + 9,000,000원 = 36,000,000원

6 유형자산의 소실

보험 가입여부와 관계없이 유형자산이 천재지변(화재, 홍수 등)에 의해 소실될 경우 유형자산은 대변에 감소하고, 그 유형자산에 대한 차감계정인 감가상각누계액도 차변에 소멸(감소)한다. 이때 소실되는 유형자산의 장부가액(취득원가 – 감가상각누계액)을 재해손실(영업외비용)로 처리한다.(일반기업회계기준), 한국채택 국제회계기준(IFRS)에서는 유형자산손상차손으로 회계처리한다. 나중에 보험회사로부터 보험금이 확정되어 통지 받을 경우에는 대변에 "보험(금)수익"(영업외수익)으로 처리한다.

확인문제

1. 화재로 인하여 공장 건물 취득원가 10,000,000원, 감가상각누계액 4,000,000원)이 소실되었다. (건물에 대해 8,000,000원 (주)동부화재에 가입되어 있다)

구 분	차변(3번)	대변(4번)
분 개		

2. (주)동부화재에 보험금을 청구하였던 바 (주)동부화재로부터 보험금 7,000,000원으로 확정되었다는 통보를 받다.

구 분	차변(3번)	대변(4번)
분 개		

3. 건물이 화재로 소실되어 보험금 청구하였던 (주)삼성화재로부터 보험금 50,000,000원으로 확정되었다는 통보를 받다.

구 분	차변(3번)	대변(4번)
분 개		

4. 화재로 인하여 공장 건물 취득원가 80,000,000원, 감가상각누계액 30,000,000원)이 소실되었다. (건물에 대해 화재보험에 가입되어 있지 않다.)

구 분	차변(3번)	대변(4번)
분 개		

5. 회사가 소유하고 있는 오토바이(취득원가 1,000,000원, 감가상각누계액 550,000원)는 한 대밖에 없으며 해당 오토바이는 금일 사고로 폐기처분하였다.(38회)

구 분	차변(3번)	대변(4번)
분 개		

정답

1. (차) 감가상각누계액(203)　4,000,000　　　　(대) 202 건물　10,000,000
　　　재해 손실　　　　　　6,000,000 (영업외비용)
2. (차) 미수금(동부)　　　　　7,000,000　　　　(대) 보험(금) 수익　7,000,000
3. (차) 미수금(삼성)　　　　　50,000,000　　　 (대) 보험금 수익　50,000,000
4. (차) 감가상각누계액(203)　30,000,000　　　 (대) 202 건물　80,000,000
　　　재해 손실　　　　　　50,000,000
　　　(영업외비용)
5. (차) 감가상각누계액(209)　550,000　　　　　(대) 208차량운반구　1,000,000
　　　유형자산처분손실　　450,000

7 특수거래에서의 취득원가 결정

(1) 무상으로 유형자산을 증여받을 경우의 취득원가 결정 → 공정가액(시가)
(2) 현물출자에 의해 유형자산을 취득할 경우의 취득원가 결정 → 공정가액
(3) 교환에 의해 취득하는 경우의 취득원가

　❶ 동종자산(같은 종류의 자산)의 교환시 취득원가
　　→ 새로 취득한 자산의 취득원가는 당사가 제공한 자산의 장부가액 으로 결정한다.
　❷ 이종자산(다른 종류의 자산)의 교환시 취득원가
　　→ 새로 취득한 자산의 취득원은 당사가 제공한 자산의 공정가액으로 결정한다. 이때 발생한 차액을 「유형자산처분이익」 또는 「유형자산처분손실」로 처리한다.

(4) 일괄 취득 시 취득원가 결정 : 각 유형자산 취득원가는 시장가치(공정가액) 비율에 따라 계산한다.

> 확인문제

1. 대주주로부터 토지를 무상으로 기증받고, 소유권 이전비용으로 1,000,000원을 현금 지급하다. (토지 공정가액은 100,000,000원이다.)

구 분	차변(3번)	대변(4번)
분 개		

2. 영업용 토지를 취득하고 대금은 주식1,000주(액면 @5,000원)을 발행하여 교부하다. (토지의 공정가액은 6,000,000원이다)

구 분	차변(3번)	대변(4번)
분 개		

> 정답

1. 무상으로 기증받은 토지의 취득원가는 공정가액이며, 소유권이전비용은 취득시 부대비용으로 토지에 포함하므로 토지로 회계처리한다.
   (차) 토   지 101,000,000   (대) 현   금   1,000,000
                                        자산수증이익 100,000,000

2. 현물출자시 취득하는 토지의 취득원가는 주식 또는 토지의 공정가액이며, 취득세 및 등록세는 토지 취득시 부대비용으로 토지의 취득원가에 포함한다.
   (차) 토   지   6,000,000   (대) 자 본 금   5,000,000
                                        주식발행초과금 1,000,000

무형자산(無形資産) 관련 회계처리

1 무형자산이란?

무형자산(intangible assets)이란 재화의 생산이나 용역의 제공, 타인에 대한 임대 또는 관리에 사용할 목적으로 기업이 보유하고 있는 유형자산처럼 물리적인 형태가 있는 것은 아니지만 법률상의 권리 등을 소유함으로써 자산으로 식별가능하고, 기업이 통제하고 있으며, 장기간에 걸쳐 영업활동에 사용되어 미래에 경제적 효익을 창출할 수 있는 자산을 말한다.

> 참고 비화폐성자산 : 일정액의 화폐액으로 고정되지 않고 변동될 수 있는 자산을 말한다.
> 예 재고자산, 유형자산 등

2 무형자산의 3가지 인식요건

❶ 물리적 실체가 없지만 자산으로 식별가능해야 한다. (다른 자산과 분리되어 법적 권리를 창출할 수 있는 경우)
❷ 기업이 통제하고 있어야 한다. (미래 경제적 효익에 대해 법적권리로 제3자의 접근을 제한할 수 있는 경우)
❸ 미래 경제적 효익(매출증대)이 장기간 있는 자산을 말한다. (미래에 수익을 증가시키거나 비용을 감소시킬 수 있는 경우)

3 무형자산의 개념과 종류

번호	내 용	계정과목
1	신제품, 신기술 개발과 관련하여 발생한 연구비용으로 무형자산인식요건을 충족하여 자산처리 할 경우 계정과목	개발비(무형자산)
2	신제품, 신기술 개발과 관련하여 발생한 연구비용으로 무형자산인식요건을 충족하지 못하여 비용처리 할 경우 계정과목	경상개발비 (판관비)
3	회사를 흡수 합병할 때 기업의 경제적이익에 기대되는 초과수익력으로 매입회사의 자본을 초과하여 지급한 금액을 말한다 예 당사가 A회사를 합병할 때 A회사의 자산 공정가액 10억, 부채 공정가액 6억이 당사의 자산과 부채에 포함한다 이때 10억에서 6억을 차감한 자본4억을 주면 본전인데, 당사가 5억을 현금으로 지급하면 자본4억을 초과하여 지급한 금액 1억원을 "영업권"이라한다. 이러한 영업권 유상취득한 영업권만 무형자산으로 인식한다.	영업권 (유상취득한 영업권만 인정) 자가창설영업권은 무형자산 아님
4	특허권, 실용신안권, 디자인권, 상표권 등과 같이 일정기간 동안 독점적, 배타적으로 이용할 수 있는 권리	산업재산권 (일반기업회계기준에서 사용)
5	외부에서 소프트웨어(프로그램)를 구입하는 대가를 말한다.	소프트웨어

기타 무형자산으로 라이센스, 광업권, 어업권, 프랜차이즈, 임차권리금 등이 있다.

> **참고**
> ① 특허권(특허법에 의한 일정기간 동안 발명품에 대한 독점적 권리)
> ② 실용신안권(실용신안법에 의한 경제적 생활에 편익을 위한 구조, 형상 등을 새로 고안하여 얻은 권리)
> ③ 디자인권(디자인보호법에 의거 물품의 형상, 도안 등을 새로 아름답게 디자인(의장)을 고안하여 얻은 권리) = (의장권)
> ④ 상표권(상표법에 의거 자기 자신의 상품에 특정상표를 독점적으로 사용할 수 있는 권리)

4 일반기업회계기준에 의한 무형자산 ✓이론출제

(1) 무형자산의 정의

내부적으로 창출한 무형자산은 무형자산 인식기준에 부합하는지를 평가하기 위해 연구단계와 개발단계로 구분하여 연구단계에서 발생한 지출은 "연구비"(판매비와관리비)로 처리하고, 개발단계에서 발생한 연구비용은 인식기준을 모두 충족힐 경우(자산처리)에 한하여 "개발비"라는 자산처리하도록 하였다. 또한 이전 회계연도의 재무제표나 중간재무제표에서 이미 비용으로 처리한 지출은 이후 무형자산의 취득원가로 처리할 수 없도록 하였다.

★ 연구개발단계 지출 회계처리
① 무형자산 인식기준 충족될 경우(= 자산처리) ➜ (차) 개발비(+)로 처리 함.
② 무형자산 인식요건이 충족되지 않았을 경우(= 비용처리) ➜ (차) 경상개발비(판매관리비)(+)로 처리 함.
③ 연구단계에서 지출한 비용 ➜ (차) 연구비(판.관.비)(+)로 처리

(2) 무형자산의 취득원가

매입가액에 취득부대비용을 가산하여 무형자산의 취득원가로 결정하고 일반적으로 유형자산의 취득원가와 동일하지만, 내부적으로 창출된 무형자산의 취득원가는 그 자산의 창출, 제조, 사용 준비에 직접 관련된 지출과 합리적이고 일관성 있게 배부된 간접지출을 모두 포함한다.

* 유형자산의 취득원가는 직접적인 지출만을 포함하며, 무형자산의 취득원가는 직접적인 지출과 간접적인 지출을 포함한다.

확인문제

1. 산학협력대학인 강서대학의 의류학과에 신제품 개발과 관련된 연구비용 ₩12,000,000을 당사의 보통예금계좌에서 강서대학 계좌로 계좌이체하여 지급하다.(무형자산으로 처리할 것)

구 분	차변(3번)	대변(4번)
분 개		

2. 신제품 개발에 성공하여 특허권을 취득하고, 특허출원 등의 제비용 200,000원을 현금으로지급하다. (일반기업회계기준에 의한 과목으로 처리한다)

구 분	차변(3번)	대변(4번)
분 개		

3. 서울대학에 의뢰한 신제품 개발에 따른 연구용역비 ₩2,000,000을 보통예금에서 폰뱅킹 이체하여 지급하다. (비용으로 처리할 것)

구 분	차변(3번)	대변(4번)
분 개		

4. 관리부에서 전산세무회계 프로그램을 ₩1,500,000에 구입하고, 대금으로 현금으로 지급하였다.(소프트웨어 계정과목으로 회계처리 할 것)

구 분	차변(3번)	대변(4번)
분 개		

정답

1. (차) 개발비　　　12,000,000　　(대) 보통예금　12,000,000
2. (차) 산업재산권　　　200,000　　(대) 현금　　　　200,000
3. (차) 경상개발비　2,000,000　　(대) 보통예금　2,000,000
4. (차) 소프트웨어　1,500,000　　(대) 현금　　　1,500,000

5 기말결산 시 무형자산의 상각 특징 ✓중요

기중에 취득한 무형자산(개발비 등)은 내용연수 기간 동안 수익을 창출할 때 수익에 대응되는 비용으로 무형자산을 상각함과 동시에 비용처리 한다. 이때 발생한 비용을 "무형자산상각비"라는 판.관.비 또는 제조원가로 분류한다.

❶ 무형자산의 감가상각대상금액은 취득원가에서 잔존가치를 차감한 것을 말한다. 이때 무형자산의 잔존가치는 원칙적으로 없는 것으로 한다.

❷ 무형자산의 내용연수(상각기간)는 독점적·배타적인 권리를 부여하고 있는 관련 법령이나 계약에 정해진 경우에는 20년을 초과할 수 있지만, 법령이나 계약 외의 경우에는 20년을 초과할 수 없다. 또한 상각시점은 무형자산이 사용가능한 시점부터 상각하도록 하고 있다.

❸ 유형자산과 마찬가지로 정액법, 정률법, 생산량비례법 등 기업회계기준이 정하는 방법 중 에서 기업이 합리적인 방법을 선택하여 상각하지만, 합리적인 방법을 정할 수 없을 경우에는 정액법을 사용하도록 규정하고 있다.

❹ 기중에 취득한 무형자산은 매출액에 대응시키기 위해 기말에 무형자산을 상각하여 비용으로 처리하는데 이때 비용을 "무형자산상각비"라고 하며, 제조와 관련되면 제조원가로 분류하고, 그 외의 경우에는 판매비와 관리비로 분류한다.

무형자산 상각방법은 직접법과 간접법 모두 사용 가능하며 일반기업회계기준에서는 직접법을 사용하며, 간접법은 그 사항을 주석으로 기재한다. 그리고 무형자산은 진부화 및 시장가치가 급격히 하락하면 무형자산손상차손을 인식하여 장부가액에서 직접 차감하거나 손상차손누계액계정(무형자산차감계정)을 설정하여 반영한다.

12/31 (수동결산분개- 일반전표 12/31 직접 입력하는 경우)- 무형자산 상각처리

직접법 : (차) 무형자산상각비   ***   (대) 무형자산(개발비 또는 영업권 등)   ***

또는 자동결산분개는 결산자료입력 메뉴(1월~12월)에서
결산자료입력메뉴 > 판매비와관리비항목 > 무형자산상각비 > 해당 무형자산란에 상각금액 입력
결산자료입력(1월~12월)

		4. 판매비와 일반관리비		736,935,290		736,935,290
		1). 급여 외		335,000,000		335,000,000
	0801	급여		300,000,000		300,000,000
	0803	상여금		35,000,000		35,000,000
	0806	2). 퇴직급여(전입액)				
	0850	3). 퇴직연금충당금전입액				
	0818	4). 감가상각비				
	0202	건물				
	0206	기계장치				
	0208	차량운반구				
	0210	공구와기구				
	0212	비품				
	0835	5). 대손상각		1,624,970		1,624,970
	0108	외상매출금				
	0110	받을어음				
	0840	6). 무형자산상각비				
	0218	영업권				
	0226	개발비				

★ 무형자산상각비 금액 계산(직접법) 특징 ✓출제

무형자산을 직접법으로 상각처리하면 기말 재무상태표에 보고되는 무형자산 잔액은 매년 1년 금액이 감소된 금액이 표시된다. 따라서 언제 취득했는지(또는 사용가능한 시점)에 따라 문제에서 제시한 무형자산금액이

계산법1. 무형자산 취득원가가 제시되면 ÷ 내용연수 = 1년 상각액(월할상각 조심)
계산법2. 무형자산 잔액이 제시되면 ÷ 잔여내용연수 = 1년 상각액
　　　　　　　　　　　　　　└, 내용연수 - 경과연도

확인문제

1. 12/31 기말결산시 당기7/1 유상 취득한 영업권 취득원가 ₩500,000을 내용연수 5년, 정액법으로 상각하다.

구 분	차변(3번)	대변(4번)
분 개		

2. 12/31 기말결산시 전년도에 1/1 취득한 개발비 잔액 ₩400,000을 정액법으로 상각하다(내용연수5년)

구 분	차변(3번)	대변(4번)
분 개		

3. 12/31 기말 결산시 2년 전에 취득한 특허권 취득원가 1,000,000원을 내용연수 10년간 정액법으로 상각하다.(특허권은 산업재산권으로 처리하였다)

구 분	차변(3번)	대변(4번)
분 개		

정답

1. 500,000원(취득원가) ÷ 5년 = 100,000원(1년 상각)× 6/12 = 50,000원(당기분 6개월)
   (차) 무형자산상각비 50,000   (대) 영업권 50,000
2. 400,000원(4년잔액) ÷ 4년 = 100,000원
   (차) 무형자산상각비 100,000   (대) 개발비 100,000
3. 1,000,000원(취득원가) ÷ 10년 = 100,000원
   (차) 무형자산상각비 100,000   (대) 산업재산권 100,000

| 문제 | 무형자산 상각 |

1. 기말결산시 개발비를 상각하다.(합계잔액시산표 개발비 잔액은 5,000,000원이며, 내용연수 10년, 상각방법은 정액법으로 당기에 처음 상각한다)

구 분	차변(3번)	대변(4번)
분 개		

2. 당사의 신제품 개발을 위해 보통예금에서 인출된 개발비 2,000,000원에 대하여 자산계정을 사용하여 회계처리 하시오.(49회)

구 분	차변(3번)	대변(4번)
분 개		

3. 한국대학에 의뢰한 신제품 개발에 따른 연구용역비 10,000,000원을 보통예금계좌에서 이체 지급하였다. (무형자산으로 처리할 것)(54회)

구 분	차변(3번)	대변(4번)
분 개		

4. 무형자산으로 처리된 개발비의 당기 무형자산상각액은 12,000,000원이다.(단, 판매관리비로 처리하고 직접법으로 상각함)(50회)

구 분	차변(3번)	대변(4번)
분 개		

정답

1. (차) 무형자산상각비　500,000　(대) 개발비　500,000
2. (차) 개발비　2,000,000　(대) 보통예금　2,000,000
3. (차) 개발비　10,000,000　(대) 보통예금　10,000,000
4. 12월 31일 일반전표 수동분개
　　(차) 0840.무형자산상각비　12,000,000　(대) 0226.개발비　12,000,000
　　또는 결산자료입력 - 판매비와관리비 - 무형자산상각비 밑 개발비란에 상각액12,000,000원 입력함.

CHAPTER 08 기타비유동자산 관련 회계처리

기타비유동자산은 비유동자산 중 투자자산, 유형자산, 무형자산에 속하지 않는 자산을 말한다.

번호	계정과목	내 용
1	임차보증금	타인의 부동산이나 동산을 임차할 때 월세를 지급하는 조건으로 지급한 보증금을 말한다.
2	전세권	타인의 부동산을 일정기간 사용하기 위해 전세금을 지급하는 것으로 월세를 지급하는 조건은 없다.
3	장기매출채권	회수기간이 결산일로부터 1년이상인 외상매출금을 말한다.
4	부도어음과수표	매출대금은 받은 받을어음이나 동사발행당좌수표가 지급장소인 은행에 제시할 때 부도(지급거절)될 경우 생긴 채권을 말한다.
5	이연법인세자산	기업회계상 법인세보다 법인세법에 의해 납부해야할 법인세비용이 큰 경우 생긴 일시적 차이 금액을 말한다.

1 임차보증금

타인의 건물, 사무실, 토지 등 부동산이나 동산을 임대차계약을 하고 월세(임차료)를 지급하는 조건으로 임대인(건물주)에게 맡긴 보증금을 말한다.

❶ 임대인과 임대차 계약을 맺고, 보증금을 지급하면 → (차) 임차보증금(거래처)
❷ 임대차계약이 해지되어 보증금을 돌려 받으면 → (대) 임차보증금(거래처)

확인문제

1. ㈜강남과 임대차 계약을 맺고 보증금 3억 중 계약금 10%를 보통예금으로 이체하여 주다.

구 분	차변(3번)	대변(4번)
분 개		

2. ㈜강남에게 사무실 임차 보증금에 대한 계약금 30,000,000원을 차감한 나머지는 보통예금으로 이체하여 지급하다.

구 분	차변(3번)	대변(4번)
분 개		

정답

1. 선급금 대신 임차보증금으로 처리해도 정답으로 인정합니다.
   (차) 선급금(강남)   30,000,000   (대) 보통예금   30,000,000
2. (차) 임차보증금(강남) 300,000,000   (대) 선급금(강남)   30,000,000
                                              보통예금   270,000,000

선급금을 임차보증금으로 처리했을 경우 ⇨ (차) 임차보증금 270,000,000 (대) 보통예금 270,000,000

2 부도어음과 수표

거래처로부터 받은 당좌수표(=현금) 또는 거래처로부터 받아둔 약속어음(=받을어음)이 거래처의 파산, 부도 등의 사유로 은행에서 지급거절당하는 것을 「부도」라 하며, 이때 차변에 부도시 발생한 채권을 "부도어음과수표(거래처 표시함)"라 한다.

확인문제

1. 제품매출대금으로 받아 보유하고 있던 ㈜강남발행당좌수표 5,000,000원이 신한은행에 제시 하였으나 지급거절 되었다.

구 분	차변(3번)	대변(4번)
분 개		

2. 제품을 매출하고 ㈜대한으로부터 수취한 어음 10,000,000원이 부도처리 되었다는 것을 기업은행으로부터 통보받았다.

구 분	차변(3번)	대변(4번)
분 개		

정답

1. (차) 부도어음과 수표(강남)   5,000,000   (대) 현금   5,000,000
2. (차) 부도어음과 수표(대한) 10,000,000   (대) 받을어음(대한) 10,000,000

유동부채와 비유동부채 회계처리

1 유동부채

재무상태표 작성일(결산일)로부터 1년 이내에 상환해야 할 채무로서 유동성이 큰 부채이다.

종류 매입채무(외상매입금+지급어음), 단기차입금, 미지급금, 선수금, 예수금, 미지급비용, 미지급법인세
(실기: 미지급세금), 유동성장기부채, 선수수익, 가수금, 미지급배당금 등

번호	거 래 내 용	계정과목	상대과목
1	상품이나 원재료를 외상매입 할 때 생긴 부채		외상매출금 (거래처)
2	상품이나 원재료를 매입하고 대금은 약속어음을 발행할 때 생기는 부채		받을어음 (거래처)
3	재무상태표에 외상매입금과 지급어음을 통합한 계정과목(제출용)		매출채권
4	건물, 비품, 차량운반구 등을 외상매입 할 경우 생기는 부채		미수금(거래처)
5	건물, 비품, 차량운반구 등을 구입하고 약속어음 발행할 때 생기는 부채		
6	당사가 비용 지급할 때 원천징수세액을 차감하여 일시 보관할 때 생기는 부채		선납세금(자산)
7	매출계약을 맺고, 대금 중 일부인 계약금을 받을 때 생기는 부채		선급금(거래처)
8	은행이나 거래처에서 현금 차입(대출)시 생긴 부채(차입기간 1년 이내)		단기대여금 (거래처)
9	비유동부채(장기차입금 등)가 상환기간(만기)이 1년 이내로 다가오면(도래하여) 유동부채로 전환될 때(바꿀 때) 생긴 계정과목		–
10	기말에 당기분 법인세를 처리할 때 기중에 납부한 선납세금을 차감한 나머지 금액으로 내년 3월에 지급해야 할 법인세		
11	주주총회에서 이익잉여금을 처분(사용)확정하여 현금배당액이 결의되면 그 현금배당액은 배당금 지급일에 지급하므로 12/31에 지급하지 않은 배당금		–
12	당기에 처리한 수익 중 차기분 수익이 있을 경우 생긴 유동부채		선급비용(자산)
13	당기분 비용을 당기에 지급하지 못하고 차기에 지급할 경우 생긴 유동부채		미수수익(자산)
14	당사가 과세품을 매출할 때 거래징수하여 받은 부가가치세 10%금액(=매출세액)		부가세대급금 (자산)
15	당사가 원인불명의 현금이나 예금을 받았을 경우 생긴 임시부채		–

정답 1.외상매입금(거래처) 2.지급어음(거래처) 3.매입채무 4.미지급금(거래처) 5.미지급금(거래처) 6.예수금 7.선수금(거래처) 8.단기차입금(거래처) 9.유동성장기부채(거래처) 10.미지급세금 11.미지급배당금 12.선수수익 13.미지급비용 14.부가세예수금 15.가수금

(1) 매입채무 : 상거래에서 생기는 채무로서 외상매입금과 지급어음을 통합한 계정이다.

확인문제

1. (주)한국상사에서 원재료 ₩4,000,000을 구입하고 대금 중 50%는 당사가 약속어음을 발행하고, 나머지는 외상으로 하다.

구 분	차변(3번)	대변(4번)
분 개		

2. (주)한국상사에서 원재료 외상구입대금 2,000,000원과 당사발행 약속어음2,000,000원을 당사가 당좌수표를 발행하여 지급 하다.

구 분	차변(3번)	대변(4번)
분 개		

3. 미국 르노상사에서 승용차 30,000,000원을 수입하고 대금은 1개월 후에 지급하기로 하다. 이때 관세 및 하역비 500,000원은 현금으로 지급하다.

구 분	차변(3번)	대변(4번)
분 개		

4. 르노상사에서 외상구입한 승용차대금 ₩30,000,000을 보통예금으로 계좌이체하여 지급하다

구 분	차변(3번)	대변(4번)
분 개		

5. 거래처인 (주)중국상사의 외상매입금 64,000,000원 중 50%는 당좌수표를 발행하여 지급하고 나머지 금액은 상환을 면제받았다.(3점)

구 분	차변(3번)	대변(4번)
분 개		

정답

1. (차) 원재료   4,000,000   (대) 지급어음(한국)   2,000,000
                                             외상매입금(한국)   2,000,000
2. (차) 외상매입금(한국)   2,000,000   (대) 당좌예금   4,000,000
        지급어음(한국)   2,000,000
3. 관세 및 하역비는 승용차 구입시 발생한 부대비용이므로 구입자산인 차량운반구로 처리.
   (차) 차량운반구   30,500,000   (대) 미지급금(르노) 30,000,000
                                             현금   500,000
4. 외상구입한 승용차대금인 미지급금(부채)을 보통예금으로 지급하는 거래이다.
   (차) 미지급금(르노)   30,000,000   (대) 보통예금   30,000,000
5. (차) 외상매입금(중국)   64,000,000   (대) 당좌예금   32,000,000
                                             채무면제이익   32,000,000

(2) **단기차입금(거래처 표시)** : 차입기간이 재무상태표일로부터 1년 이내인 차입금을 말한다.

확인문제

1. 신한은행으로부터 ₩10,000,000을 대출받아 보통예금에 입금하다.(대출기간 10개월)

구 분	차변(3번)	대변(4번)
분 개		

2. 신한은행으로부터 받은 대출금 ₩10,000,000과 이자 ₩600,000 중 100,000원은 원천징수하여 차감하고 나머지는 동사발행 당좌수표로 지급하다.(상환기간 1년이내)

구 분	차변(3번)	대변(4번)
분 개		

3. 안산상사에 대한 제품외상매출대금 5,000,000원을 회수하여 신한은행 당좌예금에 입금하다 (당좌차월 잔액 2,000,000원 있으며, 당좌차월은 단기차입금으로 처리하고 있다)

구 분	차변(3번)	대변(4번)
분 개		

정답

1. (차) 보통예금   10,000,000   (대) 단기차입금(신한) 10,000,000
2. (차) 단기차입금(신한)   10,000,000   (대) 예수금   100,000
        이자비용   600,000   현금   10,500,000
3. 당좌예금 입금 시 당좌차월(부채)가 있으면 당좌차월이 차감되면서 그 금액만큼 당좌예금이 감소.
   (차) 당좌예금   3,000,000   (대) 외상매출금(안산) 5,000,000
        단기차입금(신한)   2,000,000

(3) 미지급금 (거래처표시) : 상거래이외의 기타거래(상품 또는 원재료 매입이외의 거래)에서 외상 매입시 생긴 채무 또는 약속어음을 발행할 경우 대변에 생긴 채무를 말한다.

> 확인문제

1. 서울기계로부터 기계설비 ₩20,000,000을 구입하고 대금은 당사발행 약속어음을 발행 지급하다. 이때 설치비 및 시운전비 ₩500,000은 현금으로 지급하다.

구 분	차변(3번)	대변(4번)
분 개		

2. 안산컨설팅부동산에서 비업무용(=부자목적)으로 토지 1억을 구입하고, 취득세 2,000,000원과 함께 약속어음을 발행하여 지급하다.

구 분	차변(3번)	대변(4번)
분 개		

3. 서울상사로부터 영업용 화물차 ₩20,000,000을 구입하고 대금은 신한카드(10개월)로 결제하다. 이때 취득세와 등록세 ₩1,200,000은 현금으로 지급하다.

구 분	차변(3번)	대변(4번)
분 개		

4. (주)부천중고매매상사에서 영업용 화물차 ₩20,000,000을 구입하고 대금은 당사발행 약속어음으로 지급하다. 그리고 취득세와 등록세 ₩1,000,000은 현금으로 지급하다.

구 분	차변(3번)	대변(4번)
분 개		

5. 부천상사에 약속어음을 발행하여 구입한 화물차대금(= 미지급금) 20,000,000원을 보통예금 계좌에서 이체하여 지급하다.

구 분	차변(3번)	대변(4번)
분 개		

정답

1. (차)	기계장치	20,500,000	(대)	미지급금(서울) 현금	20,000,000 500,000
2. (차)	투자부동산	102,000,000	(대)	미지급금(안산)	102,000,000
3. (차)	차량운반구	21,200,000	(대)	미지급금(신한) 현금	20,000,000 1,200,000
4. (차)	차량운반구	21,000,000	(대)	현금 미지급금(부천)	1,000,000 20,000,000
5. (차)	미지급금(부천)	20,000,000	(대)	보통예금	20,000,000

(4) **선수금(거래처)** : 상품이나 제품 매출계약을 맺고 대금 중 일부(계약금)를 받을 경우 대변에 생기는 부채로서 상품이나 제품을 판매하면 선수금은 차변에 감소한다.

확인문제

1. 인천상점에 제품 ₩5,000,000 매출 계약을 하고, 계약금 ₩500,000을 현금으로 받다.

구 분	차변(3번)	대변(4번)
분 개		

2. 인천상점에 제품 ₩5,000,000을 납품하고(= 매출하고), 위 계약금을 제외한 잔액은 보통예금계좌로 이체하여 받다.

구 분	차변(3번)	대변(4번)
분 개		

3. 유성상사에 제품(완구) 10,000,000원(1,000개, @10,000원)을 판매하기로 계약하고, 계약대금 10%를 당좌예금계좌로 이체 받다. (강남은행 단기차입금으로 처리한 당좌차월 400,000원 있다)

구 분	차변(3번)	대변(4번)
분 개		

정답

1. (차)	현 금	500,000	(대)	선 수 금(인천)	500,000
2. (차)	선 수 금(인천) 보통예금	500,000 4,500,000	(대)	제품매출	5,000,000
3. (차)	당좌예금 단기차입금(강남)	600,000 400,000	(대)	선수금(유성)	1,000,000

(5) 예수금 : 당사가 종업원의 급여나 퇴직금 지급시 원천징수하여 차감하고 받아둔(원천징수한) 소득세(지방소득세포함), 건강보험료, 국민연금 등 종업원부담분으로 대변에 증가하고, 다음달 10일에 원천징수한 금액을 납부시 차변에 예수금은 감소한다.

> 경리부장 : 김대리. 금일 오후 3시까지 직원들 급여를 이체하세요.
> 김대리 : 네. 이번달 급여에서 근로소득세 원천징수분을 제외하고 나머지를 직원 급여계좌에 이체하였습니다.

★ 비용 지급시 회사가 원천징수하여 받아 둔 금액을 예수금(유동부채)라 합니다.

확인문제

1. 공장 종업원의 급여 ₩2,000,000 지급시 원천징수세액(소득세와 지방소득세) ₩80,000을 차감한 잔액은 보통예금계좌로 이체하여 지급하다.

구 분	차변(3번)	대변(4번)
분 개		

2. 급여에서 공제한 원천징수세액(소득세와 지방소득세) ₩80,000을 관할세무서 및 구청에 현금 납부하였다.

구 분	차변(3번)	대변(4번)
분 개		

정답

1. (차) 임금   2,000,000   (대) 예 수 금   80,000
                                     보통예금 1,920,000

2. (차) 예수금   80,000   (대) 현금   80,000

(6) **미지급비용(비용의 발생)** : 당기분 비용을 가산 분개한다.

당기분 비용을 당기에 지급하지 못하고 차기에 지급할 경우 생긴 유동부채를 말하며, 기말결산 시 당기에 귀속된 비용 금액은 발생주의 원칙에 의해 손익계산서 당기분 비용금액을 보고하기 위해 차변에 비용을 가산처리하고, 대변에 미지급비용(부채)으로 회계처리 한다. 지급확정일이 당기이면 미지급금이다.

확인문제

1. 기말에 단기차입금에 대한 이자 미계상분(당기분 미지급액) ₩500,000을 계상하다.

   12/31 수동결산분개

구 분	차변(3번)	대변(4번)
분 개		

2. 기말에 본사 건물 당기분 임차료 ₩2,000,000을 미계상(미처리= 미지급)하다.

   12/31 수동결산분개 (일반전표 12/31입력)

구 분	차변(3번)	대변(4번)
분 개		

3. 기말에 매월 말에 지급하는 급여 ₩3,000,000을 미계상(미처리= 미지급)하다.

구 분	차변(3번)	대변(4번)
분 개		

정답

1. (차) 이자비용　　500,000 (비용가산)　　(대) 미지급비용　2,000,000 (부채가산)
2. (차) 800대 임차료　2,000,000 (비용가산)　(대) 미지급비용　2,000,000 (부채가산)
3. (차) 급여　　3,000,000 (비용가산)　　(대) 미지급금　　3,000,000 (부채가산)

(7) **미지급세금(유동부채)** ➡ 이론에서는 미지급법인세 또는 당기법인세부채(실무: 미지급세금)

결산일에 당기 법인세를 계상(=처리)할 경우 다음해 3월 중에 납부하므로 그 전까지는 아직 지급하지 않는 법인세로서 기말에는 대변에 미지급세금(부채)으로 처리한다. 그리고 미지급세금은 다음 해 3월 중에 법인세를 납부하면 차변에 미지급세금을 차감입력 한다

확인문제

1. 12/31 당해 사업연도 당기분 법인세 추산액 ₩5,000,000을 계상하다. (선납세금 2,000,000원 있다)

구 분	차변(3번)	대변(4번)
분 개		

2. 익년 3/30 전기말에 계상한 법인세 ₩3,000,000을 관할세무서에 현금으로 납부하다

구 분	차변(3번)	대변(4번)
분 개		

3. 당기분 법인세 48,000,000원 중 기납부한 법인세를 제외한 나머지를 미지급으로 계상하다.
(기납부한 법인세는 선납세금으로 처리하고 있다) (합계잔액시산표 12월 조회시 선납세금잔액 18,000,000원 있다)

구 분	차변(3번)	대변(4번)
분 개		

정답

1. (차) 법인세 등   5,000,000   (대) 선납세금   2,000,000
                                    미지급세금   3,000,000
2. (차) 미지급세금   3,000,000   (대) 현 금   3,000,000
3. (차) 법인세 등   48,000,000   (대) 선납세금   18,000,000
                                    미지급세금   30,000,000

(8) 유동성장기부채(거래처 표시)

장기차입금 등이 결산일(12/31)로부터 상환일이 1년 이내로 도래 할 경우 유동부채로 바꿀 때 대변에 처리하는 유동부채 과목이다.(거래처 표시) 만약, 상환기간이 결산일(12/31)로부터 1년 이내로 도래하지 않는 비유동부채는 결산수정분개 하지 않는다.

확인문제

1. 기말결산시 삼익가구에서 차입한 장기차입금 중 ₩4,000,000이 상환기간이 1년 이내로 도래하여 유동성으로 대체하다.

구 분	차변(3번)	대변(4번)
분 개		

2. 기말결산시 안산상사에 대한 장기차입금 20,000,000원 중 30%금액이 만기가 1년 이내로 도래하여 유동성으로 대체하다.

구 분	차변(3번)	대변(4번)
분 개		

정답

1. 수동분개(일반전표)
   12/31 (차) 장기차입금(삼익) 4,000,000   (대) 유동성장기부채(삼익) 4,000,000
2. 수동분개(일반전표)
   12/31 (차) 장기차입금(안산) 6,000,000   (대) 유동성장기부채(안산) 6,000,000

(9) 선수수익 (차기분 수익금액) : 수익의 이연
  ❶ 기중에 처리한 수익금액 중 차기분 수익(미경과분 수익)이 있으면 당기 발생주의 원칙에 따라 당기에 처리한 수익계정 과목을 차변에 차감하고, 동시에 차기분 수익금액은 선수수익이라는 부채로 대변에 회계처리 한다.
    (기중에 처리한 수익계정과목을 선수수익으로 대체하고, 차기분 금액을 수정분개 해야 정확한 당기분 금액이 손익계산서에 보고된다)
  ❷ 반대로, 기중에 선수수익(차기분 수익)으로 처리한 금액 중 당기분 수익금액이 있을 경우에는 기말결산일에선수수익을 수익계정과목으로 대체하고, 당기분 금액을 수정분개를 해야 당기분 금액은 손익계산서에 차기분 금액은 부채로서 재무상태표에 보고된다.
  ❸ 시험과 별도로 실무에서는 수익을 수령하면 당기에 귀속된 수익금액은 수익계정과목으로 차기에 귀속된 금액은 선수수익(부채)로 각각 구분하여 회계처리 한다.

> **확인문제**

1. 7월 1일 건물을 임대하고 임대료 ₩1,200,000(임대기간 7/1~ 익년6/30)을 현금으로 받았다.
   (7/1 수령 시 임대료로 처리하시오.)

구 분	차변(3번)	대변(4번)
분 개		

2. 7월 1일 건물을 임대하고 받은 1년분 임대료 1,200,000 중 미경과분(선수분) 6개월을 결산일에 계상하다.

구 분	차변(3번)	대변(4번)
분 개		

3. 기중에 임대료 수령할 때 선수수익으로 처리한 금액 3,000,000원 중 당기에 귀속되는 임대료는 1,200,000원을 기말결산시 정리하다.

구 분	차변(3번)	대변(4번)
분 개		

> **정답**

1. (차) 현   금   1,200,000   (대) 임대료   1,200,000
2. (차) 임 대 료   600,000   (대) 선수수익   600,000
   → 기중에 처리한 임대료 금액 중 차기분 금액은 선수수익으로 대체하는 수정분개
      1,200,000(1년분) 당기분→ 6개월(7월~12월): 600,000원
                      차기분→ 6개월(1월~ 6월): 600,000원(수령시 처리한 임대료에서 차감한다)
3. 기중에 처리한 선수수익을 임대료로 대체 함⇨ 기중 처리한선수수익(부채-)→ 임대료(수익+)으로 대체하는수정분개
   (차) 선수수익(부채-) 1,200,000 (당기분금액)   (대) 임대료 1,200,000 (당기분 수익+)

(10) 가수금(임시부채)

당사가 원인 불명의 금액이나 계정과목을 받았을 경우 대변에 처리하는 임시 부채 계정과목으로 나중에 원인이 판명되면 가수금은 판명계정과목으로 대체해야 한다.

확인문제

1. 원인을 알 수 없는 ₩1,000,000이 당사 보통예금계좌에 입금되었다.

구 분	차변(3번)	대변(4번)
분 개		

2. 보통예금에 입금된 원인불명의 가수금 ₩1,000,000이 제주상점의 외상매출금 회수로 판명되다

구 분	차변(3번)	대변(4번)
분 개		

정답

1. (차) 보통예금 1,000,000   (대) 가 수 금 1,000,000
2. (차) 보통예금에 입금된 원입불명액 1,000,000원→ 가수금(임시부채)
   가수금은 원인이 밝혀지면 차변에 감소시키고 판명계정과목으로 대체한다.
   가 수 금 1,000,000   (대) 외상매출금(제주) 1,000,000

(11) 부가세예수금(유동부채)

과세사업자는 거래징수의무로 인해 과세품을 판매할 때 부가가치세 10%를 징수하여 받는다. 이때 생긴 부채를 실기에서는 부가세예수금이라고 한다. 법인기업은 예정신고 또는 과세기간 종료일에 납부세액을 계산하므로 부가세예수금과 부가세대급금을 상계처리 하는 회계처리와 납부일에 납부 시 회계처리를 아래와 같이 한다.

[사례1] 납부세액 계산 [부가세예수금 300 > 부가세대급금 180 : 차액 120이 납부세액 ➡ 미지급세금(부채)
 (종료일 분개) (차) 부가세예수금 300 (대) 부가세대급금 180
                                        미지급세금 120
[사례2] 환급세액 계산 [부가세예수금 300 < 부가세대급금 350 : 차액 50이 환급세액 ➡ 미수금(자산)
 (종료일 분개) (차) 부가세예수금 300 (대) 부가세대급금 350
                  미수금(세관) 50
 (납부일 분개) 미지급세금 120원을 현금으로 납부할 경우
                  (차) 미지급세금 120 (대) 현금 120

확인문제

1. 9월 30일 2기 예정과세기간의 부가세예수금 6,000,000원과 부가세대급금 5,600,000원을 정리(상계처리)하다. (납부세액은 미지급세금으로 처리하다.)

구 분	차변(3번)	대변(4번)
분 개		

2. 10월 24일 9월 30일에 계상한 납부할 부가가치세액 400,000원을 현금으로 납부하다.

구 분	차변(3번)	대변(4번)
분 개		

3. 9월 27일 1기 확정신고에 대한 부가가치세 14,548,060원(납부불성실가산세 포함)을 보통예금에서 납부하다.(6월 30일 부가가치세의 미지급세금은 14,274,000원이며, 납부불성실가산세 274,060원은 판매관리비의 세금과공과로 처리할 것)(60회)

구 분	차변(3번)	대변(4번)
분 개		

정답

1. 부가세예수금과 부가세대급금을 서로 차감하고 나머지(납부세액)는 미지급세금 처리.
   9/30 (차) 부가세예수금 6,000,000 (대) 부가세대급금 5,600,000
   　　　　　　　　　　　　　　　　　　　　　미지급세금 　　400,000

2. 납부할 세액(미지급세금)을 납부하면 차변에 감소한다.
   10/24 (차) 미지급세금 400,000 (대) 현금 400,000

3. 1기 확정신고에 대한 부가가치세는 7월25일 이내에 납부해야할 부가가치세(=납부세액)으로 6월30일 매출세액(부가세예수금)에서 매입세액(부가세대급금)을 차감하여 납부세액을 산출하여 처리한 미지급세금 14,274,000원과 세금과공과를 납부하는 거래이다.
   (차) 미지급세금 　　14,274,000원 (대) 보통예금 14,548,060원
   　　 세금과공과(판) 　　274,060원

2 비유동부채

상환기간이 재무상태표 작성일(결산일)로부터 1년 이후에 지급하는 부채를 말한다.

종류 사채, 퇴직급여충당부채, 장기차입금(거래처), 임대보증금(거래처) 등이 있다.

번호	거 래 내 용	계정과목
1	당사가 거액의 자금조달을 위해 회사채를 발행할 때 생긴 비유동부채(상환기간 3년 또는 5년)	
2	당사가 내년에 전 사원이 퇴직 한다 가정하고 기말에 퇴직금을 지급하기 위해 퇴직금예상액을 설정하여 재무상태표에 표시하는 비유동부채	
3	당사가 거래은행이나 거래처에 결산일(12/31)로부터 1년 이후에(장기간) 상환하기로 하고 차입할 경우 생긴 비유동부채	
4	당사가 임대차계약을 맺고 임차인에게 임대하고 받은 보증금으로 임대차계약기간이 종료되면 되돌려 줄 비유동부채	

정답 1.사채 2.퇴직급여충당부채 3.장기차입금(거래처) 4.임대보증금(거래처)

(1) 사채

회사가 거액의 자금을 일반대중에게 장기간 조달할 목적으로 발행하는 채무증권으로 재무상태표일로 부터 1년 이후에 상환되는 비유동부채에 속한다. 사채 금액은 액면금액이다.

❶ 사채발행방법

㉠ 액면발행 : 사채액면금액으로 발행하므로 차액이 없다.(액면이자율10% = 시장이자율10%)

㉡ 할인발행 : 사채 액면금액이하로 발행하는 경우 차변에 생긴 차액을 사채할인발행차금(사채차감적평가계정)이라 하며 사채 액면가액에서 차감하는 형식으로 기록한다.
(액면이자율10% < 시장이자율12%) ~ 당사가 이자를 적게 주므로 할인발행 한다.

<재무상태표>

사채 (액면금액)	10,000
(-)사채할인발행차금	1,000
사채 장부금액	9,000

㉢ 할증발행 : 사채 액면금액 이상으로 발행하는 경우 대변에 생긴 차액을 사채할증발행차금(사채가산적평가계정)이라 하며 사채 액면가액에서 가산하는 형식으로 기재한다.
(액면이자율10% > 시장이자율 7%) ~ 당사가 이자를 많이 주면 할증발행한다.

＊ 액면이자율(표시이자율) : 우리 회사가 지급하는 이자율
＊ 시장이자율 : 시장에서 회사 신용도에 의해 결정된 이자율(타 회사가 지급하는 이자율)

	재무상태표	
	사채 (액면금액)	10,000
	(+)사채할증발행차금	2,000
	사채 장부금액	12,000

확인문제

1. 당사가 자금조달을 위해 사채 액면금액 1,000,000원을 액면금액으로 발행하고, 대금은 당좌예금에 입금하다.

구 분	차변(3번)	대변(4번)
분 개		

2. 당사가 자금조달을 위해 사채 액면금액 1,000,000원을 900,000원에 발행하고 대금은 보통예금에 입금하다.

구 분	차변(3번)	대변(4번)
분 개		

3. 당사가 자금조달을 위해 사채액면금액 1,000,000원을 1,200,000원에 발행하고 대금은 당좌예금에 입금하다.

구 분	차변(3번)	대변(4번)
분 개		

정답

1. (차) 당좌예금　　　　1,000000　　　　(대) 사채(액면)　　　1,000,000
2. (차) 보통예금　　　　900,000　　　　(대) 사채(액면)　　　1,000,000
　　　사채할인발행차금　100,000 (사채차감계정)
3. (차) 당좌예금　　　　1,200,000　　　　(대) 사채(액면)　　　1,000,000
　　　　　　　　　　　　　　　　　　　　사채할증발행차금　200,000 (사채가산계정)

❷ 사채이자 처리

사채를 발행하면 사채를 구입한 채권자에게 확정일자마다 이자를 지급해야 한다. 이때 이자지급일에 지급하는 이자는 액면이자로써, 액면금액에 액면이자율을 곱한 금액이다. 그러나 사채할인발행이나 할증발행시 회계처리한 사채발행차금(사채할인발행차금 + 사채할증발행차금)은 상환기간 이내로 유효이자율법으로 상각하여 그 상각액을 사채이자에 가감하도록 규정하고 있다. 따라서 사채이자 계산시 중요한 부분을 요약하면 아래와 같다.

㉠ 액면이자 = 액면금액 × 액면이자율 (=표시이자율)
㉡ 유효이자 = 사채 장부가액 × 유효이자율 (=시장이자율)
㉢ 사채이자비용 = 액면이자 ± 사채발행차금 상각액
  - 사채할인발행차금 상각액은 유효이자율법으로 계산하며 매년 상각액은 증가하고, 사채 이자비용에 가산한다.
  - 사채할증발행차금 상각액은 유효이자율법으로 계산하며 매년 상각액은 증가하고, 사채 이자비용에 차감한다.
㉣ 사채이자비용은 유효이자 금액이다.

(2) 장기차입금(거래처 표시 계정과목)

당사가 거래처에서 차입하거나 은행에 대출 받을 때 생긴 부채로서 상환기간이 재무상태표 작성일(12/31)로부터 1년 이후인 부채를 말한다.

확인문제

1. 제주상사로부터 3년 만기 상환조건으로 현금 ₩5,000,000을 차입하다.

구 분	차변(3번)	대변(4번)
분 개		

2. 기말결산 시 (주)제주상사의 장기차입금 ₩5,000,000이 만기가 다음연도 6월 30일로 도래하여 유동부채로 대체하다

구 분	차변(3번)	대변(4번)
분 개		

정답

1. (차) 현금   5,000,000   (대) 장기차입금(제주)   5,000,000
2. (차) 12/31 장기차입금(제주) 5,000,000   (대) 유동성장기부채(제주) 5,000,000

(3) 퇴직급여충당부채

당사가 내년에 전사원이 퇴직할 것을 예상하여 퇴직금 지급을 위해 줄 돈을 재무상태표에 표시하는데 이것을 "퇴직급여충당부채"라 한다. 이때 금액이 퇴직금 추계액(예상액)이다. 기중에 퇴직금을 지급하면 먼저 퇴직급여충당부채에서 지급하므로 차변에 퇴직급여충당부채가 감소한다.

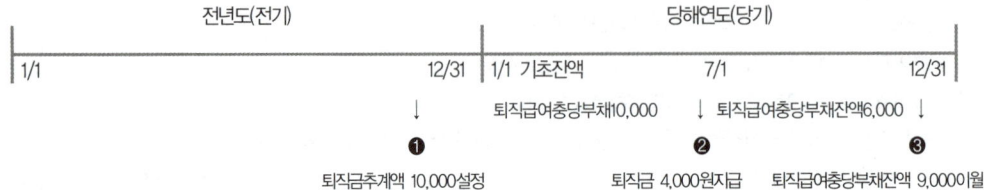

확인문제

1. 12/31 당기말 전사원이 퇴직할 것을 예상하여 퇴직금추계액(예상액) 10,000원 계상하다. 퇴직급여충당부채 잔액 없다.

구 분	차변(3번)	대변(4번)
분 개		

2. 7/1 영업부 직원 2명이 퇴사하여 퇴직금 4,000원 중 원천징수세액 200원을 차감한 나머지는 보통예금으로 지급하다. (퇴직급여충당부채잔액 10,000원 있다)

구 분	차변(3번)	대변(4번)
분 개		

3. 12/31 기말결산시 전 임직원에 대해 퇴직금추계액(예상액) 9,000원을 설정하다 (생산부와 영업부 5:5) (퇴직급여충당부채 잔액 6,000원)

구 분	차변(3번)	대변(4번)
분 개		

정답

1. 12/31 (차) 퇴직급여 10,000 (대) 퇴직급여충당부채 10,000
2. 7/1 (차) 퇴직급여충당부채 4,000 (대) 예수금 200
   보통예금 3,800
3. 수동결산분개 12/31 (차) 500번대 퇴직급여 1,500 (대) 퇴직급여충당부채 3,000
   800번대 퇴직급여 1,500
   또는 결산자료입력 메뉴에 의한 자동결산분개

500대 퇴직급여 입력화면

		1) 원재료비		4,000,000		4,000,000
0501		원재료비		4,000,000		4,000,000
0153		① 기초 원재료 재고액		4,000,000		4,000,000
0153		⑩ 기말 원재료 재고액				
		3) 노 무 비		61,500,000	1,500	61,501,500
		1). 임금 외		61,500,000		61,500,000
0504		임금		61,500,000		61,500,000
0508		2). 퇴직급여(전입액)			1,500	1,500
0550		3). 퇴직연금충당금전입액				

800대 퇴직급여 입력화면

	4. 판매비와 일반관리비		61,000,000	1,500	61,001,500
	1). 급여 외		61,000,000		61,000,000
0801	급여		61,000,000		61,000,000
0806	2). 퇴직급여(전입액)			1,500	1,500
0850	3). 퇴직연금충당금전입액				
0818	4). 감가상각비				
0202	건물				

▶ **퇴직급여충당부채 계정 구성 암기사항**

(−)		퇴직급여충당부채	(+)	
7/1 퇴직금 지급액(퇴직급여충당부채 감소)	4,000원	1/1 기초잔액 (전기말 퇴직금추계액)		10,000원
12/31 기말잔액(퇴직금추계액)	9,000원	12/31 추가설정액 (기말수정분개)		3,000원

❶ 퇴직금 지급 시 회계처리

기중에 퇴직금 지급하면 먼저 전기 말에 만들어 둔 퇴직급여충당부채에서 지급하므로 퇴직급여충당부채를 차변에 차감시키고, 나머지는 금액은 당기 비용인 퇴직급여(500대, 800대)로 처리한다.

확인문제

1. 기중에 영업부 사원 퇴직금 5,000,000원을 보통예금으로 이체하여 지급하다. 이때 퇴직급여충당부채 잔액 4,000,000원 있다.(원천징수세 생략 = 예수금 분개 생략)

구 분	차변(3번)	대변(4번)
분 개		

2. 기중에 생산부 사원 퇴직금 8,000,000원 중 원천징수세액 800,000원을 차감한 나머지는 보통예금 계좌로 이체하여 지급하다. 이때 퇴직급여충당부채 잔액 10,000,000 있다.

구 분	차변(3번)	대변(4번)
분 개		

3. 9월 26일 생산직원 장현정씨의 퇴직으로 퇴직금 12,000,000원 중 소득세 및 지방소득세로 1,320,000원을 원천징수한 후 차인지급액을 전액 보통예금 계좌에서 이체하였다.
(퇴직 직전 퇴직금을 지급하기 위한 퇴직급여충당부채는 20,000,000원이다) (58회)

구 분	차변(3번)	대변(4번)
분 개		

정답

1. (차) 퇴직급여충당부채   4,000,000   (대) 보통예금   5,000,000
       퇴직급여(800대)   1,000,000
2. (차) 퇴직급여충당부채   8,000,000   (대) 예수금   800,000
                                              보통예금   7,200,000
3. 9월 26일 (차) 퇴직급여충당부채 12,000,000   (대) 예수금   1,320,000
                                              보통예금 10,680,000

❷ 결산 시 퇴직급여충당부채 추가설정(= 추가로 만들다)
전사원이 퇴직할 것을 예상하여 당기말에 퇴직금을 만들 때 생긴 부채로서, 퇴직금추계액(예상액)에서 결산 전 퇴직급여충당부채잔액을 차감한 나머지를 추가로 설정한다. (추가로 보충한다)

퇴직급여충당부채 추가설정액(= 12/31 결산수정분개)→ 추계액(예상액) − 결산전 퇴직급여충당부채잔액 = 추가설정액
= 당기말 퇴직금추계액(=예상액) − 결산전 퇴직급여충당부채잔액 → (퇴직급여충당부채 기초잔액 − 당기퇴직금 지급액)
= 퇴직급여충당부채 추가설정액(수정분개금액)

확인문제

1. 기말결산시 임직원에 대한 당기 퇴직급여충당부채를 설정(=추가설정)하시오. 설정액은 퇴직급여추계액의 80%설정하고, 설정 전 퇴직급여충당부채잔액은 다음과 같다.

구 분	퇴직급여 추계액	퇴직급여충당부채 잔액
생산부(500대 퇴직급여)	₩10,000,000	₩3,500,000
관리부(800대 퇴직급여)	₩12,000,000	₩6,000,000

(계산)

> 정답

※ 추가설정액
500대 퇴직급여: 퇴직금추계액10,000,000 × 80%설정 = 8,000,000 - 결산전 잔액3,500,000 = 추가설정 4,500,000
800대 퇴직급여: 퇴직금 추계액12,000,000 × 80%설정 = 9,600,000 - 잔액 6,000,000 = 추가설정 3,600,000
※ 결산정리(수정)분개 수동 또는 자동 중 택1
① 수동결산분개 → 일반전표 12/31자로 수정분개 입력한다.
    12/31 (차) 500대 퇴직급여 4,500,000   (대) 퇴직급여충당부채 8,100,000
               800대 퇴직급여 3,600,000
또는 ② 자동결산분개→ [결산/재무제표][결산자료입력](1월~12월)입력한다.

		3)노 무 비		61,500,000	4,500,000	66,000,000
		1). 임금 외		61,500,000		61,500,000
0504		임금		61,500,000		61,500,000
0508		2). 퇴직급여(전입액)			4,500,000	4,500,000
0550		3). 퇴직연금충당금전입액				
		7)경 비				
		4. 판매비와 일반관리비		61,000,000	3,600,000	64,600,000
		1). 급여 외		61,000,000		61,000,000
0801		급여		61,000,000		61,000,000
0806		2). 퇴직급여(전입액)			3,600,000	3,600,000
0850		3). 퇴직연금충당금전입액				

2. 기말 현재 퇴직급여추계액 및 퇴직급여충당부채 잔액은 다음과 같다. 퇴직급여충당부채는 퇴직금추계액의 100%를 설정한다.

구 분	퇴직급여추계액	퇴직급여충당부채잔액	
		전기말 퇴직금추계액 (기초잔액)	당기 퇴직금 지급액
생산부	₩7,000,000	₩5,000,000	₩1,000,000
관리부	₩8,000,000	₩7,000,000	₩2,000,000

(계산)

> 정답

※ 추가설정액 계산
: 생산부(500번대 퇴직급여)= 7,000,000 - 4,000,000←(5,000,000 - 1,000,000) = 3,000,000 추가설정
  관리부(800번대 퇴직급여)= 8,000,000 - 5,000,000←(7,000,000 - 2,000,000) = 3,000,000 추가설정
※ 결산정리(수정)분개 수동 또는 자동 중 택1
(일반전표 12/31 → 수동결산분개)
(차) 500번대 퇴직급여 3,000,000   (대) 퇴직급여충당부채 6,000,000
     800번대 퇴직급여 3,000,000
또는 자동결산(결산자료입력 1월~12월)

500번대 퇴직급여 ➡ (1) 노무비 밑 퇴직급여(전입액)란에 3,000,000 입력

		3)노 무 비		61,500,000	3,000,000	64,500,000
		1). 임금 외		61,500,000		61,500,000
0504		임금		61,500,000		61,500,000
0508		2). 퇴직급여(전입액)			3,000,000	3,000,000
0550		3). 퇴직연금충당금전입액				

800번대 퇴직급여 ➡ (2) 판.관.비 밑 퇴직급여(전입액)란에 3,000,000 입력 (창닫기전에 전표추가)

		4. 판매비와 일반관리비		61,000,000	3,000,000	64,000,000
		1). 급여 외		61,000,000		61,000,000
0801		급여		61,000,000		61,000,000
0806		2). 퇴직급여(전입액)			3,000,000	3,000,000
0850		3). 퇴직연금충당금전입액				

3. 당사는 일반기업회계기준에 의하여 퇴직급여충당부채를 설정하고 있으며, 기말 현재 퇴직급여추계액 및 당기 퇴직급여충당부채 설정 전의 퇴직급여충당부채 잔액은 다음과 같다. 결산시 회계처리 하시오. (59회)

부 서	설정전 퇴직급여충당부채 잔액	기말 현재 퇴직급여추계액	추가설정액 결산자료입력(자동결산)
영 업 부	23,000,000원	27,000,000원	4,000,000원
제 조 부	27,000,000원	29,000,000원	2,000,000원

(계산)

정답

퇴직급여(800번대) : 예상액(추계액)27,000,000 - 기말잔액 23,000,000 = 추가설정 4,000,000
퇴직급여(500번대) : 예상액(추계액)29,000,000 - 기말잔액 27,000,000 = 추가설정 2,000,000
다음 자동결산과 수동결산 중 하나를 선택하여 입력한다.
① 결산자료 입력 메뉴에서 노무비 밑 퇴직급여(전입액)란 2,000,000원과 판관비 밑 퇴직급여(전입액)란 4,000,000원 입력 후 전표추가
(800대 퇴직급여 입력)

		3. 매출총이익		662,145,000	-4,500,000	657,645,000
		4. 판매비와 일반관리비		125,827,500	4,000,000	129,827,500
		1). 급여 외		61,000,000		61,000,000
0801		급여		61,000,000		61,000,000
0806		2). 퇴직급여(전입액)			4,000,000	4,000,000

(500대 퇴직급여 입력)

		3)노 무 비		61,500,000	2,000,000	63,500,000
		1). 임금 외		61,500,000		61,500,000
0504		임금		61,500,000		61,500,000
0508		2). 퇴직급여(전입액)			2,000,000	2,000,000
0550		3). 퇴직연금충당금전입액				

또는
② 12월 31일 일반전표입력(수동결산분개)
　　(차) 퇴직급여(800대)　4,000,000　　(대) 퇴직급여충당부채　6,000,000
　　　　퇴직급여(500대)　2,000,000

❸ 퇴직연금제도

회사가 근로자의 퇴직급여를 금융기관에 적립하여 운용한 뒤 근로자가 퇴직할 때 연금이나 일시금으로 주는 제도이다. 퇴직연금제도는 2010부터 채택한 퇴직연금제도에는 확정급여형퇴직연금제도와 확정기여형 퇴직연금제도가 있다.

> **요약** 퇴직연금제도 회계처리 ✓암기
> ❶ 확정급여형 연금제도 가입 시 회사부담금(회사가 관리운용)→ 자산처리⇨ (차) 퇴직연금운용자산으로 처리
> ❷ 확정기여형 연금제도 가입 시 회사부담금(종업원이 관리운용)→ 비용처리⇨ (차) 퇴직급여(500대, 800대)처리
> ❸ 금융기관에 지급하는 운용 수수료(사업비)→ (차) 500대 수수료비용 또는 800대 수수료비용으로 처리

㉠ 확정급여형(Defined Benefit: DB) 퇴직연금제도

근로자가 퇴직 후에 받을 퇴직급여의 규모와 내용이 사전에 약정되는 제도로서 가입자가 받을 퇴직금이 미리 확정되고, 회사가 부담할 금액(퇴직금 예상액의 60%이상)이 부담금으로 납부하고, 운용 실적에 따라 달라진다. 운용에 따른 리스크(위험)나 가입자에 대한 최종 지급책임은 모두 회사 몫이다.(운용결과 적립금이 부족하면 회사가 추가로 보전해야 한다) 이때 운용되는 자산은 기업이 직접 보유하고 있는 것으로 보아 '퇴직연금운용자산'으로 입력하고, 재무상태표에는 투자자산으로 표시된다.

[사례1] DB형 퇴직연금에 가입하고 퇴직연금부담금을 금융기관에 납입할 경우 (FAT1급 출제)
  (차) 퇴직연금운용자산 * * *   (대) 현   금   * * *
      800대 수수료비용(사업비) * * *

[사례2] 외부에서 종업원 퇴직금 500원을 지급할 경우 (퇴직연금운용자산 잔액 700원) 퇴직급여충당부채잔액이 충분히 있다.
  (차) 퇴직급여충당부채 500   (대) 퇴직연금운용자산 500
       (부채감소)   (자산감소)

> **확인문제**

1. 확정급여형(DB) 퇴직연금에 가입하고 부담금 800,000원을 신한은행에 현금으로 납부하다.

구 분	차변(3번)	대변(4번)
분 개		

2. 2월 10일 회사는 전 임직원 퇴직금 지급 보장을 위해 확정급여형(DB) 퇴직연금에 가입하고 1월분 퇴직연금 5,000,000원을 보통예금에서 납부하였다.(59회)

구 분	차변(3번)	대변(4번)
분 개		

3. 3월 10일 회사는 전 임직원 퇴직금 지급 보장을 위해 확정급여형(DB) 퇴직연금에 가입하고 3월분 퇴직연금 5,000,000원을 보통예금에서 납부하였다. 이 금액에는 운용수수료 200,000원이 포함되어 있다. (기출문제)

구 분	차변(3번)	대변(4번)
분 개		

정답

1. (차) 퇴직연금운용자산   800,000   (대) 현금   800,000
2. (차) 퇴직연금운용자산 5,000,000   (대) 보통예금 5,000,000
3. (차) 퇴직연금운용자산 4,800,000   (대) 보통예금 5,000,000
   수수료비용(800번대) 200,000

ⓒ 확정기여형(Defined Contribution: DC) 퇴직연금제도 → 비용처리

기업의 부담금이 사전에 확정되는 제도로서 회사가 부담할 금액이 미리 확정되고, 가입자(종업원)이 받을 퇴직급여(퇴직금)는 종업원의 결정에 따라 운용실적에 따라 달라지므로 책임은 종업원이 진다. 회사는 금융기관에 정해진 부담금을 입금하는 것으로 의무가 끝난다.

따라서 확정기여형(DC)을 설정한 경우 회사가 납부 할 부담금(기여금)을 퇴직급여(비용)로 인식하여 처리한다.

[사례1] DC형 퇴직연금에 가입하고 퇴직연금부담금을 금융기관에 납입할 경우
   (차) 퇴직급여   * * *   (대) 현 금   * * *

[사례2] 종업원이 퇴직할 경우 : 분개없음

확인문제

1. 확정기여형(DC) 퇴직연금에 가입한 (주)안심상사는 영업부 사원의 퇴직연금 부담금 20,000,000원을 보통예금으로 지급하다. 연금운용수수료 500,000원이 포함 되어 있다.

구 분	차변(3번)	대변(4번)
분 개		

2. 생산부 직원에 대한 확정기여형(DC) 퇴직연금에 가입하고 8,000,000원을 보통예금계좌에서 지급하였다. 이 금액에는 연금운용에 대한 수수료 500,000원이 포함되어 있다. (55회)

구 분	차변(3번)	대변(4번)
분 개		

정답

1. (차) 퇴직급여(800대)   19,500,000   (대) 보통예금 20,000,000
       수수료비용(800대)   500,000
2. (차) 퇴직급여(500대)   7,500,000   (대) 보통예금 8,000,000
       수수료비용(500대)   500,000

▶ 암기

퇴직연금 종류	종업원 수령액	운용과 책임	회계처리
확정급여형(DB)	확정적 (연금 또는 일시금)	회사	퇴직연금운용자산으로 처리 운용수수료는 수수료비용(500대, 800대)
확정기여형(DC)	불확정적	종업원	퇴직급여(500대, 800대)

(4) 임대보증금(거래처 표시 계정과목)

임대차계약을 맺고 당사(임대인)가 건물이나 공장, 사무실 등을 임대하고, 임차인에게 보증금을 받았을 경우 처리하는 비유동부채 계정과목이다.

❶ 사무실 또는 공장을 임대하고 보증금 받으면 ➡ (대) 임대보증금(거래처)(+)
❷ 임대보증금을 되돌려 지급하거나 미수금과 상계처리(서로차감)하면 ➡ (차) 임대보증금(거래처)(-)

확인문제

1. ㈜부천상사에 공장 사무실을 임대하고 보증금 ₩50,000,000과 1개월 임대료 ₩1,000,000을 보통예금계좌에서 이체하여 받다.

구 분	차변(3번)	대변(4번)
분 개		

2. ㈜부천상사에 공장사무실을 임대하고 받아 둔 보증금 50,000,000원을 계약이 만료가 되어 미수금으로처리한 임대료 3,000,000원을 차감한 나머지는 보통예금계좌로 이체하여 지급하다.

구 분	차변(3번)	대변(4번)
분 개		

3. (주)부흥상사에 사무실을 임대하였는데, 임대보증금 30,000,000원 중 3,000,000원만 (주)부흥상사 발행당좌수표로 받고, 나머지는 월말에 지급 받기로 하였다.(57회)

구 분	차변(3번)	대변(4번)
분 개		

4. 미수금으로 처리한(=받지 못한) 임대료 300,000원을 (주)부천에게 받은 임대보증금과 상계처리하다.

구 분	차변(3번)	대변(4번)
분 개		

정답

1. (차) 보통예금 51,000,000 (대) 임대보증금(부천) 50,000,000
   임대료 1,000,000
2. (차) 임대보증금(부천) 50,000,000 (대) 미수금(부천) 3,000,000
   보통예금 47,000,000
3. (차) 현금 3,000,000 (대) 임대보증금(부흥) 30,000,000
   미수금(부흥) 27,000,000
4. (차) 임대보증금(부천) 300,000 (대) 미수금(부천) 300,000

CHAPTER 10 주식회사의 자본(資本)에 관한 회계처리

1 주식회사의 자본 개념과 자본항목

자본은 기업이 소유하고 있는 자산총액에서 부채총액을 차감한 잔액이 자본이며, 순자산 또는 자기자본이라고도 한다. 법인기업의 자본은 변동원천과 법률적 요구를 기준으로 자본금, 자본잉여금, 자본조정, 기타포괄손익누계액 및 이익잉여금으로 분류한다.

자본거래 (주주와의 거래)	❶ 자본금(액면금액) : 주식을 발행하여 주주에게 납입 받은 금액 (보통주자본금, 우선주자본금) ❷ 자본잉여금 : 주주와의 거래에서 남는 잉여금(자본증가항목) 　→ 주식발행초과금 / 감자차익 / 자기주식처분이익 ❸ 자본조정 : 주주와의 거래에서 자본금이나 자본잉여금으로 분류할 수 없는 자본항목 　→ 주식할인발행차금 / 감자차손 / 자기주식처분손실 / 미교부주식배당금 / 자기주식
손익거래 (제3자와 의 거래)	❹ 기타포괄손익누계액 : 손익계산서의 당기손익으로 분류하기 어려운 손익항목의 잔액을 말하며, 기타포괄손익누계액은 소멸시 당기손익에 반영된다. 　→ 해외사업환산손익 / 매도가능증권평가손익 / (현금흐름위험회피)파생상품평가손익 / 재평가잉여금 ❺ 이익잉여금(또는 결손금) : 영업활동에서 축적된 당기순이익으로서 사외로 유출되지 않고 기업내부에 유보되어 남는 잉여금 → 이익준비금 / 재무구조개선적립금 / 임의적립금 / 미처분이익잉여금

★ 자본거래 : 주주(투자자)와의 거래로서 자본거래에서 생긴 이익이나 손실은 수익이나 비용이 아니고 자본조정항목이나 자본잉여금항목으로 분류된다.

확인문제 다음 자본항목을 분류하여 기입하세요.

1	주식을 발행하여 납입 받은 액면금액으로 처리하는 계정과목은?	
2	주주와의 거래(자본거래)에서 남은 이익으로 자본증가항목은?	
3	손익거래에서 축적된 이익으로 사내에 유보된 잉여금인 자본항목은?	
4	주주와의 당사 주식 거래에서 자본금, 자본잉여금을 제외한 자본이 차감되는 항목이나 자본에 가산되는 임시자본항목은?	
5	미실현손익으로 손익계산서에 분류되지 않고 자본항목으로 분류되는 손실과 이익을 모아둔 누계액은?	

정답 1.자본금 2.자본잉여금 3.이익잉여금 4.자본조정 5.기타포괄손익누계액

2 자본항목별 계정과목 ✓절대암기!

(1) (법정)자본금 : 보통주, 우선주가 있다.
　　　└, 반드시 액면금액(발행주식 수 × 1주당 액면금액)으로 입력한다.

(2) 자본잉여금 : 자본거래(주주와의거래)에서 남은 잉여금.(= 자본증가항목)
　❶ 주식발행초과금 : 주식을 할증발행 할 때 생긴 차액(=주식발행가액(받는돈)이 액면금액을 초과하는 금액
　　　　　　　　　(주식을 할증발행 할 때 대변에 생기는 차액)
　❷ 감자차익 : 자본금 감소시킬 때(감자할 때) 액면금액이하로 지급할 경우 남은 금액
　❸ 자기주식처분이익 : 당사가 발행한 자기회사 주식을 취득원가 이상으로 처분할 때 생긴 이익으로 수익이아닌 기타자본잉여금에 속한다.

(3) 자본조정 : 자본거래에서 자본금과 자본잉여금을 제외한 나머지 항목들이다.
　　　　　　(자본증가항목, 자본감소항목) ➔ (주/감/자/미/자) 등
　　　　　　　　④　　　　　①②③⑤

　❶ 주식할인발행차금 : 주식을 할인발행할 때 생긴 차액(=주식 발행가액이 액면금액미만으로 받을 경우 생긴 차액(자본감소항목: 차변요소)
　❷ 감자차손 : 자본금 감소시킬 때(감자할 때) 액면금액초과하여 지급할 경우 부족한 금액
　❸ 자기주식처분손실 : 당사가 발행한 자기회사 주식을 취득원가 이하로 처분할 때 생긴 손실로 비용 아님! (자본감소항목 : 차변요소)
　❹ 미교부주식배당금 : 당사가 당기순이익을 분배할 때 주식배당 하기로 결의할 때 생긴 임시자본항목을 말하며, 배당금 지급일에 주식을 교부하면(발행하면) 미교부주식배당금은 자본금으로 대체된다(바뀐다) [미교부주식배당금 감소, 자본금 증가] ➔ 총자본변동없고, 자본금만 증가
　❺ 자기주식 : 당사가 발행한 주식을 재 구입할 때 처리하는 계정과목(자본감소항목)으로 취득원가로 입력한다.

(4) 기타포괄손익누계액 : 미실현손익으로 손익계산서에 반영하지 않고, 자본으로 분류하였다가 이익이 실현될 때 제거되는 항목들 (해/매/파/재)
　❶ 해외사업환산손익
　❷ 매도가능증권평가손익 [주의] 매도가능증권처분손익은 영업외손익이다.
　❸ (현금흐름위험회피)파생상품평가손익
　❹ 재평가잉여금

(5) 이익잉여금 : 손익거래에서 남은 잉여금 (이/재/임/미처)
　❶ 이익준비금(법정적립금) : 현금배당(금전배당)의 1/10 (10%) 최소 적립하는 적립금
　❷ 재무구조개선적립금(기타법정적립금)
　❸ 임의적립금 : 이사회에서 임의로 사용하기 위해 모아둔 적립금
　❹ 미처분이익잉여금(실가: 이월이익잉여금) = 전기이월이익잉여금+당기순이익

확인문제 다음 (   )안에 알맞은 자본항목을 넣으세요

1. 주식을 발행하면 자본금은 _____ 변에 생기고, 금액은 _____ 금액이다.
2. 자본잉여금에는 _____, _____, _____ 이 있다.
3. 자본조정항목에는 _____, _____, _____, _____, _____ 이 있다.
4. 기타포괄손익누계액에는 _____ _____ _____ _____ 이 있다.
5. 이익잉여금에는 _____, _____, _____, _____ 이 있다.

정답
1. 주식을 발행하면 자본금은 대변에 생기고, 금액은 액면금액(발행주식수 × 1주당 액면금액이다.
2. 자본잉여금에는 주식발행초과금, 감자차익, 자기주식처분이익이 있다.
3. 자본조정항목에는 주식할인발행차금, 감자차손, 자기주식처분손실, 미교부주식배당금, 자기주식등이 있다.
4. 기타포괄손익누계액에는 해외사업환산손익, 매도가능증권평가손익, 현금흐름위험회피 파생상품평가손익, 재평가잉여금 등이 있다.
5. 이익잉여금에는 이익준비금, 재무구조개선적립금, 임의적립금, 미처분이익잉여금(실기: 이월이익잉여금)이 있다.

3 자본금 (법정자본금 : 액면금액)

주식을 발행하여 납입 받은 투자금 중 액면금액을 말하며, 이때 액면금액은 주식발행 수× 1주당 액면금액으로 처리한다. 자본금이 증가(증자)하면 발행주식 수도 증가하고, 자본금이 감소(감자)하면 발행주식 수도 감소한다. 그리고 자본금의 종류는 보통주자본금과 우선주자본금으로 분류 한다.

(1) 주식발행방법(액면발행, 할증발행, 할인발행)

❶ 액면발행 : 액면금액과 동일한 금액으로 주식을 발행하는 경우로서 차액이 생기지 않는다.

확인문제

당사가 주식10주(액면금액 5,000원)를 5,000원에 발행하고, 대금은 보통예금으로 받다.

구 분	차변(3번)	대변(4번)
분 개		

❷ 할증발행 : 액면금액을 초과하여 주식을 발행하는 경우를 말한다. 이때 액면금액을 초과하여 남은 금액은 수익으로 분류하지 않고 주주와의 자본거래에서 남은 잉여금 즉, "주식발행초과금"으로 자본증가항목이 생기면 대변에 입력하고 재무상태표에는 자본 중 자본잉여금 항목으로 분류된다.

확인문제

당사가 주식 10주(액면금액 5,000원)를 7000원에 발행하고, 대금은 보통예금으로 받다.

구 분	차변(3번)	대변(4번)
분 개		

❸ 할인발행 : 액면금액 이하로 주식을 발행하는 경우를 말한다. 이때 액면금액 이하로 발행 할 때 차변에 생기는 차액은 비용으로 분류하지 않고 자본감소항목으로 차변에 "주식할인발행차금"으로 처리하고, 재무상태표에 자본조정항목으로 분류한다.
주식할인발행차금은 3년 이내에 이익잉여금에서 차감하여(처분하여) 균등 상각하므로 주식할인발행차금 상각액은 이익잉여금처분계산서에 반영되는 항목이다
(주식할인발행차금 잔액은 재무상태표에 반영)

확인문제

당사가 주식 10주(액면금액 5,000원)를 4000원에 발행하고, 대금은 보통예금으로 받다.

구 분	차변(3번)	대변(4번)
분 개		

정답

① 액면발행 확인문제
　(차) 보통예금　　　　　50,000　　　(대) 자본금　　　　　50,000
② 할증발행 확인문제
　(차) 보통예금　　　　　70,000　　　(대) 자본금　　　　　50,000
　　　　　　　　　　　　　　　　　　　　주식발행초과금　　20,000
③ 할인발행 확인문제
　(차) 보통예금　　　　　40,000　　　(대) 자본금　　　　　50,000
　　　주식할인발행차금　10,000

(2) 현물출자에 의한 주식발행

주식발행의 대가로 현금을 납입 받는 것이 일반적이지만, 현금 대신에 자산으로 납입 받는 경우가 있는데 이를 현물출자라 한다. 이때 새로 생긴 유형자산의 취득원가는 주식의 발행가액(=공정가액) 또는 취득한 자산의 공정가액 중 더 명확할 금액을 취득원가로 결정한다.

확인문제

1. 영업용 토지를 취득하면서 주식 1,000주(액면@₩5,000)을 발행(교부)하였다. 주식의 1주당 발행가액 (공정가액)은 @₩7,000이다.

구 분	차변(3번)	대변(4번)
분 개		

2. 영업용 토지를 취득하면서 주식 1,000주(액면 @₩5,000)를 발행(교부)하였다. 토지의 공정가액은 ₩6,000,000 이다.

구 분	차변(3번)	대변(4번)
분 개		

정답

1. (차) 토지 7,000,000(제공한 자산의 공정가액)   (대) 자본금(액면)   5,000,000
                                                    주식발행초과금 2,000,000
2. (차) 토지 6,000,000 (취득자산의 공정가액)   (대) 자본금(액면)   5,000,000
                                                    주식발행초과금 1,000,000

(3) 신주발행비 회계처리

신주(=새로운 주식)을 발행할 때 발생하는 비용으로 법률비용, 주주모집광고비, 주권인쇄비, 증권회사 수수료 등이 있다. 신주발행비(주식발행비용)의 회계처리는 별도로 비용처리하지 않고, 발행가액(=받는 돈)에서 차감한다. 따라서 할증발행 시 주식발행초과금에서 차감되거나, 할인발행 시 주식할인발행차금에 가산된다.

확인문제 아래 거래를 읽고 분개를 하세요.

1. 증자를 위해 신주 10주(액면 @₩5,000)을 @₩6,000에 발행하고 납입금은 보통예금 계좌애 입금되어 받다. 이때 신주발행비용 ₩1,000은 현금으로 지급하다.(주식할인발행차금잔액 없다.)

구 분	차변(3번)	대변(4번)
분 개		

2. 증자를 위해 주식 10주(액면 @₩5,000)를 @₩6,000에 발행하고 신주발행비 ₩1,000을 차감한 잔액은 보통예금계좌로 입금되다.(주식할인발행차금 잔액 없다)

구 분	차변(3번)	대변(4번)
분 개		

3. 증자를 위해 주식 10주(액면 @₩5,000)을 @₩4,000에 발행하고, 신주발행비용 ₩1,000을 차감한 잔액은 당좌예금계좌에 입금되다.(주식발행초과금 잔액 없다)

구 분	차변(3번)	대변(4번)
분 개		

정답

1. (차) 보통예금　　　　　60,000　　　　　　　　(대) 자본금(액면)　　50,000
　　　　　　　　　　　　　　　　　　　　　　　　　　　현금　　　　　　1,000
　　　　　　　　　　　　　　　　　　　　　　　　　　　주식발행초과금　9,000 (자본증가항목 자본잉여금)

2. (차) 보통예금　　　　　59,000　　　　　　　　(대) 자본금(액면)　　50,000
　　　　　　　　　　　　　　　　　　　　　　　　　　　주식발행초과금　9,000

3. (차) 당좌예금　　　　　39,000 (자본차감항목 - 자본조정)　(대) 자본금(액면)　50,000
　　　　주식할인발행차금　11,000

(4) 증자(= 자본금 증가)

❶ 유상증자는 주식발행하고 납입금을 받아 자본금이 증가하는 것을 말한다. (총자본과 자본금 모두 증가)
❷ 무상증자는 주식을 무상으로 발행(교부)하고 잉여금을 자본금에 전입하는 것을 말한다. 무상증자는 자본금만 증가하고, 총자본은 변동은 없다. 이것은 주식배당의 자본변동과 동일하다.

회계처리 :　(차) 잉여금　***　　　　　(대) 자본금(액면금액)　***
　　　　　　　　↳ (자본잉여금 또는 이익잉여금에 속한 계정과목 감소)

4 자본잉여금

주주와의 거래(자본거래)에서 발생하여 자본을 증가시키는 잉여금을 말하며, 주식발행초과금, 감자차익, 기타자본잉여금(자기주식처분이익 등)이 있다.
자본잉여금은 무상증자를 통한 자본금으로의 전입(자본전입) 및 결손보전에만 사용(처분)한다
※ 자본전입이란 잉여금(자본잉여금, 이익잉여금)을 자본금에 옮기는 것 (잉여금감소, 자본금 증가)

(1) 주식발행초과금 ✓중요

주식을 할증 발행할 때 대변에 생기는 차액으로 주식발행초과금은 주식할인발행차금 잔액이 남아 있으면 먼저 상계처리(= 서로 차감)하고, 남는 금액이 있으면 주식발행초과금으로 처리하고 남는 금액이 없으면 주식발행초과금 회계처리 하지 않는다.

확인문제

1. 증자를 위해 주식 10주(액면 @₩5,000)를 @₩6,000에 발행하고 신주발행비 ₩1,000을 차감한 잔액은 보통예금계좌로 입금되다.

구 분	차변(3번)	대변(4번)
분 개		

2. 증자를 위해 주식 10주(액면 @₩5,000)를 @₩4,400에 발행하고 신주발행비 ₩1,000을 차감한 잔액은 보통예금계좌로 입금되다. 이때 주식발행초과금 잔액 7,000원 있다.

구 분	차변(3번)	대변(4번)
분 개		

3. 이사회의 승인을 얻어 매입처 LT전자(주)에 지급하여야 할 외상매입금 중 일부인 12,000,000원을 당사에 출자전환하고 신주 2,000주(액면가액 5,000원)를 교부 하였다. 신주교부에 따른 제비용은 없다고 가정한다.(41회)

구 분	차변(3번)	대변(4번)
분 개		

정답

1. (차) 보통예금   59,000   (대) 자본금(액면)   50,000
                                        주식발행초과금   9,000

2. (차) 보통예금   43,000   (대) 자본금(액면)   50,000
        주식발행초과금   7,000

3. (차) 외상매입금(LT) 12,000,000   (대) 자본금(액면)   10,000,000
                                        주식발행초과금   2,000,000

(2) 감자차익

발행주식을 매입소각(발행주식수 감소)하여 자본금을 감소(감자)시킬 때 액면금액이하로 지급할 경우 대변에 생긴 차익을 말한다. 감자의 종류로 ㉠ 유상감자 와 ㉡ 무상감자가 있으며, 회계처리시 감자차익과 감자차손 잔액은 우선 상계처리(=서로 차감)한다.

❶ **유상감자 (실질적 감자)** : 사업규모를 축소하기 위해 회사가 주주에게 발행한 주식을 돈을 주고 매입소각하여 자본금이 차변에 감소하는 것을 말하며, 총자본(자본합계)과 자본금 모두 감소하는 것이 특징이다. 그리고, 감자차익 잔액이나 감자차손 잔액은 회계처리시 먼저 상계처리 한다.

확인문제 감자차익 및 감자차손에 대한 거래를 읽고 분개 하시오.

1. 사업을 축소하기 위해 주주총회의 승인을 얻어 발행주식 10주(액면@₩5,000)을 1주당 @₩4,000에 매입소각하고 대금은 현금으로 지급하다. (발행주식수 감소 = 자본금 감소)

구 분	차변(3번)	대변(4번)
분 개		

2. 사업의 축소를 위해 주주총회의 승인을 얻어 발행주식 10주 (액면@₩5,000)를 1주당₩5,400으로 매입소각하고 대금은 현금으로 지급하였다.

구 분	차변(3번)	대변(4번)
분 개		

3. 사업의 축소를 위해 주주총회의 승인을 얻어 발행주식 10주(액면@₩5,000)을 1주당 @₩4,000에 매입소각하고 대금은 현금으로 지급하다. 이때 감자차손 잔액 4,000원이 있다.

구 분	차변(3번)	대변(4번)
분 개		

정답

1. (차) 자본금   50,000   (대) 현금   40,000
                                    감자차익   10,000 (자본잉여금)

2. (차) 자본금   50,000   (대) 현금   54,000
       감자차손   4,000 → (자본감소항목으로 재무상태표에 자본조정항목으로 분류)

3. (차) 자본금   50,000   (대) 현금   40,000
                                    감자차손   4,000 (자본차감조정 항목소멸)
                                    감자차익   6,000 (자본잉여금항목)

❷ 무상감자 (형식적 감자) : 회사가 누적된 결손금을 보전하기 위하여(메우기 위해) 자본금을 감소시키는 것으로, 회사의 자본금과 결손금을 상계시켜 회사의 자본금이 감소하는 것을 무상감자라 한다. 무상감자는 자본금만 감소하고 총자본(순자산)에는 아무런 증감변화가 없다.

증자와 감자 요약	
1. 증자(자본금 증가) ① 유상증자 : 주식발행하고 납입금(투자금)을 받아 자본금을 증가시키는 것으로 총자본과 자본금 모두 증가한다.(액면발행, 할증발행, 할인발행) ② 무상증자 : 주식을 무상으로 발행하고, 잉여금을 자본금에 전입시켜 자본금을 증가시키는 것을 말한다. 회계처리: (차) 잉여금(-) *** (대) 자본금(+) *** 무상증자시 자본변동 총자본(순자산)은 변동없고, 자본금만 증가	2. 감자(자본금 감소) ① 유상감자 : 발행주식을 돈(투자금)을 주고 매입소각하여 자본금을 감소시키는 것 (총자본과 자본금 모두 감소한다.) (발행주식수 감소) ② 무상감자 : 이월결손금(당기순손실)을 보전하기 위해 자본금을 감소시키는 것(세무2급,1급) ※ 이월결손금은 자본감소 차변항목이다. 회계처리 : (차) 자본금(-) *** (대) 이월결손금(-)*** (자본변동) → 자본금만 감소, 총자본은 변동이 없다.

(3) 자기주식처분이익

자기주식이란 당사가 이미 발행한 주식을 다시 구입하여 소각하지 않고 보유하고 있는 우리 회사 주식을 말하는데, 자기주식을 다시 처분하는 경우 취득원가 이상으로 처분할 때 생긴 이익을 대변에 자기주식처분이익이라 하며 수익으로 분류하지 않고 자본잉여금으로 분류된다. 이때 자기주식처분손실(자본조정항목)이 있으면 먼저 상계처리(서로 차감)한 후 나머지를 자기주식처분이익으로 대변에 처리한다.

▶ 자기주식(자본조정항목)이란?
우리 회사가 발행한 주식을 다시 구입(=재구입)할 경우에 발생하는 계정과목이며, 자기주식금액은 공정가액으로 취득원가를 결정한다.

확인문제

1. 자기주식(액면가 @₩5,000) 10주를 @₩6,000에 취득하고 현금을 지급하였다.

구 분	차변(3번)	대변(4번)
분 개		

2. 자기주식 ₩60,000을 ₩70,000에 처분하고 대금은 현금으로 받다.(자기주식처분손실 없는 경우)

구 분	차변(3번)	대변(4번)
분 개		

3. 자기주식 ₩60,000을 ₩55,000에 처분하고 대금은 현금으로 받다.(자기주식처분이익 없는 경우)

구 분	차변(3번)	대변(4번)
분 개		

4. 자기주식 ₩60,000을 ₩55,000에 처분하고 대금은 현금으로 받다.(자기주식처분이익 ₩2,000있다)

구 분	차변(3번)	대변(4번)
분 개		

5. 보유중인 자기주식을 처분하였다. 장부가액은 12,340,000(10,000주 @₩1,234)으로 처분가액은 11,000,000원(10,000주 @₩1,100)이었다. 처분대금은 보통예금 계좌에 입금되었다. 단, 자기주식처분이익계정잔액이 500,000원 있다. 또한 처분수수료는 없는 것으로 가정한다.(38회)

구 분	차변(3번)	대변(4번)
분 개		

정답

1. (차) 자기주식(취득원가)   60,000   (대) 현금   60,000

2. (차) 현금   70,000   (대) 자기주식(취득원가)   60,000
                                                  자기주식처분이익   10,000

3. (차) 현금   55,000   (대) 자기주식(취득원가)   60,000
       자기주식처분손실   5,000 (자본차감항목소멸)

4. (차) 현금   55,000   (대) 자기주식(취득원가)   60,000
       자기주식처분손실   3,000 (자본감소항목) 발생
       자기주식처분이익   2,000 (자본잉여금) 감소

5. (차) 보통예금   11,000,000   (대) 자기주식   12,340,000 (취득원가)
       자기주식처분이익   500,000 (자본잉여금항목 소멸)
       자기주식처분손실   840,000 (자본조정항목 발생)

복습하기

다음 자본 관련 내용을 읽고 알맞은 계정과목을 기입하시오.

1	당사가 주식을 발행할 때 액면금액 이상으로 발행할 경우 대변에 생긴 차액의 계정과목은?	
2	당사가 주식을 발행할 때 액면금액 미달로 발행할 경우 차변에 생긴 차액의 계정과목은?	
3	회사규모를 축소하기 위해 감자(자본금감소)할 때 자본금 액면금액보다 적게 지급할 때 주주에게 반환되지 않고 남은 차액으로 자본잉여금에 속하는 계정과목은?	
4	회사규모를 축소하기 위해 감자(자본금감소)할 때 자본금 액면금액보다 많이 지급할 때 차변에 생긴 차액으로 자본차감항목인 계정과목은?	
5	당사가 발행한 주식(=자기주식)을 취득원가 이상으로 처분할 때 생긴 이익으로 자본잉여금에 분류되는 계정과목은?	
6	당사가 발행한 주식(=자기주식)을 취득원가 이하로 처분할 때 생긴 손실로서 주주와의 거래(자본거래)에서 생긴 자본차감항목 계정과목?	

정답 1.주식발행초과금 2.주식할인발행차금 3.감자차익 4.감자차손 5.자기주식처분이익 6.자기주식처분손실

5 자본조정

주주와의 거래에서 자본금이나 자본잉여금으로 분류할 수 없는 임시적인 자본항목을 말한다.
- 자본가산항목(대변항목) → 미교부주식배당금 ➡ 배당지급일에 주식을 교부하면 자본금으로 대체된다. (바뀐다)
- 자본차감항목(차변항목) → 주식할인발행차금, 감자차손, 자기주식처분손실, 자기주식

(1) 주식할인발행차금

당사가 주식을 액면금액이하로 발행(할인발행)하는 거래로 액면금액이하로 납입금이 적을 때 자본감소항목으로 차변에 생긴 차액을 말하며, 주식할인발행차금 발생시 주식발행초과금 잔액이 있으면 먼저 상계처리하고, 나머지 잔액을 주식할인발행차금으로 처리한다. 주식할인발행차금은 주식발행연도부터 3년 이내에 매년 균등상각하여 대변에 차감한다.

➡ 주식할인발행차금은 자본조정항목으로 재무상태표에 반영 된다
➡ 주식할인발행차금 상각액은 이익잉여금 처분(사용)항목으로 이익잉여금처분계산서에 반영된다.

확인문제

1. 당사가 주식 10주 (액면@₩5,000)를 @₩4,100에 발행하고 납입금은 전액 현금으로 받다.

구 분	차변(3번)	대변(4번)
분 개		

2. 주주총회에서 미처분이익잉여금을 다음과 같이 처분하기로 결의하였다.
   * 이익준비금   (   )   * 주식할인발행차금 상각액   3,000원
   * 현금배당   100,000원   * 주식배당 100,000

구 분	차변(3번)	대변(4번)
분 개		

▶ **암기** 이익준비금은 현금배당액의 10%이다 그리고 미처분이익잉여금은 실기분개에선 이월이익잉여금으로 해야한다.

3. 배당지급일에 주주에게 주식배당 100,000원은 주식으로 교부하다.

구 분	차변(3번)	대변(4번)
분 개		

4. 배당금 지급일에 현금배당 500,000원과 주식배당 1,000,000원을 각각 현금으로 지급하고, 주식으로 교부하다. (원천징수세액은 생략한다)

구 분	차변(3번)	대변(4번)
분 개		

정답

1. (차) 현금　　　　　　　　41,000　　(대) 자본금(액면)　　　50,000
　　　주식할인발행차금　　　9,000 → (자본차감항목=자본조정)
2. (차) 이월이익잉여금　　 213,000　　(대) 미지급배당금　　 100,000
　　　　　　　　　　　　　　　　　　　미교부주식배당금　100,000
　　　　　　　　　　　　　　　　　　　이익준비금　　　　 10,000
　　　　　　　　　　　　　　　　　　　주식할인발행차금　　3,000
3. (차) 미교부주식배당금　　100,000　　(대) 자본금　　　　　100,000
4. (차) 미지급배당금　　　　500,000　　(대) 현금　　　　　　500,000
　　　미교부주식배당금　1,000,000　　　　자본금　　　　1,000,000

요약 배당금 회계처리

구 분	주주총회(배당결의일)	배당지급일
현금배당	미지급배당금(부채) 증가	미지급배당금(부채)감소
주식배당	미교부주식배당금(자본)증가와 이월이익잉여금 감소	미교부주식배당금(자본)감소와 자본금 증가

* 주식배당은 총자본의 변화가 없고, 자본금만 증가한다.

(2) 감자차손(vs 감자차익)

　　자본금 감소(감자)할 때 액면금액 이상으로 지급하여 주식을 매입 소각할 때 차변에 생기는 초과지급액을 말한다. 감자차손은 감자차익과 상계하며, 자본에서 차감하는 형식으로 차변에 기재한다. 기업회계기준해석에 의하면 감자차손과 자기주식처분손실은 결손금 처리순서에 준하여 먼저 이익잉여금의 처분(사용)으로 보전하고 잔액이 있는 경우에는 자본잉여금을 처분하여 보전하도록 하고 있다.

확인문제

사업의 축소를 위해 주주총회의 승인을 얻어 발행주식 10주 (액면@₩5,000)를 1주당 ₩6,000으로 매입소각하고 대금은 현금으로 지급하였다.

구 분	차변(3번)	대변(4번)
분 개		

정답

(차) 자 본 금 50,000   (대) 현금 60,000
    감자차손 10,000

(3) 자기주식처분손실(vs 자기주식처분이익)

당사가 발행하였던 자기회사 주식을 재취득하여 소각하지 않은 자기회사 주식을 말한다. 자기주식을 취득원가 이하로 매각처분할 때 차변에 발생하는 자본감소항목으로 자기주식처분이익 잔액이 있으면 먼저 상계처리하고, 나머지를 차변에 자기주식처분손실로 처리한다.

확인문제

1. 자기주식(액면가@₩5,000) 1주를 @₩6,000에 구입하고, 대금은 현금 지급하다.

구 분	차변(3번)	대변(4번)
분 개		

2. 취득가액 ₩6,000인 자기주식을 ₩5,000에 처분하고 대금은 현금으로 받다. 자기주식처분이익 잔액은 없다.

구 분	차변(3번)	대변(4번)
분 개		

3. 취득가액 ₩6,000인 자기주식을 ₩5,000에 처분하고 대금은 현금으로 받다. 이때 자기주식처분이익 잔액 ₩700 있다.

구 분	차변(3번)	대변(4번)
분 개		

정답

1. (차) 자기주식　　　6,000　　(대) 현금　　6,000
2. (차) 현금　　　　　5,000　　(대) 자기주식　6,000
　　　 자기주식처분손실 1,000
3. (차) 현금　　　　　5,000
　　　 자기주식처분손실　300
　　　 자기주식처분이익　700

(4) 미교부주식배당금(자본조정항목)

주주총회에서 주식배당을 결의하고 배당결의일 현재 미교부된 주식을 말한다. 배당지급일에 주주에게 주식을 교부하면 미교부주식배당금은 자본금으로 바뀐다.(대체된다)

확인문제

1. 주주총회에서 미처분이익잉여금 ₩200,000을 다음과 같이 처분하기로 결의하였다.
   - 주식배당 ₩200,000 (액면가 @₩5,000)

구 분	차변(3번)	대변(4번)
분 개		

2. 배당지급일에 주주에게 주식배당 ₩200,000을 교부하다.

구 분	차변(3번)	대변(4번)
분 개		

정답

1. (차) 이월이익잉여금　200,000　　(대) 미교부주식배당금　200,000
2. (차) 미교부주식배당금 200,000　　(대) 자본금　　　　　200,000

→ 주식배당과 무상감자는 자본금만 증가하고 총자본에는 영향을 미치지 않는다.

(5) 자기주식(자본조정항목)

우리회사가 발행한 주식을 유상 또는 무상으로 재취득하여 소각하지 않고 보유하고 있는 주식을 말한다. 자기주식의 금액은 취득가액(공정가액)으로 자본에서 차감하는 형식(자본조정)으로 기재하도록 규정하고 있다.

6 기타포괄손익누계액

(1) **매도가능증권평가손익** : 매도가능증권의 취득원가와 기말결산시 공정가액(시가)의 차액에서 발생한 금액, 기말 공정가액으로 평가할 때 처리하는 자본항목이다.

(2) **해외사업환산손익** : 해외지점, 해외사무소의 외화자산, 외화부채를 현행 환율법에 의하여 원화로 환산하는 경우에 발생하는 환산손익을 말한다.

(3) **파생상품평가손익(현금흐름위험회피)** : 현금흐름위험회피를 목적으로 투자한 파생상품에서 발생하는 평가손익을 말한다.

(4) **재평가잉여금** ✓세무2급 및 TAT2급 이상 출제

확인문제 다음 자본에 관련 내용을 읽고 알맞은 계정과목을 기입하시오.

번호	자본거래 내용	계정과목
1	당사가 주식을 발행할 때 액면금액 미달로 발행할 경우 차변에 생긴 차액 계정과목은?	
2	회사규모를 축소하기 위해 감자(자본금감소)할 때 자본금 액면금액보다 많이 지급할 때 차변에 생긴 차액으로 자본차감항목인 계정과목은?	
3	당사가 발행한 주식(=자기주식)을 취득원가 이하로 처분할 때 생긴 손실로서 주주와의 거래(자본거래)에서 생긴 자본차감항목 계정과목?	
4	주주총회에서 현금배당액이 (지급)처분 확정될 경우 생기는 부채는?	
5	주주총회에서 주식배당액이 처분 확정될 경우 배당금지급일에 주식을교부하므로 배당금 지급일 이전에 처리하는 임시자본가산항목은? (이 과목은 배당금 지급일에 자본금계정으로 대체되면서 차변에 소멸)	
6	당사가 발행한 주식을 재구입하여 갖고 있을 경우 처리하는 자본차감 계정과목은?	

정답 1.주식할인발행차금 2.감자차손 3.자기주식처분손실 4.미지급배당금 5.미교부주식배당금 6.자기주식

7 이익잉여금 (이/ 기/ 임/ 미처)

(1) **이익준비금** : 상법규정에 따라 현금배당액의 10% 이상 자본금의 1/2까지 금액을 이익준비금으로 적립해야하며, 자본전입(무상증자)과 결손보전이외에는 사용할 수 없다.

(2) **기타법정적립금(재무구조개선적립금)** → 상법이외의 기타법령에서 강제로 적립되는 금액.

(3) **임의적립금** : 회사가 임의적으로 일정한 목적을 위해 정관 또는 주주총회의 결의에 의해 이익의 일부를 적립하는 것으로 사업확장적립금, 감채적립금, 배당평균적립금, 결손보전적립금, 별도적립금 기업합리화적립금 등이 있다.

(4) 미처분이익잉여금(실기: 이월이익잉여금으로 입력) : 기업이 벌어들인 당기순이익 중 배당금이나 다른 잉여금으로 처분(사용)되지 않고 남아 있는 이익잉여금으로서 당기 이익잉여금처분계산서의 미처분이익잉여금을 말한다.

그리고 미처리 결손금이란 기업이 당기순손실(결손금)을 보고한 경우에 보고된 결손금 중 다른 잉여금으로 보전되지 않고 이월된 부분으로서 당기 결손금처리계산서의 미처리 결손금을 말한다.

8 자본의 증감변화 요약

항 목	주식배당	= 무상증자	유상증자	무상감자	유상감자
자본금	증가	증가	증가	감소	감소
총자본(순자산)	불변	불변	증가	불변	감소

9 배당결의일과 배당금지급일 회계처리시점

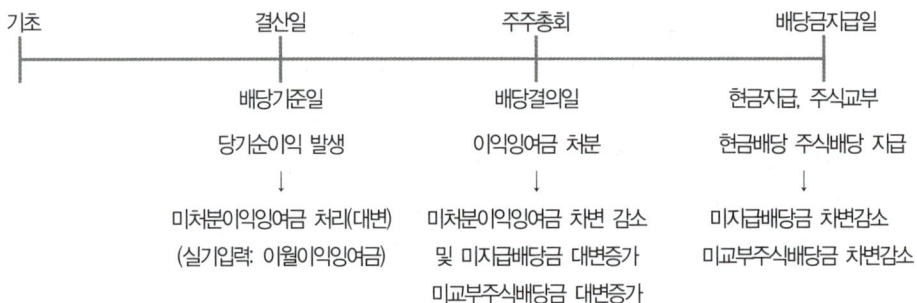

(1) 현금배당 결의일 회계처리

현금배당금액이 결정되면 이익잉여금에서 이익분배를 하므로 이익잉여금이 감소하고, 바로 현금을 지급할 것이 아니고 배당금지급일에 현금 지급하므로 배당결의일에는 미지급배당금(부채)이 생기고, 이익잉여금(자본)이 감소되는 회계처리를 아래와 같이 합니다.

(차) 이월이익잉여금　×××　　　(대) 미지급배당금　×××
　　　(자본감소)　　　　　　　　　　　　(부채증가)

(2) 현금배당 지급일 회계처리

현금배당 금액을 지급하면 배당결의일에 처리한 미지급배당금(부채)이 감소하고, 현금을 지급하면서 아래와 같이 회계처리 합니다.

(차) 미지급배당금　×××　　　(대) 현금 또는 ~예금　×××

(3) 주식배당 결의일 회계처리

주식배당금액이 결정되면 배당금지급일에 주식을 교부하므로 배당지급일 전에는 미교부주식배당금(임시자본증가 항목)이 생겼다가, 배당금 지급일에 주식을 교부하면 미교부주식배당금은 자본금으로 바뀝니다. 이때 회계처리가 아래와 같습니다.

배당결의일 ➜ (차) 이월이익잉여금　×××　　(대) 미교부주식배당금　×××

(4) 주식배당 지급일 회계처리

배당금 지급일에 이익 분배하여 주식을 교부하면(= 주식배당을 실시하면) 배당결의일에 입력한 미교부주식배당금을 자본금으로 바꾼는 분개(대체분개)합니다.

(차) 미교부주식배당금　×××　　(대) 자본금　×××　➜ 총자본 변동 없습니다(★)
　　(자본감소)　　　　　　　　　　(자본증가)

문제　자본

1. 다음은 자본의 분류와 그에 속하는 계정과목을 연결한 것이다. 틀린 것은? (33회)
① 자본금 - 보통주자본금　　② 자본잉여금 - 주식발행초과금
③ 자본조정 - 자기주식　　　④ 이익잉여금 - 주식할인발행차금

2. 재무상태표에서 자본금을 표시하는 방법으로 맞는 것은? (37회)
① 납입금액을 표시한다.　　　　　② 주식할인발행차금을 차감하여 기재한다.
③ 주식발행초과금을 가산하여 기재한다.　④ 액면금액을 표시한다.

3. (주)해성의 200×년 1월1일 자본금은 10,000,000원(주식수 10,000주, 액면가1,000원)이다. 200× 년 6월1일 주당 1,100원에 5,000주를 유상증자하였다. 기말자본금은 얼마인가? (32회)
① 15,500,000원　② 15,000,000원　③ 10,000,000원　④ 16,000,000원

4. 기업회계기준에서 재무상태표상 자본잉여금에 속하지 않는 것은?
① 주식발행초과금　② 감자차익　③ 재무구조개선적립금　④ 자기주식처분이익

5. 자본증자를 위해 액면 5,000원의 주식을 6,000원에 발행하고 대금은 전액 현금으로 수취하였다. 올바르게 분개된 것은? (30회)

   ① (차) 현금 6,000원   (대) 자본금   6,000원
   ② (차) 현금 6,000원   (대) 자본금   5,000원
                              주식발행초과금 1,000원
   ③ (차) 현금 5,000원   (대) 자본금   5,000원
   ④ (차) 현금 6,000원   (대) 자본금   5,000원
                              주식할인발행차금 1,000원

6. 다음 중 자본의 성격이 다른 하나는?
   ① 이익준비금   ② 주식발행초과금   ③ 자기주식처분이익   ④ 감자차익

7. 다음 중 기업회계기준에 의한 자본의 분류 중 틀린 것은?
   ① 자본금은 법률에 의하여 정해진 납입자본금을 의미하는데, 발행주식수에 발행가액을 곱한 금액이다.
   ② 이익잉여금은 영업활동을 통하여 발생된 이익이 축적된 부분이다.
   ③ 자본잉여금은 주주와의 자본거래에서 발생한 것으로서 자본이 증가된 것이다.
   ④ 주식발행초과금, 감자차익, 자기주식처분이익은 자본잉여금이다.

8. 자기주식을 구입가액보다 낮게 처분하여 발생하는 부분은 재무상태표상 자본항목 중 어디에 표시되는가? (36회)
   ① 자본금   ② 자본잉여금   ③ 자본조정   ④ 기타포괄손익누계액

9. 신주 10,000주(액면가액 1주당 10,000원)를 9,800원에 발행하였다면, 발행차액은 어느 항목에 해당되는가?
   ① 이익잉여금   ② 자본잉여금   ③ 자본조정   ④ 임의적립금

10. 다음 중 주식회사의 자본 구성 요소에 관한 설명으로 바르게 짝지은 것은? (38회)

    • ㉠은 1주의 액면금액에 발행한 주식수를 곱한 금액이다.
    • ㉡은 영업활동과 직접적인 관계가 없는 자본거래에서 생긴 잉여금이다.
    • ㉢은 회사의 영업활동 결과로 발생한 순이익을 원천으로 하는 잉여금이다.

	㉠	㉡	㉢
①	적립금	자본잉여금	이익잉여금
②	자본금	자본잉여금	이익잉여금
③	자본금	이익잉여금	자본잉여금
④	적립금	이익잉여금	자본잉여금

11. (주)수원기업은 결산시 회사자본의 구성내용이 자본금 50,000,000원, 자본잉여금 3,000,000원, 이익준비금 700,000원이었고, 당해 연도의 당기순이익은 500,000원이었다. 현금배당을 300,000원을 할 경우 이익준비금으로 적립해야 할 최소 금액은 얼마인가? (39회)

① 30,000원 ② 50,000원 ③ 70,000원 ④ 100,000원

12. 재무상태표상의 자본금에 대한 설명 중 가장 올바른 것은? [40회]
① 자본금은 할인발행 혹은 할증발행에 따라 표시되는 금액이 다르다.
② 자본금은 보통주자본금, 우선주자본금 그리고 기타자본금으로 구분된다.
③ 자본금은 총납입금액에서 주식발행에 따른 제비용을 차감하여 표시된다.
④ 자본금은 반드시 발행주식수 × 1주당 액면가액으로 표시된다.

13. 다음 중 기업회계기준서상 기타포괄손익누계액 항목이 아닌 것은? (41회)
① 매도가능증권평가손익
② 해외사업환산손익
③ 현금흐름위험회피 파생상품평가손익
④ 자기주식처분손실

14. 다음 자료를 바탕으로 자본잉여금의 금액을 계산한 것으로 옳은 것은? (41회)
(단, 계정과목별 연관성은 전혀 없다.)

• 감 자 차 익 : 500,000원	• 이 익 준 비 금 : 100,000원
• 사업확장적립금 : 300,000원	• 주식발행초과금 : 700,000원
• 자기주식처분이익 : 300,000원	• 자기주식처분손실 : 100,000원
• 감 자 차 손 : 250,000원	• 주식할인발행차금 : 150,000원

① 500,000원 ② 900,000원 ③ 1,200,000원 ④ 1,500,000원

15. 다음 보기 중 이익잉여금으로 분류하는 항목을 모두 고른 것은? (42회)

ㄱ. 현금배당액의 1/10 이상의 금액을 자본금의 2분의 1에 달할 때까지 적립해야 하는 금액
ㄴ. 액면을 초과하여 주식을 발행한 때 그 액면을 초과하는 금액
ㄷ. 감자를 행한 후 주주에게 반환되지 않고 불입자본으로 남아있는 금액

① ㄱ ② ㄴ ③ ㄱ, ㄷ ④ ㄴ, ㄷ

16. (주)피제이전자는 주식 1,000주(1주당 액면가액 1,000원)를 1주당 1,500원에 증자하면서 주식발행관련 제비용으로 100,000원을 지출하였다. 이에 대한 결과로 올바른 것은? (43회)
① 주식발행초과금 400,000원 증가
② 자본금 1,400,000원 증가
③ 주식발행초과금 500,000원 증가
④ 자본금 1,500,000원 증가

17. 이익잉여금처분계산서에서 확인할 수 없는 항목은 무엇인가?(43회)
① 기타법정적립금
② 배당금
③ 주식할인발행차금
④ 당기순이익

18. 다음의 회계거래 중에서 자본총액에 변화가 없는 것은?(44회)
① 주식을 할인발행하다.
② 이익준비금을 계상하다.
③ 당기순손실이 발생하다.
④ 주식을 할증발행 하다.

19. 다음 중 자본에 대한 내용으로 옳지 않은 것은? (46회)
① 현물출자로 인한 주식의 발행금액은 제공받은 현물의 공정가치이다.
② 기말 재무상태표상 미처분이익잉여금은 당기 이익잉여금의 처분사항이 반영된 후의 금액이다.
③ 주식배당과 무상증자는 순자산(자본)의 증가가 발생하지 않는다.
④ 주식발행초과금은 주식의 발행가액이 액면가액을 초과하는 경우 그 초과금액을 말한다.

20. 다음 중 자본의 분류와 해당 계정과목의 연결이 올바르지 않은 것은? (47회)
① 자 본 금 : 보통주자본금, 우선주자본금
② 자본잉여금 : 주식발행초과금, 자기주식처분이익
③ 자본조정 : 감자차익, 감자차손
④ 이익잉여금 : 이익준비금, 임의적립금

21. 이익잉여금을 자본금에 전입하였을 경우 다음 설명이 옳은 것은?
① 자본총액(총자본)이 증가한다.
② 자본총액(총자본)이 감소한다.
③ 자본금이 증가한다.
④ 자본금이 감소한다.

정답

1. ④ 이익잉여금의 종류는 ①이익준비금 ②기타법정적립금 ③임의적립금 ④미처분이익잉여금(실기는 이월이익잉여금)이다. 주식할인발행차금은 자본차감항목으로 차변에 생긴다.
2. ④ 재무상태표의 자본금은 액면금액(발행주식수 × 주당 액면금액)으로 표시한다.
3. ② 유상증자는 현금받고 자본금이 증가되는 할증발행이다. 따라서 주식발행초과금이 발생하며 자본잉여금으로 분류되므로 자본금에는 영향을 주지 않는다. 기초자본금(10,000,000) + 5,000주발행시 자본금(5,000,000) = 기말자본금 15,000,000이다.
4. ③ 자본잉여금은 주/감/자(주식발행초과금, 감자차익, 자기주식처분이익)이다.
5. ② 할증발행시 차액은 "주식발행초과금"이고, 자본잉여금에 속한다.
6. ① 이익준비금은 이익잉여금에 속하는 항목이며, 최소적립액이 현금배당액의 10%(1/10)이다.
7. ① 자본금은 액면금액으로 발행주식수에 액면가액을 곱한 금액이다.
8. ③ 자기주식을 취득원가보다 낮은 가격으로 처분할 때 차변에 생긴 차액을 "자기주식처분손실"이라 함
9. ③ 주식 할인발행시 차액은 "주식할인발행차금"이며, 자본조정항목에 속한다.
10. ② ㉠ 자본금 ㉡ 자본잉여금 ㉢ 이익잉여금 설명이다.
11. ① 이익준비금은 상법에 현금배당액의 10%를 최소 적립해야한다.
12. ④ 자본금은 보통주자본금과 우선주자본금으로 분류되며, 액면금액으로 분개한다. 할인발행이나 할증발행시 자본금은 액면금액으로 규정하고 있어 금액에는 변동 없다.
13. ④ 기타포괄손익누계액은 해외사업환산손익/매도가능증권평가손익/파생상품평가손익(해/매/파)이다.
14. ④ 자본잉여금은 주식발행초과금/감자차익/자기주식처분이익(주/감/자) 이다.
15. ① ㄱ. 이익준비금은 이익잉여금이다.
    ㄴ. 주식발행초과금은 자본잉여금이다.
    ㄷ. 감자차익은 자본잉여금으로 분류한다.
16. ① 주식 1,000주 액면@1,000원을 @1,500원에 발행한다는 것은 할증발행에 해당한다. 따라서 할증발행 시 자본금(액면금액)을 초과한 금액의 차액은 "주식발행초과금"이며, 주식발행비용(신주발행수수료 등) 지출은 별도로 비용처리하지 않고, 발행가액에서 차감하거나 주식발행초과금에서 차감된다.
    발행가액(투자받는 금액이다)   1,000주 × 1,500원 – 100,000원 = 1,400,000원
    액면금액(장사밑천으로 자본금이다) 1,000주 × 1,000원 = 1,000,000원
    액면금액보다 초과된 금액(주식발행초과금) 1,400,000 – 1,000,000 = 400,000
17. ③ 주식할인발행차금은 자본조정항목으로 재무상태표에서 확인할 수 있고, 주식할인발행차금 상각액은 이익잉여금처분계산서에서 확인할 수 있는 항목이다.
18. ② 이익준비금의 계상은 이익잉여금(자본)에서 일부를 이익준비금(자본)으로 보유하는 것으로 총자본(자본총액)에 변화가 없다.
19. ② 당기 이익잉여금의 처분사항은 차기(다음연도) 주주총회의 처분결의가 있은 후에 회계처리되므로 기말 재무상태표상 미처분이익잉여금은 당기 이익잉여금을 처분하기 위해 이월되는 이익잉여금으로 처분사항이 반영되기 전의 금액이다.
20. ③ 감자차익은 자본잉여금에 해당함.
21. ③ 이익잉여금을 자본금에 전입하는 경우(이익잉여금에서 자본금으로 옮겨가는 것)를 무상증자라하며, 총자본(자본총액)에는 아무런 변화가 없으며, 이익잉여금은 차변에 감소하고, 자본금은 대변에 증가함

CHAPTER 11 손익의 정리 회계처리

★ 손익의 이연이란?

당기에 수익과목으로 처리한 금액 중 차기분 수익금액 ➡ 선수수익(부채) → 수익의 차감
당기에 비용과목으로 처리한 금액 중 차기분 비용금액 ➡ 선급비용(자산) → 비용의 차감

★ 손익의 발생(예상)

당기분 수익금액 중 못 받은 수익 금액이 있을 경우 ➡ 미수수익(자산) → 수익의 가산
당기분 비용금액 중 지급하지 못한 금액이 있을 경우 ➡ 미지급비용(부채) → 비용의 가산

번호	해 설	계정과목
(1)	당기분 보험료를 지급하면(비용처리)	(차) 보험료 (당기분 금액) → 손익계산서반영
(2)	차기분 보험료를 지급하면(자산처리)	(차) 선급비용 (차기분 금액) → 재무상태표반영
(3)	임대료를 받아 수익처리하면	(대) 임대료 (당기분 금액) → 손익계산서반영
(4)	임대료를 받아 선수수익으로 처리하면	(대) 선수수익 (차기분 금액) → 재무상태표반영
(5)	당기분 이자수익을 못 받으면	(차) 미수수익 (당기분 금액) → 재무상태표반영
(6)	당기분 이자비용을 지급하지 못하면	(대) 미지급비용 (당기분 금액) → 재무상태표반영

(1) 회계기간 중에 보험료로 입력한 금액 중 차기분 금액(=미경과분 금액)이 있을 경우 결산수정분개

12/31 수동결산분개는 회계기간 중에 처리한 보험료를 차감하고, 동시에 선급비용(자산)이 증가한다.

12/31 (차) 선급비용(자산) × × ×   (대) 보험료 × × ×   (차기분 금액 수정)
           (자산증가)   (비용차감)

↳ 위 수정분개 이후 재무제표에 미치는 영향은? 자산↑, 비용↓, 이익↑, 이익잉여금(자본)↑

(2) 회계기간 중에 선급비용(자산)으로 입력한 금액 중 당기분 비용 금액이 있을 경우 결산수정분개

12/31 수동결산분개는 회계기간 중에 처리한 선급비용(자산)을 차감하고, 동시에 보험료(비용)이 발생한다.

12/31 (차) 보험료 등 × × ×   (대) 선급비용(자산) × × ×   (당기분 금액 수정)
           (비용가산)   (자산감소)

↳ 위 수정분개 이후 재무제표에 미치는 영향은? 자산↓, 비용↑, 이익↓, 이익잉여금(자본)↓

(3) 회계기간 중에 임대료(수익)로 입력한 금액 중 차기분 수익금액(=미경과분 금액)이 있을 경우 결산수정분개

12/31 수동결산분개는 회계기간 중에 처리한 임대료를 차감하고, 동시에 선수수익(부채)이 생긴다.

12/31 (차) 임대료(-)   × × ×   (대) 선수수익   × × ×
            (수익차감)   (부채증가)

　ㄴ 위 수정분개 이후 재무제표에 미치는 영향은? 수익↓, 부채↑, 이익↓, 이익잉여금(자본)↓

(4) 회계기간 중에 선수수익으로 입력한 임대료 금액 중 당기분 수익금액이 있을 경우 결산수정분개

12/31 수동결산분개는 회계기간 중에 처리한 선수수익(부채)을 차감하고, 동시에 당기분 임대료(수익)가 발생한다.

12/31 (차) 선수수익   × × ×   (대) 임대료   × × ×
            (부채감소)   (수익가산)

　ㄴ 위 수정분개 이후 재무제표에 미치는 영향은? 부채↓, 수익↑, 이익↑, 이익잉여금(자본)↑

(5) 회계기간 중에 당기에 귀속된 이자수익금액을 <u>미계상</u>한 금액(= 미수분 = 못 받은 금액)이 있을 경우 결산수정분개 　　　┌ 수익의 미처리 = 수익을 못받았다 → 미수수익(자산)

12/31 수동결산분개는 당기분 이자수익금액을 가산하고, 동시에 미수수익(채권-자산)이 증가한다.

12/31 (차) 미수수익   × × ×   (대) 이자수익   × × ×
            (자산증가)   (수익발생)

　ㄴ 위 수정분개 이후 재무제표에 미치는 영향은? 자산↑, 수익↑, 이익↑, 이익잉여금(자본)↑

(6) 회계기간 중에 당기에 귀속된 이자비용 금액을 <u>미계상</u>한 금액(=미지급분, =지급하지 못한 금액)이 있을 경우 결산수정분개　┌ 비용의 미처리 = 비용을 지급 못했다 → 미지급비용(부채)

12/31 수동결산분개는 당기분 이자비용을 가산하고, 동시에 미지급비용(부채)이 증가한다.

12/31 (차) 이자비용   × × ×   (대) <u>미지급비용(부채증가)</u>   × × ×
            (비용가산)   만약, 지급확정일이 당기이면 미지급금(부채)이다.

　ㄴ 위 수정분개 이후 재무제표에 미치는 영향은? 비용↑, 부채↑, 이익↓, 이익잉여금(자본)↓

확인문제

1. 다음 연속거래를 분개하시오. (선급비용 출제유형1)

　8월 1일 본사 건물의 화재보험료 1년분 (8/1 ~ 익년 7/31) ₩240,000을 현금으로 지급하다.(비용처리)

구 분	차변(3번)	대변(4번)
분 개		

12월31일 8/1처리한 보험료 1년분 240,000원 중 미경과분(차기분)을 계상하다

구 분	차변(3번)	대변(4번)
분 개		

정답

8월 1일 (차) 보험료   240,000   (대) 현금   240,000
12월31일 차기분 보험료(선급비용) 계산 : 240,000원 × 7/12 = 140,000원은 12/31 선급비용으로 대체분개
        (차) 선급비용   140,000   (대) 보험료(800번대) 140,000

2. 다음 연속거래를 분개하시오. (선급비용 출제유형2)

   8월 1일 건물의 화재보험료 1년분 ₩240,000을 현금으로 지급하다.(자산처리 = 선급비용)

구 분	차변(3번)	대변(4번)
분 개		

12월31일 결산시 경과분 보험료(당기분 보험료) 5개월분을 계상하다.

구 분	차변(3번)	대변(4번)
분 개		

정답

8월 1일 (차) 선급비용   240,000   (대) 현금   240,000
12월31일 당기분 보험료 계산 : 240,000원 × 5/12 = 100,000원은 12/31 보험료로 대체분개
        (차) 선급비용   100,000   (대) 보험료(800번대) 100,000

3. 다음 연속된 거래를 분개하시오. (선수수익 출제유형1)

   4월 1일 임대료 1년분 ₩360,000을 현금으로 받다.(전액 임대료로 처리할 것)

구 분	차변(3번)	대변(4번)
분 개		

12월31일 결산시 4/1 임대료로 처리한 1년분(4/1 ~ 익년 3/31) 360,000원 중 미경과분(차기분) 3개월을 계상하다

구 분	차변(3번)	대변(4번)
분 개		

> **정답**
> 4월 1일 (차) 현금   360,000   (대) 임대료   360,000
> 12월 31일 차기분 임대료 계산 : 360,000 × 3/12 = 90,000원은 12/31에 선수수익으로 대체분개
>   (차) 임대료   90,000   (대) 선수수익   90,000

4. 다음 연속된 거래를 분개하시오. (선수수익 출제유형2)

    4월 1일 임대료 1년분 ₩360,000을 현금으로 받다.(선수수익으로 처리할 것)

구 분	차변(3번)	대변(4번)
분 개		

    12월31일 결산시 선수수익 금액 중 경과분(당기분) 9개월을 계상하다.

구 분	차변(3번)	대변(4번)
분 개		

> **정답**
> 4월 1일 (차) 현금   360,000   (대) 선수수익   360,000
> 12월 31일 당기분 임대료 계산 : 360,000 × 9/12 = 270,000원은 12/31에 임대료로 대체분개
>   (차) 선수수익   270,000   (대) 임대료   270,000

5. 다음 연속된 거래를 분개하시오.

    8월 1일 본사사무실 임대차계약을 맺고 임차료 3개월분 ₩240,000을 현금으로 지급하다.

구 분	차변(3번)	대변(4번)
분 개		

    12월31일 결산시 당기분 임차료 중 2개월분 160,000원을 미계상(=미지급)하다.

구 분	차변(3번)	대변(4번)
분 개		

> **정답**
> 8월 1일 (차) 800번대 임차료 240,000   (대) 현금   240,000
> 12월31일 당기분 임차료 미지급액도 발생주의 원칙에 의해 임차료 가산분개하고, 미지급비용(부채) 회계처리
>   (차) 800번대 임차료 160,000   (대) 미지급비용   160,000

6. 다음 연속된 거래를 분개하시오.

   12월 31일   당해연도년 7월 1일 (주)대한상사에 300,000,000원을 2년 후 6월 30일 까지 대여하고, 연 6%의 이자를 매년 6월 30일 수취하기로 계약을 체결하였다.
   기간 경과분에 대한 이자를 계상하시오. (이자는 월할 계산하고, 거래처를 입력하시오)

구 분	차변(3번)	대변(4번)
분 개		

> **정답**
>
> 12월 31일   당기분 이자미수액 계산 : 300,000,000원 × 연6% × 6/12 = 9,000,000원
> (차) 미수수익   9,000,000   (대) 이자수익   9,000,000

문제 손익의 정리

1. 당사는 이자비용 선지급시 전부를 당기비용으로 계상한 후 기말결산시 차기분은 선급비용으로 대체하고 있다. 당사의 당해연도 10월 17일자로 회계처리한 이자비용 [(차)이자비용 8,500,000 (대) 현금 8,500,000] 중 당기에 속하는 이자분은 4,000,000원이다. 결산수정분개 하시오 (43회)

구 분	차변(3번)	대변(4번)
12/31		
수정분개 이후 미치는 영향?	비용( ), 수익( ), 자산( ), 부채( ), 당기순이익( ), 이익잉여금(자본)( )	

2. 거래은행인 (주)하나은행에 예입된 정기예금에 대하여 당기분 경과이자를 인식하다. (예금금액 1억만기 3년, 가입연월일 당해연도 4월 1일, 연이자율 10%, 3년 후 3월 31일, 월할계산으로 할 것) 결산수정분개하시오.(44회)

구 분	차변(3번)	대변(4번)
12/31		
수정분개 이후 미치는 영향?	비용( ), 수익( ), 자산( ), 부채( ), 당기순이익( ), 이익잉여금(자본)( )	

3. 월간기술지를 생산부서에서 1년 정기구독 (정기구독기간 당해연도.10.01 ~ 다음연도.09.30, 정기구독비용 600,000원은 10월 1일에 전액 선지급 하였음)하고 전액 선급비용으로 회계처리 하였다. 월할계산으로 할 것. 결산수정분개하시오.(45회)

구 분	차변(3번)	대변(4번)
12/31		
수정분개 이후 미치는 영향?	비용( ), 수익( ), 자산( ), 부채( ), 당기순이익( ), 이익잉여금(자본)( )	

4. 이자수익 중 다음연도 회계기간에 해당 하는 금액은 240,000원이다. 결산수정 분개하시오.

구 분	차변(3번)	대변(4번)
12/31		
수정분개 이후 미치는 영향?	비용( ), 수익( ), 자산( ), 부채( ), 당기순이익( ), 이익잉여금(자본)( )	

5. 보험료계정 1,200,000원은 영업부건물 화재보험료 (당해연도.06.01.~ 다음연도 05.31)이다. 단, 기간 계산 시 1월 미만의 기간은 1월로 간주하며, 회계처리시 금액은 음수로 입력하지 아니한다. 결산수정분개하시오.

구 분	차변(3번)	대변(4번)
12/31		
수정분개 이후 미치는 영향?	비용( ), 수익( ), 자산( ), 부채( ), 당기순이익( ), 이익잉여금(자본)( )	

6. 당해연도년 4월 1일 (주)상훈상사에 300,000,000원을 2년 후 3월 31일 까지 대여하고, 연 12%의 이자를 매년 3월 31일 수취하기로 계약을 체결하였다. 기간 경과분에 대한 이자를 결산서상에 반영하시오.(이자는 월할 계산하고, 거래처를 입력하시오) 결산수정분개하시오. (회계1 49회)

구 분	차변(3번)	대변(4번)
12/31		
수정분개 이후 미치는 영향?	비용( ), 수익( ), 자산( ), 부채( ), 당기순이익( ), 이익잉여금(자본)( )	

7. 기말 결산 현재 당기비용으로 처리한 대표이사 업무용 차량에 대한 보험료 중 기간미경과액은 400,000원 이다.(적절한 적요 내용에 해당하는 계정과목으로 회계처리할 것) (회계1 49회)

구 분	차변(3번)	대변(4번)
12/31		
수정분개 이후 미치는 영향?	비용( ), 수익( ), 자산( ), 부채( ), 당기순이익( ), 이익잉여금(자본)( )	

8. 보험료계정 중 1,200,000원은 영업부건물 화재보험료(당해연도.04.01 ~ 다음연도.03.31)이다. 단, 기간계산 시 1월 미만의 기간은 1월로 간주(월할계산)하며, 회계처리시 금액은 음수로 입력하지 아니한다. 결산수정분 개하시오. (세무2 49회)

구 분	차변(3번)	대변(4번)
12/31		
수정분개 이후 미치는 영향?	비용( ), 수익( ), 자산( ), 부채( ), 당기순이익( ), 이익잉여금(자본)( )	

9. 다음과 같은 금융기관 대출약정 내용을 보고, 이자비용에 대한 결산분개사항을 입력하라. 단, 이자비용은 월할계산(1월미만의 일수는 1월로 간주)한다.

- 대출기관 : 국민은행
- 대출금액 : 100,000,000원
- 원금 및 이자 상환조건 : 만기시점 일시상환조건
- 대출기간 : 당기 9월 1일 ~ 차기 8월 31일(1년)
- 대출이자율 : 연 6.0%

구 분	차변(3번)	대변(4번)
12/31		
수정분개 이후 미치는 영향?	비용( ), 수익( ), 자산( ), 부채( ), 당기순이익( ), 이익잉여금(자본)( )	

10. 12/31 거래은행인 우리은행에 예금된 정기예금에 대하여 당기분 경과이자를 인식하다. (54회)

- 예금금액 : 50,000,000원
- 연이자율 : 10%, 월할계산으로 할 것
- 예금기간 : 당해연도. 4. 1 ~ 2년 후. 3. 31
- 이자지급일 : 연 1회(매년 3월 31일)

구 분	차변(3번)	대변(4번)
12/31		
수정분개 이후 미치는 영향?	비용( ), 수익( ), 자산( ), 부채( ), 당기순이익( ), 이익잉여금(자본)( )	

11. 7월 1일 영업부문의 자동차보험료 720,000원(1년분)을 현금으로 납부하면서 모두 자산으로 처리하였다. 단, 보험료는 월할계산하는 것으로 가정한다. (55회)

구 분	차변(3번)	대변(4번)
12/31		
수정분개 이후 미치는 영향?	비용( ), 수익( ), 자산( ), 부채( ), 당기순이익( ), 이익잉여금(자본)( )	

12. 6월 1일 전액 비용으로 회계처리 된 보험료(제조부문 1,320,000원, 본사 관리부문 1,440,000원)는 1년분에 해당하므로 다음년도분에 대한 회계처리를 하시오. 당기분과 차기분에 대한 계산은 월단위로 계산한다.(56회)

구 분	차변(3번)	대변(4번)
12/31		
수정분개 이후 미치는 영향?	비용( ), 수익( ), 자산( ), 부채( ), 당기순이익( ), 이익잉여금(자본)( )	

13. 국민은행의 장기차입금 (차입기간 당해연도.7.1. ~ 3년 후.6.30. 이자율 5%) 200,000,000원에 대한 이자지급약정일은 매년 말일이며, 당기 이자비용은 미지급상태이다.(월할계산하며, 거래처입력은 생략한다) (세무2 58회)

구 분	차변(3번)	대변(4번)
12/31		
수정분개 이후 미치는 영향?	비용( ), 수익( ), 자산( ), 부채( ), 당기순이익( ), 이익잉여금(자본)( )	

> **정답**

1. 기중(10/17) 이자비용 지급할 때 당기분 금액인 이자비용으로 처리한 금액 중 차기분금액은 선급비용(자산)으로 대체하는 수정분개를 합니다.
   12/31 (차) 선급비용   4,500,000원   (대) 이자비용   4,500,000원
   └ 비용(-), 자산(+), 당기순이익(+), 이익잉여금(자본)(+)
   차기분 금액 = 지급액 8,500,000원 - 당기분 금액 4,000,000원 = 차기분금액 4,500,000원

2. 정기예금에 대한 이자는 받는 이자로서 이자수익입니다. 이때 당기분 이자수익 금액을 차기에 수령함으로써 당기분 이자수익은 미수분이므로 미수수익이라는 자산이 생깁니다.
   경과분이자(당기분 이자수익) = 정기예금(원금) × 연이율 × 당기분 월수/ 12
                        = 100,000,000원 × 10% × 9/12 = 7,500,000원
   12/31 (차) 미수수익   7,500,000원   (대) 이자수익   7,500,000원
   └ 자산(+), 수익(+), 당기순이익(+), 이익잉여금(자본)(+)

3. 월간기술지(월간지) 지출액 → 500대 도서인쇄비. 기중(10/1) 월간지 지출시 선급비용(차기분 금액)으로 처리한 것 중 당기분 3개월 금액은 선급비용이 아니므로 당기분 금액은 도서인쇄비로 바꾸는 수정분개를 합니다.
   당기분 금액 = 1년 정기구독비용 600,000 × 3/12 = 150,000원 → 선급비용차감, 도서인쇄비 발생
   12/31 (차) 500대 도서인쇄비   150,000원   (대) 선급비용   150,000원
   └ 비용(+), 자산(-), 당기순이익(-), 이익잉여금(자본)(-)

4. 기중에 처리한 이자수익 중 차기분금액은 이자수익이 아니고, 선수수익(차기분 수익금액)이라는 부채로 대체합니다 (바꿉니다)
   12/31 (차) 이자수익 240,000   (대) 선수수익   240,000
   └ 수익(-), 부채(+), 당기순이익(-), 이익잉여금(자본)(-)

5. 보험료 1,200,0000원은 기중에 처리한 보험료 1년 금액입니다. 이 중 차기분금액이 5개월(1/1~5/31)이므로 500,000원은 선급비용(자산)으로 바꾸는 수정분개를 합니다. 물론 차기분금액 500,000원은 보험료에서 차감 해야겠죠?
   12/31 (차) 선급비용 500,000   (대) 보험료(800대) 500,000
   └ 비용(-), 자산(+), 당기순이익(+), 이익잉여금(자본)(+) 의 영향을 미칩니다.

6. 대여금에 대한 이자(=이자수익) 금액 중 경과분 이자(=당기분 이자수익)는 9개월 금액이다.(4월~12월)
   당기분 이자수익을 차기에 수취할 경우에는 당기에는 미수 분이므로 미수수익이라는 자산이 생기고, 발생주의에 따라 동시에 이자수익으로 가산처리 한다.
   당기분 이자수익 = 300,000,000 × 12% × 9/12 = 27,000,000원
   12/31 (차) 미수수익(상훈) 27,000,000원   (대) 이자수익 27,000,000원
   └ 자산(+), 수익(+), 당기순이익(+), 이익잉여금(자본)(+) 의 영향을 미칩니다.

7. 기중에 보험료로 처리한 비용 중 차기분금액(미경과액) 400,000원은 선급비용이므로 기중 처리한 보험료를 선급비용(자산)으로 대체하는 수정분개를 행합니다.
   12/31 (차) 선급비용 400,000   (대) 보험료(800대) 400,000
   └ 비용(-), 자산(+), 당기순이익(+), 이익잉여금(자본)(+) 의 영향을 미칩니다.

8. 기중에 처리한 보험료 1,200,000원은 1년분입니다. 이 중 차기분(1월~3월 3개월)금액 300,000원은 선급비용(자산)으로 차변에 처리하고, 발생주의에 따라 보험료를 대변에 차감 입력합니다.
   12/31 (차) 선급비용 300,000   (대) 보험료(800대) 300,000
   └ 비용(-), 자산(+), 당기순이익(+), 이익잉여금(자본)(+) 의 영향을 미칩니다.

9. 대출금에 대한 이자비용은 당기분 이자비용 금액을 차기에 지급하는 조건일 경우 당기 이자비용 미지급분은 미지급비용(부채)이 생기고, 발생주의 원칙에 따라 이자비용을 가산하는 수정분개를 합니다.
   당기분 이자비용 : 100,000,000 × 연6% = 6,000,000원(1년분) × 4/12 = 2,000,000원
   12/31 (차) 이자비용 2,000,000   (대) 미지급비용 2,000,000
   └ 비용(+), 부채(+), 당기순이익(-), 이익잉여금(자본)(-) 의 영향을 미칩니다.

10. 정기예금에 대한 이자수익을 다음연도 3월에 수령하므로 당기분(4월~9월) 이자수익을 못 받는 경우입니다. 이때 발생주의 원칙에 따라 이자수익 가산처리하고, 미수수익이라는 채권(자산)이 발생합니다.

당기분 경과이자(이자수익) = 50,000,000원 × 10% × 9/12 = 3,750,000원

12/31 (차) 미수수익 3,750,000   (대) 이자수익 3,750,000

  ㄴ, 자산(+), 수익(+), 당기순이익(+), 이익잉여금(자본)(+) 의 영향을 미칩니다.

11. 자동차보험료 납부할 때 모두 자산처리 했다는 말은 차기분 금액인 선급비용으로 입력한 것입니다. 이때 1년분 금액(7/1 ~ 6/30) 중에 당기분 금액은 발생주의 원칙에 의해 보험료(비용)처리하고, 기중에 처리한 선급비용을 차감하는 수정분개를 합니다.

당기분 금액(6개월) 1년분 720,000원 × 6개월/12개월 = 360,000원→ 선급비용을 보험료로 대체(바꿈)

12/31 (차) 보 험 료(800대) 360,000   (대) 선급비용 360,000

  ㄴ, 비용(+), 자산(-), 당기순이익(-), 이익잉여금(자본)(-) 의 영향을 미칩니다. 누락하면 반대입니다.

12. 회계기간 중(6/1)에 보험료(당기분 금액)로 처리한 것 중 차기분 금액 5개월은 보험료가 아니고 선급비용(자산)이므로 아래와 같이 계산하여 수정분개를 합니다.

500대 보험료 : 1년분 1,320,000 × 5/12 = 550,000원

800대 보험료 : 1년분 1,440,000 × 5/12 = 600,000원

12/31 (차) 선급비용 1,150,000원   (대) 보험료(500번대)   550,000원
                                                        보험료(800번대)   600,000원

  ㄴ, 비용(-), 자산(+), 당기순이익(+), 이익잉여금(자본)(+) 의 영향을 미칩니다. 누락하면 반대입니다.

13. 장기차입금에 대한 당기분 이자비용 금액 6개월은 미지급상태이므로 발생주의 원칙에 따라 이자비용으로 가산처리하고, 미지급비용(부채)이 생긴다.

당기분 이자비용계산: 200,000,000원 × 5% × 6/12 = 당기분 금액 5,000,000원은 미지급비용으로 처리하고 발생주의 원칙에 따라 이자비용가산 합니다.

12/31   (차) 이자비용 5,000,000   (대) 미지급비용(또는 미지급금)   5,000,000

  ㄴ, 비용(+), 부채(+), 당기순이익(-), 이익잉여금(자본) (-) 의 영향을 미칩니다. 누락하면 반대입니다.

| 문제 | 손익의 정리 |

1. (주)한공(사업연도: 당기. 1. 1. ~ 12. 31.)은 7월 1일에 자동차손해보험에 가입하여 1년분 보험료 1,200,000원을 현금으로 지급하고 보험료로 계상하였다. (주)한공의 기말 결산분개로 옳은 것은? (단, 월할 계산한다.)(16회)

   ① (차) 보험료 600,000원 (대) 선급보험료 600,000원
   ② (차) 선수보험료 600,000원 (대) 보험료 600,000원
   ③ (차) 선급보험료 600,000원 (대) 보험료 600,000원
   ④ (차) 보험료 600,000원 (대) 미지급보험료 600,000원

2. (주)한공의 수정 전 영업이익은 2,500,000원이다. 다음의 오류 사항을 수정할 경우 수정 후 영업이익은 얼마인가?(16회)

   [오류 사항]
   • 기말상품재고액: 300,000원 과소 계상
   • 본사 사무실 임차료 미지급분: 100,000원 계상 누락

   ① 2,200,000원 ② 2,400,000원
   ③ 2,700,000원 ④ 2,800,000원

3. (주)한공(사업연도: 1. 1. ~ 12. 31.)은 12월 1일 10,000,000원을 은행에 정기예금 하였으며, 이자는 만기 시 원금과 함께 수령하기로 하였다. 정기예금의 만기는 1년, 이자율은 연 12%이며, 결산상 이자수익은 월할 계산한다. 결산시점에 (주)한공이 하여야 할 결산수정분개로 옳은 것은?(17회)

   ① (차) 미수수익 100,000원 (대) 이자수익 100,000원
   ② (차) 선수수익 100,000원 (대) 이자수익 100,000원
   ③ (차) 이자수익 1,200,000원 (대) 미수수익 1,200,000원
   ④ (차) 미수수익 1,200,000원 (대) 이자수익 1,200,000원

4. 손익의 결산정리사항에 대한 회계처리 시 관련 계정의 증감 변화가 바르게 연결된 것은? (18회)

   ① 보험료 미경과분 계상 – 미지급비용 증가
   ② 이자수익 미수분 계상 – 미수수익 증가
   ③ 임대료 미수분 계상 – 선수수익 증가
   ④ 이자비용 미지급액 계상 – 선급비용 증가

5. (주)한공은 당기 5월 1일에 보험료 360,000원(보험기간: 당해연도. 5. 1. ~ 차기. 4. 30.)을 비용으로 회계처리하였다. 결산시 선급보험료 계상을 누락한 경우 재무제표에 미치는 영향으로 옳은 것은? (19회)

| 가. 자산 과소 계상 | 나. 자산 과대 계상 |
| 다. 비용 과소 계상 | 라. 비용 과대 계상 |

① 가, 나   ② 나, 라   ③ 가, 라   ④ 다, 라

6. (주)한공은 당기 10월 1일에 1년분 임대료 1,200,000원을 현금으로 수령하고 전액 임대료로 계상하였다. 기말정리분개 후 선수임대료는 얼마인가?(단, 기간은 월할 계산한다.) (19회)

① 300,000원   ② 600,000원
③ 900,000원   ④ 1,200,000원

7. 다음의 대화에서 옳은 설명을 한 학생은 누구인가? (20회)

- 동훈 : 선급비용은 영업외비용에 속하는 계정과목이다.
- 희진 : 미지급비용은 판매비와 관리비에 속하는 계정과목이다.
- 수정 : 미수수익은 유동자산에 속하는 계정과목이다.
- 태준 : 선수수익은 영업외수익에 속하는 계정과목이다.

① 수정   ② 동훈, 희진   ③ 희진, 수정   ④ 동훈, 희진, 태준

8. (주)한공은 당기 12월 1일에 이자율 연 12%로 현금 1,000,000원을 2개월간 차입하고, 차기 1월 31일에 원금과 이자를 지급하기로 하였다. 당기 이자비용으로 옳은 것은? 단, 이자는 월할 계산한다. (20회)

① 0원   ② 10,000원   ③ 20,000원   ④ 40,000원

9. 사무실을 임대하고 1년치 임대료 120,000원을 미리 현금으로 받고 다음과 같이 분개하였다.

| 10월 1일 : (차) 현   금   120,000원   (대) 임대료   120,000원 |

12월 31일 기말에 필요한 결산정리분개로 적절한 것은?(기간계산이 필요할 경우 월할계산 할 것.) (21회)

① (차) 임대료   30,000원   (대) 선수금   30,000원
② (차) 선수금   90,000원   (대) 임대료   90,000원
③ (차) 임대료   30,000원   (대) 선수임대료 30,000원
④ (차) 임대료   90,000원   (대) 선수임대료 90,000원

10. (주)한공의 당해연도 결산조정 전 당기순이익은 1,000,000원이다. 다음의 결산조정사항을 반영한 후 당기순이익은 얼마인가? (22회)

[결산조정사항]
- 임차료 선급분   500,000원
- 이자비용 미지급분 200,000원

① 300,000원   ② 700,000원   ③ 1,300,000원   ④ 1,700,000원

11. 다음은 (주)한공의 결산수정 회계처리이다. 손익계산서에 미치는 영향으로 옳은 것은? (23회)

(차) 선급비용 50,000원   (대) 이자비용 50,000원

① 영업이익 50,000원 증가   ② 영업이익 50,000원 감소
③ 법인세비용차감전순이익 50,000원 증가   ④ 법인세비용차감전순이익 50,000원 감소

12. 다음은 (주)한공의 당해연도 결산조정사항이다. (25회)

- 당기 9월 1일에 1년 만기 자동차보험료 1,200,000원을 지급하고 비용처리 하였다(월할계산).
- 기말 현재 미지급 이자비용 500,000원을 계상하지 않았다.

결산조정사항 반영 전 당기순이익이 5,000,000원일 때, 결산조정사항을 반영한 당기순이익은 얼마인가?

① 3,700,000원   ② 4,700,000원   ③ 5,300,000원   ④ 5,800,000원

13. (주)한공의 당기말 손익계산서상의 이자비용은 300,000원이다. (주)한공의 전기말과 당기말 재무상태표의 관련계정이 다음과 같을 때 당기 현금으로 지급한 이자비용은? (26회)

계정과목	전기말	당기말
미지급이자	50,000	100,000

① 200,000원   ② 250,000원   ③ 300,000원   ④ 350,000원

정답

1. ③ 1년분 보험료 전액을 비용으로 인식하였으므로, 차기분보험료 600,000원을 선급보험료로 계상하여야 한다.
2. ③
   2,500,000원 + 300,000원 - 100,000원 = 2,700,000원
   기말상품재고액의 과소 계상을 수정하면 매출원가가 감소하고 영업이익(300,000원)이 증가 합니다
   임차료 미지급분을 계상하면 판매비와관리비가 증가하고 영업이익(100,000원)이 감소합니다
3. ①
   예금에 대한 이자는 이자수익으로 당기분 이자수익 금액 1개월분을 못 받았으므로 손익계산서에 반영하기위해 수정분개를 행한다. 12/31 이자수익을 가산처리하고 미수수익(자산)이 생기는 수정분개를 함.
   미수이자: 10,000,000원 × 12% × 1/12 = 당기분이자수익100,000원
   12/31 (차) 미수수익   100,000   (대) 이자수익   100,000
              (자산+)   (수익+)
   ㄴ 위 수정분개 후 재무상태표에 미치는 영향은?
           자산(+), 수익(+), 이익(+), 이익잉여금(자본=순자산)(+) 부채와 비용은 변동없다.
4. ②
   ① 보험료 미경과분(차기분금액) 계상 - 선급비용 증가, 보험료 차감
   ③ 임대료 미수분 계상 - 미수수익 증가, 임대료 증가
   ④ 이자비용 미지급액 계상 - 미지급비용 증가, 이자비용 증가
5. ③
   [보험료 선급분 정리 분개]
   (차) 선급비용 120,000원 (자산 증가)   (대) 보험료 120,000원 (비용 감소)
   ㄴ, 위 결산 정리 분개 누락 시: 자산 과소 계상, 비용 과대 계상, 이익 과소계상
6. ③
   기말 결산정리사항을 올바르게 반영한 후, 재무상태표에 보고할 선수임대료는 기간 미경과분에 해당하는 900,000원이다. 차기분임대료(선수수익) 1,200,000원 × 9월/12월 = 900,000원
7. ① 선급비용과 미수수익은 유동자산으로, 선수수익과 미지급비용은 유동부채로 분류된다.
8. ② 이자비용 : 1,000,000원 × 12% × 1/12 = 10,000원
9. ④ 기중에 처리한 임대료 120,000원(10/1~9/30) 중 차기분 금액(9개월)은 90,000원은 임대료를 선수수익(선수임대료)으로 대체하는 수정분개를 합니다.
   임대료(수익-) → 선수수익(부채+) 대체분개 행합니다.
10. ③ 결산조정 전 당기순이익   1,000,000원
    임차료 선급분☞ 차기분임차료[선급임차료(자산+), 비용(-)] 이익(+) 500,000원
    이자비용 미지급분☞ 당기분 이자비용 ☞ 비용(+)   이익(-) 200,000원
    결산조정 후 당기순이익   1,300,000원
11. ③ 선급비용(자산)(+)와 이자비용(-)하는 수정분개 후 손익계산서에 미치는 영향은?
    자산(선급비용)↑, 영업외비용(-), 이익(+), 자본(이익잉여금)(+)하는데, 이때 이익은 영업이익에는 영향이 없고, 법인세비용차감전순이익이 증가한다.
12. ③
13. ②
    현금지급 이자비용 = 기초미지급 이자비용 + 당기 이자비용 - 기말미지급 이자비용 = 50,000원 + 300,000원 - 100,000원 = 250,000원

(+)	이자비용	(-)	
이자비용 현금지급액 (250,000)		1/1 기초잔액(전기말미지급)	50,000
12/31 기말잔액(당기미지급) 100,000		손익계산서 반영(당기분)	300,000

    ㄴ 당기분 이자비용이 손익계산서에 반영됨

재무회계 기본가정 및 기본 질적 특성

1 회계의 기본가정(전제조건)

기업실체의 가정	기업을 소유주와 독립적으로 존재하는 회계단위(본점, 지점)로 간주하고, 이 단위의 관점(하나의 기업을 하나의 회계단위의 관점)에서 그 경제활동에 대한 재무정보를 측정, 보고한다고 가정한다. (회계처리는 기업 입장에서 회계처리)
계속기업의 가정	기업실체의 중요한 경영활동이 축소되거나 기업실체를 청산시킬 의도나 상황이 존재한다는 가정을 말한다. 예 건물의 내용연수 20년동안 감가상각
기간별 보고의 가정	기업실체의 존속기간을 일정한 기간 단위로 분할하여 각 기간별로 재무제표를 작성하는 것을 말한다. 예 분기별 보고, 결산보고

2 회계정보의 기본질적특성은 ❶ 목적적합성 ❷ 신뢰성 이다.

목적 적합성	적시성	의사결정에 필요한 정보를 적시에 제공하지 않으면 목적적합성을 상실할 수 있다.
	예측가치	기업의 미래 재무상태, 경영성과, 순현금흐름 등을 예측하는데에 그 정보가 활용될 수 있는 능력이다.
	피드백가치	제공된 회계정보의 기대치(예측치)를 확인 또는 수정함으로써 의사결정에 영향을 미칠 수 있는 능력이다.
신뢰성	표현 충실성	회계정보는 그 정보가 나타내고자 하는 대상(거래나 사건)을 충실히 표현하고 있어야 한다. 예 금융리스는 법적형식은 임차계약이지만 실질의 관점에서는 자산과 부채의 정의에 충족되어 리스거래를 자산과 부채로 인식하여 표현함.
	검증가능성	동일한 거래에 대해 동일한 측정방법을 적용할 경우 유사한 결론에 도달 할 수 있어야한다.
	중립성	회계정보가 편의없이 중립적이어야 한다.

3 질적특성간의 상충관계

구분	목적적합성 (적/예/피)	신뢰성 (표/검/중)
자산의 평가	공정가치법(시가법)	원가법(역사적원가)
수익의 인식	진행기준	완성기준
손익의 인식	발생주의	현금주의
재무제표 보고	분기별, 반기 재무제표	결산 재무제표
유가증권 투자	지분법	원가법

4 재무상태표 작성기준 (① 총액주의 / ② 유동성배열법 / ③ 잉여금구분 / ④ 구분표시 / ⑤ 1년 기준)

❶ 재무상태표에 자산과 부채는 상계처리하여 순액으로 표시하지 않고 총액으로 표시해야 한다.
　→ 총액주의 (예외로 채권과 채무를 동시에 결제할 의도가 있으면 상계가능하다)
❷ 재무상태표의 자산과 부채는 유동성이 큰 항목 순으로 배열해야 한다. → 유동성배열법
❸ 재무상태표의 잉여금은 자본거래에서 발생한 잉여금과 손익거래에서 발생한 잉여금을 구분 표시한다. → 잉여금구분표시
❹ 재무상태표 작성시 자산은 유동자산과 비유동자산, 부채는 유동부채와 비유동부채로 구분하여 표시한다 → 구분표시
❺ 재무상태표 작성시 자산과 부채는 결산일을 기준으로 1년 또는 정상적인 영업주기를 기준으로 표시한다. → 1년 기준

5 손익계산서 작성기준 (① 총액주의 ② 구분계산 ③ 수익비용대응의 원칙 ④ 발생주의 ⑤ 실현주의)

❶ 수익과 비용은 상계하지 않고 총액으로 기재한다. → 총액주의
❷ 손익계산서를 매출총손익, 영업손익, 법인세비용차감전순손익, 당기순손익 주당순손익을 구분계산 한다. → 구분계산
❸ 비용은 관련된 수익이 인식된 회계기간에 인식한다. → 수익비용대응의 원칙
❹ 수익과 비용은 현금 유입, 유출이 있는 기간이 아니라 당기 거래나 사건이 발생한 기간(귀속된 기간)에 정당히 배분되도록 회계처리 한다. → 발생주의
❺ 수익발생 기간을 기준으로 실현시기를 계상한다. → 실현주의

6 수익인식기준

(1) 재화의 판매로 인한 수익은 판매기준(인도기준)으로 다음 조건이 모두 충족될 때 인식한다.

　❶ 재화의 소유에 따른 유의적인 위험과 보상이 구매자에게 이전된다.
　❷ 판매자는 판매한 재화에 대하여 소유권이 있을 때 통상적으로 행사하는 정도의 관리나 효과적 통제를 할 수 없다.
　❸ 수익금액을 신뢰성 있게 측정할 수 있다.
　❹ 경제적 효익의 유입 가능성이 매우 높다.
　❺ 거래와 관련하여 발생했거나 발생할 원가를 신뢰성 있게 측정할 수 있다.

(2) 용역매출(서비스매출)의 수익인식기준은 진행기준이다.

7 재무제표의 특성과 한계

❶ 재무제표는 화폐단위로 측정된 정보를 주로 제공한다.
❷ 재무제표는 대부분 과거에 발생한 거래나 사건에 대한 정보를 나타낸다.
❸ 재무제표는 추정에 의한 측정치를 포함한다.
❹ 재무제표는 특정 기업실체에 관한 정보를 제공하며, 산업 또는 경제전반에 관한 정보를 제공하지는 않는다.

| 문제 | 재무회계 기본가정 및 기본 질적 특성 |

1. 다음 중에서 재무제표에 해당하는 것은? (회계47회)
① 주석   ② 이익잉여금처분계산서   ③ 결손금처리계산서   ④ 주기

2. 재무제표의 질적 특성(회계정보의 질적 특성)간 균형에 대한 설명 중 잘못된 것은? (회계 48회)
① 신뢰성과 목적적합성은 서로 상충관계가 발생될 수 있다.
② 수익 인식과 관련하여 완성기준을 적용하면 목적적합성은 향상되는 반면 신뢰성은 저하 될 수 있다.
③ 자산 평가와 관련하여 현행원가를 적용하면 목적적합성은 향상되는 반면 신뢰성은 저하 될 수 있다.
④ 회계정보의 보고와 관련하여 중간보고의 경우 목적적합성은 향상되는 반면 신뢰성은 저하 될 수 있다.

3. 다음 중 역사적원가주의와 가장 관련성이 적은 것은? (회계 51회)
① 회계정보의 목적적합성과 신뢰성을 모두 높일 수 있다.
② 기업이 계속하여 존재할 것이라는 가정 하에 정당화되고 있다.
③ 취득 후에 그 가치가 변동하더라도 역사적원가는 그대로 유지된다.
④ 객관적이고 검증 가능한 회계정보를 생산하는데 도움이 된다.

4. 재화의 판매에 대한 수익인식기준으로 틀린 것은?(회계 53회)
① 비용금액을 신뢰성 있게 측정할 수 있다.
② 경제적 효익의 유입 가능성이 매우 높다.
③ 재화의 소유에 따른 유의적인 위험과 보상이 구매자에게 이전된다.
④ 거래와 관련하여 발생했거나 발생할 원가를 신뢰성 있게 측정할 수 있다.

5. 다음 중 재무제표의 질적특성 중 신뢰성과 가장 관련성이 없는 것은? (회계 57회)
① 회계정보를 생산하는데 있어서 객관적인 증빙자료를 사용하여야 한다.
② 동일한 거래에 대해서는 동일한 결과를 예측할 수 있도록 회계정보를 제공하여야 한다.
③ 유용한 정보를 위해서는 필요한 정보는 재무제표에 충분히 표시하여야 한다.
④ 의사결정에 제공된 회계정보는 기업의 미래에 대한 예측가치를 높일 수 있어야 한다.

6. 다음 중 일반기업회계기준에 의한 수익의 인식시점이 옳지 않은 것은?(회계 58회)
① 위탁매출은 수탁자가 상품을 판매한 시점
② 상품권매출은 상품권이 고객으로부터 회수된 시점
③ 할부매출은 할부금이 회수된 시점
④ 시용매출은 매입자의 의사표시가 있는 시점

7. 재무제표 작성과 표시의 일반원칙으로 가장 틀린 것은? (회계 59회)
① 전기 재무제표의 모든 계량정보를 당기와 비교하는 형식으로 표시한다.
② 재무제표의 작성과 표시에 대한 책임은 회계담당자에게 있다.
③ 재무제표는 이해하기 쉽도록 간단하고 명료하게 표시하여야 한다.
④ 재무제표는 기업의 재무상태, 경영성과, 현금흐름 및 자본변동을 공정하게 표시하여야 한다.

8. 회계정보가 유용하기 위해 갖추어야 할 다음의 속성 중 가장 중요한 질적 특성으로만 나열한 것은? (회계 60회)
① 목적적합성, 신뢰성
② 피드백 가치, 예측가치
③ 비교가능성, 표현의 충실성
④ 검증가능성, 중립성

9. ㈜오정은 A사로부터 갑상품을 12월 10일에 주문받고, 주문받은 갑상품을 12월 24일에 인도하였다. 갑상품 대금 100원을 다음과 같이 받을 경우, 이 갑상품의 수익인식시점은 언제인가? (회계 62회)

날 짜	대 금(합계 100원)
12월 31일	50원
다음해 1월 2일	50원

① 12월 10일　② 12월 24일　③ 12월 31일　④ 다음해 1월 2일

10. 회계정보의 질적특성인 목적적합성의 구성요소가 아닌 것은? (회계 63회)
① 표현의 충실성　② 피드백가치　③ 적시성　④ 예측가치

11. 재무제표는 일정한 기본가정 하에서 작성 된다. 그 기본가정이 아닌 것은? (8월특별)
① 계속기업의 가정
② 기업실체의 가정
③ 기간별 보고의 가정
④ 발생과 이연의 가정

12. 다음 중 재무제표에 대한 설명으로 잘못 설명된 것은? (회계 64회)
① 현금흐름표는 영업활동, 투자활동, 재무활동으로 인한 현금흐름으로 구분하여 표시한다.
② 손익계산서는 일정기간 동안 기업의 경영성과에 대한 정보를 제공한다.
③ 재무상태표, 손익계산서, 현금흐름표, 이익잉여금처분계산서로 구성되며, 주석을 포함한다.
④ 주석은 우발상황과 같이 재무제표에 인식되지 않는 항목에 대한 추가 정보를 포함하여야 한다.

13. 다음 중 회계정보의 질적 특성인 '신뢰성'과 직접 관련이 적은 것은? (회계 66회)

① 예측가치와 피드백가치 ② 표현의 충실성
③ 검증가능성 ④ 중립성

14. 다음 지문에서 ㉠에 들어갈 용어로 옳은 것은? (8월 시험)

> 회계정보의 비교가능성은 목적적합성과 [㉠] 만큼 중요한 질적특성은 아니나, 목적적합성과 [㉠] 을(를) 갖춘 정보가 기업실체간에 비교가능하거나 또는 기간별 비교가 가능할 경우 회계정보의 유용성이 제고될 수 있다.

① 표현의 충실성 ② 중립성 ③ 회계공준 ④ 신뢰성

15. 다음은 재무회계개념체계에 대한 설명이다. 회계정보의 질적특성 중 무엇에 대한 설명인가? (회계 68회)

> 회계정보가 기업실체의 재무상태, 경영성과, 순현금흐름, 자본변동 등에 대한 정보이용자의 당초 기대치(예측치)를 확인 또는 수정하게 함으로써 의사결정에 영향을 미칠 수 있는 능력을 말한다.

① 예측가치 ② 피드백가치 ③ 적시성 ④ 신뢰성

16. 다음 중 기업회계기준에 의한 매출의 수익인식시기로 틀린 것은? (회계 69회)

① 용역매출 및 예약매출 : 진행기준 ② 상품 및 제품매출 : 판매기준(인도한 날)
③ 시용매출 : 매입자가 매입의사를 표시한 날 ④ 위탁매출 : 수탁자가 위탁품을 넘겨 받은 날

정답

1. ① 재무제표는 재무상태표, 손익계산서, 현금흐름표, 자본변동표로 주석으로 구성한다.(일반기업회계기준 2.4)
2. ② 완성기준을 적용하면 신뢰성은 향상되나, 목적적합성은 저하될 수 있음.
3. ① 역사적원가주의는 일반적으로 신뢰성은 제고되나 목적적합성은 저하될 수 있다.
4. ① 재화판매에 대한 수익인식기준 중 수익금액을 신뢰성 있게 측정할 수 있어야 한다. 재화의 판매로 인한 수익은 다음 조건이 모두 충족될 때 인식한다.
   (1) 재화의 소유에 따른 유의적인 위험과 보상이 구매자에게 이전된다.
   (2) 판매자는 판매한 재화에 대하여 소유권이 있을 때 통상적으로 행사하는 정도의 관리나 효과적 통제를 할 수 없다.
   (3) 수익금액을 신뢰성 있게 측정할 수 있다.
   (4) 경제적 효익의 유입 가능성이 매우 높다.
   (5) 거래와 관련하여 발생했거나 발생할 원가를 신뢰성 있게 측정할 수 있다.
5. ④ 목적적합성의 하위개념으로 적시성, 예측가치, 피드백가치가 있고, 신뢰성의 하위개념에는 검증가능성, 표현의 충실성 및 중립성(편의 없는 정보제공)이 있다.
6. ③ 할부매출은 할부금 회수 시가 아닌, 판매(인도)시에 수익을 인식한다.
7. ② 재무제표의 작성과 표시에 대한 책임은 경영진에게 있다.(일반기업회계기준 2.7)
8. ① 회계정보가 갖추어야 할 가장 중요한 질적특성은 목적적합성과 신뢰성이다. 목적적합성의 하부속성에는 적시성, 예측가치, 피드백가치가 있다. 신뢰성의 하부속성에는 표현충실성, 검증가능성, 중립성이 있다.
9. ② 인도시점인 12월 24일에 수익인식 기준을 충족한다. (일반기업회계기준 16.10)
10. ① 목적적합성은 예측가치, 피드백가치, 적시성으로 구성된다. 신뢰성의 하부속성은 표현의 충실성, 검증가능성, 중립성으로 구성된다.
11. ④ 손익의 발생(비용의예상-미지급비용(부채), 수익의 예상-미수수익(자산))과 손익의 이연(수익의이연- 선수 수익, 비용의 이연-선급비용)은 손익계산서 작성기준 중 발생주의에 의한 수정사항이다
12. ③ 재무제표는 재무상태표, 손익계산서, 현금흐름표, 자본변동표로 구성되며, 주석을 포함한다.(회계기준 2.4)
13. ① 적시성 및 예측가치와 피드백가치는 목적적합성의 주요 질적 특성의 요소이다.
14. ④ 회계정보의 질적특성은 목적적합성과 신뢰성이다. (목적적합성의 하부속성(적/예/피) - 적시성, 예측가치, 피드백가치)
    (신뢰성의 하부속성(표/검/중) - 표현충실성, 검증가능성, 중립성)
15. ② 정보이용자의 예측치를 확인 또는 수정함으로써 의사결정에 미치는 능력을 "피드백 가치"라 함.
    ※ 회계정보의 질적특성에는 신뢰성과 목적적합성이 있다.
    (1) 신뢰성의 하부속성 (표/검/중) : 표현충실성, 검증가능성, 중립성
    (2) 목적적합성(적/예/피) : 적시성, 예측가치, 피드백가치
16. ④ 위탁매출의 경우에는 수탁자가 위탁품을 판매한 시점에 매출을 인식한다.

PART 02 부가가치세

0203020205_20v5 부가가치세 신고(3수준)

능력단위요소	수행준거
0203020205_20v5.1 세금계산서 발급·수취하기	1.1 세금계산서의 발급방법에 따라 세금계산서를 발급하고 세금계산서합계표를 국세청에 전송 할 수 있다. 1.2 수정세금계산서 발급사유에 따라 세금계산서를 수정 발행할 수 있다. 1.3 부가가치세법에 따라 세금계산서합계표를 작성할 수 있다.
0203020205_20v5.3 부가가치세 신고하기	3.1 부가가치세법에 따른 과세기간을 이해하여 예정·확정신고를 할 수 있다. 3.2 부가가치세법에 따라 납세지를 결정하여 상황에 맞는 신고를 할 수 있다. 3.3 부가가치세법에 따른 일반과세자와 간이과세자의 차이를 판단할 수 있다. 3.4 부가가치세법에 따른 재화의 공급과 용역의 공급범위를 판단할 수 있다. 3.5 부가가치세법에 따른 부가가치세신고서를 작성할 수 있다.

- CHAPTER 01 부가가치세편 총설
- CHAPTER 02 과세거래와 공급시기
- CHAPTER 03 과세표준
- CHAPTER 04 영세율과 면세
- CHAPTER 05 세금계산서와 영수증
- CHAPTER 06 공제가능한 매입세액과 불공제 매입세액
- CHAPTER 07 신고와 납부

부가가치세편 총설

1 부가가치세의 기본개념

부가가치세는 재화나 용역이 생산, 유통되는 모든 거래 단계에서 발생하는 부가가치(더해진 가치)를 과세 대상으로 하는 세금이며, 사업자, 국가, 지자체가 납세의무자이며, 최종소비자가 부담하는 일반소비세이다.

★ 부가가치세법상 재화 → 유체물(물건)과 무체물 [전기, 가스, 법적권리(무형자산)] 용역 → 서비스

2 부가가치세의 특징

(1) 국세 : 과세권자가 국가이다 (≠ 지방세)
(2) 간접세 : 납세의무자와 담세자가 다르다 (≠ 직접세: 납세자와 담세자 동일 예 소득세
(3) 전단계세액공제법 : 매출세액 – 매입세액 = 납부세액(or △환급세액) ➔ 일반과세자의 계산구조
(4) 소비지국과세원칙 : 이중과세방지 목적으로 소비하는 나라에서 과세(수출시 영세율적용)
(5) 세부담의 역진성 : 단일세율(10%)적용으로 소득 낮은 사람의 부담을 덜 고자 면세제도도입
(6) 다단계거래세 : 각 유통단계마다 더해지는 가치에 대해 과세
(7) 일반소비세 : 원칙적으로 모든 재화나 용역 공급에 과세한다. (≠ 개별소비세)
(8) 물세 : 재화 또는 용역(서비스)의 소비사실에 수량 또는 금액에 과세되므로 물세에 해당한다.

확인문제

1. 다음 중 우리나라의 부가가치세의 특징으로 틀린 것은? (53회)
   ① 일반소비세   ② 직접세   ③ 전단계세액공제법   ④ 소비지국과세원칙

2. 다음 중 부가가치세법에 대한 설명으로 옳지 않는 것은? (62회)
   ① 현행 부가가치세는 일반소비세이면서 간접세에 해당된다.
   ② 면세제도의 궁극적인 목적은 부가가치세의 역진성을 완화하는 것이다.
   ③ 현행 부가가치세는 전단계거래액공제법을 채택하고 있다.
   ④ 소비지국과세원칙을 채택하고 있어 수출재화 등에 영세율이 적용된다.

3. 다음 중 부가가치세의 특징에 대한 설명으로 옳지 않은 것은? (68회)
   ① 일반소비세로서 간접세에 해당   ② 생산지국 과세원칙
   ③ 전단계세액공제법   ④ 영세율과 면세제도

정답 1.② 2.③ 3.②

3 전단계세액공제법

일반과세자의 납부세액 계산은 매출세액(매출액× 세율)에서 매입세액(매입액 × 세율)을 차감하는 방법으로 납부세액(납부해야 할 부가가치세)을 계산하는 방법을 전(前)단계 세액공제법이라 한다.

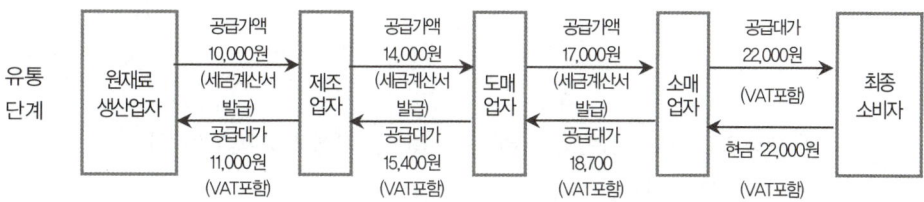

항목	원재료 생산업자	제조업자	도매업자	소매업자	최종소비자 (담세자)
매출 공급가액					
매출세액 (부가세예수금 = 부채)					
매입 공급가액					
매입세액 (부가세대급금 = 자산)					
납부세액(납부해야할 부가세)					

정답

	원재료 생산업자	제조업자	도매업자	소매업자	최종소비자 (담세자)
매출공급가액	10,000원	14,000원	17,000원	20,000원	-
매출세액 (부가세예수금 = 부채)	1,000원(10%)	1,400원(10%)	1,700원(10%)	2,000원	-
매입공급가액	-	10,000원	14,000원	17,000원	20,000원
매입세액 (부가세대급금 = 자산)	-	△1,000원(10%)	△1,400원(10%)	△1,700원(10%)	2,000원부담
납부세액	1,000원 납부	400원 납부	300원 납부	300납부	-

4 거래징수 (과세사업자의 의무)

공급자(과세사업자인 당사)가 재화나 용역을 공급할 때 과세표준(=매출 공급가액)에 세율(10%)을 적용하여 계산한 부가가치세를 공급받는 자(매입자)로부터 징수하는 것을 말한다.
만약, 공급자(판매자)가 면세사업자이면 재화나 용역을 공급할 때(=매출할 때) 공급받는 자로부터 부가가치세 징수가 면제되는 사업자이므로 거래징수하지 못한다.

확인문제

다음 중 거래징수의 내용으로 틀린 것은? (공급하는 사업자는 과세사업자임) (52회)
① 공급받는 자는 부가가치세를 지급할 의무를 짐
② 공급자가 부가가치세를 거래상대방으로부터 징수하는 제도
③ 공급가액에 세율을 곱한 금액을 공급받는 자로부터 징수
④ 공급받는 자가 면세사업자이면 거래징수의무가 없음

정답 ④ 공급자가 면세사업자이면 거래징수의무를 없고, 과세사업자이면 거래징수의무 있다.

5 납세의무자(= 납세자)

부가세 납세의무자는 개인, 법인, 국가, 지자체, 지자체조합 및 법인격 없는 사단 또는 재단 (비영리단체)등을 포함한다. 그리고 납세의무자는 다음의 3가지 조건을 갖춘 자이다.

❶ 영리목적 유무와는 무관하다.
❷ 사업상 독립적이다.
❸ 재화, 용역을 공급하고, 재화를 수입하는 자가 납세의무자이다

확인문제

다음 중 부가가치세법상 납세의무자에 대하여 잘못 말한 것은?
① 영리목적의 유무와는 관계 없다.
② 지방자치단체는 부가가치세법상 납세의무자가 전혀 될 수 없다.
③ 재화를 수입하는 자는 부가가치세를 납부할 의무가 있다.
④ 면세사업자는 부가가치세 납세의무가 없다.

정답 ② 지자체도 과세되는 재화나 용역을 공급하면 납세의무자가 될 수 있다.

6 사업자 분류

(1) 과세사업자 (영세율 적용됨)
   ① 일반과세자
   　㉠ 법인사업자 (세금계산서 발급의무 있다. (단 발급의무 면제업종 제외)
   　㉡ 공급대가 8,000만원 이상인 개인사업자
   ② 간이과세자 : 직전 1역년 공급대가가 8,000만원 미만인 개인사업자를 말한다.
   　(간이과세자 배제 → 일반과세사업장 보유자, 둘 이상의 사업장이 있는 경우 공급대가 합계액이 8000만원 이상인 사업자 등)

→ 일반과세자와 간이과세자는 원칙적으로 세금계산서 발급의무가 있다. (2021년 개정)
   (단, 일반과세자는 세금계산서 발급의무 면제 업종도 있고, 간이과세자는 공급대가 합계액이 4,800만원 미만이면 영수증 발급)

(2) 면세사업자 (영세율 적용안됨)   부가세법상 사업자가 아니고, 소득세 또는 법인세법상 사업자이다.
   (부가세법상 부가세 신고 납부의무 없고, 세금계산서 발급못함. 소득세법/법인세법상 계산서 발급의무 있다)

(3) 겸영사업자   (과세사업자 + 면세사업자)

★ 국가와 지방자치단체도 부가가치세법상 사업자에 해당한다.

확인문제

다음 과세사업자에 대한 설명 중 바르지 않은 것은? (11회)
① 일반과세자는 과세표준이 공급가액이며, 공급가액의 10%가 매출세액이다.
② 간이과세자는 연간 매출액이 8,000만원 미만이다.
③ 일반과세자는 세금계산서를 발행 교부해야 한다.
④ 간이과세자는 과세표준이 공급대가이며, 예외 없이 세금계산서를 발행할 수 있다.

정답 ④ 간이과세자의 원칙은 세금계산서 발행할 수 있지만, 공급대가 4,800만원 미만이면 영수증 발급의무 있다.

7 과세기간   일반과세자는 6개월(1/1~6/30, 7/1~12/31)이고, 간이과세자는 1년(1/1~12/31)이다

공급가액(=과세표준)을 기초로 하여 부가가치세를 과세하는 기간을 말한다.

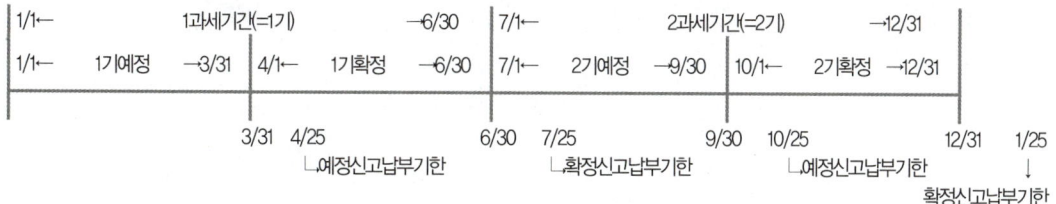

▶ 법인사업자의 과세기간

과세기간	예정신고 및 확정신고	신고·납부기한
1과세기간 (1/1 ~ 6/30)	1기 예정신고 (1/1 ~ 3/31 : 종료일)	04/25
1과세기간 (1/1 ~ 6/30)	1기 확정신고 (4/1 ~ 6/30 : 종료일)	07/25
2과세기간 (7/1 ~ 12/31)	2기 예정신고 (7/1 ~ 9/30 : 종료일)	10/25
2과세기간 (7/1 ~ 12/31)	2기 확정신고 (10/1 ~ 12/31 : 종료일)	01/25

구 분	과세기간	납부기한
1. 일반과세자 6개월(법인과 개인) (간이과세자는 1년)	상반기 1기(01/01 ~ 06/30) 하반기 2기(07/01 ~ 12/31)	종료일이후 다음달 25일이내
2. 신규사업자	사업개시일 or 등록일 중 빠른 날 ~ 당해 과세기간 종료일	종료일이후 다음달 25일이내
3. 폐업하는 자	당해 과세기간 개시일(1/1 or 7/1) ~ 폐업일	폐업일이 속한 달의 다음달 25일 이내

❶ 매출할 때 받은 부가가치세액 ➡ 매출세액 [회계에서는 "부가세예수금(부채)" 이다]
❷ 매입할 때 지급한 부가가치세액 ➡ 매입세액 [회계에서는 "부가세대급금(자산)" 이다]
❸ 매출세액100원 > 매입세액70원 ➡ 납부세액(납부해야 할 부가가치세액)30원 ➡ 미지급세금(부채) 30원
❹ 매출세액100원 < 매입세액110원 ➡ △환급세액(되돌려 받아야 할 부가가치세액)10원 ➡ 미수금(자산) △10원

확인문제

1. 1/25 ㈜메가스터디에서 원재료 5,500,000원(부가세 별도)을 매입하고, 전자세금계산서를 교부받다. 그리고 대금은 월말에 받기로 하다.

구 분	차변(3번)	대변(4번)
1/25		

2. 3/10 ㈜김영에 제품 7,000,000원(부가세 별도)을 매출하고, 전자세금계산서를 발급하였으며, 대금은 보통예금으로 이체받다.

구 분	차변(3번)	대변(4번)
3/10		

3. 3월31일 제1기 부가가치세 예정신고에 대한 부가세예수금 700,000원과 부가세대급금 550,000원을 상계처리 하다. (납부세액은 미지급세금으로 처리한다)

구 분	차변(3번)	대변(4번)
3/31		

4. 4월24일 부가가치세 155,000원(가산세 포함)을 보통예금에서 이체납부하다.(3월31일 미지급세금으로 처리한 납부세액 150,000원이며, 가산세 5,000원은 세금과공과로 처리한다)

구 분	차변(3번)	대변(4번)
4/24		

5. 다음 자료를 보고 당해연도 제2기 부가가치세 확정신고기한으로 옳은 것은? (80회)

- 당해연도 4월 25일 1기 부가가치세 예정신고 및 납부함.
- 당해연도 7월 25일 1기 부가가치세 확정신고 및 납부함.
- 당해연도 8월 20일 자금상황의 악화로 폐업함.

① 당기 7월 25일　　　　　　　　② 당기 8월 31일
③ 당기 9월 25일　　　　　　　　④ 차기 1월 25일

정답

1. 1/25 (차) 원재료　　　5,500,000　　(대) 외상매입금(메가)　6,050,000
　　　부가세대급금　550,000
2. 3/10 (차) 보통예금　　7,700,000　　(대) 제 품 매 출　7,000,000
　　　　　　　　　　　　　　　　부가세예수금　　700,000
3. 3/31 1기예정 3개월 동안에 생긴 부가세예수금(매출세액)과 부가세대급금(매입세액)을 서로 차감하여(상계하여) 3월말 종료일에 납부세액을 계산하여 미지급세금(부채)으로 인식한다.
　　(차) 부가세예수금　700,000　　(대) 부가세대급금　550,000
　　　　　　　　　　　　　　　　미지급세금　　150,000
4. 4/24 3월말에 인식한 납부세액(미지급세금)을 납부하는 거래이며, 이때 3/25일이후에 납부하므로써 가산세 지급액은 세금과공과로 회계처리한다.
　　(차) 미지급세금　150,000　　(대) 보통예금　155,000
　　　　세금과공과　　5,000
5. ③ 폐업한 사업자의 부가가치세 확정신고기한은 폐업한 날이 속하는 달의 다음 달 25일까지이다.

8 납세지★

부가가치세는 원칙적으로 각 사업장별로 신고, 납부한다. 그러므로 사업자등록, 세금계산서 발행 등 제반부가가치세 업무를 각 사업장 별로 이행한다. (예외로 우리 회사가 2개 이상의 사업장이 있을 경우 ① 사업자단위과세신청사업자는 본점에서 부가세 제반업무를 모두 처리하고, ②주사업장총괄납부신청사업자는 납부만 본점에서 처리하고, 나머지 제반업무는 각 사업장별로 각각 처리한다.)

(1) 업종별 사업장 ✓출제

구 분	사 업 장
① 광업	광업사무소 소재지
② 제조업	최종 제품을 완성하는 장소
③ 부동산매매업 · 건설업 · 운수업	법인 – 법인의 등기부상 소재지 개인 – 업무총괄장소
④ 부동산임대업	부동산의 등기부상 소재지
⑤ 무인자동판매기(자판기)	업무총괄장소 (설치장소 아님)
⑥ 비거주자, 외국법인의 경우	국내사업장

(2) 직매장과 하치장

직매장은 재화를 판매하기 위해 특별시설을 갖춘 장소로서 사업장이며, 하치장은 재화를 보관관리시설을 갖춘 장소로서 사업장이 아니다.

확인문제

1. 다음 중 부가가치세법상 사업장으로 잘못된 것은?
    ① 부동산임대업 : 그 사업에 관한 업무를 총괄하는 장소
    ② 제조업 : 최종제품을 완성하는 장소
    ③ 광 업 : 광업사무소 소재지
    ④ 사업장을 설치하지 않는 경우 : 사업자의 주소 또는 거소

2. 다음 중 사업장에 해당되지 않는 것은?
    ① 제조업의 경우 최종제품을 완성하는 장소
    ② 광업의 경우 광업사무소의 소재지
    ③ 직매장
    ④ 하치장

정답

1. ① 부동산임대업은 부동산의 등기부상 소재지
2. ④ 재화의 보관, 관리시설만을 갖춘 하치장은 사업장으로 보지 않는다.

9 사업자등록

(1) 사업자등록 신청

신규사업자는 사업개시일로부터 20일 이내에 신청해야하고, 예외로 사업개시일 전에도 신청가능하다. 그리고 신청은 전국 모든 세무서에서 서면신청과 온라인 신청이 가능하다.

> **참고 사업개시일**
> ❶ 제조업 : 공장별로 만들기 시작한 날(재화의 제조를 개시한 날)
> ❷ 광 업 : 광물을 채취하기 시작한 날(사업장별로 광물의 채취, 채광을 개시한 날)
> ❸ 기타의 사업 : 재화 또는 서비스(용역)을 시작한 날

★ 관할세무서장은 사업자가 사업자등록신고를 하지 않은 경우 직권등록을 할 수 있다.
★ 일시적, 우발적으로 재화나 용역을 공급하는 자는 사업자등록의무가 없다.
★ 사업자단위과세사업자의 경우에는 사업장별로 사업자등록을 하지 아니하고, 사업자의 본점 또는 주사무소 한 곳에서 사업자등록을 할 수 있다.

(2) 사업자등록증의 교부

신청일로부터 2일 이내 교부된다.(사업현황 파악이 필요한 경우에는 5일 연장가능) 2020년 개정

(3) 공급일이 속하는 과세기간 경과 후 20일 이내 등록 신청한 경우 해당 과세기간 내 매입세액은 공제가능하다(2013년 개정)

> **예** 1과세기간(1/1~6/30) 경과 7/20 등록신청하면 과세기간 내 매입세액 공제 해줌

(4) 사업자등록 정정 신고(= 재발급 사유) ✓출제★

정정 사유 발생 시 즉시 정정 신고해야 한다.

❶ 당일 재교부 정정사유(재발급사유)
  ㉠ 상호변경 ㉡ 통신판매업자가 사이버몰 명칭 또는 인터넷 도메인명 변경하는 때

❷ 2일 이내 재교부 정정사유(재발급사유) [납세자 편의재고를 위해 3일→ 2일로 변경 (2021년 개정)]
  ㉢ 사업의 종류변경(업종변경)
  ㉣ 사업장 이전
  ㉤ 공동사업자의 지분변경
  ㉥ 상속으로 인한 개인 대표자변경 및 법인 대표자 변경 [주의] 증여에 의한 대표자변경은 폐업사유임.
  ㉦ 임대차 계약조건 변경
  ㉧ 사업자단위 과세사업자가 총괄사업장을 이전 변경

확인문제

1. 다음 중 부가가치세법상 사업자등록과 관련된 설명으로 적절하지 않은 것은?
    ① 신규사업자는 사업개시일부터 20일 이내에 사업자등록을 하여야 한다.
    ② 사업자등록은 반드시 사업장마다 하여야 한다.
    ③ 신규로 사업을 개시하려는 자는 사업개시일 전이라도 사업자등록을 신청할 수 있다.
    ④ 세무서장은 원칙적으로 사업자등록증을 법에서 정한 기한내(2일이내)에 교부하여야 한다.

2. 사업자등록에 관한 설명 중 옳은 것은?
    ① 상호의 변경은 폐업사유에 해당한다.
    ② 신규로 사업을 하고자 하는 자는 사업개시일로부터 20일 이내에 사업자등록을 해야 하고 예외는 없다.
    ③ 상속으로 인하여 사업자의 명의가 변경되는 때는 사업자등록 정정사유에 해당한다.
    ④ 사업장을 이전하는 때에는 반드시 폐업신고를 한 후에 신규사업자 등록을 해야 한다.

3. 다음 중 사업자등록의 정정사유가 아닌 것은?
    ① 상호를 변경하는 때
    ② 사업의 종류에 변경이 있는 때
    ③ 사업장을 이전할 때
    ④ 증여로 인하여 사업자의 명의가 변경되는 때

4. 부가가치세법상 사업자등록의 정정사유 중 신청일로부터 2일 이내 재교부사유가 아닌 것은?
    ① 사업의 종류에 변경이 있는 때
    ② 상호를 변경하는 때
    ③ 사업장을 이전할 때
    ④ 공동사업자의 구성원의 변경이 있는 때

5. 다음 중 부가가치세법상 사업자등록 정정사유가 아닌 것은? (72회)
    ① 상호변경
    ② 상속으로 인한 사업자 명의 변경
    ③ 증여로 인한 사업자 명의 변경
    ④ 사업장 주소 변경

정답

1. ② 사업자단위과세사업자는 사업장이 여러 개 일지라도 당해 사업자의 본점 또는 주소무소 한 곳에서 사업자등록을 할 수 있다.
2. ③ ① 사업자등록 정정사유에 해당한다.
    ② 신규로 사업을 개시하는 자는 사업개시일 전이라도 등록할 수 있다. 따라서 예외가다는 것은 잘못된 표현이다.
    ④ 사업장 이전은 사업자등록 정정사유이다. 따라서 폐업신고가 아니고 정정신고를 해야 한다. 그리고 정정신고는 정정사유 발생 즉시 한다.
3. ④ 재교부사유 중 상속으로 인하여 사업자의 명의가 변경되는 때는 있어도 증여로 인하여 사업자의 명의가 변경되는 때는 없다.
4. ② 상호변경은 당일 재교부이고, 나머지는 2일 이내 재교부사유이다.
5. ③ 증여로 인한 사업자 명의 변경은 기존사업장 폐업과 신규사업장등록사유이다.

과세거래와 공급시기

1 과세대상

❶ 재화의 공급 (간주공급 포함)
❷ 용역의 공급
❸ 재화의 수입

(1) 재화의 공급(사업자가 공급하는 경우)

재화의 공급이란 계약상·법률상 모든 원인에 의하여 재화를 인도·양도하는 것.

계약상의 원인	매매계약, 가공계약, 교환계약 등
법률상의 원인	일반적인 수용 등

❶ 재화란? [회계에서 재화란? 돈+물건, 부가가치세법에서의 재화란? 유체물과 무체물]
화폐, 수표, 어음, 매출채권 등 화폐대용증권(상품권 등)은 소비의 대상이 되지 않으므로 재화로 보지 않는다(=과세하지 않는다). 부가가치세법상 재화는 유체물과 무체물(전기, 가스, 상표권 등)을 말한다.

❷ 재화의 공급으로 보지 않는 것 ✓출제★ ➜ (담/사/조/특/공)은 과세대상 아님!
㉠ 담보제공(담보목적으로 부동산 및 부동산상의 권리 등을 제공하는 것)
㉡ 사업의 포괄양도(사업에 관한 모든 권리와 의무를 포괄적으로 승계시키는 것)
㉢ 조세물납(상속세, 지방세, 증여세법 등의 규정에 의하여 물건을 세금으로 납부하는 것)
㉣ 특정법령의 공매나 경매(국세징수법상 공매 및 민사집행법상 경매)
㉤ 공익을 위한 수용(공익사업, 정비사업을 위해 수용대상인 재화를 공급하고 대가를 받는 것)

❸ 간주공급(= 의제공급) : 공급으로 간주하는 것 ➜ 자 / 개 / 사 / 폐
실질적인 공급은 아니지만 매입세액 공제받은 재화를 정상적으로 판매(공급)하지 않을 경우 부가세법에서 공급으로 간주하고 '시가'로 신고하며, 이때 간주공급은 세금계산서 발급의무가 없다.(=14건별)
(단, 예외로 직매장 반출(판매목적 타사업장 반출)은 원가로 신고하며, 세금계산서 발급 함)

㉠ 자가공급 : 정상적으로 판매하지 않고 자기의 사업에 재화를 사용·소비하는 경우 다음 3가지만 공급으로 간주한다.
  – 면세사업에 전용(매입세액 공제받은 재화를 면세사업에 사용할 경우)
  – 개별소비세 과세대상 자동차(=비영업용 소형승용차) 또는 그 유지에 사용하는 재화
  – 판매목적 타사업장 반출(직매장반출) (예외 – 주사업장총괄납부, 사업자단위과세제도 신청한 경우 간주공급 아님)

㉡ 개인적공급 : 사업과 관련하여 생산한 재화(제품 등)를 사업과 직접 관계없이 사용 소비하는 것

[주의] 다음의 재화는 사업자가 사용인에게 실비변상적, 복리후생적 목적으로 제공하는 것으로서, 재화의 공급으로 보지 않음 (과세하지 않음)
① 작업복, 작업모, 작업화
② 직장체육, 직장연예와 관련된 재화
③ 경조사와 명절, 기념일 등 관련된 재화로서 1인당 연 10만원이내의 재화
　　　　　└ (추석, 설날) 및 기념일(창립기념일, 생일) 등과 관련된 재화
※ 연간10만원 초과하는 금액은 재화의 공급으로 봄(= 과세대상)

ⓒ 사업상증여 : 자기의 사업에서 생산하거나 취득한 재화(제품, 상품)를 거래처(자기의 고객)이나 불특정 다수인에게 증여하는 것 (거래처에 견본품을 제공하는 것은 간주공급 아님)
ⓓ 폐업시 잔존재화 : 사업을 폐업할 때 남은 재화(폐업시 재고자산)를 말한다.
★ 매입세액 공제받지 않은 재화일 경우에는 간주공급으로 보지 않는다. (= 과세하지 않는다.)

(2) 용역의 공급(=서비스 제공)
용역의 공급은 계약상 또는 법률상의 모든 원인에 의하여 역무를 제공하거나 재화, 시설물 또는 권리를 사용하게 하는 것(= 임대하는 것)

❶ 용역의 범위 (업종 : 건설업, 숙박, 음식점업, 부동산업, 임대업, 각종 서비스업 등)

> ㉠ 하청업체가 주요 자재의 전부 또는 일부를 부담하는 경우에는 재화의 공급으로 봄
> ㉡ 하청업체가 주요 자재를 전혀 부담하지 않는 경우(노동력 제공)는 용역의 공급으로 봄
> ㉢ 건설업자가 주요자재를 부담한 경우에도 용역의 공급으로 간주
> ㉣ 상업상 또는 과학상의 지식, 경험 등에 관한 정보를 제공하는 것은 용역의 공급으로 봄
> ㉤ 권리(특허권 등)의 대여는 용역의 공급이고, 권리(특허권 등)의 양도는 재화의 공급임

❷ 용역의 공급으로 보지 않는 경우(과세거래 아님)
㉠ 용역의 무상공급 (단, 특수관계인에 대한 사업용 부동산의 무상임대용역은 용역의 공급이다.)
㉡ 고용관계에 의해 근로를 제공하는 경우는 용역의 공급으로 보지 않는다.

(3) 재화의 수입
재화의 수입은 과세대상이지만, 용역의 수입은 과세대상이 아니다. 수입전자세금계산서를 받는다.
(55수입은 매입매출전표 입력시 거래처를 세관으로 입력하고, 하단부 회계처리는 부가세대급금만 입력한다. 단, 통관제비용은 부대비용으로 수입하는 자산으로 처리하여 취득원가를 결정함)
부가가치세 300,000원이면 → 공급가액 3,000,000원 입력

문제 과세거래

1. 다음 중 부가가치세 과세거래에 해당되는 것을 모두 고르면? (48회)

가. 재화의 수입	나. 용역의 수입
다. 용역의 무상공급	라. 고용관계에 의한 근로의 제공

① 가　　　② 가, 나　　　③ 가, 나, 다　　　④ 가, 나, 다, 라

2. 다음은 재화의 공급에 대한 설명이다. 아닌 것은? (30회)
① 할부판매에 의하여 재화를 인도 또는 양도하는 것
② 민사집행법에 의한 강제경매에 따라 재화를 인도 또는 양도하는 것.
③ 교환계약에 의하여 재화를 인도 또는 양도하는 것.
④ 가공계약에 의하여 재화를 인도하는 것.

3. 다음은 부가가치세법상 간주공급에 대한 설명이다. 가장 틀린 것은? (36회)
① 간주공급은 자가공급, 개인적공급, 사업상증여, 폐업시 잔존재화로 분류한다.
② 간주공급은 실질공급과 같이 세금계산서를 전부 발급하여야 한다.
③ 자가공급은 면세전용, 비영업용소형승용차의 구입과 유지를 위한 재화, 판매목적 타사업장 반출로 분류한다.
④ 자가공급, 개인적공급의 공급시기는 재화가 사용되거나 소비되는 때이고, 사업상증여는 재화를 증여할 때이다.

4. 부가가치세가 과세되는 거래에서 재화의 공급으로 보지 않는 것은? (17회)
① 개인적공급　　② 자가공급　　③ 폐업시 재고재화　　④ 사업의 포괄적 양도

5. 부가가치세법상 용역의 공급으로 과세하지 아니하는 것은? (54회)
① 고용관계에 의하여 근로를 제공하는 경우
② 사업자가 특수관계 있는 자에게 사업용 부동산의 임대용역을 무상공급하는 경우
③ 상대방으로부터 인도받은 재화에 주요자재를 전혀 부담하지 아니하고 단순히 가공만 하는 경우
④ 건설업자가 건설자재의 전부 또는 일부를 부담하고 공급하는 용역의 경우

6. 다음 중 부가가치세법상 재화 공급의 특례에 해당하는 간주공급으로 볼 수 없는 것은? (63회)
① 개인적 공급
② 자기의 과세사업과 관련하여 취득한 재화를 면세사업에 전용하는 경우
③ 폐업시 잔존재화
④ 사업용 기계장치의 양도

정답

1. ① 용역(서비스)의 수입은 저장이 불가능하고 형체가 없으므로 과세대상에서 제외
2. ② 특정법령(국세징수법, 민사집행법)에 의한 강제경매나 공매는 재화의 공급으로 보지 않는다.
3. ② 간주공급은 세금계산서를 발급하지 않는 것이 원칙이다. 단, 직매장반출은 제외
4. ④ 담보의 제공, 사업의 포괄적양도, 조세의 물납 등은 재화의 공급으로 보지 않는다.
5. ① 고용관계에 의하여 근로를 제공하는 경우 부가가치세법상 용역의 공급으로 보지 않는다. 그리고 사업자가 특수관계 있는 자에게 사업용 부동산의 임대용역을 무상공급하는 경우 용역의 공급으로 본다.
6. ④ 사업용 기계장치의 양도는 일반적인 재화의 공급에 해당한다.

2 거래시기(=공급시기)

(1) 재화의 공급시기 ✓중요

구 분		재화의 공급시기
원칙	재화의 이동이 필요한 경우	재화가 이동되는 때
	재화의 이동이 필요하지 아니한 경우	재화가 이용가능하게 되는 때
① 현금판매·외상판매·단기할부판매		재화가 인도되거나 이용가능하게 되는 때
② 장기할부판매		대가의 각 부분을 받기로 한 때
③ 완성도기준지급 또는 중간지급조건부판매 및 계속적 공급		
④ 수출재화(직수출 : 국내물품을 외국으로 반출)		수출재화의 선적일 또는 기적일
⑤ 재화의 공급으로 보는 가공		가공된 재화를 인도하는 때
⑥ 자가공급, 개인적공급		재화가 사용, 소비되는 때
⑦ 사업상증여		재화를 증여할 때
⑧ 폐업시 잔존재화		폐업하는 때
⑨ 무인판매기		현금을 인취하는 때
⑩ 조건부판매 및 기한부판매		그 조건이 성취되거나 기한이 경과되어 판매가 확정되는 때
⑪ 상품권 등을 현금 또는 외상으로 판매한 후 해당 상품권 등이 현물과 교환되는 경우		재화가 실제로 인도되는 때

(2) 용역의 공급시기

구 분	용역의 공급시기
① 통상적인 용역공급	역무(노동력)의 제공이 완료되는 때
② 완성도기준지급, 중간지급, 장기할부 또는 기타 조건부 용역공급	대가의 각 부분을 받기로 한 때
③ 상기 이외의 경우	역무의 제공이 완료되고 그 공급가액이 확정되는 때
④ 간주임대료 및 2과세기간 이상에 걸쳐 부동산 임대용역을 제공하고 그 대가를 선불 또는 후불로 받는 경우	예정신고기간 또는 과세기간의 종료일(3.6.9.12말)

※ 간주임대료 : 부가세법에서는 임대인이 받은 보증금에 대해 이자가 생기는데 이때 이자를 임대료로 간주하여 과세하는데 이것을 간주임대료(= 보증금이자)라 한다.
(간주임대료 계산 및 회계처리는 전산세무 2급 또는 TAT 2급 부동산임대공급가액명세서에서 학습)

문제 공급시기

1. 부가가치세법상 부동산임대용역을 공급하는 경우에 전세금 또는 임대보증금에 대한 간주임대료의 공급시기는? (47회)
① 그 대가의 각 부분을 받기로 한 때
② 용역의 공급이 완료된 때
③ 그 대가를 받은 때
④ 예정신고기간 또는 과세기간 종료일

2. 부가가치세법상 용역의 공급으로 과세하지 아니하는 것은? (54회)
① 고용관계에 의하여 근로를 제공하는 경우
② 사업자가 특수관계 있는 자에게 사업용 부동산의 임대용역을 무상공급하는 경우
③ 상대방으로부터 인도받은 재화에 주요자재를 전혀 부담하지 아니하고 단순히 가공만 하는 경우
④ 건설업자가 건설자재의 전부 또는 일부를 부담하고 공급하는 용역의 경우

3. 다음 중 부가가치세법상 재화의 공급시기가 '대가의 각 부분을 받기로 한 때'가 적용 될 수 없는 것은? (60회)
① 기한부판매   ② 장기할부판매   ③ 완성도기준지급   ④ 중간지급조건부

4. 다음 중 부가가치세법상 재화의 공급시기로 틀린 것은? (61회)
   ① 현금판매 : 재화가 인도되거나 이용가능하게 되는 때
   ② 반환조건부 : 그 조건이 성취되어 판매가 확정되는 때
   ③ 무인판매기에 의한 공급 : 무인판매기에서 현금을 인취하는 때
   ④ 폐업시 잔존재화 : 폐업신고서 접수일

5. 다음은 부가가치세법상의 재화와 용역의 거래시기에 대한 설명이다. 틀린 것은?(33회)
   ① 재화의 이동이 필요한 경우에는 재화가 인도되는 때
   ② 장기할부 판매의 경우 각 대가를 받기로 한때
   ③ 재화의 공급으로 보는 가공의 경우에는 재화의 가공이 완료된 때
   ④ 임대보증금에 대한 간주수입금액에 대해서는 예정신고기간 또는 과세기간의 종료일

6. 다음 중 부가가치세법상 공급시기가 잘못된 것은? (42회)
   ① 외상판매의 경우 : 재화가 인도되거나 이용가능하게 되는 때
   ② 장기할부판매의 경우 : 대가의 각 부분을 받기로 한 때
   ③ 무인판매기로 재화를 공급하는 경우 : 무인판매기에서 현금을 인취하는 때
   ④ 폐업시 잔존재화의 경우 : 재화가 사용 또는 소비되는 때

7. 다음 중 부가가치세법상 공급시기는? (2016 2월 특별)

   | ㉠ 3월 1일 : A제품 판매주문을 받았음
   | ㉡ 3월 31일: A제품 판매대가 1,000,000원을 전액 수령하고 세금계산서를 발급함
   | ㉢ 4월 3일 : A제품을 인도함
   | ㉣ 4월 15일: 거래처로부터 A제품 수령증을 수취함

   ① 3월 1일   ② 3월 31일   ③ 4월 3일   ④ 4월 15일

8. 부가가치세법상 재화의 원칙적인 공급시기에 대한 설명으로 틀린 것은?(64회)
   ① 장기할부판매 : 인도기준
   ② 국내물품을 외국으로 반출 : 수출재화의 선적일 또는 기적일
   ③ 폐업시 잔존재화 : 폐업일
   ④ 조건부판매 및 기한부판매 : 그 조건이 성취되거나 기한이 지나 판매가 확정되는 때

9. 다음은 부가가치세법상 공급시기에 대한 설명이다. 잘못된 것은?(73회)
① 재화의 이동이 필요한 경우 : 재화가 인도되는 때
② 재화의 공급으로 보는 가공의 경우 : 가공된 재화를 인도하는 때
③ 반환조건부 판매, 동의조건부 판매 : 그 조건이 성취되어 판매가 확정되는 때
④ 상품권 등을 현금 또는 외상으로 판매하고 그 상품권 등이 현물과 교환되는 경우 : 상품권 등을 현금 또는 외상으로 판매한 때

10. 다음 중 부가가치세법상 재화의 공급시기가 잘못 연결된 것은?(79회)
① 외국으로 직수출하는 경우 : 선적(기적)일
② 폐업시 잔존재화 : 폐업일
③ 장기할부판매 : 대가의 각 부분을 받기로 한 날
④ 무인판매기 : 동전 또는 지폐 투입일

11. 다음 중 재화의 공급시기로 옳지 않은 것은? (84회)
① 상품권 등을 현금으로 판매하고 그 후 그 상품권이 현물과 교환되는 경우 : 상품권을 판매 하는 때
② 현금판매, 외상판매의 경우 : 재화가 인도되거나 이용가능하게 되는 때
③ 재화의 공급으로 보는 가공의 경우 : 가공된 재화를 인도하는 때
④ 반환조건부 판매, 동의조건부 판매, 그밖의 조건부 판매의 경우 : 그 조건이 성취되거나 기한이 지나 판매가 확정되는 때

12. 다음 중 부가가치세법상 재화 공급시기에 대한 설명으로 옳지 않은 것은? (90회)
① 상품권을 외상으로 판매하는 경우에는 외상대금의 회수일을 공급시기로 본다.
② 폐업 전에 공급한 재화의 공급시기가 폐업일 이후에 도래하는 경우에는 그 폐업일을 공급시기로 본다.
③ 반환 조건부판매의 경우에는 그 조건이 성취되거나 기한이 경과되어 판매가 확정되는 때를 공급시기로 본다.
④ 무인판매기를 이용하여 재화를 공급하는 경우에는 당해 사업자가 무인판매기에서 현금을 인취하는 때를 공급시기로 본다.

정답

1. ④ 간주임대료는 임대인이 받은 전세금이나 임차보증금을 정기예금에 맡길 때 붙는 이자에 대해 임대료로 간주하는 것을 간주임대료라 하며, 보증금이자(간주임대료)에 대해 10%를 과세한다. 이때 간주임대료의 공급시기는 해당 과세기간 종료일(예정신고기간 또는 과세기간종료일)이다.
2. ① 고용관계에 의하여 근로를 제공하는 경우 부가가치세법상 용역의 공급으로 보지 않고 소득세법상 근로소득 과세대상이다. 그리고 사업자가 특수관계자(가족, 친척)에게 사업용 부동산의 임대용역을 무상 공급하는 경우 용역의 공급으로 본다.
3. ① 반환조건부판매 등 조건부판매와 기한부판매의 공급시기는 그 조건이 성취되거나 기한이 경과되어 판매가 확정 되는 때이다.
4. ④ 폐업 시 잔존재화 : 폐업하는 때
5. ③ 가공된 재화를 인도하는 때가 공급시기(=거래시기)이다.
6. ④ 폐업시 잔존재화의 공급시기는 폐업하는 때이다.
7. ② 재화 또는 용역의 공급시기가 되기 전에 재화 또는 용역에 대한 대가의 전부 또는 일부를 받고, 이와 동시에 그 받은 대가에 대하여 세금계산서를 발급하면, 그 세금계산서 등을 발급하는 때를 각각 그 재화 또는 용역의 공급시기로 본다.(부가가치세법 제17조)
8. ① 장기할부판매의 경우는 대가의 각 부분을 받기로 한 때를 재화의 공급시기로 본다.
9. ④ 재화가 실제로 인도되는 때
10. ④ 무인판매기를 이용하여 재화를 공급하는 경우 해당 사업자가 무인판매기에서 현금을 꺼내는 때를 재화의 공급시기로 본다(부가가치세법시행령 제28조)
11. ① 상품권 등을 현금으로 판매하고 그 후 그 상품권이 현물과 교환되는 경우의 공급시기는 재화가 실제로 인도되는 때이다.
12. ① 상품권 등을 현금 또는 외상으로 판매하고 그 후 해당 상품권 등이 현물과 교환되는 경우에는 재화가 실제로 인도되는 때를 공급시기로 본다.

CHAPTER 03 과세표준

과세표준은 납세자가 납부해야할 세액산출의 기초가 되는 수량 또는 가액을 말한다.
당사가 일반과세자일 경우에는 과세표준을 "공급가액"이라하며, 당사가 간이과세자일 경우에는 과세표준은 공급대가(부가세10%포함된 매출액)을 말한다.

★ 과세표준은 과세공급가액 + 영세율공급가액의 합계액이다.(면세공급가액 제외)
　　　　　　(과세매출액)　　　(영세율매출액)　　　　　　　(면세매출액)

1 과세표준의 일반원칙

일반과세자인 당사가 재화·용역을 공급할 때 공급받는 자(=매입자)에게 수취한 부가가치세를 포함하지 않은 금액(=부가세 별도인 금액)을 공급가액이라 한다.

구 분	과세표준(=공급가액)
❶ 금전(돈)으로 대가를 받는 경우	그 대가 (물건 값)
❷ 금전 이외의 대가를 받는 경우	공급한 재화 또는 용역의 시가
❸ 대가를 받지 않는 경우	공급한 재화 또는 용역의 시가
❹ 폐업시 잔존재화의 경우 (면세품목은 제외)	잔존재화의 시가
❺ 부가가치세가 표시되지 않거나 불분명한 경우	해당금액÷1.1(100/110) = 공급가액
❻ 특수관계자로부터 부당하게 낮은 대가를 받은 경우	공급한 재화 또는 용역의 시가

❼ 수출시 외화를 받을 경우 공급가액 ㉠ⓐ + ⓑ
　㉠ 선적일(=공급시기) 이전에 외화를 받은 경우(=선수금) ➔ ⓐ 환가한 경우 ➔ 환전일 환율로 공급가액 계산.
　　　　　　　　　　　　　　　　　　　　　　　　　ⓑ 환가하지 않은 경우 ➔ 선적일 기준환율로 계산
　㉡ ㉠ⓐ이외의 모든 경우 – 선적일(공급시기) 기준환율로 계산함. (또는 재정환율을 적용한 금액)

참고 시가란?
사업자가 특수 관계가 없는 제3자와 계속적으로 거래한 가격 또는 제3자간에 일반적으로 거래된 가격을 말한다.

문제 공급가액

1. 부가가치세법상 공급가액에 대한 설명 중 틀린 것은?
① 금전으로 대가를 받은 경우에는 그 대가
② 금전 이외의 대가를 받은 경우에는 자기가 공급한 재화 또는 용역의 원가
③ 폐업하는 재고재화의 경우에는 시가
④ 부가가치세가 표시되지 않거나 불분명한 경우에는 100/110에 해당하는 금액

2. (주)씨엘은 수출을 하고 그에 대한 대가를 외국통화 기타 외국환으로 수령하였다. 이 경우 공급가액으로 올바르지 않은 것은?
① 공급시기(선적일) 이후 대가 수령 – 공급시기의 기준환율 또는 재정환율로 환산한 가액
② 공급시기 이전 수령하여 공급시기 도래 전 환가 – 공급시기의 기준환율 또는 재정환율로 환산한 가액
③ 공급시기 이전 수령하여 공급시기 도래 이후 환가 – 공급시기의 기준환율 또는 재정환율로 환산한 가액
④ 공급시기 이전 수령하여 공급시기 도래 이후 계속 외환 보유 – 공급시기의 기준환율 또는 재정환율로 환산한 가액

3. 부가가치세 과세사업을 영위하던 김관우씨는 당해연도 2월 10일에 해당 사업을 폐업하였다. 폐업할 당시에 잔존하는 재화가 다음과 같다면 그 부가가치세 과세표준은 얼마인가? (58회)
(당초에 매입할 당시 매입세액공제를 받았음)

상 품(전기. 12.1. 취득)	• 취득가액 : 15,000,000원	• 시가 : 10,000,000원
토 지(전기. 11.1. 취득)	• 취득가액 : 5,000,000원	• 시가 : 15,000,000원

① 10,000,000원　② 15,000,000원　③ 20,000,000원　④ 25,000,000원

정답

1. ② 금전 이외의 대가를 받은 경우에는 자기가 공급한 재화 또는 용역의 시가를 공급가액으로 한다.
2. ② 선적일(공급시기)이전에 원화로 환가(환전)한 경우에는 그 환전한 금액을 환가한 금액으로 과세표준을 결정하고 그 외의 경우에는 선적일 기준환율 또는 재정환율로 계산하여 과세표준으로 한다.
3. ① 폐업시 잔존재화의 과세표준은 상품(시가) 10,000,000원이 해당된다. 토지의 공급은 면세대상이므로 부가세 신고시 과세표준에 포함하지 않는다.

2 과세표준(공급가액)에 포함되는 항목과 과세표준에 포함되지 않는 항목 ✓출제★★

과세표준에 포함되는 항목	과세표준에 포함되지 않는 항목
❶ 할부판매 이자 상당액(=할부이자) ❷ 개별소비세, 관세, 교육세, 주세 등 ❸ 대가의 일부로 받는 운송비·포장비·하역비·운송보험료·산재보험료 ❹ 판매장려품(1+1 상품들) ❺ 제3자 적립마일리지(신용카드사 등에서 적립한 포인트를 다른 곳에 물건을 샀을 경우 차감되는 포인트) 등 사업자가 실제 받을 대가만큼 과세표준에 포함한다. (2017년 04.01 공급분부터 개정) ❻ 재화나 용역과 관련 있는 국고보조금과 공공보조금	❶ 부가가치세 ❷ 매출환입(매출반품), 매출에누리, 매출할인 ❸ 대가 지급지연으로 받는 연체이자 (연체이자는 공급과는 무관한 대금결제의 지연으로 인한 이자이므로 과세표준에 포함하지 않습니다. 연체이자가 총매출액에 포함되어 있는 상태가 아니기 때문에 연체이자를 과세표준에 포함하지 않는다는 것은 매출액에 포함시키지 않습니다는 것을 의미합니다.) ❹ 공급받는 자(매입자)에게 도달하기 전에 파손 훼손된 재화의 가액 ❺ 재화나 용역과 관련 없는 국고보조금과 공공보조금 ❻ 공급받는 자(매입자)가 부담하는 원재료 (공급자가 부담하면 공급가액에 포함) ❼ 자기적립마일리지 상당액

▶ 과세표준에서 공제하지 않는 항목 (과거에 과세표준으로 신고한 금액으로 매출액에서 제외하지 않는 항목)
    ㉠ 대손금   ㉡ 판매장려금(현금)   ㉢ 하자보증금
           ↳ 받지못한 매출세액(=대손세액)을 공제받는 것을 ➡ 대손세액 공제라 한다.
             과세표준에서 차감하지 않는다.

문제 과세표준

1. 다음 중 부가가치세 과세표준에 포함하는 것은? (27회)
① 매출에누리와 환입
② 개별소비세액
③ 재화나 용역과 관계없는 국고보조금
④ 공급대가의 지급지연으로 인한 연체이자

2. 다음 중 부가가치세법상 과세표준의 산정방법이 옳지 않은 것은? (51회 수정)
① 재화의 공급에 대하여 부당하게 낮은 대가를 받는 경우 : 자기가 공급한 재화의 시가
② 재화의 공급에 대하여 대가를 받지 아니하는 경우 : 자기가 공급한 재화의 시가
③ 특수관계인에게 용역을 공급하고 부당하게 낮은 대가를 받는 경우 : 자기가 공급한 용역의 원가
④ 특수관계자에게 사업용 부동산을 무상으로 임대한 경우 : 자기가 공급한 용역의 시가

3. 다음 중 부가가치세법상 과세표준에 포함되지 않는 것은? (29회)
① 할부판매시 이자상당액
② 매출에누리 · 환입
③ 개별소비세
④ 관세

4. 다음 자료에 의해 부가가치세 과세표준을 계산하면? (20회)

㉠ 총매출액 30,000,000원	㉡ 매출에누리액 5,000,000원
㉢ 매출할인 4,000,000원	㉣ 대 손 금 2,000,000원
* 총매출액에는 매출에누리액이 포함되어 있음	

① 21,000,000
② 25,000,000
③ 29,000,000
④ 30,000,000

5. 다음 중 과세표준에 포함하지 않는 금액으로 틀린 것은? (46회)
① 부가가치세
② 매출에누리, 매출환입 및 매출할인
③ 공급자가 부담하는 원자재 등의 가액
④ 공급받는 자에게 도달하기 전에 파손 · 훼손 또는 멸실된 재화의 가액

6. 다음 중 부가가치세 과세표준에 해당되는 금액은 얼마인가? (28회)

(가) 컴퓨터 판매가액 1,000,000원(시가 2,000,000원, 특수관계자와의 거래에 해당)
(나) 컴퓨터 수선관련 용역을 무상으로 제공(시가 500,000원)
(다) 시가 300,000원에 해당하는 모니터를 공급하고 시가 500,000원에 상당하는 책상을 제공받음

① 1,800,000원
② 2,300,000원
③ 3,000,000원
④ 2,500,000원

7. 부가가치세법상 과세표준에 포함되지 않는 것은? (57회)
① 관세
② 개별소비세
③ 할부거래에 따른 이자액
④ 매출에누리

8. 다음 중 부가가치세의 과세표준에 포함되는 항목은 어느 것인가? (60회)
① 재화 또는 용역을 공급하고 외상매출금이나 그 밖의 매출채권의 일부 또는 전부를 회수할 수 없는 경우의 대손금액
② 재화 또는 용역의 공급과 직접 관련되지 아니하는 국고보조금과 공공보조금
③ 환입된 재화의 가액
④ 공급에 대한 대가의 지급이 지체되었음을 이유로 받는 연체이자

정답

1. ② 개별소비세, 주세, 교육세 등 과세표준에 포함하여 공급가액을 결정한다.
2. ③ 부당하게 낮은 대가를 받은 경우, 재화의 저가공급, 용역의 저가공급은 모두 시가로 과세된다.
제3자에게 용역의 무상공급은 예외적으로 과세되지 않는다. 그러나 특수관계자(가족 등)에 대한 용역의 저가공급은 과세된다는 점에 주의합니다.
3. ② 매출환입, 매출에누리, 매출할인은 과세표준에 포함되지 않는다.
4. ① 순매출액이 과세표준으로 신고하는 금액이다. 따라서 총매출액 30,000,000 - 매출환입,매출에누리, 매출할인(5,000,000+4,000,000) = 21,000,000원
대손금, 판매장려금(현금), 하자보증금은 과세표준에서 공제하지 않는 항목이다.
5. ③ 공급자가 부담하는 원자재 등의 가액은 과세표준에 포함한다.
6. ② 공급가액 = 2,000,000원 + 300,000원 = 2,300,000원
용역의 무상공급은 과세하지 않으므로 과세표준 계산시 (나)는 제외하고, 특수관계자와의 거래에 대해서는 시가를 과세표준으로 한다. 그리고 금전이외의 대가를 받은 경우 자기가 공급한 재화의 시가를 과세표준으로 한다.
7. ④ 매출에누리는 재무회계에서 매출액차감항목이고, 부가세법에서도 과세표준(매출공급가액)에서 차감한다.
관세는 매입시 부대비용으로 매입공급가액에 포함한다.
8. ① 다음 각 호의 금액은 공급가액에 포함하지 아니한다.(부가가치세법 제29조 5항)
 1. 재화나 용역을 공급할 때 그 품질이나 수량, 인도조건 또는 공급대가의 결제방법이나 그 밖의 공급 조건에 따라 통상의 대가에서 일정액을 직접 깎아 주는 금액
 2. 환입된 재화의 가액
 3. 공급받는 자에게 도달하기 전에 파손되거나 훼손되거나 멸실한 재화의 가액
 4. 재화 또는 용역의 공급과 직접 관련되지 아니하는 국고보조금과 공공보조금
 5. 공급에 대한 대가의 지급이 지체되었음을 이유로 받는 연체이자
 6. 공급에 대한 대가를 약정기일 전에 받았다는 이유로 사업자가 당초의 공급가액에서 할인해준 금액

3 간주공급의 과세표준

구 분	과세표준
자가공급 · 개인적공급 · 사업상증여 · 폐업시 잔존재화	시가
자가공급 중 판매목적 타사업장 반출(=직매장반출)	취득원가

4 대손세액공제

회수불능(=대손)되어 못받는 매출세액(=대손세액)을 대손확정일이 속하는 과세기간 매출세액에서 차감한다. 일반과세자는 확정신고 시에만 대손세액공제를 적용받을 수 있고, 간이과세자는 대손세액공제를 적용받을 수 없다.

▶ 대손사유
① 소멸시효 완성된 채권(=법적으로 받을 수 있는 기간이 끝난 채권)
② 채무자의 파산, 강제집행, 사망, 실종 등
③ 부도발생일로부터 6개월이 지난 수표 또는 어음
④ 회수기일로부터 6개월 경과된 채권으로 채무자별 채권합계가 30만원 이하의 소액채권
⑤ 회사정리인가
⑥ 중소기업의 외상매출금 및 미수금으로서 회수기일이 2년이 경과한 외상매출금 및 미수금
　(단, 특수관계인과의 거래에서 발생한 외상매출금이나 미수금은 제외한다)

→ 대여금에 대한 대손금은 재화 또는 용역 공급 시 생긴 채권이 아니므로 대손사유가 아니다.
　대손사유에 해당하는 채권들 – 외상매출금, 받을어음, 미수금 등

확인문제

1. 다음 중 대손사유이면 ○, 아닌 것은 × 하시오.

(1) 소멸시효 완성된 채권　▶
(2) 파산 또는 사망　▶
(3) 부도난 수표나 어음　▶
(4) 부도발생일로부터 6개월이 지난 수표 또는 어음　▶
(5) 회수기일로부터 6개월 경과된 채권으로 채무자별 채권합계가 30만원 이하인 채권　▶
(6) 중소기업의 외상매출금 및 미수금으로 회수기일이 2년이 지난 외상매출금은 거래 상대방과 무관하게 대손세액 공제 대상이 된다.　▶

2. 부가가치세법상 간주공급(해당 재화는 감가상각자산이 아님)에 대한 과세표준 산정시 공급가액을 시가로 계산해야 하는 사항이 아닌 것은? (26회)
   ① 판매목적 타사업장 반출
   ② 개인적 공급
   ③ 사업상증여
   ④ 폐업시 잔존재화(재고재화)

3. 다음 자료를 바탕으로 부가가치세 납부세액 계산시 매출세액에서 차감할 수 있는 대손세액은 얼마인가? (세부담 최소화를 가정한다)

내 역	공급가액
(가) 파산에 따른 매출채권	20,000,000원
(나) 부도발생일로부터 6월이 경과한 부도수표	10,000,000원
(다) 상법상 소멸시효가 완성된 매출채권	1,000,000원

① 2,000,000원   ② 2,100,000원   ③ 3,000,000원   ④ 3,100,000원

정답
1. (1)○ (2)○ (3)× (6개월 경과된 수표나 어음) (4)○ (5)○ (30만원이하의 소액채권임) (6)×
2. ① 자가공급 중 직매장반출(=판매목적 타사업장 반출)의 과세표준은 취득원가이다.
3. ④ 대손세액은 대손사유에 의해 공제 받을 수 있는 매출세액이다. 따라서 대손사유에 대한 매출세액을 계산한다. (22,000,000 + 11,000,000 + 1,100,000) ÷ 1.1 × 0.1 = 대손세액 3,100,000원

영세율과 면세

1 영세율

재화나 용역을 공급할 때 세율 0%를 적용하는 것을 영세율이라 한다.
과세사업자는 수출 등 외화획득 거래를 예외사항으로 0%세율을 적용한다. 그리고 영세율 매출 공급가액도 과세표준(매출 공급가액)에 포함하여 신고한다.

(1) 영세율의 특징

❶ 수출하는 재화 등 일정한 재화 또는 용역의 공급에 대하여 "0%"의 세율을 적용하는 제도
❷ 완전면세제도 : 매출에 대해 영세율을 적용받게 되고, 재화나 용역을 매입할 때 지급한 매입세액을 전액 환급 받는다 (매출세액 0원, 매입세액은 전액 환급.)
❸ 영세율은 세율을 "0%"로 한다는 것이지 부가가치세의 납세의무 자체가 면제되는 것은 아니다. 영세율 적용 사업자는 과세사업자이므로 사업자등록, 세금계산서(0%) 발급 등 납세의무자로서의 모든 의무는 이행해야 한다.

(2) 영세율의 목적

❶ 소비지국 과세원칙 실현(=이중과세방지 목적)
❷ 수출 장려하기 위한 목적

(3) 영세율 적용 대상

❶ 영세율적용 대상자
  ㉠ 과세사업자 (일반과세자, 간이과세자)
    (면세사업자는 원칙으로 영세율 적용되지 않지만, 면세포기를 하면 영세율 적용 받는다.)
  ㉡ 상호주의에 따라 외국에 나간 대한민국 거주자 또는 국내 법인에게 동일하게 면세하는 경우에도 비거주자 또는 외국법인에게 영세율을 적용한다.

(4) 영세율적용 범위(= 외화획득거래) ★★ (단, 외국인이 식당에서 식사한 대금 등 제외)

❶ 수출하는 재화 – 국외거래 : 직수출, 대행위탁수출, 중개무역수출, 외국인도수출 등
           – 국내거래 : 내국신용장 또는 구매확인서가 발급이 된 국내 재화나 용역의 공급거래
❷ 국외에서 제공하는 용역(해외건설용역 등)
❸ 선박, 항공기의 외국항행 용역(국제선)
❹ 기타 외화획득 재화, 용역

(5) 영세율세금계산서(0%) 발급

구 분	영세율 적용대상
영세율 세금계산서 발급	내국신용장 또는 구매확인서에 의한 재화나 용역의 공급
영세율 세금계산서 발급의무 면제	직수출하는 재화, 국외에서 제공하는 용역(해외건설용역), 항공기의 외국항행용역, 기타 외화획득 사업 등

문제 영세율

1. 다음 중 부가가치세법상 영세율에 대한 설명으로 틀린 것은? (32회)
① 수출하는 재화에 적용된다.
② 내국신용장에 의할 경우 영세율세금계산서를 발행해야 한다.
③ 최종소비자에게 부가가치세의 부담을 경감시키기 위한 불완전면세제도이다.
④ 영세율적용대상자는 부가가치세법상 과세사업자이어야 한다.

2. 다음 중 부가가치세법상 영세율에 대한 설명으로 가장 틀린 것은? (59회)
① 수출하는 재화뿐만 아니라 국외에서 제공하는 용역도 영세율이 적용된다.
② 영세율이 적용되는 모든 사업자는 세금계산서를 발급하지 않아도 된다.
③ 영세율이 적용되는 경우에는 조기환급을 받을 수 있다.
④ 영세율이 적용되는 사업자는 부가가치세법상 과세사업자이어야 한다.

3. 다음 중 부가가치세법상 영세율적용대상에 해당하는 것은 (전산세무2 47회)
① 자동차대여 용역
② 일정한 면적이내의 주택임대 용역
③ 선박 또는 항공기의 외국항행 용역
④ 도서대여 용역

정답
1. ③ 최종소비자에게 부가가치세의 부담을 경감시키기 위한 완전면세제도이다.
2. ② 국내매출(내국신용장, 구매확인서)에 의하여 공급하는 재화 등은 세금계산서를 발급해야 한다.
3. ③ 영세율적용대상은 외화를 획득하는 사업대상이다.
   ① 과세, ② 면세, ④ 면세

2 면세 (부가가치세 면제)

(1) 면세 특징

❶ 세부담의 역진성

소득이 높은 층은 부가세 10%가 부담되지 않지만 저소득층은 부가세10%가 부담된다(세부담의 역진성)
이러한 세부담의 역진성을 경감(완화)시키기 위한 제도가 면세제도이다
기초 생활필수품, 면세 농,축,수,임산물 , 수도요금, 버스요금 지하철, 도서, 신문 등 면제대상으로 지정된 일정한 재화
용역을 공급할 때 부가가치세를 면제하고 있다.

❷ 계산서 발급의무(소득세법상, 법인세법상 의무)

면세사업자는 소득세법, 법인세법상의 사업자로서 소득증빙으로 계산서 또는 영수증(신용카드, 현금영수증)을 발급하
며, 면세 공급가액은 부가가치세 과세표준에 포함하지 않는다.

❸ 불완전면세제도(= 부분면세제도)

면세사업자는 매출할 때 거래징수 못하므로 부가세 면제되고, 면세사업자가 매입할 때는 부가가치세 부담할 의무가
있으므로 매입세액을 지급한다. 따라서 매출세액은 0원, 매입세액은 부담하게 되므로 부분면세제도이다.

(2) 면세적용 대상 ✓중요

❶ 미가공식료품(=면세 농·축·수·임산물) ➔ 식용은 국산/수입 모두 면세이고, 비식용은 국산은 면세이고, 수입은 과
세이다. 수돗물(생수는 과세), 연탄 및 무연탄 등

❷ 여객운송용역 – 시내외버스(천연가스 포함), 마을버스, 지하철, (일반)고속버스 (우등, 프리미엄고속버스는 과세) [항공
기, 고속철도, 전세버스, 자동차 대여사업, 택시 등은 과세이다]

❸ 주택임대와 그 주택에 부수되는 토지의 임대용역(주된 거래가 면세이면, 부수거래도 면세)

❹ 의료보건용역과 혈액 – 의사한의사가 제공하는 용역 등 약사가 준 조제용 의약품 산후조리원과 수의사의 가축진료용
역은 면세임 (약사가 판매하는 일반약품은 과세, 미용목적 성형수술 과세, 수의사 애완동물 진료용역은 과세)

❺ 교육용역 – 인허가 받은 일반학원 등 (운전면허학원, 무도학원(=댄스학원), 요가는 과세)
(요가학원은 인허가 신고대상이 아닌 교육용역이므로 과세)
➔ 미술관, 박물관 및 과학관에서 제공하는 교육용역도 면세(2016년 개정세법)

❻ 도서(도서대여 포함), 신문(인터넷신문구독료 포함), 잡지, 전자출판물 등 (단, 광고는 과세)

❼ 토지 공급(= 토지매매)과 주택임대는 면세 (암기: 토공/주임은 면세)
(단, 토지임대와 주택공급은 과세 – 토임주공은 과세 단, 국민주택공급은 면세이다.)

❽ 여성용 생리처리위생용품, 영유아용 기저귀와 분유 우표·복권·공중전화 등

❾ 금융·보험용역(은행·증권회사·보험회사 등),

❿ 저술가, 작곡가, 강사 등 개인이 물적 시설 없이 근로자를 고용하지 않고 독립된 자격으로 용역을 공급하는 면세인적
용역(단, 변호사, 공인회계사, 세무사, 관세사 등의 인적용역은 과세)

⓫ 흰 우유는 면세, 딸기우유, 바나나우유, 초코우유 등은 과세이다.

⓬ 사회적 협동조합이 제공하는 용역의 면세대상(간병, 산후조리, 보육용역) 추가(세법개정 2020년)

항 목	임 대(용역의 제공)	공급(재화의 공급) = 매매
토 지	과 세 (단, 전답과수원, 목장,임야,염전은 면세)	토지매매 – 면 세
주 택	주택임대 – 면 세	과 세 (단, 국민주택규모이하공급은 면세)
상 가	과 세	과 세

(3) 면세포기

❶ 면세포기 대상거래
  ㉠ 영세율 적용대상이 되는 재화, 용역의 공급
  ㉡ 학술(기술)연구단체가 공급하는 재화, 용역의 공급

❷ 포기절차와 효력시기(과세관청의 승인을 필요로 하지 않음)
  ㉠ 면세포기신고서를 언제든지 제출할 수 있다. 제출 즉시 효력 발생함(=과세사업자로 전환)
  ㉡ 면세포기신고일로부터 3년 동안은 면세 적용 불가

❸ 면세사업자의 부가가치세법상 협력의무
  ㉠ 사업장현황신고서 제출 의무(익년 2/10일까지, 개인사업자에 한함)
  ㉡ 매출처별계산서합계표, 매입처별계산서합계표, 매입처별세금계산서합계표 등 제출 의무

문제 | 면세

1. 다음 중 부가가치세 면세대상이 아닌 것은? (74회)
① 약사법에 따른 약사가 제공하는 의약품의 조제용역
② 수돗물
③ 연탄과 무연탄
④ 항공법에 따른 항공기에 의한 여객운송 용역

2. 다음 중 부가가치세법상 면세대상 거래에 해당되지 않는 것은?(78회)
① 보험상품 판매
② 마을버스 운행
③ 일반의약품 판매
④ 인터넷신문 발행

3. 다음 중 부가가치세법상 면세대상 거래에 해당하는 것은? (80회)
① 운전면허학원의 시내연수
② 프리미엄고속버스 운행
③ 일반의약품에 해당하는 종합비타민 판매
④ 예술 및 문화행사

정답
1. ④ 항공법에 따른 항공기에 의한 여객운송 용역은 과세대상이다.
2. ③ 일반의약품 판매는 부가가치세법상 과세거래에 해당된다. (부가가치세법 제2장 과세거래 제2절 면세 제26조)
3. ④ 예술 및 문화행사는 문화관련용역으로 부가가치세법상 면세대상 거래에 해당된다. 운전면허학원, 프리미엄고속버스(우등고속버스), 일반의약품(포장된 의약품)은 과세이다.

※ 영세율과 면세 특징 비교 ✓중요

영세율	면세
영세율은 과세사업자 적용	소득세법, 법인세상 면세사업자 적용
소비지국과세원칙, 수출지원, 장려	세부담역진성 완화
발급의무 없음 (단, 내국신용장 또는 구매확인서는 영세율세금계산서발급의무 있음)	계산서 발급의무
영세율공급가액은 과세표준(공급가액)에 포함하여 신고함.	면세공급가액은 부가세법상 과세표준으로 신고하지 않음
조기환급 있음.	환급 없음
완전면세제도 (매출세액 0원, 매입세액 조기환급)	부분면세제도 (매출세액 0원, 매입세액 부담)

문제 영세율과 면세

1. 다음 중 면세에 해당하는 것들로만 이루어진 것은? (12회)

A. 가공된 식료품 공급   B. 수돗물 공급   C. 무연탄 및 연탄 공급
D. 수집용 우표   E. 신문, 도서 공급   F. 골동품 공급
G. 상가임대

① A, C, E   ② B, C, E   ③ A, D, E   ④ B, D, G

2. 다음 중 부가가치세가 과세되는 것은?
① 토지의 공급   ② 국민주택의 공급
③ 상시주거용 주택과 부수토지의 임대   ④ 주택 외 상가건물의 임대

3. 다음 중 부가가치세법상 영세율에 대한 설명으로 가장 틀린 것은? (59회)
  ① 수출하는 재화뿐만 아니라 국외에서 제공하는 용역도 영세율이 적용된다.
  ② 영세율이 적용되는 모든 사업자는 세금계산서를 발급하지 않아도 된다.
  ③ 영세율이 적용되는 경우에는 조기환급을 받을 수 있다.
  ④ 영세율이 적용되는 사업자는 부가가치세법상 과세사업자이어야 한다.

4. 다음 중 부가가치세 면세대상에 해당하지 않는 것은? (55회 수정)
  ① 시내버스, 고속철도 등의 여객운송용역
  ② 대통령령으로 정하고 있는 교육용역
  ③ 주택임대
  ④ 미가공식료품

5. 다음 중 부가가치세 영세율과 관련된 설명 중 틀린 것은? (82회)
  ① 영세율은 수출하는 재화에 적용된다.
  ② 영세율은 완전면세에 해당한다.
  ③ 직수출하는 재화의 경우에도 세금계산서를 발행, 교부하여야 한다.
  ④ 영세율은 소비지국 과세원칙을 구현하기 위한 제도이다.

정답

1. ② 수돗물, 무연탄 및 연탄, 신문(단, 광고는 과세), 도서는 부가세법상 면세 대상이다.
2. ④ 토지의 공급, 국민주택의 공급, 주택의 임대는 부가가치세법상 면세이다.
3. ② 내국신용장 또는 구매확인서에 의하여 공급하는 재화 등은 세금계산서를 발급하여야 한다.
4. ① 고속철도는 면세대상이 아닌 과세대상임.
5. ③ 직수출하는 재화의 경우에는 영세율이 적용되며, 세금계산서 교부의무가 면제된다.

세금계산서와 영수증

- 세금계산서란 일반과세자인 공급자(매출자)가 재화 또는 용역을 공급할 때 부가가치세(10%)를 세무서를 대신하여 징수하고, 부가세10%를 받았다고 증명하기 위해 공급받는 자(매입자)에게 발급하는 법적증빙이다.
- 직전연도 공급대가 4,800만원 이상 8,000만원이하인 간이과세자는 원칙적으로 세금계산서 발급의무가 있다.(2021년 7/1적용)
  직전연도 공급대가 4,800만원 미만인 간이과세자는 세금계산서 발급의무가 없고, 영수증만을 발급할 수 있다.
- 공급받는 자(매입자)는 발급받은 세금계산서를 집계한 매입처별 세금계산서 합계표를 제출하여 매입거래에서 지급한 부가가치세10%인 매입세액을 공제받을 수 있다.(불공제 거래는 매출세액에서 공제 불가)

[전산회계1급 장부조회] → 세금계산서합계표메뉴 → 세금계산서 매수를 거래처별로 파악

| 공급자가 발급한 세금계산서를 거래처별로 집계한 표 | 매출처별 세금계산서합계표 |
| 공급받는 자가 수취한 세금계산서를 거래처별로 집계한 표 | 매입처별 세금계산서합계표 |

1 세금계산서와 영수증의 종류

구 분		발급하는 자
세 금 계산서	(종이)세금계산서 또는 전자세금계산서	공급자가 공급받는 자에게 발급
	수입전자세금계산서	세관장이 수입자에게 발급
	매입자발행세금계산서	매입자가 발급 (건당 공급대가 10만원 이상 거래)
영수증	신용카드매출전표(직불카드, 선불카드포함)	사업자가 주로 일반소비자에게 발급
	현금영수증	
	(일반적인)영수증	간이과세자 등이 발급

(1) 종이세금계산서

판매자(공급하는 사업자)가 2매(공급자보관용, 공급받는 자 보관용)를 발급하여 1매는 공급받는 자에게 발급하고 5년간 보관해야 한다.

필요적 기재사항 (출제)	임의적 기재사항
❶ 공급하는 사업자(공급자)의 등록번호와 성명 또는 상호 ❷ 공급받는 자의 등록번호 ❸ 작성연월일 ❹ 공급가액과 부가가치세액	① 공급하는 자의 주소 ② 공급받는자의 상호·성명·주소 ③ 공급하는자와 공급받는자의 업태, 종목 ④ 공급품목 ⑤ 단가와 수량 ⑥ 공급연월일

세금계산서 발급시 필요적 기재사항이 누락되었거나 사실과 다른 경우에는 세금계산서의 효력이 인정되지 않는다. 이러한 세금계산서를 수취하면 매입세액 공제가 불가능하다는 의미이다.

(2) 전자세금계산서 ✓중요

　❶ 전자세금계산서 발급의무자
　　모든 법인사업자 또는 직전연도 사업장별 공급가액(과세분+면세분) 합계액이 기존 3억 이상의 개인사업자는 2022년 7월1일 이후 재화 또는 용역을 공급하는 분부터 2억 이상인 개인사업자로 변경 적용한다.(세법개정)
　❷ 발급기한 : 원칙은 공급시기에 발급.　특례 – 공급시기 이전 또는 이후에 발급 가능
　❸ 전자세금계산서 발급명세 전송 : 전자세금계산서는 발급일 다음날까지 전송(원칙).*
　　전자세금계산서 발급명세를 국세청장에게 전송할 의무가 있다. 전자세금계산서 발급명세를 전송한 경우에는 세금계산서합계표를 제출의무가 면제되며, 5년간 세금계산서 보관의무도 면제된다.
　❹ 전자세금계산서 발급세액공제 : 공급가액이 3억미만인 개인사업자만 공제가능 건당200원 (연 100만원한도)
　　　　　　　　　　　　　　　　법인사업자는 전자세금계산서발급세액공제 적용 안됨.

※ 매입자발행세금계산서(출제빈도 낮음)
　공급자(판매자)가 세금계산서를 발급하지 않는 경우 공급받는자(매입자)가 관할세무서장의 확인을 받아 세금계산서를 발행하는 것을 말한다. (신청기한: 공급시기가 속한 과세기간 종료일로부터 6개월이내)

(3) 영수증

　세금계산서의 필요적 기재사항 중 공급받는 자의 등록번호와 부가가치세를 기재하지 않은 증빙서류를 영수증이라 한다.
　이러한 영수증을 발급받더라도 매입세액공제를 받을 수 없으나 예외적으로 신용카드매출전표와 현금영수증에 대해서는 법적증빙(적격증빙)으로 매입세액공제가 가능하다. (불공제제외)

▶ 신용카드매출전표등 발행세액공제 (= 신용카드 등 매출세액공제)
= 신용카드매출전표, 현금영수증 등 발행금액(부가세포함) × 1.3% (음식업, 숙박업 포함 통합)
　[2022년 개정세법 – 2023년 12/31까지 연장]
　(법인사업자는 제외 개인사업자만 공제가능)　[공제한도: 1,000만원] [2023년 12/31까지 적용]
　　　　　　　　　　↳ (단, 직전연도 공급가액 10억 초과하는 개인사업자는 제외함 (2019개정)

2 세금계산서 발급시기

(1) 일반적인 발급시기

원칙		재화 또는 용역의 공급시기에 발급
특례	공급시기 전 발급	재화 또는 용역의 공급시기 전에 세금계산서를 발급하면,발급일로부터 7일 이내에 대가를 지급받은 경우, 재화 또는 용역의 공급시기 전에 대가의 전부 또는 일부를 받고 세금계산서를 발급하면,그 발급받은 때를 재화 또는 용역의 공급시기로 본다.
	공급시기 후 발급	월합계세금계산서는 예외적으로 재화 또는 용역의 공급일이 속하는 달의 다음달 10일까지 발급할 수 있다.(실무)

(2) 세금계산서의 수정발급 (= 수정세금계산서 발급) **세무2급 이상**

❶ 당초 공급한 재화가 환입된 경우 : 환입된 날을 작성일자로 하여 비고란에 당초 작성일자를 기입한 후 수량 또는 공
    └→ 매출반품   급가액에 (-)표시를 하여 발급한다.

❷ 공급가액 착오시 - 경정통지하기 전까지 세금계산서를 수정발급할 수 있고, 공급가액 추가 또는 차감할 경우에는 증감사유가 발생한 날 세금계산서를 수정 발급할 수 있다.

(3) 일반과세자의 세금계산서 발급의무 면제 ✓출제★

❶ 부가가치세법에서 규정한 영수증발급대상사업 : 목욕, 이·미용업, 여객운송업(전세버스사업제외), 입장권 발행해서 영
                                                                    위하는 사업
❷ 간주공급(정상적 판매가 아닌 경우) [단, 판매목적타사업장 반출 (=직매장반출)은 세금계산서 발급함]
❸ 간주임대료(보증금이자)
❹ 영세율적용대상 외화획득거래 [단, 국내거래인 내국신용장이나 구매확인서에 의한 공급거래는 제외]

확인문제

1. 다음 자료에서 세금계산서의 필수적 기재사항을 모두 모은 것은? (58회)

㉮ 공급하는 사업자의 등록번호와 성명 또는 명칭	㉯ 공급받는자의 등록번호
㉰ 공급가액과 부가가치세액	㉱ 공급연월일 ㉲ 작성연월일

① ㉮-㉯-㉰   ② ㉮-㉯-㉰-㉱
③ ㉮-㉯-㉰-㉲   ④ ㉮-㉯-㉰-㉱-㉲

2. 부가가치세법상 법인사업자가 전자세금계산서를 발급하는 경우 전자세금계산서 발급명세서를 언제까지 국세청장에게 전송하여야 하는가? (59회)
   ① 전자세금계산서 발급일의 다음 날
   ② 전자세금계산서 발급일의 일주일 이내
   ③ 전자세금계산서 발급일이 속하는 달의 다음 달 10일 이내
   ④ 전자세금계산서 발급일이 속하는 예정신고기한 또는 확정신고기한 이내

3. 다음 중 전자세금계산서를 의무적으로 발급해야 하는 사업자로 가장 적절한 것은? (61회 응용)
   ① 휴대폰을 판매하는 법인사업자
   ② 4,800만원 미만의 음식점을 운영하는 간이사업자
   ③ 배추를 재배해서 판매하는 영농조합법인
   ④ 입시학원을 운영하는 개인사업자

4. 다음 중 부가가치세법상 세금계산서 발급의무가 면제되는 경우에 해당되지 않는 것은? (63회)
   ① 택시운송사업자, 노점 또는 행상을 하는 사람, 그밖에 기획재정부령으로 정하는 사업자가 공급하는 재화 또는 용역
   ② 부동산임대용역 중 간주임대료
   ③ 미용, 욕탕 및 유사 서비스업을 경영하는자가 공급하는 용역
   ④ 소매업을 경영하는자가 사업자에게 공급하는 재화 또는 용역

정답
1. ③ 공급연월일은 임의적 기재사항 임.(부가가치세법 32조)
2. ① 전자세금계산서 발급일의 다음 날까지(부가가치세법 32③, 동법 시행령 68⑥)
3. ① 법인과세사업자는 무조건 전자세금계산서를 발급해야 한다.
   ② 간이사업자는 공급대가 4,800만원 미만일 경우 세금계산서 발급의무가 없고 영수증발급 대상자이다.
   ③ 배추를 판매하는 영농조합법인은 면세사업자이므로 계산서를 발급한다.
   ④ 학원 개인사업자는 면세사업자로서 계산서를 발급한다.
4. ④ 부가가치세법 시행령 71①

공제가능한 매입세액과 불공제 매입세액

일반과세자의 납부세액 계산구조

　　　매출세액 ➜ (매출공급가액 × 10%) − 대손사유에 해당하는 대손세액 공제함.
(−) 매입세액 ➜ (매입공급가액 × 10%) − 불공제매입세액 = 공제받을 수 있는 매입세액
　　　납부세액 (△환급세액)→ 매출세액 < 매입세액 : 차액을 환급받는다(환급세액은 미수금이다.)
　　　└, 미지급세금(부채) ➜ 매출세액(받아둔 세금)이 많을 경우 생긴 부채.

　　　　매출세액↑ = 납부세액↑,　　매입세액↑ ≠ 납부세액↓
　　　　　　↓　　　　　↓　　　　　　↓　　　　　　↑

1 대손세액공제

대손발생 시 돌려받지 못한 매출세액(=대손세액)은 대손이 확정된 과세기간의 확정신고기간에 매출세액에서 차감한다. (공제기한: 공급일 ~ 10년이 되는 날이 속한 확정신고기한까지)

(1) 대손사유 *세무2급 암기* ~ 부가가치세법, 소득세법, 법인세법상 정하고 있는 대손사유
　❶ 파산, 강제집행, 사망, 실종
　❷ 부도발생일로부터 6개월 경과한 어음과 수표 및 외상매출금(중소기업의 외상매출금으로 부도발생일 이전의 것)
　❸ 채권소멸시효 완성 (상법에서 받을 수 있는 기간이 끝난 채권)
　❹ 회수기일이 6개월 이상 지난 채권 중 소액채권 (30만원이하 채권)
　❺ 회사정리인가

(2) 대손세액 계산 : 대손금액(VAT포함) × 10/110 → 대손금 ÷ 1.1 × 0.1 = 대손세액
(3) 대손세액공제는 예정신고 때 하지 않고, 확정신고 때만 매출세액에서 공제한다. *세무2급*
　　　　　　　　　　　　　　　(공급일 ~ 10년)

확인문제

㈜서초는 2021년 11월 20일 ㈜중부에게 기계장치를 11,000,000원(부가가치세 포함)에 공급하고 어음을 교부받았다. 그런데 2022년 2월 10일 ㈜중부에 부도가 발생하여 은행으로부터 부도확인을 받았다. (㈜중부의 재산에 대한 저당권 설정은 없다.) ㈜서초가 대손세액공제를 받을 수 있는 부가가치세 신고 시기와 공제대상 대손세액으로 가장 올바른 것은? (87회)

	공제시기	공제대상 대손세액
①	2022년 1기 예정신고	1,000,000원
②	2022년 1기 확정신고	1,100,000원
③	2022년 2기 예정신고	1,100,000원
④	2022년 2기 확정신고	1,000,000원

정답 ④

2022년 2기 확정신고   1,000,000 원
(부도발생일로부터 6개월이 경과한 날이 속하는 과세기간의 확정신고 기간의 매출세액에서 공제함)
공제시기 : 부도발생일(2/10)로부터 6개월경과된 확정신고 → 2기확정신고 때 공제가능
공제대상대손세액 → 돌려 받지 못하는 매출세액 → 부도난 어음 11,000,000(부가세포함)× 10/110
즉, 11,000,000 ÷ 1.1 = 공급가액10,000,000 × 10% = 돌려받지 못하는 매출세액 1,000,000원

★ 공제한도 : 공급일로부터 10년이 되는 확정신고기한까지 공제가능. (2020년 개정)

2 매입세액 공제(= 공제받을 수 있는 매입세액) ✓암기!!★

▶ 예정신고 시 공제받지 못한 매입세액은 확정신고 시 공제가능

❶ 세금계산서 수취분(51과세)
❷ 신용카드매출전표 등[신용카드(57카과), 현금영수증(61현과), 직불카드 등] 수취분
❸ 의제매입세액 ~ 매입세액을 만들어서 공제해주는 금액.(일정한 비율만큼 공제받음)
  면세 농, 축, 수, 임산물을 원재료로 매입하여 재화나 용역을 공급하는 과세사업자(당사)가 일정한 공제율을 적용 받아 매입액을 공제받는 것을 의제매입세액(매입세액 증가)말함
❹ 매입자발행세금계산서(공급자 대신 공급받는 자(매입자)가 발행하는 세금계산서)
❺ 간이과세자가 발급한 신용카드매출전표등도 매입세액 공제 적용 (2021년 7/1 이후 적용)
  단, 공급자가 일반과세자 및 간이과세자이고 공급받는자가 일반과세자일 때 다음 경우는 제외
  ① 세금계산서를 발급하지 못하는 업종은 제외
  ② 간이과세자 중 신규사업자 및 직전연도 공급대가 합계액이 4,800만원 미만인 사업자
    (개정사유 : 간이과세자가 발급하는 신용카드매출전표등에 대해서도 세금계산서와 동일하게 매입세액공제 허용)
❻ 공급시기가 지나 후 발급된 세금계산서의 매입세액공제 인정확대 : 확정신고기한 다음날 ~ 1년이내 수취
                    (2022년 개정)
❼ 착오로 공급시기이전에 발급된 세금계산서에 대한 매입세액공제 인정 요건 확대 (2022년 개정)
  ㉠ 세금계산서 발급일로부터 공급시기가 6개월 이내에 도래
  ㉡ 관할 세무서장이 거래사실 확인 후 결정·경정하는 경우

> 확인문제

1. 다음 중 부가가치세법상 매입세액공제가 가능한 것은? (59회)
   ① 면세사업에 사용하기 위하여 구입한 기계장치 매입세액(전자세금계산서 수취함)
   ② 음식점을 영위하는 개인사업자가 계산서 등을 수취하지 아니하고 면세로 구입한 농산물의 의제매입세액
   ③ 거래처에 선물하기 위한 물품구입 매입세액(세금계산서 등을 수취함)
   ④ 제조업을 영위하는 사업자가 농민으로부터 면세로 구입한 농산물의 의제매입세액

2. 다음 중 부가가치세 매입세액으로 공제되는 것은? (69회)
   ① 간이과세자에게 제조업자가 원재료를 매입하고 신용카드매출전표를 수취한 경우
   ② 농산물(배추) 도매업자가 운송용 트럭을 매입하는 경우
   ③ 거래처에 접대하기 위하여 선물을 매입하는 경우
   ④ 비사업자로부터 원재료를 매입하면서 세금계산서 등을 수취하지 않은 경우

> 정답

1. ④ 음식점을 영위하는 경우에는 계산서 등을 반드시 수취하여야 하며, ①,③는 매입세액불공제사유에 해당된다.(부가가치세법 시행령 84③)
2. ① 면세사업(농산물 도매업)에 관련된 매입세액, 접대비관련 매입세액 및 세금계산서 등을 수취하지 않은 경우 매입세액이 불공제된다.(부가가치세법 제39조 1항)

3 공제받지 못할 매입세액(불공제 거래들) 증빙이 (전자)세금계산서일 때만 54불공이 된다.

(1) 불공제 매입거래 + (전자)세금계산서 = 54불공
(2) 불공제 매입거래 + 신용카드 또는 현금영수증 = 과세유형 없음(일반전표 입력)
(3) 불공제 매입거래 + 전자계산서 = 53면세

❶ 사업과 직접 관련 없는 매입세액
❷ 개별소비세 과세대상 승용차[(= 비영업용 소형승용차 = 1,000cc초과 ~ 8인승이하의 승용차) 구입·유지비·임차에 대한 매입세액은 불공제 [1,000cc이하와, 9인승 이상의 승합차 및 트럭은 공제가능].
   [주의] 운전면허학원의 교습용 승용차 매입세액, 택시운송업을하는 승용차의 매입세액은 영업용이므로 공제가능하다.
        제조업에서 영업은 택시나 운전면허학원이 아니므로 비영업이므로 공제 불가
❸ 접대비 관련 매입세액
   [주의] 접대비 거래 + (전자)계산서 = 53면세
❹ 면세사업과 관련된 매입세액
   [주의] 1. 과세품 또는 직원채용시 지급한 광고의 매입세액은 공제가능한 51과세이고,
        2. 면세품 홍보를 위한 광고선전비의 매입세액(전자세금계산서)은 54불공이다.
           ↳ (면세사업 관련 매입세액)
        3. 쌀 배달(= 면세사업)을 위해 구입한 트럭에 대한 매입세액 + 세금계산서 = 54불공
❺ 토지 자본적지출 관련 매입세액 (= 토지부대비용 매입세액)
   [주의] 토지 관련 부대비용 거래 + (전자)세금계산서→ 54불공
        토지구입거래 + (전자)계산서→ 53면세

> 확인문제

1. 다음 중 부가가치세 불공제대상 매입세액이 아닌 것은?(모두 세금계산서를 교부받았고 업무와 관련된 것임) (49회)
   ① 프린터기 매입세액
   ② 업무용 승용차(5인승, 2500cc)매입세액(비영업용임)
   ③ 토지의 취득부대비용 관련 매입세액
   ④ 접대비 관련 매입세액

2. 다음 중 부가가치세법상 매입세액공제가 가능한 금액은? (53회)

• 접대비 지출에 대한 매입세액 : 100,000원	• 면세사업과 관련된 매입세액 : 100,000원
• 토지관련 매입세액 : 100,000원	

   ① 0원   ② 100,000원   ③ 200,000원   ④ 300,000원

3. 부가가치세법상 매입세액으로 공제가 불가능한 경우로 옳은 것은? (56회)
   ① 소매업자가 사업과 관련하여 받은 간이영수증에 의한 매입세액
   ② 음식업자가 계산서를 받고 구입한 농산물의 의제매입세액
   ③ 신용카드매출전표 등 적격증빙 수령분 매입세액
   ④ 종업원 회식비와 관련된 매입세액

4. 다음의 항목 중 부가가치세법상 공제가능한 매입세액에 해당하는 것은? (85회)
   ① 사업자가 자기의 사업에 사용할 목적으로 수입하는 재화의 부가가치세액
   ② 접대비 및 이와 유사한 비용과 관련된 매입세액
   ③ 면세사업등에 관련된 매입세액
   ④ 사업과 직접 관련이 없는 지출과 관련된 매입세액

> 정답

1. ① 부가가치세법에 의해 접대비 관련 매입세액,토지관련 매입세액,비영업용 소형승용자동차 구입과 임차 및 유지관련매입세액은 불공제매입세액이다.
2. ① 모두 불공제 거래들이다.
3. ① 소매업자가 사업과 관련하여 받은 간이영수증에 의한 매입세액은 법적증빙이 아니므로 매입세액의 공제가 불가능하다.
4. ① 접대비 및 이와 유사한 비용과 관련된 매입세액, 면세사업 등에 관련된 매입세액, 사업과 직접 관련이 없는 지출과 관련된 매입세액은 공제하지 아니하는 매입세액에 해당한다.

신고와 납부

1 예정신고와 납부(환급)

(1) 일반적인 예정신고 납부

1기 예정 또는 2기 예정 신고기간에 대한 과세표준과 납부세액 또는 환급세액을 예정신고기간 종료일 이후 25일 이내에 각 사업장 관할세무서장에게 신고하고, 각 예정신고기간의 납부세액을 납부해야 한다. 이때 납부세액은 신용카드매출전표 등에 대한 세액공제는 차감하고, 가산세는 가산하지 않는다.

(2) 개인사업자의 예정신고 납부

개인사업자와 직전 과세표준 1억 5천만 원 미만 법인사업자는 직전 과세기간의 납부세액 50%에 상당하는 금액을 결정하여 예정신고기간 종료일 이후 25일까지 예정고지에 의한 징수가 원칙이다. 다만, 다음의 경우 예정고지세액을 징수하지 못한다.(예정고지 제외사유 확대) (세법개정 2022)

❶ 예정고지하여 납부할 세액이 50만원 미만인 경우 (2022년 개정: 30만원 → 50만원으로 개정)
❷ 간이과세자에서 해당 과세기간 개시일 현재 일반과세자로 변경된 경우
❸ 재난(코로나19), 도난, 부도, 도산 우려 등의 사유로 납부할 수 없다고 인정되는 경우 (2022년 신설)

(3) 개인사업자의 경우 예정고지가 원칙이지만 다음의 경우 예정신고, 납부할 수 있음.

❶ 휴업 또는 사업부진으로 인하여 직전과세기간 공급가액 또는 납부세액 1/3미달하는 자
❷ 조기환급을 받을려는 자
❸ 세금계산서를 발급한 간이과세자

2 확정신고와 납부(환급)

각 과세기간에 대한 과세표준과 납부세액 또는 환급세액을 해당 과세기간 종료일 이후 25일 이내에 각 사업장 관할세무서장에게 신고하고, 해당 과세기간에 대한 납부세액을 납부해야 한다.
다만, 이미 신고한 예정신고 및 조기환급신고 내용은 확정신고시 제외하고 신고하며, 예정신고 한 환급세액은 확정신고 시 납부세액에서 공제하고 신고한다.

3 환급

매출세액 보다 매입세액이 많은 경우 그 초과액을 말한다.

(1) 일반환급 : 확정신고기한(1기:7/25, 2기:1/25) 경과 후 30일 이내에 환급
   (예정신고 때 환급세액은 예정신고 때 환급하지 않고, 확정신고 시 납부세액에서 차감하여 납부 함.)

[사례] 1기 예정신고시 환급세액 5,000원, 1기 확정신고시 매출세액 20,000원, 매입세액 13,000원일 경우 1기 확정신고 납부세액은 얼마인가?

(매출세액 20,000 - 매입세액 13,000원) - 예정신고 환급세액 5,000 = 납부세액 2,000원

(2) 조기환급

예정신고기간 또는 과세기간 3월 중 매월 또는 매2월을 조기환급기간이라 하고, 조기환급기간 종료일로부터 25일 이내 신고하는 하는 것을 조기환급신고기한 이라고 한다.

❶ 조기 환급 적용대상은 아래와 같다.
   ㉠ 영세율 적용사업자
   ㉡ 사업설비투자(신설, 취득, 확장 등)하는 사업자
   ㉢ 조기환급기간, 예정신고기간 또는 과세기간 종료일 현재 재무구조개선계획을 이행중인 사업자
❷ 국세청 또는 세무서는 조기환급 신고기한 경과 후 15일 이내에 사업자에게 환급하여야 한다.
   [사례1] 2개월분(11월과 12월)을 환급 신청할 경우 조기신고기한(1/25) 경과 후 15일내로 환급.
   [사례2] 1개월분(11월)을 환급 신청할 경우 조기신고기한(12/25) 경과 후 15일내로 환급.

문제 신고와 납부 및 환급

1. 다음 중 부가가치세법상 '조기환급'과 관련된 내용으로 틀린 것은? (64회)
  ① 조 기 환 급 : 조기환급신고 기한 경과 후 25일 이내 환급
  ② 조기환급기간 : 예정신고기간 또는 과세기간 최종 3월 중 매월 또는 매 2월
  ③ 조기환급신고 : 조기환급기간 종료일부터 25일 이내에 조기환급기간에 대한 과세표준과 환급세액 신고
  ④ 조기환급대상 : 영세율적용이나 사업 설비를 신설, 취득, 확장 또는 증축하는 경우와 예정신고기간 또는 과세기간 종료일 현재 재무구조개선계획을 이행중인 사업자

2. 부가가치세법상 예정신고납부에 대한 설명이다. 가장 옳지 않은 것은? (67회)
  ① 법인사업자는 예정신고기간 종료 후 25일 이내에 부가가치세를 신고납부 하여야 한다.
  ② 개인사업자는 예정신고기간 종료 후 25일 이내에 예정고지된 금액을 납부하여야 한다.
  ③ 개인사업자에게 징수하여야 할 예정고지금액이 30만원 미만인 경우 징수하지 아니한다
  ④ 개인사업자는 사업실적이 악화된 경우 등 사유가 있는 경우에는 예정신고납부를 할 수 있다.

3. 부가가치세법상 납세지 관할 세무서장은 조기 환급신고에 따른 환급세액을 신고 기한이 지난 후 몇 일 이내에 환급해야 하는가? (87회)

① 10일　　　　② 15일　　　　③ 20일　　　　④ 25일

4. 다음 중 부가가치세 신고 시 제출하는 서류가 아닌 것은? (81회)
① 부가가치세 신고서와 건물 등 감가상각자산취득명세서
② 매출처별 세금계산서 합계표와 매입처별 세금계산서 합계표
③ 공제받지 못할 매입세액명세서와 대손세액공제신고서
④ 총수입금액조정명세서와 조정 후 총수입금액명세서

정답

1. ① 조기환급 : 조기환급신고 기한 경과 후 15일 이내(부가가치세법 59, 시행령 107)
2. ③ 징수하여야 할 금액이 50만원 미만이거나 간이과세자에서 해당 과세기간 개시일 현재 일반과세자로 변경된 경우에는 징수하지 아니한다.(세법개정 2022년)
3. ② 부가가치세법 시행령 제107조(조기환급), 부가가치세법 제59조(환급)
4. ④ 총수입금액조정명세서와 조정 후 총수입금액명세서는 소득세 신고 시 첨부서류이다. ①②③은 부가가치세 신고 시 제출서류이다.
　① 부가가치세 신고서 → 부가가치세 내역을 신고하기 위해 작성하는 서식으로 매입매출전표 입력하면 자동 작성
　　건물 등 감가상각자산취득명세서 → 감가상각대상자산을 구입할 때 작성하는 제출서류
　② 매출처별 세금계산서 합계표 → 매출거래처별로 매출세금계산서를 자동으로 분류하여 작성하는 서류.
　　매입처별 세금계산서 합계표 → 매입거래처별로 매입세금계산서를 자동으로 분류하여 작성하는 서류.
　③ 공제받지 못할 매입세액명세서 → 매입매출전표에서 54불공으로 입력한 거래를 자동으로 집계되는 서류.
　　대손세액공제신고서 → 대손사유에 해당 되는 대손세액(못받는 매출세액)을 확정신고시 매출세액에서 차감하기 위해 작성하는 제출서류

PART 03 원가회계

0203020103_20v4 원가계산(2수준)

능력단위요소	수행준거
0203020103_20v4.1 원가요소 분류하기	1.1 회계 관련 규정에 따라 원가와 비용을 구분할 수 있다. 1.2 회계 관련 규정에 따라 제조원가의 계정 흐름에 대해 분개할 수 있다. 1.3 회계 관련 규정에 따라 원가를 다양한 관점으로 분류할 수 있다.
0203020103_20v4.2 원가배부하기	2.1 원가계산 대상에 따라 직접원가와 간접원가를 구분할 수 있다. 2.2 원가계산 대상에 따라 합리적인 원가 배부기준을 적용 할 수 있다. 2.3 보조부문의 개별원가와 공통원가를 집계할 수 있다. 2.4 보조부문의 개별원가와 공통원가를 배부할 수 있다.
0203020103_20v4.3 원가계산하기	3.1 원가계산시스템의 종류에 따라 원가계산방법을 선택할 수 있다. 3.2 업종 특성에 따라 개별원가계산을 할 수 있다. 3.3 업종 특성에 따라 종합원가계산을 할 수 있다.

- CHAPTER 01 원가의 개념과 분류
- CHAPTER 02 원가의 흐름
- CHAPTER 03 제조간접비 배부와 제조간접비 배부차이
- CHAPTER 04 부문별원가계산
- CHAPTER 05 개별원가계산과 종합원가계산
- CHAPTER 06 공손품과 작업폐물

CHAPTER 01 원가의 개념과 분류

1 원가의 개념

원가란 재화나 용역을 생산하는 과정에서 소비된 경제적 자원. 쉽게말하면 제품제조를 위해 공장(제조부)에서 쓴 돈을 말한다. (본 강의의 이해를 돕기 위해 당사가 붕어빵제조회사에서 붕어빵이라는 제품을 제조하는 과정을 가지고 원가용어를 접근해서 공부하길 바랍니다.)

(1) 원가회계의 목적
   ❶ 재무제표 작성에 필요한 정보제공
   ❷ 원가통제에 필요한 정보제공
   ❸ 경영의사결정에 필요한 정보제공

(2) 원가와 비용의 관계

　원가 → 제품제조를 위한 지출 금액(공장 = 제조부는 500대 코드번호 사용) → 제조원가명세서

　　　　　　　　　　　　　　　　　　　　　　　　　　당기제품제조원가↓

　비용 → 수익을 얻기 위한 지출 금액(본사 = 영업부는 800대 코드번호 사용) → 손익계산서

★ 실기 : 제품제조원가 금액은 2군데 있다. ❶ 제조원가명세서에 있고, ❷ 손익계산서 매출원가 항목 속에 있다.

(3) 원가항목과 비원가항목

　원가항목은 정상적인 제조과정에서 발생한 것만을 말하고,
　비원가항목은 ❶ 제조활동과 관련 없는 경우(본사, 영업부에서 지출한 비용),
　　　　　　　❷ 비정상적인 제조활동(기계고장, 파업기간의 임금, 정전으로 인한 불량품 등)
　　　　　　　❸ 화재나 도난으로 인한 손실 등이 있다.

> 확인문제

1. 다음 중에서 원가회계 목적과 관련이 가장 적은 것은? (40회 출제)
   ① 재무제표의 작성에 유용한 원가정보를 제공한다.
   ② 원가통제에 대한 유용한 원가정보를 제공한다.
   ③ 경영자에게 경영의사결정에 유용한 원가정보를 제공한다.
   ④ 투자자에게 합리적인 의사결정에 관한 정보제공을 목적으로 한다.

2. 다음 중 제조원가항목에 해당하지 않는 것은?
   ① 생산직관리자의 급료   ② 판매부서의 운영비
   ③ 공장 소모품비   ④ 기계장치의 감가상각비

3. 다음 중 제조원가에 속하지 않는 것은?
   ① 원재료비   ② 공장건물의 감가상각비
   ③ 영업부직원의 급여   ④ 공장의 전력비

4. 다음 중 제조원가의 특징이 아닌 것은?
   ① 제조활동을 위한 원가이다.
   ② 운반비도 제조원가에 포함 될 수 있다.
   ③ 매출원가로 비용처리 된다.
   ④ 제조원가는 간접원가는 없고 직접원가만 발생한다.

> 정답

1. ④ 투자자(외부정보이용자)에게 합리적인 의사결정에 관한 정보제공하는 것은 재무회계이다.
2. ② 제조원가항목은 공장에서 지출한 금액. 판매부서의 운영비는 본사(영업부)에서 지출로서 비용항목이다.
3. ③ 영업부 직원의 급여는 판매관리비에 속하는 비용 계정과목이다.
4. ④ 제조원가는 추적가능성에 따라 직접원가와 간접원가로 나눌 수 있다. (제품제조원가는 나중에 매출하면 매출원가로 바뀜)

2 원가의 분류

(1) 발생형태에 따른 분류(원가의3요소) : 재료비(제품제조를 위해 재료를 소비한 금액)
                                    노무비(제품제조를 위해 소비한 노동력의 대가)
                                    제조경비(재료비와 노무비를 제외한 나머지 원가항목)

(2) 추적가능성에 따른 분류 : 직접비(직접재료비 + 직접노무비 + 직접제조경비)= 직접원가
                          간접비(간접재료비 + 간접노무비 + 간접제조경비)= 제조간접비
                                                              └→ 제조원가

❶ 직접재료비 : 특정 제품에 직접 소비된 원가 중 추적 가능한 재료비를 말한다. 예 팥, 땅콩, 계란
  간접재료비 : 여러 제품에 공통으로 소비된 재료비를 말한다 예 밀가루 반죽에 넣는 우유, 설탕, 소금 등
❷ 직접노무비 : 특정 제품에 직접 소비된 원가 중 추적가능한 노무비를 말한다. 예 생산직공에게 지급한 임금
  간접노무비 : 여러 제품에 공통으로 소비된 노동력의 대가 예 보조직공에게 지급한 임금
❸ 직접제조경비: 특정 제품에 직접 소비된 제조경비로서 대부분 직접비는 없다 다만, 제품설계비만 있다.
  간접제조경비: 여러 제품에 공통으로 소비된 제조경비를 말한다. 대부분의 제조경비. 예 전기요금, 가스요금 등
❹ 제조간접비 : 여러 제품에 공통으로 소비된 간접원가(=추적불가능한 원가)로서 직접재료비와 직접노무비를 제외한 나머지 간접비 합계액이다 (제조간접비 = 간접재료비+간접노무비+간접제조경비)
  ※ 제조간접비는 변동제조간접비와 고정제조간접비로도 구분된다.
  [계산식] 제조간접비 = 변동제조간접비 + 고정제조간접비
❺ 제조원가 ➔ 직접원가 + 제조간접비

▶ 그림암기!

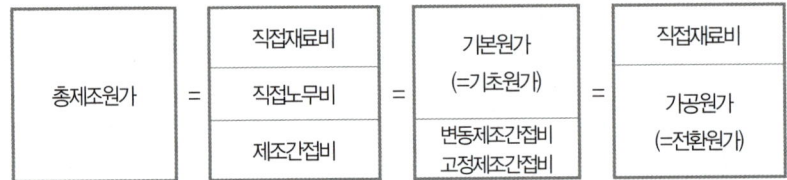

▶ 암기사항

• 기본원가(= 기초원가)는 (직접재료비)와 (직접노무비)를 합계 금액을 말한다.
• (가공원가)는 직접재료비를 제외한 나머지 모든 원가로서 직접노무비와 제조간접비를 합한 금액을 의미한다. 그리고 (전환원가)라고도 한다.
• 기본원가와 가공원가 중 공통이 되는 원가는 (전환원가)이다.
• 제조간접비는 간접비의 합계액으로 (변동제조간접비)와 (고정제조간접비)로 구분된다.

확인문제

1. 다음은 부산에서 발생한 원가자료이다. 당기총제조원가은 얼마인가? 단, 제조간접비는 직접노무비의 50%를 배부한다.

| • 직접재료비 10,000,000원 | • 직접노무비 8,050,000원 |
| • 제조간접비   – | • 판매비와관리비 5,000,000 |

① 18,050,000원 ② 22,075,000원
③ 26,100,000원 ④ 27,075,000원

2. 다음 원가요소자료에 의하여 가공비 금액을 계산하시오.

| ・변동제조간접비 850,000원 ・고정제조간접비 300,000원 |
| ・직접재료비 1,200,000원 ・직접노무비 1,500,000원 |

① 1,150,000원　　　　　　　　② 1,500,000원
③ 2,650,000원　　　　　　　　④ 3,850,000원

3. 다음 자료에 의하여 당기총제조원가를 구하시오.

| ・기본원가 570,000　・가공원가 520,000원　・제조간접비 200,000원 |

① 770,000원　　　　　　　　② 1,070,000원
③ 720,000원　　　　　　　　④ 1,270,000원

4. 다음 자료에 의하여 직접노무비를 구하시오.

| ・기본원가 570,000　・가공원가 520,000원　・제조간접비 200,000원 |

① 770,000원　　　　　　　　② 720,000원
③ 320,000원　　　　　　　　④ 200,000원

5. 가공원가에 대한 설명 중 옳은 것은?
   ① 제조과정에서 발생하는 모든 원가
   ② 이미 발생하여 의사결정에 영향을 주지 못하는 원가
   ③ 직접노무비와 제조간접비의 합계
   ④ 미래에 발생할 것이 예상되는 원가

6. 다음 중 직접원가에 해당되는 것은?
   ① 간접재료비　　　　　　　② 공장수위 등의 급여
   ③ 동력용 연료　　　　　　　④ 특정제품의 설계비

7. 다음 중 기초원가 이면서 가공비에도 해당하는 원가는?
   ① 직접재료비　　　　　　　② 직접노무비
   ③ 간접재료비　　　　　　　④ 간접노무비

8. 제조원가의 3요소에 해당하지 않는 것은?
   ① 재료비
   ② 노무비
   ③ 가공원가
   ④ 제조경비

9. 다음 중 제조원가의 특징이 아닌 것은?
   ① 제조활동을 위한 원가이다.
   ② 운반비도 제조원가에 포함될 수 있다.
   ③ 매출원가로 비용처리 된다.
   ④ 제조원가는 간접원가는 없고, 직접원가만 발생한다.

10. 원가의 분류에 대한 설명 중 가장 틀린 것은?
    ① 가공비는 직접노무비를 의미한다.
    ② 추적가능한 원가를 직접원가라 한다.
    ③ 원가는 직접재료비, 직접노무비, 제조간접비로 분류할 수 있다.
    ④ 직접재료비와 직접노무비를 기초원가 또는 기본원가라 한다.

11. 다음 중 제조원가에 산입되는 항목으로만 나타낸 것은?
    ① 공장수도광열비, 광고비, 작업감독자 급료
    ② 공장건물감가상각비, 공장장 급료, 기계수선비
    ③ 작업감독자 급료, 영업부사원 급료, 공원 피복비
    ④ 공원피복비, 기계수선비, 기획이사 급료

12. 다음은 제조간접비에 대한 설명이다. 틀린 것은?
    ① 변동비가 될 수도 있고 고정비가 될 수도 있다.
    ② 간접재료비와 간접노무비를 포함한다.
    ③ 제조원가 중에서 가공비를 의미한다.
    ④ 직접재료비와 직접노무비를 제외한 제조원가이다.

13. 제조간접비에 대한 다음 설명 중 가장 맞는 것은?
    ① 가공비에 포함된다.
    ② 모든 노무비를 포함한다.
    ③ 변동비만 포함된다.
    ④ 고정비만 포함된다.

14. 다음은 (주)삼일이 생산하는 제품에 대한 원가자료이다.

    - 단위당 직접재료원가   ₩24,000
    - 단위당 직접노무원가   36,000
    - 단위당 변동제조간접원가 48,000
    - 월간 총고정제조간접원가 200,000
    - 고정제조간접원가는 월간 총생산량 10단위를 기초로 한 것이다.

    (주) 삼일의 제품 단위당 기초원가와 단위당 가공원가를 구하면?

	기초원가	가공원가		기초원가	가공원가
①	₩ 24,000	₩ 104,000	②	₩ 60,000	₩ 84,000
③	₩ 60,000	₩ 104,000	④	₩ 24,000	₩ 84,000

15. (주)세창의 당기 직접재료비는 50,000원이고, 제조간접비는 45,000원이다. (주)세창의 직접노무비는 가공비의 20%에 해당하는 경우, 당기의 직접노무비는 얼마인가?
    ① 9,000원 ② 10,000원 ③ 11,250원 ④ 12,500원

16. 원가자료가 다음과 같을 때 당기의 직접재료비를 계산하면 얼마인가?

    - 당기총제조원가는 5,204,000원이다.
    - 제조간접비는 직접노무비의 75%이다.
    - 제조간접비는 당기총제조원가의 24%이다.

    ① 2,009,600원 ② 2,289,760원
    ③ 2,825,360원 ④ 3,955,040원

> 정답

1. ② 당기총제조비용(= 당기총제조원가)은 직접재료비, 직접노무비, 제조간접비 합계이다
2. ③ 가공비는 직접재료비를 제외한 나머지 모든 원가로서 직접노무비 + 제조간접비 이다.
3. ① 당기총제조원가는 직접재료비 + 직접노무비 + 제조간접비이다.
4. ③

총제조원가	=	직접재료비	기본원가	=	직접재료비	직접재료비	=	기본원가	직접재료비
		직접노무비	570,000		직접노무비	가공원가			가공원가
		제조간접비	200,000		제조간접비	520,000		제조간접비	

5. ③ 가공원가는 직접노무비와 제조간접비를 포함한 합계이다.
6. ④ 공장수위 등의 급료는 간접노무비에 해당하고, 동력용 연료는 간접제조경비에 속한다.
     직접원가는 직접재료비, 직접노무비, 직접제조경비를 포함한 금액으로, 특정제품설계비는 직접 제조경비에 속한다.
7. ② 직접노무비는 기초원가와 가공원가에 모두 속하는 원가이다.
8. ③ 가공원가는 직접노무비와 제조간접비를 포함한 합계이다.
9. ④ 운반비도 500대와 800대로 구분되며, 제품제조원가가 판매가 되면 매출원가(매출한 제품제조원가)로서 비용으로 분류된다. 그리고 제조원가는 직접원가와 간접원가(제조간접비)를 포함한 합계이다.
10. ① 가공원가는 직접노무비와 제조간접비를 포함한 합계이다.
11. ② 광고비, 영업사원 급료, 기획이사 급료는 판매비와 관리비 항목으로 기간비용이다.
12. ③ 제조간접비는 가공원가에는 포함되지만, 가공원가를 의미하지는 않는다. 가공원가는 직접노무비와 제조간접비를 포함한 합계를 의미한다.
13. ① 제조간접비는 가공원가(=가공비)에 포함되므로 가공비가 된다.
14. ③

직접재료비 24,000원
직접노무비 36,000원
변동제조간접비 48,000원
고정제조간접비 20,000원

→ 200,000원 ÷ 10개 = 1개당 고정제조간접비

15. ③ 순서1. 45,000원 = 가공비 × 80%
         가공비 = 45,000 ÷ 80%   가공비 = 56,250원 - 45,000원 = 직접노무비 11,250원

50,000
직접노무비 (20%)
45,000 (80%)

16. ②

③ 직접재료비 (2,289,760원)	총제조원가
② 직접노무비 1,248,960 ÷ 0.75 = 1,665,280	5,204,000
① 제조간접비 5,204,000 × 24% = 1,248,960	

(3) 원가 행태에 따른 분류 ✓중요

❶ 변동원가 : 조업도(생산량) 증가할 때 총변동원가는 증가, 단위당변동원가는 일정하다
   종류 직접재료비, 직접노무비 등
❷ 고정원가 : 조업도(생산량) 증가할 때 총고정원가는 일정(=불변), 단위당고정원가는 감소한다
   즉 조업도(생산량)과 고정비 단가는 반비례(반대)이다.
   종류 [암기] 특.감.세.보.임(특허권사용료, 감가상각비, 재산세, 보험료, 임차료)
❸ 준변동원가(= 혼합원가): 고정비와 변동비를 동시에 갖고 있는 원가를 말한다. 준변동비는 기본요금에 추가요금이 구성되어 있는 것이 특징으로 택시비, 전력비, 전화요금 등이 있다
❹ 준고정원가(=계단원가): 일정한 조업도의 범위(관련범위) 내에서는 고정원가이지만, 그 범위를 벗어나면 총원가가 변동하는 형태의 원가를 말한다. (예)근로감독관 등

▶ 변동원가

변동원가	4월	5월	6월	변화
생산량(조업도)	100개	200개	300개	증가
총변동원가(= 변동비 총원가)	100,000원	200,000원	300,000원	증가
단위당 변동원가(=변동비단가)	@₩1,000	@₩1,000	@₩1,000	일정(불변)

▶ 고정원가

고정원가	4월	5월	6월	변화
생산량(조업도)	100개	200개	300개	증가
총고정원가(=고정비 총원가)	600,000원	600,000원	600,000원	일정(고정)
단위당 고정원가(=고정비 단가)	@₩6,000	@₩3,000	@₩2,000	감소

변동원가

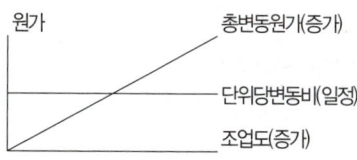

고정원가

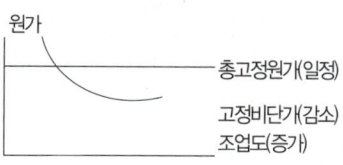

준변동원가 = 혼합원가

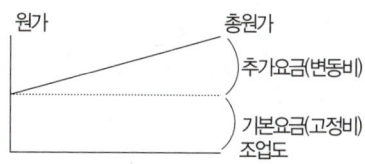

준고정원가 = 계단원가

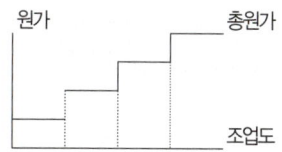

(4) 의사결정과의 관련성에 따른 분류
  ❶ 매몰원가 : 과거에 이미 발생한 원가로서 현재나 미래에 어떤 의사결정에 영향을 주지 못하는 과거원가(장부가액 → 취득원가 – 감상누)를 말한다.
  ❷ 기회비용(기회원가) : 여러 대체안 중에서 어느 하나를 선택함으로 인해 포기되는 최대 경제적(= 포기한 원가) 효익의 희생을 화폐액으로 측정한 것을 말하며, 현금지출을 수반하지 않아 장부에는 기록되지 않으며, 기회비용은 의사결정에 고려해야 한다. (특정대안을 채택할 때 포기해야 하는 대안이 여러 개일 경우 이들 대안들의 효익 중 가장 큰 것이다)

[사례] 태풍으로 재고자산 600,000원이 파손되었을 경우 이 재고자산을 200,000원을 들여 재작업(수리)을 하여 900,000원에 판매할 수 있고, 재작업을 하지 않으면 500,000원에 판매할 수 있다면 기회비용과 매몰원가는?
[정답] 매몰원가(과거원가)는 600,000원   기회비용은 500,000원

  ❸ 관련원가 : 특정의사결정과 직접 관련이 있는 원가로서 고려중인 대안들 간의 차이가 있는 미래원가 이다.
  ❹ 비관련원가 : 특정의사결정에 관련이 없는 원가로서 의사결정에 영향을 미치지 않는 원가.
  ❺ 회피가능원가와 회피불능원가 : 회피가능원가는 특정 대안을 선택하지 않음으로써 회피할 수 있는 원가를 말하고, 회피불능원가는 특정 대안을 선택하더라도 계속해서 발생하는 원가를 말한다.

(5) 통제가능성에 따른 분류
  ❶ 통제가능원가 : 특정 관리자가 원가발생정도에 영향을 미칠 수 있는 원가를 말한다.
  ❷ 통제불능원가 : 특정 관리자가 원가발생정도에 영향을 미칠 수 없는 원가를 말한다.

(6) 고정제조간접비를 포함하는지의 여부에 따라 전부원가계산과 변동원가계산으로 구분한다.

전부원가계산	
직재	
직노	
제간	변동제간
	고정제간

변동원가계산
직재
직노
변동제간

↳ 고정제조간접비를 비용으로 분류(원가로 보지 않음)

(7) 기본원가와 가공원가

기초원가(기본원가)	직접재료비	
	직접노무비	가공원가(전환원가)
	제조간접비	

문제   원가의 분류

1. 변동비와 고정비에 대한 다음 설명 중 옳은 것은?(27회)
① 관련범위 내에서 조업도가 증가하면 단위당 변동비는 증가한다.
② 관련범위 내에서 조업도가 증가하면 단위당 고정비는 증가한다.
③ 관련범위 내에서 조업도가 증가하여도 총변동비는 일정하다.
④ 관련범위 내에서 조업도가 증가하여도 총고정비는 일정하다.

2. 일반적으로 관련범위 내에서 조업도가 증가하는 경우 변동원가와 고정원가의 행태에 대한 설명으로 가장 틀린 것은?(38회)
① 총변동원가는 증가한다.
② 총고정원가는 증가한다.
③ 단위당 변동원가는 일정하다.
④ 단위당 고정원가는 변동한다.

3. 다음 중 변동비(변동원가)에 속하지 않는 것은? (32회)
① 직접재료비   ② 직접노무비   ③ 감가상각비   ④ 포장재료비

4. 다음 중 조업도의 증감에 관계없이 일정한 범위의 조업도내에서는 그 총액이 항상 일정하게 발생하는 원가는 무엇인가?(30회)
① 노무비   ② 공장 월 임차료   ③ 전력비   ④ 재료비

5. 다음에서 설명하고 있는 원가행태는 무엇인가?(29회)

> 전력비의 원가형태는 사용량과 무관하게 납부하는 기본요금과 조업도(사용량)가 증가함에 따라 납부해야 할 금액이 비례적으로 증가하는 추가요금으로 구성되어 있다.

① 변동비(변동원가)   ② 고정비(고정원가)
③ 준변동비(준변동원가)   ④ 준고정비(준고정원가)

6. 원가에 대한 다음의 설명 중 틀린 것은? (31회)
① 직접재료비, 직접노무비는 기초원가에 해당한다.
② 제품생산량이 증가함에 따라 단위당 고정비는 감소한다.
③ 변동비총액은 조업도에 비례하여 증가하게 된다.
④ 매몰원가는 현재의 의사결정에 반드시 고려되어야 한다.

7. 다음은 원가에 대한 개념 설명이다. 틀린 설명은? (25회)
① 기간원가(기간비용)는 제품원가 이외의 모든 원가로서 판매비와 관리비는 이에 해당된다.
② 간접원가란 특정한 원가대상에 직접 추적할 수 없는 원가다.
③ 매몰원가란 경영자가 통제할 수 없는 과거의 의사결정으로부터 발생한 원가다.
④ 기회비용이란 자원을 다른 대체적인 용도에 사용할 경우 얻을 수 있는 최대금액으로 회계장부에 기록되어야 한다.

8. 다음은 원가의 개념에 대한 설명이다. 틀린 것은? (24회)
① 원가란 재화나 용역을 얻기 위하여 희생된 경제적 자원이다.
② 원가회계에서는 일반적으로 상이한 목적에 따라 상이한 원가가 사용된다.
③ 조업도가 증가함에 따라 단위당 변동비는 증가하는 반면, 단위당 고정비는 일정하다.
④ 조업도는 생산량, 판매량, 직접노동시간 등 원가와 인과관계가 있는 척도이다.

9. 원가에 대한 분류를 설명한 것이다. 다음 보기 중 가장 틀린 것은? (39회)
① 특정제품과 직접적으로 추적이 가능한 원가를 직접원가라 한다.
② 조업도가 증가할 때마다 원가총액이 비례하여 증가하는 원가를 변동원가라 한다.
③ 현재의 의사결정에 고려하여야 하는 원가로서 매몰원가를 들 수 있다.
④ 일정한 관련범위 내에서 조업도와 관계없이 총원가가 일정한 것을 고정원가라 한다.

10. 조업도의 감소에 따른 고정비 및 변동비와 관련한 원가행태를 틀리게 나타낸 것은?
① 총고정비는 일정하다.   ② 단위당 고정비는 감소한다.
③ 총변동비는 감소한다.   ④ 단위당 변동비는 일정하다.

11. 다음 자료에 의하여 직접재료비를 구하시오.

  • 기본원가 570,000원   • 가공원가 520,000원   • 제조간접비 200,000원

① 320,000원   ② 370,000원   ③ 890,000원   ④ 250,000원

12. 공장에 설치하여 사용하던 기계설비가 고장이 나서 처분을 하려고 한다. 취득원가는 1,000,000원이며 고장시점까지의 감가상각누계액은 300,000원이다. 동 기계를 바로 처분 하는 경우 500,000원을 받을 수 있으며 100,000의 수리비를 들여 수리하는 경우 900,000원을 받을 수 있다. 이때 매몰원가는 얼마인가?
① 100,000원   ② 800,000원   ③ 700,000원   ④ 500,000원

13. 다음은 공장전기요금 고지서의 내용이다. 원가 행태상의 분류로 옳은 것은?

- 기 본 요 금 : 2,000,000원 (사용량과 무관)
- 사 용 요 금 : 3,120,000원 (사용량 : 48,000kw, kw당 65원)
- 전기요금합계 : 5,120,000원

① 고정원가　　　② 준고정원가　　　③ 변동원가　　　④ 준변동원가

14. 병원의 간호사 급료는 월 20일 근무기준으로 지급되는데, 월 20일을 초과하여 근무하면 기본급 1,200,000원에 추가적으로 시간당 7,500원이 지급된다. 이 경우 간호사 급료의 원가행태는?

① 변동원가　　　② 준변동원가　　　③ 고정원가　　　④ 준고정원가

15. 원가에 대한 다음 설명 중 가장 옳지 않은 것은? (47회)
① 준고정원가는 관련조업도 내에서 일정하게 발생하는 원가를 말한다.
② 직접재료비와 직접노무비를 기초원가라 한다.
③ 간접원가란 특정한 원가집계 대상에 직접 추적할 수 없는 원가를 말한다.
④ 제품생산량이 증가함에 따라 관련 범위 내에서 제품단위당 고정원가는 일정하다.

16. 원가에 대한 설명 중 가장 옳은 것은?
① 직접재료비는 기초원가와 가공원가가 모두 해당된다.
② 매몰원가는 의사결정과정에 영향을 미치는 원가를 말한다.
③ 고정원가는 조업도와 상관없이 일정하게 증가하는 원가를 말한다.
④ 직접원가란 특정한 원가집적 대상에 추적할 수 있는 원가를 말한다.

17. 다음에서 설명하고 있는 원가를 원가행태에 따라 분류하고자 할 때 가장 적절한 것은?(57회)

관련범위 내에서 조업도의 변동에 관계없이 총원가가 일정하고, 조업도가 증가함에 따라 단위당 원가는 감소한다.

① 변동원가　　　② 고정원가　　　③ 준변동원가　　　④ 준고정원가

> **정답**

1. ④ 총고정비 일정, 단위당고정비는 감소하며, 총변동비 증가 단위당변동비는 일정하다.
2. ② 조업도가 증가하면 총변동원가는 증가하고, 총고정원가는 일정하다.
3. ③ 고정비는 항상 일정하게 발생하는 원가로 특허권사용료, 감가상각비, 세금과공과, 보험료, 임차료
4. ② 총액이 항상 일정하게 발생하는 원가는 고정비이다.
5. ③ 준변동비(준변동원가)는 고정원가와 변동원가의 두가지 요소로 구성된 원가를 말한다.
6. ④ 매몰원가는 과거의 의사결정으로 이미 발생된 원가로 현재의 의사결정에 영향을 주지 않는 원가
7. ④ 기회비용은 관리차원에서 사용되는 원가개념으로 회계장부에는 실제원가만이 기재되므로 기회비용은 회계장부에 기록되지 않는다.
8. ③ 조업도가 증가하면 단위당 변동비는 일정하고 반면, 단위당 고정비는 감소한다.
9. ③ 매몰원가는 의사결정시 고려하지 않는 이미 발생한 원가이다.
10. ② 조업도가 감소하는 경우 단위당 고정비는 증가한다.
11. ④ 기본원가(570,000) = 직접재료비 + 직접노무비 로서 직접노무비는 가공원가에서 계산해서 산출한다.
    가공원가(520,000) = 직접노무비 + 제조간접비(200,000) ∴ 직접노무비(320,000)
    570,000 - 320,000 = 직접재료비 250,000
12. ③ 이미 발생하여 현재의 의사결정과는 관련이 없는 원가를 매몰원가라 한다. 따라서 기계의 장부가액700,000이 기계 처분 여부와는 관련이 없는 매몰원가이다.
13. ④ 준변동원가는 기본요금에 추가요금이 구성되는 것이 특징이며 택시요금, 전력비, 전화요금이 있다
14. ② 기본요금에 추가요금이 구성되는 것은 준변동원가이다.
15. ④ 제품생산량이 증가함에 따라 제품단위당 고정원가는 감소한다.
16. ④ ① 직접재료비는 기초원가에 해당된다.
    ② 매몰원가는 의사결정과정에 영향을 미치지 않는 원가를 말한다.
    ③ 고정원가는 일정 조업도내에서 일정하게 발생하는 원가를 말한다.
    ④ 직접원가란 특정한 원가집적대상에 추적할 수 있는 원가를 말한다.
17. ②

CHAPTER 02 원가의 흐름

1 원가구성도

			판매이익	
		판매비와관리비		
	제조간접비			
직접재료비		제조원가	판매원가	판매가격
직접노무비	직접원가		(총원가)	
직접제조경비				

- 직접원가란 직접비로만 구성된 원가로서 특정 제품의 제조에 직접 소비된 원가 또는 추적가능한 원가를 말한다. 직접원가 = 직접재료비 + 직접노무비 + (직접제조경비)
- 제조간접비란 여러 종류의 제품을 제조하는데 공통으로 소비된 원가로서 특정제품에 직접적으로 추적하기가 어려운 원가이다. (제조간접비 = 간접재료비 + 간접노무비 + 간접제조경비)
- 제조원가란 직접원가에다 제조간접비를 가산한 금액으로 제조과정에서 발생하는 모든 원가를 말한다.
- 판매원가(총원가)란 제조원가에다 판매관리비를 합한 금액으로 판매가격을 결정하는 기초이다.
- 판매가격이란 판매원가에 판매이익을 가산한 것으로 제품이 매출되는 가격을 말한다.

2 제조원가의 흐름 ✓중요

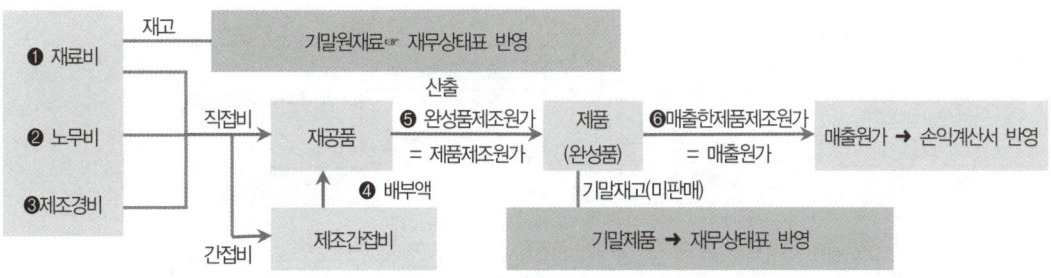

원가↑ = 총제조원가↑ = 제품제조원가↑ = 매출원가↑ ≠ 이익↓ = 이익잉여금(자본)↓ = 세금↓

확인문제

다음 중 원가집계 계정의 흐름으로 가장 옳은 것은? (39회)

① 매출원가 → 재공품 → 재료비 → 제품
② 재료비 → 매출원가 → 재공품 → 제품
③ 재료비 → 재공품 → 제품 → 매출원가
④ 매출원가 → 재료비 → 재공품 → 제품

정답 ③ 원가의 흐름은 위 그림을 암기하자.

3 재공품계정과 제품계정의 연결관계 (각각의 금액이 차변인지, 대변인지 구분하는 것이 중요)

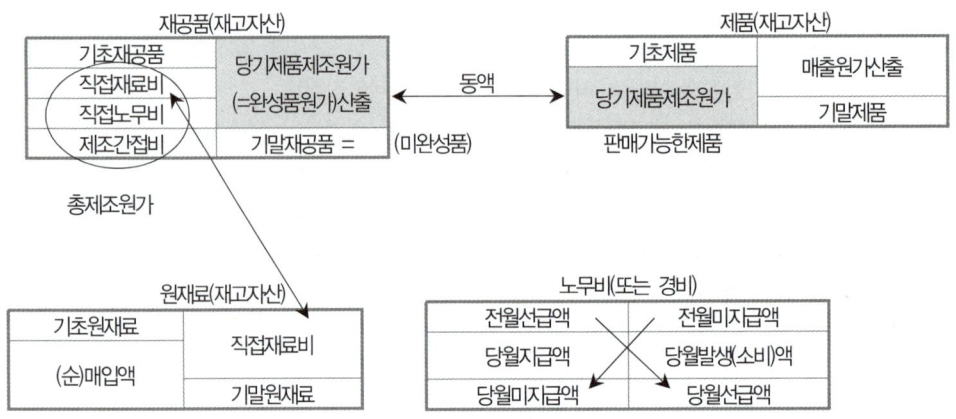

확인문제 다음 각 계정의 구성요소를 기입하면서 암기하세요

문제 | 원가의 흐름

1. 다음은 (주)부산실업의 제조원가와 관련한 자료이다. 당기제품제조원가는 얼마인가?

- 기초재공품 100,000원
- 직접재료비 600,000원
- 가공비 1,000,000원
- 직접노무비 600,000원
- 기말재공품 250,000원
- 간접재료비 200,000원
- 간접노무비 100,000원

① 1,350,000원 ② 2,050,000원 ③ 1,450,000원 ④ 1,050,000원

2. 제조원가와 관련된 자료가 다음과 같을 때 기초재공품은 얼마인가?

- 직접재료비 480,000원
- 직접노무비 320,000원
- 제조간접비 190,000원
- 기말재공품 150,000원
- 당기제품제조원가 1,080,000원

① 230,000원 ② 90,000원 ③ 240,000원 ④ 60,000원

3. 다음 중 재공품 계정의 차변에 기입될 수 없는 것은? (24회)

① 직접재료비 ② 제품제조원가 ③ 직접노무비 ④ 제조간접비

4. 당해연도 5월 화재로 장부가 손상되어 아래의 자료만 남아있다. 다음 자료에 의하면 전기에 이월되었던 재공품 원가는 얼마인가?

- 기초제품 5,000,000원
- 기말제품 3,000,000원
- 기말재공품 2,000,000원
- 당기총제조원가 10,000,000원
- 매출원가 12,000,000원

① 0원 ② 2,000,000원 ③ 3,000,000원 ④ 5,000,000원

5. 다음 중에서 "당기제품제조원가"와 "매출원가"가 동일해지는 경우는 어느 경우인가?

① 기초제품재고금액과 당기제품제조원가 금액이 동일한 경우
② 기말제품재고금액과 당기제품제조원가 금액이 동일한 경우
③ 기초제품재고금액과 기말제품재고금액이 동일한 경우
④ 기초제품재고금액과 매출원가금액이 변동 없이 동일한 경우

6. 다음은 (주)전산의 당해연도 원가계산에 관한 자료이다. 매출원가는 얼마인가?

| • 당기총제조원가 1,200,000원 | • 기초재공품 100,000원 |
| • 기말재공품 200,000원 | • 기말제품은 기초제품보다 100,000원 크다. |

① 1,000,000원　　② 1,100,000원　　③ 1,200,000원　　④ 1,250,000원

7. 다음 중 제조과정 중에 있는 미완성제품의 제조원가를 집계하는 계정은?
① 원재료계정　　② 노무비계정　　③ 경비계정　　④ 재공품계정

8. 다음 자료에 의한 (주)씨엘의 직접노무비는 얼마인가?

기초원재료 100,000원	당기매입원재료 600,000원	기말원재료 200,000원
제조간접비 1,500,000원	기초재공품 1,000,000원	기말재공품 500,000원
당기제품제조원가 4,000,000원		

① 500,000원　　② 1,000,000원　　③ 1,500,000원　　④ 2,000,000원

9. 다음 자료에 의하여 당월의 노무비 지급액은?

| • 당월 노무비 발생액 : 500,000원 | • 전월말 노무비 미지급액 : 20,000원 |
| • 당월말 노무비 미지급액 : 60,000원 | |

① 540,000원　　② 520,000원　　③ 460,000원　　④ 440,000원

10. 제조공장에서의 전력비에 대한 자료가 다음과 같을 경우 4월에 발생한 전력비 금액은 얼마인가?

| • 4월 지급액 : 1,300,000원　• 4월 선급액 : 230,000원　• 4월 미지급액: 360,000원 |

① 710,000원　　② 1,170,000원　　③ 1,430,000원　　④ 1,890,000원

11. 다음 중에서 "당기제품제조원가" 보다 "매출원가" 가 큰 경우는 어떤 경우인가?
① 기초제품재고금액과 당기제품제조원가 금액이 동일한 경우
② 기초제품재고금액보다 기말제품재고금액이 큰 경우
③ 기초제품재고금액이 기말제품재고금액보다 큰 경우
④ 기초제품재고금액과 기말제품재고액이 동일한 경우

12. 기말재공품액이 기초재공품액 보다 더 큰 경우 다음 중 맞는 설명은?

① 기초재공품액에 당기총제조원가를 더한 금액이 당기제품제조원가가 된다.
② 당기총제조원가가 당기제품제조원가보다 작다.
③ 당기제품제조원가가 제품매출원가보다 반드시 더 크다.
④ 당기제품제조원가가 당기총제조원가보다 작다.

정답

1. ③

가공비 = 직접노무비 + 제조간접비 = 1,000,000원
따라서 제조간접비 = 400,000 (간접재료비200,000 + 간접노무비 100,000 + 간접제조경비100,000)
당기총제조비용(원가) = 직접재료비 + 직접노무비 + 제조간접비
= 600,000원 + 600,000원 + 400,000원 = 1,600,000원

재 공 품

기초재공품	100,000	당기제품제조원가	(1,450,000)
당기총제조비용(원가)	1,600,000	기말재공품	250,000

2. ③
3. ② 재공품계정 구성항목을 암기하세요
4. ② 전월이월되었던 재공품원가는 기초재공품을 말합니다 따라서 재공품계정과 제품계정 항목 암기
5. ③ 제품계정 구성요소

기초제품재고액	매출원가
제품제조원가	기말제품재고액

6. ①
7. ④ 제조과정 중에 있는 미완성제품을 "재공품"이라 한다.
8. ③ 원재료계정과 재공품계정 그림을 그려 계산하거나 공식을 외워 계산한다.

원재료(재고자산)		재공품(재고자산)	
기초원재료	(원)재료비	기초재공품	제품제조원가
원재료매입	기말원재료	당기총제조비용	기말재공품

직접재료비
직접노무비
제조간접비

9. ③ 노무비 지급액 = 노무비 발생액(대), 전월미지급액(대), 당월미지급액(차)
10. ③ 전력비 발생액(대) = 당월(4월)지급액(차), 4월(당월)선급액(대), 4월(당월)미지급액(차)
= 1,430,000
11. ③

제품

기초제품 >	< 매출원가
제품제조원가	기말제품

12. ④

```
           재공품
┌─────────────┬─────────────┐
│  기초재공품  │ 당기제품제조원가 │
│ 당기총제조원가 > │  < 기말재공품  │
└─────────────┴─────────────┘
```

> **[참고]**
> 원가계산에서 계정간에 대체가 빈번한 것이 특징이다. 이때 대체분개의 기본원리는 다음과 같다 (나가는 것은 대변에, 들어가는 것은 차변에 기록, 정리하여 계산한다)
> A계정에서 B계정으로 대체될 때 분개 : (차) B   ***   (대) A   ***

4 제조원가명세서와 손익계산서의 작성순서

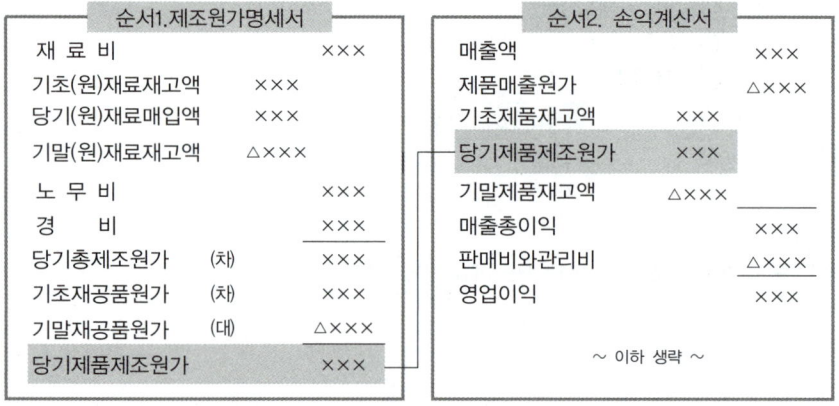

※( )는 차감하는 금액이다.

[주의]
1. 제조원가명세서에는 제품매출원가(비용)항목인 기초제품과 기말제품은 입력하지 않고, 기초재공품과 기말재공품을 입력한다.
2. 제조원가명세서는 손익계산서 부속명세서로서 내부에 보고되는 보고서이다. 재무제표가 아님
3. 제조원가명세서의 구성요소들은 재공품계정 구성요소와 금액이 동일하다.

확인문제

1. 다음 중 제조원가명세서에 나타나지 않는 것은? (32회)
   ① 기말원재료재고액 ② 당기총제조원가
   ③ 당기제품제조원가 ④ 기말제품재고액

2. 제조기업의 당기제품제조원가 계산과정을 나타내는 명세서로서 제조기업에서는 반드시 작성해야하는 필수적 부속명세서이며 재공품계정의 변동사항이 모두 표시된 것은? (26회)
   ① 손익계산서 ② 제조원가명세서
   ③ 매출원가명세서 ④ 합계잔액시산표

3. 제조원가명세서에서 산출되어 손익계산서에 작성시 사용되는 금액은?
   ① 매출원가 ② 당기총제조원가
   ③ 당기제품제조원가 ④ 매출액

4. 다음 중 제조원가명세서에서 구분표시 되는 항목이 아닌 것은? (38회 기출)
   ① 직접재료비 ② 당기제품제조원가
   ③ 매출원가 ④ 제조간접비

정답
1. ④ 제조원가명세서는 재공품계정과 구성요소가 같다.   기말제품재고액은 매출원가구성요소로서 손익계산서에 나타난다.
2. ② 제조원가명세서이다.
3. ③ 제조원가명세서에서 맨 마지막에 산출하는 것이 당기제품제조원가이며 이것이 손익계산서의 매출원가 항목에 반영되어 매출원가를 산출한다. (당기총제조원가= 직접재료비+직접노무비+제조간접비)
4. ③ 매출원가는 손익계산서에서 구분되는 항목이다.

5 제조기업의 원가계산순서 ✓암기 : 요 → 부 → 제

| 요소별원가계산 → 부문별원가계산 → 제품별원가계산 |

확인문제

다음 중 제조기업의 원가계산의 흐름으로 맞는 것은?
① 요소별원가계산 → 부문별원가계산 → 제품별원가계산
② 부문별원가계산 → 제품별원가계산 → 요소별원가계산
③ 제품별원가계산 → 요소별원가계산 → 부문별원가계산
④ 부문별원가계산 → 요소별원가계산 → 제품별원가계산

정답 ①

제조간접비 배부와 제조간접비 배부차이

1 제조간접비의 의의

두 종류 이상의 제품을 제조하기 위하여 공통적으로 발생하는 원가요소를 말하며, 일정한 배부기준에 따라 여러 제품에 배부된다. 제조간접비의 배부문제는 개별원가계산을 하는 경우에만 발생한다. 즉, 일정한 원가계산기간 동안에 종류가 서로 다른 여러 제품을 생산하는 기업에서만 이 문제가 발생한다.

(1) 공장전체배부 : 공장전체 제품별로 제조간접비의 배부율을 산정하여 배부하는 방법으로 개별원가계산에서 제조간접비 배부를 적용한다.
(2) 부문별(장소별)배부 : 제조간접비를 각 제조부문별로 배부율을 산정하여 배부하는 방법으로 공정전체배부하는 방법보다 부문별원가계산이 더 정확하다.

2 제조간접비 배부흐름

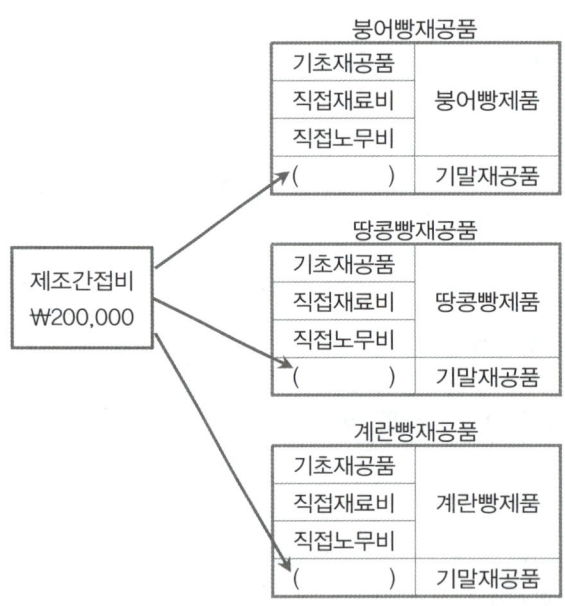

▶ 암기!

제조간접비 배부액 = 실제발생 배부기준 × 배부율 (제조간접비합계 ÷ 배부기준합계)
　　　　　　　　　　　└▶ 직접재료비, 직접노무비, 기초원가, 직접노동시간 등등

3 제조간접비 배부방법

❶ **실제배부법** : 기말에 실제로 발생한 제조간접비(=차변 실제발생액)를 각 제품에 배부하는 대변에 <u>실제배부액</u>이 배부되는 방법이다.   특정제품 실제배부기준에 실제배부율을 계산하여 곱하여 계산 ↵

❷ **예정배부법** : 계절별로 제품의 생산량에 큰 차이를 보이는 냉.난방기, 청량음료 등의 제품을 제조하는 회사에서는 제조간접비 배부방법 중 실제배부법보다 <u>예정배부법</u>을 많이 사용한다.
                  ↳ 특정제품 실제배부기준에 예정배부율을 곱하여 예정배부액을 계산하는 방법

[공식] 실제배부액

제조간접비 실제배부액 = 특정제품의 실제발생배부기준 × 실제배부율 → 실제제조간접비합계 ÷ 실제배부기준합계

[공식] 예정배부액 ✓절대암기

제조간접비 예정배부액 = 특정제품의 실제발생배부기준 × 예정배부율 → 예정제조간접비합계 ÷ 예정배부기준합계

[출제]
- 제조간접비 실제배부액 = 배부기준의 실제발생액 × 실제배부율
- 제조간접비 예정배부액 = 배부기준의 실제발생액 × 예정배부율

[확인문제]

1. 정상개별원가 계산시 제조간접비를 예정배부할 경우 예정배부액 계산식으로 옳은 것은? (22회 기출)
   ① 배부기준의 실제발생액 × 예정배부율
   ② 배부기준의 실제발생액 × 실제배부율
   ③ 배부기준의 예정발생액 × 예정배부율
   ④ 배부기준의 예정발생액 × 실제배부율

2. (주)알파항공기의 작업내용이다. 항공기 제작과 관련하여 5월 중에 발생한 원가자료는 다음과 같다. B항공기의 당기총제조원가는 얼마인가?

	A항공기	B항공기	C항공기	합계
직접재료비	30,000원	30,000원	40,000원	100,000원
직접노무비	60,000원	40,000원	100,000원	200,000원

※ 5월 중에 제조간접비 발생액은 160,000원이다. 회사는 직접노무비를 기준으로 제조간접비를 배부한다.

① 100,000원   ② 102,000원   ③ 110,000원   ④ 122,000원

3. (주)세무는 직접원가를 기준으로 제조간접비를 배부한다. 다음 자료에 의해 작업지시서 No.1의 제조간접비 배부액은 얼마인가?

	공장전체발생원가	작업지시서 No.1
직접재료비	1,000,000원	300,000원
직접노무비	1,500,000원	400,000원
기계시간	150시간	15시간
제조간접비	7,500,000원	( )

① 700,000원   ② 2,100,000원
③ 3,000,000원   ④ 3,651,310원

4. 대한산업은 직접노무비를 기준으로 제조간접비를 배부한다. 다음 자료에 의하여 갑제품에 배부 되어야 할 제조간접비를 계산하면 얼마인가?

• 제조간접비 총액	₩700,000	• 직접노무비 총액	₩500,000
• 갑제품 직접노무비	₩300,000	• 을제품 직접노무비	₩200,000

① ₩300,000   ② ₩420,000
③ ₩500,000   ④ ₩700,000

5. 직접작업시간을 기준으로 계산한 제조지시서#101의 제조간접비 예정배부액은 얼마인가?

(1) 연간 예정제조간접비 총액 : 100,000원
(2) 연간 예정직접작업시간 : 1,000시간
(3) 제조지시서별 실제작업시간 : #101-500시간, #201 - 300시간

① 20,000원   ② 30,000원   ③ 50,000원   ④ 100,000원

정답

1. ① 제조간접비 예정배부액은 배부기준의 실제발생액 × 예정배부율이다.
2. ② B항공기의 당기총제조원가= 직접재료비(30,000원) + 직접노무비(40,000원) + 제조간접비(32,000)
   B항공기의 제조간접비 = B항공기 배부기준(40,000) * 배부율(160,000 ÷ 200,000 = 0.8) = 32,000
3. ② 제조간접비 배부율 = 제조간접비/직접원가 = ₩7,500,000/2,500,000 = @₩3₩직접원가
   제조간접비 배부액 = 직접원가 ₩700,000 × 배부율 @₩3 = ₩2,100,000
4. ② 배부율(1.4) = 제조간접비총액(700,000) ÷ 배부기준총액(500,000)
   갑제품 제조간접비 = 갑제품 배부기준(300,000) * 배부율(1.4) = 420,000
5. ③ #101 제조간접비 예정배부액 = #101실제배부기준(500시간) * 예정배부율(100) = 50,000원

$$예정배부율 = \frac{예정제조간접비총액}{예정배부기준} = \frac{100,000원}{1,000시간}$$

4 제조간접비 배부차이 ✓중요

제조간접비 배부 시 발생한 차이를 말한다. 제조간접비 계정 차변 실제발생액과 대변 예정배부액의 크기에 따라 차이나는 금액을 말하며, 배부차이에는 과대배부(대변 예정배부액이 많이 배부된 경우)와 과소배부(대변 예정배부액이 적게 배부된 경우)가 있다.

▶ 실제배부법의 제조간접비 흐름

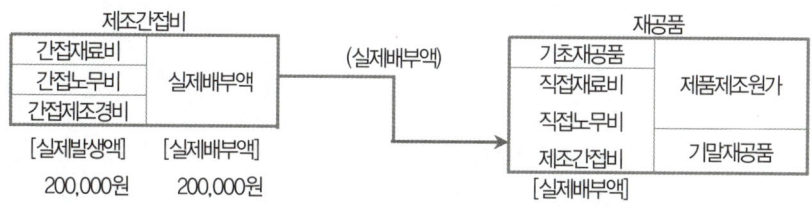

실제배부법은 배부차이가 없다.

▶ 예정배부법의 제조간접비 흐름 ✓중요

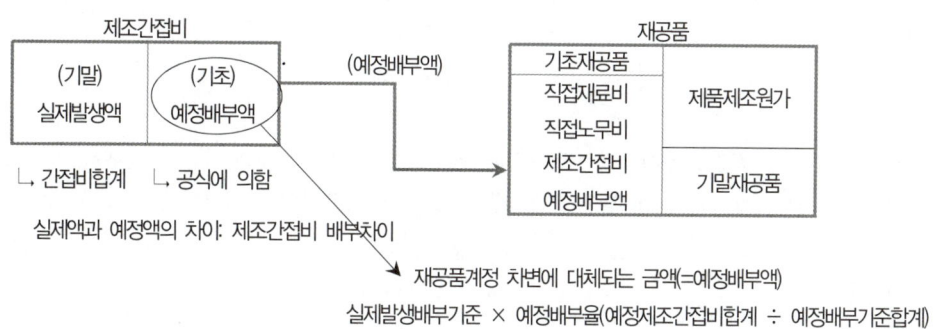

실제액과 예정액의 차이: 제조간접비 배부차이

재공품계정 차변에 대체되는 금액(=예정배부액)
실제발생배부기준 × 예정배부율(예정제조간접비합계 ÷ 예정배부기준합계)

❶ 과대배부(실제발생액 < 예정배부액)　　❷ 과소배부(실제발생액 > 예정배부액)

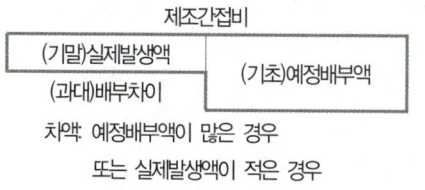
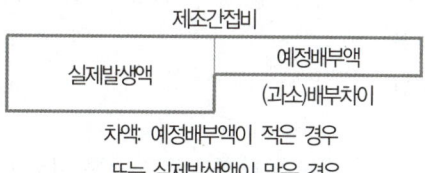

차액: 예정배부액이 많은 경우　　　　　　차액: 예정배부액이 적은 경우
　　 또는 실제발생액이 적은 경우　　　　　　또는 실제발생액이 많은 경우

★ 예정배부액 = 실제발생배부기준 × 예정배부율→ 예정제조간접비합계 ÷ 예정배부기준합계

5 제조간접비 배부차이 조정방법

(1) 매출원가조정법 : 제조간접비 배부차이를 매출원가에 가산하거나 차감하는 방법
(2) 비례배분법
   ❶ 총원가 비례배분법 : 기말재공품, 기말제품, 매출원가계정의 총원가 비율에 따라 비례 배분하는 방법
   ❷ 원가요소별 비례배분법 : 재공품, 제품, 매출원가계정에 포함된 제조간접비 예정배부액의 비율에 따라 배분하는 방법
(3) 영업외손익법 : 제조간접비배부차이를 영업외비용이나 영업외수익으로 처리하는 방법

확인문제

1. (주)동부는 제조간접비를 직접노무시간으로 배부하고 있다. 당해연도초 제조간접비 예상금액은 600,000원, 예상직접노무시간은 20,000시간이다. 당기말 현재 실제제조간접비 발생액은 400,000원이고 실제직접노무시간이 15,000시간일 경우 제조간접비 배부차이는 얼마인가?
   ① 과대배부 50,000원
   ② 과소배부 50,000원
   ③ 과대배부 200,000원
   ④ 과소배부 200,000원

2. 요소별원가계산에 있어 발생하는 제조간접비의 배부차이를 조정하는 방법으로서 적절하지 않은 것은?
   ① 비례배분법
   ② 매출원가 가감조정법
   ③ 상호배분법
   ④ 영업외손익법

3. 제조간접비예정배부율은 직접노동시간당 90원이고, 직접노동시간이 43,000시간 발생했을 때 제조간접비 배부차이가 150,000원 과소배부인 경우 제조간접비 실제발생액은 얼마인가?
   ① 3,720,000원
   ② 3,870,000
   ③ 4,020,000원
   ④ 4,170,000원

4. (주)산호드림의 제조간접비 예정배부율은 작업시간당 5,000원이다. 작업시간이 800시간이고, 제조간접비 배부차이가 500,000원 과대배부라면, 실제 제조간접비 발생액은 얼마인가?
   ① 3,500,000원
   ② 4,000,000원
   ③ 4,500,000원
   ④ 5,000,000원

5. 제조간접비와 관련한 자료가 다음과 같을 경우 제조간접비 실제 발생액은 얼마인가? (58회)

   | • 제조간접비 예정배부율 : 기계작업시간당 200원 • 제조지시서의 기계작업시간 : 60,000시간 |
   | • 제조간접비 과대배부 : 300,000원 |

   ① 12,000,000원
   ② 11,700,000원
   ③ 12,300,000원
   ④ 60,000,000원

6. (주)청윤의 실제 제조간접비 발생액은 1,000,000원이고 실제 직접노무시간은 200시간이다. 제조간접비 예정배부율이 직접노무시간당 5,500원(추정 직접노무시간은 210시간)인 경우 제조간접비 배부차이는 얼마인가?
   ① 100,000원(과대배부)
   ② 100,000원(과소배부)
   ③ 155,000원(과대배부)
   ④ 155,000원(과소배부)

7. (주)세무의 제조간접비 예정배부율은 작업시간당 10,000원이다. 작업시간이 800시간이고, 제조간접비 배부차이가 1,000,000원 과소배부라면, 실제 제조간접비 발생액으로 맞는 것은?
   ① 6,000,000원
   ② 7,000,000원
   ③ 8,000,000원
   ④ 9,000,000원

정답

1. ① 제조간접비 배부차이는 제조간접비 계정(그림)을 그려서 산출한다.

제조간접비	
실제발생액 (400,000원)	예정배부액 (450,000)
과대배부차이 50,000원	

   실제발생기준(15,000시간)× 예정배부율(30원)
   예정배부율 = 600,000원÷20,000시간= 30원

2. ③ 상호배분법은 부문별원가계산시 보조부문을 제조부문에 배분하는 방법이다.

3. ③ 실제발생액 = 예정배부액 3,870,000원 + 과소배부차이 150,000 = 4,020,000

제조간접비	
실제발생액 (?)	예정배부액 (3,870,000)
	과소배부차이 150,000원

   실제발생기준(43,000시간)× 예정배부율(90원)

4. ① 예정배부액(800시간× 5,000) - 실제발생액 500,000 = 3,500,000

제조간접비	
(기말)실제발생액 ( )	(연초)예정배부액(①)
배부차이(과대) 500,000원	800시간× 5,000원 = 4,000,000

5. ② 제조간접비 차변에 실제발생액을 대변에는 예정배부액을 기입하여 제조간접비배부차이를 계산하는데, 이 문제는 제조간접비배부차이가 제시되어 있으므로 차변에 과대배부차이를 기입하여 실제발생액을 계산한다.

제조간접비	
실제발생액 ( )	예정배부액 = 60.00시간 × 200원
(과대)배부차이 300,000	

6. ① 대변:예정배부액 = 200시간 × 5,500원 = 1,100,000원
   배부차이 = 1,100,000원 - 1,000,000원(실제 발생액) = 100,000원 과대배부

제조간접비	
(기말)실제발생액 1,000,00	(연초)예정배부액(①)
배부차이(과대) (②)	200시간× 5,500원 = 1,100,000

7. 실제제조간접비 발생액은 제조간접비 계정 구성요소로 차변금액이다.

제조간접비	
실제발생액 ( )	예정배부액 = 800시간 × 10,000원
	(과소)배부차이 1,000,000

   실제발생액은 10,000원× 800시간 + 1,000,000원 = 9,000,000원

부문별원가계산

각 제품에 보다 더 정확하게 배부하기 위해 그 발생 장소인 부문별로 제조간접비를 분류, 집계하는 절차를 말한다. 즉 제조간접비를 제조 장소별(부문별)로 제조간접비 배부 계산하는 것을 부문별원가계산이라고 한다.

1 부문별원가계산 흐름

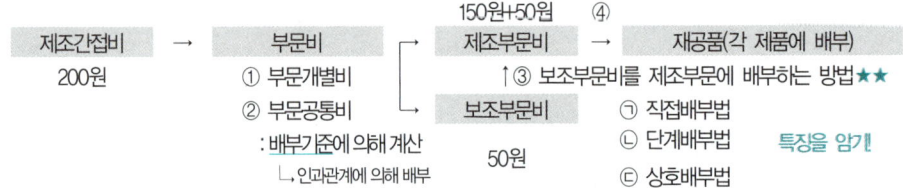

2 부문별원가계산절차

❶ 부문개별비(부문직접비)를 각 부문에 부과
❷ 부문공통비(부문간접비)를 각 부문에 배부
❸ 보조부문비를 제조부문에 배부
❹ 제조부문비를 각 제품에 배부

3 부문공통비 배부기준 → 가장 먼저 인과관계를 기준으로 배부기준을 결정한다.

부문공통비 항목	배부기준
간접재료비	직접재료비
간접노무비	직접노무비 또는 직접작업시간 등
건물감가상각비, 건물보험료	건물 면적 또는 건물가액
기계감가상각비, 기계보험료	기계작업(운전)시간, 기계가액
임차료, 청소비	사용(점유)면적
전력비	전력사용량 또는 마력수×운전시간
가스비, 수도비	가스, 수도의 사용량
수선비	수선횟수 또는 수선시간
복리후생비	종업원수
재산세, 화재보험료	토지 또는 건물의 가액이나 면적

4 보조부문비 배부방법

일반적으로 가장 많이 사용되는 배부방법은 (1)직접배부법 (2)단계배부법 (3)상호배부법이 있다

(1) **직접배부법** : 보조부문간의 용역수수관계를 완전히 무시하고, 제조부문에 직접 배분하는 방법.
　　　　　　　(보조부문간의 배부율은 무시하고, 제조부문간의 배부율만 가지고 계산하는 방법)

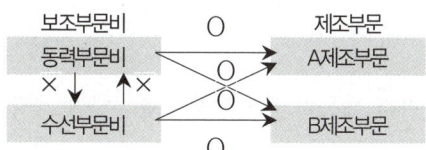

(2) **단계배부법** : 보조부문간의 용역수수관계(=배부기준)를 일부 고려하는 방법으로 배분 순서에 따라 단계적으로 제조부문에 배부하는 방법 (한번 배부된 부문에는 다시 배부하지 않는다)

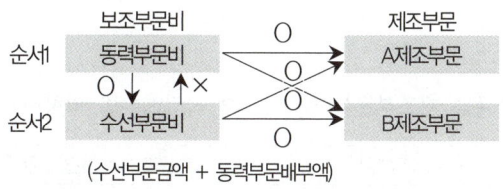

(3) **상호배부법** : 보조부문 상호간의 용역수수관계(=배부기준)를 전부 고려하여 제조부문과 보조부문에 배분하는 방법으로 이론적으로 가장 타당한 방법으로 계산이 복잡하지만, 원가계산의 정확성이 가장크다 (보조부문과 제조부문 배부율을 모두 고려하여 제조부문과 보조부문에 배부하는 방법)

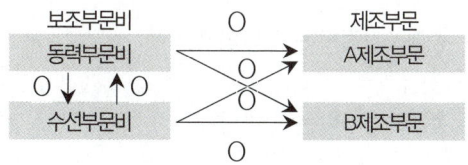

5 원가행태에 따른 보조부문비 배부

(1) 단일배분율법

보조부문비를 변동비와 고정비로 구분하지 않고 모든 원가를 하나의 기준으로 배부하는 방법으로 보조부문비 중 고정비도 변동비처럼 배분된다. 이 방법은 정확한 원가배분이 이루어지지 않는다.

제조간접비배부액 = 용역실제사용량 × 예정배부율

(2) 이중배분율법

보조부문비를 원가행태에 따라 변동비와 고정비로 분류하여 각각 다른 배부기준을 적용하는 방법이다.

* 변동비 : 실제용역사용량(실제값)을 기준으로 배분
* 고정비 : 제조부문에서 사용할 수 있는 최대 사용가능량(최대값)을 기준으로 배분

확인문제

1. 다음 자료에 의하여 보조부문을 제조부문에 배부할 때 직접배부법 의하여 배부하시오.

비 목	제조부문		보조부문		합 계
	A제조부문	B제조부문	동력부문	수선부문	
부문비배부액	500,000	600,000	166,000	300,000	1,566,000
용역제공					
동력부문(kW/h)	450	450	–	100	1,000kWh
수선부문(수선시간)	1,000	600	400	–	2,000시간

질문1) A제조부문에 배부되는 보조부문비는 얼마인가?

질문2) A제조부문에 배부되는 총제조간접비는 얼마인가?

질문3) B제조부문에 배부되는 총제조간접비는 얼마인가?

2. 다음 자료에 의하여 보조부문을 제조부문에 단계배부법 의하여 배부하시오. (수선부문을 먼저 배부)

비 목	제조부문		보조부문		합 계
	A제조부문	B제조부문	동력부문	수선부문	
부문비배부액	500,000	600,000	166,000	300,000	1,566,000
용역제공					
동력부문(kW/h)	450	450	–	100	1,000kWh
수선부문(수선시간)	1,000	600	400	–	2,000시간

배부순서1. 수선부문비 →

배부순서2. 동력부문비 →

A제조부문에 배부된 보조부문비 금액은?

정답

1. 질문1) A제조부문에 배부되는 보조부문비는 얼마인가? 83,000 + 187,500 = 270,500
   질문2) A제조부문에 배부되는 총제조간접비는 얼마인가? 500,000 + 83,000 + 187,500 = 770,500원
   질문3) B제조부문에 배부되는 총제조간접비는 얼마인가? 600,000 + 83,000 + 112,500 = 795,500원
2. 배부순서1. 수선부문비(300,000원) → A제조부문: 300,000 × (1,000/2,000)= 150,000원
   → B제조부문: 300,000 × (600/2,000) = 90,000원
   → 동력부문: 300,000 × (400/2,000) = 60,000원
   배부순서2. 동력부문비(166,000원 + 60,000원) → A제조부문: 226,000원 × (450/900)= 113,000원
   → B제조부문: 226,000원 × (450/900)= 113,000원
   A제조부문에 배부된 보조부문비 금액은? 150,000원 + 113,000원 = 263,000원

| 문제 | 부문별원가계산 |

1. 다음 중 부분비 배분법의 설명으로 틀린 것은?(29회)
   ① 단계배분법은 보조부문간의 용역제공을 일부만 고려하는 방법이다.
   ② 직접배분법을 보조부문 상호간에 주고받는 용역의 정도를 고려하지 않는다.
   ③ 상호배분법은 보조부문 상호간의 용역수수를 전부 고려하는 가장 정확한 원가배분 방식이다.
   ④ 상호배분법은 직접배분법 단계배분법의 절충적인 중간형태이다.

2. 공장건물 임차료를 각 부문에 배부하는 기준으로 가장 적당한 것은?(27회)
   ① 가 부문이 점유면적
   ② 각 부문의 작업인원수
   ③ 각 부문의 작업시간
   ④ 각 부문의 직접재료비

3. 다음 중 보조부문간의 용역의 수수관계를 완전히 무시하고, 보조부문비를 모두 제조부문에 배분하는 방법은?(26회)
   ① 직접배분법
   ② 단일배분법
   ③ 상호배분법
   ④ 무배문법

4. 다음 중 보조부문원가를 제조부문에 배분하는 방법 중 직접배분법에 대한 설명으로 맞는 것은? (25회)
   ① 보조부문원가 배분순서를 정한다.
   ② 보조부문상호간에 행해지는 용역의 수수를 무시한다.
   ③ 보조부문간의 용역수수관계를 완전히 고려한다.
   ④ 이론적으로 가장 타당하지만 계산이 매우 복잡하다.

5. 다음 중 보조부문원가를 제조부문에 배분하는 방법이 아닌 것은?
   ① 직접배분법   ② 이중배분율법   ③ 단계배분법   ④ 상호배분법

6. 보조부문비를 제조부문에 배문하는 방법 중 보조부문 상호간의 용역수수관계가 중요하지 않는 경우에 가장 시간과 비용을 절약할 수 있는 원가배분 방법은?(31회)
   ① 직접배분법   ② 단계배분법   ③ 상호배분법   ④ 간접배분법

7. 제조부문에서 발생하는 노무비에 대한 설명으로 옳지 않은 것은?(39회 기출)
① 직접비와 간접비로 나뉜다.
② 직접노무비는 기초원가와 가공원가 모두에 해당한다.
③ 간접노무비는 제조간접비에 반영된다.
④ 발생된 노무비 중 미지급된 노무비는 원가에 반영되지 않는다.

8. 다음은 보조부문비와 관련된 설명이다. 가장 틀린 것은?(37회 기출)
① 이중배분율법에 직접배분법, 단계배분법, 상호배분법을 적용할 수 없다.
② 원가행태에 의한 배분방법으로 단일배분율법과 이중배분율법이 있다.
③ 상호배분법은 보조부문비를 용역수수관계에 따라 다른 보조부문과 제조부문에 배부하는 방법이다.
④ 이중배분율법은 원가행태에 따라 배부기준을 달리 적용한다.

9. (주)대한상사는 2009년도 상반기 영업실적이 좋아 기업 전 사원에게 복리후생비를 지급하려 한다. 이 기업은 본사 부서뿐만 아니라 공장 지점, 영업소에도 전 사원에게 균등하게 복리후생비를 지급하려고 한다. 기업 전체의 복리후생비를 각 본사와 지사에 배부하기 위한 기준으로 가장 적합한 것은?(39회 기출)
① 각 지사의 전력소비량   ② 각 지사의 연료소비량
③ 각 지사의 면적   ④ 각 지사의 종업원 수

10. 보조부문비를 제조부문에 배부하는 방법에 대한 설명 중 틀린 것은? (40회 출제)
① 직접배부법은 보조부문 상호간의 용역수수를 전혀 고려하지 않는 방법이다.
② 단계배부법은 보조부문 상호간의 용역수수를 일부 고려하는 방법이다.
③ 상호배부법은 보조부문 상호간의 용역수수를 완전히 고려하는 방법이다.
④ 계산의 정확성은 직접배부법 > 단계배부법 > 상호배부법 순으로 나타난다.

11. (주)세원은 A, B 제조부문과 X, Y의 보조부문이 있다. 각 부문의 용역수수관계와 제조간접비 발생원가가 다음과 같다. 직접배부법에 의해 보조부문의 제조간접비를 배부한다면 B 제조부문의 총제조간접비는 얼마인가?(44회)

	보조부문		제조부문		
	X	Y	A	B	합계
자기부문발생액	150,000원	250,000원	300,000원	200,000원	900,000원
[제공한 횟수]					
X		200회	300회	700회	1,200회
Y	500회	–	500회	1,500회	2,500회

① 200,000원   ② 292,500원   ③ 492,500원   ④ 600,000원

12. 기초재고와 기말재고가 없는 경우, 보조부문의 원가를 배부하는 방법과 관련된 내용으로 옳지 않은 것은? (41회)
① 직접배부법은 보조부문 상호간의 용역제공관계를 고려하지 않는다.
② 단계배부법과 상호배부법은 보조부문 상호간의 용역제공관계를 고려한다.
③ 어떤 방법을 사용하더라도 보조부문비 총액은 모두 제조부문에 배부된다.
④ 보조부문 배부방법에 따라 회사의 총이익도 달라진다.

13. 다음 중 제조간접비의 배부와 관련하여 그 성격이 다른 하나는? (42회)
① 직접배부법 ② 단계배부법 ③ 상호배부법 ④ 비례배분법

14. 다음의 보조부문비의 배부방법 중 정확도가 높은 방법부터 올바르게 배열한 것은?(43회)
① 직접배부법 > 상호배부법 > 단계배부법
② 직접배부법 > 단계배부법 > 상호배부법
③ 상호배부법 > 단계배부법 > 직접배부법
④ 단계배부법 > 상호배부법 > 직접배부법

15. 보조부문비의 배부방법 중 단계배부법에 대한 설명으로 틀린 것은? (45회)
① 보조부문 상호간의 용역수수를 완전히 고려하는 방법이다.
② 보조무문의 배부순서를 합리적으로 결정하는 것이 매우 중요하다.
③ 보조부문의 배부순서에 따라 배부액이 달라질 수 있다.
④ 최초 배부되는 부문의 경우 자신을 제외한 다른 모든 부문에 배부된다.

정답

1. ④ 직접배분법(=직접배부법)과 상호배분법의 절충적인 중간형태가 단계배분법이다.
2. ① 임차료는 건물면적에 따라 임차료가 다르므로 배부기준을 면적으로 한다.
3. ①
4. ②
5. ②
6. ① 직접배부법은 용역수수관계를 완전 무시, 상호배부법은 용역수수관계를 완전고려, 단계배부법은 배부순서에 의해 용역수수관계를 부분적으로 고려하는 방법이다.
7. ④ 발생된 노무비라면 미지급되었더라도 원가에 포함한다.
8. ① 단일배분율법과 이중배분율법에 모두 직접배분법, 단계배분법, 상호배분법을 적용할 수 있다.
9. ④ 복리후생비를 배부하려면 종업원수가 배부기준으로 가장 적당하다.
10. ④ 계산의 정확성은 직접배부법 〈 단계배부법 〈 상호배부법 순으로 나타난다.
11. ③ X 부문 배부액(105,000원) = 150,000원 × (700회 / 1,000회)
    Y 부문 배부액(187,500원) = 250,000원 × (1,500회 / 2,000회)
    B 부문 총제조간접비(492,500원) = 200,000원 + 105,000원 + 187,500원
12. ④ 재고가 존재하지 않는다면 제품의 총원가는 어떤 방법으로 배부한다 하더라도 같기 때문에 회사의 총이익 역시 배부 방법에 따라 달라지지 않는다.
13. ④ 비례배분법은 제조간접비의 배부차액을 처리하는 방법이며, 나머지는 보조부문비를 제조부문에 배부하는 방법이다.
14. ③ 직접배부법 : 보조부문상호간 용역수수 완전무시 ➡ 간단, 정확성·신뢰도 가장 낮음
    단계배부법 : 직접배부법과 상호배부법의 절충
    상호배부법 : 보조부문상호간 용역수수 완전인식 ➡ 복잡, 정확도·신뢰도 가장 높음
15. ① 보조부문 상호간의 용역수수를 완전히 고려하는 방법은 상호배부법이다.

개별원가계산과 종합원가계산

1 개별원가계산 특징

❶ 여러 종류의 제품(다품종)을 소량 주문생산 할 때 사용하는 원가계산방법이다.
(업종) 건설업, 기계제조업, 항공기제조업, 조선업, 가구제조업 등
❷ 개별원가계산은 제품의 생산활동 시 발생하는 원가를 직접재료비, 직접노무비, 제조간접비로 구분하여 제조지시서(=작업지시서)와 작업원가표를 기초하여 원가계산 한다.
❸ 개별원가계산은 직접비와 간접비로 구분하여 원가계산한다.
❹ 제조간접비 배부가 중요하다.
❺ 원가계산 정확성은 높지만, 시간과 비용이 많다.

작업원가표(원가계산표)

원가항목	#101	#102	#103	합계
기초재공품	500	800	–	1,300
직접재료비	5,000	3,000	2,000	10,000
직접노무비	4,000	6,000	5,000	15,000
제조간접비				20,000

제조원가

재공품

기초재공품	1300	제품제조원가(완성품원가)
직접재료비	10,000	#101+#102 (35,300원)
직접노무비	15,000	
제조간접비	20,000	기말재공품(=미완성품) 11,000

제조간접비 배부는 직접재료비를 기준으로 배부한다 → 제조간접비 배부액 = 실제발생배부기준 × 배부율
제조지시서 #101과 #102은 완성되고, #103은 미완성이다.   (실제발생 직접재료비)
　　　　　　　　┗ 제품(완성품)제조원가 ┗ 기말재공품　배부율 = 제조간접비합계 ÷ 직접재료비합계
　　　　　　　　　　　　　　　　　　　　　　　　　　　　= 20,000 ÷ 10,000 = 2

정답

#101 제조간접비 : #101 직접재료비 5,000원 × 배부율 2 = 10,000원
#102 제조간접비 : #102 직접재료비 3,000원 × 배부율 2 = 6,000원
#103 제조간접비 : #103 직접재료비 2,000원 × 배부율 2 = 4,000원

2 종합원가계산 특징

❶ 연속적으로 대량생산하는 기업에서 사용하는 원가계산방법으로 원가를 공정별로 계산하며 완성품환산량 단가를 완성품과 기말재공품에 배부하여 원가계산을 한다.
❷ 정유, 제분, 제당, 철강, 제지업, 식품제조업, 섬유화학 등 개별원가계산 이외의 업종
❸ 종합원가계산서의 원가분류는 (직접)재료비와 가공비로 구분하여 계산한다.
❹ 종합원가계산은 제조원가보고서(=제조원가명세서)를 작성하는 것이 특징이다.
❺ 완성품환산량(재공품계정 대변수량 합계 즉, 완성품수량 + 기말환산량) 계산을 통한 기말재공품 평가(선입선출법, (가중)평균법 등 사용)
❻ 종합원가계산의 종류
  ㉠ 공정별종합원가계산: 2개 이상의 제조공정을 거쳐 연속대량생산
    1공정에서 완성된 제품이 2공정으로 100% 대체되는데 이때 금액을 전공정비라 한다.
  ㉡ 연산품종합원가계산: 동일재료로 동일공정에서 다른 종류의 제품으로 주산물과 부산물을 분리점에 의해 구분하여 계산하는 방법으로 주산물과 부산물을 명확히 구분하기 곤란한 경우 판매가치기준, 물량기준, 순실현가능가치기준 등을 적용하는 원가계산방법이다.

3 종합원가계산절차

❶ 1단계 : 물량(수량)흐름파악 → 선입선출법 또는 평균법
❷ 2단계 : 완성품환산량 계산 → 재공품계정 대변수량합계
❸ 3단계 : 배부될 원가 집계 → 재공품계정 차변금액
❹ 4단계 : 완성품환산량 단위당원가(단가) 산출 → 차변 금액 ÷ 대변수량(완성품환산량)
❺ 5단계 : 완성품원가와 기말재공품 원가 계산 → 재공품계정 대변에서 계산

4 환산량 계산

환산량이란 재공품을 완성품으로 간주한 수량(수량×완성도)을 의미한다.

★ 완성도란 재공품이 어느 정도 완성되었는가를 나타내는 수치로서 당기에 완성품에 반영되는 정도를 나타내며 진척도라고도 한다.

┌ 재료비 투입시점이 가공비와 같은 경우(⇨ 공정전반에 걸쳐 투입(진행시투입)→ 문제에서 제시한 완성도로 계산)

재공품(재료비와 가공비 구분없다)	
기초재공품원가	완성품(제조)원가
당기총제조원가	기말재공품원가

=

재공품(재료비)	
기초재공품재료비	완성품 재료비
당기재료비	기말재공품재료비

+

재공품(가공비)	
기초재공품가공비	완성품 가공비
당기가공비	기말재공품가공비

(1) 공정초기에 투입(착수시 투입 ~ 완성도 100% 가정계산)
(2) 공정전반에 걸쳐 투입(진행시 투입) ~ 문제에서 제시한 완성도로 계산
    (기말재공품 완성도 이후에 재료비를 투입하면 완성도 0% 이다)

5 기말재공품 평가 방법

종합원가계산에서 기말재공품을 평가하는 방법에는 선입선출법, 후입선출법, 평균법 등이 있으나 실무상 주로 사용하는 방법은 평균법과 선입선출법이다.

(1) **평균법** : 차변금액 2개(기초재공품원가와 당기 투입원가)에서 기말재공품을 계산하는 방법으로 기초재공품과 당기투입원가를 모두 당기에 투입하는 하나의 원가로 보는 방법

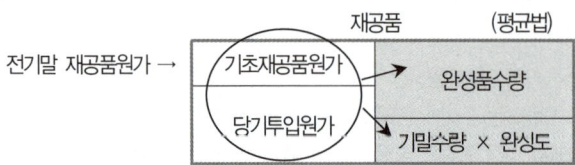

★ 평균법의 완성품환산량 = 완성품수량 + 기말환산량

(2) **선입선출법** : 전기에 투입된 기초재공품이 먼저 완성품이 되고 당기에 투입한 원가에서 완성품과 기말재공품을 계산하는 방법. 즉 차변금액 1개(당기투입원가)이다.

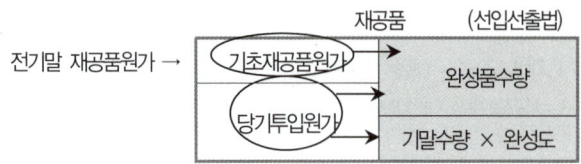

★ 선입선출법의 완성품환산량 = 완성품수량 + 기말환산량 - 기초환산량

★ 선입선출법은 완성품환산량 계산시 전기말 완성도를 제외한다.

(3) 기말재공품원가 계산

- 재료비와 가공비 구분하지 않을 경우 :
  기말재공품원가 = 기말재공품환산량 × 완성품환산량 단위당 원가
- 재료비와 가공비 구분할 경우 :
  기말재공품원가 = ❶ 기말재공품재료비 + ❷ 기말재공품가공비
  ❶ 기말재공품완성품환산량 × 완성품환산량단가 = 기말재공품재료비
  ❷ 기말재공품완성품환산량 × 완성품환산량단가 = 기말재공품가공비

(4) 기말재공품환산량 완성도 계산

❶ 재료비투입 ㉠ 공정초기에 투입(착수시투입)→ 기말수량 × 완성도(100%로 계산함)
　　　　　　㉡ 공정전반에 걸쳐 투입(진행시투입)→ 기말수량 × 완성도(문제에서 제시한 완성도로 계산함)
　　　　　　　재료비 투입이 완성도 이후일 경우 기말재료비는 0원(완성도0%) 으로 계산한다. (세무2급)
❷ 가공비투입(진행시 투입) → 기말수량 × 완성도(진척도)→ 문제에서 제시한 완성도로 계산함
　* 재료비와 가공비는 투입하는 시점이 같으면(즉, 재료비가 진행시 투입일 경우)
　　➜ 재료비와 가공비를 구분하지 않고 기말재공품 원가를 계산한다.
　* 투입시점이 다를 경우 [= 재료가 착수시 투입(완성도 100%계산)일 경우]
　　➜ 원가를 재료비와 가공비로 구분하여 기말재공품 원가를 계산.

6 평균법에 의한 기말재공품 계산

기초재공품과 당기총제조원가를 합한 차변금액(2개)에서 기말재공품을 평가하는 방법으로 선입선출법보다 계산이 간편하지만, 선입선출법보다 원가통제 등 유용한 정보제공이 되지 못한다.

(1) 기말재공품 계산 시 완성도 계산(평균법)

❶ 재료비가 공정초기에 투입될 경우에는 완성도를 100%로 계산하여 완성품환산량을 계산한다.
　재료비가 공정전반에 걸쳐 투입될 경우(= 진행시 투입)에는 완성도는 100% 미만이므로 문제에서 제시한 완성도로 계산하여 완성품환산량을 계산한다.
❷ 재료비와 가공비가 진행정도에 따라 투입될 경우
　재료비와 가공비 모두 완성도가 100%미만이므로 문제에서 제시한 완성도로 계산하여 완성품환산량을 계산한다.

7 선입선출법에 의한 기말재공품 계산

재공품 차변항목인 당기총제조원가(당기투입원가) 1개의 금액에서 기말재공품을 평가하는 방법
이때 완성품환산량 계산시 기초재공품환산량은 전기에 완성된 완성도이므로 당기 완성품환산량에서 차감하여 완성품환산량을 계산한다.

(1) 기말재공품 계산 시 완성도 계산(선입선출법)

　재료비가 공정초기에 투입될 경우 ➜ 완성도를 100%로 계산하여 완성품환산량을 계산한다.
　재료비가 공정전반에 걸쳐 투입될 경우(= 진행시 투입) ➜ 완성도는 문제의 완성도로 계산

(2) 완성품수량계산(재공품계정과 제품계정에서 계산함. 문제에서 제시한 자료를 보고 결정함)

재공품	
기초재공품수량	(완성품수량)
당기착수수량	기말재공품수량

제품	
기초제품수량	매출수량
(완성품수량)	기말제품수량

8 종합원가계산의 재료비와 가공비 구분계산하는 경우

재료비가 공정초기에 투입할 경우에는 가공비 투입시점과 다르므로 재료비와 가공비를 구분하여 완성품환산량을 계산한다.

재공품(재+가)			재공품(재료비)			재공품(가공비)	
기초재공품원가	완성품수량	=	기초재료비	완성품수량	+	기초가공비	완성품수량
당기투입원가	기말수량×완성도		당기재료비	기말수량×완성도		당기가공비	기말수량×완성도

↓ ↓ 공정전반에 걸쳐 투입(진행시 투입)↵
문제에서 제시한 완성도로 계산함. 재료비 투입시점 2가지
① 공정초기에 투입(착수시 투입) → 완성도 100% 계산
② 공정전반에 걸쳐 투입(진행시 투입) → 문제의 완성도로 계산
(기말재공품 완성도 이후에 재료비를 투입하면 완성도 0%이다)

문제 | 개별원가계산과 종합원가계산

1. 종합원가계산에 관한 다음 설명 중 가장 옳은 것은? (46회)
① 종합원가계산은 다품종 소량생산방식의 생산형태에 적합하다.
② 제조공정이 2이상 연속 되는 경우에는 적용할 수 없다.
③ 기초재공품의 완성도에 관계없이 평균법과 선입선출법의 원가계산액은 동일하다.
④ 종합원가계산은 재공품을 완성품환산량으로 환산하여 집계한다.

2. 다음은 종합원가계산과 개별원가계산에 대한 설명이다. 틀린 것은? (54회)
① 재료비와 가공비의 구분이 중요한 것은 종합원가계산이다.
② 다품종 소량생산에는 종합원가계산이 적합하다.
③ 동질의 제품을 단일 생산공정을 통해 대량으로 생산하는 경우는 종합원가계산이 적합하다
④ 고객이 주문한 특정 제품의 제조를 제조부서에 지시하는 제조지시서는 개별원가계산에 적합하다.

3. 개별원가계산과 종합원가계산에 대한 내용으로 틀린 것은? (56회)
① 개별원가계산의 핵심은 제조간접비 배부에 있다.
② 종합원가계산의 핵심은 완성품환산량을 계산하는데 있다.
③ 개별원가계산은 정확한 원가계산을 할 수 있고 시간과 비용이 절약된다.
④ 종합원가계산은 대량연속 생산형태에 적합하다.

4. 개별원가계산에 대한 다음의 설명 중 가장 옳지 않은 것은? (57회)
   ① 개별 작업에 대한 추적가능성을 중시하여 원가를 구분한다.
   ② 제조간접비 배부가 원가계산의 핵심이라 할 수 있다.
   ③ 종합원가계산에 비해 원가기록업무가 비교적 단순하고 경제적이다.
   ④ 종합원가계산과 비교할 때 보다 정확한 원가계산이 가능하다.

5. 다음 중 개별원가계산에 가장 적합한 업종이 아닌 것은? (58회)
   ① 화학공업　　② 항공기제작업　　③ 조선업　　④ 건설업

6. 개별원가계산과 종합원가계산의 차이점을 설명한 것 중 틀린 것은? (70회)
   ① 개별원가계산은 다품종 소량주문생산, 종합원가계산은 동종의 유사제품을 대량생산하는 업종에 적합하다.
   ② 개별원가계산은 각 작업별로 원가를 집계하나 종합원가계산은 공정별로 원가를 집계한다.
   ③ 개별원가계산은 건설업, 조선업에 적합하며 종합원가계산은 정유업, 시멘트산업에 적합하다.
   ④ 개별원가계산은 완성품환산량을 기준으로 원가를 배분하며 종합원가계산은 작업원가표에 의하여 배분한다.

7. 다음 중 개별원가계산에 대한 설명으로 틀린 것은? (71회)
   ① 개별원가계산은 시장생산 형태보다 주문생산 형태에 적합하다.
   ② 개별원가계산은 다품종 제품생산에 적합하다.
   ③ 개별원가계산은 개별작업별로 구분하여 집계한다.
   ④ 개별원가계산은 제조간접비의 제품별 직접 추적이 가능하다.

8. 다음 중 종합원가계산의 특징과 가장 관련이 있는 것은? (72회)
   ① 작업원가표　　　　　　　　　② 주문생산업종에 적합
   ③ 완성품환산량　　　　　　　　④ 원가를 개별작업별로 집계

9. 종합원가계산방법과 개별원가계산방법에 대한 내용으로 가장 올바르지 않은 것은? (83회)

	구분	종합원가계산방법	개별원가계산방법
①	핵심과제	완성품환산량 계산	제조간접비 배분
②	업 종	식품 제조업 등	조선업 등
③	원가집계	개별작업별 집계	공정 및 부문별 집계
④	장 점	경제성 및 편리함	정확한 원가계산

10. (주)전진은 평균법에 의한 종합원가계산을 하고 있다. 재료비는 공정시작 시점에서 전량 투입되며, 가공원가는 공정 전반에 걸쳐 고르게 투입된다. 다음 자료를 통하여 완성품환산량으로 바르게 짝지어진 것은? (48회)

- 기초재공품 : 0개
- 완성수량 : 400개
- 착수수량 : 500개
- 기말재공품 : 100개(완성도 50%)

	재료비완성품환산량	가공비완성품환산량		재료비완성품환산량	가공비완성품환산량
①	400개	450개	②	450개	500개
③	500개	450개	④	400개	500개

11. 다음 자료를 보고 평균법에 의한 가공비의 완성품환산량을 계산하면 얼마인가? (55회)

- 기초재공품 : 10,000단위 (완성도 : 60%)
- 착 수 량 : 30,000단위
- 기말재공품 : 20,000단위 (완성도 : 50%)
- 완성품수량 : 20,000단위
- 원재료는 공정초에 전량 투입되고, 가공비는 공정전반에 걸쳐 균등하게 발생한다.

① 10,000단위 ② 20,000단위 ③ 24,000단위 ④ 30,000단위

12. 재료비는 공정 초기에 모두 발생되고 가공비는 공정이 진행됨에 따라 균등하게 발생할 경우, 다음 자료에 의하여 재료비의 완성품 환산량을 구하면 얼마인가? (77회)

(1) 기초 재공품 1,000개 (완성도 40%) (2) 기말 재공품 1,200개 (완성도 50%)
(3) 당기 완성품 수량 3,000개 (4) 회사는 평균법을 적용하여 기말 재공품을 평가한다

① 3,000개 ② 3,200개 ③ 4,000개 ④ 4,200개

13. 다음 자료를 보고 선입선출법에 의한 직접재료비 및 가공비 각각 완성품환산량을 계산하면 얼마인가? (73회)

- 기초재공품 : 10,000단위(완성도:60%)
- 당기착수량 : 40,000단위
- 기말재공품 : 20,000단위(완성도:40%)
- 완성품수량 : 30,000단위

직접재료비는 공정 50% 시점에서 전량 투입되고, 가공비는 공정전반에 걸쳐 균등하게 발생한다.

	직접재료비	가 공 비		직접재료비	가 공 비
①	40,000 단위	32,000 단위	②	32,000 단위	40,000 단위
③	20,000 단위	32,000 단위	④	38,000 단위	50,000 단위

14. 다음 자료를 이용하여 선입선출법과 평균법에 의한 재료비의 완성품환산량 차이는 얼마인가? (74회)

- 기초재공품 : 200개(완성도 50%)   • 완성품수량 : 2,600개   • 기말재공품 : 500개(완성도 40%)
- 원재료는 공정초에 전량 투입되고, 가공비는 공정전반에 걸쳐 균등하게 발생된다.

① 100개   ② 200개   ③ 300개   ④ 400개

15. 다음 자료를 활용하여 선입선출법에 의한 재료비와 가공비의 완성품환산량을 계산하면 얼마인가? (59회)

- 당기완성품 : 20,000개   • 기말재공품 : 10,000개(완성도 40%)
- 기초재공품 : 5,000개(완성도 20%)   • 당기착수량 : 25,000개
- 재료는 공정초에 전량 투입되고, 가공비는 공정전반에 걸쳐 균등하게 투입된다.

① 재료비 20,000개, 가공비 23,000개   ② 재료비 22,000개, 가공비 20,000개
③ 재료비 25,000개, 가공비 23,000개   ④ 재료비 30,000개, 가공비 24,000개

16. 당사는 선입선출법으로 종합원가계산을 하고 있다. 다음 자료에 따라 계산하는 경우 기말재공품의 원가는 얼마인가? (79회)

- 완성품환산량 단위당 재료비 : 350원   • 완성품환산량 단위당 가공비 : 200원
- 기말재공품 수량 : 300개(재료비는 공정초기에 모두 투입되고, 가공비는 80%를 투입)

① 132,000원   ② 153,000원   ③ 144,000원   ④ 165,000원

정답

1. ④
   ① 종합원가계산은 소품종 대량생산방식의 생산형태에 적합하다
   ② 제조공정이 2개이상 연속되는 경우 공정별종합원가계산을 적용한다.
   ③ 기초재공품이 없는 경우에 원가계산액이 동일할 수 있으나, 기초재공품의 완성도가 다른 경우 원가 계산액은 상이하다.
2. ② 다품종 소량생산은 개별원가계산의 특징이다.
3. ③ 개별원가계산은 정확한 원가계산을 할 수 있지만 시간과 비용이 과다하게 든다.
4. ③ 제조지시서별로 원가를 계산하므로 종합원가계산에 비해 원가기록업무가 비교적 복잡하고 비용이 많이 소요된다.
5. ① 화학공업은 제품을 연속적으로 대량생산하므로 종합원가계산방법이 적합하다.
6. ④ 개별원가계산은 작업원가표에 의하여 원가를 배분하며 종합원가계산은 완성품환산량을 기준으로 원가를 배분한다
7. ④ 개별원가계산은 제조간접비의 제품별 직접 추적이 불가능하기에 작업별로 배부한다.
8. ③ 종합원가계산은 물량흐름을 파악하여 완성품환산량을 구한다.
   직업원가표, 주문생산업종에 적합한 것은 원가를 개별작업별로 집계하는 개별원가계산의 특징이다.
9. ③

구분	종합원가계산	개별원가계산
핵심과제	완성품환산량 계산	제조간접비 배분
업 종	식료품 제조업	조선업
원가집계	공정 및 부문별 집계	개별작업별 집계
장 점	경제성 및 편리함	정확한 원가계산

10. 재료비는 공정시작시점에 투입하였으므로 완성도 100%계산, 가공비는 문제제시한 50%로 계산

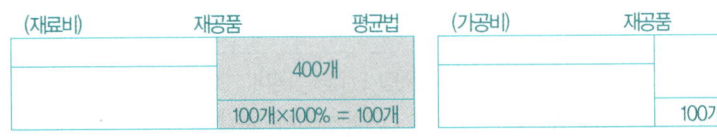

재료비 완성품환산량 500개   가공비 완성품환산량 450개

11. ④ 30,000단위

재공품(가공비)	
기초가공비	완성품수량 20,000개
당기가공비	10,000개(20,000×50%)

12. ④ 재료비 완성품 환산량 → 재공품(재료비) 계정을 그려서 계산하자! 재료비는 완성도 100%

재공품(재료비)	
기초재공품 0원	완성품수량 3,000개
당기투입원가 0원	기말수량×완성도 = 1,200×100% =1,200개

재료비완성품환산량: 3,000개+1,200개=4,200개

13. ③ 재료비 투입시점 ① 공정초기에 투입하면⇒ 완성도 100% 계산
   ② 기말재공품 완성도(40%) 이후에 직접재료비를 투입(50%)하면⇒ 완성도 0% (0개)
   기초재공품 완성도(60%) 이전에 직접재료비를 투입하면⇒ 완성도 100% 계산함.
가공비는 무조건 문제의 완성도(40%)로 계산함.

재공품(재료비)			재공품(가공비)		
10,000개×100% = 10,000개	30,000개		10,000개×60%= 6,000개	30,000개	
0원	20,000개×0%= 0개		0원	20,000×40%= 8,000개	

30,000개 + 0개 − 10,000 = 20,000개   30,000개 + 8,000개 − 6,000개 = 32,000개

직접재료비의 50% 시점에서 전량 투입되므로 기초재공품(완성도:60%)의 완성도 이전에 투입하였으므로 완성도 100%로 계산하여 완성품환산량은 10,000개이고, 기말재공품(완성도:40%)이후에 투입한 직접재료비는 완성된 것이 없는 0%이므로 기말완성품환산량은 0개이다.

14. ② 선입선출법과 평균법에 의한 재료비의 완성품환산량 차이는 기초재공품 완성도 값이다. 따라서, 200개 × 50% = 100개가 평균법과 선입선출법의 완성품환산량 차이이다.
(주의) 재료비는 공정초기에 전량 투입되었으므로 완성도 100% 가정하여 계산한다.
따라서 200개 × 100% = 200개이다.
(재료비 완성품환산량이 공정초기에 투입하면 완성도 100%가정하여 계산)

15. ③

(재료비)	재공품		(가공비)	재공품	
5,000개× 100% = 5,000개	20,000개		5,000개×20% = 1,000개	20,000개	
25,000개	10,000개× 100% = 10,000개		25,000개	10,000개×40% = 4,000개	

완성품환산량: 20,000개+10,000개-5,000개 = 25,000개   완성품환산량: 20,000개+4,000개 - 1,000개= 23,000개

16. ②

재공품(재료비)		재공품(가공비)	
기초재공품	완성품수량	기초재공품 0원	완성품수량
당기투입원가	기말수량×완성도 = 300×100% = 300개	당기투입원가 0원	기말수량×완성도 = 300×80% = 240개

기말재공품완성품환산량 300개 × 완성품환산량단가 350원 =105,000원
기말재공품완성품환산량 240개 × 완성품환산량단가 200원 = 48,000원
기말재공품원가 153,000원 = 기말재공품재료비 105,000원 + 기말재공품가공비 48,000원

공손품과 작업폐물

1 공손과 감손의 개념

제조과정에서 표준규격이나 품질에 미달한 불합격품인 불량품을 '공손'이라 하고, 제조과정에서 재료의 유실, 증발, 가스화하여 공정의 특성이나 원재료의 특성상 부피나 무게 등이 줄어드는 등 제품화되지 않는 부분을 '감손'이라 한다.

예 제빙업에서 얼음조각가 가로×세로 1.5m 주문받았다. 그래서 냉동고에 있는 얼음 절단하기 위해 냉동고에서 기계로 옮기는 과정에서 녹아서 없어지는 부분을 "감손"이라며, 기계에 얼음을 올려서 절단하는 과정에서 작업자가 세팅을 잘못하여 가로×세로 1.8m 절단했다면 이러한 얼음은 불량품. 즉 공손(품)이라한다. 그리고 절단하는 과정에서 나오는 얼음조각들은 작업폐물이라 한다.
이때 불량품을 합격품으로 만들기 위해 재가공할 때 지출하는 원가를 「공손원가」라 한다. 이러한 공손원가는 정상 공손원가와 비정상공손원가로 분류하여 처리한다.

❶ 정상 공손원가(예측가능한 공손=통제할 수 없는 공손)는 제품의 제조원가로 처리
❷ 비정상공손원가(예측불가능한 공손=통제가능한 공손)는 영업외비용으로 처리한다.
 └ 작업자의 착오, 정전 기계고장 등

2 작업폐물

제조과정에서 발생한 폐기물(제빙업의 얼음조각, 가구제작업의 나무토막이나 톱밥 등)

❶ 작업폐물이 발생한 제조지시서의 직접재료비에서 차감하여 제조원가에서 차감한다.
  작업폐물이 발생한 부문의 부문비에서 차감한다.
❷ 작업폐물의 금액이 적은 경우 처분하여 잡이익으로 처리한다.

> **문제** 공손과 감손 및 작업폐물

1. 공손의 발생이 비정상적으로 발생된 경우 어느 곳에 배부하는 것이 가장 타당한가?
① 제조원가　　② 판매관리비　　③ 영업외비용　　④ 특별손실

2. 공손에 대한 설명으로 틀린 것은?
① 비정상공손은 공손이 발생한 기간의 영업외비용으로 처리한다.
② 정상공손은 제조원가에 포함한다.
③ 공손품은 일정수준에 미달하는 불합격품을 말한다.
④ 작업폐물은 공손품으로 분류한다.

> **정답**
> **1.** ③ 공손발생시점이 완성도(진척도) 이후인 경우 완성품에 배분하며, 완성도(진척도)이전인 경우 완성품과 기말재공품에 안분계산하여 배분한다. 그리고 비정상공손품은 영업외비용으로 계상.
> **2.** ④ 작업폐물은 제조과정에서 생긴 폐기물을 말하고, 공손품은 불량품을 말한다.

> **공식** 원가흐름
> ❶ 재료소비액(원재료비 또는 직접재료비) = 월초재료재고액 + 당월재료매입액 − 월말재료재고액
> ❷ 노무비소비액(직접노무비) = 당월지급액(차) + 당월미지급액(차) − 전월미지급액(대)
> ❸ 제조경비소비액(발생액) = 당월지급액(차) + 전월선급액(차) − 당월선급액(대)
> ❹ 제조간접비 = 간접재료비 + 간접노무비 + 간접제조경비
> ❺ 당월총제조비용(= 당월총제조원가) = 직접재료비 + 직접노무비 + 직접제조경비 + 제조간접비
> ❻ 당월제품제조원가 = 월초재공품재고액 + 당월총제조비용 − 월말재공품재고액
> ❼ 제품매출원가 = 월초제품재고액 + 당월제품제조원가 − 월말제품재고액
> ❽ 제품 단가(단위당 원가) = 당월제품제조원가(완성품원가) ÷ 완성품수량

> **확인문제**
> 다음은 재무제표와 관련된 산식이다. 틀린 것은?
> ① 매출원가 = (기초제품재고액 + 당기제품제조원가) − 기말제품재고액
> ② 당기제품제조원가 = 기초재공품재고액 + 당기총제조비용 − 기말재공품재고액
> ③ 당기총제조원가 = 직접재료비 + 직접노무비 + 가공원가
> ④ 원재료소비액 = 기초원재료재고액 + 당기원재료매입액 − 기말원재료재고액

> **정답** ③ 당기총제조원가 = 직접재료비 + 가공비(직접노무비 + 제조간접비)이다.

PART 04

단원별 실기연습

- CHAPTER 01 기초정보관리
- CHAPTER 02 증빙에 의한 거래인식과 전표처리
- CHAPTER 03 일반전표 입력
- CHAPTER 04 매입매출전표 입력
- CHAPTER 05 전표수정(일반전표 및 매입매출전표 정정)
- CHAPTER 06 결산정리분개(수동결산 및 자동결산)
- CHAPTER 07 프로그램 없이 연습하는 장부조회

CHAPTER 01 기초정보관리

1. 회사 등록메뉴

기초정보관리
회사등록
거래처등록
계정과목및적요등록
환경등록

우리 회사의 정보를 추가 입력하거나 수정하는 메뉴
회계의 주체는 회사이므로 해당 회사에서 회계정보를 입력해야 해당 회사의 재무제표 및 각종 세금 관련 신고서가 자동 반영되어 작성된다.

기본사항	우리 회사 상호명, 사업자등록번호, 대표자명, 사업장주소, 업종, 업태, 사업장세무서, 개업 연월일 등을 신규 입력하거나 수정합니다.
추가사항	기본사항이외의 신고관련 추가정보를 입력합니다. 시험에서는 담당자 이메일 주소 입력이 다수 출제되었습니다.

(1) 기본사항Tab 화면

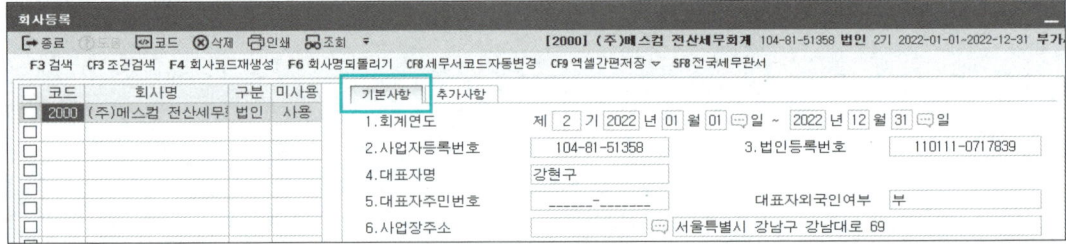

(2) 추가사항Tab 화면

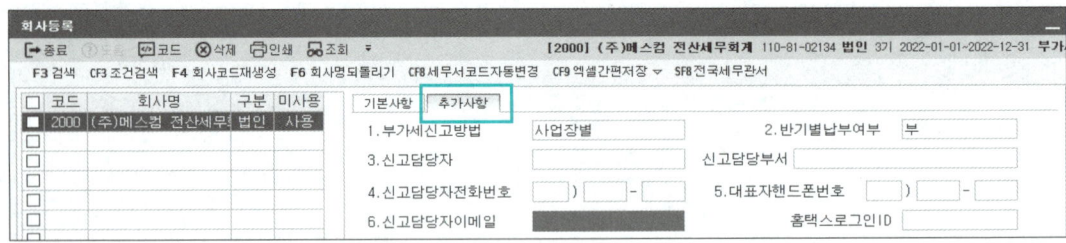

연습 ㈜메스컴 전산세무회계의 사업자등록증이다. 회사등록메뉴에서 회사코드 2000번으로 등록하고 아래 자료를 입력하시오. 당기(3기) 회계기간은 1/1 ~ 12/31이다.

정답 1 KcLep 초기화면 오른쪽 맨 하단 [회사등록]을 선택한다.

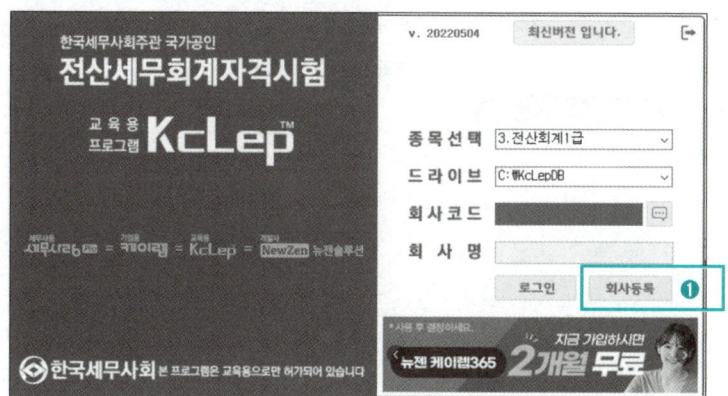

2 당사의 사업자등록증을 보고 제시된 자료를 입력한다. 이때 제시된 자료가 없으면 생략하면 된다.

(1) 기본사항 입력화면

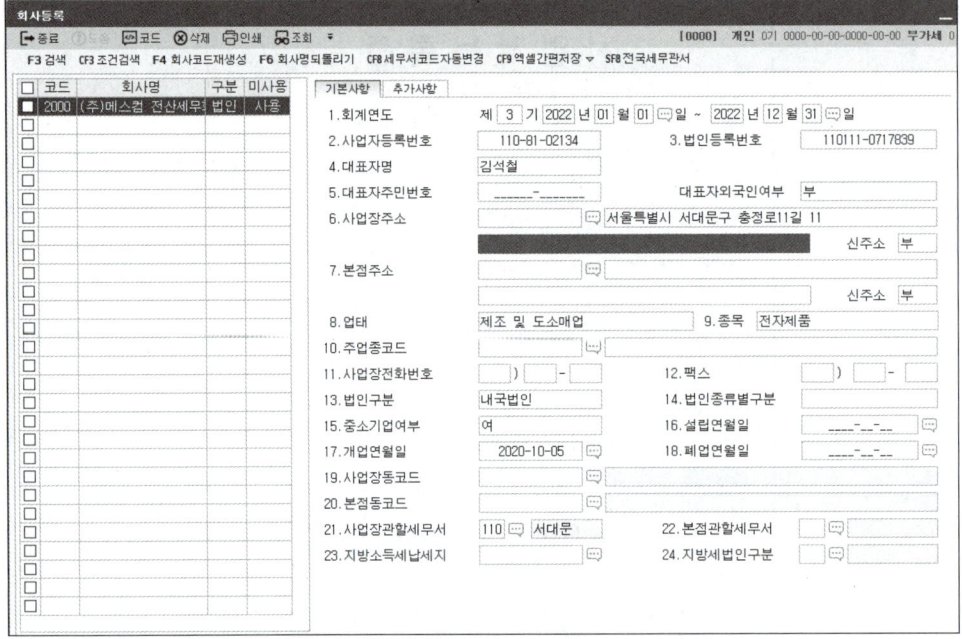

(2) 추가사항 입력화면 (시험에서는 담당자메일주소입력이 가끔 출제됩니다.)

2. 거래처 등록메뉴

기초정보관리
- 회사등록
- **거래처등록**
- 계정과목및적요등록
- 환경등록

영업활동에서 생긴 매출거래처와 매입거래처의 신규 거래처를 추가 입력하거나 등록된 기존 거래처를 수정할 때 이 메뉴를 이용한다.

일반거래처, 금융기관, 신용카드 탭으로 구성되어 해당 탭을 선택하여 입력하면, 일반전표나 매입매출전표 입력할 때 채권, 채무 등 계정과목의 해당 거래처란 입력 시 자동으로 불러 올 수 있다. 그리고 이 메뉴에서 거래처명을 등록해야 거래처원장에 해당 거래처가 자동 생성되며, 거래처별초기이월 메뉴에서 거래처 등록된 거래처를 조회할 수 있다.

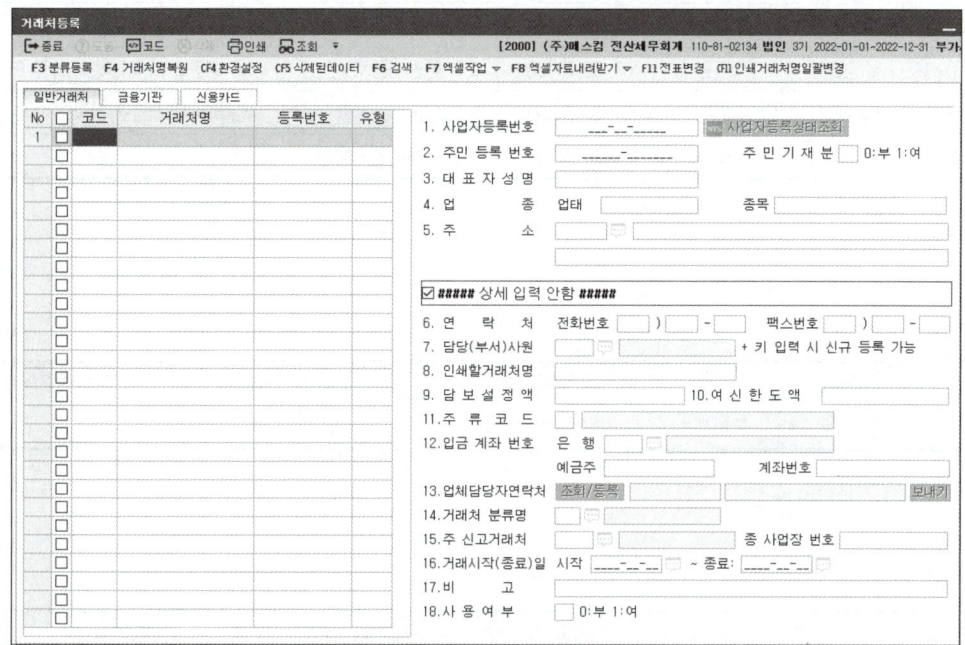

거래처원장에 자동 반영하기 위해 거래처 표시하는 계정과목 들

자산(채권)	외상매출금, 받을어음, 미수금, 선급금, ~대여금, 가지급금, 임차보증금, 부도어음과수표 등
부채(채무)	외상매입금, 지급어음, 미지급금, 선수금, ~차입금, 임대보증금, 유동성장기부채 등

★ 거래처 생략이라는 제시어가 있거나 거래처가 제시되지 않을 경우에는 거래처 입력 생략가능.

연습 KcLep프로그램에서 ㈜메스컴 전산세무회계(회사코드 2000)에서 다음 거래처를 해당 탭에서 입력하시오.

[일반거래처] 유형은 모두 동시로 선택. (단, 문제에서 제시된 경우에는 지시사항을 따라야 합니다)

코드	거래처명	대표자명	사업자등록번호 (주민등록번호)	업태 / 종목	주소
00109	하나로마트	김하나	136-03-68260	도소매 / 식품 등	-
00113	㈜운천	백운봉	213-81-23480	도소매 / 자동차부품	서울특별시 서초구 서초대로 50길
00122	㈜인별전자	박인별	106-86-09996	도매 / 전자제품	-
00157	㈜달리는자동차	홍길동	127-86-29567	도소매 / 자동차	-
00162	㈜경원	이기판	137-81-30988	도소매 / 자동차부품	서울 영등포구 국회대로 50길 9
01001	콩콩세상	김완두	107-81-54150	도소매 / 농산물	서울특별시 서초구 동광로 144
01079	㈜전자마트	김미진	124-81-00718	제조,도소매/전자제품	-

[금융기관]

코드	거래처명	유형	계좌번호	개설은행, 지점	계좌개설일
98001	국민은행	보통예금	097-24-1234-567	국민은행, 서초	

[신용카드]

코드	거래처명	유형	가맹점(카드)번호	카드종류(매입)	결제계좌
99602	하나카드	매입	1111-2222-3333-4444	3. 사업용카드	
99701	비씨카드	매출	123345678		기업은행 2889-451-23567

정답

1 일반거래처 입력

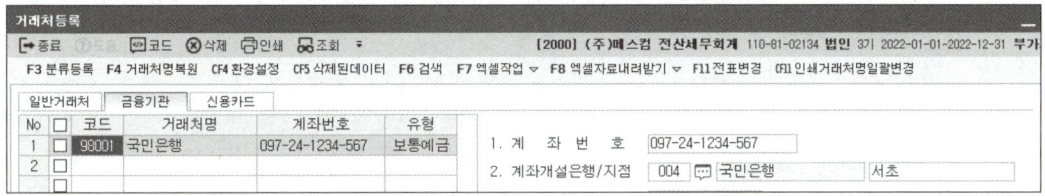

2 금융기관 입력

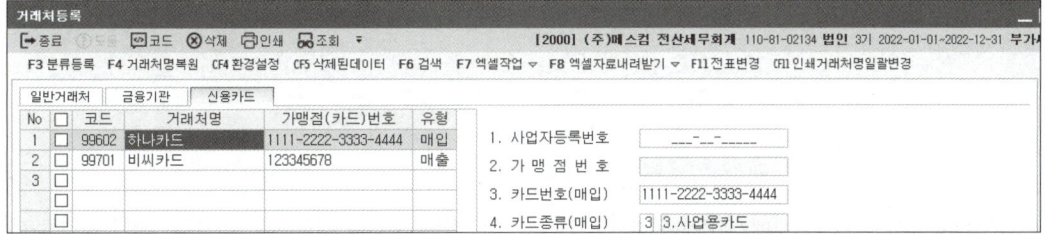

3 신용카드 (하나카드 입력)

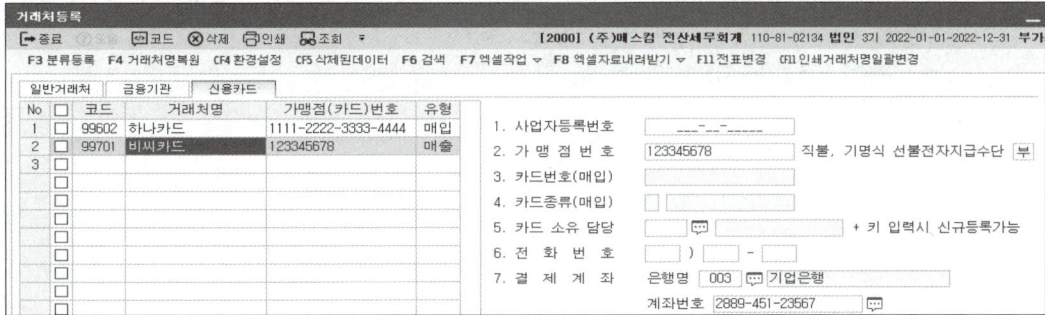

(비씨카드 입력)

연습 1 회사코드 2000번 ㈜메가전산세무회계는 신용카드 유효기간 만료로 인하여 사업용신용카드인 법인카드를 새로 발급받았다. 다음의 내용을 거래처등록메뉴에 입력하시오 (62회 출제)

- 코드 : 99800
- 거래처명 : 국민카드
- 카드번호 : 4444-2657-1111-5555
- 유형 : 매입
- 카드종류(매입) : 사업용카드

연습 2 회사코드 2000번 ㈜메가전산세무회계는 행복은행에서 신규로 통장을 개설하였다. 다음의 내용을 거래처등록메뉴에 입력하시오 (65회 출제)

- 코드 : 98500
- 거래처명 : 행복은행
- 계좌번호 : 311-007-154670
- 유형 : 당좌예금
- 개설은행 : 기업은행 / 서초지점

연습 3 회사코드 2000번 ㈜메가전산세무회계는 전자제품 매출을 위해 한국카드와 신용카드가맹점 계약을 하였다. 다음의 내용을 거래처등록메뉴에 등록하시오. (82회 출제)

- 코드 : 99902
- 거래처명 : 한국카드
- 가맹점번호 : 5640023147
- 유형 : 매출

연습 4 회사코드 2000번 ㈜메가전산세무회계의 거래처 ㈜달리는자동차의 상호변경 및 종목변경과 사업장 이전으로 거래처등록 메뉴에서 아래 자료를 보고 수정 및 추가입력 하시오. (91회 출제응용)

- 거래처코드 : 00157
- 회사명 : ㈜유미상사
- 유형 : 매출
- 사업자등록번호 : 609-85-18769
- 대표자 : 김유미
- 업태 : 도소매
- 종목 : 가전
- 사업장주소 : 서울시 강남구 테헤란로 275

※ 주소입력 시 우편번호 입력은 생략.

정답 ① 신용카드 입력시 별로 7. 결제계좌 은행과 계좌번호 및 결제일과 한도까지 입력하는 기출문제도 있습니다.

정답 ② 행복은행 입력

정답 ③

정답 ④

3. 계정과목 및 적요등록 메뉴

기초정보관리
회사등록
거래처등록
계정과목및적요등록
환경등록

회계프로그램 사용할 때 기업회계기준에 의한 일반적인 계정과목 (101~999)을 계정과목 코드번호에 따라 추가 입력하거나 회사 업종에 맞는 계정과목을 신규 등록할 때 사용하는 메뉴이다. 그리고 계정과목별로 적요(현금적요/대체적요)를 추가 등록 또는 수정할 때 선택하는 메뉴.

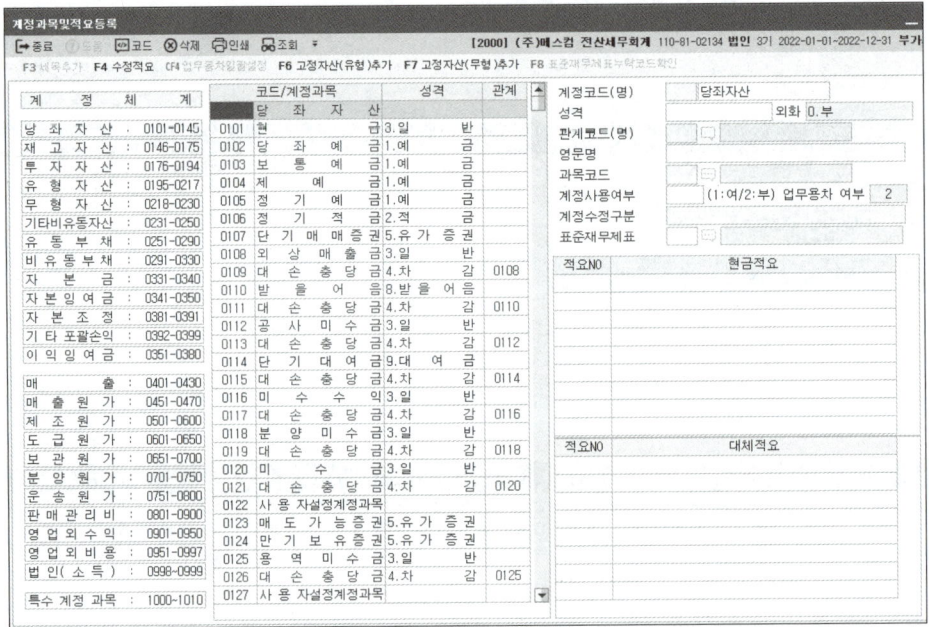

[계정과목 및 적요등록 메뉴 해당란 특징]
- 계정체계란 : 재무제표 작성에 필요한 계정과목이 코드화 되어 있다. (101~ 999로 구성)
- 코드/계정과목 : 해당 코드란에서 코드번호를 입력 찾아 오른쪽 상단 계정코드란에서 수정하거나 신규로 계정과목을 등록한다.
  계정과목 수정 : 붉은색 계정과목 수정은 Ctrl + F2 를 눌러 수정 입력 한다. **(암기)**
  　　　　　　　흑색 계정과목 수정은 덮어 씌우기 하여 수정 입력한다.
  성격 및 관계란 : 재무제표에 계정과목의 성격과 연관된 계정과목을 자동 연결 반영되도록 시험에서는 제시된 내용을 정확히 찾아 선택해야 한다.
- 현금적요란 : 현금의 입금(증가)와 현금의 출금(감소) 거래의 적요내용을 입력한다.
- 대체적요란 : 현금 이외 결제시 거래의 적요내용을 입력한다.
  (적요번호는 자동배열되므로 빈칸에 적요 내용을 정확히 입력하고, 수정은 덮어씌우기, 삭제는 F5선택한다)

계정과목 및 관계코드 수정시 단축키

구분	KcLep 프로그램
흑색 계정과목 수정	오른쪽 상단 계정과목란에서 덮어씌우기 처럼 계정과목란에 입력합니다.
적색 계정과목 수정	Ctrl + F2 누른 후에 오른쪽 상단 계정과목란을 클릭하여 수정합니다.
관계코드란	관계 코드란에서 더블클릭하여 수정

★ KcLep프로그램에서 계정과목을 추가입력할 때는 오른쪽 상단부 계정코드의 사용자설정계정과목란에서 등록 하고자 하는 계정과목을 덮어씌우기 합니다.

연습 회사코드 2000 ㈜메스컴 전산세무회계를 선택하여 계정과목 및 적요등록메뉴에서 다음 자료를 입력하시오.

1 국고보조금 계정과목을 코드 0217에 차감(기계장치 계정과목에서 차감)항목으로 등록하시오.(58회)

2 생산부 직원들에게 매출증가에 따른 성과급을 지급하기로 하였다. 제조원가의 상여금 계정에 다음 내용의 적요를 등록하시오.(61회)

> 현금적요 5.   직원성과급 지급

3 만기보유증권(투자자산) 계정과목에 대체적요 7번 "국공채 매각으로 인한 당좌예금 입금"으로 등록하시오.(3점) (63회)

4 당사 제품의 매출 신장을 위해 무형자산 계정과목을 등록하고자 한다. 다음과 같이 계정과목을 추가로 등록하시오.(3점) (71회)

> • 코드 : 229   • 계정과목 : 라이선스와 프랜차이즈
> • 성격 : 1.일반   • 현금적요 1번 : 라이선스 계약금

5 당사는 퇴직급여제도로 확정기여형(DC형) 퇴직연금에 가입하였다. 퇴직급여(0806) 계정 대체적요 2번에 "확정기여형 퇴직급여 납부"를 추가등록 하시오.(76회)

6 영업부 휴게실에서 사용할 음료 등 구입이 빈번하여 복리후생비 계정의 적요기입을 하고자한다. 다음 내용의 적요를 각각 작성하시오.(85회)

> • 현금 적요 9. 휴게실 음료 및 차 구입   • 대체 적요 3. 휴게실 음료구입 보통 인출

정답

1 코드란에서 217번을 입력한 뒤 오른쪽 계정과목명 란에서 국고보조금 입력합니다.

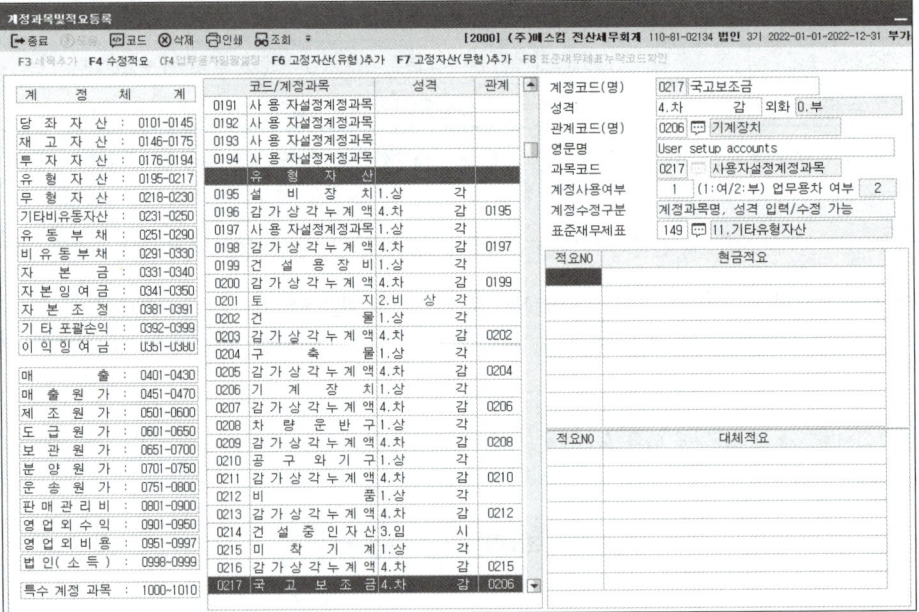

2 제조원가의 상여금은 500번대 상여금으로 찾는 방법은 2가지입니다.

방법① 왼쪽 계정체계에서 제조원가를 클릭한 후에 500번대 상여금을 찾습니다. 또는

방법② 마우스 오른쪽 클릭하여 찾기 메뉴에서 다음 찾기를 선택하여 500번대 상여금을 찾습니다.

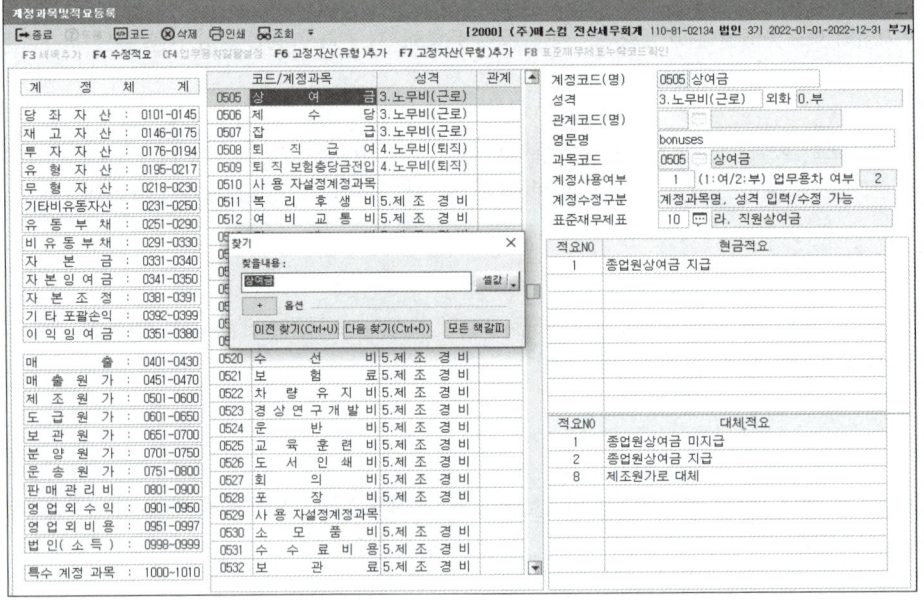

② 상여금 계정과목에 커서를 두고 현금적요란에서 5. 직원성과급 지급을 입력한다.

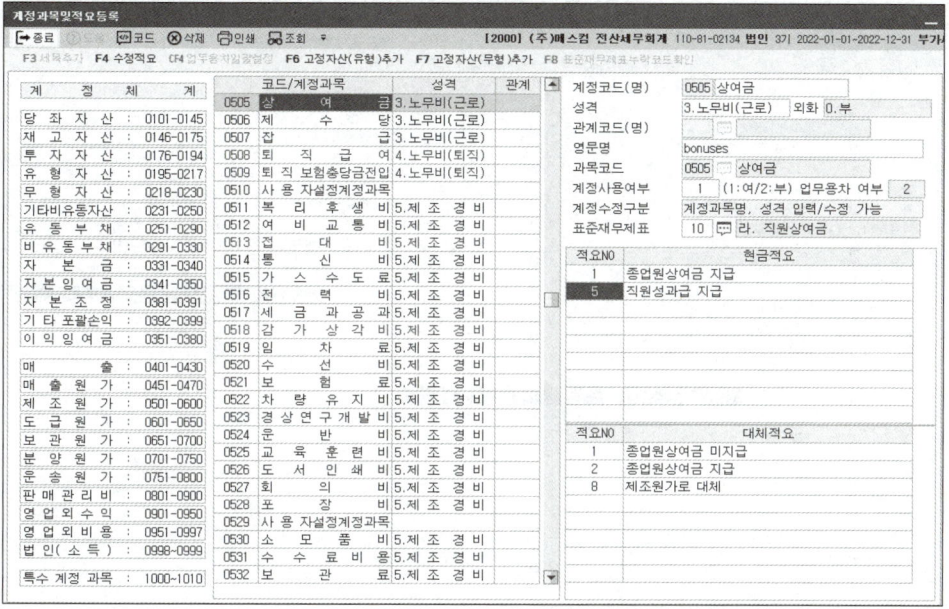

3 왼쪽 계정체계에서 투자자산을 클릭하여 181만기보유증권을 선택하는 방법 또는 마우스 오른쪽 클릭하여 181만기보유증권 찾는 방법 중 택1하여 현금적요란에 7번 국공채 매각으로 인한 당좌예금 입금을 입력한다.

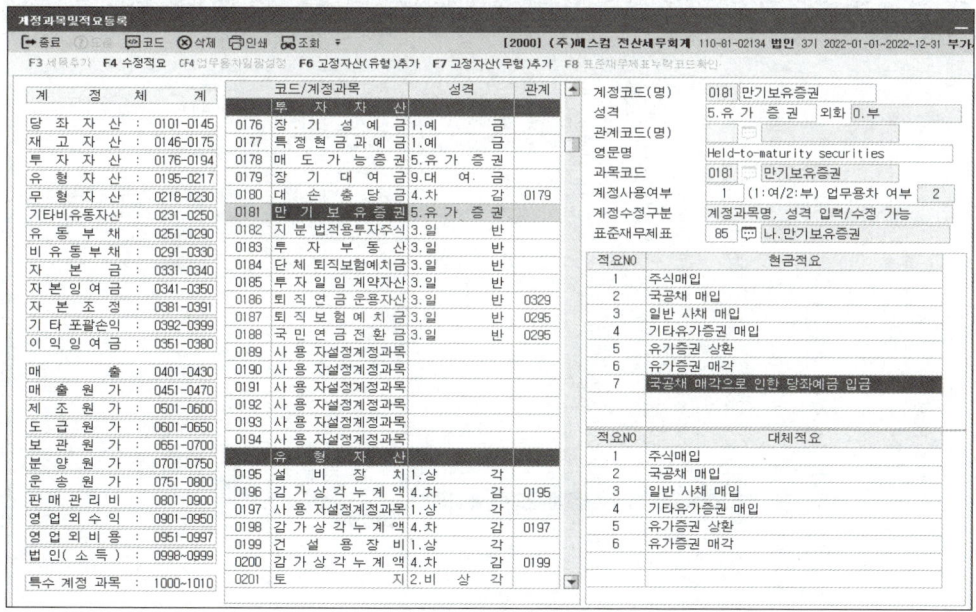

4 코드란에서 229입력하여 오른쪽 상단 계정코드란에서 라이선스와 프랜차이즈 입력

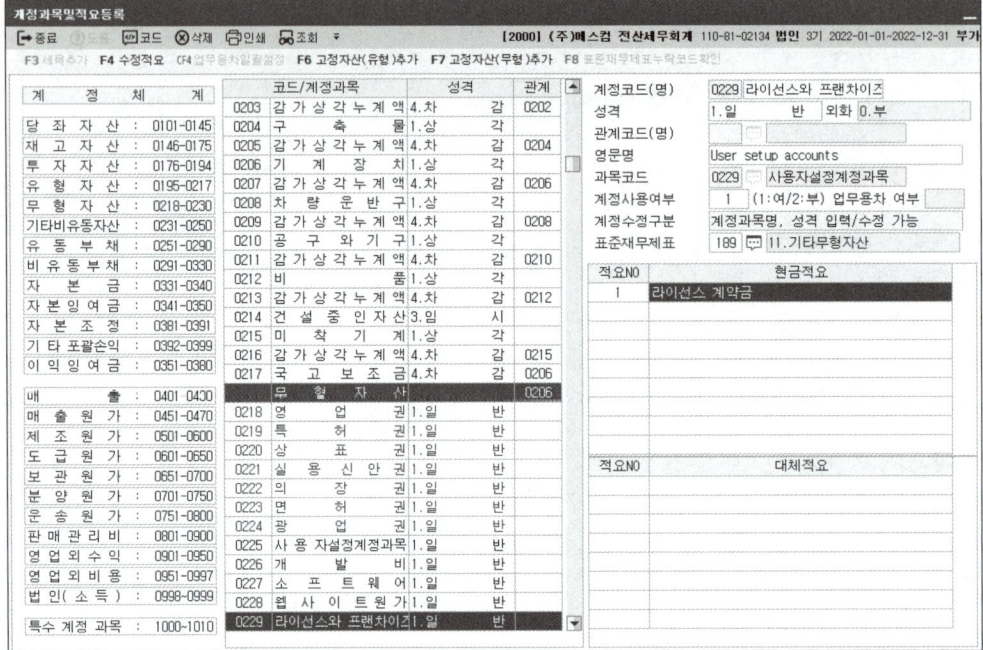

5

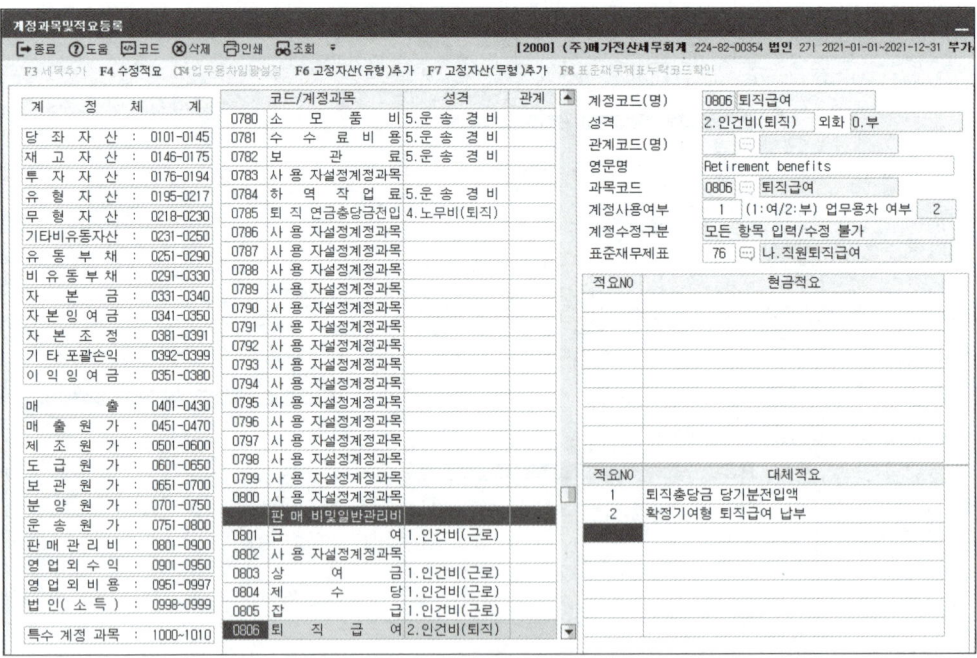

6 영업부 복리후생비이므로 800번대 복리후생비를 찾아서 현금적요와 대체적요란에 제시된 적요내용을 입력한다.

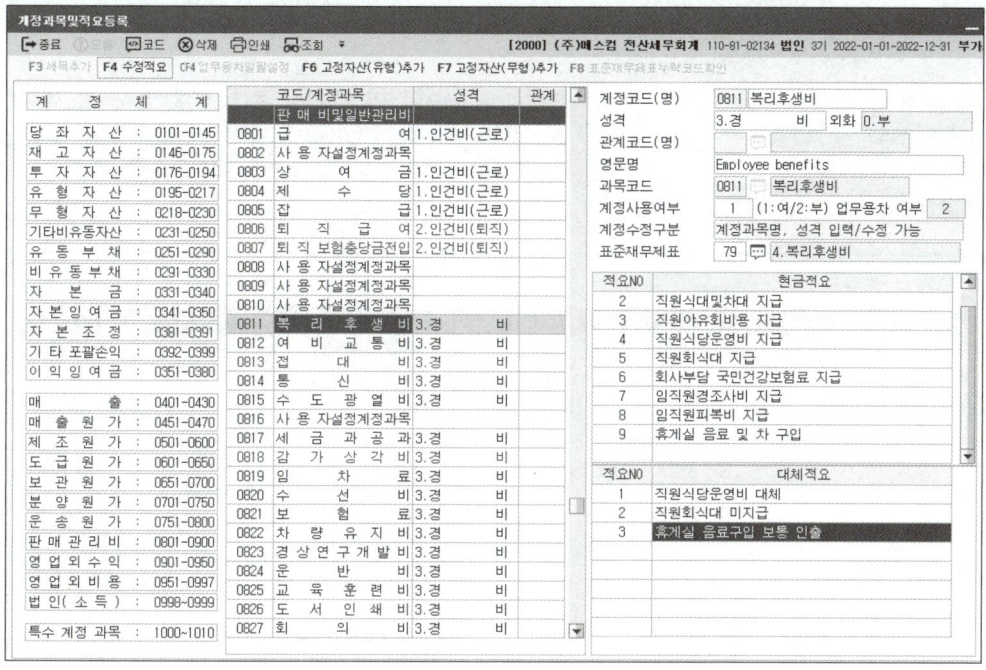

4. 환경등록 메뉴

기초정보관리
- 회사등록
- 거래처등록
- 계정과목및적요등록
- 환경등록

회계프로그램 운용자가 프로그램 환경의 초기에 설정할 때 사용하는 메뉴이다. 일반적으로 기출문제는 매입매출전표 입력시 자동설정 관리하기 위해 기본 매출과 기본 매입 계정과목을 수정하는 문제가 출제된 바 있다.

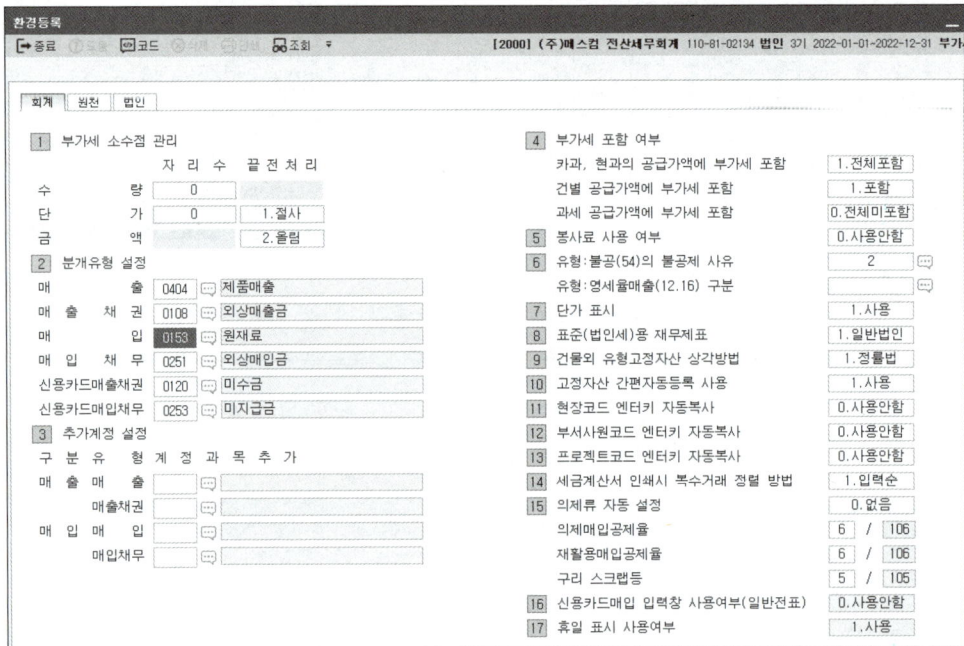

② 분개유형 설정

구 분	제조업
매 출	제품매출 선택
매 입	원재료 선택

[중요] 매입매출전표 입력에서 매출과 매입거래 입력시 기본계정과목 제품매출과 원재료를 선택하면 매출거래 시 제품매출, 매입거래 시 원재료 계정과목이 자동 생성됩니다.

5. 업무용 승용차 등록 (더존Smart-A 프로그램)

개별소비세과세대상 자동차(= 1,000cc초과 ~ 8인승 승용차)에 대해 회사가 구입하거나 임차 또는 유지를 위한 지출현황을 구분란(유류비, 수선비, 보험료, 자동차세 등)을 보고 해당항목을 선택하여 차량비용현황을 관리하기 위해 업무용승용차등록 메뉴에 입력합니다. (작업순서 : 일반전표 입력시 (차) 차량유지비에 커서를 두고 F3을 선택하고, 하단부 업무용승용차 관리 창에서 해당항목을 입력합니다.)

아래 화면은 특정회사를 선택하여 입력하지 않고, 임의 회사코드번호를 생성하여 차량유지비 거래 자료를 입력하였습니다.

[차량에 대한 정보]
차량운반구(코드: 101) 자산명: 제네시스4567, 취득일 2020.01.12, 상각방법(정액법), 취득원가 50,000,000원 내용연수 5년, 경비구분(800번대), 차량번호 :123가 4567 차종: 제네시스G80, 주행거리 300km, 보험가입여부 : 업무전용자동차보험(법인) , 보험기간 : 2020.01.20. ~ 2021.01.20
1/25 ㈜스피드주유소에 업무용 차량(제네시스4567)에 대한 유류비 200,000원을 직불카드로 결제하다.
시험문제는 일반적으로 순서3번이 출제됩니다. 다만 순서1 특정계정과목에 대한 32. 업무용승용차 관리항목 등록 문제가 출제될 수 있습니다.

순서1. 계정과목 및 적요등록 메뉴에서 차량 관련 계정과목 [예] 차량운반구, 차량유지비, 임차료 보험료, 등]에서 ❶ 관리항목란에서 F2를 선택하여 ❷ 32.업무용 승용차 사용(○) 선택 설정한 후 확인 선택합니다.

순서2. 고정자산등록메뉴에서 차량운반구에 대한 정보를 입력한 후에 업무용 승용차 등록메뉴에서 해당 차량번호, 차종, 사용(○) 등 해당 정보를 입력하여 등록합니다. (2.고정자산코드 ?를 선택하여 등록된 차량선택 함)

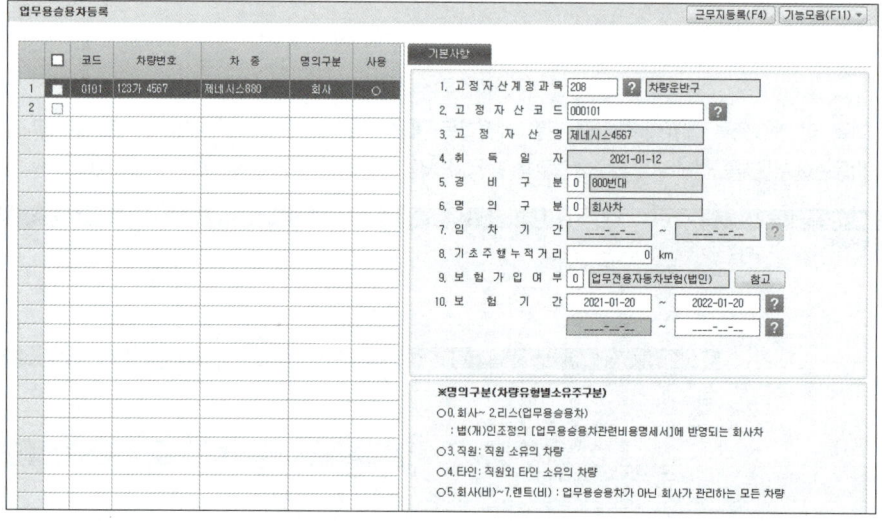

[주의] 순서1, 순서2 로 입력 등록해야 차량유지비 등 전표에서 하단부 업무용승용차관리 창이 생성됩니다.

순서3. 전표입력(일반전표 및 매입매출전표)에서 업무용 승용차 지출비용에 대한 회계처리시 ❶ 차량유지비에 커서를 위치하고 F3을 선택하면 ❷ 하단부 업무용승용차 관리 창에서 더블클릭하거나 승용차코드번호를 입력하고, ❸ 구분란에서 각 항목 중 해당 지출항목을 찾아 선택 입력합니다.

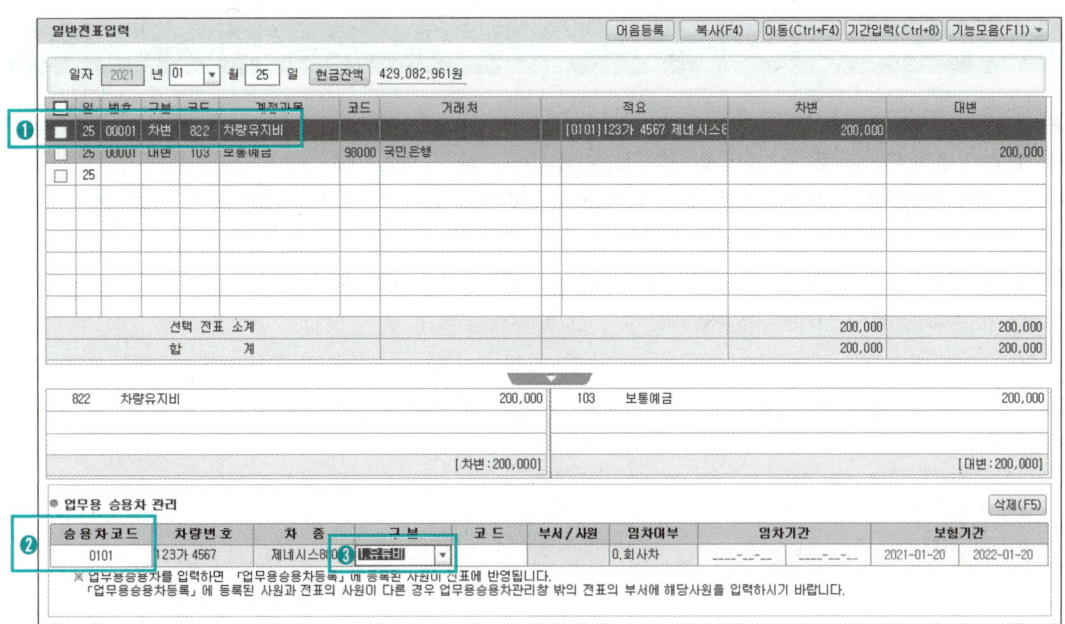

순서4. 차량비용현황(업무용승용차)메뉴에서 ❶ 지출한 월과 차량번호를 입력하면 해당차량 지출현황을 조회합니다.

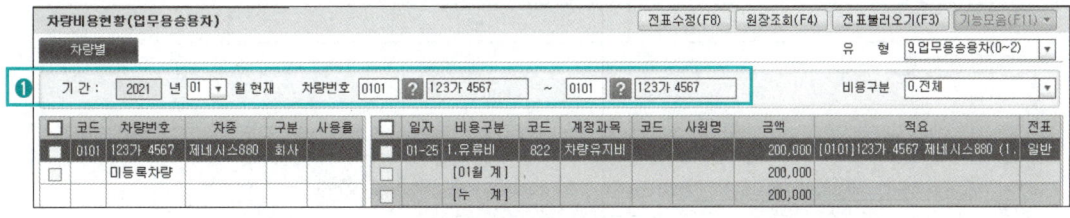

6. 전기분 재무제표의 연결관계

▶ 전기분 재무제표 작성순서

① 500번대 원가계정 금액을 수정해야 할 경우 작업순서 : 제 → 손 → 이 → 재
    (전기분원가명세서 → 전기분손익계산서 → 전기분잉여금처분계산서 → 전기분 재무상태표)

② 비용이나 수익계정 금액을 수정해야 할 경우 작업순서 : 손 → 이 → 재
    (전기분손익계산서 → 전기분잉여금처분계산서 → 전기분 재무상태표)

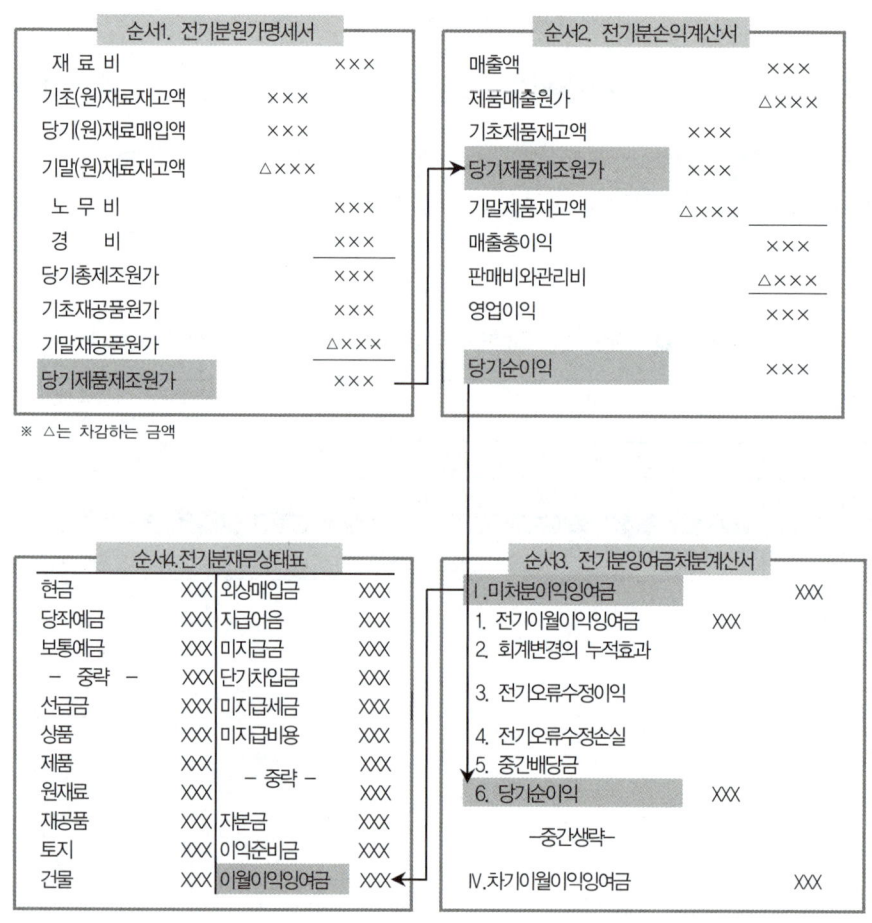

(1) 전기분원가명세서 작성 (제조업에서 작성하는 손익계산서 부속명세서로 당기제품제조원가를 파악.)

KcLep 전기분원가명세서

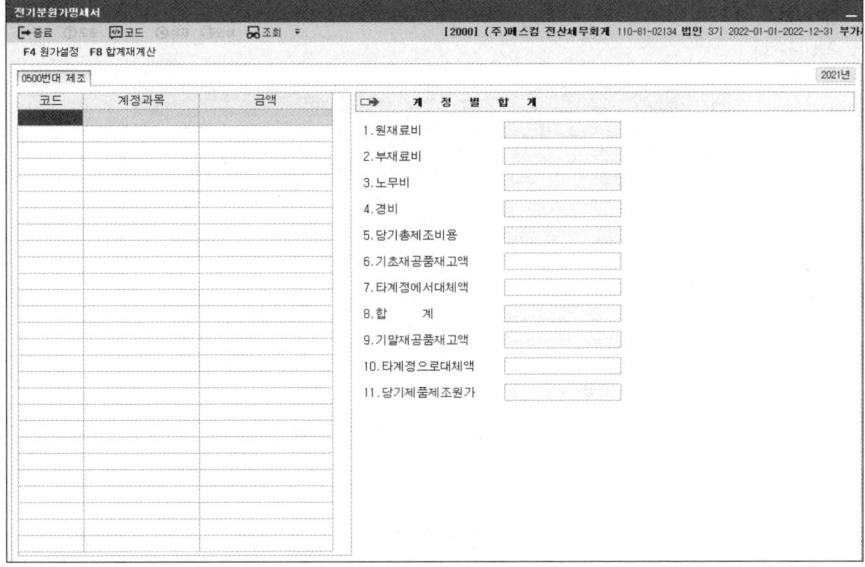

[입력방법]

전기분원가명세서 메뉴를 선택하면 매출원가 및 경비선택 팝업창이 뜬다. 이때 [편집]을 선택하여 [455 제품매출원가] 줄 사용 여부 란에서 1여를 선택하고, 하단의 선택(Tab)을 누른 후에 확인(Enter) 버튼을 누른다.

① 코드란에서 원재료비를 입력하면 원재료 팝업창이 뜬다. 여기서 제시된 원재료 항목인 기초원재료 재고액과 당기원재료매입액을 입력하고, 기말원재료재고액은 전기분재무상태표에서 원재료와 금액을 입력하면 된다.

② 제조원가명세서 원가항목을 해당 계정과목란에 계정과목과 금액을 입력한다. 이때 6.기초재공품 재고액과 7.타계정에서대체액은 해당란에 직접 입력한다.

[출제포인트]

1. 제조원가 항목금액을 수정해서 변동하면 11.당기제품제조원가 금액이 변동하고, 이 금액은 전기분 손익계산서 제품매출원가 안에 당기제품제조원가와 동일하므로 불일치하다면 일치시켜야 한다.
2. 기말원재료재고액과 기말재공품재고액 변경은 전기분재무상태표 (기말)원재료와 재공품을 입력하면 전기분원가명세서에 자동반영되므로 만약 불일치하다면 동일한 금액으로 수정한다.

연습 회사코드 2000 ㈜메스컴 전산세무회계를 선택하여 전기분원가명세서에서 다음 자료를 입력하시오. 매출원가 및 경비선택에서 제품매출원가 사용여부에서 여를 선택한 후에 아래 자료를 참고하여 전기분원가명세서를 작성하시오.

[매출원가 및 경비선택]

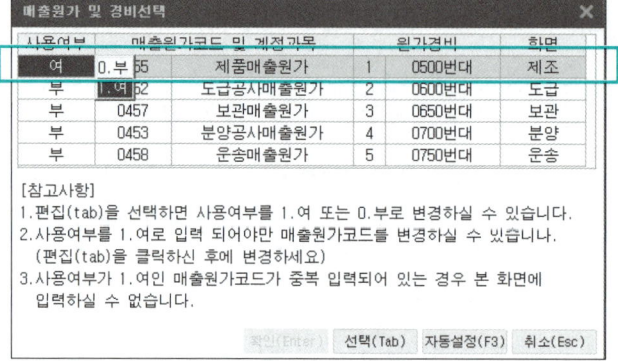

전기분원가명세서

원 재 료 비		81,000,000
기초(원)재료재고액	5,000,000	
당기(원)재료매입액	80,000,000	
기말(원)재료재고액	4,000,000	
노 무 비		48,000,000
임 금	48,000,000	
경 비		25,900,000
복리후생비	1,400,000	
접대비	1,000,000	
가스수도료	7,000,000	
통신비	600,000	
수선비	2,400,000	
보험료	1,500,000	
감가상각비	12,000,000	
당기총제조원가		154,900,000
기초재공품원가	(직접입력)	11,000,000
기말재공품원가	(전기분재무상태표에서 입력)	25,900,000
당기제품제조원가		140,000,000

정답

원재료비를 선택하여 입력하면 구성3가지 항목 창에서 해당 금액을 입력합니다. 이때 기말원재료는 전기분재무상태표에서 원재료를 입력해야 자동 반영됩니다. 왼쪽 화면 계정과목란에서 계정과목과 금액을 입력하면 오른쪽 계정별 합계에서 자동 집계됩니다. 단, 기초재공품재고액은 6. 기초재공품재고액란에서 직접 입력합니다.

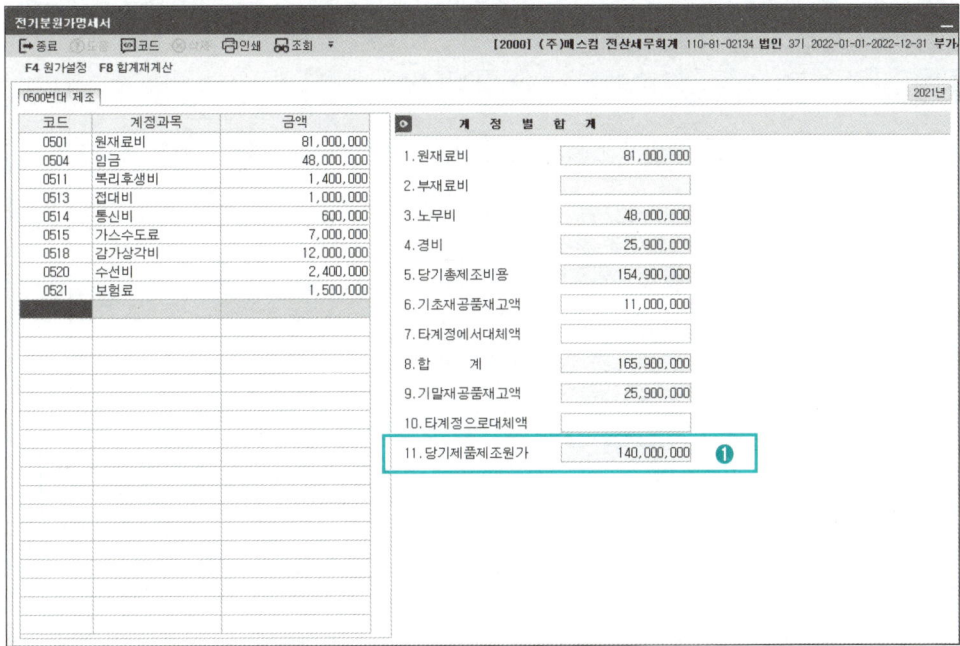

❶ 당기제품제조원가 140,000,000원은 손익계산서 제품매출원가(비용항목) 구성항목이므로 전기분손익계산서 제품매출원가항목과 금액이 동일하므로 전기분원가명세서에서 제품제조원가 금액이 수정되면 전기분손익계산서 제품매출원가 항목 금액도 수정해야 합니다.

(2) 전기분 손익계산서 작성 및 수정

KcLep 전기분손익계산서

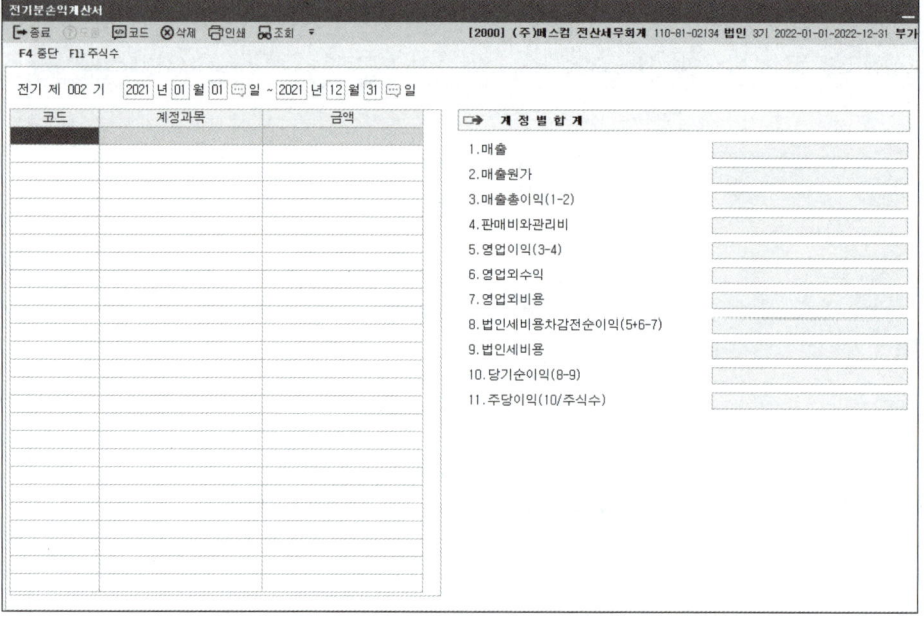

[입력방법]
왼쪽 계정과목 란에서 수익과 비용계정과목을 입력합니다. 다만, 제품매출원가를 입력하여 세부 창에서 해당 금액을 각각 입력합니다.

[출제포인트]
전기말제품재고액 금액을 수정하거나 비용금액이나 수익금액을 수정할 경우 당기순이익 금액이 변동하므로 전기분잉여금처분계산서 6. 당기순이익란 금액과 일치하므로 확인해야 합니다.

[주의]
상품매출원가나 제품매출원가 항목을 커서를 위치하면 세부 창 항목 란에서 해당 금액을 찾아 입력합니다. 그리고 기말상품재고액이나 기말제품재고액은 전기분 재무상태표에서 상품이나 제품을 입력을 해야 전기분손익계산서에 자동으로 생성되어 반영됩니다.

법인기업의 당기순이익은 이익잉여금이므로 전산회계급(KcLep프로그램)에서는 수정된 당기순이익 금액은 전기분잉여금처분계산서로 반영됩니다. 이때 전기분잉여금처분계산서에서는 상단부메뉴 불러오기를 선택하면 당기순이익 금액을 직접 입력하지 않아도 자동으로 불러올수 있습니다.

[연습] 회사코드 2000 ㈜메스컴 전산세무회계를 선택하여 전기분손익계산서에서 다음 자료를 입력하시오. 아래 자료를 참고하여 전기분손익계산서를 작성하시오.(제품매출원가 입력시 당기제품제조원가는 전기분 원가명세서에서 산출한 당기제품제조원가 140,000,000원이다.)

전기분 손익계산서
전기 1/1 ~ 12/31

과 목	금	액
I. 매 출 액		400,000,000
제품매출	4,000,000	
II. 매 출 원 가		145,000,000
제품매출원가		145,000,000
1. 기초제품재고액	30,000,000	
2. 당기제품제조원가	140,000,000	
3. 기말제품재고액	25,000,000	(전기분재무상태표에서 입력)
III. 매 출 총 이 익		255,000,000
IV. 판매비와관리비		130,300,000
1. 급여	82,000,000	
2. 퇴직급여	6,000,000	
3. 복리후생비	14,000,000	
4. 여비교통비	5,500,000	
5. 접대비	8,200,000	
6. 수도광열비	1,100,000	
7. 세금과공과	2,500,000	
8. 감가상각비	2,000,000	
9. 임차료	5,000,000	
10. 교육훈련비	4,000,000	
V. 영 업 이 익		124,700,000
VI. 영 업 외 수 익		2,300,000
이자수익	2,300,000	
VII. 영 업 외 비 용		1,500,000
기부금	1,500,000	
VIII. 법인세비용차감전순이익		125,500,000
IX. 법인세비용		5,000,000
법인세비용	5,000,000	
X. 당기순이익		120,500,000

정답

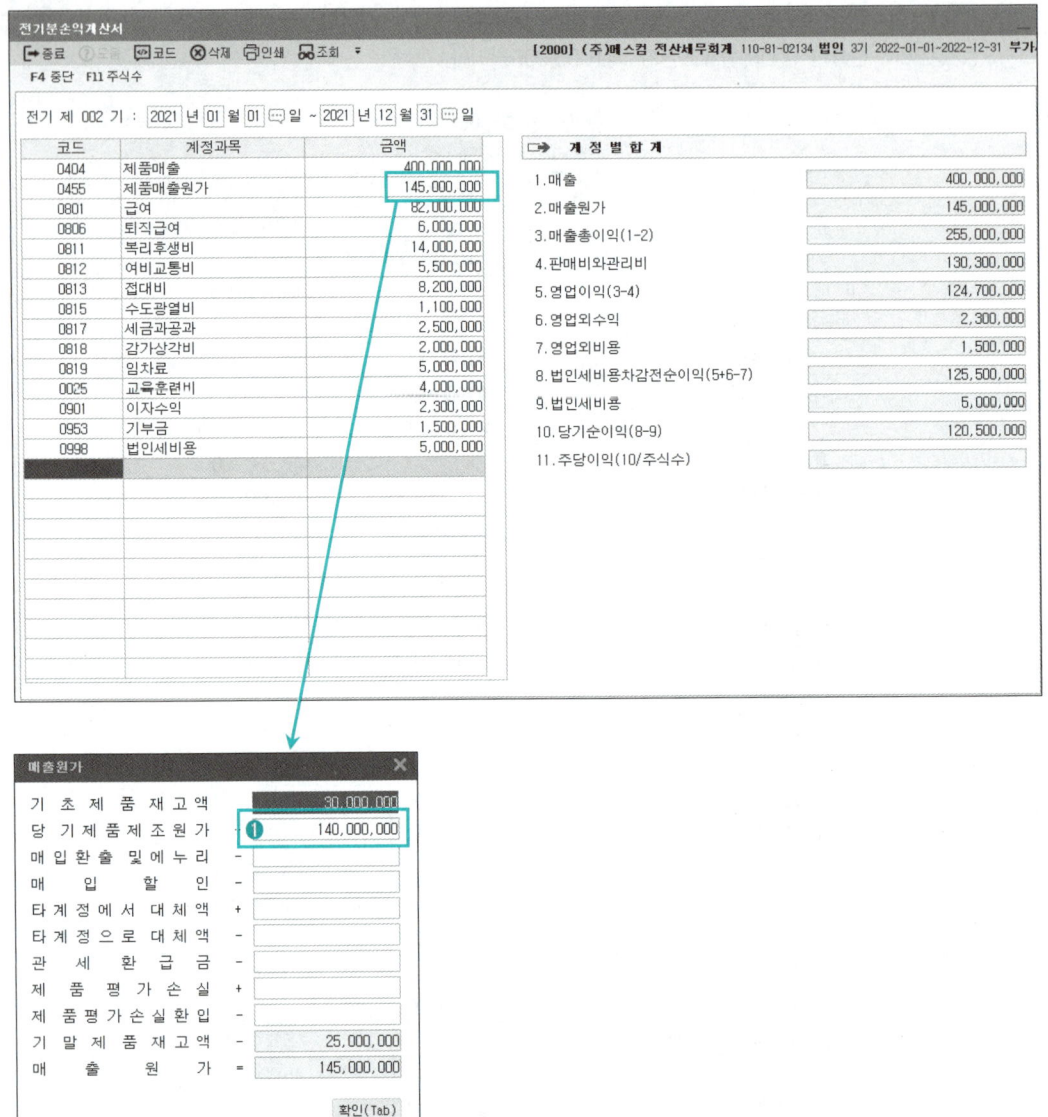

❶ 당기제품제조원가는 전기분원가명세서에서 산출되어 전기분손익계산서 제품매출원가 항목 중 당기제품제조원가에 넘어온 금액입니다. 따라서 전기분원가명세서에서 원가항목이 변경되어 제품제조원가가 변동되면 전기분 손익계산서 제품매출원가항목의 당기제품제조원가가 변경되어야 하므로 수정된 금액으로 수정해야 합니다.

(3) 전기분잉여금처분계산서 작성 및 수정

KcLep 전기분잉여금처분계산서

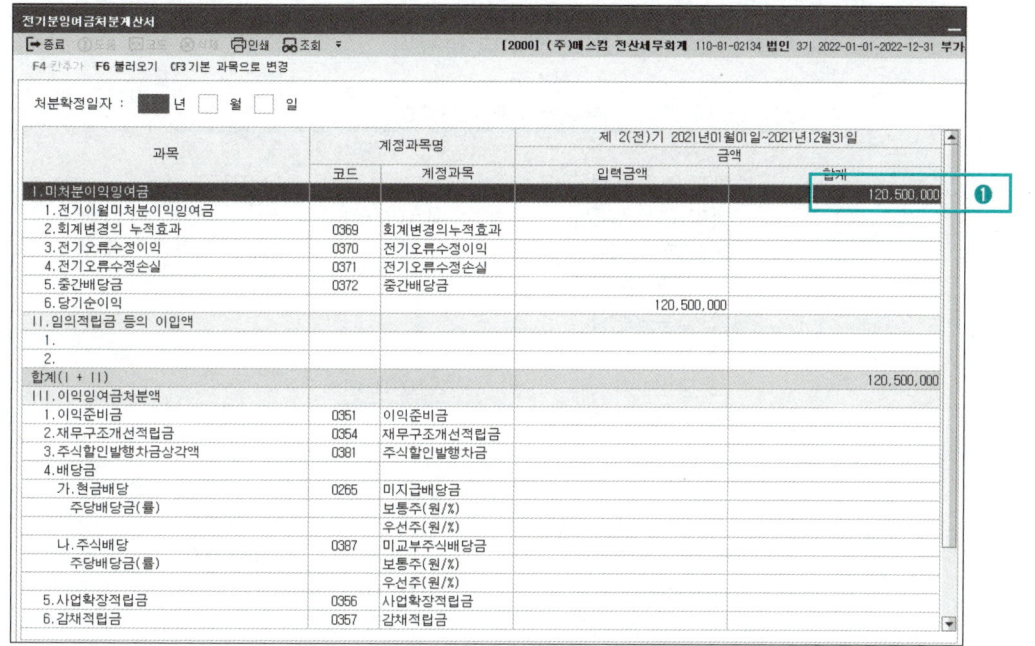

손익계산서에서 산출된 당기순이익은 법인기업에서 이익잉여금으로 대체하여 자본항목으로 분류됩니다.
따라서 전기분잉여금처분계산서에서 메뉴바 [불러오기]를 선택하면 6.당기순이익이 자동반영되며, Ⅰ.미처분이익 잉여금합계액이 변경된다. 이때 ❶ 미처분이익잉여금은 자본항목으로 전기분 재무상태표 대변에 이월이익잉여금으로 자동반영 되므로 금액이 일치하는지 확인해야 한다.

연습 회사코드 2000 ㈜메스컴 전산세무회계에서 전기분 이익잉여금처분계산서를 보고 전기분잉여금처분계산서에 입력하시오. 전기분손익계산서에서 산출된 당기순이익 120,500,000원은 전기분잉여금처분계산서에 자동반영 되었으며, 처분확정일과 아래 이익잉여금 처분사항까지 입력한다.

전기분이익잉여금처분계산서
전기 1/1 ~ 12/31
처분확정일 당해연도 3월 20일

과 목	금	액
I. 미처분이익잉여금		165,000,000
1. 전기이월이익잉여금	44,500,000	
2. 회계변경의 누적효과		
3. 전기오류수정이익		
4. 전기오류수정손실		
5. 중간배당금		
6. 당기순이익	120,500,000	
II. 임의적립금 등의 이입액		
1.		
2.		
합 계		165,000,000
III. 이익잉여금처분액		23,500,000
1. 이익준비금	2,000,000	
2. 재무구조개선적립금		
3. 주식할인발행차금상각액		
4. 배당금		
가. 현금배당	20,000,000	
주당배당금(률)		
나. 주식배당		
주식배당금(률)		
5. 사업확장적립금	1,500,000	
6. 감채적립금		
7. 배당평균적립금		
IV. 차기이월미처분이익잉여금		141,500,000

정답

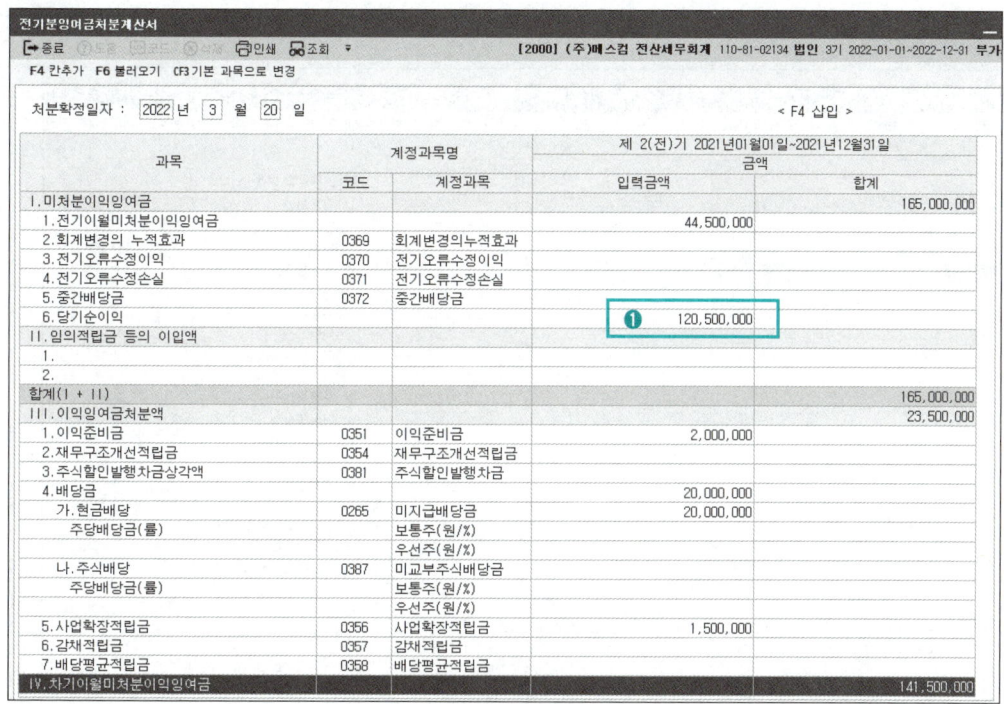

전기분잉여금처분계산서에 반영되는 ❶ 당기순이익은 전기분 손익계산서에서 산출된 당기순이익이 넘어온 금액입니다.

따라서 전기분 비용과 수익금액을 수정하면 당기순이익이 변경되며 그 변경 된 금액을 전기분잉여금처분계산서의 당기순이익을 수정해야 합니다.

수정법 ① 수정된 당기순이익 금액을 메모한 후 전기분잉여금처분계산서에서 ❶ 해당란에 직접 입력하는 방법

수정법 ② 수정된 당기순이익 금액을 상단부 F6 불러오기를 선택하여 자동으로 반영시켜 입력하는 방법.

(4) 전기분 재무상태표 작성 및 수정

KcLep 전기분 재무상태표

전년도 기말 재무상태표는 당해연도 기초에 이월된 기초재무상태표이며, 자산, 부채, 자본 계정과목과 금액을 입력하면 오른쪽 계정별합계란이 자동으로 작성됩니다.

전기분재무상태표 입력시 계정과목을 모두 입력하고 상단 [조회]를 선택하면 코드번호를 자동 배열합니다.

그리고 전기분재무상태표 대변 이월이익잉여금 금액은 전기분잉여금처분계산서 Ⅰ미처분이익잉여금 금액과 동일하므로 금일을 일치시키면 대차차액란 금액이 0원이면서 수정이 완료됩니다.

특징1. 대손충당금과 감가상각누계액 금액 입력시 표에서는 해당 자산에서 차감하는 형식으로 표시하지만, 프로그램 입력 시에는 대변에 입력하여 차감하므로 문제에서 제시된 재무상태표 합계와 프로그램 화면의 재무상태표 합계금액은 동일하지 않습니다.
   (더존Smart-A만의 특징)

특징2. 재무상태표 상품은 기말상품재고액으로 손익계산서 매출원가 항목의 기말상품재고액과 동일합니다.
   따라서 전기분 재무상태표에서 상품 금액을 입력해야 자동으로 전기분 손익계산서 매출원가 기말상품재고액에 반영 됩니다.
   (KcLep프로그램과 더존Smart-A 공통)

특징3. 미처분이익잉여금이라는 자본항목을 실기 프로그램에서는 375.이월이익잉여금으로 입력합니다.
   (KcLep프로그램과 더존Smart-A 공통)

연습 회사코드 2000 ㈜메스컴 전산세무회계에서 아래 전기분 재무상태표 자료를 바탕으로 전기분 재무상태표 메뉴에 입력하시오.

전기분재무상태표
전기 12/31 현재

과목	금액		과목	금액
자 산			부 채	
유 동 자 산		623,000,000	유 동 부 채	475,000,000
당 좌 자 산		568,100,000	외 상 매 입 금	210,000,000
현 금		30,380,000	지 급 어 음	130,000,000
당 좌 예 금		35,000,000	미 지 급 금	50,000,000
보 통 예 금		50,000,000	선 수 금	80,000,000
단기매매증권		9,000,000	미 지 급 비 용	5,000,000
외 상 매 출 금	128,000,000		비 유 동 부 채	180,000,000
대 손 충 당 금	1,280,000	126,720,000	사 채	150,000,000
받 을 어 음	300,000,000		퇴직급여충당부채	30,000,000
대 손 충 당 금	3,000,000	297,000,000	부 채 총 계	655,000,000
선 급 금		20,000,000	자 본	
재 고 자 산		54,900,000	자 본 금	500,000,000
제 품		25,000,000	자 본 금	500,000,000
원 재 료		4,000,000	자 본 잉 여 금	8,000,000
재 공 품		25,900,000	주식발행초과금	8,000,000
비 유 동 자 산		715,000,000	자 본 조 정	0
투 자 자 산		0	기타포괄손익누계액	0
유 형 자 산		465,000,000	이 익 잉 여 금	175,000,000
토 지		100,000,000	이 익 준 비 금	10,000,000
건 물	200,000,000		미처분이익잉여금	165,000,000
감가상각누계액	40,000,000	160,000,000	(당기순이익20,500,000)	
기 계 장 치		150,000,000	자본총계	683,000,000
차 량 운 반 구	90,000,000			
감가상각누계액	35,000,000	55,000,000		
무 형 자 산		50,000,000		
개 발 비		50,000,000		
기타비유동자산		200,000,000		
임 차 보 증 금		200,000,000		
자산총계		1,338,000,000	부채.자본총계	1,338,000,000

[참고] 퇴직급여충당부채 30,000,000원은 제조부(공장 또는 생산부) 20,000,000원, 판관비(본사 또는 사무직) 10,000,000원이다.

정답

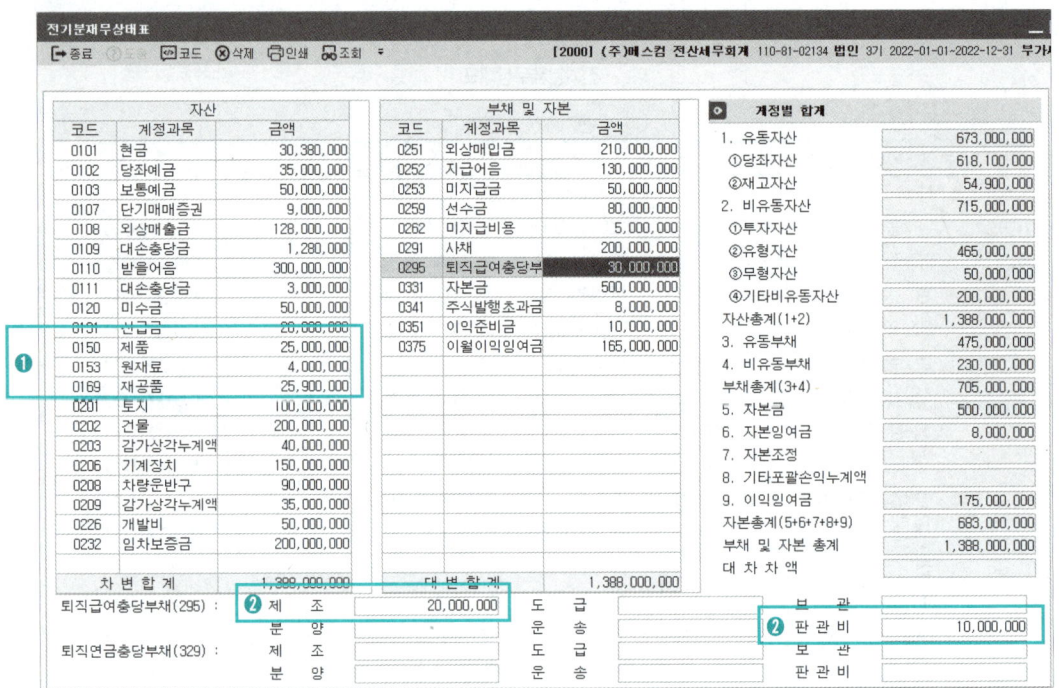

❶ 기말재고자산 금액은 전기분 재무상태표에서 입력을 해야 관련 표에 자동 반영됩니다.
　따라서 기말재고자산(제품, 원재료, 재공품) 금액을 수정하려면 반드시 전기분 재무상태표에서 재고자산 금액을 수정해야 합니다.

전기분재무상태표에서 제품 / 원재료 / 재공품을 입력하면 아래와 같습니다.
(1) 기말제품재고액 입력 ➡ 전기분손익계산서 제품매출원가 항목 중 기말제품재고액란에 자동 반영 됩니다.
(2) 기말원재료재고액 입력 ➡ 전기분원가명세서 원재료비 항목 중 기말원재료재고액란에 자동 반영 됩니다.
(3) 기말재공품재고액 입력 ➡ 전기분원가명세서 계정별합계란에 있는 9.기말재공품재고액란에 자동 반영됩니다.

❷ 퇴직급여충당부채 입력시 제조(공장 또는 생산부) 20,000,000원, 판관비(본사 또는 사무직) 10,000,000원으로 구분하여 입력합니다.

7. 거래처별 초기이월메뉴

거래처초기이월 메뉴화면(KcLep)

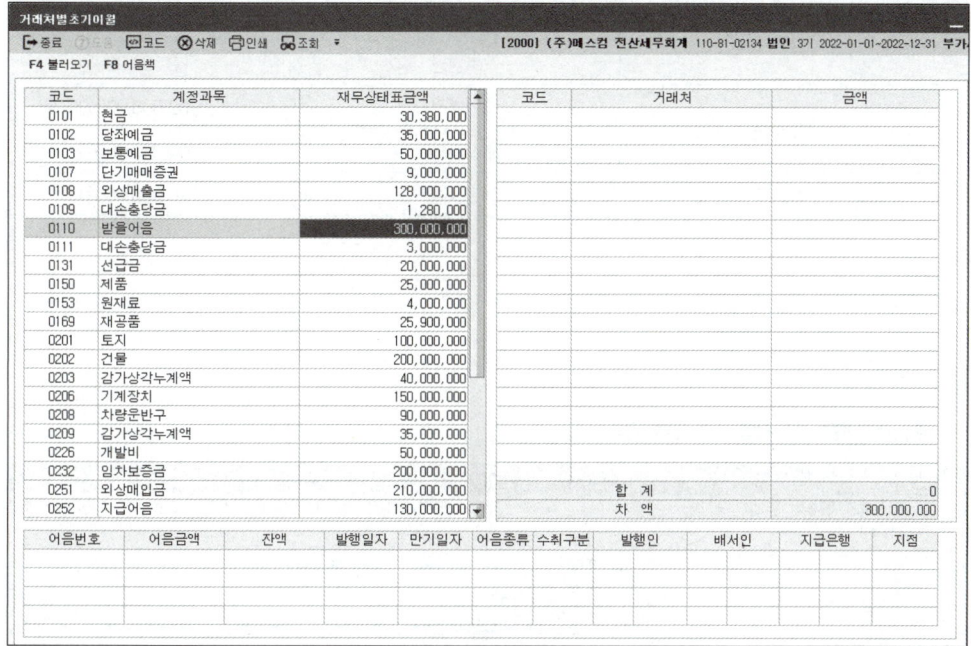

전기에서 이월된 채권, 채무에 대한 기초잔액(=전기이월)을 거래처별로 정리하는 메뉴로서, 거래처별 초기이월메뉴에서 기초 잔액을 입력해야 거래처원장의 해당 채권, 채무 계정과목의 전기이월로 자동반영된다. 따라서 거래처원장의 특정거래처 채권,채무 기초 잔액 수정은 거래처별 초기이월메뉴에서 한다. 전기분재무상태표에서 넘어온 채권, 채무 계정과목이 없으면 F4불러오기를 선택하면 전기분재무상태표 자료를 전부 불러온다.

(입력) 채권·채무 계정과목에 커서를 두고 오른쪽 거래처 코드를 클릭한 뒤에 F2을 누른 후에 거래처를 선택한 후 거래처별 이월 금액을 입력한다.

연습 회사코드 2000 ㈜메스컴 전산세무회계에서 거래처별 초기이월메뉴에서 채권과 채무에 대한 거래처별 기초잔액이다. 해당 계정과목별로 거래처와 금액을 입력하시오.

계정과목	거래처	전기분 잔액
외상매출금	㈜운천	60,000,000원
	㈜경원	68,000,000원
받을어음	㈜인별전자	200,000,000원
	㈜전자마트	100,000,000원
선급금	콩콩세상	20,000,000원

정답

▶ 외상매출금에 대한 거래처별 기초잔액 입력화면

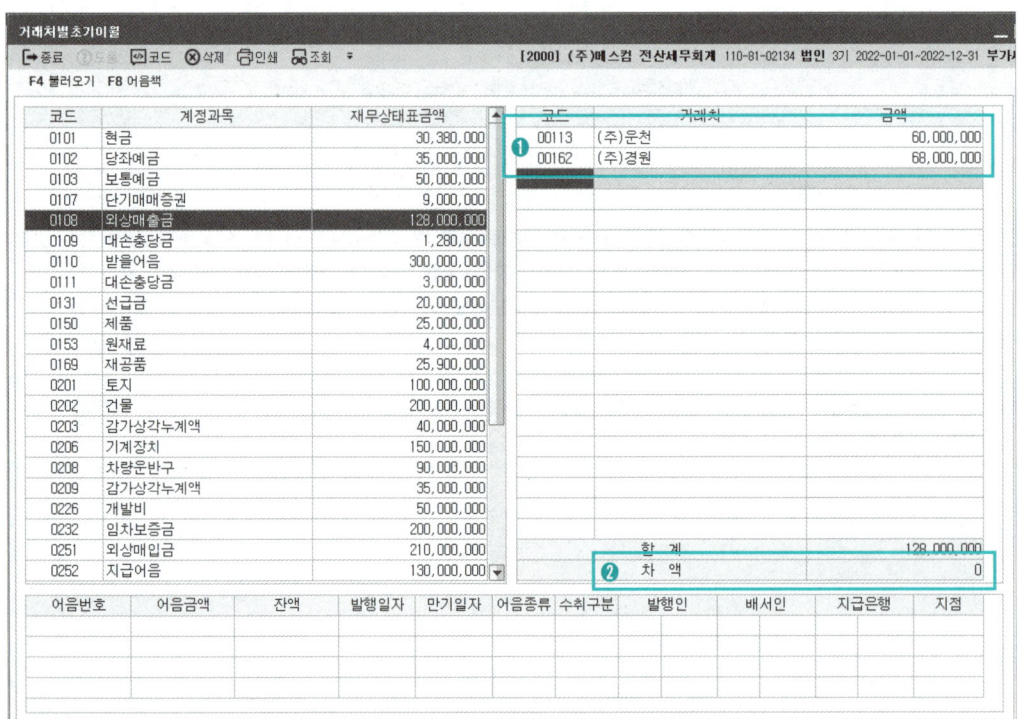

❶ 외상매출금에 대한 F2를 선택하여 해당 거래처를 찾아 외상매출금 기초 잔액을 입력한다.
❷ 전기분재무상태표 금액과 거래처별초기이월 합계가 일치하면 차액은 0원이며, 수정 완료를 의미합니다.

▶ 받을어음에 대한 거래처별 기초 잔액 입력화면

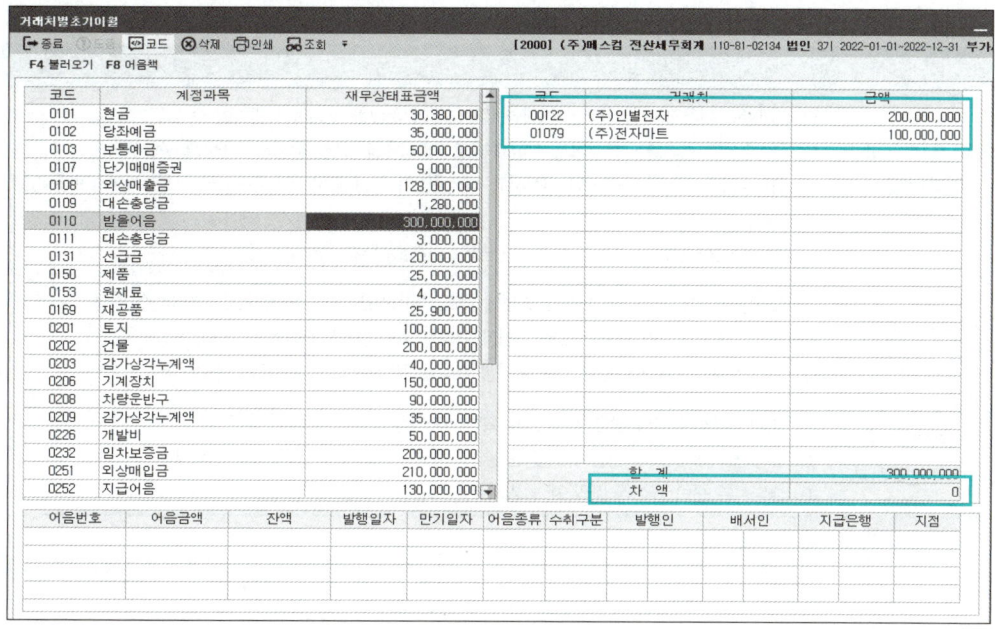

▶ 선급금에 대한 거래처별 기초 잔액 입력

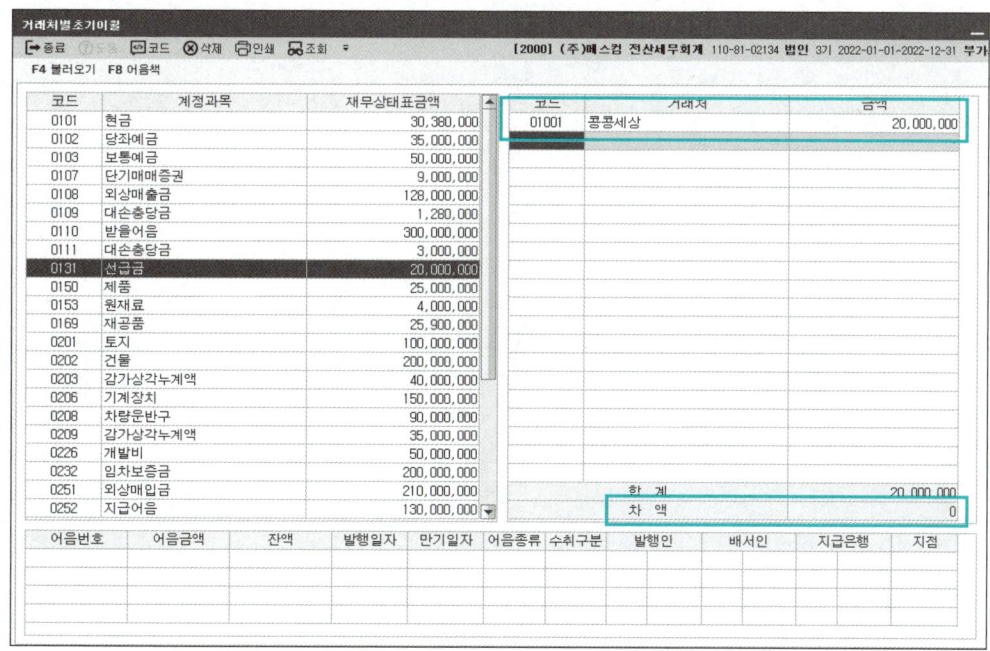

0203020201_20v5 전표처리(2수준)

전표처리란 적격증빙별 거래를 인식하고, 관련전표와 증빙서류를 처리 및 관리하는 능력이다.

능력단위요소	수행준거
0203020201_20v5.1 적격증빙별 거래인식하기	1.1 거래별로 세금계산서발급대상 거래와 영수증대상 거래를 구별하고 관리할 수 있다. 1.2 적격증빙별 거래를 구분하여 인식하고 지출증명서류합계표를 작성하여 관리할 수 있다. 1.3 적격증빙별 거래를 구분하여 인식하고 적격증빙이 아닌 경우 영수증수취명세서를 작성하여 관리할 수 있다. 1.4 업무용승용차관련 거래를 인식하고 차량별로 운행일지를 관리할 수 있다.
0203020201_20v5.2 전표 처리하기	2.1 회계상 거래를 부가가치세 신고 여부에 따라 일반전표와 매입매출전표로 구분할 수 있다. 2.2 부가가치세 신고와 관련이 없는 회계상 거래를 일반전표에 처리할 수 있다. 2.3 부가가치세 신고와 관련이 있는 회계상 거래를 매입매출전표에 처리할 수 있다.
0203020201_20v5.3 증빙서류 관리하기	3.1 발생한 거래에 따라 관련 서류 등을 확인하여 증빙여부를 검토 할 수 있다. 3.2 발생한 거래에 따라 관련 규정을 준수하여 증빙서류를 구분·대조 할 수 있다. 3.3 증빙서류 관련 규정에 따라 제 증빙서류를 보관 관리 할 수 있다.

증빙에 의한 거래인식과 전표처리

1. 증빙서류란?

우리 회사에서 비용거래가 발생하면 그 거래가 발생한 사실을 입증해주는 증거서류를 말한다.
[세금계산서, 영수증(신용카드매출전표, 현금영수증, 간이영수증), 계산서, 지출결의서, 거래명세서, 입금표]

(1) 세금계산서

부가가치세법상 재화와 용역을 공급할 때 구매자로부터 판매금액과 판매금액의 10% 징수하고, 공급자(판매자)가 공급받는 자(구매자)에게 발행하는 세금영수증을 말한다.

(2) 영수증

상품 등을 구입하는 구매자의 사업자등록번호, 기타사항을 기재하지 않고, 판매대금과 부가가치세를 구분하지 않고 합계 금액이 기재된 증빙서류를 말한다. [간이영수증 거래, 차량보험료 지출거래 등]

(3) 계산서

면세사업자(부가가치세 면제대상 기업)가 면세품을 공급하고, 발행하는 증빙서류를 말한다. 부가가치세 10% 징수의무가 없기 때문에 계산서에는 부가가치세액이 기재되지 않는다. [계산서를 주고 받는 거래는 부가가치세 10%를 고려하지 않고 회계처리 한다.]

(4) 지출결의서

우리 회사가 외부에 대금을 지급하더라도 증빙을 받을 수 없는 경우(지하철, 택시 등)
우리 회사 내부에서 지출 사실을 확인하기 위해 작성하는 서류를 말한다.

2. 적격증빙서류 (정규증명서류 또는 법적증빙서류)

세무 관리할 때 가장 중요한 근거 자료로서 종류로는 세금계산서, 계산서, 신용카드매출전표, 현금영수증이 있다.

3. 적격증빙서류 수취의무거래

(1) 다음 두 가지 조건에 해당하는 경우, 사업자는 적격증빙을 수취하여야 한다.
   ❶ 3만원 초과하는 비용거래
   ❷ 접대비 지출의 경우 건당 3만원 초과하는 거래
(2) 비용 지출은 했는데 지출증빙서류를 미수취 하였거나 업무와 관련 없는 지출은 비용으로 인정받지 못함.
(3) 적격증빙을 수취하지 않은 경우 적격증빙미수취가산세 (미수취금액 × 2%)가 부과됩니다.
   적격증빙서류 수취예외 거래도 있다. (TAT2급 출제)

확인문제 다음 내용의 빈칸을 채우시오.

증빙이란 거래 상황에 대하여 객관적으로 입증이 가능한 증거서류를 말한다.
우리 회사가 비용지출시 3만원 초과 거래에 대하여 정규증명서류를 수취하지 않았을 경우 증빙미수취가산세를 납부해야 한다.
이 경우 정규증명서류는 ▨▨▨▨▨▨▨, ▨▨▨▨▨▨▨, ▨▨▨▨▨▨▨, ▨▨▨▨▨▨▨ 4가지를 의미한다.

정답 세금계산서, 계산서, 신용카드매출전표, 현금영수증

4. 전표처리

(1) 전표란?
   우리 회사에서 발생한 재산변동(거래) 대해 분개한 것을 옮겨 기록한 표를 말한다.

(2) 전표의 종류
   ❶ 입금전표 : 우리 회사에 현금이 들어오는 거래(= 현금증가 거래)시 입력하는 전표
   ❷ 출금전표 : 우리 회사에서 현금이 나가는 거래(= 현금감소 거래)시 입력하는 전표
   ❸ 대체전표 : 입금전표와 출금전표에 해당하지 않는 거래를 입력하는 전표

연습 다음 거래를 읽고 빈칸에 해당 전표을 기재하고, 거래에 따른 관련 전표를 작성하시오.

날짜	거래내용	관련 전표
1/25	㈜대한에 제품 5,000,000원을 외상으로 매출하다.	
4/1	㈜강남의 외상매출금 3,000,000원을 현금으로 회수하다.	
6/30	6월 급여 4,000,000원을 현금으로 지급하다.	

▶ 입금/출금/대체 전표입력

입금전표			
2022년　　월　　일			
과목		항목	
적요		금액	

출금전표			
2022년　　월　　일			
과목		항목	
적요		금액	

대체전표					
2022년　　월　　일					
계정과목	적요	금액	계정과목	적요	금액

정답

날짜	거래내용	관련 전표
1/25	제품 5,000,000원을 외상으로 매출하다.	대체전표
4/1	외상매출금 3,000,000원을 현금으로 회수하다.	입금전표
6/30	급여 4,000,000원을 현금으로 지급하다.	출금전표

대체전표					
2022년 1월 25일					
계정과목	적요	금액	계정과목	적요	금액
외상매출금		5,000,000	(제품)매출		5,000,000

입금전표			
2022년 4월 1일			
과목	외상매출금	항목	
적요	외상대금회수	금액	3,000,000

출금전표			
2022년 6월 30일			
과목	급여	항목	
적요	급여지급	금액	4,000,000

5. 지출증명서류합계표 (실무내용, 회계1급 출제범위 제외)

법인기업은 2021 1월1일 이후부터 직전사업연도 수입금액 30억이상인 경우 지출증명서류합계표를 작성, 보관해야 한다. 법인회사인 당사가 사업자로부터 건당 3만원 초과하는 재화 또는 용역을 공급받고 그 대가를 지급한 경우와 1회 지출한 접대비가 3만원 초과하는 경우에는 적격증빙(정규영수증)을 수취하여 5년간 보관해야 한다.

(2020년 귀속 증명서류 ➔ 2026. 5.31까지)

[실무] smart-A 에서는 매입매출전표입력에 입력된 사항은 별도 추가작업 없이 지출증명서류합계표메뉴에서 불러오기 선택하연 자동으로 불러와집니다. 단 일반전표에 입력 시 접대비코드 걸어주듯이 3만원초과 거래금액에 대하여 적격증빙 구분해주는 과정을 한 번 더 합니다. (회계1급 출제제외)

확인문제 다음 사례를 읽고 지출증빙을 구분하여 기입하세요.

거 래 내 용	지출증빙
사무실 복사기를 일반과세자로부터 5,500,000원에 구입하고 전자세금계산서 수취하였다	
본사 전기요금 165,000원을 ㈜한국전력공사에 지로영수증으로 납부하였다.	
법인 소유의 차량(화물차) 수리비 220,000원을 법인카드로 결제하였다.	
법인 보유 차량의 주차요금을 50,000원 현금 납부하고, 간이영수증을 수취하였다.	
법인차량의 당해년도 차량보험료를 1,200,000원을 보험회사에 현금 납부하였다.	
법인차량의 자동차세 450,000원을 납부 하였다.	
운송사업자(간이과세자)에게 운반비 90,000원을 보통예금 통장으로 이체하고, 간이영수증을 수취하였 다.	
일반과세자인 운송사업자에게 운반비 99,000원을 지출하고, 전자세금계산서를 수취하였다.	
강남마트(일반과세자)에서 사무실 간식을 70,000원에 구입하고 간이영수증을 받았다.	

정답

거 래 내 용	지출증빙
사무실 복사기를 일반과세자로부터 5,500,000원에 구입하고 전자세금계산서 수취하였다	세금계산서
본사 전기요금 165,000원을 ㈜한국전력공사에 지로영수증으로 납부하였다.	세금계산서
법인 소유의 차량(화물차) 수리비 220,000원을 법인카드로 결제하였다.	신용카드
법인 보유 차량의 주차요금을 50,000원 현금 납부하고, 간이영수증을 수취하였다.	영수증
법인차량의 당해년도 차량보험료를 1,200,000원을 보험회사에 현금 납부하였다.	영수증
법인차량의 자동차세 450,000원을 납부 하였다.	영수증
운송사업자(간이과세자)에게 운반비 90,000원을 보통예금 통장으로 이체하고, 간이영수증을 수취하였다.	영수증
일반과세자인 운송사업자에게 운반비 99,000원을 지출하고, 전자세금계산서를 수취하였다.	세금계산서
강남마트(일반과세자)에서 사무실 간식을 70,000원에 구입하고 간이영수증을 받았다.	영수증

6. 영수증수취명세서 (회계1급 출제범위 제외, AT자격시험 출제범위에 해당)

사업자는 사업과 관련하여 재화나 용역을 공급받고 대금 지출시 거래 건당 3만원 초과하는 거래(접대비 포함)시에는 적격증빙(정규증명서류)를 수취해야 한다. 만약 미수취할 경우 적격증빙 미수취가산세(미 수취금액의 2%)가 적용된다 이때 영수증 수취현황을 기록한 영수증수취명세서 및 경비 등의 송금명세서를 제출해야 한다. (단, 법인사업자는 제출의무가 없으며, 가산세는 법인세 신고 시 납부해야 한다)

[더존SMART-A프로그램 [영수증수취명세서(2)]

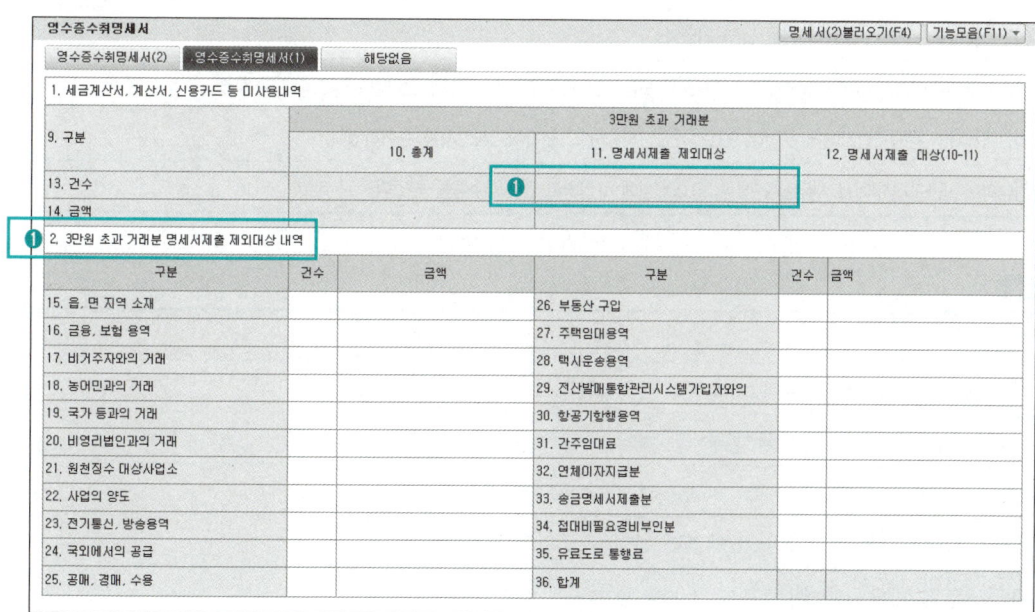

위 구분 란에서 3만원 초과거래분 명세서 제출 제외대상을 입력하면 아래 명세서(1)에 자동작성

[영수증수취명세서(1)]

❶ 아래 거래는 영수증수취명세서 제출 제외대상거래 (적격증빙 수취의무 면제거래)는 가산세가 생략되는 거래이다.

금융보험용역거래 (보험료, 이자비용 지출)	국가 등과의 거래 (자동차세, 재산세 납부 시)
농어민과 직접거래	공인중개사에게 중개수수료를 지급하는 거래
전기,통신,방송용역거래(전기요금, 전화요금 지출)	경비 등 송금명세서 제출하는 경우
택시, 철도, 항공기 항행용역을 공급받는 경우	- 읍,면지역의 간이과세자로서 가맹점이 아닌 경우
간이과세자로부터 부동산임대용역을 제공받으면	- 비영리법인과의 거래(대학교 기부금) 등

확인문제 다음 사례를 적격증빙 여부를 해당란에 기입하세요.

거 래 내 용	적격증빙여부
사무실 복사기를 일반과세자로부터 5,500,000원에 구입하고 전자세금계산서 수취하였다	
본사 전기요금 165,000원을 ㈜한국전력공사에 지로영수증으로 납부하였다.	
법인 소유의 차량(화물차) 수리비 220,000원을 법인카드로 결제하였다.	
법인 보유 차량의 주차요금을 50,000원을 현금 납부하고, 간이영수증을 수취하였다.	
법인차량의 당해년도 차량보험료를 1,200,000원을 보험회사에 납부하였다.	
법인차량의 자동차세 450,000원을 납부 하였다.	
운송사업자(간이과세자)에게 운반비 90,000원을 보통예금 통장으로 이체하고, 간이영수증을 수취하였다.	
일반과세자인 운송사업자에게 운반비 99,000원을 지출하고, 전자세금계산서를 수취하였다.	
강남마트(일반과세자)에서 사무실 간식을 70,000원에 구입하고 간이영수증을 받았다.	

정답

거 래 내 용	적격증빙여부
사무실 복사기를 일반과세자로부터 5,500,000원에 구입하고 전자세금계산서 수취하였다	여
본사 전기요금 165,000원을 ㈜한국전력공사에 지로영수증으로 납부하였다.	여
법인 소유의 차량(화물차) 수리비 220,000원을 법인카드로 결제하였다.	여
법인 보유 차량의 주차요금을 50,000원을 현금 납부하고, 간이영수증을 수취하였다.	부
법인차량의 당해년도 차량보험료를 1,200,000원을 보험회사에 납부하였다.	부
법인차량의 자동차세 450,000원을 납부 하였다.	부
운송사업자(간이과세자)에게 운반비 90,000원을 보통예금 통장으로 이체하고, 간이영수증을 수취하였다.	부
일반과세자인 운송사업자에게 운반비 99,000원을 지출하고, 전자세금계산서를 수취하였다.	여
강남마트(일반과세자)에서 사무실 간식을 70,000원에 구입하고 간이영수증을 받았다.	부

CHAPTER 03 일반전표 입력

1. 일반전표의 개념

[일반전표입력] 메뉴는 부가가치세 10% 등 거래 외의 거래를 입력하는 전표로서, [일반전표입력]에 입력하면 각종 장부와 합계잔액시산표 및 재무제표에 자동반영되어 작성되며 수정은 해당 전표에서 수정한다.

실무에서는 회계기간 중에 발생한 거래가 부가세 10%거래, 0%세율 거래, 면세거래로서 법적증빙(세금계산서, 계산서, 신용카드매출전표, 현금영수증 등)에 의한 과세유형이 있으면 매입매출전표에 입력하고, 그 외의 모든 거래는 일반전표로 입력한다. 즉, 일반전표는 부가세가 수반되지 않는 거래를 입력하는 전표이다.

2. 일반전표의 구성 및 입력방법

[KcLep 프로그램 일반전표입력 화면]

▶ 일반전표 입력방법

❶ 년/월/일란 : 재산변동이 있는 거래 날짜를 두 자리씩 입력한다. 예 1월 25일 ➔ 01 25

❷ 번호란 : 자동으로 생성된다. 단, 전표번호가 동일하지 않을 경우 상단 메뉴바에 있는 [번호수정]을 클릭하여 번호를 동일하게 일치시킨 이후에 다시 [번호수정]을 클릭하면 완료된다.

❸ 구분란 : 대부분 실무에서는 차변은 3번, 대변은 4번을 선택하여 대체전표로 입력한다.
　　　　　하단부 1.출금/ 2.입금/ 3.차변/ 4.대변/ 5.결산차변/ 6.결산대변을 보고 1.출금, 2.입금을 선택하는 경우도 있다.
　　　　　　1.출금 ➔ 출금전표 [거래금액 전체가 현금으로 지출할 때 입력하는 전표]
　　　　　　2.입금 ➔ 입금전표 [거래금액 전체가 현금으로 수령할 때 입력하는 전표]

❹ 계정과목 : 해당란에 두 글자를 입력하여 해당 계정과목을 선택한다.

❺ 거래처란 : 거래처코드란에서 거래처명 2글자 이상을 입력하여 해당 거래처를 선택 입력합니다.
　　　　　　[거래처 코드란에 코드번호가 생성되어야 거래처원장을 자동작성하며, 감점 당하지 않습니다.]

❻ 적요란 : 시험에서는 생략합니다. 다만, 재고자산을 정상적으로 판매, 소비하지 않았을 경우 매출원가에서 차감하기 위해 적요란에서 8번 타계정대체액 등을 선택합니다.
　　　　　(실무에서는 계정과목 및 적요등록 메뉴에서 미리 사용할 적요사항을 입력하여 사용합니다)

❼ 차변/대변란 : 금액을 입력합니다. 금액란에서 '+'키를 선택하면 "000"가 입력됩니다.

> **예** 1,000,000원 입력시 → 1, +, +키   150,000원 입력시 → 150, +키
>
> 구분란에서 차변을 선택하여 분개하면 차변금액은 차변란에 입력하고, 대변분개 금액은 대변금액란에 입력됩니다.

3. 단원별 일반전표 분개연습

연습 당좌자산 계정과목 분개연습
(일반전표 입력과 관련하여 중요한 분개연습입니다. 여러번 반복을 위해 연습장에 연습 바랍니다.)

1 3월 1일 ㈜강남에서 원재료를 7,500,000원(10개, @750,000원)에 구매하기로 계약하고, 구매대금 중 10%를 당좌수표를 발행하여 지급하다.(3점)

날짜	차변(3번)	대변(4번)
/		

2 3월 5일 ㈜지민상사에 제품 40,000,000원을 매출하고, 대금 중 25,000,000원을 ㈜지민상사 발행 전자어음으로 받고, 나머지는 외상으로 하다.

날짜	차변(3번)	대변(4번)
/		

3 3월 8일 ㈜강남에서 원재료 7,500,000원을 구입하고, 대금 중 계약금 10%를 제외한 나머지는 보통예금으로 이체하여 지급하다.

날짜	차변(3번)	대변(4번)
/		

4 3월 10일 제품매출처인 ㈜지민상사의 외상매출금 14,000,000원이 조기 회수되어 매출대금의 2%를 할인해주고 나머지는 보통예금으로 송금 받았다.

날짜	차변(3번)	대변(4번)
/		

5 3월 12일 매출처인 ㈜지민상사로부터 받아 보관 중인 약속어음 20,000,000원을 만기 이전에 거래은행인 국민은행에 할인하고 할인료 500,000원을 제외한 금액은 보통예금 통장에 입금되었다.(매각거래)

날짜	차변(3번)	대변(4번)
/		

6 3월 16일 현금 장부잔액 5,000,000원과 실제잔액 4,900,000원임이 발견되다.

날짜	차변(3번)	대변(4번)
/		

7 3월 18일 ㈜부천에서 원재료 매입하고 제품매출대금으로 수취한 ㈜지민상사 발행 약속어음 1,000,000원을 배서양도하다.

날짜	차변(3번)	대변(4번)
/		

8 3월 19일 ㈜참길무역에서 발행한 채권(만기는 2025년 7월 20일이고, 시장성은 없다)을 만기까지 보유할 목적으로 당좌수표를 발행하여 20,000,000원에 취득하였다. 또한, 채권을 취득 하는 과정에서 발생한 수수료 100,000원은 보통예금에서 지급하였다.(단, 하나의 전표로 입력할 것.)

날짜	차변(3번)	대변(4번)
/		

9 3월 20일 ㈜지민상사로부터 받아 보관하던 받을어음 4,000,000원을 만기일이 되어 결제은행에 제시하였으나 잔액부족을 이유로 지급거절되었다.

날짜	차변(3번)	대변(4번)
/		

10 3월 21일 ㈜한국통상의 주식 50주(액면가 @1,000원)를 3,000,000원에 취득하고 매입수수료 40,000원과 함께 대금은 보통예금으로 이체하였다.(시장성이 있고, 단기시세차익 목적임.)

날짜	차변(3번)	대변(4번)
/		

11 3월 23일 ㈜아이비김영에 상품 10,000,000원을 매출하고, 대금 중 6,000,000원 ㈜김영발행 약속어음으로 받고, 나머지는 외상으로 하다.

날짜	차변(3번)	대변(4번)
/		

12 3월 25일 ㈜지만상사의 부도로 외상매출금 잔액 1,000,000원이 회수불가능하여 대손처리하였다. 단, 대손처리하기 전 합계잔액시산표 대손충당금 잔액 1,100,000원이 있다)

날짜	차변(3번)	대변(4번)
/		

13 3월26일 미국 워싱턴은행으로부터 차입한 단기차입금을 상환하기 위하여 국민은행에서 달러로 환전하여 상환하였다. 환전대금은 국민은행 보통예금 계좌에서 이체하였다.

- 차입금액 10,000달러
- 차입시 적용한 환율 : 1,100원/달러
- 상환시 적용한 환율 : 1,200원/달러

날짜	차변(3번)	대변(4번)
/		

14 3월 27일 전기에 대손처리한 ㈜대한전자의 외상매출금 5,000,000원 중 2,000,000원을 보통예금으로 회수하다.

날짜	차변(3번)	대변(4번)
/		

15 3월 28일 단기시세차익을 목적으로 취득하였던 ㈜엘지의 주식 1,000주(1주당 액면가 500원, 1주당 취득가 1,000원) 중 50%를 1주당 1,500원에 처분하고 보통예금에 입금하였다.

날짜	차변(3번)	대변(4번)
/		

16 3월 29일 원재료 보관창고의 화재와 도난에 대비하기 위하여 화재손해보험에 가입하고 1년분 보험료 3,000,000원을 보통예금계좌에서 이체하였다.(단, 보험료는 전액 자산계정으로 회계처리한다.

날짜	차변(3번)	대변(4번)
/		

17 기말결산시 기중에 현금과부족 처리한 부족액 100,000원 중 70,000원은 차입금에 대한 이자비용이고, 나머지는 원인불명으로 영업외비용으로 처리하다.

날짜	차변(3번)	대변(4번)
/		

18 기말결산시 보유중인 단기매매증권 500주(취득원가 1,000원, 기말공정가치 1,600원)를 평가하다.

날짜	차변(3번)	대변(4번)
/		

19 기말결산시 외상매출금 잔액 5,000,000원에 대하여 대손율 1% 대손충당금을 추가설정하다. (결산전 대손충당금 잔액 40,000원 있다)

날짜	차변(3번)	대변(4번)
/		

20 단기차입금으로 처리한 금액 중 워싱턴은행의 외화차입금 11,000,000원(₩1,100/달러)이 계상되었다. 보고기간 종료일(결산일) 현재 적용환율은 미화 1$당 1,300원이다.

날짜	차변(3번)	대변(4번)
/		

> **정답**

1. 3월 1일 원재료 구매전에 대금의 일부를 미리 지급할 경우(=계약금 지급) → (차) 선급금(자산) 증가
  (차) 선급금(강남) 750,00   (대) 당좌예금 750,000

2. 3월 5일 제품을 판매할 때 생긴 수익 → (대) 제품매출
  (차) 받을어음(지민) 25,000,000   (대) 제품매출 40,000,000
    외상매출금(지민) 15,000,000

3. 3월 8일 원재료 구입시 차감한 계약금→ (대) 선급금 감소
  (차) 원재료 7,500,000   (대) 선급금(강남) 750,000
                 보통예금 6,750,000

4. 3월 10일 외상매출금을 약정일 이전에 조기회수할 때 할인료 → (차) 매출할인(매출액 차감항목)
  (차) 매출할인(406) 280,000원   (대) 외상매출금(지민) 14,000,000원
    보통예금 13,720,000원

5. 3월 12일 받을어음을 거래은행에 할인하면(매각처분) → (대) 받을어음 감소와 (차) 매출채권처분손실 발생
  (차) 매출채권처분손실 500,000원 (대) 받을어음(지민) 20,000,000원
    보통예금 19,500,000원

6. 3월 16일 현금장부잔액 5,000,000 > 현금실제잔액 4,900,000 → 현금 100,000원 부족액(현금감소)
  (차) 현금과부족 100,000   (대) 현 금 100,000

7. 3월 18일 받을어음을 배서양도하면 받을어음을 타인에게 주는 것으로 받을어음 감소이다. 이때 받을어음 거래처는 어음발행인이다.
  (차) 원재료 1,000,000   (대) 받을어음(지민) 1,000,000

8. 3월 19일 만기까지 보유할 목적으로 구입한 채권은 만기보유증권(181)이며, 만기보유증권 구입시 매입수수료는 부대비용으로 만기보유증권에 포함하여 취득원가를 결정한다.
  (차) 만기보유증권(181) 20,100,000원 (대) 당 좌 예 금 20,000,000원
                  보 통 예 금 100,000원

9. 3월 20일 받을어음이나 거래처발행당좌수표가 부도(지급거절)시 발생한 채권을 「부도어음과수표」라 함.
  (차) 부도어음과수표(지민) 4,000,000원 (대) 받을어음(지민) 4,000,000원

10. 3월 21일 단기매매증권 구입 시 매입수수료는 900번대 수수료비용(영업외비용)을 선택 입력한다.
  (차) 단기매매증권 3,000,000 (대) 보통예금 3,040,000
    수수료비용(900번대) 40,000

11. 3월 23일 상품매출 시 발생한 수익 → (대) 상품매출
  (차) 받을어음(아이) 6,000,000 (대) 상품매출 10,000,000
    외상매출금(아이) 4,000,000

12. 3월 25일 외상매출금 회수불가능하여 대손처리하면 (대) 외상매출금 감소와 차감계정인 (차) 대손충당금도 대손금 이내로 감소한다.
  (차) 대손충당금(109) 1,000,000 (대) 외상매출금(지민) 1,000,000
  ※ 109대손충당금은 108외상매출금의 차감적평가계정으로 외상매출금 다음 번호로 코드번호가 지정 됨.

13. 3월 26일 단기차입금 : $10,000 × 1,100원 = 11,000,000원
  보통예금(상환액) : $10,000 × 1,200원 = 12,000,000원
  단기차입금(부채) 상환시 환율상승으로 차입금 11,000,000원보다 많이 지급한 금액은 손실이다.
  (차) 단기차입금(워싱턴) 11,000,000 (대) 보통예금 12,000,000
    외환차손 1,000,000

14. 3월 27일 전기에 대손처리한 외상매출금 당기에 회수하면 전액 대손충당금으로 설정하여 증가시킨다.
  (차) 보통예금 2,000,000 (대) 대손충당금(109) 2,000,000

15. 3월 28일 단기매매증권 취득 1,000주 중 50%를 처분하므로 500주 처분 시 분개
　　(차) 보통예금　　　750,000　　　　　　　　(대) 단기매매증권　　　500,000
　　　　　　　　　　　　　　　　　　　　　　　　　단기매매증권처분이익　250,000

16. 3월 29일 화재보험료 회계처리 －　당기분 보험료 금액 ➡ 보험료(비용)처리
　　　　　　　　　　　　　　　　 －　차기분 보험료 금액 ➡ 선급비용(자산)처리
　　(차) 선급비용 3,000,000원　　　　　　　　(대) 보통예금 3,000,000원

17. 기말결산시 기중에 현금과부족 처리한 부족액 100,000원 중 70,000원은 차입금에 대한 이자비용이고, 나머지는 원인불명으로 영업외비용으로 처리하다.
　　12/31 (차) 이자비용　　　70,000　　　　　(대) 현금과부족　　　100,000
　　　　　　 잡손실　　　　　30,000

18. 단기매매증권 장부금액 500주 × 1,000원 = 500,000원 ➡ 기말공정가치 500주 × 1,600원 = 800,000원으로 변경할 때 차액 (공정가치 상승분) 300,000원은 단기매매증권평가이익이 발생하여 인식한다.
　　12/31 (차) 단기매매증권　　300,000　　　　(대) 단기매매증권평가이익　　300,000

19. 기말결산시 재무상태표 채권 아래 표시하는 대손충당금은 대손추정액(대손율 금액)이다. 따라서 대손율 금액에서 결산 전 대손충당금 잔액을 차감하면 그 차액이 추가설정(보충액)으로 수정 분개한다.
　　추가설정액 ＝ 외상매출금 잔액 5,000,000 × 1% － 결산전 대손충당금잔액 40,000원 = 10,000원
　　12/31 (차) 대손상각비　　10,000　　　　　(대) 대손충당금(109)　　10,000

20. 기중 단기차입금 11,000,000원을 기말결산일 환율 13,000,000원으로 변경할 때 차액 2,000,000 단기차입금 환율상승으로 인한 손실(외화환산손실)이 발생하여 인식한다.
　　12/31 (차) 외화환산손실　　2,000,000　　　(대) 단기차입금(워싱턴)　　2,000,000

연습 비용과 수익 계정과목 분개연습1

1 3월 2일 창립기념일 사내 행사로 영업부 대회의실을 청소한 빌딩청소원 김갑수에게 청소비 100,000원을 현금으로 지급하였다. 원천징수세액은 무시하며 일용직 소득자료 원천징수 신고를 다음 달 2월 10일에 하기로 한다.

날짜	차변(3번)	대변(4번)
/		

2 3월 22일 당사는 전 임직원의 퇴직금에 대해 확정기여형(DC형) 퇴직연금에 가입하고 있으며, 1월분 퇴직연금 14,000,000원(영업부 직원 6,000,000원, 제조부 직원 8,000,000원)을 당사 보통예금에서 이체하여 납부하였다.

날짜	차변(3번)	대변(4번)
/		

3 3월 24일 국민은행에 받을어음의 추심을 의뢰하고 수수료비용 4,500원을 현금으로 지급하다.

날짜	차변(3번)	대변(4번)
/		

4 3월 30일 국민은행에서 장기 차입한 운전자금 20,000,000원이 만기도래 되어 이자 120,000원과 원금을 당좌수표를 발행하여 상환하였다.(원천징수액 회계처리 생략)

날짜	차변(3번)	대변(4번)
/		

5 3월 31일 다음과 같이 8월분 국민연금보험료를 보통예금으로 납부하였다.

- 회사부담분 : 400,000원(영업부직원), 600,000원(생산부직원)
- 종업원부담분 : 1,000,000원(급여지급시 이 금액을 차감하고 지급함)
- 회사부담분 국민연금보험료는 세금과공과로 회계 처리한다.

날짜	차변(3번)	대변(4번)
/		

6 3월 15일 당사에서 생산한 제품(개당 원가 2,000원) 1,000개를 실버복지재단에 현물기부 하였다.

날짜	차변(3번)	대변(4번)
/		

정답

1. 영업부에서 청소하는 일용직 청소원의 청소비 지급 → 800대 잡급
   (차) 잡급(800번대)　　　100,000원　　　(대) 현금　　　100,000원
2. 확정기여형 퇴직연금가입시 퇴직연금 납부 금액 → 비용처리(퇴직급여 - 500대와 800대 구분)
   (차) 퇴직급여(800번대)　6,000,000원　　(대) 보통예금　14,000,000원
   　　퇴직급여(500번대)　8,000,000원
3. 받을어음 추심의뢰하고 지급한 수수료 → 800대 수수료비용 발생
   (차) 수수료비용(800대)　　4,500원　　　(대) 현금　　　4,500원
4. 장기 차입한 운전자금 만기 상환 → 장기차입금(국민은행) 감소
   차입금에 대한 이자 → 이자비용 발생
   (차) 장기차입금(국민은행) 20,000,000원　(대) 당좌예금　20,120,000원
   　　이자비용　　　　　　　120,000원
5. 9월 10일 국민연금보험료 납부시 회계처리
   ① 회사가 부담한 국민연금 금액 → 세금과공과(800번대와 500번대) 발생
   ② 직원이 부담한 국민연금 금액 → 예수금(부채) 감소
   (차) 세금과공과(800번대)　　400,000원　　(대) 보통예금 2,000,000원
   　　세금과공과(500번대)　　600,000원
   　　예수금　　　　　　　　1,000,000원
6. 회계에서는 재고자산(상품, 제품, 원재료 등)을 정상적으로 판매하지 않거나 소비하지 않았을 경우 매출원가에서 차감하기 위해 전표입력시 해당 재고자산계정과목에 적요8. 타계정으로 대체액을 표시한다.
   (차) 기부금 2,000,000원　　　　　　　　(대) 제품 (적요8)　2,000,000원

연습 재고자산 계정과목 분개연습

1 3월 3일 ㈜강남에서 원재료 10,00,000원을 수입하고, 대금은 다음달 말에 지급하기로 하다. 이때 관세 및 하역비 1,000,000원은 보통예금으로 이체하다.

날짜	차변(3번)	대변(4번)
/		

2 3월 4일 제품 1개(원가 700,000원)를 매출거래처에 견본품으로 무상제공하다. (단, 견본비 계정과목으로 회계처리할 것)

날짜	차변(3번)	대변(4번)
/		

3 3월 6일 ㈜부산에게 제품 3,000,000원을 공급하고, 대금 중 2,000,000원은 ㈜아이비김영 발행 약속어음을 배서양수 받고, ㈜부산 발행 당좌수표로 받다.

날짜	차변(3번)	대변(4번)
/		

4 3월 7일 창고에 보관 중인 제품 1대(원가 1,000,000원)를 판매직 직원의 복리후생 목적으로 무상 제공하다.

날짜	차변(3번)	대변(4번)
/		

5 12월 31일 장부상 제품재고액은 1,500,000원이고 실제 제품재고액은 1,450,000원이다. 이 재고감모액은 비정상적으로 발생되었다. 재고 감모액에 대한 회계처리를 하시오.

날짜	차변(3번)	대변(4번)
/		

6 4월1일 판매를 위해 제조한 제품(원가 400,000원, 판매가격 900,000원)을 사무실 업무용 비품으로 사용하다.

날짜	차변(3번)	대변(4번)
/		

> 정답

1. 3월 3일 원재료 구매전에 대금의 일부를 미리 지급할 경우(=계약금 지급) ➔ (차) 선급금(자산) 증가
   (차) 원재료   11,000,000   (대) 외상매입금(강남)   10,000,000
                                              보통예금   1,000,000
   ➔ 자산 취득 시 매입관련 직접적인 부대비용은 자산의 취득원가에 가산한다. ➔ (차) 원재료(자산) 증가

2. 매출거래처에 견본품을 제공할 때 발생하는 비용 ➔ 800번대 견본비
   (차) 견본비(800번대)   700,000원   (대) 제품(적요8)   700,000원

3. 3월 6일 제품을 판매할 때 생긴 수익 → (대) 제품매출
   (차) 받을어음(아이비)   2,000,000   (대) 제품매출   3,000,000
        현금   1,000,000

4. 3월 7일 제품(재고자산)을 정상적으로 판매하지 않을 경우 매출원가에서 차감하기 위해 제품 입력시 적요란에 8번(타계정 대체액)을 표시해야 합니다.
   (차) 복리후생비(판)   1,000,000   (대) 제품 (적요8)   1,000,000

5. 3월 17일 장부재고액과 실제재고액의 차이는 수량차이로써 이때 생기는 차액이 정상적으로 발생하면 매출원가에 가산(자동결산)하고, 비정상적으로 발생한 금액은 수동결산으로 재고자산감모손실(영업외비용)으로 일반전표에 입력한다.
   (차) 재고자산감모손실   50,000   (대) 제품 (적요8.)   50,000

6. 4월 1일 제품을 비품으로 사용하면 제품 감소와 비품 증가라는 재산변동이 생긴다.
   (차) 비품   400,000   (대) 제품(적요8)   400,000

> 연습 비용과 수익 계정과목 분개연습2

1 4월 2일 모든 직원들의 복리를 위해 코로나 백신접종비 2,000,000원을 현금으로 지급하다. (제조부와 영업부 비율 4 : 6)

날짜	차변(3번)	대변(4번)
/		

2 4월 3일 창고에 보관 중인 원재료 원가 1,000,000원을 판매직 직원의 복리후생 목적으로 무상 제공하다.

날짜	차변(3번)	대변(4번)
/		

3 4월 4일 영업부 직원의 업무역량 향상 교육을 위해 외부강사를 초청하여 교육하고 강사료 1,000,000원 중 원천징수세액 33,000원을 제외한 나머지 금액은 보통예금 계좌로 지급하였다.

날짜	차변(3번)	대변(4번)
/		

4 4월 5일 기부목적으로 학교법인 세훈학원에 3,000,000원을 보통예금계좌에서 이체하였다.

날짜	차변(3번)	대변(4번)
/		

5 4월 6일 회사는 임직원의 퇴직금에 대해 확정기여형(DC형) 퇴직연금에 가입하고 있으며, 7월분 퇴직연금 13,520,000원을 당사 보통예금계좌에서 이체하여 납부하였다. (단, 제조관련 부분 6,760,000원, 비제조관련 부분 6,760,000원이다.)

날짜	차변(3번)	대변(4번)
/		

6 4월 7일 기업이 속한 한국자동차 판매자 협회(법으로 정한 단체에 해당함)에 일반회비 250,000원과 대한적십자에 대한 기부금 500,000원을 현금으로 납부하다.

날짜	차변(3번)	대변(4번)
/		

정답

1. (차) 복리후생비(500번대)　800,000원　　(대) 현금　　2,000,000원
　　복리후생비(800번대)　1,200,000원
2. (차) 복리후생비(800번대)　1,000,000원　　(대) 원재료(적요8)　1,000,000원
3. (차) 교육훈련비(800대)　1,000,000원　　(대) 예수금　　33,000원
　　　　　　　　　　　　　　　　　　　　　　보통예금　　967,000원
4. (차) 기부금　3,000,000원　　(대) 보통예금　3,000,000원
5. (차) 퇴직급여(800번대)　6,760,000원　　(대) 보통예금　13,520,000원
　　퇴직급여(500번대)　6,760,000원
6. (차) 세금과공과(판)　250,000원　　(대) 현금　　750,000원
　　기 부 금　　　　500,000원

연습 유형자산 계정과목 분개연습

1 4월 8일 제품운반용 차량운반구(취득원가 50,000,000원, 감가상각누계액 35,000,000원)를 ㈜대한에 20,000,000원에 매각(처분)하고, 대금은 약속어음으로 받다.

날짜	차변(3번)	대변(4번)
/		

2 4월 9일 공장 건물신축을 위한 1차 중도금 30,000,000원을 자기앞수표로 지급하다. 공장의 착공일은 당해연도 7월 3일이며, 준공예정일은 다음연도 8월 31일이다. (90회)

날짜	차변(3번)	대변(4번)
/		

3 4월 10일 공장 신축용 토지를 취득하였으며, 취득대가로 당사의 주식 100주(주당 액면금액 5,000원)를 신규발행하여 교부하였다. 취득 당시 토지의 공정가치는 1,000,000원이다. (86회)

날짜	차변(3번)	대변(4번)
/		

4 4월 11일 제조과정에 사용될 원재료 300,000원(시가 500,000원)을 공장 기계장치를 수선하는데 사용하였다.(단, 기계장치의 수선은 수익적 지출에 해당 한다.) (91회)

날짜	차변(3번)	대변(4번)
/		

5 4월 12일 ㈜한섬자동차로부터 업무용 승용차를 매입하면서 의무적으로 취득해야하는 공채를 구입하고, 대금 200,000원을 현금으로 지급하였다.(공채의 현재가치는 180,000원이며, 회사는 이를 단기매매증권으로 분류하였다) (92회)

날짜	차변(3번)	대변(4번)
/		

6 4월 13일 투자목적으로 ㈜우주상사의 토지를 450,000,000원에 취득하고, 대금은 3개월 뒤에 지급하기로 하고, 취득세 20,000,000원은 보통예금에서 이체하였다. (93회)

날짜	차변(3번)	대변(4번)
/		

7 4월 14일 공장건물을 신축하기 위하여 ㈜서산개발로부터 건물과 건물에 부수되는 토지를 일괄 구입하고 건물을 즉시 철거하였다. 일괄 구입대금 260,000,000원은 하나은행으로부터 대출(대출기간 5년)받아 지급하였다. (93회 특별)

날짜	차변(3번)	대변(4번)
/		

8 4월 15일 공장에서 사용 중인 기계장치 수리비로 15,000,000원을 ㈜한국의 보통예금으로 이체하였으며, 기계장치의 가치가 증가한 자본적 지출이다. (95회)

날짜	차변(3번)	대변(4번)
/		

9 4월 16일 전자부품용 기계장치(취득가액 35,000,000원, 감가상각누계액 31,500,000원)를 성능저하로 폐기처분하였다. (당기의 감가상각비는 고려하지 않음) (95회)

날짜	차변(3번)	대변(4번)
/		

10 4월 17일 공장이전을 위해 신축 중이던 건물이 완공되어 취득세 등 관련 소요 공과금 7,500,000원을 보통예금 계좌에서 이체 지급하였다. (96회)

날짜	차변(3번)	대변(4번)
/		

11 4월 18일 당사는 본사건물 신축을 위한 차입금의 이자비용 7,000,000원을 현금으로 지급하고, 금융비용은 전액 자본화하기로 하였다. 이 건물의 착공일은 당해연도 1월 13일이며, 완공일은 4년 후 11월 30일이다.(98회)

날짜	차변(3번)	대변(4번)
/		

12 기말 결산 시 보유하고 있는 유형자산에 대한 감가상각비를 계상하다.

부서	자산명	당기 감가상각비
제조부	기계장치	4,000,000원
영업부	차량운반구	2,000,000원

날짜	차변(3번)	대변(4번)
/		

> 정답

1. 4월 8일 차량운반구 장부금액 15,000,000원을 20,000,000원에 매각(처분)하므로써 차액 5,000,000원 유형자산처분이익(영업외수익)이 발생한다.
   (차) 209 감가상각누계액   35,000,000   (대) 208차량운반구   50,000,000
        미수금(대한)   20,000,000   유형자산처분이익   5,000,000

2. 4월 9일 건물신축을 위해 지출한 공사계약금, 중도금 등은 건설중인자산으로 처리한다. 완공되면 건물로 대체한다.
   (차) 건설중인자산   30,000,000원   (대) 현   금   30,000,000원

3. 4월 10일 현물출자 시 유형자산의 취득원가는 토지의 공정가치를 취득원가로 결정한다. 이때 자본금은 액면금액이며, 액면금액을 초과한 금액을 「주식발행초과금」이라 함.
   (차) 토지   1,000,000원   (대) 자본금   500,000원
                                   주식발행초과금   500,000원

4. 4월 11일 유형자산에 대한 지출은 자본적지출(→자산처리)와 수익적지출(→비용처리:수선비)로 구분한다.
   (차) 수선비(500대)   300,000원   (대) 원 재 료(적요8)   300,000원

5. 4월 12일 승용차 구입시 의무적으로 구입하는 채권(공채,국채)에 대한 손실(액면금액 − 현재가치)는 차량운반구 부대비용으로 차량운반구 증가처리 한다.
   (차) 단기매매증권   180,000원   (대) 현금   200,000원
        차량운반구   20,000원

6. 4월 13일 투자목적의 토지를 취득할 때 취득세는 투자부동산 부대비용으로 투자부동산 가산 처리한다.
   (차) 투자부동산   470,000,000원   (대) 미지급금(우주)   450,000,000원
                                          보통예금   20,000,000원

7. 4월 14일 토지와 함께 취득한 건물 금액과 구건물 철거비용은 모두 토지 취득시 발생한 부대비용으로 토지에 가산하여 토지 취득원가로 결정한다.
   (차) 토지   260,000,000원   (대) 장기차입금(하나은행)   260,000,000원

8. 4월 15일 유형자산에 대한 자본적지출은 해당 유형자산(기계장치)의 증가처리 한다.
   (차) 기계장치   15,000,000원   (대) 보통예금   15,000,000원

9. 4월 16일 기계장치를 매각처분하며 재무상태표에 있는 기계장치(취득원가)와 차감계정인 감가상각누계액을 모두 제거하고 폐기처분하였으므로 받는 대금이 없다. 따라서 장부금액 모두 유형자산처분손실이 발생한다.
   (차) 감가상각누계액(207)   31,500,000원   (대) 206기계장치   35,000,000원
        유형자산처분손실   3,500,000원

10. 4월 17일 신축중이던 건물이 완공이되면 건물이 생기므로 건물증가이다.
    (차) 건물   7,500,000원   (대) 보통예금   7,500,000원

11. 4월 18일 건물신축을 위한 차입금의 이자비용은 건설중인자산 부대비용으로 건설중인자산에 포함한다.(건설중인자산 증가)
    (차) 건설중인자산   7,000,000원   (대) 현금   7,000,000원
    ※ 차입금에 대한 이자는 당기비용처리가 원칙이나 금융비용을 자본화하는 경우는 해당자산 부대비용으로 취득원가에 가산하기 위해 해당자산증가 처리한다.

12. 감가상각비는 결산자료입력메뉴에서 해당란을 찾아 당기상각액을 입력하고 전표추가하면 된다. 다만, 실무에서는 수동분개가 중요하므로 수동분개를 기억합니다.
    12/31(차) 감가상각비(500대)   4,000,000   (대) 207 감가상각누계액   4,000,000
              감가상각비(800대)   2,000,000   209 감가상각누계액   2,000,000

연습 비용과 수익 계정과목 분개연습3

1 4월 19일 본사 영업부 직원 김부장씨가 출장에서 돌아와 6월 25일에 회사에서 지급한 출장비(가지급금) 500,000원에 대해 실제 사용한 교통비 및 숙박비 475,000원과 정산하고 잔액은 현금으로 회수하였다.(단, 가지급금에 대한 거래처를 입력한다.)

날짜	차변(3번)	대변(4번)
/		

2 4월 20일 ㈜봄꽃상사의 미수금 2,000,000원이 대손처리 요건에 충족되어 당일 대손처리하기로 하였다. 대손충당금을 조회하여 회계처리하시오.(단, 부가가치세는 고려하지 않는다.) [미수금에 대한 대손충당금(121) 잔액 800,000원 있다]

날짜	차변(3번)	대변(4번)
/		

3 4월 21일 한국대학교에 의뢰한 신제품 개발에 따른 연구용역비 7,000,000원을 보통예금으로 이체하여 지급하다. (무형자산 인식기준을 충족하지 못하여 비용처리 함)

날짜	차변(3번)	대변(4번)
/		

4 4월 22일 회사는 제조부문이사 명의변경으로 인한 변경등기를 하고, 이에 대한 등록세로 80,000원을 현금으로 지급하다.

날짜	차변(3번)	대변(4번)
/		

5 4월 23일 화재피해를 입은 지역주민의 자립을 돕기 위해 현금 500,000원을 지역주민센터를 통하여 기부하고, 지역주민센터로부터 기부금 영수증을 수령하다.

날짜	차변(3번)	대변(4번)
/		

6 4월 24일 제조과정에 사용될 원재료 300,000원(시가 500,000원)을 공장 기계장치를 수선하는데 사용하였다.(단, 기계장치의 수선은 수익적 지출에 해당한다.)

날짜	차변(3번)	대변(4번)
/		

정답

1. 가지급금으로 처리한 출장비를 정산하면 가지급금을 여비교통비로 대체힌다.
   (차) 여비교통비(800번대)   475,000원   (대) 가지급금(김부장)   500,000원
        현   금   25,000원

2. 기타채권(미수금, 단기대여금 등)이 회수불능될 때 차감계정인 대손충당금잔액이 있으면 우선 상계처리하고 나머지 금액이 당기 비용인 기타의대손상각비(영업외비용)로 처리한다.
   (차) 대손충당금(121)   800,000원   (대) 120미수금((주)봄꽃상사) 2,000,000원
        기타의 대손상각비   1,200,000원

3. 신제품 개발에 따른 연구용역비가 무형자산인식기준을 충족하면 개발비(자산)처리하고, 무형자산 인식기준을 충족하지 못하면 경상개발비(판.관.비)로 처리한다.
   (차) 경상(연구)개발비   7,000,000원   (대) 보통예금   7,000,000원

4. 자산을 취득할 때 지출한 등록세는 부대비용으로 해당 자산에 가산처리하고, 등기변경으로 인한 등록세는 취득 이후 관리비용으로 세금과공과(판.관.비)로 처리한다.
   (차) 세금과공과(500대)   80,000원   (대) 현금   80,000

5. 화재, 수해 등 피해입은 지역주민에게 기부하는 금품은 업무와 관련없는 지출로서 기부금(영업외비용)이다.
   (차) 기 부 금   500,000원   (대) 현금   500,000원

6. 기계장치 수선하는데 사용하는 지출 중 수익적지출은 수선비(500대)가 발생한다.
   (차) 수 선 비(500대)   300,000원   (대) 원 재 료 (적요8)   300,000원

연습 무형자산 계정과목 분개연습

1 4월 26일 신제품을 개발하고 특허권을 취득하기 위한 수수료 2,200,000원을 보통예금으로 지급 하였다.(무형자산으로 처리할 것.)

날짜	차변(3번)	대변(4번)
/		

2 4월 27일 신제품을 개발하고 특허권을 취득하기 위한 수수료 500,000원을 현금으로 지급하였다.(무형자산으로 처리할 것)

날짜	차변(3번)	대변(4번)
/		

3 4월 28일 산학협력대학인 강서대학의 의류학과에 신제품 개발과 관련된 연구비용 12,000,000원을 당사의 보통예금계좌에서 강서대학 계좌로 계좌이체하여 지급하다. (무형자산으로 처리할 것)

날짜	차변(3번)	대변(4번)
/		

4 4월 29일 신제품 개발에 성공하여 특허권을 취득하고, 특허출원 등의 제비용 200,000원을 현금으로 지급하다. (일반기업회계기준에 의한 과목으로 처리한다)

날짜	차변(3번)	대변(4번)
/		

5 4월 30일 서울대학에 의뢰한 신제품 개발에 따른 연구용역비 2,000,000원을 보통예금에서 폰뱅킹 이체하여 지급하다.(비용으로 처리할 것)

날짜	차변(3번)	대변(4번)
/		

6 5월 1일 관리부에서 더존회계 프로그램을 1,500,000원에 구입하고, 대금으로 현금으로 지급 하였다. (소프트웨어 계정과목으로 회계처리 할 것)

날짜	차변(3번)	대변(4번)
/		

7 기말결산시 개발비 취득원가 5,000,000원을 상각하다. (내용연수 5년이며, 당기 7/1 취득)

날짜	차변(3번)	대변(4번)
/		

8 기말결산시 특허권 잔액 4,000,000원을 상각하다 (2년전에 취득한 특허권의 내용연수는 10년)

날짜	차변(3번)	대변(4번)
/		

정답

1. (차) 특허권　　　　　　500,000　　　(대) 현금　　　　　　500,000
    ★[주의] 특허권(무형자산)을 취득할 때 부대비용 → (차)특허권(+)
    　　　　일반기업회계 기준으로 처리할 경우 → 특허권 대신 "산업재산권"으로 입력합니다.
3. (차) 개발비　　　　　12,000,000　　(대) 보통예금　　　12,000,000
4. (차) 산업재산권　　　　200,000　　　(대) 현금　　　　　　200,000
5. (차) 경상(연구)개발비　2,000,000　　(대) 보통예금　　　2,000,000
6. (차) 소프트웨어　　　　1,500,000　　(대) 현금　　　　　　1,500,000
7. 개발비 상각액 = 취득원가 5,000,000 ÷ 내용연수 5년 × 6/12개월 = 500,000원
    (차) 무형자산상각비　　500,000　　　(대) 개발비　　　　　500,000
8. 특허권 잔액 4,000,000원 ÷ 잔여내용연수 8년 = 상각액 500,000원
    (차) 무형자산상각비　　500,000　　　(대) 특허권　　　　　500,000

연습 비용과 수익 계정과목 분개연습4

1 5월 2일 회사는 본사임직원을 위해 군민은행에 확정기여형(DC) 퇴직연금에 가입하고 7월분 퇴직연금 10,000,000원을 보통예금에서 납입하였다.

날짜	차변(3번)	대변(4번)
/		

2 5월 3일 원재료 보관창고의 화재와 도난에 대비하기 위하여 화재손해보험에 가입하고 1년분 보험료 3,000,000원을 보통예금계좌에서 이체하였다.(단, 당기 보험료는 비용처리, 차기분금액은 자산처리 한다)

날짜	차변(3번)	대변(4번)
/		

3 5월 4일 11월분 건강보험료를 현금으로 납부하였다. 총금액은 412,500원이며, 이 중 50%는 직원 부담분이고 나머지 50%는 회사부담분(제조부문 직원분 : 123,750원, 관리부문 직원분 : 82,500원)이다. 단, 회사부담분은 복리후생비로 처리한다.

날짜	차변(3번)	대변(4번)
/		

4 5월 5일 영업부서 직원 김성실에게 지급한 9월분 급여는 다음과 같다. 공제 후 차감지급액은 당사 보통예금 계좌에서 이체하였다.

당해연도 9월 김성실 급여내역 (단위 : 원)

이 름	김성실	지 급 일	9월 30일
기본급여	3,200,000	소 득 세	84,850
		지방소득세	8,480
		국민연금	135,000
		건강보험	96,900
		고용보험	19,500
		장기요양보험	8,240
급 여 계	3,200,000	공제합계	352,970
노고에 감사드립니다.		지급총액	2,847,030

날짜	차변(3번)	대변(4번)
/		

5 5월 6일 제품 1세트(원가 400,000원)를 매출거래처에 견본품으로 무상제공하다.(단, 견본비 계정과목으로 회계처리할 것)

날짜	차변(3번)	대변(4번)
/		

6 5월 7일 제품의 수출을 위하여 중국에 출장 갔던 홍길동은 12월 4일에 지급하였던 출장비 1,500,000원 중 1,250,000원을 사용하고 나머지는 회사에 현금으로 반납하였다. (단, 거래처를 입력할 것)

날짜	차변(3번)	대변(4번)
/		

정답

1. 확정기여형에 가입하고 납입한 퇴직연금은 직원이 관리하므로 회사는 비용처리한다 ➔ 퇴직급여
   (차) 800번대 퇴직급여   10,000,000원   (대) 보통예금   10,000,000원

2. 당기에 귀속되는 보험료금액은 보험료로 처리하고, 차기에 귀속되는 보험료금액은 선급비용(자산)처리
   (차) 보 험 료(500번대)   1,500,000원   (대) 보통예금   3,000,000원
       선급비용   1,500,000원

3. 건강보험료 납부시 회계처리
   ① 직원부담분 건강보험료(50%) → 예수금(부채) 감소
   ② 회사부담분 건강보험료(50%) → 복리후생비 발생 (500대와 800대 구분)
   (차) 예수금   206,250원   (대) 현 금   412,500원
       복리후생비(500번대)   123,750원
       복리후생비(800번대)   82,500원

4. (차) 급여(판)   3,200,000원   (대) 보통예금   2,847,030원
                                    예수금   352,970원

5. (차) 견본비(800번대)   400,000원   (대) 제품 (적요8.)   400,000원

6. 12/4 가지급금으로 처리한 출장비 1,500,000원 중 사용액은 영수증이 있으므로 여비교통비로 처리하고, 나머지 반납받는 금액은 현금증가   (주의) 문제에서 전도금으로 처리한 출장비일 경우 전도금을 분개함.
   (차) 여비교통비(800번대)   1,250,000원   (대) 가지급금(홍길동)   1,500,000원
       현금   250,000원

연습 부채 계정과목 분개연습

1 5월 9일 강현구씨로 부터 공장용 토지를 100,000,000원에 취득하면서 토지대금은 전액 미지급하였다. 취득세 등 공과금 9,530,000원은 현금으로 지출하였다.

날짜	차변(3번)	대변(4번)
/		

2 5월 10일 다음과 같이 10월분 국민연금보험료 2,000,000원을 보통예금으로 납부하였다.

- 절반 회사부담분 : 영업부직원 40%, 생산부직원 60%
- 절반 종업원부담분 : 1,000,000원(급여지급시 이 금액을 차감하고 지급함)
- 회사부담분 국민연금보험료 50% 금액은 세금과공과로 회계 처리한다.

날짜	차변(3번)	대변(4번)
/		

3 5월 11일 일본 훗카이상사로부터 ¥400,000을 2년 후 상환조건으로 차입하고, 대구은행의 보통예금 계좌에 예입하였다.(단, 5월 11일 현재 대고객매입율은 ¥100=1,100원이고 외화의 장기차입인 경우에도 장기차입금계정을 사용하기로 한다.) (86회)

날짜	차변(3번)	대변(4번)
/		

4 5월 12일 ㈜지민상사에 지급할 외상매입금 20,000,000원 중 50%는 3개월 만기 약속어음을 발행하여 지급하고 나머지는 면제 받았다.

날짜	차변(3번)	대변(4번)
/		

5 5월 13일 제1기 확정신고분 부가가치세와 신용카드수수료(판관비) 500,000원을 포함하여 신용카드(비씨카드)로 납부하였다. (단, 6월 30일에 적정하게 회계처리된 부가가치세 관련 분개를 확인 후 회계처리 할 것.)(88회)

| 6/30 (차) 부가세예수금 56,064,500 | (대) 부가세대급금 21,064,500 |
| | 미지급세금 35,000,000 |

날짜	차변(3번)	대변(4번)
/		

6 5월 14일 회사는 기업은행과 당좌차월 계약을 맺고 있으며, 현재 당좌수표 발행액은 당좌예금 예입액을 초과한 상태이다. 당일 회사는 7월 20일에 ㈜토즈상사에서 외상으로 구입한 기계장치의 대금 18,000,000원을 당좌수표를 발행하여 지급하였으며 이는 당좌계약 한도 내의 금액이다.(88회)

날짜	차변(3번)	대변(4번)
/		

7 5월 15일 당사가 4월 4일 원재료 매입대금으로 거래처인 성남전자에 발행하였던 어음 13,000,000원이 만기가 되어 7월 4일에 당사가 당좌수표를 발행하여 지급하였다.(91회)

날짜	차변(3번)	대변(4번)
/		

8 5월 16일 투자목적으로 ㈜우주상사의 토지를 450,000,000원에 취득하고, 대금은 3개월 뒤에 지급하기로 하고, 취득세 20,000,000원은 보통예금에서 이체하였다.(93회)

날짜	차변(3번)	대변(4번)
/		

9 5월 17일 공장건물을 신축하기 위하여 ㈜서산개발로부터 건물과 건물에 부수되는 토지를 일괄 구입하고 건물을 즉시 철거하였다. 일괄 구입대금 260,000,000원은 하나은행으로부터 대출(대출기간 5년)받아 지급하였다.(93회 특별)

날짜	차변(3번)	대변(4번)
/		

10 5월 18일 독일의 AUTO사로부터 4월 5일에 외상으로 수입하였던 기계장치(유형자산)의 대금 $150,000의 지급기일이 되어 보통예금에서 지급하였다. 이에 대한 환율정보는 다음과 같다.(94회)

• 4월 5일 : $1=₩1,200	• 7월 5일 : $1=₩1,100

날짜	차변(3번)	대변(4번)
/		

11 5월 19일 제품의 판매용 사진 촬영을 위해서 손 모델인 이아람씨를 고용하고 수수료 3,000,000원 중 원천징수세액 99,000원을 제외한 나머지 금액을 보통예금 계좌에서 지급하였다.(단, 수수료비용 계정과목은 판매비와 관리비 항목을 사용할 것.)(95회)

날짜	차변(3번)	대변(4번)
/		

12 5월 20일 생산직원 나홀로씨가 개인적인 이유로 퇴직하여 다음과 같이 퇴직금을 지급하였다. 현재 당사는 퇴직금을 지급하기 위한 퇴직급여충당부채가 충분하다.
- 퇴직금 : 30,000,000원   - 퇴직소득 및 주민세 1,000,000원
- 차감지급액 29,000,000원은 회사 보통예금계좌에서 직원 보통예금 계좌로 이체하다.

날짜	차변(3번)	대변(4번)
/		

13 5월 21일 국민은행에서 당해연도 8월 30일까지 상환하기로 하고 5,000,000원을 차입하여 즉시 ㈜우주의 미지급금 5,000,000원을 지급하였다.(96회)

날짜	차변(3번)	대변(4번)
/		

14 5월 22일 지난달 영업팀 임직원들에게 급여를 지급하면서 원천징수한 소득세 160,000원을 신용카드(비씨카드)로 납부하였다.(96회)

날짜	차변(3번)	대변(4번)
/		

15 5월 23일 사채 액면총액 20,000,000원, 상환기간 3년, 발행가액 22,000,000원으로 발행하고 납입금은 보통예금에 입금되었다.(96회)

날짜	차변(3번)	대변(4번)
/		

16 5월 24일 운영자금의 목적으로 사채(액면가액 : 10,000,000원, 상환기간 : 3년, 발행가액 : 9,500,000원)를 발행하고 납입금은 보통예금으로 입금되었다.(97회 특별)

날짜	차변(3번)	대변(4번)
/		

17 5월 25일 (주)서산개발에 사무실을 임대하였는데, 임대보증금 30,000,000원 중 3,000,000원은 (주)서산개발 발행 당좌수표로 받고, 나머지는 월말에 지급 받기로 하였다

날짜	차변(3번)	대변(4번)
/		

18 기말결산시 하나은행 장기차입금 20,000,000원 중 상환기간이 1년 이내로 도래하는 금액이 5,000,000원 있다.

날짜	차변(3번)	대변(4번)
/		

19 기말결산시 2기확정 부가가치세를 납부하기 위해 아래와 같이 부가가치세 관련 계정을 정리하다. 부가세신고서를 조회한 결과 부가가치세예수금 82,735,600원과 부가가치세대급금 61,735,600원이며, 납부세액은 미지급세금으로 처리하고 있다.

날짜	차변(3번)	대변(4번)
/		

20 기말결산시 기중 9월 5일 수령한 가수금은 성남전자에 제품을 매출하기로 하고 받은 계약금 500,000원과 동사의 외상매출금 500,000원을 회수한 것으로 확인되어 가수금을 정리하다.

날짜	차변(3번)	대변(4번)
/		

정답

1. (차) 토지 109,530,000원 (대) 미지급금(강현구) 100,000,000원
　　　　　　　　　　　　　　　　　현금 9,530,000원

2. (차) 세금과공과(판) 400,000원 (대) 보통예금 2,000,000원
　　　세금과공과(제) 600,000원
　　　예수금 1,000,000원

3. 차입당시 환율 ¥400,000 × 1,100원 ÷ 100 = 4,400,000원
　　(차) 보통예금 4,400,000원 (대) 장기차입금(홋카이) 4,400,000원

4. (차) 외상매입금(지민) 20,000,000원 (대) 지급어음(지민) 10,000,000원
　　　　　　　　　　　　　　　　　채무면제이익 10,000,000원

5. (차) 미지급세금 35,000,000원 (대) 미지급금(비씨카드) 35,500,000원
　　　수수료비용(800대) 500,000원

6. (차) 미지급금(토즈) 18,000,000원 (대) 당좌차월(기업) 18,000,000원
　　　　　　　　　　　　　　　또는 단기차입금(기업) 18,000,000원

7. (차) 지급어음(성남) 13,000,000원 (대) 당좌예금 13,000,000원

8. (차) 투자부동산 470,000,000원 (대) 미지급금(우주) 450,000,000원
　　　　　　　　　　　　　　　　　보통예금 20,000,000원

9. (차) 토지 260,000,000원 (대) 장기차입금(하나) 260,000,000원

10. (차) 미지급금(AUTO) 180,000,000원 (대) 보통예금 165,000,000원
　　　　　　　　　　　　　　　　　외환차익 15,000,000원

11. (차) 수수료비용(판) 3,000,000원 (대) 보통예금 2,901,000원
　　　　　　　　　　　　　　　　　예수금 99,000원

12. (차) 퇴직급여충당부채 30,000,000원 (대) 예수금 1,000,000원
　　　　　　　　　　　　　　　　　보통예금 29,000,000원

13. (차) 미지급금(우주) 5,000,000원 (대) 단기차입금(국민) 5,000,000원
14. (차) 예수금 160,000원 (대) 미지급금(비씨) 160,000원
15. (차) 보통예금 22,000,000원 (대) 사채 20,000,000원
　　　　　　　　　　　　　　　　　사채할증발행차금 2,000,000원

16. (차) 보통예금 9,500,000원 (대) 사　채 10,000,000원
　　　사채할인발행차금 500,000원

17. (차) 현금 3,000,000원 (대) 임대보증금(서산) 30,000,000원
　　　미수금(서산) 27,000,000원

18. 상환기간이 1년 이내로 도래하는 장기차입금은 유동부채인 유동성장기부채로 대체해야 한다. 이때 거래처 입력한다는 점 주의합니다.
　　12/31 (차) 장기차입금(하나) 5,000,000 (대) 유동성장기부채(하나) 5,000,000

19. 12/31 (차) 부가가치세예수금 82,735,600원 (대) 부가가치세대급금 61,735,600원
　　　　　　　　　　　　　　　　　미지급세금 21,000,000원

20. 12/31 (차) 가수금 1,000,000원 (대) 선수금(성남) 500,000원
　　　　　　　　　　　　　　　　　외상매출금(성남) 500,000원

연습 비용과 수익 계정과목 분개연습5

1 기말결산시 현금시재를 확인한 결과 장부잔액보다 실제 현금잔고가 80,000원 더 많이 있으나 그 원인을 알 수가 없었다.

날짜	차변(3번)	대변(4번)
/		

2 10월 26일 외부에서 전문강사를 초빙하여 제조부문 직원들을 대상으로 기술교육을 실시하고 이에 대한 훈련비 지출액 1,000,000원에서 원천세 88,000원을 공제한 후 잔액을 보통예금에서 이체하였다. (94회특별)

날짜	차변(3번)	대변(4번)
/		

3 10월 30일 당사는 전 임직원의 퇴직금에 대해 확정기여형(DC형) 퇴직연금에 가입하고 있으며 10월분 퇴직연금납부액(영업부문 직원 7,000,000원, 제조부문 직원 8,000,000원)을 당사 보통예금에서 계좌이체 하였다.(하나의 전표로 입력할 것)(94회특별)

날짜	차변(3번)	대변(4번)
/		

4 10월 22일 영통산업에 제품을 판매하면서 발생한 화물운송 택배비 150,000원을 보통예금 계좌에서 이체하였다.(96회)

날짜	차변(3번)	대변(4번)
/		

5 10월 29일 ㈜미국 바이든에 수출하였던 외상매출금 22,000,000원($20,000)을 금일 보통예금으로 이체받다. (10/29 환율 1$ 1,000원)

날짜	차변(3번)	대변(4번)
/		

6 기말결산시 ㈜미국 바이든에 수출하였던 외상매출금 22,000,000원($20,000)을 1$ 1,000원으로 평가하다.

날짜	차변(3번)	대변(4번)
/		

> **정답**

1. 기말결산시 현금초과 금액을 발견하면 영업외수익으로 처리합니다.
   (차) 현 금   80,000원   (대) 잡이익   80,000원
2. 제조부문 직원들을 대상으로 기술교육을 실시하고 이에 대한 훈련비 지출액 → 500대 교육훈련비
   (차) 500대 교육훈련비   1,000,000원   (대) 보통예금   912,000원
                                              예수금   88,000원
3. (차) 퇴직급여(800대)   7,000,000원   (대) 보통예금   15,000,000원
        퇴직급여(500대)   8,000,000원
4. (차) 운반비(800대)   150,000원   (대) 보통예금   150,000원
5. (차) 보통예금   20,000,000원   (대) 외상매출금(미국) 22,000,000원
        외환차손   2,000,000원
6. 12/31 수동결산분개
   (차) 외화환산손실   2,000,000   (대) 외상매출금(미국)   2,000,000

> **연습** 자본 계정과목 분개연습

1 7월 18일 기계장치를 추가 설치하기 위하여 보통주 5,000주를 주당 15,000원(주당 액면가 10,000원)에 신주발행하여 보통예금 통장으로 75,000,000원이 입금되었음을 확인하였다.(80회)

날짜	차변(3번)	대변(4번)
/		

2 11월 22일 사업 확장에 필요한 자금을 조달하기 위하여 새로운 보통주 주식 10,000주(1주당 액면금액 5,000원, 1주당 발행금액 10,000원)를 추가 발행하였으며, 발행대금은 보통예금 통장으로 입금되었다. 신주발행과 관련된 비용 1,000,000원은 당좌수표를 발행하여 지급하였다. (단, 하나의 전표로 입력할 것.)(85회)

날짜	차변(3번)	대변(4번)
/		

3 9월 25일 공장 신축용 토지를 취득하였으며, 취득대가로 당사의 주식 100주(주당 액면금액 5,000원)를 신규발행하여 교부하였다. 취득 당시 토지의 공정가치는 1,000,000원이다.(86회)

날짜	차변(3번)	대변(4번)
/		

4 10월 1일 회사는 10월 01일 개최된 이사회에서 현금배당 80,000원의 중간배당을 결의하였다.(단, 이익준비금은 고려하지 않는 것으로 한다.)(87회)

날짜	차변(3번)	대변(4번)
/		

5 12월 8일 우리 회사가 발행한 주식 100주(1주당 액면가 10,000원, 1주당 취득가 12,000원)를 구입하고, 대금은 보통예금으로 이체하여 주다.

날짜	차변(3번)	대변(4번)
/		

6 7월 30일 보유 중인 자기주식 100주(1주당 액면가 10,000원, 1주당 취득가 12,000원) 중 25%를 500,000원에 처분하고 처분대금 전액이 당일에 보통예금으로 입금되었다. 처분전 자기주식처분이익 및 자기주식처분손실계정의 잔액은 없다.(90회)

날짜	차변(3번)	대변(4번)
/		

7 9월 10일 주주총회에서 결의된 바에 따라 유상증자를 실시하여 신주 10,000주(액면가액 1주당 1,000원)를 주당 1,500원에 발행하고, 증자와 관련하여 수수료 120,000원을 제외한 나머지 증자대금이 보통예금계좌에 입금되었다. (단, 당사는 '주식할인발행차금' 잔액 2,000,000원이 있으며, 하나의 전표로 입력할 것)(91회)

날짜	차변(3번)	대변(4번)
/		

8 10월 25일 사업 확장에 필요한 자금을 조달하기 위하여 새로운 보통주 주식 5,000주(주당 액면금액 5,000원, 1주당 발행금액 10,000원)를 발행하였으며, 발행대금은 보통예금 통장으로 입금되었다. 신주발행과 관련된 비용 500,000원은 현금으로 지급하였다. (단, 하나의 전표로 입력할 것, 주식할인발행차금은 없다고 가정한다.)(93회)

날짜	차변(3번)	대변(4번)
/		

9 11월 17일 회사가 보유중인 자기주식 전부를 25,000,000원에 처분하고 매각대금은 보통예금으로 받았다. 단, 처분시점의 자기주식 장부가액은 23,250,000원이고 자기주식처분손실 계정의 잔액은 1,500,000원이다. (94회)

날짜	차변(3번)	대변(4번)
/		

10 7월 31일 임시 주주총회의 결의로 개인 박정석에게 차입하였던 단기차입금 중 일부인 55,000,000원에 대해 채무의 출자전환을 실시하여 신주 10,000주(주당 액면가액 5,000원)를 교부하였다. 신주발행에 대한 기타 비용은 없다고 가정할 것. (96회 특별)

날짜	차변(3번)	대변(4번)
/		

11 7월 20일 보유 중인 자기주식 12,000주를 처분하였다. 자기주식 12,000주에 대한 장부가액은 12,000,000원이고 12,000주 전부를 11,500,000원에 처분하고 그 대가를 전부 보통예금으로 입금받았다.(단, 자기주식처분이익 계정의 잔액이 300,000원 있고, 처분수수료는 없는 것으로 가정한다.)(97회)

날짜	차변(3번)	대변(4번)
/		

12 8월 5일 신주 20,000주를 발행하여 건물을 취득하였다. 주당 액면가액은 5,000원이며 발행시점의 공정가액은 주당 8,000원이다. (97회)

날짜	차변(3번)	대변(4번)
/		

> 정답

1. (차) 보통예금　　　　75,000,000원　　(대) 자본금　　　　　　50,000,000원
　　　　　　　　　　　　　　　　　　　　　주식발행초과금　　25,000,000원

2. (차) 보통예금　　　 100,000,000원　　(대) 자 본 금　　　　 50,000,000원
　　　　　　　　　　　　　　　　　　　　　당좌예금　　　　　 1,000,000원
　　　　　　　　　　　　　　　　　　　　　주식발행초과금　　49,000,000원

자본금 = 1주당 액면금액 × 발행주식수 = 5,000원 × 10,000주 = 50,000,000원
주식발행초과금 = 발행금액(1주당 발행금액 × 발행주식수 - 주식발행비용) - 자본금 = (10,000원 × 10,000주 - 1,000,000원) - 50,000,000원 = 49,000,000원

3. (차) 토지　　　　　　 1,000,000원　　(대) 자본금　　　　　　　500,000원
　　　　　　　　　　　　　　　　　　　　　주식발행초과금　　　 500,000원

4. (차) 이월이익잉여금　　　 80,000원　　(대) 미지급배당금　　　　 80,000원
　　또는 미처분이익잉여금, 중간배당금

5. (차) 자기주식　　　　 1,200,000원　　(대) 보통예금　　　　　 1,200,000원

6. (차) 보통예금　　　　　 500,000원　　(대) 자기주식　　　　　　300,000원
　　　　　　　　　　　　　　　　　　　　　자기주식처분이익　　 200,000원

7. (차) 보통예금　　　 14,880,000원　　(대) 자본금　　　　　　10,000,000원
　　　　　　　　　　　　　　　　　　　　　주식할인발행차금　　2,000,000원
　　　　　　　　　　　　　　　　　　　　　주식발행초과금　　　2,880,000원

8. (차) 보통예금　　　 50,000,000원　　(대) 자본금　　　　　　25,000,000원
　　　　　　　　　　　　　　　　　　　　　현금　　　　　　　　　500,000원
　　　　　　　　　　　　　　　　　　　　　주식발행초과금　　24,500,000원

9. (차) 보통예금　　　 25,000,000원　　(대) 자기주식　　　　　23,250,000원
　　　　　　　　　　　　　　　　　　　　　자기주식처분손실　　1,500,000원
　　　　　　　　　　　　　　　　　　　　　자기주식처분이익　　　250,000원

10. (차) 단기차입금(박정석)　55,000,000원　(대) 자본금　　　　　50,000,000원
　　　　　　　　　　　　　　　　　　　　　주식발행초과금　　　5,000,000원

11. (차) 보통예금　　　 11,500,000원　　(대) 자기주식　　　　 12,000,000원
　　　자기주식처분이익　　　300,000원
　　　자기주식처분손실　　　200,000원

12. (차) 건물　　　　 160,000,000원　　(대) 자본금　　　　　 100,000,000원
　　　　　　　　　　　　　　　　　　　　　주식발행초과금　　60,000,000원

매입매출전표 입력

부가세 10%거래(과세거래), 부가세 0%거래(영세거래), 면세거래의 법적증빙에 따라 부가가치세신고서 입력이 다르므로 회계프로그램에서 지정된 번호를 암기하여 매입매출전표에 입력하는 것이 중요합니다.
과세거래(부가세10%), 영세율거래(0%), 면세거래(부가세 면제거래)를 증빙에 따라 입력합니다.

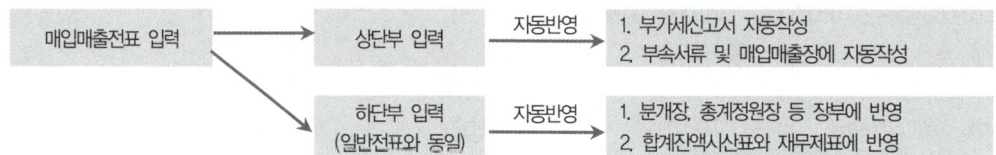

▶ **매입매출전표 입력순서**

날짜/ 과세유형 / 품목/ 공급가액란 / 거래처 / 전자여부 / 분개유형 / 대금결제계정과목들
　　　★　　　　　└, ❶ 증빙이 세금계산서(과세)일 경우 → 공급가액란에 공급가액을 입력
　　　　　　　　　　　　[주의] 부가세포함일 경우 ÷ 1.1 = 공급가액

　　　　　　　　　❷ 증빙이 카드, 현금영수증, 14건별 등일 경우 → 공급가액란에 공급대가(부가세포함) 입력

매입매출전표 입력거래	❶ 매출거래(코드번호 10번대~20번대) 또는 ❷ 매입거래(코드번호 50번대~60번대)	+ 법적 증빙	(전자)세금계산서	10%	1번	= 과세유형 결정
				0%	2번	
			신용카드(체크카드)	과세	7번	
				면세	8번	
			현금영수증	과세	12번	
				면세	13번	
			(전자)계산서		3번	

▶ **매출거래 특징** (코드번호 10번대~20번대 사용) : 공급하다/ 판매하다/ 납품하다/ 처분하다/ 세금계산서 공급자가 당사인 거래

번호	거래 증빙		과세유형
과세 매출 (10%)	과세매출거래(부가세10%) + (전자)세금계산서(공급자보관용)	공급가액란 에 공급대가 를 입력	11과세(과세매출)
	과세매출거래(부가세10%) + 신용카드 등		17카과(카드과세)
	과세매출거래(부가세10%) + 현금영수증		22현과(현금과세)
	과세매출거래(부가세10%) + 무증빙(또는 간이영수증)		14건별(건별매출)
영세율매출 (0%)	과세매출거래(부가세 0%) + 내국신용장(또는 구매확인서) 내국신용장과 구매확인서에 의한 국내매출거래는 0% 세율 적용 (세금계산서(0%) 발급의무가 있다. 영세율 전자세금계산서는 세액란에 세액이 없다		12영세
	직수출 (0% 세율 적용) - 세금계산서 발급의무 없다		16수출
면세 매출 (부가세면제)	면세품 매출거래 + (전자)계산서(공급자보관용)		13면세(면세매출)
	면세품 매출거래 + 신용카드매출전표(직불카드 등)		18카면(카드면세)
	면세품 매출거래 + 현금영수증		23현면(현금면세)

▶ **매입거래 특징** (50번대 ~ 60번대 사용) : 공급받다/ 구입하다/ 납품받다/ 비용발생거래/ 세금계산서 공급받는자가 당사인 거래

번호	거래 증빙		과세유형
과세 매입 (10%)	① 과세매입거래 + (전자)세금계산서(공급받는자가 우리 회사)		51과세(과세매입)
	② 과세매입거래 + 신용카드매출전표(직불카드 등)	공급가액란에 공급대가 입력	57카과(카드과세)
	③ 과세매입거래 + 현금영수증		61현과(현금과세)
	④ 과세 매입거래(불공제거래) + (전자)세금계산서 (=지급한 매입세액을 돌려받지 못하는 거래) 1. 사업과 관련 없는 매입거래 + (전자)세금계산서 2. 개별소비세 과세대상 자동차 구입, 임차, 유지비용 거래 + (전자)세금계산서 　└ (비영업용소형승용차 : 1,000cc초과 ~ 8인승 승용차) 　(구분) 화물차, 승합차, 1,000cc이하의 승용차는 공제가능. 3. 접대비거래 + (전자)세금계산서 (주의) 접대비거래+(전자)계산서→ 53면세 4. 면세사업과 관련된 매입거래 + (전자)세금계산서 　(예) 면세품 홍보를 위해 지출한 광고선전비 거래 + 전자세금계산서 = 54불공 5. 토지 자본적지출(=부대비용) 매입거래 + (전자)세금계산서 　(주의) 토지 매입거래 + 계산서 → 53면세 (참고) 토지매매는 면세거래		54불공 (매입세액을 지급했지만 부가가치세법상 돌려받지 못하는 매입세액은 해당 과세기간 매출세액에서 공제하지 못한다는 의미로서 불공제이다. 54불공은 반드시 법적증빙이 세금계산서가 있어야 합니다.)
	과세매입거래 + 수입전자세금계산서(세관장 발행) (조심! 거래처⇨ 세관입력)		55수입(부가세만 회계처리)
영세율 매입	내국신용장 또는 구매확인서에 의한 매입거래 + 전자세금계산서(0%) (전자)세금계산서 발급의무 있다.(세액란에 세액 ₩0)		52영세(영세율매입)
면세 매입	면세품 매입 거래 + (전자)계산서(공급받는자 보관용)		53면세(면세매입)
	면세품 매입 거래 + 신용카드(직불 또는 체크카드 등) 매출전표		58카면(카드면세)
	면세품 매입 거래 + 현금영수증		62현면(현금면세)

연습 1 과세유형 연습

빈칸에 공급자 또는 공급받는 자가 입력하는 유형을 기입하시오.

과세유형 암기

공급자(매출자)사용하는 코드번호 10번 ~ 20번대	법적증빙		공급받는자(매입자)사용하는 코드번호 50번대 ~ 60번대
	(전자)세금계산서 (지로영수증 등) 1번	공제가능	
		불공제	
	과세신용카드(직불카드) 7번		
	과세 현금영수증 12번		
	무증빙(간이영수증) 4번		
	내국신용장 또는 구매확인서에 의한 영세율(전자)세금계산서 2번		
	직수출 6번	수입 5번	
	(전자)계산서 3번		
	면세신용카드(직불카드) 8번		
	면세 현금영수증 13번		

정답

과세유형 암기

공급자(매출자)사용하는 코드번호 10번 ~ 20번대	법적증빙		공급받는자(매입자)사용하는 코드번호 50번대 ~ 60번대
매출세금계산서 ➔ 11과세	(전자)세금계산서 (지로영수증 등) 1번	공제가능	매입세금계산서(공제가능) ➔ 51과세
		불공제	매입세금계산서(불공제) ➔ 54불공
17카과(부가세포함입력)	과세신용카드(직불카드) 7번		57카과(부가세포함입력)
22현과(부가세포함입력)	과세 현금영수증 12번		61현과(부가세포함입력)
14건별(부가세포함입력)	무증빙(간이영수증) 4번		–
12영세	내국신용장 또는 구매확인서에 의한 영세율(전자)세금계산서 2번		52영세
16수출	직수출 6번	수입 5번	55수입
13면세	(전자)계산서 3번		53면세
18카면	면세신용카드(직불카드)8번		58카면
23현면	면세 현금영수증 13번		62현면

번호	거래내용	과세유형	공급가액란 금액
1	(1) 과세매출거래 + (전자)세금계산서		
	(2) 과세매입거래 + (전자)세금계산서(공제가능)		
	(3) 과세매입(불공제)거래 + (전자)세금계산서		
2	(4) 과세매출거래 + 신용카드 또는 직불카드		
	(5) 과세매입거래 + 신용카드 또는 직불카드		
3	(6) 과세매출거래 + 현금영수증		
	(7) 과세매입거래 + 현금영수증		
4	(8) 과세매출거래 + 간이영수증(또는 무증빙)		
5	(9) 내국신용장 또는 구매확인서에 의한 영세율 매출거래 (매출거래+영세율세금계산서) – 영세율구분		
6	(10) 내국신용장 또는 구매확인서에 의한 영세율 매입거래 (매입거래 + 영세율세금계산서)		
7	(11) 직수출거래		
8	(12) 수입거래(거래처 세관으로 입력) 부가세대급금만 분개함. (부대비용있으면 수입하는 자산으로 처리)		
9	(13) 면세매출거래 + (전자)계산서		
	(14) 면세매입거래 + (전자)계산서		
10	(15) 면세매출거래 + 신용카드 또는 직불카드		
	(16) 면세매입거래 + 신용카드 또는 직불카드		
11	(17) 면세매출거래 + 현금영수증		
	(18) 면세매입거래 + 현금영수증		

정답

번호	과세유형	공급가액	번호	과세유형	공급가액	번호	과세유형	공급가액
(1)	11과세	공급가액	(2)	51과세	공급가액	(3)	54불공	공급가액
(4)	17카과	공급대가	(5)	57카과	공급대가	(6)	22현과	공급대가
(7)	61현과	공급대가	(8)	14건별	공급대가	(9)	12영세	공급가액
(10)	52영세	공급가액	(11)	16수출	공급가액	(12)	55수입	공급가액
(13)	13면세	공급가액	(14)	53면세	공급가액	(15)	18카면	공급가액
(16)	58카면	공급가액	(17)	23현면	공급가액	(18)	62현면	공급가액

연습 ② 다음 거래내용을 읽고 알맞은 과세유형을 기입하세요. (1일 20개씩 나누어서 연습하세요)

번호	거래내용	과세유형
1	(주)북부에 제품 1,000개를 @1,000원(부가가치세 별도)에 외상판매하고, 전자세금계산서를 발행교부하였다.(3점)	11과세
2	(주)신서울신문에 본사 사무직 신입사원 채용광고를 게재하고 광고료 500,000원(부가가치세 별도)을 현금으로 지급하고 전자세금계산서를 교부받았다.(신규거래처 등록할 것, 거래처명:(주)신서울신문, 거래처코드:1500, 사업자등록번호: 123-81-66584)	
3	공장의 원자재 구입부서에서 매입거래처에 선물할 냉장고 1,000,000원(부가가치세 별도)를 삼성전자로부터 구입하여 제공하고 전자세금계산서를 수취하였다. 대금은 보통예금 계좌에서 이체하였다	
4	제품운반용 트럭이 사고로 인하여 명성공업사로부터 엔진을 교체하였다. 이는 자본적지출에 해당하는 것으로 엔진교체비 5,000,000원(부가가치세 별도)을 당좌수표로 지급하고 전자세금계산서를 교부받았다.	
5	공장건물을 신축할 목적으로 (주)아산으로부터 토지를 15,000,000원에 매입하고 계산서를 받았다. 대금 중 10,000,000원은 당사 보통예금 계좌에서 이체하여 지급 하고 나머지는 3개월 후에 지급하기로 하였다.	
6	(주)크로바에 제품(1,000개, @2,000원, 부가가치세 별도)을 판매하고 전자세금계산서 발급했다. 위의 금액 중 절반은 어음으로 받고 나머지 절반은 외상으로 하였다.	
7	영국의 맨유상사에 제품(공급가액 40,000,000원)을 직수출하고 이미 수취한 계약금을 제외한 대금은 외상으로 하였다. 한편 당사는 6월 20일 맨유상사와 제품수출계약을 체결하면서 계약금 8,000,000원을 수취한 바 있다.	
8	상록빌딩에서 당월의 본사 임차료에 대한 공급가액 500,000원(부가가치세 별도)의 전자세금계산서를 발급받고 보통예금 계좌에서 송금하였다.	
9	비사업자인 개인 최명수(620217-1810133)에게 제품(1,500,000원, 부가가치세 별도)을 판매하고 자기앞수표를 받았으며, 주민등록번호로 전자세금계산서를 발급하였다. (거래처 신규 등록 할 것, 거래처 코드번호:2000)	
10	11월 30일 회사 영업부에서 업무용으로 사용하는 법인소유의 소형승용차(1,500cc)가 고장이 발생하여 서울카센터에서 수리하고 전자세금계산서를 수취하였다. 차량수리비 220,000원(부가가치세 포함)은 전액 현금으로 지급하였다.(수익적 지출로 회계처리 할 것)	
11	공장의 원재료 매입처의 확장이전을 축하하기 위하여 양재화원에서 화분을 100,000원에 구입하여 전달하였다. 증빙으로 계산서를 수취하였으며, 대금은 외상으로 하였다.	
12	(주)대정에 제품(100개, @100,000원, 부가가치세 별도)을 판매하고 전자세금계산서를 발급하였다. 대금 중 부가가치세는 현금으로 받고 나머지는 동점발행 약속어음으로 받았다.	
13	수출업체인 (주)세모에 Local L/C에 의해 제품(공급가액 20,000,000원)을 매출하고 영세율전자세금계산서를 발행하였다. 대금은 전액 외상으로 하였다.	
14	당사는 거래처인 (주)성심으로부터 내년 여름을 대비하여 사무실용 에어컨(3대, 대당 2,000,000원, 부가가치세 별도)을 매입하였다. 전자세금계산서를 교부받고 대금은 매출처인 (주)진흥으로부터 받은 약속어음으로 절반을 지급하였고, 나머지 절반은 당사가 발행한 약속어음을 지급하였다.	
15	생산부서에서 클린세상에 공장청소에 따른 지급수수료 3,300,000원(부가가치세 포함)을 당좌수표로 지급하고 지출증빙용 현금영수증을 교부받았다.(현금영수증번호 생략)	

16	독도소프트(주)에서 ERP시스템 소프트웨어 용역을 공급받고, 전자세금계산서 22,000,000원(부가가치세 포함)를 수취하였다. 대금은 2011년 2월 10일에 지급 하기로 하였다. 단, 계정과목은 무형자산 항목으로 처리하고, 당해 용역은 완료되었다.	
17	해외거래처인 히라가나사로부터 수입한 원재료(¥1,000,000)와 관련하여, 김포세관으로부터 수입전자세금계산서를 교부받아 동 부가가치세액 1,000,000원을 김포세관에 현금으로 완납하였다. 단, 부가가치세와 관련된 것만을 회계처리하기로 한다.	
18	원재료 납품업체인 (주)대풍으로부터 Local L/C에 의해 수출용 제품생산에 사용될 원재료(1,000개, @50,000원)을 납품받고 전자세금계산서(영세율)를 교부받았다. 그리고 대금은 전액 당점발행 약속어음으로 지급하였다.	
19	개인인 김철수씨에게 제품을 3,300,000원(부가가치세 포함)에 현금으로 판매하고 현금영수증을 교부하여 주었다.	
20	(주)씨엘에게 제품 10,000,000원(부가가치세 별도)을 판매하고 전자세금계산서를 발행 하였다. 판매대금 중 2,000,000원은 (주)씨엘의 선수금과 상계하고, 5,000,000원은 ㈜씨엘이 발행한 어음으로, 잔액은 자기앞수표로 받았다.	
21	제품의 임가공 계약에 의해 의뢰하였던 컴퓨터부품을 (주)일신산업으로부터 납품받고 전자세금계산서를 수취하였다. 대금은 10,000,000원(부가가치세 별도)으로 50%는 당좌수표로 지급하고 나머지는 법인카드(신한카드)로 결제하였다.	
22	(주)척척상사에 제품 30,000,000원(부가가치세 별도)을 판매하고 전자세금계산서를 교부하였다. 대금은 6개월 후에 받기로 하였다.	
23	생산부서 사원들에게 선물로 지급하기 위해 이천쌀 50포대를 유일정미소로부터 구입하고 현금으로 1,200,000원을 결제하면서 현금영수증(지출증빙용)을 교부받았다.(승인번호입력은 생략한다.)	
24	수출대행업체인 (주)조조물산에 Local L/C에 의하여 제품 200개를 1개당 100,000원에 납품하고 전자세금계산서(영세율)를 발행하였다. 대금 중 10%는 현금으로 받고 잔액은 외상으로 하였다.	
25	영업부서에서 매출거래처인 (주)은진기업의 체육대회에 대한 점심식사를 지원하기 위하여, 도시락 제공업체인 (주)깔끔도시락으로부터 전자세금계산서를 교부받았다. 대금 5,000,000원(부가가치세 별도)은 자기앞수표로 지급하였다.	
26	구매확인서에 의해 수출용제품에 대한 원재료(공급가액 35,800,000원)를 ㈜신성정밀로부터 매입하고 영세율 전자세금계산서를 발급받았다. 매입대금 중 15,000,000원은 (주)영진전자로부터 받은 약속어음을 배서하여주고 나머지는 3개월 만기의 당사 발행 약속어음으로 주었다.	
27	(주)용문에 제품 100개를 개당 200,000원(부가가치세 별도)에 판매하고 전자세금계산서를 교부하였으며, 대금 중 부가가치세는 현금으로 받고 나머지는 3개월 후에 받기로 하였다.	
28	비사업자인 최준열씨에게 노트북 컴퓨터 1대를 판매하고 현금 462,000원(부가가치세 포함)을 수취하였다. 현금영수증은 발행하지 않았다.	
29	하나마트에서 사무실용 찻잔 1세트를 40,000원(부가가치세 별도)에 구입하고 전자세금계산서를 교부받았으며, 대금은 현금으로 지급하였다. 찻잔은 구입시 비용으로 처리하였다	
30	대표이사(최지원)의 자택에서 사용할 목적으로 (주)호이마트에서 3D TV를 5,000,000원(부가가치세 별도)에 구입하고, 회사명의로 전자세금계산서를 수령하였다. 대금은 회사의 현금으로 결제하였으며, 대표이사의 가지급금으로 처리한다.	
31	(주)까치로부터 부재료를 5,500,000원(부가가치세 포함, 전자세금계산서 발급 받음)에 매입하고, 대금의 10%는 현금으로 지급하고, 나머지는 외상으로 하였다.	

32	(주)생산성으로부터 영업직 직원들에게 교육훈련특강을 실시하고, 특강료 3,000,000원에 대한 계산서를 교부받았다. 특강료는 선급금으로 회계처리되어 있던 계약금 1,000,000원을 제외한 나머지 2,000,000원을 현금으로 지급하였다.	
33	원재료 운송용 트럭(취득가액 35,000,000원, 전기말 감가상각누계액 16,500,000원)을 (주)대성상사에 20,000,000원(부가가치세 별도)에 처분하면서 전자세금계산서를 발행하였다. 대금은 한 달 후에 수령하기로 하고, 처분시점에 감가상각은 하지 않기로 한다.	
34	(주)삼부프라자로부터 업무용 컴퓨터 1대를 5,500,000원(부가가치세 포함)에 구입하고 법인카드인 비씨카드로 구입하였다.(신용카드 매입세액공제요건을 모두 충족함)	
35	(주)상기물산에 Local L/C에 의하여 제품 8,000,000원을 납품하고 영세율 전자세금계산서를 발행하였으며, 대금 중 50%는 외상으로 하고 나머지는 어음으로 수령하였다.	
36	한마음문구에서 영업부 사무실 프린터기에 사용할 잉크를 99,000원(부가가치세 포함)에 구입하여 현금을 지급하고 현금영수증(지출증빙용)을 교부받았다. 부가가치세 공제요건은 모두 충족하였다.(사무용품비로 회계처리하고, 승인번호 입력 생략)	
37	프랑스 거래처 봉쥬르에 공급가액 20,000,000원인 제품을 직수출하고 대금은 외상으로 하였다.	
38	(주)까마귀로부터 원재료를 2,000,000원(부가가치세 별도) 매입하고, 대금은 어음 (만기 내년.6.30)을 발행하여 지급하였다.(전자세금계산서 수취함)	
39	생산직 사원 이택영의 결혼식에 사용할 축하화환을 100,000원에 (주)꽃나라에서 계산서를 발급받아 구입하고 대금은 보통예금에서 이체하였다.	
40	강변패션(주)에 제품(단가 150,000원, 수량 100개, 부가가치세 별도)을 판매하고 전자세금계산서를 교부하였다. 판매대금 중 10,000,000원은 강변패션(주)이 보유하고 있던 (주)샛별의류가 발행한 약속어음(만기 다음해. 4.10)으로 배서양도 받고, 잔액은 1개월 후에 수취하기로 하였다.	
41	(주)일진상사에 제품 300개(판매단가 @40,000원, 부가가치세 별도)를 외상으로 납품하면서 전자세금계산서를 발급하였다. 대금은 거래수량에 따라 공급가액 중 전체금액의 5%를 에누리해주기로 하고, 나머지 판매대금은 30일 후 받기로 하였다.	
42	매출거래처인 (주)일진상사에 선물로 증정하기 위하여 프린터(공급가액 2,000,000원, 부가가치세 별도)를 (주)오산에서 외상으로 구입하고 전자세금계산서를 수취하였다.	
43	본사 신축용 토지 취득을 위한 법률자문 및 등기대행 용역을 제이컨설팅으로부터 제공받고 동 용역에 대한 수수료 2,000,000원(부가가치세 별도)을 현금 지급하였다. 이에대한 전자세금계산서를 발급 받았다.	
44	본사 영업부에서 사용하던 4인승 소형승용차(999cc)의 고장으로 (주)해피카센타에서 수리하고, 수리비 200,000원(부가가치세 별도)을 현금으로 지급하고 전자세금계산서를 발급받았다. 차량유지비 계정으로 처리할 것.	
45	(주)동우전자에 제품(공급가액 20,000,000원, 부가가치세 별도)을 공급하면서 전자세금계산서를 발급하였다. 판매대금 중 부가가치세에 해당하는 금액은 은행권 자기앞수표로 받았고, 나머지 잔액은 동점발행 약속어음(어음만기 다음해.11.11)으로 받았다.	
46	당사는 제품을 (주)미연상사에 판매하고, 전자세금계산서를 발급하였다. 판매대금은 27,500,000원(부가가치세 별도)이었으며, 부가가치세를 포함한 전액을 (주)미연상사가 발행한 약속어음(어음만기 다음해.05.15)으로 받았다.	
47	관리부서는 부활식당에서 회식을 하고 식사대금 550,000원(부가가치세 포함)을 법인카드인 국민카드로 결제하였다.(카드매입에 대한 부가가치세 매입세액 공제요건은 충족하였다)	

48	성진기업으로부터 내국신용장(Local L/C)에 의하여 원재료 22,000,000원을 공급받고 영세율 전자세금계산서를 발급받았으며, 대금 중 50%는 어음으로 지급하고 나머지 금액은 보통예금에서 이체 지급하였다	
49	직원들의 통근을 위해 (주)산천여객으로부터 시내버스 영업용으로 사용하던 중고버스를 8,000,000원에 구입하면서 계산서를 수취하고, 대금은 전액 당좌수표를 발행하여 지급하다.	
50	회사 영업부에서 사용하고 있는 5인승 소형승용자동차(2,000cc)에 사용할 경유를 500,000원(부가가치세 별도)에 구입하고, 세금계산서(전자세금계산서가 아님)를 동성주유소로부터 수령하였다. 부가가치세를 포함한 구입대금 전액을 보통예금에서 이체 지급하였다.	
51	(주)권선종합상사에 신제품에 대한 광고를 의뢰하고 광고비(공급가액 500,000원 ,부가가치세 별도)에 대하여 전자세금계산서를 수취하였다. 광고 대금은 다음 달에 지급하기로 하였다	
52	제조부문의 공장건물 임대인 (주)광원개발로부터 임차료 2,310,000원(부가가치세 포함)과 공장 전기요금 330,000원(부가가치세 포함)에 대한 전자세금계산서 1매를 교부받고 당좌수표를 발행하여 지급하였다.(임대차계약서상 임차료는 매월 30일에 지급하기로 되어 있다)	
53	제품의 임가공 계약에 의해 의뢰하였던 제품을 (주)신일가구로부터 납품받고 전자세금계산서를 수취하였다. 임가공비용 10,000,000원(부가가치세 별도)은 전액 현금으로 결제하였다.	
54	삼전상회에 제품(공급가액 10,000,000원, 부가가치세 별도)을 판매하고 전자세금계산서를 발급하였다. 판매대금은 10월 20일 수령한 계약금 2,000,000원을 제외한 잔액을 삼전상회발행 어음(만기 2013. 02. 28)으로 받았다.	
55	수출대행업체인 (주)현삼물산에 구매확인서에 의하여 제품 200개를 1개당 1,000,000원에 납품하고 영세율 전자세금계산서를 발급하였다. 대금 중 10%는 자기앞수표로 받고 잔액은 외상으로 하였다.	
56	공장 근로자들에게 추석선물을 주기 위하여 (주)참치유통으로부터 참치선물세트를 구입하고, 전자세금계산서 5,000,000원(부가가치세 별도)을 발급받았다. 대금은 현금으로 지급하였다.	
57	공장건물을 신축할 목적으로 (주)부동산으로부터 토지를 100,000,000원에 매입하고 계산서를 발급받았다. 대금 중 10,000,000원은 당사 보통예금 계좌에서 이체하여 지급하고 나머지는 3개월 후에 지급하기로 하였다.	
58	공장에서 사용하던 기계장치를 한세전재(주)에게 20,000,000원(부가가치세 별도)에 매각하고 전자세금계산서를 발급하였다. 대금 중 15,000,000원은 자기앞수표로 받고 잔액은 1달 후에 받기로 하였으며, 기계장치의 취득원가는 25,000,000원, 감가상각누계액은 5,000,000원 이었다.	
59	제품 제조과정에서 생긴 부산물 2,700,000원(부가가치세 별도)을 거래처 (주)동방상사에 판매하고 전자세금계산서를 발급하였다. 대금은 전액 보통예금으로 수령하였다. (계정과목코드 420. 부산물매출, 성격: 매출계정을 등록하여 회계처리 할 것)	
60	개인 소비자 박지성에게 제품을 6,600,000원(부가가치세 포함)에 판매하고, 대금은 박지성 신용카드(착한카드)로 수취하였다. 외상매출금으로 회계처리 하시오.	
61	대표이사의 자택에서 사용할 목적으로 (주)호야마트에서 3D TV를 3,000,000원(부가가치세 별도)에 구입하고, 회사명의로 전자세금계산서를 발급 받았다. 대금은 회사에서 현금으로 지급하였다.(단, 대신 지급한 대금은 대표이사의 가지급금으로 처리한다)	
62	영업부 직원업무용으로 사용할 목적으로 노트북 컴퓨터 5대를 5,000,000원(부가가치세 별도)에 ㈜고수컴퓨터로부터 외상구입하고 전자세금계산서를 발급받았다.	

63	신제품에 대한 거리 홍보시 증정할 목적으로 (주)보물섬에서 다음과 같이 기념품을 1,000,000원에 현금으로 구매하고 전자세금계산서를 수취하였다.(전액 비용으로 처리할 것)	
64	공장부문에서 사용할 기계운용 메뉴얼 교재를 화성서점에서 구입하고, 계산서를 발급 받았다. 대금 150,000원은 전액 보통예금에서 이체하였다.	
65	원재료 납품업체의 공장건물 준공식에 쌀 10포대(1포대당 @40,000원)를 선물하면서 쌀쌀정미소로부터 계산서를 수취하고, 보통예금에서 이체하다.	
66	(주)희망기업에 제품(400단위, @5,000원, VAT별도)을 매출하고 전자세금계산서를 발행하였다. 대금 중 800,000원은 수원상사 발행어음을 받고 잔액은 외상으로 하다.	
67	㈜세계로상사에 구매확인서에 의하여 제품 5,000,000원을 외상으로 공급하고 영세율 전자세금계산서를 교부하다.	
68	공장용 화물차의 고장으로 일등카센타에서 수리하고, 수리비 600,000원(부가가치세 별도)을 다음 달에 지급하기로 하고 전자세금계산서를 발급받았다. 차량유지비 계정을 사용하며, 확정된 채무로서 미지급금으로 회계처리 하기로 한다.	
69	수출용 제품의 제조를 위해 원재료(공급가액 35,000,000원)를 (주)태명으로부터 외상 매입하고 영세율 전자세금계산서를 교부받았다.	
70	내년 여름을 대비하기 위하여 (주)시원으로부터 사무실용 에어컨(5대, 대당 1,500,000원, 부가가치세 별도)을 매입하고 전자세금계산서를 발급받았다. 대금은 당점발행 당좌수표로 지급하였다.	
71	기현자동차로부터 영업사원의 업무활동을 위하여 승용차(1,998cc) 16,000,000원(부가가치세 별도)을 취득하고 전자세금계산서를 교부받았으며, 대금은 당좌수표를 발행하여 지급하였다. 차량을 인수하는 시점에서 취득세, 번호판부착, 수수료등 400,000원을 현금으로 지급하였다. 매입매출 전표입력에 하나의 전표로 입력하시오.	
72	개인인 비사업자 김철수씨에게 제품을 3,300,000원(VAT 포함)에 현금판매하고 현금영수증을 발급하였다.	
73	일본 후지모리상사에 제품 1,000개(@2,000엔)를 직수출하고, 대금은 외상으로 하였다. 단, 선적일 시점의 환율은 100엔당 1,200원이었다.	
74	해외거래처로부터 수입한 원재료와 관련하여 김포세관에 부가가치세 2,100,000원(공급가액 21,000,000원)을 현금으로 납부하고 수입전자세금계산서를 교부받았다.	
75	진흥빌딩으로부터 당월의 영업부 사무실 임차료에 대한 공급가액 900,000원(VAT 별도)의 세금계산서를 교부받고, 대금은 다음달에 지급하기로 하였다. 진흥빌딩의 건물주인은 전자세금계산서 발행대상이 아니다.	
76	원재료 운송용 트럭(취득가액 28,000,000원, 처분시 감가상각누계액 16,500,000원)을 거래처 (주)세모에 10,000,000원(부가가치세 별도)에 처분하고 전자세금계산서를 발급하였다. 대금은 한달 후에 받기로 하였다.	
77	아프리카 수입상 캄차카에 제품을 미화 20,000달러에 직수출하고, 대금은 외상으로 하였다. (선적일 현재의 기준환율은 미화 달러당 1,100원이다)	
78	개인소비자인 김무소에게 제품을 770,000원(공급대가)에 매출하고, 대금은 현금으로 받고 간이영수증을 발급하여 주었다.	
79	제조부 직원들의 단합을 위해 백두산한우고기(일반음식점)에서 회식을 하고 회식비 550,000원은 법인국민체크카드로 결제하였다.(음식점은 매입세액공제요건을 갖추고 있고, 법인국민체크카드는 결제즉시 카드발급은행 보통예금 계좌에서 인출되었다)	

80	영업부 사원의 업무활동을 지원하기 위하여 현대자동차로부터 승용차(998cc)를 9,000,000원(부가가치세별도)에 취득하고 전자세금계산서를 발급받았으며, 대금은 전액 외상으로 하였다. 단, 차량을 인수하는 시점에 취득세 620,000원, 번호판 부착 30,000원 및 수수료 50,000원은 현금으로 지급하였다.	
81	수출용 제품에 대한 원재료 32,000,000원(공급가액)을 ㈜승리전자로부터 매입하고, 영세율전자세금계산서를 발급 받았다. 구입대금 중 6,000,000원은 ㈜동산으로부터 받은 어음을 배서해주고, 나머지는 외상으로 하였다	
82	공장에서 사용하던 기계장치(취득원가 2,000,000원, 감가상각누계액 1,200,000원)를 만물상사에 600,000원(부가가치세 별도)에 외상으로 매각하고 전자세금계산서를 발급하였다. 단, 매각년도의 감가상각비계산은 생략한다.	
83	해외수출대행업체 (주)태영상사에 Local L/C에 의하여 제품 600개를 4,200,000원에 납품하고, 영세율 전자세금계산서를 발행하였다. 대금 중 2,100,000원은 동사 발행 당좌수표로 받고 잔액은 외상으로 하였다.	
84	제조부는 협력업체에 선물용으로 지급하기 위하여 랜드마트에서 LED TV 1대(40인치)를 1,500,000원(부가가치세 별도)에 구입하고 전자세금계산서를 발급받았으며, 대금은 법인카드인 비씨카드로 결제하였다.	
85	본사 관리동사옥을 청소하고 청소용역업체 (주)하이크리너에 청소비 1,100,000원(부가가치세 포함)을 현금으로 지급하고 현금영수증을 발급받았다. 단, 청소비는 '건물관리비'계정으로 처리한다. (현금영수증 번호 생략)	
86	제조공정에 사용할 원재료 2,500,000원을 영포전자로부터 다음과 같이 구입하고, 전자세금계산서를 발급받았다.	
87	생산직사원들이 ㈜한라컨설팅으로부터 교육을 받고, 교육과 관련된 전자계산서 5,500,000원 (공급가액)을 발급받았다. 대금은 보통예금계좌에서 이체하였다.	
88	(주)달마에 제품 8,000,000원(부가가치세 별도)을 공급하고 전자세금계산서를 발급하였으며, 대금 중 4,000,000원은 (주)상림이 발행한 3개월 만기 약속어음을 배서받고, 잔액은 당사의 보통예금계좌로 지급받았다.	
89	장일상사와의 임가공용역 계약에 의하여 제작 의뢰한 제품을 납품받았다. 임가공비(공급가액 5,000,000원, 부가가치세 500,000원)에 대해서 전자세금계산서를 발급받았고 대금은 다음달에 지급하기로 하였다.	
90	본사 영업부에서 사용할 실무서적을 (주)글방문고 웹사이트에서 200,000원에 구입하면서 전자계산서를 수취하고 보통예금에서 이체하였다.	
91	거래처 주식회사 금강산에 제품(1,000개, 개당 50,000원, 부가가치세 별도)을 공급하면서 전자세금계산서를 발행하고 대금은 외상으로 하였다.	
92	당사 비영업용 승용차(1,800cc)의 사고로 인해 ㈜중앙정비소에서 엔진을 교체하였다. 이는 자본적 지출에 해당하는 것으로 엔진교체비용 4,500,000원(부가가치세 별도)을 당사 당좌수표를 발행하여 지급하고 전자세금계산서를 발급받았다.	
93	거래처 만능상사로부터 생산부서의 원재료로 사용할 자재를 27,500,000원(부가가치세 포함)에 구입하였다. 대금은 현금으로 지급하였고 관련증빙으로 현금영수증(지출증빙용)을 수령하였다.	
94	(주)대진에 제품 35,000,000원(부가가치세 별도)을 공급하고 전자세금계산서를 발급하였다. 대금 중 5,000,000원은 지난 6월 15일에 받은 계약금으로 대체하고, 나머지는 (주)대진 발행 당좌수표로 받았다.	

95	내국신용장에 의하여 (주)한국무역에 제품(외화 $15,000, 환율 1,150원/$)을 공급하고 영세율 전자세금계산서를 발급하였다. 대금 중 6,000,000원은 (주)한국무역 발행 당좌수표로 받고, 나머지는 (주)진서 발행의 3개월 만기 약속어음으로 받았다.	
96	생산부에서 사용하고 있는 화물트럭에 사용할 경유를 77,000원(부가세 포함)에 현금으로 구입하고 현금영수증(지출증빙용)을 가락주유소로부터 발급받았다.(승인번호 입력은 생략하고 가락주유소는 일반과세사업자이다)	
97	공장 신축용 토지를 취득하기 위한 등기대행 용역을 광양컨설팅으로부터 제공받고 수수료 1,600,000원(부가가치세 별도)을 당사 당좌수표를 발행하여 지급하고 전자세금계산서를 발급 받았다.	
98	구매확인서에 의해 수출용 제품에 대한 원재료(공급가액 25,000,000원)를 (주)춘천으로부터 매입하고 영세율 전자세금계산서를 발급받았다. 매입대금 중 5,000,000원은 (주)울산으로부터 받아 보관 중인 약속어음을 배서하여 주고 나머지는 3개월 만기의 당사 발행 약속어음으로 주었다.	

▶ 매입매출전표

과세거래(부가세 10%거래), 영세율거래(부가세 0%거래), 면세거래(부가세 면제)를 입력하는 전표이다.
매입매출전표를 입력하면 부가세신고서와 각종 부속서류 및 장부에 자동 작성된다.
매입매출전표 구성 (1) 상단부(부가세신고 관련 사항을 입력) (2) 하단부(회계처리 입력)

★ 법적증빙에 따라서 과세유형이 다르므로 과세유형 번호를 절대 암기해야 합니다.

★ 암기   매출(전자)세금계산서 ➜ 11과세
         매입(전자)세금계산서(공제가능) ➜ 51과세
              (불공제) ➜ 54불공(매입세액을 지급했지만 돌려받지 못하는 매입세액)
         불공제매입거래 + (전자)세금계산서 = 54불공
         불공제매입거래 + 신용카드(10%), 또는 현금영수증(10%) = 일반전표(과세유형없다)
         불공제매입거래 + (전자)계산서 = 53면세 (면세품 매입거래, 부가세10% 발생거래 아님)

★ 법적증빙이 세금계산서이면 공급가액란 → 공급가액을 입력 [공급대가 ÷ 1.1 = 공급가액]
   법적증빙이 세금계산서가 아닐 경우(신용카드, 현금영수증, 무증빙) 공급가액란
   → 공급대가(부가세포함)로 입력해야 공급가액과 부가가치세 10%가 자동 분리됩니다.

정답

번호	해 설
1	과세매출 + 전자세금계산서 = 11.과세(공급가액 입력)
2	광고료지급(비용발생거래) + 전자세금계산서(공제)= 51.과세(공급가액 입력)
3	500대 접대비(과세)거래 + 전자세금계산서(불공제) = 54.불공 (공급가액 입력)
4	엔진교체비(비용발생거래) + 전자세금계산서(공제가능) = 51.과세 (공급가액 입력)
5	매입계산서 = 53.면세
6	제품매출 전자세금계산서 = 11.과세(공급가액 입력)
7	직수출(영세율적용) = 16.수출 (공급가액 ①+②) ①선적일 기준환율로 계산한 금액 ②선적일 이전에 외화를 받아 환전한 경우 : 환전일 환율가격(=환가)으로 계산
8	비용발생거래(과세매입) + 전자세금계산서(공제가능) = 51.과세
9	제품매출거래(과세매출거래) + 전자세금계산서 = 11.과세
10	승용차수리비 + 전자세금계산서(1,000cc초과 승용차는 불공제) = 54.불공
11	화원에서 화분구입→면세거래 , 매입계산서 = 53.면세
12	제품매출 전자세금계산서 = 11.과세
13	내국신용장에 의한 매출0%세금계산서 = 12.영세
14	사무실에어컨→ 비품 , 매입 전자세금계산서(공제가능)= 51.과세(공급가액 입력)
15	과세매입 현금영수증 = 61.현과
16	소프트웨어용역매입거래(소프트웨어 매입거래) + 전자세금계산서(공제)= 51.과세
17	원재료 수입전자세금계산서(공제가능) = 55.수입
18	내국신용장에 의한 원재료 매입거래 + 영세율전자세금계산서 = 52.영세
19	제품매출거래(과세매출거래) + 현금영수증 = 22.현과
20	제품매출(과세) 거래 + 전자세금계산서 = 11.과세
21	임가공비(= 500번대 외주가공비)지급거래 + 전자세금계산서 = 공제가능 51.과세
22	제품판매(과세매출)거래 + 전자세금계산서 = 11.과세
23	생산부 사원에게 선물하기 위해 구입한 쌀→ 500대 복리후생비, 복리후생비(면세매입)거래 + 현금영수증 = 62.현면
24	내국신용장에 의한 제품매출거래 + (영세율)세금계산서 = 12.영세
25	매출거래처 체육대회 점심식사를 지원하기 위해 도시락 구입→ 800번대 접대비 접대비 거래 + 전자세금계산서 = 54.불공 [주의] 접대비 거래 + 계산서 = 53면세 이다.
26	구매확인서에 의한 원재료매입 + 영세율세금계산서 = 52.영세
27	제품매출(과세)거래 + 전자세금계산서 = 11.과세
28	제품매출(과세)거래 + 무증빙 = 14.건별
29	사무실용 찻잔ㄴ(소모품 또는 소모품비) 과세매입거래 + 전자세금계산서 = 공제가능 51.과세
30	대표이사가 사용할 목적으로 구입(업무와 무관한 거래) + 전자세금계산서 = 54.불공
31	부재료 매입거래(과세매입거래) + 전자세금계산서 = 공제가능 51.과세
32	영업부 직원 교육(=면세대상)훈련시 특강료 지급= 800번 교육훈련비 + 계산서 = 53.면세
33	트럭을 처분하는 (과세매출)거래 + 전자세금계산서 =11과세
34	업무용 컴퓨터(=비품)을 구입하는 과세매입거래 + 법인(신용)카드= 57.카과
35	Local L/C(내국신용장)에 의해 제품매출거래 + 영세율전자세금계산사 = 12.영세
36	영업부 사무실에서 사용할 잉크(=소모품) 구입 거래 (= 과세매입거래) + 현금영수증= 61.현과
37	제품을 직수출(영세율 적용)하는 거래 = 16.수출
38	원재료 매입거래 + 거래처가 주식회사이므로 세금계산서 발급으로 간주= 51.과세
39	생산직 사원 결혼식에 사용할 축하화환(면세)구입→ 500번 복리후생비 + 계산서 = 53.면세

40	제품을 판매하는 거래(과세매출거래) + 전자세금계산서 = 11.과세
41	제품 매출거래(과세매출거래) + 전자세금계산서 = 11.과세
42	매출거래처 선물을 위해 구입한 프린터→ 800대 접대비(과세매입거래)+전자세금계산서 = 54.불공
43	토지 취득을 위한 법률자문 및 등기대행 용역→ 토지 부대비용(토지로 처리) 토지 부대비용 거래 + 전자세금계산서 = 54.불공
44	소형승용차(999cc) 고장으로 지출한 수리비(= 차량유지비) 지급거래 + 전자세금계산서= 51.과세
45	제품매출거래(과세매출거래) + 전자세금계산서 = 11.과세
46	제품 매출거래(과세매출거래) + 전자세금계산서 = 11.과세
47	관리부서 회식비→ 800대 복리후생비(과세매입거래) + 법인신용카드 = 57.카과
48	내국신용장에 의해 원재료 매입거래 + 영세율전자세금계산서 = 52영세
49	직원들 통근을 위해 시내버스 중고버스 구입→ 차량운반구 (시.외내버스 여객운송업체는 면세대상이다) 매입거래 + 계산서 = 53.면세
50	소형승용차(2,000cc)에 사용할 경유 구입(1,000cc초과는 불공) + 세금계신시 – 54.불공
51	신제품에 대한 광고료→ 광고선전비(800대) + 전자세금계산서 = 51.과세 [주의] 면세품 홍보를 위한 광고료→ 광고선전비(800대) + 전자세금계산서 = 54.불공 면세사업과 관련 매입세액은 공제받지 못하는 거래(= 불공제거래)이다.
52	임차료와 공장 전기요금(= 전력비)을 지급하는 거래(과세매입거래) + 전자세금계산서 = 51.과세
53	임가공비 지급→ 500대 외주가공비 발생 + 전자세금계산서 + 공제가능 51.과세
54	제품판매거래(과세매출거래) + 전자세금계산서 = 11.과세
55	구매확인서에 의해 납품하는 거래(매출하는 거래) + 전자세금계산서 = 12.영세
56	생산직 근로자에게 지급하기 위해 구입한 선물(=복리후생비) + 전자세금계산서 = 51.과세
57	공장건물 신축목적(업무용)으로 토지 매입(= 면세매입거래) + 계산서 = 53.면세
58	기계장치를 매각거래(과세매출거래) + 전자세금계산서 = 11.과세
59	부산물을 판매하는 거래(과세매출거래) + 전자세금계산서 = 11.과세
60	제품 매출 거래(과세매출거래) + 신용카드 = 17.카과 [공급가액란 입력시 공급대가(부가세포함)입력 함]
61	대표이사가 사용할 목적으로 구입한 TV→ 가지급금(대표이사) 업무와 관련 없는 과세매입거래 + 전자세금계산서 = 54.불공
62	영업부 직원업무용으로 사용할 목적으로 노트북 컴퓨터 5대 구입→ 비품(유형자산) 생김(증가) 비품 구입거래(과세매입거래) + 전자세금계산서 = (공제가능) 51.과세
63	신제품 홍보를 위해 구입한 기념품→ 광고선전비 거래(과세매입거래) + 전자세금계산서 = (공제가능) 51.과세
64	공장부문에서 사용할 기계운용 메뉴얼 교재를 구입→ 도서인쇄비(500대) 발생거래 + 계산서 = 53.면세
65	원재료 납품업체 공장건물 준공식에 선물하는 쌀→ 접대비(500대) 접대비거래(면세매입거래) + 계산서 = 53.면세
66	제품매출거래 + 전자세금계산서 = 11과세
67	구매확인서에 의해 제품을 공급하는 거래→ 영세율 매출거래(세금계산서 발급의무 有) = 12.영세
68	공장용 화물차의 고장으로 일등카센타에서 수리하고, 수리비 지급거래→ 차량유지비(500대) 화물차 수리비 지급거래 + 전자세금계산서 = (공제가능) 51.과세
69	원재료 매입거래 + 영세율전자세금계산서(내국신용장 또는 구매확인서 발급된 거래) = 52.영세
70	사무실용 에어컨(비품)을 매입 + 전자세금계산서 = (공제가능) 51.과세
71	영업사원 업무에 사용할 승용차(1,998cc)를 구입→ 차량운반구(승용차1,000cc초과는 불공제거래) 승용차(1,998cc)구입거래 + 전자세금계산서 = 54.불공
72	제품판매거래(과세매출거래) + 현금영수증 = 22.현과 [공급가액란 입력시 공급대가(부가세포함)입력 함]
73	제품을 직수출하는 거래(세금계산서 발급의무 없다) = 16.수출
74	원재료 수입거래 + 수입전자세금계산서 = 55.수입 [거래처는 세관으로, 하단부는 부가세대급금만 회계처리]

75	영업부 사무실 임차료를 지급하는 거래→ 임차료(800대)발생(비용발생거래 = 매입거래) 임차료 지급거래 + 세금계산서 = 51.과세 (공제가능)
76	원재료 운송용 트럭(차량운반구) 처분거래 + 전자세금계산서 = 11.과세
77	제품을 직수출(영세율 적용)하는 거래 = 16.수출
78	제품 매출거래 + 간이영수증(무증빙=법적증빙 없다) = 14.건별 [공급가액란에 공급대가(부가세포함)입력 함]
79	제조부 직원들 단합을 위해 지출한 회식비→ 복리후생비(500대) 복리후생비 지출거래 + 법인국민체크카드 = 57.카과 [공급가액란 입력시 공급대가(부가세포함)입력 함]
80	영업부 사원의 업무활동을 위하여 승용차(998cc) 취득거래 + 전자세금계산서 = (공제가능) 51.과세
81	원재료 매입거래 + 영세율전자세금계산서 = 52.영세
82	기계장치 매각(처분)거래 + 전자세금계산서 = 11.과세
83	Local L/C에 의하여 제품 납품하는 거래(매출거래) + 영세율 전자세금계산서 = 12.영세
84	제조부 협력업체 선물하기 위해 구입한 TV → 500대 접대비 접대비거래 + 전자세금계산서 = 54.불공
85	본사사옥을 청소하고 청소용역업체에 청소비 지급거래(과세매입거래) + 현금영수증 = 61.현과
86	원재료 구입거래 + 전자세금계산서 = 51.과세
87	생산직사원들 교육을 받고, 교육비 지급거래(면세거래) + 전자계산서 = 53.면세
88	제품을 공급하는 거래(과세매출거래) + 전자세금계산서 = 11.과세
89	임가공비(=외주가공비) 지급거래 + 전자세금계산서 = 51.과세
90	본사 영업부에서 사용할 실무서적(책)→ 도서인쇄비(800번대) 도서, 신문, 잡지는 면세대상이다. 도서를 구입하는 거래(면세거래) + 전자계산서 = 53.면세
91	제품공급(제품매출)거래 + 전자세금계산서 = 11.과세
92	비영업용 승용차(=업무용 승용차 1,800cc)의 엔진교체비용(자본적지출) → 자산처리(차량운반구) 1,000cc초과 승용차의 구입, 임차, 유지비용은 불공제 거래 1,000cc초과 엔진교체비용 지급거래 + 전자세금계산서 = 54.불공
93	원재료 구입거래(과세매입거래) + 현금영수증(지출증빙용) = 61.현과 [공급가액란에 공급대가(부가세포함)입력 함]
94	제품매출거래(과세매출거래) + 전자세금계산서 = 11.과세
95	내국신용장에 의하여 제품 공급거래(매출거래) + 영세율 전자세금계산서 = 12.영세
96	화물트럭(화물차)에 사용할 경유→ 차량유지비(500번대) 화물차에 사용할 경유 구입거래 + 현금영수증 = 공제가능 61.현과
97	토지를 취득하기 위한 등기대행 용역(수수료) 지급(토지 매입부대비용 거래) + 전자세금계산서 = (불공제) 54.불공
98	구매확인서에 의해 원재료를 매입거래 + 영세율전자세금계산서 = 52.영세

연습 ③ 다음 11과세 유형 거래를 읽고 수기로 매입매출전표 해당 칸에 기입하시오.

매입매출전표 11.과세 입력 → 부가세신고서 1번에 자동 반영

1 11월 22일 빠른유통상사에게 다음과 같은 제품을 판매하고 전자세금계산서를 발급하였다.(80회)

전자세금계산서(공급자 보관용)						승인번호	20211122-51050067-62367242		
공급자	등록번호	110-81-02134			공급받는자	등록번호	113-01-86067		
	상호	(주)메가전산세무회계	성명	김석철		상호	빠른유통상사	성명	장차남
	사업장주소	서울특별시 강남구 강남대로 69				사업장주소	경기도 오산시 경기동로 8번길		
	업태	제조,소매업	종사업장번호			업태	도소매업	종사업장번호	
	종목	전자제품				종목			
	E-Mail	khg0125@naver.com				E-Mail	hyunhee@naver.com		
작성일자		당기. 11.22	공급가액	6,800,000		세액	680,000	비고	
월	일	품 목 명	규격	수량	단가	공급가액	세 액	비고	
11	22	전자제품				6,800,000	680,000		
합계금액		현금	수표		어음	외상미수금	이 금액을	⊙ 영수 ○ 청구	함
7,480,000		7,480,000							

거래유형	품명	공급가액	부가세	거래처	전자세금	분개

신용카드사				
분개유형	구분	계정과목	거래처	차변(출금)	대변(입금)

2 10월 11일 다음 거래 내역을 보고 적절한 회계처리를 하시오.(단, 차량운반구의 취득원가 5,000,000원, 감가상각누계액 3,200,000원이며, 매각년도의 감가상각비계산은 생략한다.)(81회)

전자세금계산서(공급자 보관용)						승인번호	20211011-15454645-58844486		
공급자	등록번호	110-81-02134			공급받는자	등록번호	137-81-30988		
	상호	(주)메가전산세무회계	성명	김석철		상호	K오토스중고차상사	성명	문상사
	사업장주소	서울특별시 강남구 강남대로 69				사업장주소	서울 영등포구 국회대로 50길 9		
	업태	제조,소매업	종사업장번호			업태	도소매	종사업장번호	
	종목	전자제품				종목	차량		
	E-Mail	khg0125@naver.com				E-Mail			
작성일자		당기. 11.22	공급가액	1,000,000		세액	100,000	비고	
월	일	품 목 명	규격	수량	단가	공급가액	세 액	비고	
10	11	차량매각대금				1,000,000	100,000		
합계금액		현금	수표		어음	외상미수금	이 금액을	○ 영수 ⊙ 청구	함
1,100,000						1,100,000			

거래유형	품명	공급가액	부가세	거래처	전자세금	분개

신용카드사					
분개유형	구분	계정과목	거래처	차변(출금)	대변(입금)

3 9월 10일 다음은 판매한 제품이 하자가 있어 반품되어 발급한 수정전자세금계산서이다. 수정전자세금계산서 발급과 동시에 외상매출금과 상계처리 하였다.(82회)

수정전자세금계산서(공급자 보관용) 승인번호: 20210910-15454645-58844486

공급자
- 등록번호: 110-81-02134
- 상호: (주)메가전산세무회계
- 성명: 김석철
- 사업장 주소: 서울특별시 강남구 강남대로 69
- 업태: 제조,소매업
- 종목: 전자제품
- E-Mail: khg0125@naver.com

공급받는자
- 등록번호: 137-81-30988
- 상호: ㈜서울
- 성명: 문만용
- 사업장 주소: 서울 영등포구 국회대로 120
- 업태: 도소매
- 종목: 컴퓨터
- E-Mail: hyunhee@naver.com

수정사유:
작성일자: 당기. 09.10 공급가액: -1,000,000 세액: -100,000 비고:

월	일	품목명	규격	수량	단가	공급가액	세액	비고
09	10	스포츠용품		-50	20,000	-1,000,000	-100,000	

합계금액	현금	수표	어음	외상미수금	이 금액을 ● 영수 / ○ 청구 함
-1,000,000				-1,100,000	

거래유형	품명	공급가액	부가세	거래처	전자세금	분개

신용카드사					
분개유형	구분	계정과목	거래처	차변(출금)	대변(입금)

4 7월 15일 상원상사에 제품을 판매하고 다음과 같이 전자세금계산서를 발급하였다.(단, 상원상사가 발행한 어음의 만기일은 3개월 내이다.)(83회)

전자세금계산서(공급자 보관용)						승인번호	20210715-51050067-62367242			
공급자	등록번호	110-81-02134			공급받는자	등록번호	203-01-23142			
	상호	㈜메가전산세무회계	성명	김석철		상호	상원상사	성명		김서니
	사업장주소	서울특별시 강남구 강남대로 69				사업장주소	서울시 영등포구 양평로 5, 성원빌딩			
	업태	제조,소매업	종사업장번호			업태	도매업		종사업장번호	
	종목	전자제품				종목	컴퓨터			
	E-Mail	khg0125@naver.com				E-Mail				
작성일자		당기. 11.22	공급가액	12,000,000		세액	1,200,000	비고		
월	일	품 목 명	규격	수량	단가	공급가액	세 액	비고		
07	15	전자부품A		600	10,000	6,000,000	600,000			
		전자부품B		600	10,000	6,000,000	600,000			
합계금액		현금	수표		어음	외상미수금	이 금액을	○ 영수	함	
13,200,000		1,200,000			12,000,000			● 청구		

거래유형	품명	공급가액	부가세	거래처	전자세금	분개

신용카드사					
분개유형	구분	계정과목	거래처	차변(출금)	대변(입금)

5 10월 20일 매출거래처 ㈜경원으로부터 외상매출금 5,500,000원을 회수하면서 약정 기일보다 10일 빠르게 회수되어 2%를 할인해 주고, (-)전자세금계산서를 발급하였다. (외상매출금 회수 분개는 생략 하고, (-)세금계산서 발급 부분만 매입매출전표에 입력하고 제품매출 계정에서 직접 차감하는 방식으로 분개할 것.)(87회)

거래유형	품명	공급가액	부가세	거래처	전자세금	분개

신용카드사					
분개유형	구분	계정과목	거래처	차변(출금)	대변(입금)

6 9월 15일 비품으로 사용하던 복사기(취득가액 3,500,000원, 처분시 감가상각누계액 2,150,000원)를 ㈜중고유통에 1,210,000원(부가가치세 포함)에 처분하고 전자세금계산서를 발급하였다. 대금 중 600,000원은 현금으로 받고 잔액은 월말에 받기로 하다.(85회)

거래유형	품명	수량	단가	공급가액	부가세	거래처	전자세금	분개

신용카드사					
분개유형	구분	계정과목	거래처	차변(출금)	대변(입금)

7 8월 17일 ㈜천마에 제품을 판매하고 다음과 같이 전자세금계산서를 발급하였다. 대금은 8월 2일에 받은 계약금 1,000,000원을 제외한 나머지 금액 중 50%는 동사발행 당좌수표로 받고, 50%는 2개월 후 받기로 하였다.(87회)

전자세금계산서

승인번호				20190817-1000000-00009329			

공급자
- 사업자등록번호: 106-81-74624
- 종사업장번호:
- 상호(법인명): ㈜봉천산업
- 성명(대표자): 김종국
- 사업장주소: 서울 관악구 관악로 104(봉천동)
- 업태: 제조 외
- 종목: 자동차부품
- 이메일:

공급받는자
- 사업자등록번호: 125-85-62258
- 종사업장번호:
- 상호(법인명): ㈜천마
- 성명: 이천용
- 사업장주소: 서울 영등포구 경인로 702
- 업태: 도매
- 종목: 전자제품
- 이메일:

작성일자	공급가액	세액	수정사유
당기.08.17	9,000,000	900,000	
비고			

월	일	품목	규격	수량	단가	공급가액	세액	비고
8	17	Y제품		100	90,000	9,000,000	900,000	

합계금액	현금	수표	어음	외상미수금	이 금액을 영수/청구 함
9,900,000	5,450,000			4,450,000	

거래유형	품명	수량	단가	공급가액	부가세	거래처	전자세금	분개

신용카드사					
분개유형	구분	계정과목	거래처	차변(출금)	대변(입금)

8 9월 3일 비사업자인 개인 최지유(720105-1254525)에게 제품을 330,000원(부가가치세 포함)에 현금으로 판매하고 주민등록번호로 전자세금계산서를 발급하였다.(87회)

거래유형	품명	수량	단가	공급가액	부가세	거래처	전자세금	분개

신용카드사					
분개유형	구분	계정과목	거래처	차변(출금)	대변(입금)

9 11월 10일 동해상사에 제품을 판매하고 다음의 전자세금계산서를 발급하였다. 대금은 8월 1일에 수령한 계약금을 제외하고 나머지는 보통예금 계좌로 받았다.(3점) [일반전표 8/1 조회결과 (대변) 선수금 1,000,000원 확인]

전자세금계산서						승인번호	20191110-21058052-117266459		
공급자	사업자등록번호	131-81-35215	종사업장번호		공급받는자	사업자등록번호	130-33-68798	종사업장번호	
	상호(법인명)	(주)남일전자	성명(대표자)	남진호		상호(법인명)	동해상사	성명	박찬종
	사업장주소	경기도 광명시 광명로 58(가학동)				사업장주소	서울시 마포구 상암동 261		
	업태	제조, 도소매	종목	전자제품		업태	도매업	종목	컴퓨터
	이메일					이메일			
작성일자		공급가액		세액		수정사유			
당기. 11. 10		15,000,000		1,500,000					
비고									

월	일	품목	규격	수량	단가	공급가액	세액	비고
11	10	전자부품		150	100,000	15,000,000	1,500,000	

합계금액	현금	수표	어음	외상미수금	이 금액을 영수 함 청구
16,500,000	16,500,000				

거래유형	품명	수량	단가	공급가액	부가세	거래처	전자세금	분개

신용카드사					
분개유형	구분	계정과목	거래처	차변(출금)	대변(입금)

> 정답

1. 11월22일 제품 판매거래 + 전자세금계산서 = 11.과세

거래유형	품명	공급가액	부가세	거래처	전자세금	분개
11과세	전자제품	6,800,000 입력	680,000	빠른유통상사	1여	3 or 1
신용카드사						

분개유형	구분	계정과목	거래처	차변(출금)	대변(입금)
	대변	부가세예수금	빠른유통상사		680,000
	대변	제품매출	빠른유통상사		6,800,000
	차변	현금	빠른유통상사	7,480,000	

2. 10월11일 차량운반구 매각(처분)거래 + 전자세금계산서 = 11.과세

장부금액1,800,000원(취득원가5,000,000 − 감가상각누계액 3,200,000)→ 매각(공급)1,000,000: (−)800,000→ 유형자산처분손실
유형자산을 매각(처분)하면 유형자산감소와 차감계정인 감.상.누도 감소시키고, 처분가액(받는돈) 입력 후 유형자산처분이익 또는 유형자산처분손실을 입력한다.

거래유형	품명	공급가액	부가세	거래처	전자세금	분개
11과세	차량매각대금	1,000,000 입력	100,000	K오토스중고차상사	1여	3.혼합
신용카드사						

분개유형	구분	계정과목	거래처	차변(출금)	대변(입금)
	대변	부가세예수금	K오토스중고차상사		100,000
	대변	제품매출→ 208차량운반구	K오토스중고차상사		1,000,000 → 5,000,000
	차변	209감가상각누계액	K오토스중고차상사	3,200,000	
	차변	미수금	K오토스중고차상사	(부가세포함)1,100,000	
	차변	유형자산처분손실	K오토스중고차상사	800,000	

3. 9월10일 매출반품(환입)은 11과세 취소입력 (11과세에서 수량 또는 공급가액에 음수부호를 붙여 입력한다.)

거래유형	품명	수량	단가	공급가액	부가세	거래처	전자세금	분개
11과세	스포츠용품	−50입력	20,000	−1,000,000	−100,000	㈜서울	1여	2.외상
신용카드사								

분개유형	구분	계정과목	거래처	차변(출금)	대변(입금)
	차변	외상매출금	㈜서울	−1,100,000	
	대변	부가세예수금	㈜서울		−100,000
	대변	제품매출	㈜서울		−1,000,000

4. 7월 25일 품목이 2개이상이면 상단 메뉴 바 복수거래를 선택. 하단 부 복수거래 내용 창에서 입력 합니다.

No	품목	규격	수량	단가	공급가액	부가세	합계	비고
1	전자제품A		600	10,000	6,000,000	600,000	6,600,000	
2	전자제품B		600	10,000	6,000,000	600,000	6,600,000	

복 수 거 래 내 용 (F7)   (입력가능갯수 : 100개)

거래유형	품명	수량	단가	공급가액	부가세	거래처	전자세금	분개
11과세	복수거래선택			12,000,000	1,200,000	상원상사	1여	3혼합
신용카드사								

분개유형	구분	계정과목	거래처	차변(출금)	대변(입금)
	대변	부가세예수금	상원상사		1,200,000
	대변	제품매출	상원상사		12,000,000
	차변	현금	상원상사	1,200,000	
	차변	받을어음	상원상사	12,000,000	

5. 10월 20일   매출할인은 매출액 차감항목으로 매출거래(11과세) 취소입력. (11과세에서 음수부호를 붙여서 입력한다.) 외상매출금에서 상계하므로 분개유형은 3혼합 보다 2외상이 정확하고 간편함.

거래유형	품명	수량	단가	공급가액	부가세	거래처	전자세금	분개
11과세	매출할인			-100,000	-10,000	㈜경원	1여	2.외상
신용카드사								

분개유형	구분	계정과목	거래처	차변(출금)	대변(입금)
	차변	외상매출금	㈜경원	-110,000	
	대변	부가세예수금	㈜경원		-10,000
	대변	제품매출	㈜경원		-100,000

6. 9월 15일   비품매각(처분)거래 + 전자세금계산서 = 11과세
(증빙이 세금계산서이면 공급가액란에 공급가액을 계산하여 입력함. 1,210,000 ÷ 1.1 = 공급가액1,100,000)

거래유형	품명	수량	단가	공급가액	부가세	거래처	전자세금	분개
11과세	복사기			1,100,000	110,000	㈜중고유통	1여	3혼합
신용카드사								

분개유형	구분	계정과목	거래처	차변(출금)	대변(입금)
	대변	부가세예수금	㈜중고유통		110,000
	대변	제품매출 → 212비품	㈜중고유통		1,100,000→3,500,000
	차변	213감가상각누계액	㈜중고유통	2,150,000	
	차변	현금	㈜중고유통	600,000	
	차변	미수금	㈜중고유통	610,000	
	차변	유형자산처분손실	㈜중고유통	250,000	

처분가액(받는 돈)은 부가세 포함된 합계금액(공급대가)으로 현금600,000원과 미수금 610,000의 합계액 임.

7. 8월 17일   제품판매거래 + 전자세금계산서 = 11과세

거래유형	품명	수량	단가	공급가액	부가세	거래처	전자세금	분개
11과세	Y제품	100	90,00	9,000,000	900,000	㈜천마	1여	3.혼합
신용카드사								
분개유형	구분	계정과목		거래처	차변(출금)		대변(입금)	
	대변	부가세예수금		㈜천마			900,000	
	대변	제품매출		㈜천마			9,000,000	
	차변	선수금		㈜천마	1,000,000			
	차변	현금		㈜천마	4,450,000			
	차변	외상매출금		㈜천마	4,450,000			

현금과 미수금 금액 = 공급대가 9,900,000 – 선수금 1,000,000원 = 잔액 8,900,000의 50% = 각 4,450,000원

8. 9월 3일   제품 판매거래 + 전자세금계산서(주민등록번호) = 11과세

거래유형	품명	수량	단가	공급가액	부가세	거래처	전자세금	분개
11과세	제품			300,000	30,000	최지유	1여	3 or 1
신용카드사								
분개유형	구분	계정과목		거래처	차변(출금)		대변(입금)	
	대변	부가세예수금		최지유			30,000	
	대변	제품매출		최지유			300,000	
	차변	현금		최지유	330,000			

[주의] 증빙이 세금계산서이면 공급가액란에 공급가액을 계산하여 입력함. 330,000 ÷ 1.1 = 300,000

9. 11월 10일   제품판매거래 + 전자세금계산서 = 11과세

거래유형	품명	수량	단가	공급가액	부가세	거래처	전자세금	분개
11과세	전자부품	150	100,000	15,000,000	1,500,000	동해상사	1여	3.혼합
신용카드사								
분개유형	구분	계정과목		거래처	차변(출금)		대변(입금)	
	대변	부가세예수금		동해상사			1,500,000	
	대변	제품매출		동해상사			15,000,000	
	차변	선수금		동해상사	1,000,000			
	차변	보통예금		동해상사	15,500,000			

※ AT자격증시험에서는 보통예금에 대한 거래처 거래은행을 입력합니다

연습 4 다음 17.과세와 22.현과 유형 거래를 읽고 수기로 매입매출전표 해당 칸에 기입하시오.

> 매입매출전표 17.과세와 22.현과 입력 ➜ 부가세신고서 3번에 자동 반영

1 11월 12일 ㈜부산에 제품을 판매하고 신용카드(비씨카드)로 결제를 받았다. 매출전표는 다음과 같다.(3점)

카드종류		거래종류	결제방법
비씨카드		신용구매	일시불
회원번호(Card No)		취소시 원거래일자	
6250-0304-4156-5955			
유효기간		거래일시	품명
/		당기.11.12. 11:33	
전표제출		금 액	1,500,000
		부 가 세	150,000
전표매입사	비씨카드	봉 사 료	
		합 계	1,650,000
거래번호		승인번호/(Approval No.)	
		30017218	
가맹점	㈜동강		
대표자	김국진	TEL	043-276-1234
가맹점번호	123345678	사업자번호	315-81-04019
주소	충청북도 청주시 흥덕구 덕암로 6번길 15		
		서명(Signature)	
		㈜부산	

거래유형	품명	수량	단가	공급가액	부가세	거래처	전자세금	분개

신용카드사					

분개유형	구분	계정과목	거래처	차변(출금)	대변(입금)

2 10월 27일 비사업자인 개인 이슬비씨에게 제품을 판매하고 대금은 전액 보통예금으로 이체받고 다음과 같이 현금영수증을 발행하였다.(82회)

```
              ㈜한강
    880-86-00128        유상수
경기도 수원시 권선구 오목천로 152번길 68  TEL:3289-8085
홈페이지 http://www.kacpta.or.kr
           현금(소득공제)
구매 당기/10/27/12:06   거래번호 : 0027-0101
    상품명         수량           금액
    제품                      220,000원
                -생략-
    공급가액                   200,000원
    부가가치세                  20,000원
    받은금액                   220,000원
```

거래유형	품명	수량	단가	공급가액	부가세	거래처	전자세금	분개

신용카드사	

분개유형	구분	계정과목	거래처	차변(출금)	대변(입금)

3 10월 2일 당사는 ㈜강남에게 비품을 2,200,000원(부가세포함)에 공급하였으며 ㈜강남은 결제대금을 신용카드(비씨카드)로 결제하였다 (비품 취득원가 3,000,000원, 감가상각누계액 1,600,000원)

거래유형	품명	수량	단가	공급가액	부가세	거래처	전자세금	분개

신용카드사	

분개유형	구분	계정과목	거래처	차변(출금)	대변(입금)

> **정답**

1. 11월 12일 제품판매거래 + 신용카드 = 17카과 (공급가액란에 부가세 포함된 금액을 입력)

거래유형	품명	수량	단가	공급가액	부가세	거래처	전자세금	분개
17카과	제품			1,650,000 입력		㈜부산		4카드
신용카드사				F2 비씨카드 선택				

분개유형	구분	계정과목	거래처	차변(출금)	대변(입금)
	차변	외상매출금	비씨카드	1,650,000	
	대변	부가세예수금	㈜부산		150,000
	대변	제품매출	㈜부산		1,500,000

2. 10월 27일 제품판매 거래 + 현금영수증 = 22현과
(법적증빙이 과세신용카드 및 과세현금영수증은 공급가액란에 부가세 포함된 금액을 입력합니다.)

거래유형	품명	수량	단가	공급가액	부가세	거래처	전자세금	분개
22현과	제품			220,000 입력		이슬비		3혼합
신용카드사				F2 비씨카드 선택				

분개유형	구분	계정과목	거래처	차변(출금)	대변(입금)
	대변	부가세예수금	이슬비		20,000
	대변	제품매출	이슬비		200,000
	차변	보통예금	이슬비	220,000	

3. 10월 2일   제품판매거래 + 신용카드매출전표 = 17카과 (공급가액란에 공급대가입력)

거래유형	품명	수량	단가	공급가액	부가세	거래처	전자세금	분개
17카과	비품			2,200,000입력		㈜강남		3혼합
신용카드사				F2 비씨카드 선택				

분개유형	구분	계정과목	거래처	차변(출금)	대변(입금)
	대변	부가세예수금	㈜강남		200,000
	대변	제품매출 → 212비품	㈜강남		2,000,000→3,000,000
	차변	213감가상각누계액	㈜강남	1,600,000	
	차변	미수금	비씨카드	2,200,000	
	대변	유형자산처분이익	㈜강남		600,000

연습 5 다음 14건별 유형 거래를 읽고 수기로 매입매출전표 해당 칸에 기입하시오.

> 매입매출전표 14.건별 입력 ➜ 부가세신고서 4번 과세기타 란에 자동 반영

1 9월 23일 비사업자인 황정숙에게 제품을 88,000원(부가가치세 포함)에 현금매출하고, 간이영수증을 발급하여 주었다.(84회)

거래유형	품명	수량	단가	공급가액	부가세	거래처	전자세금	분개
신용카드사								
분개유형	구분	계정과목		거래처	차변(출금)		대변(입금)	

2 12월 1일 연말 선물용으로 당사 제품인 VIP선물세트(원가 50,000원, 시가 88,000원-부가세 포함)를 매출 거래처인 ㈜우진에 제공하였다.(88회)

거래유형	품명	수량	단가	공급가액	부가세	거래처	전자세금	분개
신용카드사								
분개유형	구분	계정과목		거래처	차변(출금)		대변(입금)	

정답

1. 9월 23일 제품매출거래 + 간이영수증(무증빙) = 14건별   [공급가액란에 공급대가 입력합니다.]

거래유형	품명	수량	단가	공급가액	부가세	거래처	전자세금	분개
14건별	제품			88,000 입력		황정숙		3혼합
신용카드사								

분개유형	구분	계정과목	거래처	차변(출금)	대변(입금)
	대변	부가세예수금			8,000
	대변	제품매출			80,000
	차변	현금		88,000	

2. 12월 1일 제품을 거래처에 제공(간주공급: 사업상증여) + 무증빙 = 14건별
세금계산서이외의 증빙이나 무증빙은 공급가액란에 88,000원 입력합니다.

[이론] 간주공급은 세금계산서 발급의무가 없으며, 과세유형은 14.건별로 입력합니다.
간주공급은 과세표준이 시가(예외, 직매장반출은 취득원가로 신고함)이며, 하단부 회계처리 입력시
재고자산(제품, 상품, 원재료 등)은 원가로 입력하며, 적요8 타계정대체액을 표시합니다.

거래유형	품명	수량	단가	공급가액	부가세	거래처	전자세금	분개
14건별	간주공급			88,000 입력		㈜우진		3혼합
신용카드사								

분개유형	구분	계정과목	거래처	적요	차변(출금)	대변(입금)
	대변	부가세예수금	㈜우진			8,000
	대변	제품매출 → 제품	㈜우진	8번		80,000 → 원가50,000
	차변	접대비(800번대)	㈜우진		58,000	

연습 6
다음 12.영세와 16.수출 유형 거래를 읽고 수기로 매입매출전표 해당 칸에 기입하시오.

> 매입매출전표 12.영세와 16.수출 입력 → 부가세신고서 5번과 6번에 각각 자동 반영

1 12월 10일 미국의 뉴욕사에 제품을 $50,000에 직수출하면서 제품의 선적은 12월 10일에 이루어 졌다. 대금은 다음과 같이 나누어 받기로 하였는데, 12월 10일 $30,000은 원화로 환전되어 당사 보통예금 계좌에 입금되었다. 기업회계 기준에 따라 12월 10일의 제품매출 인식에 대한 회계처리를 하시오.(80회)

판매대금	대금수령일	결제방법	비 고
$ 30,000	12월 10일	외화통장으로 입금	선적일
$ 20,000	12월 15일	외화통장으로 입금	잔금청산일

단, 이와 관련하여 적용된 환율은 다음과 같다. (기준환율과 원화로 환전된 환율은 같다고 가정한다.)
- 직수출 거래일자 12월 10일은 선적일이며 기준환율 : 1$당 1,080원이다.

거래유형	품명	수량	단가	공급가액	부가세	거래처	전자세금	분개

신용카드사					
분개유형	구분	계정과목	거래처	차변(출금)	대변(입금)

2 7월 13일 ㈜핀인터내셔널에 내국신용장(Local L/C)에 의하여 제품 13,000,000원을 납품하고 영세율 전자세금계산서를 발급하였다. 대금은 내국신용장 개설은행에 곧 청구할 예정이다.(81회)

거래유형	품명	공급가액	부가세	거래처	전자세금	분개

신용카드사					
분개유형	구분	계정과목	거래처	차변(출금)	대변(입금)

3 8월 3일 미국 미토리 Co.에 제품 500개(제품개당 $400)를 직수출(선적일 8월 3일)하고 대금은 외상으로 하였다. 선적일의 적용환율은 1,100원/$ 이다.(82회)

거래유형	품명	수량	단가	공급가액	부가세	거래처	전자세금	분개
신용카드사								
분개유형	구분	계정과목		거래처		차변(출금)		대변(입금)

4 11월 2일 ㈜정연에 수출관련 구매확인서에 근거하여 제품(공급가액 : 22,000,000원)을 공급하고 영세율 전자세금계산서를 발급하였다. 기수령한 계약금 3,000,000원을 제외한 대금은 외상으로 하였다.(86회)

거래유형	품명	수량	단가	공급가액	부가세	거래처	전자세금	분개
신용카드사								
분개유형	구분	계정과목		거래처		차변(출금)		대변(입금)

> **정답**

1. 12월 10일 수출은 공급시기가 선적일이며, 공급가액은 선적일 기준환율이다. 단, 선적일 이전에 환전한 가격은 환전일(환가일)환율로 계산 적용합니다. 12/10 $30,000와 12/15 $20,000는 모두 선적일 기준환율 적용

거래유형	품명	수량	단가	공급가액	부가세	거래처	전자세금	분개
16수출	제품			54,000,000		뉴욕사		3혼합
영세율구분				F2 1번 직접수출(대행수출 포함)				

분개유형	구분	계정과목	거래처	차변(출금)	대변(입금)
	대변	제품매출	뉴욕사		54,000,000
	차변	보통예금	뉴욕사	32,400,000	
	차변	외상매출금	뉴욕사	21,600,000	

보통예금 : $30,000 × 1,080원 = 32,400,000원
외상매출금 : $20,000 × 1,080원 = 21,600,000원

2. 제품 납품거래 + 영세율전자세금계산서 = 12영세

거래유형	품명	수량	단가	공급가액	부가세	거래처	전자세금	분개
12영세	제품			13,000,000		㈜핀인터내셔널		2 or 3
영세율구분				F2 3번 선택(내국신용장·구매확인서에 의하여 공급하는 재화)				

분개유형	구분	계정과목	거래처	차변(출금)	대변(입금)
	대변	제품매출	㈜핀인터내셔널		13,000,000
	차변	외상매출금	㈜핀인터내셔널	13,000,000	

3. 8월 3일 직수출거래 → 16수출 (공급가액은 선적일 기준환율로 적용)

거래유형	품명	수량	단가	공급가액	부가세	거래처	전자세금	분개
16수출	제품			220,000,000		미토리 Co.		2 or 3
영세율구분				F2 1번선택 직접수출(대행수출 포함)				

분개유형	구분	계정과목	거래처	차변(출금)	대변(입금)
	대변	제품매출	미토리 Co.		220,000,000
	차변	외상매출금	미토리 Co.	220,000,000	

4. 11월 2일   구매확인서에 의한 제품매출거래 + 영세 율매출세금계산서 = 12영세

거래유형	품명	수량	단가	공급가액	부가세	거래처	전자세금	분개
12영세	제품			22,000,000		㈜정연		3혼합
영세율구분			F2 3번 선택(내국신용장 · 구매확인서에 의하여 공급하는 재화)					
분개유형	구분	계정과목		거래처	차변(출금)		대변(입금)	
	대변	제품매출		㈜정연			22,000,000	
	차변	선수금		㈜정연	3,000,000			
	차변	외상매출금		㈜정연	19,000,000			

연습 ⑦ 다음 51과세 유형 거래를 읽고 수기로 매입매출전표 해당 칸에 기입하시오.

매입매출전표 51.과세 입력 ➜ 부가세신고서 10번(일반) 또는 11번(고정자산)에 자동반영

※ 고정자산 = 유형자산 + 무형자산이며, 고정자산 매입을 제외한 나머지 거래는 일반 매입거래임

1 7월 15일 알리다광고에 회사 건물에 부착할 간판제작대금 4,400,000원(부가세포함)을 당사의 약속어음을 발행하여 지급하고 전자세금계산서를 수취하였다.(자산계정으로 회계처리함.)(81회)

거래유형	품명	수량	단가	공급가액	부가세	거래처	전자세금	분개
신용카드사								
분개유형	구분	계정과목		거래처	차변(출금)		대변(입금)	

2 12월 10일 ㈜서울컨설팅으로부터 공장 제조설비의 안전대책을 위한 경영컨설팅을 받고 경영컨설팅 수수료 500,000원(부가가치세 별도)에 대한 전자세금계산서를 발급받았다. 경영컨설팅 수수료는12월 1일에 지급한 계약금 100,000원을 제외한 나머지 금액은 현금으로 지급하였다. (단, 계약금은 선급금계정으로 이미 회계처리 하였음) (82회)

거래유형	품명	수량	단가	공급가액	부가세	거래처	전자세금	분개

신용카드사					
분개유형	구분	계정과목	거래처	차변(출금)	대변(입금)

3 9월 23일 생일을 맞이한 공장 직원에게 지급할 선물세트를 1,100,000원(부가가치세 포함)에 다모아백화점에서 구입하고 전자세금계산서를 수취하고 대금은 당좌수표를 발행하여 지급하다.(82회)

거래유형	품명	수량	단가	공급가액	부가세	거래처	전자세금	분개

신용카드사					
분개유형	구분	계정과목	거래처	차변(출금)	대변(입금)

4 11월 9일 ㈜천마에서 원재료 1,000개(공급가액 @25,000원, 부가가치세 별도)를 구입하고 전자세금계산서를 교부받았으며, 대금 중 10,000,000원은 제품을 판매하고 받아 보관 중인 ㈜개포의 약속어음을 배서하여 지급하고 잔액은 30일 후 주기로 하였다. (84회)

거래유형	품명	수량	단가	공급가액	부가세	거래처	전자세금	분개

신용카드사					
분개유형	구분	계정과목	거래처	차변(출금)	대변(입금)

5 7월 21일 ㈜코리아테크로부터 원재료(@5,000원, 10,000개, 부가가치세 별도)를 구입하고 전자세금계산서를 발급받았다. 계약금 5,000,000원을 제외한 잔액은 당좌수표를 발행하여 지급하였다.(85회)

거래유형	품명	수량	단가	공급가액	부가세	거래처	전자세금	분개

신용카드사					
분개유형	구분	계정과목	거래처	차변(출금)	대변(입금)

6 8월 20일 공장에서 사용할 1톤 화물차를 기현자동차로부터 구입하고 전자세금계산서를 교부받았으며, 대금은 1개월 후 지급하기로 하다.(86회)

전자세금계산서

	공급자				공급받는자		
사업자등록번호	137-81-56538	종사업장번호		사업자등록번호	104-81-51358	종사업장번호	
상호(법인명)	㈜기현자동차	성명(대표자)	최현기	상호(법인명)	(주)나라전자	성 명	김나라
사업장주소	서울 영등포구 여의로길 23			사업장주소	서울특별시 강남구 강남대로 494		
업 태	제조, 판매	종 목	자동차	업 태	제조, 도소매	종 목	전자제품
이메일				이메일			

작성일자	공급가액	세액	수정사유
당기.08.20	19,000,000	1,900,000	
비고			

월	일	품 목	규 격	수 량	단 가	공 급 가 액	세 액	비 고
8	20	화물차				19,000,000	1,900,000	

합계금액	현 금	수 표	어 음	외상미수금	이 금액을 영수 함 청구
20,900,000				20,900,000	

거래유형	품명	수량	단가	공급가액	부가세	거래처	전자세금	분개

신용카드사					
분개유형	구분	계정과목	거래처	차변(출금)	대변(입금)

7 8월 20일 ㈜한국테크로부터 원재료(@2,000원, 1,000개, 부가가치세 별도)를 구입하고 전자세금계산서를 발급받았다. 대금 중 1,500,000원은 약속어음을 발행(만기:당기.11.20.)했으며 나머지는 자기앞수표로 지급하였다.(87회)

전자세금계산서

	공급자					공급받는자			
승인번호					20190820-2038000-00005197				
등록번호	105-81-23608				등록번호	106-81-74624			
상호	㈜한국테크	성명(대표자)	최한국		상호	㈜봉천산업	성명(대표자)	김종국	
사업장주소	광주시 동구 학동 21				사업장 주소	서울 관악구 관악로 104(봉천동)			
업태	제조/도소매		종사업장번호		업태	제조/도소매업		종사업장번호	
종목	전자제품외				종목	자동차부품			
비고					수정사유				

작성일자	공급가액	세액	수정사유
당기.08.20	2,000,000	200,000	

월	일	품목	규격	수량	단가	공급가액	세액	비고
8	20	부품		1,000	2,000	2,000,000	200,000	

합계금액	현금	수표	어음	외상미수금	이 금액을 **청구** 함
2,200,000	700,000		1,500,000		

거래유형	품명	수량	단가	공급가액	부가세	거래처	전자세금	분개

신용카드사					
분개유형	구분	계정과목	거래처	차변(출금)	대변(입금)

8 12월 10일 회사는 일부 원재료를 수입하고 있다. 수입원재료의 통관비용을 현금 지급하고 다음의 전자세금계산서를 발급받았다.

전자세금계산서						승인번호	20191210-11058172-127266460		
공급자	사업자등록번호	229-81-28156	종사업장번호		공급받는자	사업자등록번호	131-81-35215	종사업장번호	
	상호(법인명)	㈜에이스국제운송	성명(대표자)	이신중		상호(법인명)	㈜남일전자	성 명	남진호
	사업장주소	서울 서초구 방배로 142				사업장주소	경기도 광명시 광명로 58(가학동)		
	업 태	운수	종 목	화물,중개		업 태	제조, 도소매	종 목	전자제품
	이메일					이메일			
작성일자		공급가액		세액		수정사유			
당기. 12. 10		470,000		47,000					
비고									

월	일	품 목	규격	수량	단가	공 급 가 액	세 액	비 고
12	10	통관수수료				120,000	12,000	
12	10	운송료				350,000	35,000	

합계금액	현 금	수 표	어 음	외상미수금	이 금액을 영수 함
517,000	517,000				청구

거래유형	품명	수량	단가	공급가액	부가세	거래처	전자세금	분개

신용카드사					
분개유형	구분	계정과목	거래처	차변(출금)	대변(입금)

9 10월 30일 ㈜세무로부터 공급받았던 원재료 중 일부가 품질에 문제가 있어 반품하였으며, 회계처리는 외상매입금 계정과 상계하여 처리하기로 한다.(분개금액은 (-)로 표시할 것)(3점)

	전자세금계산서						승인번호		124589545252	
공급자	사업자등록번호	㈜세무		종사업장번호		공급받는자	사업자등록번호	123-87-11024	종사업장번호	
	상호(법인명)	104-81-36565		성 명(대표자)	김지연		상호(법인명)	㈜다모아전자	성 명	조서우
	사업장주소	인천시 계양구 작전동 420					사업장주소	경기도 군포시 고산로 679(산본동)		
	업 태	제조/도소매		종 목	전자제품		업 태	도소매	종 목	전자제품
	이메일						이메일			
작성일자		공급가액		세액			수정사유			
당기.10.30.		-7,000,000원		-700,000원			일부반품			
비고										

월	일	품 목	규 격	수 량	단 가	공 급 가 액	세 액	비 고
10	30	원재료				-7,000,000원	-700,000원	

합 계 금 액	현 금	수 표	어 음	외 상 미 수 금	이 금액을 영수 함 청구
-7,700,000원				-7,700,000원	

거래유형	품명	수량	단가	공급가액	부가세	거래처	전자세금	분개

신용카드사					
분개유형	구분	계정과목	거래처	차변(출금)	대변(입금)

정답

1. 7월 15일 간판제작대금(비품)거래 + 전자세금계산서(공제가능) = 51과세 (공급가액란에 공급가액을 입력)

4,400,000 ÷ 1.1 = 공급가액 4,000,000 입력

거래유형	품명	수량	단가	공급가액	부가세	거래처	전자세금	분개
51과세	간판제작			4,000,000입력	400,000	알리다광고	1여	3혼합
신용카드사								

분개유형	구분	계정과목	거래처	차변(출금)	대변(입금)
	차변	부가세대급금	알리다광고	400,000	
	차변	원재료 ⇨ 비품	알리다광고	4,000,000	
	대변	미지급금	알리다광고		4,400,000

2. 12월 10일 공장에서 지출하는 컨설팅수수료 지급거래(500번대 수수료비용) + 전자세금계산서 = 51과세

거래유형	품명	수량	단가	공급가액	부가세	거래처	전자세금	분개
51과세	컨설팅수수료			500,000	50,000	㈜서울컨설팅	1여	3혼합
신용카드사								

분개유형	구분	계정과목	거래처	차변(출금)	대변(입금)
	차변	부가세대급금	㈜서울컨설팅	50,000	
	차변	원재료 → 수수료비용	㈜서울컨설팅	500,000	
	대변	선급금	㈜서울컨설팅		100,000
	대변	현금	㈜서울컨설팅		450,000

3. 9월 23일 공장직원 선물세트 구입거래(500번대 복리후생비) + 전자세금계산서(공제가능) = 51과세

증빙이 세금계산서이면 공급가액란에 공급가액을 계산하여 입력합니다. 1,100,000÷1.1 = 1,000,000원 입력

거래유형	품명	수량	단가	공급가액	부가세	거래처	전자세금	분개
51과세	직원선물세트			1,000,000	100,000	다모아백화점	1여	3혼합
신용카드사								

분개유형	구분	계정과목	거래처	차변(출금)	대변(입금)
	차변	부가세대급금	다모아백화점	100,000	
	차변	원재료 → 500대 복리후생비	다모아백화점	1,000,000	
	대변	당좌예금	다모아백화점		1,100,000

4. 11월 9일   원재료 구입거래 + 전자세금계산서 = 51과세

받을어음을 배서양도할 경우 받을어음이 감소합니다. 이때 받을어음에 대한 거래처는 "개포"입니다.

거래유형	품명	수량	단가	공급가액	부가세	거래처	전자세금	분개
51과세	원재료	1,000	25,000	25,000,000	2,500,000	㈜천마	1여	3혼합
신용카드사								

분개유형	구분	계정과목	거래처	차변(출금)	대변(입금)
	차변	부가세대급금	㈜천마	2,500,000	
	차변	원재료	㈜천마	25,000,000	
	대변	받을어음	㈜천마⇨㈜개포		10,000,000
	대변	외상매입금	㈜천마		17,500,000

5. 7월 21일   원재료 구입거래 + 전자세금계산서 = 51과세

거래유형	품명	수량	단가	공급가액	부가세	거래처	전자세금	분개
51과세	원재료	10,000	5,000	50,000,000	5,000,000	㈜코리아테크	1여	3혼합
신용카드사								

분개유형	구분	계정과목	거래처	차변(출금)	대변(입금)
	차변	부가세대급금	㈜코리아테크	5,000,000	
	차변	원재료	㈜코리아테크	50,000,000	
	대변	선급금	㈜코리아테크		5,000,000
	대변	당좌예금	㈜코리아테크		50,000,000

6. 8월 20일,   화물차 구입거래 + 전자세금계산서 = 51과세

거래유형	품명	수량	단가	공급가액	부가세	거래처	전자세금	분개
51과세	화물차			19,000,00	1,900,000	㈜기현자동차	1여	3혼합
신용카드사								

분개유형	구분	계정과목	거래처	차변(출금)	대변(입금)
	차변	부가세대급금	㈜기현자동차	1,900,000	
	차변	원재료 ⇨ 차량운반구	㈜기현자동차	19,000,000	
	대변	미지급금	㈜기현자동차		20,900,000

7. 8월 20일   원재료 구입거래 + 전자세금계산서 = 51과세

거래유형	품명	수량	단가	공급가액	부가세	거래처	전자세금	분개
51과세	부품	1,000	2,000	2,000,000	200,000	㈜한국테크	1여	3혼합
신용카드사								

분개유형	구분	계정과목	거래처	차변(출금)	대변(입금)
	차변	부가세대급금	㈜한국테크	200,000	
	차변	원재료	㈜한국테크	2,000,000	
	대변	지급어음	㈜한국테크		1,500,000
	대변	현금	㈜한국테크		700,000

8. 12월 10일   원재료 수입거래 + 전자세금계산서 = 51과세 (거래처가 세관이 아니므로 55수입이 아닙니다)
[주의] 전자수입세금계산서는 세관장이 발급하는 세금계산서로서 과세유형은 55수입입니다.

거래유형	품명	수량	단가	공급가액	부가세	거래처	전자세금	분개
51과세	복수거래 선택			470,000	47,000	㈜에이스국제운송	1여	1 or 3
신용카드사								

분개유형	구분	계정과목	거래처	차변(출금)	대변(입금)
	차변	부가세대급금	㈜에이스국제운송	47,000	
	차변	원재료	㈜에이스국제운송	470,000	
	대변	현금	㈜에이스국제운송		517,000

원재료 대신 미착품으로 입력해도 정답으로 인정합니다.

9. 10월 30일 원재료 매입반품(매입환출)→ 매입액(공급가액) 차감항목→ 수량 또는 공급가액에 음수부호를 붙여 입력한다. (51과세 취소 입력)

거래유형	품명	수량	단가	공급가액	부가세	거래처	전자세금	분개
51과세	원재료			−7,000,000	−700,000	㈜세무	1여	2외상
신용카드사								

분개유형	구분	계정과목	거래처	차변(출금)	대변(입금)
	대변	외상매입금	㈜세무		−7,700,000
	차변	부가세대급금	㈜세무	−700,000	
	차변	원재료	㈜세무	−7,000,000	

분개유형은 2외상 또는 3혼합 모두 정답으로 인정합니다.

연습 8
다음 52.영세와 55.수입 유형 거래를 읽고 수기로 매입매출전표 해당 칸에 기입하시오.

> 매입매출전표 52영세와 55수입 입력 → 부가세신고서 10번(일반매입) 또는 11번(고정자산)에 자동반영

1 11월 22일 수출용 제품생산에 필요한 원재료(공급가액 23,000,000원)를 ㈜부산으로부터 내국신용장에 의하여 외상 매입하고 영세율전자세금계산서를 발급받았다.(83회)

거래유형	품명	수량	단가	공급가액	부가세	거래처	전자세금	분개

신용카드사	
분개유형	구분	계정과목	거래처	차변(출금)	대변(입금)

※ 52.영세는 영세율구분이 없다.

2 9월 17일 호주에서 원재료를 공급가액 70,000,000원(부가가치세 별도)에 수입하고 수입전자세금계산서를 부산세관장으로부터 발급받았으며, 부가가치세를 보통예금계좌에서 이체 납부하였다.(부가가치세액에 대한 회계처리만 할 것)(80회)

수입전자세금계산서

			승인번호	20211122-111254645-557786
공급자	등록번호	601-83-00048	종사업장번호		공급받는자	등록번호	110-81-02134		
	상호	부산세관	성명	부산세관장		상호	(주)메가전산세무회계	성명	김석철
	세관 주소	부산 중구 충장대로 20				사업장 주소	서울특별시 강남구 강남대로 69		
	수입신고번호 또는 일괄발급기간	1325874487				업태	제조,소매업	종사업장번호	
						종목	전자제품		
	E-Mail					E-Mail	khg0125@naver.com		

작성일자	과세표준	세액	수정사유
당기. 09.17	70,000,000	7,000,000	해당없음

월	일	품 목 명	규격	수량	단가	공급가액	세 액	비고
09	17	1325874487				70,000,000	7,000,000	

합계금액	77,000,000원

거래유형	품명	수량	단가	공급가액	부가세	거래처	전자세금	분개

신용카드사	
분개유형	구분	계정과목	거래처	차변(출금)	대변(입금)

3 10월 1일 구매확인서에 의해 수출용 제품에 대한 원재료(공급가액 30,000,000원)를 ㈜봄날로부터 매입하고 영세율전자세금계산서를 발급받았다. 매입대금 중 13,000,000원은 ㈜운천으로부터 받아 보관 중인 약속어음을 배서양도하고, 나머지 금액은 6개월 만기의 당사 발행 약속어음으로 지급하였다.(87회)

영세율전자세금계산서

	등록번호	122-81-21323				등록번호	106-81-74624		
공급자	상호	㈜봄날	성명(대표자)	김하범	공급받는자	상호	㈜봉천산업	성명(대표자)	김종국
	사업장주소	서울 관악구 봉천동 458				사업장 주소	서울 관악구 관악로 104(봉천동)		
	업태	제조/도소매	종사업장번호			업태	제조/도소매업	종사업장번호	
	종목	전자부품				종목	자동차부품		

승인번호: 20191001-1208900-00014267

비고				수정사유		
작성일자	당기.10.01.		공급가액	30,000,000	세액	0

월	일	품목	규격	수량	단가	공급가액	세액	비고
10	1	부품				30,000,000	0	

합계금액	현금	수표	어음	외상미수금	이 금액을 **청구** 함
30,000,000			13,000,000	17,000,000	

거래유형	품명	수량	단가	공급가액	부가세	거래처	전자세금	분개

신용카드사					
분개유형	구분	계정과목	거래처	차변(출금)	대변(입금)

정답

1. 11월 22일 매입매출전표 입력 내국신용장에 의한 원재료 매입거래 + 영세율세금계산서 = 52영세

거래유형	품명	수량	단가	공급가액	부가세	거래처	전자세금	분개
52영세	원재료			23,000,000		㈜부산	1여	3혼합
신용카드사								
분개유형	구분	계정과목		거래처	차변(출금)		대변(입금)	
	차변	원재료		㈜부산	23,000,000			
	대변	외상매입금		㈜부산			23,000,000	

2. 9월17일 원재료 수입거래 + 수입전자세금계산서 = 55수입 (거래처는 부산세관입니다)

거래유형	품명	수량	단가	공급가액	부가세	거래처	전자세금	분개
55수입	1325874487			70,000,000	7,000,000	부산세관	1여	3혼합
신용카드사								
분개유형	구분	계정과목		거래처	차변(출금)		대변(입금)	
	차변	부가세대급금		부산세관	7,000,000			
	대변	보통예금		부산세관			7,000,000	

3. 10월 1일 구매확인서에 의한 원재료 매입거래 + 영세율전자세금계산서 = 52영세
배서양도 하는 받을어음 입력 시 거래처 변경 : 봄날 → 운천

거래유형	품명	수량	단가	공급가액	부가세	거래처	전자세금	분개
52영세	부품			30,000,000		㈜봄날	1여	3혼합
신용카드사								
분개유형	구분	계정과목		거래처	차변(출금)		대변(입금)	
	차변	원재료		㈜봄날	30,000,000			
	대변	받을어음		㈜봄날→㈜운천			13,000,000	
	대변	지급어음		㈜봄날			17,000,000	

연습 9 다음 57.카과와 61.현과 유형 거래를 읽고 수기로 매입매출전표 해당 칸에 기입하시오.

> 매입매출전표 57과세와 61현과 입력 ➔ 부가세신고서 14~41(일반) 또는 42(고정)란에 각각 자동반영

1 9월 5일 영업부에서 사용하는 업무용 승용차(998cc)의 주유비 110,000원(부가가치세 포함)을 알뜰주유소에서 현금결제하고 현금영수증(지출증빙용)을 발급받았다.(알뜰주유소는 일반과세사업자이다.)(83회)

거래유형	품명	수량	단가	공급가액	부가세	거래처	전자세금	분개

신용카드사					
분개유형	구분	계정과목	거래처	차변(출금)	대변(입금)

2 8월 16일 본사 영업부서에서 사용할 책상을 ㈜순옥가구에서 구입하고 대금 2,200,000원(부가가치세포함)은 현금으로 지급함과 동시에 현금영수증(지출증빙용, 매입세액 공제요건을 충족함)을 수령하였다. (단, 책상은 비품으로 회계처리 할 것)(84회)

거래유형	품명	수량	단가	공급가액	부가세	거래처	전자세금	분개

신용카드사					
분개유형	구분	계정과목	거래처	차변(출금)	대변(입금)

3 7월 20일 ㈜미래전자로부터 원재료를 전액 보통예금으로 매입하고, 다음의 지출증빙용 현금영수증을 수령하였다.(85회)

```
                    현금영수증
가맹점명
        ㈜미래전자 133-81-26371        차미래
    서울 송파구 송파대로 234  TEL : 02-333-7788
            홈페이지 http://www.mirae.co.kr
                  현금(지출증빙용)
    구매 당기/07/20/14:20    거래번호 : 1234-5678
        상품명          수량            금액
        원재료          1,000       33,000,000원
      ABC-123-789
                        과세공급가액   30,000,000원
                        부가가치세      3,000,000원
                            합계      33,000,000원
```

거래유형	품명	수량	단가	공급가액	부가세	거래처	전자세금	분개

신용카드사					
분개유형	구분	계정과목	거래처	차변(출금)	대변(입금)

4 10월 15일 제조공장에서 사용하는 화물용 차량인 포터의 접촉 사고로 ㈜다고쳐 정비소에서 수리하고, 1,100,000원(부가가치세 포함)을 법인카드(하나카드)로 결제하였다. 지출비용은 차량유지비 계정을 사용한다.(85회)

거래유형	품명	수량	단가	공급가액	부가세	거래처	전자세금	분개

신용카드사					
분개유형	구분	계정과목	거래처	차변(출금)	대변(입금)

5 10월 18일 영업부서에서 사용할 소모성 물품을 일반과세자인 ㈜슬라임에서 현금으로 구입하고, 다음의 현금영수증(지출증빙)을 수령하였다.(단, 자산으로 처리할 것.)(86회)

```
                    ㈜슬라임
   208-81-56451                  최서우
   서울 송파구 문정동 99-2 TEL:3489-8076
   홈페이지 http://www.kacpta.or.kr
              현금(지출증빙)
   구매 당기/10/18/14:06  거래번호 : 0029-0177
     상품명          수량           금액
     물품대           10         55,000원

                   과세물품가액      50,000원
                   부  가  세       5,000원
     합  계                       55,000원
     받은금액                      55,000원
```

거래유형	품명	수량	단가	공급가액	부가세	거래처	전자세금	분개

신용카드사					
분개유형	구분	계정과목	거래처	차변(출금)	대변(입금)

6 10월 31일 제조부서에서 사용하기 위한 컴퓨터를 ㈜프라엘전자로부터 구입하였고 대금 2,178,000원(VAT 포함)을 비씨카드로 결제하였다.(단, 컴퓨터는 유형자산 계정으로 처리할 것.)(3점)

거래유형	품명	수량	단가	공급가액	부가세	거래처	전자세금	분개

신용카드사					
분개유형	구분	계정과목	거래처	차변(출금)	대변(입금)

> 정답

1. 9월 5일 매입매출전표 입력 1,000cc이하 승용차 주유비 지출거래 + 현금영수증 = 61현과
1,000cc이하의 승용차 구입, 임차, 유지비와 관련된 매입세액은 공제가능 합니다.
증빙이 세금계산서 이외인 경우(신용카드, 현금영수증) 공급가액란에 부가세포함된 공급대가 입력

거래유형	품명	수량	단가	공급가액	부가세	거래처	전자세금	분개
61현과	승용차 주유비			110,000 입력		알뜰주유소		1 or 3
신용카드사								

분개유형	구분	계정과목	거래처	차변(출금)	대변(입금)
	차변	부가세대급금	알뜰주유소	10,000	
	차변	원재료 ⇨ 차량유지비	알뜰주유소	100,000	
	대변	현금	알뜰주유소		110,000

2. 8월 16일 영업부 사용할 책상 구입거래(공제가능) + 현금영수증 = 61현과 공급가액란에 공급대가 입력

거래유형	품명	수량	단가	공급가액	부가세	거래처	전자세금	분개
61현과	영업부 책상			2,200,000 입력		㈜순옥가구		1 or 3
신용카드사								

분개유형	구분	계정과목	거래처	차변(출금)	대변(입금)
	차변	부가세대급금	㈜순옥가구	200,000	
	차변	원재료 ⇨ 비품	㈜순옥가구	2,000,000	
	대변	현금	㈜순옥가구		2,200,000

3. 7월 20일 원재료 매입거래 + 현금영수증 = 61현과 (공급가액란 :33,000,000원 입력)

거래유형	품명	수량	단가	공급가액	부가세	거래처	전자세금	분개
61현과	원재료			33,000,000 입력		㈜미래전자		3혼합
신용카드사								

분개유형	구분	계정과목	거래처	차변(출금)	대변(입금)
	차변	부가세대급금	㈜미래전자	3,000,000	
	차변	원재료	㈜미래전자	30,000,000	
	대변	보통예금	㈜미래전자		33,000,000

(참고) fat1급에서는 보통예금에 대한 거래처를 해당 은행으로 변경해야합니다.

4. 10월 15일   화물차 수리비거래 + 법인카드 = 57카과   (공급가액란에 부가세포함한 공급대가 입력합니다)

거래유형	품명	수량	단가	공급가액	부가세	거래처	전자세금	분개
57카과	화물차 수리비			1,100,000 입력		㈜다고쳐정비소		4카드
신용카드사				F2 하나카드 선택				

분개유형	구분	계정과목	거래처	차변(출금)	대변(입금)
	대변	미지급금	하나카드		1,100,000
	차변	부가세대급금	㈜다고쳐정비소	100,000	
	차변	원재료→ 차량유지비	㈜다고쳐정비소	1,000,000	

5. 10월 18일   소모성 물품(소모품) 구입거래 + 현금영수증 = 61현과
증빙이 세금계산서가 아닌 경우(신용카드, 현금영수증)에는 공급가액란에 부가세 포함한 공급대가를 입력합니다.

거래유형	품명	수량	단가	공급가액	부가세	거래처	전자세금	분개
61현과	물품대	10		55,000 입력		㈜슬라임		1 or 3
신용카드사								

분개유형	구분	계정과목	거래처	차변(출금)	대변(입금)
	차변	부가세대급금	㈜슬라임	5,000	
	차변	원재료 ⇨ 소모품	㈜슬라임	50,000	
	대변	현금	㈜슬라임		55,000

6. 10월 31일   제조부서에서 사용하기 위한 컴퓨터(=비품) 구입거래 + 비씨카드(공제가능) = 57카과
증빙이 세금계산서가 아닌 경우(비씨카드, 현금영수증)에는 부가세포함하여 공급대가 입력.

거래유형	품명	수량	단가	공급가액	부가세	거래처	전자세금	분개
57카과	컴퓨터			2,178,000 입력		㈜프라엘전자		4카드
신용카드사				F2 하나카드 선택				

분개유형	구분	계정과목	거래처	차변(출금)	대변(입금)
	대변	미지급금	비씨카드		2,178,000
	차변	부가세대급금	㈜프라엘전자	198,000	
	차변	원재료→ 비품	㈜프라엘전자	1,980,000	

연습 ⑩ 다음 54.불공 유형 거래를 읽고 수기로 매입매출전표 해당 칸에 기입하시오.

> 매입매출전표 54.불공 입력 ➔ 부가세신고서 10번(일반) 또는 11번(고정)과 16-50번에 각각 자동반영

1 10월 27일 영업부에서 사용할 업무용승용차(2,000cc)를 ㈜달리는자동차로부터 30,000,000원(부가가치세 별도)에 구입하고 전자세금계산서를 발급받았다. 대금 중 25,000,000원은 보통예금으로 지급하였고, 나머지는 이달 말에 지급하기로 하였다.(80회)

거래유형	품명	수량	단가	공급가액	부가세	거래처	전자세금	분개

신용카드사					
분개유형	구분	계정과목	거래처	차변(출금)	대변(입금)

2 11월 8일 공장 신축용 토지를 취득하고 ㈜부동산컨설팅에게 중개수수료 15,000,000원(부가가치세 별도)을 당사 당좌수표를 발행하여 지급하고 전자세금계산서를 발급 받았다.(81회)

거래유형	품명	수량	단가	공급가액	부가세	거래처	전자세금	분개

신용카드사					
분개유형	구분	계정과목	거래처	차변(출금)	대변(입금)

3 10월 17일 대표이사의 자택에서 사용할 목적으로 ㈜전자마트에서 냉난방기를 3,300,000원(부가가치세 별도)에 구입하고, 당사 명의로 전자세금계산서를 발급 받았다. 대금은 당사 발행 당좌수표로지급하였으며, 대표이사의 가지급금으로 처리한다.(82회)

거래유형	품명	수량	단가	공급가액	부가세	거래처	전자세금	분개

신용카드사					
분개유형	구분	계정과목	거래처	차변(출금)	대변(입금)

4 8월 25일 당사가 소유한 토지의 형질변경을 위해 은희건축사사무소에 1,500,000원(부가가치세 별도)의 수수료를 전액 보통예금으로 지급하고 전자세금계산서를 발급받았다.(83회)

거래유형	품명	수량	단가	공급가액	부가세	거래처	전자세금	분개

신용카드사					
분개유형	구분	계정과목	거래처	차변(출금)	대변(입금)

5 7월 29일 본사 영업직원이 업무에 사용할 개별소비세 과세대상 자동차(2,000CC)를 ㈜울산자동차에서 20,000,000원 (부가가치세 별도)에 구입하고, 전자세금계산서를 수취하였으며 대금결제는 다음 달에 하기로 하였다.(84회)

거래유형	품명	수량	단가	공급가액	부가세	거래처	전자세금	분개

신용카드사					
분개유형	구분	계정과목	거래처	차변(출금)	대변(입금)

6 10월 10일 공장 신축을 위해 ㈜방배로부터 건물이 있는 토지를 취득하였으며 토지가액은 10,000,000원, 건물가액은 1,000,000원이다.(부가세 별도) 건물 취득에 대하여 전자세금계산서를 수취하고 대금은 당좌수표를 발행하여 결제하였으며 동 건물은 철거예정이다.(단, 전자세금계산서 수취분에 대해서만 매입매출전표에 입력하고 분개할 것.)(86회)

거래유형	품명	수량	단가	공급가액	부가세	거래처	전자세금	분개

신용카드사					
분개유형	구분	계정과목	거래처	차변(출금)	대변(입금)

7 11월 28일 영업부에서 매출 거래처 접대목적으로 제공할 물품을 ㈜동양마트에서 300,000원(부가가치세 별도, 전자세금계산서 교부받음)에 구입하고 대금은 현금으로 지급하였다.(86회)

전자세금계산서

공급자	등록번호	105-81-23608		공급받는자	등록번호	104-81-51358
	상호	㈜동양마트	성명(대표자) 박동양		상호	㈜나라전자	성명(대표자) 김나라
	사업장주소	대구시 수성구 대흥동 21			사업장 주소	서울특별시 강남구 강남대로 494
	업태	도소매	종사업장번호		업태	제조/도소매업	종사업장번호
	종목	식품 등			종목	전자제품	

비고		수정사유	
작성일자	당기.11.28	공급가액 300,000	세액 30,000

월	일	품 목	규격	수량	단가	공급가액	세액	비고
11	28	음료 등				300,000	30,000	

합계금액	현금	수표	어음	외상미수금	
330,000	330,000				이 금액을 **청구** 함

거래유형	품명	수량	단가	공급가액	부가세	거래처	전자세금	분개

신용카드사					
분개유형	구분	계정과목	거래처	차변(출금)	대변(입금)

정답

1. 10월27일 불공제거래(1,000cc초과 ~ 8인승 구입, 임차, 유지비용의 매입세액) + (전자)세금계산서 = 54불공
(54불공은 당사가 매입세액을 지급했지만, 돌려 받을 수 없다 = 공제 받을 수 없다. 매입세액 0원)

거래유형	품명	수량	단가	공급가액	부가세	거래처	전자세금	분개
54불공	승용차 구입			30,000,000	3,000,000	㈜달리는자동차	1여	3혼합
불공제사유	F2 3번 선택 (비영업용 소형승용차 구입 · 유지 및 임차)							

분개유형	구분	계정과목	거래처	차변(출금)	대변(입금)
	차변	원재료 → 차량운반구	㈜달리는자동차	33,000,000	
	대변	보통예금	㈜달리는자동차		25,000,000
	대변	미지급금	㈜달리는자동차		8,000,000

2. 11월 8일 토지 부대비용거래(불공제) + 전자세금계산서 = 54불공 (불공제 사유 입력함)
(실무) 불공제매입거래 + 신용카드 또는 현금영수증 = 과세유형 없다.(일반전표 입력)

거래유형	품명	수량	단가	공급가액	부가세	거래처	전자세금	분개
54불공	토지 중개수수료			15,000,000	1,500,000	㈜부동산컨설팅	1여	3혼합
불공제사유	F2 6번 선택 (토지의 자본적 지출 관련)							

분개유형	구분	계정과목	거래처	차변(출금)	대변(입금)
	차변	원재료 → 토지	㈜부동산컨설팅	16,500,000	
	대변	당좌예금	㈜부동산컨설팅		16,500,000

3. 10월 17일 대표이사가 사용할 냉난방기 구입(불공제)거래 + 전자세금계산서 = 54불공 (불공제 사유 입력함)
가지급금 입력 시 일반적으로 대표이사 또는 성명으로 거래처를 변경합니다.
(이 문제에서는 대표이사 또는 성명을 거래처로 만들어 두지 않았으므로 변경하지 않아도 됩니다)

거래유형	품명	수량	단가	공급가액	부가세	거래처	전자세금	분개
54불공	대표이사 냉난방기			3,300,000	330,000	㈜전자마트	1여	3혼합
불공제사유	F2 2번 선택 (사업과 직접 관련 없는 지출)							

분개유형	구분	계정과목	거래처	차변(출금)	대변(입금)
	차변	원재료 → 가지급금	㈜전자마트	3,630,000	
	대변	당좌예금	㈜전자마트		3,630,000

4. 8월 25일   토지 부대비용 지출거래 + 전자세금계산서 = 54불공 (불공제 사유 입력함)

거래유형	품명	수량	단가	공급가액	부가세	거래처	전자세금	분개
54불공	토지형질변경 수수료			1,500,000	150,000	은희건축사사무소	1여	3혼합
불공제사유				F2 6번 선택 (토지의 자본적 지출 관련)				
분개유형	구분	계정과목		거래처	차변(출금)		대변(입금)	
	차변	원재료 → 토지		은희건축사사무소	1,650,000			
	대변	보통예금		은희건축사사무소			1,650,000	

5. 7월 29일   1,000cc초과 승용차 구입거래 + 전자세금계산서 = 54불공 (불공제 사유 입력함)

거래유형	품명	수량	단가	공급가액	부가세	거래처	전자세금	분개
54불공	승용차 구입			20,000,000	2,000,000	㈜울산자동차	1여	3혼합
불공제사유				F2 3번 선택 (비영업용 소형승용자동차 구입·유지 및 임차)				
분개유형	구분	계정과목		거래처	차변(출금)		대변(입금)	
	차변	원재료 → 차량운반구		㈜울산자동차	22,000,000			
	대변	미지급금		㈜울산자동차			22,000,000	

6. 10월 10일 토지와 함께 구입한 건물의 장부금액과 철거비용은 토지 부대비용으로 토지에 포함하여 취득원가를 결정합니다.   토지 취득 시 부대비용거래 + 전자세금계산서 = 54불공

거래유형	품명	수량	단가	공급가액	부가세	거래처	전자세금	분개
54불공	구건물 철거비용			1,000,000	100,000	㈜방배	1여	3혼합
불공제사유				F2 6번 선택 (토지의 자본적 지출 관련)				
분개유형	구분	계정과목		거래처	차변(출금)		대변(입금)	
	차변	원재료 → 토지		㈜방배	1,100,000			
	대변	당좌예금		㈜방배			1,100,000	

7. 1월 28일   접대비거래 + 전자세금계산서 = 54불공 (불공제 사유 입력함)

거래유형	품명	수량	단가	공급가액	부가세	거래처	전자세금	분개
54불공	접대목적 음료등			300,000	30,000	㈜동양마트	1여	3혼합
불공제사유				F2 4번 선택 (접대비 및 이와 유사한 비용 관련)				
분개유형	구분	계정과목		거래처	차변(출금)		대변(입금)	
	차변	원재료 → 접대비		㈜동양마트	330,000			
	대변	현금		㈜동양마트			330,000	

연습 11 다음 53.면세, 58.카면, 62.현면 유형 거래를 읽고 수기로 매입매출전표 해당 칸에 기입하시오.

매입매출전표 53면세 그리고 58카면과 62현면 입력 → 53면세만 부가세신고서 과표명세에 반영

1 8월 20일 원재료 매입 거래처 부장 강현구의 결혼식을 축하하기 위해 플라워화원에서 화환 150,000원(공급가액)에 구입하고, 전자계산서를 발급 받았다. 대금은 다음 달에 지급하기로 하였다.

거래유형	품명	수량	단가	공급가액	부가세	거래처	전자세금	분개

신용카드사					
분개유형	구분	계정과목	거래처	차변(출금)	대변(입금)

2 12월 5일 생산부문 공장직원들에게 사내 식당에서 제공하는 식사에 필요한 잡곡을 직접 구입하면서 전자계산서를 수취하고 대금은 다음 달에 지급하기로 하였다.(단, 비용으로 회계처리 하기로 한다.)(81회)

전자계산서(공급받는자 보관용)

승인번호	20211205-21058052-11726691

	등록번호	107-81-54150				등록번호	110-81-02134	
공급자	상호	㈜콩콩세상	성명	김완두	공급받는자	상호	(주)메가전산세무회계	성명 김석철
	사업장 주소	서울특별시 서초구 동광로 144				사업장 주소	서울특별시 강남구 강남대로 69	
	업태	도소매	종사업장번호			업태	제조.소매업	종사업장번호
	종목	농산물				종목	전자제품	
	E-Mail					E-Mail	khg0125@naver.com	

작성일자	당기. 12.05	공급가액	350,000	비고	
월	일	품 목 명	규격	수량	단가	공급가액	비고
12	05	쥐눈이콩				350,000	

합계금액	현금	수표	어음	외상미수금	이 금액을	○ 영수 함
350,000				350,000		● 청구

거래유형	품명	수량	단가	공급가액	부가세	거래처	전자세금	분개

신용카드사					
분개유형	구분	계정과목	거래처	차변(출금)	대변(입금)

3 10월 9일 영업부 직원의 교육을 위해 도서를 구입하면서 ㈜교보문고로부터 다음과 같은 현금영수증을 발급받았다.(87회)

```
              ㈜교보문고
       114-81-80641           이교문
    서울 송파구 문정동 101-2  TEL:3289-8085
    홈페이지 http://www.kyobo.or.kr
              현금(지출증빙)
    구매 당기/10/09/17:06  거래번호 : 0026-0107
       상품명           수량        금액
       업무처리해설서      1       80,000
       재고관리입문서      1      120,000
       급여지급지침서      1      100,000

       합  계                    300,000
       받은금액                   300,000
              현금      300,000
```

거래유형	품명	수량	단가	공급가액	부가세	거래처	전자세금	분개

신용카드사					
분개유형	구분	계정과목	거래처	차변(출금)	대변(입금)

4 10월 30일 판매부서 사무실로 사용하기 위해 입주했던 ㈜한강오피스텔 관리실로부터 10월분 관리비 중 면세품목에 대한 전자계산서 공급가액 50,000원을 발급받고, 보통예금으로 이체하여 지급하다.

거래유형	품명	수량	단가	공급가액	부가세	거래처	전자세금	분개

신용카드사					
분개유형	구분	계정과목	거래처	차변(출금)	대변(입금)

5 11월 10일 매출거래처 직원 생일을 하나로마트에서 선물세트 50,000원에 구입하고 비씨카드로 결제하고 카드매출전표를 발급 받았다

카드매출전표

카드종류	카드번호
비씨카드	4019-3333-****-2011

유효기간	거래유형	거래일시
****	신용승인	2022/10/30 14:45:01
일반 일시불	할부	거래취소일시

승인번호	품명
16789947	건물관리비

카드사 가맹점명	금액	백 천 원
하나로마트		5 0 0 0 0
가맹점번호 0023425574	부가세	
사업자등록번호 113-85-21083	합계	5 0 0 0 0
주소 서울시 구로구 구로동 170 구로오피스텔 7층		

상점명	사업자등록번호
메가전산세무회계학원	640-81-01354
대표자	전화번호
김석철	02 - 558 - 3009
주소 서울특별시 강남구 강남대로 78길 4층, 8층	

거래유형	품명	수량	단가	공급가액	부가세	거래처	전자세금	분개

신용카드사	

분개유형	구분	계정과목	거래처	차변(출금)	대변(입금)

> **정답**

1. 8월20일 원재료 매입거래처 직원에 제공하는 화환(500대 접대비) + 전자계산서 = 53면세

거래유형	품명	수량	단가	공급가액	부가세	거래처	전자세금	분개
53면세	화환			150,000		플라워화환	1여	3혼합
신용카드사								
분개유형	구분	계정과목		거래처	차변(출금)		대변(입금)	
	차변	원재료 → 500대 접대비		플라워화환	150,000			
	대변	미지급금(또는 미지급비용)		플라워화환			150,000	

2. 12월05일 공장직원 식당에 사용하는 잡곡(면세대상) 구입: 500번대 복리후생비 + 전자계산서 = 53면세

거래유형	품명	수량	단가	공급가액	부가세	거래처	전자세금	분개
53면세	쥐눈이 콩			350,000		㈜콩콩세상	1여	3혼합
신용카드사								
분개유형	구분	계정과목		거래처	차변(출금)		대변(입금)	
	차변	원재료 → 500대 복리후생비		㈜콩콩세상	350,000			
	대변	미지급금		㈜콩콩세상			350,000	

3. 10월 9일 영업부직원의 교육을 위해 도서 구입(=도서인쇄비)거래 + 현금영수증 = 62현면

거래유형	품명	수량	단가	공급가액	부가세	거래처	전자세금	분개
62현면	복수거래선택			300,000		㈜교보문고		3혼합
신용카드사								
분개유형	구분	계정과목		거래처	차변(출금)		대변(입금)	
	차변	원재료→ 800대 도서인쇄비		㈜교보문고	300,000			
	대변	현금		㈜교보문고			300,000	

4. 10월 30일 판매부서 사무실로 사용하기 위해 입주했던 ㈜한강오피스텔 관리실로부터 10월분 관리비 중 면세품목에 대한 전자계산서 공급가액 50,000원을 발급받고, 보통예금으로 이체하여 지급하다.

거래유형	품명	수량	단가	공급가액	부가세	거래처	전자세금	분개
53면세	10월 관리비			50,000		㈜한강오피스텔	1여	3혼합
신용카드사								
분개유형	구분	계정과목		거래처		차변(출금)	대변(입금)	
	차변	원재료→ 800대 건물관리비		㈜한강오피스텔		50,000		
	대변	보통예금		㈜한강오피스텔			50,000	

5. 11월10일 매출처 직원 선물세트 구입(800대 접대비) 거래 + 신용카드매출전표 = 58카면

거래유형	품명	수량	단가	공급가액	부가세	거래처	전자세금	분개
58카면	선물세트			50,000		하나로마트		4카드
신용카드사				F2 비씨카드 선택				
분개유형	구분	계정과목		거래처		차변(출금)	대변(입금)	
	대변	미지급금		비씨카드			50,000	
	차변	원재료 → 800대 접대비		하나로마트		50,000		

전표수정 (일반전표 및 매입매출전표 정정)

일반기업회계기준 또는 부가가치세법에 의해 일반전표 또는 매입매출전표를 작성합니다.
이때 전표입력에서 오류가 발생한 것을 빨리 찾아 해당 전표에 올바르게 수정 입력하는 것이 중요합니다.

연습 1 일반전표입력 및 매입매출전표입력 메뉴에 입력된 내용 중 다음과 같은 오류가 발견 되었다. 내용을 확인하여 해당 전표에서 수기로 정정하시오.

1 7월 25일 제1기 확정신고기간에 대한 부가가치세를 보통예금 계좌에서 이체하여 납부하였다.(6월 30일자에 부가가치세예수금과 부가가치세 대급금을 정리하는 회계처리는 이미 이루어졌다.)(80회)

| (일반전표) 6월30일 조회 (차) 부가세예수금 5,500,000 | (대) 부가세대급금 5,000,000 |
| | 미지급세금 500,000 |

7월 25일 수정 분개

(차변)	(대변)

2 9월 20일 영업부 직원들에 대해 확정기여형 퇴직연금에 가입하고 8,000,000원을 보통예금계좌에서 이체하여 납부하였으나 확정급여형 퇴직연금으로 잘못 회계처리하였다.(80회)

| 수정 전 9월 20일 (차) 퇴직연금운용자산 8,000,000 | (대) 보통예금 8,000,000 |

7월 25일 수정 분개

(차변)	(대변)

3 8월 9일 ㈜진주에서 보통예금계좌로 입금된 4,500,000원을 외상매출금 회수로 회계처리하였으나, 실제내용은 제품매출에 따른 계약금으로 밝혀졌다.(81회)

| 수정 전 8월 9일 (차) 보통예금 4,500,000 | (대) 외상매출금 (진주) 4,500,000 |

7월 25일 수정 분개

(차변)	(대변)

4 9월 10일 국민건강보험공단에 생산직사원에 대한 건강보험료 540,000원을 보통예금으로 이체하다. 회사부담분과 종업원부담분 (급여지급시 원천징수함) 전액을 복리후생비(제)로 회계처리하였는데, 회사부담분과 종업원부담분의 비율은 50:50이다.(81회)

수정 전 9월 10일 (차) 500번대 복리후생비 540,000 (대) 보통예금 540,000
7월 25일 수정 분개

(차변)	(대변)

정답

1. 07/25 일반전표 수정분개 (차) 미지급세금 500,000 (대) 보통예금 500,000
2. 09/20 일반전표 수정분개 (차) 800번대 퇴직급여 8,000,000 (대) 보통예금 8,000,000
3. 08/09 일반전표 수정분개 (차) 보통예금 4,500,000 (대) 선수금(진주) 4,500,000
4. 09/10 일반전표 수정분개 (차) 500번대 복리후생비 270,000 (대) 보통예금 540,000
   예수금 270,000

연습 2 일반전표입력 및 매입매출전표입력 메뉴에 입력된 내용 중 다음과 같은 오류가 발견 되었다. 내용을 확인하여 해당 전표에서 수기로 정정하시오.

1 8월 15일 영업부사원 김기덕의 지방출장비에 대한 분개가 누락된 것이 발견되었다. 출장비 사용내용은 다음과 같으며, 비용은 보통예금계좌에서 개인계좌로 이체하여 지급하였다.(82회)

〈출장비 사용내역〉
KTX 기차요금	120,000원
숙박비	100,000원
기타 제비용	80,000원
지출합계	300,000원

누락 분개 8월 15일 수정분개

(차변)	(대변)

2 9월 15일 비품을 현금 3,300,000원(부가가치세 포함)을 받고 전자세금계산서를 발급하여 ㈜여수에 처분하면서 감가상각누계액을 고려하지 않고 회계처리 하였다. 비품 취득가액은 6,000,000원이고 감가상각누계액은 3,500,000원이다.(82회)

거래유형	품명	수량	단가	공급가액	부가세	거래처	전자세금	분개
11과세	비품 처분			3,000,000입력	300,000	㈜여수	1여	3혼합

신용카드사					
분개유형	구분	계정과목	거래처	차변(출금)	대변(입금)
	대변	부가세예수금	㈜여수		300,000
	대변	212비품	㈜여수		6,000,000
	차변	현금	㈜여수	3,300,000	
	차변	유형자산처분손실	㈜여수	3,000,000	

9월15일 수정입력

거래유형	품명	수량	단가	공급가액	부가세	거래처	전자세금	분개

신용카드사					
분개유형	구분	계정과목	거래처	차변(출금)	대변(입금)

3 10월 24일 영업부서에서 사용할 마우스 등을 해신컴퓨터에서 현금 55,000원(부가가치세 포함)에 구입하고 일반전표에 입력하였으나, 지출증빙용 현금영수증을 발급받았음이 확인되었다. (단, 계정과목은 소모품으로 할 것.)(83회)

수정 전 10월 24일

(차변) 소모품	55,000	(대변) 현금	55,000

수정 후 10월 24일

거래유형	품명	공급가액	부가세	거래처	전자세금	분개
신용카드사						

분개유형	구분	계정과목	거래처	차변(출금)	대변(입금)

4 10월 29일 이자수익 1,000,000원 중 원천징수세액(원천징수세율은 15.4%로 가정)을 제외한 나머지 금액이 보통예금으로 입금되어 입금된 금액에 대해서만 회계처리 하였다. (단, 기업에서는 원천징수세액을 자산으로 처리하고 있다.)(83회)

수정 전 10월 29일 (차) 보통예금 846,000 (대) 이자수익 846,000

수정 후 10월 29일

(차변)	(대변)

> 정답

1. 8월 15일 출장비 사용내역. 즉 영수증이 있는 출장비는 여비교통비이다. 만약, 출장비 사용내역 중 접대비 금액이있으면 별도로 접대비로 처리한다.
   08/15 일반전표 누락분개   (차) 800대 여비교통비   300,000   (대) 보통예금   300,000

2. 9월 15일 입력

거래유형	품명	수량	단가	공급가액	부가세	거래처	전자세금	분개
11과세	비품 처분			3,000,000입력	300,000	㈜여수	1여	3혼합

신용카드사					
분개유형	구분	계정과목	거래처	차변(출금)	대변(입금)
	대변	부가세예수금	㈜여수		300,000
	대변	제품매출 → 212비품	㈜여수		3,000,000→6,000,000
	차변	213 감가상각누계액	㈜여수	3,500,000	
	차변	현금	㈜여수	(부가세포함) 3,300,000	
	대변	유형자산처분이익	㈜여수		500,000

비품 장부금액 2,500,000 → 3,000,000원 처분 시 500,000원 처분이익 발생
비품 차감계정인 213감가상각누계액 누락을 입력하고, 대금결제 받는 금액을 입력한 이후에 처분손익을 산출

3. 10월 24일 일반전표에 입력한 거래가 현금영수증이라는 법적증빙 수령하여 공제 가능한 거래이므로 수정 전 일반전표 10/24 조회 후 입력을 삭제F5하고, 10월 24일 매입매출전표에서 61현과로 입력합니다.

거래유형	품명	공급가액	부가세	거래처	전자세금	분개
61현과	마우스 구입	55,000 입력		해신컴퓨터		3 or 1

신용카드사					
분개유형	구분	계정과목	거래처	차변(출금)	대변(입금)
	차변	부가세대급금	해신컴퓨터	5,000	
	차변	원재료 → 소모품	해신컴퓨터	50,000	
	대변	현금	해신컴퓨터		55,000

4. 10월29일 이자를 수령할 때 원천징수세 차감 당한 금액은 선납세금(자산)을 회계처리 합니다. 이자수익 금액은 원천징수세를 포함한 금액 1,000,000원입니다. 이자수익 1,000,000원 = 원천징수세액 154,000원 + 실수령액(보통예금) 846,000원

수정 전 10월 29일	(차) 보통예금	846,000	(대) 이자수익	846,000

수정 후 10월 29일

(차변)	보통예금	846,000	(대변)	이자수익	1,000,000
	선납세금	154,000			

또는 기존전표에 입력된 846,000원을 제외한 나머지 금액을 추가로 아래 분개처럼 처리해도 정답으로 인정합니다.
10월 29일 (차) 선납세금 154,000원   (대) 이자수익 154,000원

연습 3 일반전표입력 및 매입매출전표입력 메뉴에 입력된 내용 중 다음과 같은 오류가 발견 되었다. 내용을 확인하여 해당 전표에서 수기로 정정하시오.

1 9월 25일 일반전표입력에 세금과공과로 처리한 것은 당해연도 1기 확정 부가가치세를 가산세 25,000원 포함하여 보통예금으로 납부한 것이다.(단, 6월 30일자 부가가치세 회계처리를 확인하고, 가산세는 세금과공과(판)로 처리하시오.)(84회)

수정 전 9월 25일 (차) 세금과공과 9,749,000	(대) 보통예금 9,749,000

수정 후 9월 25일

(차변)	(대변)

2 10월 5일 거래처 직원의 결혼축하금 100,000원을 현금으로 지급한 것으로 회계처리가 되었으나, 해당 내용은 당사 생산부 직원의 결혼축하금으로 확인되었다.(84회)

수정 전 10월 05일 (차) 800대 접대비 100,000	(대) 현금 100,000

수정 후 10월 05일

(차변)	(대변)

3 7월 31일 매출처 ㈜반도전자의 부도로 외상매출금 잔액 2,200,000원이 회수불가능하여 대손처리하였는데, 확인결과 부도시점에 외상매출금에 대한 대손충당금잔액이 950,000원이었던 것으로 확인되었다.(85회)

수정 전 07월 31일 (차) 109대손충당금 2,200,000	(대) 외상매출금(반도) 2,200,000

수정 후 07월 31일

(차변)	(대변)

4 8월 22일 영업부에서 사용할 차량 취득세 500,000원을 현금으로 납부하고 세금과공과로 처리하였다.(85회)

수정 전 08월 22일 (차) 세금과공과 500,000	(대) 현금 500,000

수정 후 08월 22일

(차변)	(대변)

> 정답

1. 9월 25일 보통예금으로 납부한 금액 9,749,000원은 가산세 25,000원이 포함된 금액이므로 차액이 6/30에 처리한 미지급세금 9,724,000원을 차감 입력한다. 일반전표에 입력된 9,749,000원을 25,000원으로 수정하여 비용처리하고, 나머지 금액은 납부세액으로 6/30 처리한 미지급세금(부채)이 감소된다.

수정 전 9월 25일	(차) 세금과공과	9,749,000	(대) 보통예금	9,749,000

수정 후 9월 25일

(차변)	800대 세금과공과	25,000	(대변)	보통예금	9,749,000
	미지급세금	9,724,000			

2. 10월 5일, 800번대 접대비로 처리한 계정과목이 생산부 직원의 결혼축하금으로 확인되므로 접대비 500대 복리후생비로 처리합니다.

수정 전 10월 05일	(차) 800대 접대비	100,000	(대) 현금	100,000

수정 후 10월 29일

(차변)	500번대 복리후생비	100,000	(대변)	현 금	100,000

3. 7월 31일 일반전표에 입력된 차변 대손충당금 2,200,000원을 950,000원으로 수정하고, 나머지 차액은 당기 비용인 판관비에 속하는 대손상각비(판)로 처리 한다.

수정 전 07월 31일	(차) 109대손충당금	2,200,000	(대) 외상매출금(반도)	2,200,000

수정 후 07월 31일

(차변)	109대손충당금 950,000	(대변)	외상매출금(반도)	2,200,000
	대손상각비 1,250,000			

4. 8월 22일 차량 취득세는 차량운반구 부대비용으로 차량운반구에 가산처리 합니다. 따라서 세금과공과로 처리한 계정과목을 차량운반구로 변경 수정합니다.

수정 전 08월 22일	(차) 세금과공과	500,000	(대) 현금	500,000

수정 후 08월 22일

(차변)	차량운반구	500,000	(대변)	현금	500,000

연습 ④ 일반전표입력 및 매입매출전표입력 메뉴에 입력된 내용 중 다음과 같은 오류가 발견 되었다. 내용을 확인하여 해당 전표에서 수기로 정정하시오.

1 11월 10일 업무에 사용 중인 공장화물차에 대해 ㈜오일정유에서 주유하면서 330,000원(부가세 포함)을 법인카드(축협카드)로 결제하였다. 회계담당자는 매입매출전표입력에서 매입세액을 공제받지 못한 것으로 처리하였다.(86회)

수정 전 11월 10일

거래유형	품명	수량	단가	공급가액	부가세	거래처	전자세금	분개
58카면	주유			330,000입력		㈜오일정유		4카드
신용카드사				F2 축협카드				
분개유형	구분	계정과목		거래처	차변(출금)		대변(입금)	
	대변	미지급금		㈜오일정유			330,000	
	차변	500대 차량유지비		㈜오일정유	330,000			

수정 후 11월 10일

거래유형	품명	수량	단가	공급가액	부가세	거래처	전자세금	분개
신용카드사								
분개유형	구분	계정과목		거래처	차변(출금)		대변(입금)	

2 11월 23일 회사는 확정급여형(DB형)퇴직연금에 가입하고, 11월 23일 처음으로 당월 분 퇴직연금 1,500,000원을 보통예금에서 지급하였다. 회사가 은행에 지급한 퇴직연금에 대해서 아래와 같이 회계처리하였다.(86회)

(차) 퇴직급여(판매관리비) 1,500,000원   (대) 보통예금 1,500,000원

수정 후 11월 23일

(차변)	(대변)

3 8월 10일 제조부서 공장건물의 유리창 교체작업을 한 후 400,000원(부가가치세 별도)을 ㈜다본다에 자기앞수표로 지급하고 전자세금계산서를 발급받았다. 본 작업은 수익적 지출에 해당하지만 자본적 지출로 잘못 처리하였다.(87회)

수정 전 08월 10일

거래유형	품명	수량	단가	공급가액	부가세	거래처	전자세금	분개
51과세	유리창 교체작업			400,000	40,000	㈜다본다	1여	3혼합

신용카드사					
분개유형	구분	계정과목	거래처	차변(출금)	대변(입금)
	차변	부가세대급금	㈜다본다	40,000	
	차변	건물	㈜다본다	400,000	
	대변	현금	㈜다본다		440,000

수정 후 08월 10일

거래유형	품명	수량	단가	공급가액	부가세	거래처	전자세금	분개

신용카드사					
분개유형	구분	계정과목	거래처	차변(출금)	대변(입금)

4 12월 30일 현재 선적이 완료되어 운송 중인 원재료 20,000,000원이 있으며, 이에 대한 전표처리가 누락되어 있음을 발견하였다. 당 원재료의 수입계약은 Amazon과의 선적지 인도조건이며 대금은 도착 후 1개월 이내에 지급하기로 하였다.(87회)

누락에 따른 추가입력 12월 30일

(차변)	(대변)

> 정답

1. 수정 후 11월 10일

거래유형	품명	수량	단가	공급가액	부가세	거래처	전자세금	분개
57카과	주유			330,000 입력		㈜오일정유		4카드
신용카드사				F2 축협카드				

분개유형	구분	계정과목	거래처	차변(출금)	대변(입금)
	대변	미지급금	축협카드		330,000
	차변	부가세대급금	㈜오일정유	30,000	
	차변	500대 차량유지비	㈜오일정유	300,000	

2. 11월 23일 확정급여형 퇴직연금에 가입하고 회사가 외부에 부담하는 금액(부담금)→ 퇴직연금운용자산으로 입력. 확정기여형 퇴직연금에 가입하고 회사가 외부에 부담하는 금액(부담금)→ 퇴직급여(500대, 800대)

(차) 800번대 퇴직급여 ➡ 퇴직연금운용자산으로 수정.

수정 후 11월 23일

(차변)	퇴직연금운용자산	1,500,000	(대변)	보통예금	1,500,000

3. 8월 10일 자본적지출로 잘못처리한 건물을 수익적지출항목이 500번대 수선비로 변경 수정

수정 후 08월 10일

거래유형	품명	수량	단가	공급가액	부가세	거래처	전자세금	분개
51과세	유리창 교체작업			400,000	40,000	㈜다본다	1여	3혼합
신용카드사								

분개유형	구분	계정과목	거래처	차변(출금)	대변(입금)
	차변	부가세대급금	㈜다본다	40,000	
	차변	건물 ⇨ 500대 수선비	㈜다본다	400,000	
	대변	현금	㈜다본다		440,000

4. 12월 30일 누락에 따른 12월 30일 추가입력

(차변)	원재료	20,000,000	(대변)	외상매입금(Am)	20,000,000

선적지 인도조건은 선적할 때부터 매입자는 매입자의 재고자산으로 인식하므로 재고자산에 포함하기 위해 매입자인 당사는 운송중인 원재료를 (차) 원재료 또는 미착품으로 처리합니다.

연습 5 일반전표입력 및 매입매출전표입력 메뉴에 입력된 내용 중 다음과 같은 오류가 발견 되었다. 내용을 확인하여 해당 전표에서 수기로 정정하시오.

1 10월 25일 회계처리한 세금과공과는 업무용 차량운반구의 취득세를 국민은행 보통예금 계좌이체를 통해 납부한 것이다.(88회)

수정 전 10월 25일 (차) 세금과공과 3,000,000 (대) 보통예금 3,000,000

수정 후 10월 25일	
(차변)	(대변)

2 11월 2일 당사 직원 박성실에 대한 단기대여금 3,000,000원은 상환기간이 2년 후 9월 30일이다.(88회)

수정 전 11월 02일 (차) 단기대여금(박성실) 3,000,000 (대) 현금 3,000,000

수정 후 11월 02일	
(차변)	(대변)

정답

1.

수정 전 10월 25일 (차) 세금과공과 3,000,000 (대) 보통예금 3,000,000

수정 후 10월 25일			
(차변)	차량운반구 3,000,000	(대변)	보통예금 3,000,000

★ 업무용 차량운반구의 취득세는 차량운반구의 부대비용으로 차량운반구에 포함하여 취득원가로 결정하므로 세금과공과 ➜ 차량운반구로 변경 수정합니다.

2. 11월 2일 당사 직원 박성실에 대한 단기대여금 3,000,000원은 상환기간이 2년 후 9월 30일이다.(88회)

수정 전 11월 02일 (차) 단기대여금(박성실) 3,000,000 (대) 현금 3,000,000

수정 후 11월 02일			
(차변)	장기대여금(박성실) 3,000,000	(대변)	현금 3,000,000

★ 11월 2일 일반전표 입력한 단기대여금은 기간이 결산일로부터 1년 이상인 장기대여금이므로 단기대여금을 장기대여금으로 대체합니다.

06 결산정리분개 (수동결산 및 자동결산)

결산이란 기중에 회계 처리한 자산, 부채, 비용, 수익 잔액을 기말 재무제표에 작성하기 전에 일반기업회계기준에 따라 수정해야할 사항들을 정리하여 12월 31일에 정리(=수정)분개 한 후 장부를 마감하고 재무제표를 만들어내는 일련의 과정을 말한다. 결산수정분개는 기중에 처리한 자산, 부채, 수익, 비용의 금액과 기말재무제표에 표시되는 금액의 차액을 수정분개 할 때 수동결산과 자동결산으로 구분하여 입력합니다. (자동결산항목을 자동결산하지 않고 수동결산 입력해도 됩니다)

결산정리분개 : 기중에 처리한 금액(합계잔액시산표)과 재무제표에 반영될 금액의 차액분개를 말한다

순서1 수동결산	자동결산 6가지(기/무/대/감/퇴/법)항목을 제외한 나머지 과목은 수동결산으로 일반전표 12월 31일자로 직접 분개 입력한다. (시험: 3번과 4번사용 실무: 결차 5번, 결대6번 사용)

순서2 자동결산 (회계1급 부터)	[결산]/[결산자료입력1월~12월]에서 자동결산항목 6가지 금액들을 해당란에 입력한 후 메뉴바에서 [전표추가]를 클릭한 후 예를 선택하여 자동분개 생성
	(결산자료입력에 입력하는 자동결산 계정과목들)
	① 기말재고자산 : 각 기말재고자산(기말원재료, 기말재공품, 기말제품 등) 란에 해당 금액을 입력한다.
	② 무형자산상각비 : 판관비〉 무형자산상각비 〉 해당 자산란에 상각액을 입력함.
	③ 대손충당금 : 판매비와관리비 〉 대손상각 〉 외상매출금 또는 받을어음 란에(추가설정금액) 입력한다.
	④ 감가상각비 (정액법 또는 정률법 등으로 계산한 당기분 금액입력)
	    공장500대 : 제조경비 밑에 일반감가상각비 밑에 해당 유형자산란에 입력
	    본사800대 : 판관비 밑에 감가상각비란 밑에 해당 유형자산란에 입력한다.
	⑤ 퇴직급여충당부채 추가설정
	    500대 퇴직급여 : 노무비 밑 퇴직급여(전입액)란에 수정금액을 입력함.
	    800대 퇴직급여 : 판관비 밑 퇴직급여(전입액)란에 수정금액을 입력함.
	⑥ 법인세등 : 선납세금란과 추가계상액란에 선납세금과 미지급세금(당기법인세-선납세금)을 각각 입력한다.

▶ 수동과 자동분개를 구분 표시하여 수동결산분개는 일반전표에 12/31날짜로 직접 일반전표에 입력하고, 자동결산분개는 [결산자료입력메뉴 1월~12월]에서 자동항목 금액들을 구분 입력한 후 맨 마지막에 화면 상단 "추가전표"를 클릭하면 자동으로 일반전표에 추가된 수정분개를 확인할 수 있다.

1. 수동결산항목

결산정리항목 중 자동결산항목(기/무/대/감/퇴/법)을 제외한 나머지 항목에 대해 일반전표에 12월 31일자로 직접 분개를 입력하는 하는 것을 말한다.

(1) 선급비용(자산) vs 선수수익(부채), 미수수익(자산) vs 미지급비용(부채) 정리분개

(2) 가지급금(임시자산), 가수금(임시부채), 현금과부족(임시계정)의 정리 → 판명계정과목으로 대체(바꿈)

(3) 부가세예수금(부채)과 부가세대급금(자산)의 정리분개(=상계처리=서로 차감분개)

   ① 매출세액(부가세예수금)500 > 매입세액(부가세대급금)400 = 차액(납부세액)100→ 미지급세금(부채)
     (정리분개)   부가세예수금   500 (부채감소) / 부가세대급금   400   (자산감소)
                                                        미지급세금   100 → 자동결산에서 추가계상액

   ② 매출세액(부가세예수금)500 < 매입세액(부가세대급금)700 = 차액(환급세액)200→ 미수금(자산)
     (정리분개)   부가세예수금   500 (부채감소) / 부가세대급금   700   (자산감소)
              미수금(거래처)   100   (자산증가)

(4) 소모품(자산처리)과 소모품비(비용처리) 정리분개

   ① 기중 구입시 소모품으로 처리하면 기말에 사용한 금액 만큼 소모품 차감분개 ⇨ 12/31 소모품(-), 소모품비(+)
   ② 기중 구입시 소모품비로 처리하면 기말에 미사용액 만큼 소모품비 차감분개 ⇨ 12/31 소모품비(-), 소모품(+)

(5) 외화자산과 외화부채의 기말환율변동계산 → 기중에 외화채권과 외화채무를 기말환율로 변경하여 그 차액을 결산일에 수정분개한다. 이때 생긴 수익은 (대) 외화환산이익 또는 비용은 (차) 외화환산손실 계정으로 회계처리 한다.

(6) 단기매매증권 평가(공정가액법): 기중금액→ 기말금액으로 평가할 때 차액분개(단기매매증권평가손익 분개)

   ① 장부금액100 < 공정가액 130 : 12/31 (차) 단기매매증권   30   (대) 단기매매증권평가이익 30
   ② 장부금액100 > 공정가액 90 : 12/31 (차) 단기매매증권평가손실 10   (대) 단기매매증권   10

(7) 비유동부채(장기차입금 등)가 만기1년 이내로 도래하면 유동성장기부채(거래처표시)로 대체하는 분개 : 결산일로부터 1년 이내로 상환할 장기차입금을 유동성장기부채로 대체하는 수정분개
   12/31 (차) 장기차입금(거래처) ×××   (대) 유동성장기부채(거래처) ×××

(8) 당기분 법인세등 계상(=처리)분개 : 수동결산 또는 자동결산 택1
   12/31 (차) 법인세 등 ×××   (대) 선납세금(자산-) ×××
                                       미지급세금(부채+) ××× → 추가계상액

2. 손익의 정리 수정분개

수익과 비용은 손익계산서에 당기분 금액이 반영되어 당기순이익이나 당기순손실을 산출한다. 따라서, 기말에 미경과분(차기분) 수익이나 비용은 차감분개하고, 미계상분(당기분) 수익이나 비용은 가산하는 회계처리를 기말결산시(12/31)에 일반전표에 수동결산분개를 직접 한다.

(1) 선급비용(자산)

당기에 지급한 비용금액 중 차기분(미경과분)비용이 있으면 기중 처리한 비용에서 차기분비용을 차감하고, 동시에 선급비용(먼저 지급한 비용)으로 자산증가 처리 한다.

12/31   선급비용(자산증가)   × × ×   /   비용계정과목 (비용차감)   × × ×
(수정분개 이후 재무제표 변화 : 선급비용(자산)↑, 비용↓, 순이익↑, 이익잉여금(자본)↑)

(2) 선수수익(부채)

당기에 처리한 수익금액 중 차기분(미경과분)수익이 있으면 발생주의 원칙에 따라 기중처리한 수익에서 차기분수익 금액을 차감하고, 동시에 선수수익(=미리 받은 수익)으로 부채 증가 회계처리 한다.

12/31   수익계정과목 차감   × × ×   /   선수수익 (부채 증가)   × × ×
(수정분개 이후 재무제표 변화 : 선수수익(부채)↑, 수익↓, 순이익↓, 이익잉여금(자본)↓)

(3) 미지급비용(부채)

당기에 처리한 비용금액 중 미계상(미처리)한 비용은 발생주의 원칙에 의해 당기 미지급한 비용도 차변에 비용을 가산하고, 동시에 미지급비용(부채)으로 대변에 회계처리 한다.

12/31   비용계정과목 (비용가산)   × × ×   /   미지급비용 (부채증가)   × × ×
(수정분개 이후 재무제표 변화 : 비용↑, 미지급비용(부채)↑, 순이익↓, 이익잉여금(자본)↓)

(4) 미수수익(자산)

기중에 처리한 수익금액 중 미계상(미처리)한 수익은 발생주의 원칙에 의해 당기분수익금액을 대변에 가산하고, 동시에 미수수익(자산)으로 차변에 회계처리 한다

12/31   미수수익(자산증가)   × × ×   /   수익계정과목 (수익가산)   × × ×
(수정분개 이후 재무제표 변화 : 미수수익(자산)↑, 수익↑, 순이익↑, 이익잉여금(자본)↑)

3. 기말재고자산 포함 여부

(1) 미착상품(현재 운송중인 매입상품 = 아직 도착하지 않은 상품) - 일반적으로 매입자 재고자산을 판단. 예외 있다.

① 선적지 인도조건 : 배에 상품이나 원재료를 선적할 때 구매자는 매입으로, 판매자는 수익으로 인식하는 조건 선적지 인도조건인 상품이 운송중인 경우

구입자(당사)는 선적지 인도조건에 의해 매입으로 인식 하므로 재고자산에 포함한다.

판매자(당사)일 경우 선적지 인도조건에 의해 선적할 때부터 수익(매출)으로 인식하고 판매자 재고자산에서 제외

② 도착지인도조건 : 수입하는 나라에 상품이나 원재료등 수입품이 도착할 경우 구매자는 매입으로, 판매자는 수익으로 인식하는 조건

도착할 경우 : 구매자(당사)는 매입인식하므로 재고자산에 포함한다.

도착전(운송중일 경우) : 구매자(당사)는 매입인식 하지 않으므로 재고자산에 포함하지 않는다

(2) 적송품 : 위탁자(당사)가 수탁자(홈쇼핑)에게 판매를 부탁하기 위해 적송한 물품.

① 수탁자(=홈쇼핑)가 위탁품을 판매한 날 수익으로 인식되며 재고자산 차감한다.

② 수탁자가 보관하고 있는 적송품은 수익으로 인식하지 않고, 위탁자의 재고자산에 포함됨.

(3) 시송품

시험적으로 고객이 사용해보기 위해 인도하는 상품 　(사례) 시식코너

① 고객이 구입의사표시하면 → 당사는 수익으로 인식. 동시에 재고자산에서 차감한다.

② 구매자(고객)이 구입의사표시 하지 않으면 → 당사는 수익으로 인식 않고, 재고자산에 포함한다.

(4) 할부판매상품 (장기, 단기할부판매)

: 대금회수여부에 관계없이 판매시점(=인도시점)에 수익으로 인식한다.

할부판매 계약을 맺고, 판매 전(인도 전)일 경우 → 수익인식 안함.(재고자산에 포함)

할부판매 계약을 맺고, 판매 후(인도 후)일 경우 → 수익인식 함(재고자산에 차감)

(5) 반품가능판매

: 구매자가 매입한 상품이 마음에 들지 않을 경우 반품기간이내에 반품을 할 수 있는 조건으로 판매하는 것을 말한다.

① 반품률이 추정 가능할 경우 : 상품인도시점(=판매시점)에 수익으로 인식하고, 판매 시 판매자 재고자산에서 제외시킨다.

② 반품률 추정 불가능할 경우 : 구매자가 인수수락하거나 반품기간종료시점에서 수익을 인식하고, 수익인식하기 전까지는 판매자의 재고자산에 포함한다.

80회 결산정리사항은 다음과 같다. 해당메뉴에 입력하시오. (9점)

연습 1 기말 현재 당사가 단기매매차익을 목적으로 보유하고 있는 ㈜광주 주식의 취득원가, 전년도말 및 당해연도 말 공정가액는 다음과 같다. (3점)

주 식 명	취득원가	전년도.12.31.공정가액	당해연도.12.31.공정가액
㈜광주 보통주	10,000,000원	12,000,000원	11,600,000원

연습 2 12월 31일 결산일 현재 재고자산의 기말재고액은 다음과 같다. (3점)

- 원재료 : 3,500,000원
- 재공품 : 9,000,000원
- 제품 : 22,000,000원

연습 3 매출채권(외상매출금, 받을어음) 잔액에 대하여 1%의 대손충당금을 보충법으로 설정하다. (3점)

정답 1 수동결산분개 (단기매매증권과 매도가능증권은 재무상태표에 기말공정가치로 보고하므로 장부금액을 기말공정가치로 변경할 때 차액을 수정분개)

단기매매증권 전기에 취득원가 10,000,000원 → 전기말 12,000,000 → 당기말 공정가액 11,600,000으로 변경할 때
(장부금액) ↳ 차액 수정분개 400,000원(↓) : 단기매매증권(-), ~평가손실 발생

일	번호	구분	계정과목	거래처	적요	차변	대변
31	00001	차변	0957 단기매매증권평가손실			400,000	
31	00001	대변	0107 단기매매증권				400,000

정답 ② 자동 ➔ 결산자료입력메뉴(1월~12월) 각 기말재고자산 항목을 해당란에 각각 아래와 같이 입력합니다.

1 기말원재료재고액 결산반영금액란에 3,500,000원 입력

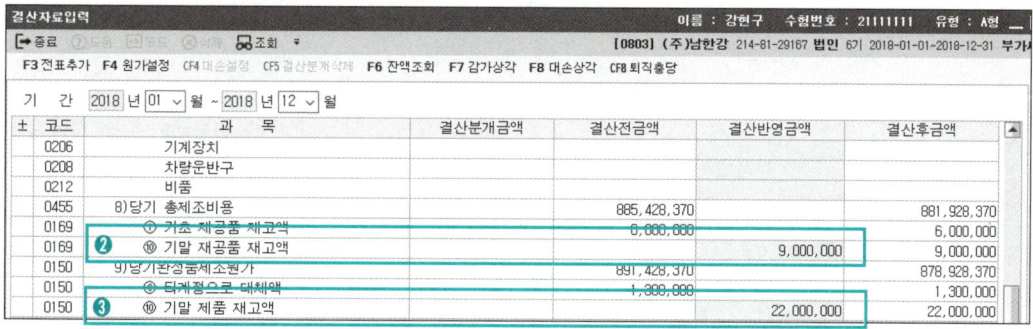

2 기말재공품재고액 결산반영금액란에 9,000,000원 입력

3 기말제품재고액 결산반영금액란에 22,000,000원 입력한다.

정답 ③ 자동결산 또는 수동결산 중 택1   자동결산 입력 이후 창 닫기 전에 전표추가 선택하여 마감한다.

1 자동결산 ➔ 결산자료입력메뉴(1월 ~ 12월) 간편메뉴바에서 대손상각을 선택하여 아래와 같이 입력

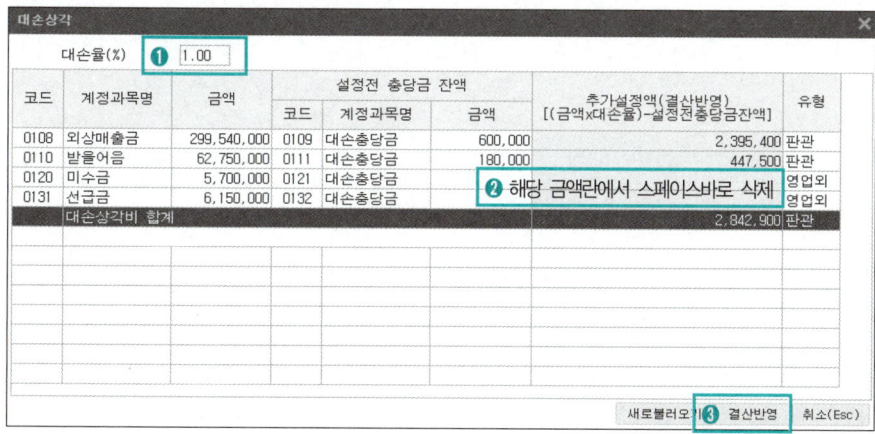

PART4 단원별 실가연습 **501**

❶ 대손율 확인!!
❷ 대손충당금 설정하려는 채권만 남겨 놓고 나머지 채권 금액들은 삭제
❸ 결산반영을 선택하면 자동계산된 대손충당금 추가설정액을 판.관.비 대손상각비 외상매출금과 받을어음란에 각각 자동반영 (더존실무에서는 대손충당금 추가설정액을 직접 계산하여 해당란에 입력함)

코드	과 목	결산분개금액	결산전금액	결산반영금액	결산후금액
0208	차량운반구				
0212	비품				
0835	5). 대손상각			2,842,900	2,842,900
0108	외상매출금			2,395,400	2,395,400
0110	받을어음			447,500	447,500

2 수동결산할 경우 ➡ 일반전표 12월 31일로 보충법 분개 입력합니다.
(차) 대손상각비(판) 2,842,900원   (대) 대손충당금(109) 2,395,400원
                                    대손충당금(111)   447,500원

합계잔액시산표(12월) 조회하여 외상매출금과 받을어음 기말잔액을 확인한 후
  외상매출금: 299,540,000원 × 1% - 결산전 대손충당금잔액 600,000원 : 2,395,400원 추가설정액 계산
  받을어음 : 62,750,000원 × 1% - 결산전 대손충당금잔액 180,000원 :   447,500원 추가설정액 계산

81회 결산정리사항은 다음과 같다. 해당메뉴에 입력하시오.(9점)

연습 1 기말재고조사 결과 제품 3,000,000원이 부족하여 확인한 결과 대한적십자사에 불우이웃돕기 물품으로 기부한 것으로 확인되었다.(결산일자로 회계처리 하시오.)(3점)

연습 2 외상매입금계정에는 중국 거래처 헤이바오에 대한 외화외상매입금 2,970,000원(위안화 1CNY 165원)이 계상되어 있다. (회계기간 종료일 현재 적용환율 : 위안화 1CNY당 170원)(3점)

연습 3 결산일 현재 당기에 계상 될 유형자산별 감가상각비는 다음과 같다.(3점)

・기계장치 : 4,500,000원   ・차량운반구(영업부) : 3,750,000원   ・비품(영업부) : 960,000원

정답 1 수동결산 → 대한적십자사에 불우이웃돕기 물품으로 기부한 것 → (차) 기부금 (영업외비용) 발생
제품을 기부하면(❶ 정상적으로 판매하지 않았을 경우 적요란에 8번 표시) → (대) 제품 (적요8)

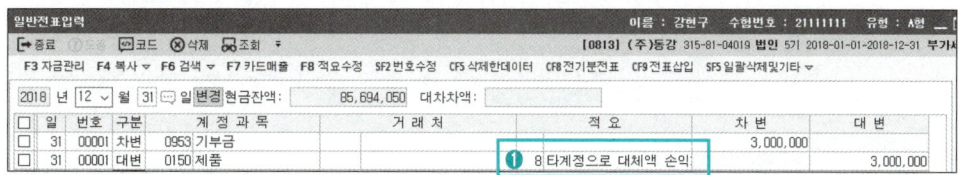

정답 ② 수동결산

기중 외상매입금 2,970,000원을 기말환율금액 18,000위안×170원= 3,060,000원(기말환율금액)으로 변경 할 때 외상매입금 차액 90,000원이 증가하여 외화환산손실(영업외비용) 발생하는 회계처리 한다.

※ 2,970,000원 ÷ 165원 = 18,000위안

일	번호	구분	계정과목	거래처	적요	차변	대변
31	00002	차변	0955 외화환산손실			90,000	
31	00002	대변	0251 외상매입금	01030 헤이바오			90,000

정답 ③ 결산자료입력에 의한 자동결산 또는 수동결산분개(일반전표 12/31입력) 중 택1 합니다.

자동결산 입력 시 판관비 밑 차량운반구3,750,000원과 비품 960,000원 입력화면

코드	과목	결산분개금액	결산전금액	결산반영금액	결산후금액
❶ 0818	4). 감가상각비			4,710,000	4,710,000
0206	기계장치				
0208	차량운반구			3,750,000	3,750,000
❷ 0212	비품			960,000	960,000

경비 밑 일반감가상각비 밑 기계장치 4,500,000원 입력화면

코드	과목	결산분개금액	결산전금액	결산반영금액	결산후금액
0518	2). 일반감가상각비			4,500,000	4,500,000
❸ 0206	기계장치			4,500,000	4,500,000
0208	차량운반구				
0212	비품				

자동결산 맨 마지막에는 창 닫기 전에 12월31일자 일반전표에 분개 생성하기 위해 [전표추가] 선택한다.

또는 일반전표 12/31입력하는 수동결산

(차) 감가상각비(제) 또는 (판) 4,500,000원 (대) 감가상각누계액(207) 4,500,000원
    감가상각비(판)   3,750,000원   감가상각누계액(209) 3,750,000원
    감가상각비(판)   960,000원   감가상각누계액(213)   960,000원

82회 결산정리사항은 다음과 같다. 해당메뉴에 입력하시오.(9점)

연습 ① 기말 외상매입금 계정 중에는 미국 코메리사의 외상매입금 6,000,000원(미화 $5,000)이 포함되어 있다. (결산일 현재 적용환율 : 1,100원/$)(3점)

연습 ② 당해연도 9월 1일 보험료 1년분(당기9월 1일 ~ 차기 8월 31일) 2,400,000원(제조부문 : 1,800,000원, 본사관리부문 : 600,000원)을 현금으로 납부하면서 모두 자산으로 회계처리 하였다.(단, 보험료는 월할 계산 함.)(3점)

연습 ③ 12월 31일 결산 시 총무부 직원에 대해 15,000,000원, 생산부 직원에 대해 10,800,000원의 퇴직급여 충당부채를 설정한다. 단, 결산자료입력을 통해 처리한다.(3점)

정답 1 기중 외상매입금 6,000,000원을 기말환율금액 5,500,000($5,000×1,100원)으로 변경할 때 차액 500,000원 수정분개

일	번호	구분	계정과목	거래처	적요	차변	대변
31	00001	차변	0251 외상매입금	01049 코메리사		500,000	
31	00001	대변	0910 외화환산이익				500,000

정답 2 기중에 처리한 선급비용(자산) 중 당기분 금액 4개월분을 보험료로 대체하는 수정분개

일	번호	구분	계정과목	거래처	적요	차변	대변
31	00002	차변	0521 보험료			600,000	
31	00002	차변	0821 보험료			200,000	
31	00002	대변	0133 선급비용				800,000

- 500대 보험료 : 1,800,000원 × 4/12 = 600,000원
- 800대 보험료 : 600,000원 × 4/12 = 200,000원 계산

정답 3 결산자료입력 메뉴에서 제품매출원가 중 ❶ 노무비의 퇴직급여(전입액)란에 10,800,000원 입력화면

코드	과목	결산분개금액	결산전금액	결산반영금액	결산후금액
	3) 노 무 비		47,820,000	10,800,000	58,620,000
	1). 임금 외		47,820,000		47,820,000
0504	임금		47,820,000		47,820,000
0508	2). 퇴직급여(전입액)			10,800,000	10,800,000
0550	3). 퇴직연금충당금전입액				

❷ 판관비의 퇴직급여(전입액)란에 15,000,000원 입력한 후 전표추가버튼을 눌러 전표를 생성시킨다.

코드	과목	결산분개금액	결산전금액	결산반영금액	결산후금액
	4. 판매비와 일반관리비		133,376,700	15,000,000	148,376,700
	1). 급여 외		61,937,000		61,937,000
0801	급여		61,937,000		61,937,000
0806	2). 퇴직급여(전입액)			15,000,000	15,000,000
0850	3). 퇴직연금충당금전입액				

83회 결산정리사항은 다음과 같다. 해당메뉴에 입력하시오.(9점)

연습 1 12월 31일 현재 임대료(영업외 수익) 관련 기간 경과분이 있다. 5월 1일 ㈜전주로부터 1년분(당기.5.1.~차기.4.30.) 임대료 7,200,000원을 수취하면서 전부 부채로 처리하였으며, 월할 계산하시오.(3점)

연습 2 기말 외상매출금 중에는 영국 브리티시 기업의 외화로 계상된 외상매출금 130,000,000원($100,000)이 포함되어 있다.(결산일 현재 적용환율 : 1,280원/$)(3점)

연습 3 결산일 현재 다음과 같이 판매비와관리비에 반영할 감가상각비를 각각 계상하고자 한다.(3점)

- 건물 : 3,500,000원   • 차량운반구 : 12,000,000원   • 비품 : 3,300,000원

정답 1 수동결산 → 발생주의 원칙에 의해 기중에 처리한 선수수익(부채) 중 당기분 수익금액 8개월분은 임대료이므로 선수수익을 임대료로 대체하는 수정분개를 합니다.

당기분 임대료 = 7,200,000원 × (8개월/12개월) = 4,800,000원

일	번호	구분	계정과목	거래처	적요	차변	대변
31	00001	차변	0263 선수수익	01106 (주)전주		4,800,000	
31	00001	대변	0904 임대료				4,800,000

정답 2 일반전표12/31로 입력하는 수동결산

기중 발생한 외상매출금 130,000,000원을 기말환율금액($100,000×1,280원=128,000,000원)으로 변경하기 위해 차액 2,000,000원 외상매출금 감소와 손실 발생 분개합니다.

일	번호	구분	계정과목	거래처	적요	차변	대변
31	00002	차변	0955 외화환산손실			2,000,000	
31	00002	대변	0108 외상매출금	03015 영국 브리티시			2,000,000

정답 3 결산자료입력 메뉴에 의한 자동결산

❶ 판매비와관리비에 반영할 감가상각비 과목 아래 해당 유형자산 란에 주어진 상각액을 입력한 후에 전표 추가합니다.

코드	과목	결산분개금액	결산전금액	결산반영금액	결산후금액
	4. 판매비와 일반관리비		154,106,200	18,800,000	172,906,200
	1). 급여 외		57,737,000		57,737,000
0801	급여		57,737,000		57,737,000
0806	2). 퇴직급여(전입액)				
0850	3). 퇴직연금충당금전입액				
0818	4). 감가상각비		1,500,000	18,800,000	20,300,000
0202	건물			3,500,000	3,500,000
0206	기계장치				
0208	차량운반구			12,000,000	12,000,000
0212	비품			3,300,000	3,300,000

84회 결산정리사항은 다음과 같다. 해당메뉴에 입력하시오.(9점)

연습 1 기말 현재 우리은행 차입금(3년 만기) 중 3,000,000원의 상환기간이 1년 이내로 도래하였다.(단, 유동성대체를 위한 요건은 모두 충족되었다고 가정한다.)(3점)

연습 2 결산일 현재 영업부서가 보유하고 있는 유형자산은 다음과 같다.(3점)

취득일	유형자산	취득원가	잔존가치	내용연수	상각방법
전년도.01.01.	건물	50,000,000원	0	50년	정액법

연습 3 매출채권(외상매출금, 받을어음) 잔액에 대하여 1%의 대손충당금을 보충법으로 설정하시오.(3점)

정답 1 일반전표12/31 입력하는 수동결산

결산시 장기차입금 금액 중 만기 1년 이내로 다가온 금액은 유동부채(유동성장기부채)로 변경하여 유동부채로 보고한다. 따라서 장기차입금을 유동성장기부채로 대체하는 수정분개를 합니다.

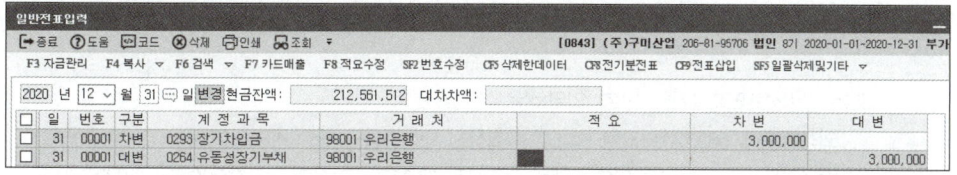

정답 2 결산자료입력 메뉴를 이용한 자동결산과 수동결산 중 선택1

(선택1) 고정자산등록메뉴에 입력하라는 제시어가 없으므로 정액법으로 상각액을 계산하여 입력합니다.

정액법 : (50,000,000 - 0) ÷ 50년 = 1,000,000원(1년분) ➡ 800대 감가상각비 금액

결산자료입력 화면:

코드	과 목	결산분개금액	결산전금액	결산반영금액	결산후금액
	4. 판매비와 일반관리비		108,846,150	1,000,000	109,846,150
	1). 급여 외		55,000,000		55,000,000
0801	급여		55,000,000		55,000,000
0806	2). 퇴직급여(전입액)				
0850	3). 퇴직연금충당금전입액				
0818	4). 감가상각비			1,000,000	1,000,000
0202	건물			1,000,000	1,000,000
0206	기계장치				
0208	차량운반구				
0212	비품				

(방법2) 수동결산 : 12월 31일 일반전표 입력
(차) 감가상각비(800대) 1,000,000원 (대) 감가상각누계액 1,000,000원

정답 ③ 자동결산 → 결산자료입력 메뉴바에 [대손상각] 선택하여 대손율 1%인지 확인하고 추가설정액란 대손충당금 설정하는 채권인 외상매출금과 받을어음을 남겨두고 나머지 금액은 스페이스바를 선택하여 기타채권금액을 삭제하고 Enter친 후에 [결산반영]을 클릭하여 자동으로 대손충당금 설정액을 해당란에 반영합니다.

대손상각 화면:

대손율(%) 1.00

코드	계정과목명	금액	설정전 충당금 잔액 코드	계정과목명	금액	추가설정액(결산반영) [(금액x대손율)-설정전충당금잔액]	유형
0108	외상매출금	589,120,000	0109	대손충당금	4,600,000	1,291,200	판관
0110	받을어음	75,370,000	0111	대손충당금	520,000	233,700	판관
0114	단기대여금	10,000,000	0115	대손충당금			영업외
0120	미수금	1,500,000	0121	대손충당금			영업외
0131	선급금	8,650,000	0132	대손충당금			영업외
	대손상각비 합계					1,524,900	판관

판.관.비 > 대손상각 > 외상매출금란과 받을어음란에 자동반영됩니다.

결산자료입력 화면:

코드	과 목	결산분개금액	결산전금액	결산반영금액	결산후금액
0835	5). 대손상각			1,524,900	1,524,900
0108	외상매출금			1,291,200	1,291,200
0110	받을어음			233,700	233,700

또는 일반전표입력 12월 31일로 입력하는 수동결산
  외상매출금: 589,120,000원 × 1% - 결산전 대손충당금 잔액 4,600,000원 = 1,291,200원
  받을어음 : 75,370,000원 × 1% - 결산전 대손충당금 잔액   520,000원 =   233,700원

12/31 (차) 대손상각비(판) 1,524,900원   (대) 대손충당금(109) 1,291,200원
                                        대손충당금(111)   233,700원

85회 결산정리사항은 다음과 같다. 해당메뉴에 입력하시오.(9점)

연습 1 12월 31일 결산일 현재 영업부 건물의 화재보험료 상세 내역이다.(3점)

- 보험기간 : 당해연도.07.01. ~ 다음연도.06.30.
- 보험료 : 6,000,000원
  (월할계산 하시오.)
- 보험료 납부일 : 당기.07.01.
- 보험료(판) 계상액 : 6,000,000원

연습 2 당사는 일반기업회계기준에 의하여 퇴직급여충당부채를 설정하고 있으며, 관련자료는 다음과 같다.(3점)

구분	기초 금액	기중 감소금액	기말금액(퇴직금 추계액)
생산부	20,000,000원	8,000,000원	22,000,000원
영업부	17,000,000원	7,000,000원	19,000,000원

연습 3 결산일 현재 다음과 같이 제조원가에 반영할 감가상각비를 계상하고자 한다.(3점)

구 분	건 물	기계장치	차량운반구
감가상각비	8,500,000원	3,700,000원	1,200,000원

정답 1 일반전표 12/31로 입력하는 수동결산

기중에 처리한 800대 보험료 6,000,000원 중 차기분 6개월금액은 선급비용(자산)입니다. 따라서 기중에 처리한 800대 보험료를 선급비용(자산)으로 대체하는 수정분개를 합니다.

이때 금액은 차기분 6개월(3,000,000원) = 6,000,000 × 6/12

일	번호	구분	계 정 과 목	거 래 처	적 요	차 변	대 변
31	00002	차변	0133 선급비용			3,000,000	
31	00002	대변	0821 보험료				3,000,000

(이론대비) 위 수정분개이후 재무제표에 미치는 영향은? 자산(+), 비용(-), 이익(+), 이익잉여금(자본)

정답 2 결산자료입력 메뉴를 이용한 자동결산

퇴직급여충당부채를 설정하는 것은 기말현재 전종업원이 일시에 퇴직할 경우 지급하여야 할 퇴직금에 상당하는 추계액(예상액)에서 결산전 퇴직급여충당부채잔액을 차감한 나머지를 추가설정하여 재무상태표에 기말잔액으로 보고 합니다. (일반기업회계기준 21.8)

생산부 - 퇴직급여(500대) ➜ 노무비 밑 퇴직급여(전입액)란에 10,000,000원 입력한다.
: 퇴직금추계액 22,000,000원 - 결산전 퇴직급여충당부채 잔액12,000,000원 = 추가설정액 10,000,000원

코드	과 목	결산분개금액	결산전금액	결산반영금액	결산후금액
	3) 노 무 비		48,170,000	10,000,000	58,170,000
	1). 임금 외		48,170,000		48,170,000
0504	임금		48,170,000		48,170,000
0508	2). 퇴직급여(전입액)			10,000,000	10,000,000
0550	3). 퇴직연금충당금전입액				

영업부 - 퇴직급여(800대) ➪ 판.관.비 밑 퇴직급여(전입액)란에 9,000,000원 입력한다.
: 퇴직금추계액 19,000,000원 - 결산전 잔액10,000,000원 = 추가설정액 9,000,000원

코드	과 목	결산분개금액	결산전금액	결산반영금액	결산후금액
	4. 판매비와 일반관리비		136,500,340	9,000,000	145,500,340
	1). 급여 외		55,300,000		55,300,000
0801	급여		55,300,000		55,300,000
0806	2). 퇴직급여(전입액)			9,000,000	9,000,000
0850	3). 퇴직연금충당금전입액				

또는 12월 31일 일반전표입력(수동결산분개)

1 (차) 퇴직급여(500대) 10,000,000원 (대) 퇴직급여충당부채 19,000,000원
　퇴직급여(800대) 9,000,000원

정답 3 결산자료입력메뉴를 통한 자동결산

결산자료입력 메뉴에서 500대 감가상각비는 경비 > 일반감가상각비 > 해당 유형자산인 건물, 기계장치, 차량운반구 각각의 란에 당기분 감가상각비 금액을 입력하고, 전표추가를 선택합니다.

코드	과 목	결산분개금액	결산전금액	결산반영금액	결산후금액
0518	2). 일반감가상각비			13,400,000	13,400,000
0202	건물			8,500,000	8,500,000
0206	기계장치			3,700,000	3,700,000
0208	차량운반구			1,200,000	1,200,000
0212	비품				

86회 결산정리사항은 다음과 같다. 해당메뉴에 입력하시오.(9점)

연습 1 결산일 현재 당기에 계상 될 감가상각비는 다음과 같다.(3점)

- 기계장치 감가상각비(생산부) : 2,000,000원
- 비품 감가상각비(영업부) : 450,000원
- 개발비 상각비 : 300,000원

연습 2 당기 법인세비용은 12,500,000원이다. 기중에 납부한 중간예납세액 및 원천징수세액이 6,000,000원이 있다.(3점)

연습 3 매출채권(외상매출금, 받을어음) 잔액에 대하여 보충법을 사용하여 대손충당금을 설정한다. (단, 대손설정률은 1% 라고 가정한다.)(3점)

정답 1 자동결산 또는 수동결산 중 한가지 선택함. 결산자료입력메뉴(1월~12월)입력하는 자동결산

• 기계장치 감가상각비 ➡ 경비 > 일반감가상각비 > 기계장치란에 당기상각액 2,000,000원 입력

코드	과 목	결산분개금액	결산전금액	결산반영금액	결산후금액
0518	2). 일반감가상각비			2,000,000	2,000,000
0202	건물				
0206	기계장치			2,000,000	2,000,000
0208	차량운반구				
0212	비품				

• 비품 감가상각비 ➡ 판.관.비 > 감가상각비 > 비품란에 당기상각액 450,000원 입력

코드	과 목	결산분개금액	결산전금액	결산반영금액	결산후금액
0818	4). 감가상각비		2,500,000	450,000	2,950,000
0202	건물				
0206	기계장치				
0208	차량운반구				
0212	비품			450,000	450,000

• 개발비 상각비   → 무형자산상각비 > 개발비란에 300,000원 입력.

코드	과 목	결산분개금액	결산전금액	결산반영금액	결산후금액
0840	6). 무형자산상각비			300,000	300,000
0218	영업권				
0226	개발비			300,000	300,000

또는 일반전표입력 12월 31일 입력하는 수동분개를 할 경우 다음과 같이 한다.
  (차) 감가상각비(500대) 2,000,000원   (대) 감가상각누계액(207) 2,000,000원
      감가상각비(800대)   450,000원   감가상각누계액(213)   450,000원
      무형자산상각비   300,000원   개발비   300,000원

정답 ② 결산자료입력 메뉴(1월~12월)를 선택한 자동결산
맨 밑 법인세등란의 해당 칸에 각각 다음의 금액을 입력한 후,
1) 선납세금 : 6,000,000원을 결산반영금액란에 입력
2) 추가계상란 금액 : 당기분법인세 12,500,000원에서 선납세금 6,000,000원을 차감한 나머지 6,500,000원을 입력

	8. 법인세차감전이익		363,465,887	-2,750,000	360,715,887
0998	9. 법인세등			12,500,000	12,500,000
0136	1). 선납세금		6,000,000	6,000,000	6,000,000
0998	2). 추가계상액			6,500,000	6,500,000

또는 12월 31일 일반전표에 입력하는 수동결산
(차) 법인세등   12,500,000원   (대) 선납세금   6,000,000원
                                    미지급세금   6,500,000원   → 자동결산에 반영

정답 ③ 보충법(대손충당금 증가분개)은 결산자료입력메뉴에서 자동결산하고, 환입법(대손충당금 차감분개)은 일반전표입력메뉴에서 수동결산으로 12월 31일자로 아래와 같이 분개 입력한다.
      매출채권 × 대손설정률 - 결산전 대손충당금 잔액 = 추가설정액(대손충당금 증가분개)
                                            (△금액은 환입법(대손충당금 차감분개))
      외상매출금잔액 3,306,000원 - 결산전 대손충당금잔액 3,700,000원 = △394,000원(환입법 분개)
      받을어음잔액   1,380,000원 - 결산전 대손충당금잔액 1,500,000원 = △120,000원(환입법 분개)

12/31 (차) 대손충당금(109)   394,000원   (대) 대손충당금환입   514,000원
       (차) 대손충당금(111)   120,000원

만약 환입법을 자동결산으로 입력할 경우
결산자료입력메뉴(1월~12월) 상단에 [대손상각]을 선택하여 문제제시된 대손율 1%를 입력하고, 외상매출금과 받을어음을 제외한 나머지 계정과목에 대한 추가설정액란 금액을 삭제한 후에 아래 하단에 [결산반영]울 선택하여 판관비 > 대손상각비 > 외상매출금 (-)394,000과 받을어음란에 (-)120,000원을 확인 후에 [전표추가]를 한다.

코드	과 목	결산분개금액	결산전금액	결산반영금액	결산후금액
0835	5). 대손상각			-514,000	-514,000
0108	외상매출금			-394,000	-394,000
0110	받을어음			-120,000	-120,000

87회 결산정리사항은 다음과 같다. 해당메뉴에 입력하시오.(9점)

연습 1 국일은행으로부터 차입한 장기차입금 중 25,000,000원이 만기가 1년 미만으로 도래하였다.(3점)

연습 2 당기 9월 1일에 1년분(당기.9.1.~ 차기.8.31.)의 판매관리비인 임차료 18,000,000원을 현금으로 지급하고 비용으로 처리하였다. 월할 계산하시오.(3점)

연습 3 기말 결산일 현재 현금과부족 계정의 원인을 발견하지 못하였다.(3점)

정답 ① 12/31 장기차입금 중 전부 또는 일부금액이 결산일로부터 만기1년 이내로 도래하는 금액은 유동성장기부채로 대체해야 수정분개를 합니다.

일	번호	구분	계정과목	거래처	적요	차변	대변
31	00001	차변	0293 장기차입금	98002 국일은행		25,000,000	
31	00001	대변	0264 유동성장기부채	98002 국일은행			25,000,000

정답 ② 12/31 기중에 처리한 임차료(당기분 금액) 중 차기분금액은 선급비용(자산)으로 대체하는 수정분개를 해야 발생주의 원칙에 의해 손익계산서에 당기분 비용이 정확하게 반영됩니다. ➡ 차기분금액 8개월(1/1~8/31)= 18,000,000 × 8/12 = 차기분금액 12,000,000

| 31 | 00002 | 차변 | 0133 선급비용 | | | 12,000,000 | |
| 31 | 00002 | 대변 | 0819 임차료 | | | | 12,000,000 |

정답 ③ 임시과목인 현금과부족이 합계잔액시산표(12/31) 어느 변에 현금과부족이 정리되어 있는가를 확인하려면 현금과부족을 더블클릭하여 분개를 확인한 후에 대변에 금액이 있으면 잡이익(영업외수익)으로 대체하고, 현금과부족이 차변에 있으면 잡손실(영업외비용)로 대체하는 분개를 합니다.

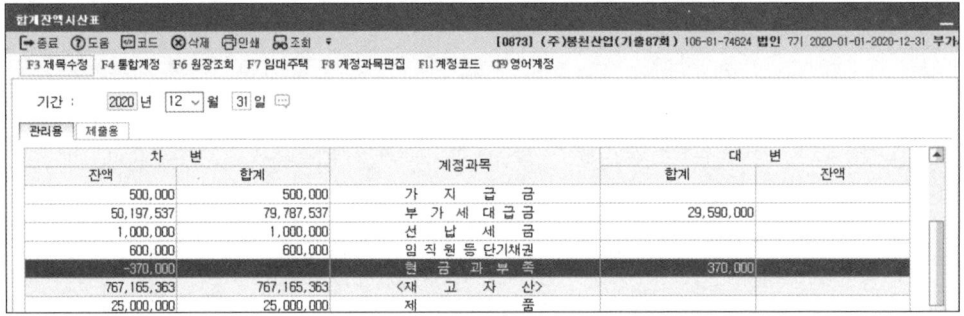

12월 31일 일반전표입력

| 31 | 00003 | 대변 | 0930 잡이익 | | | | 370,000 |
| 31 | 00003 | 차변 | 0141 현금과부족 | | | 370,000 | |

CHAPTER 07 프로그램 없이 연습하는 장부조회

(출제빈도가 높은 부분만 요약 하였습니다.)

장부관리	부가가치세 I
거래처원장	부가가치세신고서
거래처별계정과목별원장	세금계산서합계표
계정별원장	매입자발행세금계산서합계표
현금출납장	
일계표(월계표)	
분개장	
총계정원장	
매입매출장	
세금계산서(계산서)현황	
전표출력	

조회문제는 한 가지 장부에서 찾을 수 있는 것은 아닙니다. 따라서 여러 가지 장부에서 조회 가능하므로 평소 간단히 찾을 수 있는 장부를 기억하세요.

(1) 거래처원장
거래처별로 비교하여 특정 거래처의 채권, 채무계정과목 증가액, 감소액, 잔액을 조회하는 메뉴.

(2) 계정별원장
특정 거래처가 없는 계정과목의 증가액, 감소액, 잔액을 조회할 수 있습니다.

(3) 현금출납장
현금의 증가액(입금란), 감소액(출금란), 잔액 란을 조회 할 수 있습니다.

(4) 일/월계표
❶ 일계표 : 1개월 기간이내의 자산, 부채, 자본, 수익, 비용, 원가항목의 차변과 대변 금액을 조회할 수 있다.
❷ 월계표 : 월별, 분기별, 반기별 자산, 부채, 자본, 수익, 비용, 원가항목의 계정 가장 큰 금액을 조회함(현금으로 지출한 금액(현금란)과 현금이외의 지출액(대체란)을 조회)(주의) 제조경비가 가장 큰 월은 월별로 조회합니다.
  [주의] 제조경비가 가장 큰 월은 월별로 조회합니다.

(5) 총계정원장

월별, 분기별, 반기별 계정과목의 증가, 감소, 잔액을 한 눈에 비교하는 메뉴로 계정과목의 잔액을 월별로 비교하여 가장 큰 달을 찾을 때 선택합니다.

(6) 매입매출장전산회계1급 (장부조회 연습)

매입매출전표 과세유형별로 조회하는 메뉴로서, 일반적으로 과세유형별로 공급가액 또는 공급대가 또는 거래건수 등을 조회합니다.

(7) 부가세신고서 조회

❶ 공제받지 못한 매입세액은 신고서 16번 세액란 금액입니다.
❷ 납부해야할 부가가치세는 신고서 27번 세액란 금액입니다.
❸ 세금계산서에 의한 고정자산 매입 공급가액은 신고서 11번 금액란입니다.
❹ 세금계산서 이외의 증빙에 의한 (신용카드 등) 고정자산 매입 공급가액은 신고서 14~42번 금액입니다.
❺ 예정신고 누락은 매출예정신고누락(❼번)과 매입예정신고누락(❿번) 세부창에서 조회합니다.
❻ 고정자산 매입공급가액은 11번(세금계산서)과 42번(세금계산서 이외 증빙) 합계입니다.
❼ 증빙 구분없는 일반매입 공급가액은 10번세금계산서에 의한 매입과 41번 세금계산서이외증빙에 의한 매입의 합계입니다.

(8) 세금계산서합계표

거래처별 세금계산서(전자+전자외) 매수 또는 공급가액 거래 건수 등을 조회합니다.

(9) 재무상태표

유동자산, 유동부채, 비유동자산, 투자자산 등 자산, 부채, 자본항목을 조회하는 메뉴입니다.

연습

1. 영세율 매출 세금계산서의 공급가액 공급가액은 12영세로서 부가세신고서 몇 번? ▶
2. 투자자산을 나타내는 재무제표는? ▶
3. 계정과목을 월별로 비교하여 가장 큰 금액 또는 가장 적은 금액을 조회하는 장부 ▶
   (주의) 원가항목이나 판관비 등의 항목 중 가장 큰 금액이나 적은 금액은 월계표에서 월별로 조회합니다.
4. 상반기 또는 분기별 판매비와 관리비 항목의 특정계정과목을 조회 할 수 있는 장부는? ▶
5. 유동자산을 나타내는 재무제표는? ▶
6. 과세표준 금액은 부가세신고서 몇 번란 금액? ▶
7. 외상매출금 잔액이 가장 크거나 적은 특정 회사를 조회하는 장부는? ▶
8. 상반기 또는 분기별 제조경비나 판관비에 속하는 계정과목을 조회하는 장부는? ▶
9. 매출 세금계산서 발급분 공급가액은 부가세 신고서 몇 번과 몇 번? ▶
10. 특정 회사의 외상매출금 회수금액(대변금액)을 조회하는 장부는? ▶
11. 상반기 800번대 수수료비용 계정과목을 월별로 조회할 수 있는 장부는? ▶
12. 매출 영세율세금계산서(12영세)는 부가세신고서 몇 번란 금액? ▶
13. 부가세 신고서 과세표준과 납부세액란은 각각 몇 번과 몇 번란? ▶
14. 5월 한달 동안 현금으로 지급한 800번대 소모품비 금액을 조회하는 장부는? ▶
15. 유동자산과 유동부채를 나타내는 재무제표는? ▶
16. 상반기 800번대 접대비라는 계정과목을 월 별로 비교하는 장부는? ▶
17. 특정 회사의 외상매입금 지급액(감소액)을 조회하는 장부는? ▶
18. 매출세금계산서를 거래처별로 매수와 공급가액을 조회하는 표는? ▶
19. 과세매출 신용카드(17카과)가 부가세신고서에 반영되는 번호는? ▶
20. 과세매입 신용카드(57카과)또는 과세매출 신용카드(17카과)를 유형별로 조회할 수 있는 장부는? ▶
21. 차량운반구(유형자산)의 장부금액을 나타내는 재무제표는? ▶
22. 공제받지 못할 매입세액은 부가세신고서 몇 번란? ▶
23. 현금의 증가, 감소, 잔액을 조회하는 장부는? ▶
24. 당좌자산을 나타내는 재무제표는? ▶

정답

번호	정답	번호	정답
1	부가세신고서 5번	2	재무상태표
3	총계정원장	4	월계표 등
5	재무상태표	6	부가세 신고서 9번 합계
7	거래처원장	8	월계표
9	부가세 신고서 1번과 5번 (1번은 과세세금계산서, 5번은 영세율세금계산서)	10	거래처원장
11	총계정원장	12	부가세신고서 5번
13	과세표준 : 부가세신고서 9번 금액란 납부세액 : 부가세신고서 27번 세액란	14	월계표 등
15	재무상태표	16	총계정원장 (계정과목을 월별로 비교하는 장부)
17	거래처원장	18	세금계산서합계표
19	부가세신고서 3번	20	매입매출장
21	재무상태표	22	부가세신고서 16번 세액란
23	현금출납장	24	재무상태표

80회

연습 1 1기 확정 부가가치세 신고기간 중에 발행된 영세율 매출 세금계산서상 공급가액 합계액은 얼마인가?(3점)

영세율 매출 세금계산서의 공급가액 공급가액은 12영세로서 부가세신고서 몇 번?

연습 2 5월 31일 현재 투자자산은 전기 말 대비 얼마가 증가되었는가?(3점)

투자자산을 나타내는 재무제표는?

연습 3 상반기 중 세금과공과금(판)이 가장 적게 발생한 월은?(3점)

계정과목을 월별로 비교하여 가장 큰 금액 또는 가장 적은 금액을 조회하는 장부

정답 1 영세율 매출세금계산서 → 부가세신고서 5번 영세율세금계산서란 38,450,000원

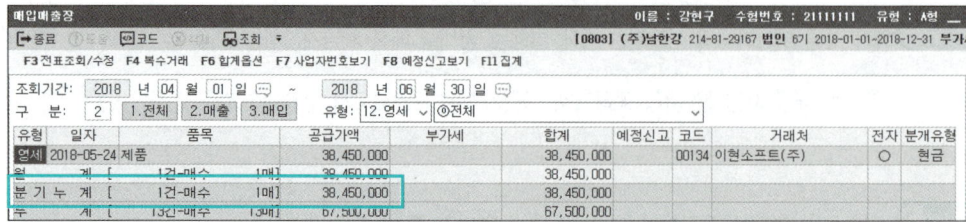

정답 2 투자자산은 재무상태표 구성요소이므로 재무상태표 당기와 전기를 비교한 차액 4,000,000원
재무상태표(5월조회) 메뉴에서 아래 투자자산을 조회한다.

❶ 당기 투자자산 금액 5,500,000원 - ❷ 전기 투자자산 금액 1,500,000원 = 4,000,000원 증가

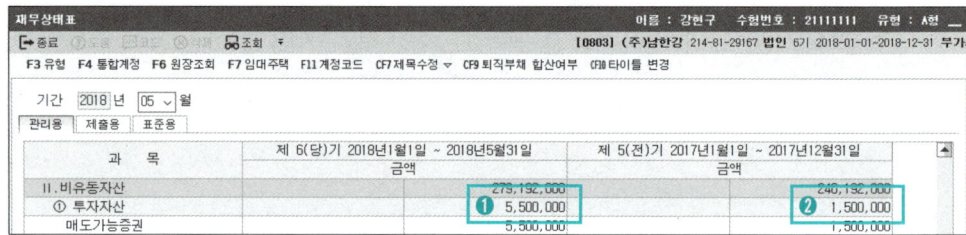

정답 3 2월

계정과목을 월별로 비교하여 가장 큰 금액 또는 가장 적은 금액을 조회하는 장부 → 총계정원장
세금과공과(판.관.비)는 손익계산서에서도 찾을 수 있습니다. 다만, 보다 정확한 표를 기억하세요.

❶ 세금과공과 발생액은 차변란 금액에서 월별로 비교하여 가장 적은 금액의 월을 찾는다.

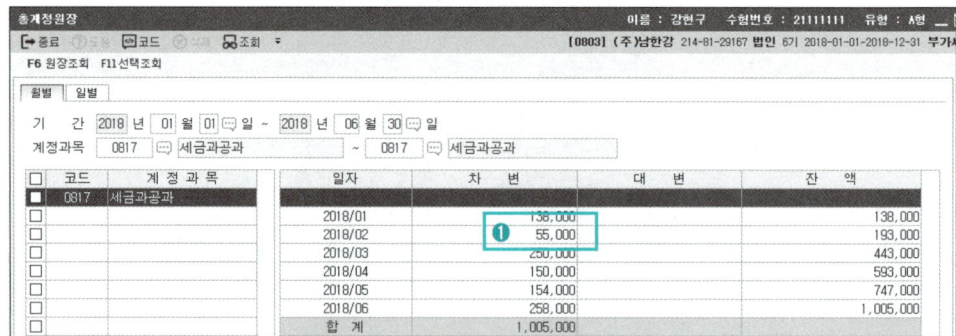

81회

연습 1 1월부터 6월까지 판매비와관리비로 지출한 소모품비는 얼마인가?(3점)

상반기 또는 분기별 판매비와 관리비 항목의 특정계정과목을 조회할 수 있는 장부는?

연습 2 3월말 현재 유동자산은 전기말 유동자산보다 얼마나 더 증가하였는가?(3점)

유동자산을 나타내는 재무제표는?

연습 3 제1기 부가가치세 확정신고기간(4월~6월)의 과세표준 금액은 얼마인가?(3점)

과세표준 금액은 부가세신고서 몇 번란 금액?

정답 ① 425,000원   상반기 또는 분기별 판.관.비 중 소모품비 계정과목은 → 월계표(1월~6월) 판관비 항목에서 소모품비 조회

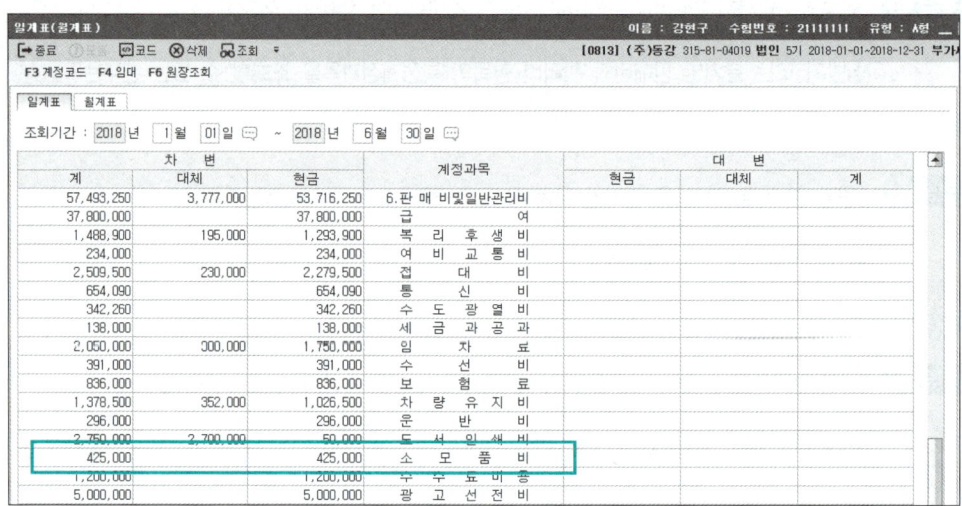

정답 ② 194,160,000원   유동자산은 재무상태표 구성요소이므로 재무상태표(3월)에서 조회

3월말 현재 507,368,450원 - 전기분 313,208,450원 = 차액 194,160,000원

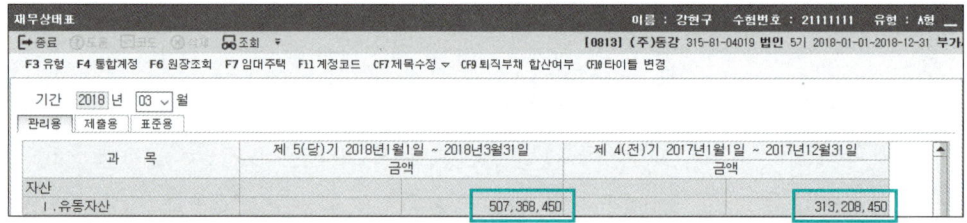

정답 ③ 125,526,000원   과세표준 부가가치세 신고서(4월~6월 조회) 9번 합계란 금액에서 확인한다.

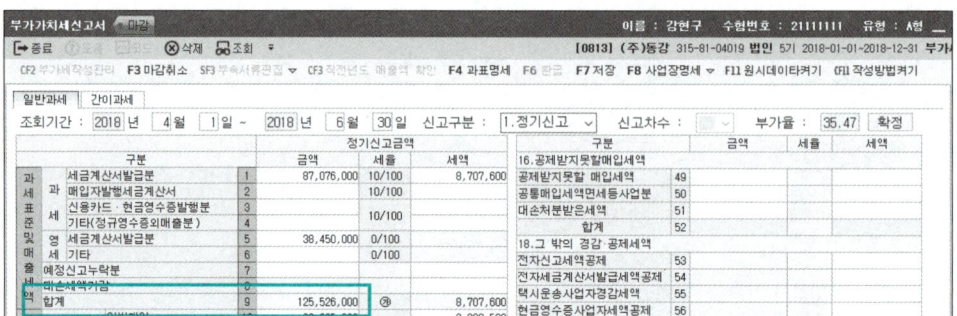

82회

연습 ① 4월말 현재 외상매출금 잔액이 가장 큰 거래처명과 그 금액은 얼마인가?(3점)

잔액 가장 크거나 적은 특정 회사를 조회하는 장부는?

연습 ② 상반기에 발생한 보험료 중 제조경비에 해당되는 금액은 얼마인가?(3점)

상반기 또는 분기별 제조경비나 판관비에 속하는 계정과목을 조회하는 장부는?

연습 ③ 제1기 확정신고기간(4월~6월)의 매출액 중 세금계산서 발급분의 공급가액은 모두 얼마인가?(3점)

매출 세금계산서 발급분 공급가액은 부가세 신고서 몇 번과 몇 번?

정답 ① 미림상사, 19,000,000원(거래처원장에서 외상매출금 과목으로 조회)

정답 ② 2,240,000원(월계표(1월~6월) 조회하여 제조경비의 보험료 금액 확인)

정답 ③ 135,000,000원 　세금계산서 발급분은 과세세금계산서 발급분(11과세)와 영세율세금계산서발급분(12영세)로 구분합니다. 따라서 부가세 신고서 1번과 5번란 공급가액 합계를 말합니다.

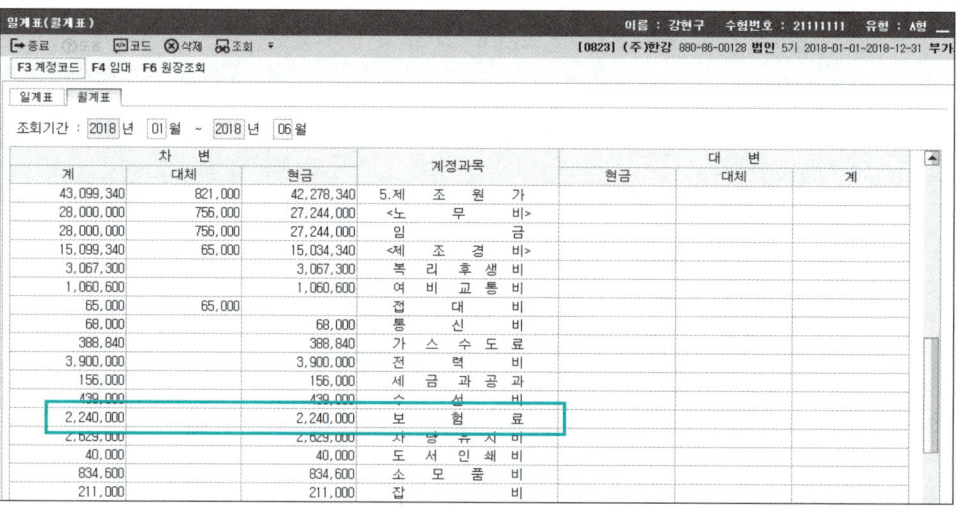

83회

연습 1 (주)문정유통에 대한 외상매출금 중 상반기(1월~6월)에 회수한 금액의 합계액은 얼마인가?(3점)

특정 회사의 외상매출금 회수금액(대변금액)을 조회하는 장부는?

연습 2 1월에서 6월 중 수수료비용(판)이 가장 크게 발생한 월과 금액은 얼마인가?(3점)

상반기 800번대 수수료비용 계정과목을 월별로 조회할 수 있는 장부는?

연습 3 당해연도 1기 확정 부가가치세 신고기간(4월~6월) 매출 중 영세율세금계산서 공급가액의 합계액은 얼마인가?(3점)

매출 영세율세금계산서(12영세)는 부가세신고서 몇 번란 금액?

정답 ① 21,000,000원 특정거래처의 외상매출금 회수액(채권소멸)은 거래처원장 외상출금 대변란에서 조회.

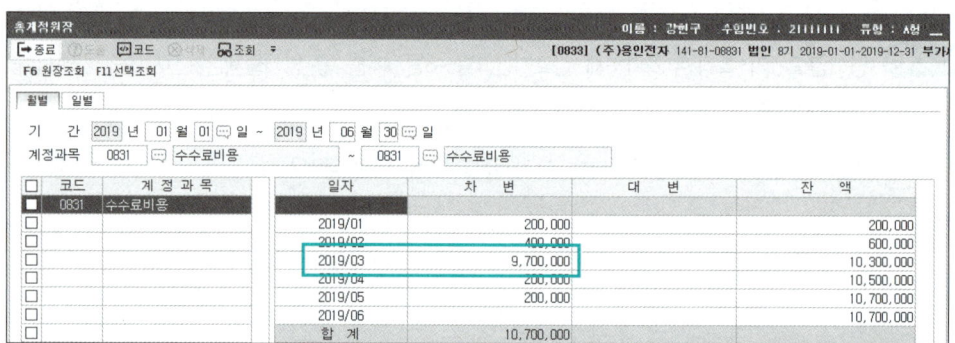

정답 ② 월 : 3월 , 금액 : 9,700,000원 (총계정원장에서 월별 탭, 조회기간 1월~6월로 조회)

비용계정과목을 월별로 비교하여 가장 많이 또는 적게 발생한 월과 금액은 총계정원장을 조회함.

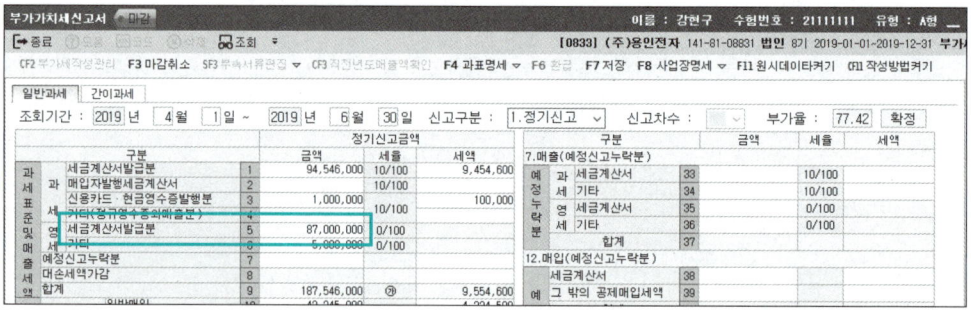

정답 ③ 87,000,000원 부가가치세 신고서 메뉴, 기간 4월 1일 ~ 6월 30일 조회, 5번 매출 영세율세금계산서

84회

연습 1 1기 확정(4월~6월) 부가가치세 신고기간 중 과세표준과 납부세액은 각각 얼마인가?(3점)

부가세 신고서 과세표준과 납부세액란은 각각 몇 번과 몇 번란?

연습 2 5월 중 현금으로 지급한 판매비 및 관리비로 분류되는 소모품비의 금액은 얼마인가?(3점)

5월 한 달 동안 현금으로 지급한 800번대 소모품비 금액을 조회하는 장부는?

연습 3 3월 31일 현재 유동자산에서 유동부채를 차감한 차이금액은 얼마인가?(3점)

유동자산과 유동부채를 나타내는 재무제표는?

정답 1 부가가치세신고서 메뉴에서 4월 1일과 6월 30일 입력한 후
과세표준 : 345,000,000원, 납부세액 : 20,095,000원

정답 ② 850,000원 (일계표 및 월계표에서 5월 한 달 기간으로 조회)

정답 ③ 재무상태표 조회, 조회기간 : 3월 조회 유동자산과 유동부채 합계금액

유동자산 982,776,347원 - 유동부채 425,845,347원 = 556,931,000원

85회

연습 1 상반기(1월~6월) 중 접대비(판)가 가장 많이 발생한 월은?(3점)

상반기 800번대 접대비라는 계정과목을 월별로 비교하는 장부는?

연습 2 5월 한달 동안 우송유통에 외상매입금을 결제한(지급한) 금액은 얼마인가?(3점)

특정 회사의 외상매입금 지급액(감소액)을 조회하는 장부는?

연습 3 제1기 확정신고기간(4월~6월) 동안 (주)덕수상사로 발행한 매출세금계산서의 매수와 공급가액은 얼마인가?(3점)

매출세금계산서를 거래처별로 매수와 공급가액을 조회하는 표는?

정답 1 5월   총계정원장 조회(월별 탭선택, 조회기간: 1월 ~ 6월) > 800대 접대비 조회하여 차변란에서 가장 많은 월을 조회한다.
계정과목을 월별로 비교하여 가장 많은 월 또는 가장 적은 월을 조회하는 장부 → 총계정원장이다.

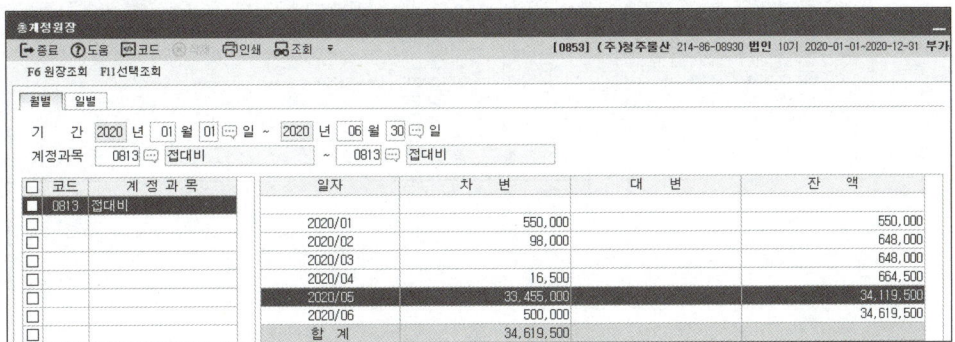

정답 ② 거래처원장 메뉴 : 기간 : 5월1일부터 5월31일, 계정과목 : (251)외상매입금 조회
우송유통의 차변 금액을 조회 18,753,000원

정답 ③ 8매, 34,000,000원
매출세금계산서의 매수를 조회하는 장부 → 세금계산서합계표(4~6월)조회 매출 탭 선택하여 전체데이터 탭을 선택하여 덕수상사의 매수란과 공급가액란을 조회한다.

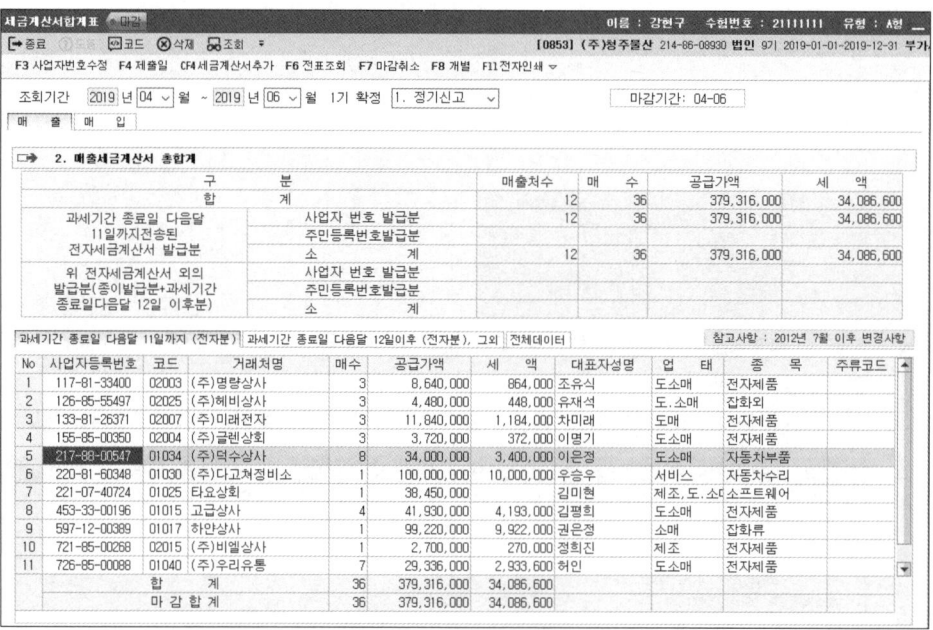

86회

연습 ① 1기 확정(4월~6월) 부가가치세 신고기간 중 카드로 매출된 공급대가는 얼마인가?(3점)

17카과, 22현과 등 과세유형별로 공급가액 또는 공급대가 등을 조회하는 장부는?

연습 ② 1기 확정(4월~6월) 부가가치세 신고기간 중 신용카드로 매입한 사업용고정자산의 금액은 얼마인가?(3점)

과세매입 신용카드(57카과)를 유형별로 조회할 수 있는 장부는?

연습 ③ 6월 말 차량운반구의 장부금액은 얼마인가?(3점)

차량운반구(유형자산)의 장부금액을 나타내는 재무제표는?

정답 ① 카드매출(17카과), 현금영수증 매출(22현과) 등의 공급가액 등을 조회하는 장부 → 매입매출장 조회
장부관리 > 매입매출장 메뉴에서 4월 1일과 6월 30일 입력한 후 구분 2.매출 유형 17.카과를 선택하여 공급가액+부가세 = 공급대가 : 13,200,000원

정답 ② 신용카드 과세매입 ➡ 57카과 ➡ 신고서12-42.신용카드 등에 의한 고정자산매입 2,400,000원
또는 매입매출장 조회화면 매입선택 57카과 입력 고정자산(유형자산+무형자산) 비품 매입공급가액

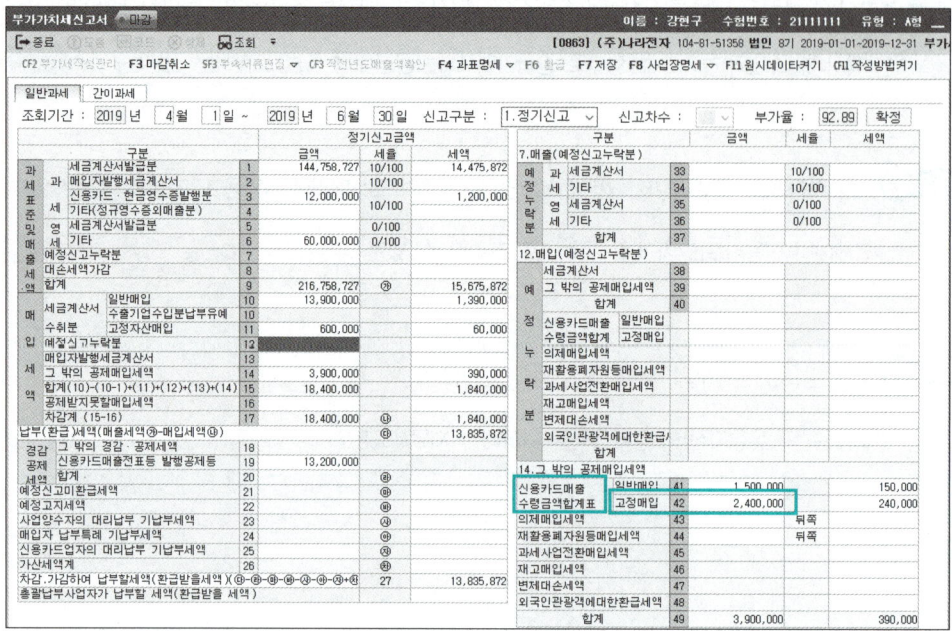

참고 세금계산서에 의한 고정자산매입액은 신고서 11번 금액이다.

★ 증빙구분 없이 고정자산 매입액은? 11번금액(세금계산서분)과 14-42(신용카드 등분) 금액의 합계이다.

정답 ③ 차량운반구는 유형자산이며 장부금액은 취득원가에서 감가상각누계액을 차감한 금액므로 재무상태표(6월) 조회
208 차량운반구 110,000,000원
- 209 감가상각누계액 25,000,000원
= 차량운반구 장부금액 85,000,000원

87회

연습 1 제1기 부가가치세 예정신고기간(1월~3월)의 부가가치세 매입세액 중 공제받지 못할 매입세액은 얼마인가?(3점)

공제받지 못할 매입세액은 부가세신고서 몇 번란?

연습 2 1월부터 3월까지의 누적현금지급액은 얼마인가?(3점)

현금의 증가, 감소, 잔액을 조회하는 장부는?

연습 3 당기 6월 현재 당좌자산은 전년도말 당좌자산보다 얼마나 증감하였는가?(3점)

당좌자산을 나타내는 재무제표는?

정답 1 부가가치세 신고서(1월~3월) 조회하여 신고서 16번 공제받지 못할 매입세액 세액란에서 조회함.

공제받지 못할 매입세액 : 800,000원

정답 ② 70,527,200원 현금 증가(입금), 감소(출금), 잔액은 현금출납장에서 조회한다. (1월~3월) 출금란 / 누계액 금액)

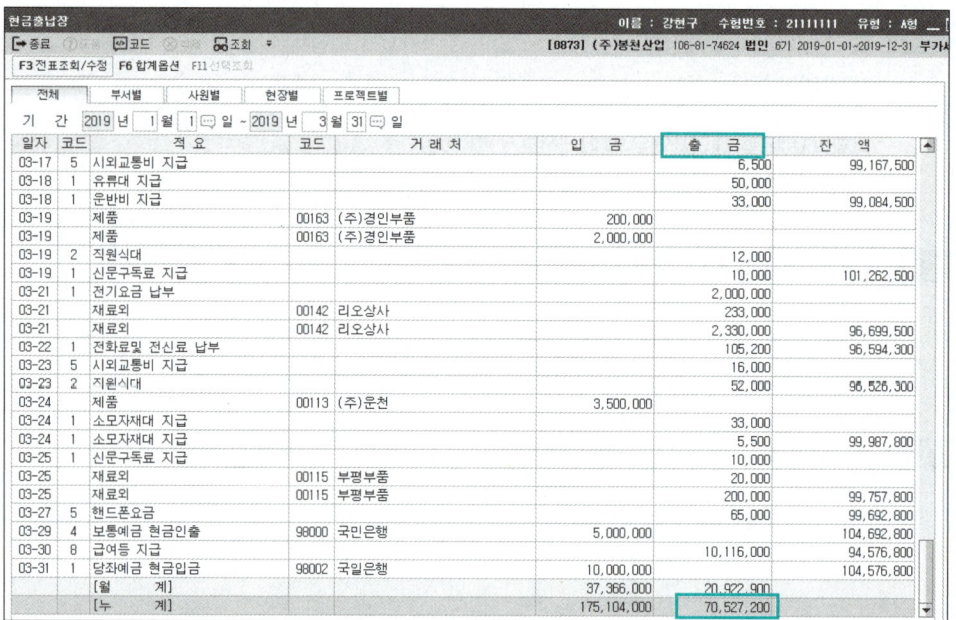

정답 ③ 당좌자산 비교는 재무상태표에서 조회하여 당기와 전기를 비교한다.

결산/재무제표 메뉴에서 재무상태표(6월)을 입력한 후 당기 당좌자산 786,213,400원 − 전기 당좌자산 446,000,000원 = 차액 340,213,400원

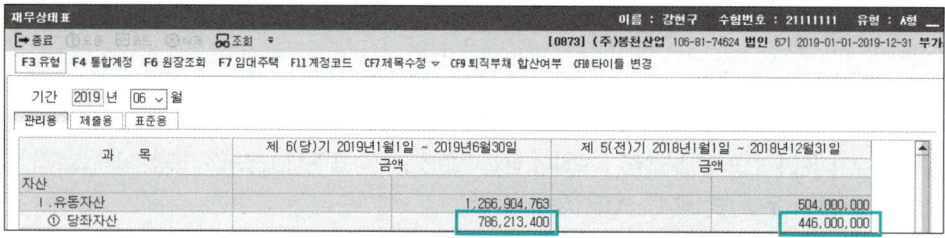

PART 05

기출문제
(92회~101회)

CHAPTER 01 전산회계1급 기출문제(92회~101회)

CHAPTER 02 전산회계1급 기출문제 정답

제92회 이론 시험

| 전산회계 1급 기출문제 |

◆ 다음 문제를 보고 알맞은 것을 골라 │이론문제 답안작성│ 메뉴에 입력하시오. (객관식 문항당 2점)

■ 기본 전제 ■
문제에서 한국채택국제회계기준을 적용하도록 하는 전제조건이 없는 경우, 일반기업회계기준을 적용한다.

1. 다음 중 수익과 비용에 대한 설명으로 가장 잘못된 것은?
   ① 관련 수익과 직접적 인과관계를 파악할 수 있는 비용은 해당기간에 합리적이고 체계적인 배분을 하여 비용으로 인식한다.
   ② 수익은 특정 회계기간 동안에 발생한 경제적 효익의 증가로서, 지분참여자에 의한 출연과 관련된 것은 제외한다.
   ③ 수익이란 기업실체의 경영활동과 관련된 재화의 판매 또는 용역의 제공 등에 대한 대가로 발생하는 자산의 유입 또는 부채의 감소이다.
   ④ 수익은 자산의 증가나 부채의 감소와 관련하여 미래의 경제적 효익이 증가하고 이를 신뢰성 있게 측정할 수 있을 때 인식한다.

2. 단기시세차익을 목적으로 상장된 ㈜세무의 주식을 2019년도에 취득하여 아래와 같이 보유하고 있는 ㈜회계의 2020년도 손익계산서상 인식할 영업외수익 및 영업외비용은 각각 얼마인가?

   • 2019년 12월 31일 현재 ㈜세무 주식 1,000주를 보유하고 있고 주당 공정가치는 5,000원이다.
   • 2020년 10월 12일 ㈜세무의 주식 500주를 주당 4,900원에 처분하고 현금을 받다.
   • 2020년 12월 31일 현재 ㈜세무 주식 500주를 보유하고 있고 주당 공정가치는 5,100원이다.

	영업외비용	영업외수익		영업외비용	영업외수익
①	100,000원	100,000원	②	100,000원	50,000원
③	50,000원	100,000원	④	50,000원	50,000원

3. 다음 중 재고자산으로 분류되는 경우는?
   ① 제조업을 운영하는 회사가 공장이전 목적으로 보유 중인 토지
   ② 도매업을 운영하는 회사가 판매 목적으로 보유하는 상품
   ③ 부동산매매업을 운영하는 회사가 장기 시세차익을 목적으로 보유하는 유가증권
   ④ 서비스업을 운영하는 회사가 사옥 이전 목적으로 보유 중인 건물

4. 다음 중 기계장치의 취득원가로 올바른 것은?

- 기계장치의 구입가격 : 50,000,000원
- 기계장치의 구입시 운송비용 : 2,000,000원
- 기계장치의 설치비 및 시운전비 : 500,000원
- 기계장치 사용을 위한 직원 교육비 : 1,000,000원

① 53,500,000원　② 52,000,000원　③ 52,500,000원　④ 50,500,000원

5. 다음 중 일반기업회계기준에 따른 재무제표에 해당하지 않는 것은?

① 재무상태표　② 손익계산서　③ 주석　④ 시산표

6. 다음 중 재무제표상 자산의 차감항목으로 표시되지 않는 거래는?

① 퇴직급여충당부채　② 감가상각누계액　③ 대손충당금　④ 재고자산평가충당금

7. 다음 중 사채에 대한 설명으로 틀린 것은?

① 유효이자율법 적용시 할인발행인 경우 사채이자는 매년 감소한다.
② 사채할증발행차금은 당해 사채의 액면가액에서 부가(+)하는 형식으로 기재한다.
③ 유효이자율법 적용시 사채할증발행차금 상각액은 매년 증가한다.
④ 유효이자율법 적용시 사채할인발행차금 상각액은 매년 증가한다.

8. 1기 회계연도(1월 1일~12월 31일) 중 10월 1일에 내용연수 5년, 잔존가치 1,000,000원인 기계장치를 5,000,000원에 매입하였으며, 기계장치의 취득부대비용으로 500,000원을 지출하였다. 동 기계는 원가모형을 적용하고, 정액법으로 감가상각한다. 1기 회계연도에 계상될 감가상각비로 맞는 것은?(단, 월할상각할 것)

① 150,000원　② 200,000원　③ 225,000원　④ 270,000원

9. 갑사의 제품 A와 제품 B에 대한 제조원가 자료는 다음과 같다. 실제개별원가계산 방법에 따라 기계시간을 기준으로 제조간접비를 배부하였을 때 제품 A의 제조원가는 얼마인가?

구분	제품 A	제품 B	합계
직접재료비	7,000,000원	3,000,000원	10,000,000원
직접노무비	4,000,000원	1,000,000원	5,000,000원
제조간접비(실제)	?	?	3,000,000원
기계시간	600시간	400시간	1,000시간
노무시간	400시간	100시간	500시간

① 5,200,000원　② 12,200,000원　③ 12,800,000원　④ 13,400,000원

10. 다음 중 원가의 행태에 따른 분류에 해당하지 않는 것은?

① 변동원가　　　② 고정원가　　　③ 준고정원가　　　④ 매몰원가

11. ㈜동영은 올해초 사업을 개시하였다. 다음의 자료에 의해 당기의 매출원가를 구하시오.

기본원가	500,000원	기말재공품	400,000원
제조간접원가	300,000원	기말제품	100,000원

① 100,000원　　　② 300,000원　　　③ 400,000원　　　④ 500,000원

12. 다음 중 제조원가명세서에 포함되는 항목으로만 짝지어진 것은?

㉠ 기말원재료재고액	㉡ 기말제품재고액	㉢ 기말재공품재고액
㉣ 당기제품제조원가	㉤ 당기총제조원가	㉥ 당기제품매출원가

① ㉠, ㉢, ㉣, ㉤　　② ㉠, ㉡, ㉣, ㉤　　③ ㉡, ㉢, ㉣, ㉤　　④ ㉢, ㉣, ㉤, ㉥

13. 다음 자료를 이용하여 부가가치세 과세표준을 계산하면 얼마인가?

- 매출액 : 50,000,000원
- 판매장려금 : 3,000,000원
- 대손금 : 1,000,000원
- 매출에누리 : 2,000,000원

① 43,000,000원　　② 48,000,000원　　③ 49,000,000원　　④ 50,000,000원

14. 다음 중 부가가치세 과세대상 거래에 해당하지 않는 것은?

① 사업자가 행하는 재화의 공급　　② 사업자가 행하는 용역의 공급
③ 재화의 수입　　　　　　　　　　④ 용역의 수입

15. 다음은 사업자등록 신청에 대한 설명이다. 빈칸에 들어갈 일수는 몇 일인가?

부가가치세법상 사업자등록을 신청하기 전의 매입세액은 매출세액에서 공제하지 않는다. 다만, 공급시기가 속하는 과세기간이 끝난 후 ___일 이내에 사업자등록 신청을 할 경우 등록신청일부터 공급시기가 속하는 과세기간 기산일까지 역산한 기간 내의 매입세액은 매출세액에서 공제 할 수 있다.

① 10일　　　② 15일　　　③ 20일　　　④ 25일

제92회 실무 시험

| 전산회계 1급 기출문제 |

◆ 다호수패션㈜(회사코드:0923)은 스포츠의류를 제조하여 판매하는 중소기업이며, 당기(제5기) 회계기간은 2020. 1. 1. ~ 2020. 12. 31. 이다. 전산세무회계 수험용 프로그램을 이용하여 다음 물음에 답하시오.

문제 1 다음은 기초정보관리 및 전기분재무제표에 대한 자료이다. 각각의 요구사항에 대하여 답하시오. (10점)

1 신규거래처인 현영상사를 [거래처등록]메뉴에 추가 등록하시오. (3점)

현영상사 (코드:3425)	• 유형 : 동시 • 대표자명 : 부현영 • 사업장소재지 : 광주광역시 동구 제봉로 10(학동)	• 사업자등록번호 : 124-29-74624 • 업태/종목 : 제조/컴퓨터및컴퓨터부품
※ 주소입력시 우편번호는 입력하지 않아도 무방함.		

2 [계정과목및적요등록]메뉴에 아래의 계정과목에 대한 적요를 등록하시오. (3점)

3 전기분 원가명세서를 검토한 결과 다음과 같은 오류가 발견되었다. 모든 전기분 재무제표의 관련된 부분을 수정하시오. (4점)

계 정 과 목	틀린 금액	올바른 금액	내　　용
복리후생비(511)	3,200,000원	2,300,000원	입력 오류

문제 2 다음 거래 자료를 일반전표입력 메뉴에 추가 입력하시오.(일반전표입력의 모든 거래는 부가가치세를 고려하지 말 것) (18점)

> ■ 입력 시 유의사항 ■
> - 일반적인 적요의 입력은 생략하지만, 타계정 대체거래는 적요번호를 선택하여 입력한다.
> - 채권·채무와 관련된 거래는 별도의 요구가 없는 한 반드시 기 등록되어 있는 거래처코드를 선택하는 방법으로 거래처명을 입력한다.
> - 제조경비는 500번대 계정코드를, 판매비와 관리비는 800번대 계정코드를 사용한다.
> - 회계처리시 계정과목은 별도제시가 없는 한 등록되어 있는 계정과목 중 가장 적절한 과목으로 한다.

1 7월 30일 회사는 임직원을 위해 군민은행에 확정급여형(DB) 퇴직연금에 가입하고 7월분 퇴직연금 10,000,000원을 보통예금에서 납입하였다. (3점)

2 8월 28일 부영상사의 파산으로 인해 단기대여금 5,000,000원이 회수가 불가능하여 대손처리 하였다. 단기대여금에 대한 대손충당금 현재 잔액은 3,000,000원이며, 대손세액공제는 고려하지 않기로 한다. (3점)

3 10월 1일 ㈜한섬자동차로부터 업무용 승용차를 매입하면서 의무적으로 취득해야하는 공채를 구입하고, 대금 200,000원을 현금으로 지급하였다.(공채의 현재가치는 180,000원이며, 회사는 이를 단기매매증권으로 분류하였다) (3점)

4 10월 7일 선적지 인도조건으로 ABC상사에 수출(선적일자 9월 23일, 도착일자 9월 28일)한 제품의 외상매출금이 보통예금계좌에 원화로 환전되어 입금되다. 관련 환율은 다음과 같다. (3점)

> - 외상매출금 : $3,000
> - 9월 23일 환율 : ₩1,200/$
> - 9월 28일 환율 : ₩1,300/$
> - 10월 7일 환율 : ₩1,400/$

5 10월 21일 보통예금계좌에서 500,000원의 이자수익이 발생하였으며, 원천징수세액을 제외한 나머지 금액이 당사의 보통예금으로 입금되었다.(원천징수세율은 15.4%로 가정하고 원천징수세액은 자산으로 처리함) (3점)

6 11월 1일 다음은 영업팀에서 거래처 임원과의 식사비용을 법인카드(비씨카드)로 결제하고 수취한 신용카드매출전표이다. 일반전표에 입력하시오. (3점)

매 출 전 표

단말기번호 11213692	전표번호	
카드종류	거래종류	결재방법
비씨카드	신용구매	일시불
회원번호(Card No)	취소시 원거래일자	
2224-1222-1000-2000		
유효기간	거래일시	품명
	2020. 11. 1.	
전표제출	금 액/AMOUNT	155,455원
	부 가 세/VAT	15,545원
전표매입사	봉 사 료/TIPS	
	합 계/TOTAL	171,000원
거래번호	승인번호/(Approval No.) 98421147	
가맹점	세상의 모든아침	
대표자 정호용	TEL 02	402-235*
가맹점번호	사업자번호	134-00-00587
주소	서울시 서초구 명달로 101	

서명(Signature)
호수패션(주)

문제 3 다음 거래 자료를 매입매출전표입력 메뉴에 입력하시오. (18점)

■ 입력 시 유의사항 ■
- 일반적인 적요의 입력은 생략하지만, 타계정 대체거래는 적요번호를 선택하여 입력한다.
- 별도의 요구가 없는 한 반드시 기 등록되어 있는 거래처코드를 선택하는 방법으로 거래처명을 입력한다.
- 제조경비는 500번대 계정코드를, 판매비와 관리비는 800번대 계정코드를 사용한다.
- 회계처리시 계정과목은 별도제시가 없는 한 등록되어 있는 계정과목 중 가장 적절한 과목으로 한다.
- 입력화면 하단의 분개까지 처리하고, 전자세금계산서 및 전자계산서는 전자입력으로 반영한다.

---

1 9월 30일 ㈜영광패션에 제품을 판매하고 전자세금계산서를 아래와 같이 발급하고 대금수령은 보통예금으로 30,000,000원, 나머지는 어음으로 수취하였다. (3점)

전자세금계산서(공급자 보관용)							승인번호	20200930-15454645-58844486	
공급자	사업자등록번호	506-81-94325	종사업장번호		공급받는자	사업자등록번호	137-81-30988	종사업장번호	
	상호(법인명)	호수패션㈜	성 명(대표자)	정홍규		상호(법인명)	㈜영광패션	성 명	박영광
	사업장주소	세종특별자치시 연기면 연기길 3				사업장 주소	서울 영등포구 여의도동 234		
	업 태	제조	종 목	스포츠의류		업 태	제조, 도소매	종 목	의류
	이메일					이메일			
작성일자	공급가액		세액		수정사유				
2020.09.30.	50,000,000원		5,000,000원						
비고									
월	일	품 목		규 격	수 량	단 가	공 급 가 액	세 액	비 고
9	30	의류			1,000개	50,000원	50,000,000원	5,000,000원	
합 계 금 액	현 금		수 표		어 음		외 상 미 수 금	이 금액을 영수/청구 함	
55,000,000원	30,000,000원				25,000,000원				

2 10월 28일 본사 영업직원이 업무에 사용할 개별소비세 과세대상 자동차를 ㈜우주자동차에서 30,000,000원(부가가치세 별도)에 구입하고, 전자세금계산서를 수취하였으며 대금결제는 다음 달에 하기로 하였다. (3점)

3 11월 5일 서석컨설팅에서 영업부 직원들의 회계업무 향상 교육을 실시하고, 강사료 550,000원에 대한 전자계산서를 발급받았다. 강사료는 11월 2일에 지급한 계약금 100,000원을 차감한 잔액을 1개월 후에 지급하기로 하였다.(단, 계약금은 선급금계정으로 처리하였음) (3점)

[4] 11월 10일 비사업자인 박사원에게 제품을 2,200,000원(부가가치세 포함)에 판매하였다. 대금은 현금으로 받고 현금영수증을 발행하였다.(단, 거래처를 입력 할 것) (3점)

[5] 12월 10일 생산부문 근로자들의 성탄절 선물로 하나로마트에서 종합선물세트를 1,100,000원(부가가치세 포함)에 구입하고 법인카드인 하나카드로 결제하였다.(카드매입에 대한 부가가치세 매입세액 공제요건은 충족 함) (3점)

[6] 12월 15일 호주에서 기계장치를 수입하고 수입전자세금계산서를 부산세관장으로부터 발급받았으며, 당일 부가가치세를 보통예금계좌에서 이체 납부하였다.(부가가치세에 대한 회계처리만 할 것) (3점)

수 입 전 자 세 금 계 산 서							승인번호	20201215-111254645-557786		
세 관 명	사업자등록번호	601-83-00048	종사업장번호		공 급 받 는 자	사업자등록번호	506-81-94325	종사업장번호	
	세 관 명	부산세관	성 명	부산세관장		상호(법인명)	호수패션㈜	성 명	정홍규
	세관주소	부산 중구 충장대로 20				사업장 주소	세종특별자치시 연기면 연기길 3		
	수입신고번호 또는 일괄발급기간(총건)	1325874487				업 태	제조	종 목	스포츠의류
작성일자		과세표준		세액		수정사유			
2020. 12. 15.		50,000,000원		5,000,000원		해당없음			
월	일	품 목	규 격	수 량	단 가	과세표준	세 액	비 고	
12	15	기계장치				50,000,000원	5,000,000원		
※ 과세표준은 관세의 과세가격과 개별소비세, 주세, 교통세 및 농어촌특별세의 합계액으로 한다.									

문제 4 일반전표입력 및 매입매출전표입력 메뉴에 입력된 내용 중 다음과 같은 오류가 발견되었다. 입력된 내용을 확인하여 정정하시오. (6점)

[1] 8월 15일 매출거래처 직원의 결혼축하금으로 200,000원을 현금지급한 것으로 처리한 거래는 당사 생산부문 직원의 결혼축하금인 것으로 확인되었다. (3점)

[2] 9월 22일 공장건물 공사에 대한 대금 2,000,000원을 가나건설에 지급하고 모두 수익적지출로 처리하였다. 그러나 확인 결과 그 중에 50%의 지출은 건물의 가치가 증가한 자본적 지출에 해당된다. (3점)

문제 5 결산정리사항은 다음과 같다. 해당메뉴에 입력하시오. (9점)

1 2020년 9월 1일 영업부에서 사용할 소모품 450,000원을 구입하면서 자산으로 회계 처리하였다. 이 중 기말 현재 소모품의 사용액이 330,000원이었다. (3점)

2 기말 현재 퇴직급여추계액과 퇴직급여충당부채 설정 전 잔액은 다음과 같다. (3점)

구분	퇴직급여 추계액	퇴직급여충당부채 설정 전 잔액
생산직	20,000,000원	15,000,000원
관리직	20,000,000원	14,000,000원

3 결산일 현재 생산부서가 보유하고 있는 유형자산은 다음과 같다. (3점)

취득일	유형자산	취득원가	잔존가치	내용연수	상각방법
2020년 1월 2일	기계장치	40,000,000원	0원	5년	정액법

문제 6 다음 사항을 조회하여 답안을 [이론문제 답안작성] 메뉴에 입력하시오. (9점)

1 6월 30일 현재 유동자산과 유동부채의 금액 차이는 얼마인가? (3점)

2 제1기 부가가치세 예정신고기간(1월 ~ 3월)의 신용카드매출전표수령금액합계표란의 일반매입세액은 얼마인가? (3점)

3 제1기 부가가치세 예정신고기간(1월 ~ 3월)의 세금계산서 수취분 중 고정자산의 매입세액은 얼마인가? (3점)

제93회 이론 시험

| 전산회계 1급 기출문제 |

◆ 다음 문제를 보고 알맞은 것을 골라 [이론문제 답안작성] 메뉴에 입력하시오. (객관식 문항당 2점)

■ 기본 전제 ■
문제에서 한국채택국제회계기준을 적용하도록 하는 전제조건이 없는 경우, 일반기업회계기준을 적용한다.

---

1. 다음의 재무상태표 작성기준 중 그 내용이 가장 적절한 항목은?

① 자산과 부채는 유동성이 작은 항목부터 배열한다.
② 자산, 부채, 자본은 총액으로 표기하지 않고 순액으로 기재한다.
③ 자산과 부채는 결산일 기준 1년 또는 정상영업주기를 기준으로 구분 표시한다.
④ 자본항목 중 잉여금은 주주와의 거래인 이익잉여금과 영업활동의 결과인 자본잉여금으로 구분하여 표시한다.

2. 다음의 열거된 항목 중 현금 및 현금성자산의 개수는?

・자기앞수표 ・선일자수표 ・우편환증서 ・보통예금 ・우표

① 5개   ② 4개   ③ 3개   ④ 2개

3. 회사는 현금주의에 의한 당기순이익을 계산한 결과 2020년 회계연도의 순이익은 300,000원이었다. 2020년 말은 2019년 말에 비하여 매출채권감소 70,000원, 미지급비용감소 50,000원이었다. 발생주의 기준에 의한 2020년 회계연도의 당기순이익을 계산하면 얼마인가?

① 210,000원   ② 230,000원   ③ 250,000원   ④ 280,000원

4. 다음 중 부채에 대한 설명으로 가장 옳지 않은 것은?

① 부채는 과거의 거래나 사건의 결과로 현재 기업실체가 부담하고 있는 미래에 자원의 유출 또는 사용이 예상되는 의무이다.
② 부채는 항상 정상적인 영업주기 내 상환여부에 따라 유동부채와 비유동부채로 분류한다.
③ 퇴직급여충당부채는 보고기간말 현재 전 종업원이 일시에 퇴직할 경우 지급하여야 할 퇴직금에 상당하는 금액으로 한다.
④ 충당부채는 과거사건이나 거래의 결과에 의한 현재의무로서 지출의 시기 또는 금액이 불확실하지만 그 의무를 이행하기 위하여 자원이 유출될 가능성이 매우 높고 또한 당해 금액을 신뢰성 있게 추정할 수 있는 의무를 말한다.

5. 다음은 재무회계개념체계에 대한 설명이다. 회계정보의 질적 특성인 신뢰성을 갖기 위하여 필요한 요건이 아닌 것은?

   ① 표현의 충실성   ② 검증가능성   ③ 중립성   ④ 피드백가치

6. 아래의 건물과 관련한 지출 중 자산가치를 증가시키는 자본적 지출에 해당하지 않는 것은?

   ① 생산능력 증대를 위한 증축비용   ② 엘리베이터의 설치비용
   ③ 철골보강공사비용   ④ 건물벽의 부분도색비용

7. 다음 중 시산표와 관련된 설명 중 잘못된 것은?

   ① 시산표 등식은 기말자산+총비용=기말부채+기초자본+총수익이다.
   ② 잔액이 차변에 남는 계정은 자산과 비용계정이다.
   ③ 분개는 거래의 이중성에 입각하여 차변요소와 대변요소로 결합되어야 한다.
   ④ 시산표상에서 발견할 수 있는 오류는 계정과목의 오기 등을 들 수 있다.

8. 다음 자료를 바탕으로 자본잉여금의 금액을 계산하면 얼마인가? (단, 각 계정과목은 독립적이라고 가정하고 상계하지 않는다.)

   · 자기주식 : 200,000원   · 주식발행초과금 : 300,000원   · 이익준비금 : 200,000원
   · 감자차익 : 250,000원   · 사업확장적립금 : 100,000원   · 주식선택권 : 150,000원
   · 매도가능증권평가이익 : 500,000원   · 자기주식처분이익 : 350,000원

   ① 700,000원   ② 900,000원   ③ 1,000,000원   ④ 1,300,000원

9. 공장에서 가동중인 기계장치(취득가액 1,000,000원)가 고장이 났다. 대안 (1)은 기계를 수리하여 재사용하려면 350,000원의 수선비가 투입되어야 하고, 대안 (2)는 폐기의 경우 150,000원을 받을 수 있지만 대체할 다른 기계장치 구입에 600,000원이 소요된다고 한다. 이 경우, 매몰원가의 금액은 얼마인가?

   ① 150,000원   ② 350,000원   ③ 600,000원   ④ 1,000,000원

10. 다음 중 보조부문원가를 배분하는 방법과 설명이 잘못된 것은?

    ① 직접배분법 : 보조부문원가를 다른 보조부문에는 배분하지 않고 제조부문에만 직접 배분하는 방법이다.
    ② 단계배분법 : 보조부문간의 원가배분의 우선순위를 정하여 우선순위가 높은 보조부문원가로부터 하위의 보조부문 및 제조부문에 순차적으로 배분하는 방법이다.
    ③ 상호배분법 : 보조부문간의 상호 관련성을 모두 고려하여 배분하는 방법이다.
    ④ 단일배분율법 : 보조부문원가를 변동원가와 고정원가로 구분하여 각각 다른 배분기준을 적용하여 배분하는 방법이다.

11. 종합원가계산시 선입선출법에 의한 환산량이 평균법에 의한 환산량과 동일한 경우에 해당하는 것은?

① 기초재공품이 전혀 없는 경우
② 기초제품이 전혀 없는 경우
③ 기말재공품이 전혀 없는 경우
④ 기말제품이 전혀 없는 경우

12. 다음의 설명에 해당하는 것은?

> • 일반적으로 관련범위 내에서 조업도의 변동과 관계없이 발생원가 총액이 일정하다.

① 개별 제품에 대한 포장비용
② 기계사용에 대한 전력비용
③ 공장 건물에 대한 화재보험료
④ 제품 생산에 대한 원재료비

13. 다음 중 부가가치세법상 원칙적인 조기환급과 관련된 내용으로 틀린 것은?

① 관할세무서장은 조기환급신고기한이 지난 후 15일 이내에 환급하여야 한다.
② 조기환급기간은 예정신고기간 중 또는 과세기간 최종 3개월 중 매월 또는 매 2월을 말한다.
③ 조기환급기간이 끝난 날부터 15일 이내에 조기환급기간에 대한 과세표준과 환급세액을 신고하여야 한다.
④ 사업설비를 신설·취득·확장 또는 증축하는 경우에는 조기환급 대상이 된다.

14. 다음 중 부가가치세법상 재화의 공급시기가 잘못 연결된 것은?

① 외국으로 직수출하는 경우 : 선적일 또는 기적일
② 무인판매기를 이용하여 재화를 공급하는 경우 : 현금을 투입한 때
③ 장기할부판매의 경우 : 대가의 각 부분을 받기로 한 때
④ 폐업할 때 자기생산·취득재화 중 남아 있는 재화 : 폐업일

15. 다음 중 부가가치세 영세율과 관련한 설명으로 틀린 것은?

① 영세율은 수출하는 재화 뿐만 아니라 국외에서 공급하는 용역에도 영세율이 적용된다.
② 영세율이 적용되는 경우에는 항상 세금계산서 발급 의무가 면제된다.
③ 영세율이 적용되는 사업자는 부가가치세법상 과세사업자이어야 한다.
④ 영세율이 적용되는 사업자는 부가가치세법상 사업자로서의 제반의무를 이행하여야 한다.

제93회 실무 시험

| 전산회계 1급 기출문제 |

◆ 대림상사㈜(회사코드:0933)은 사무용가구를 제조하여 판매하는 중소기업이며, 당기(제5기) 회계기간은 2020. 1. 1. ~ 2020. 12. 31. 이다. 전산세무회계 수험용 프로그램을 이용하여 다음 물음에 답하시오.

> **■ 기 본 전 제 ■**
> 문제에서 한국채택국제회계기준을 적용하도록 하는 전제조건이 없는 경우, 일반기업회계기준을 적용하여 회계처리 한다.

문제 1 다음은 기초정보관리 및 전기분재무제표에 대한 자료이다. 각각의 요구사항에 대하여 답하시오. (10점)

1 다음 자료를 보고 거래처등록 메뉴에서 거래처를 등록하시오. (3점)

- 거래처 구분 : 일반거래처
- 거래처명 : ㈜스마일
- 유형 : 동시
- 업태 : 도매 및 소매   • 종목 : 대형마트
- 거래처 코드 : 00350
- 사업자등록번호 : 403-81-51065
- 대표자명 : 곽미경
- 사업장주소 : 강원도 강릉시 동해대로 2336 (운산동)

※ 주소입력시 우편번호 입력은 생략해도 무방함.

2 거래처별 초기이월 자료를 검토하여 올바르게 수정 또는 추가 입력하시오. (3점)

계정과목	거래처	금액	재무상태표 금액
외상매출금	㈜국제무역	38,000,000원	65,000,000원
	㈜영진상사	27,000,000원	
외상매입금	㈜한국기업	70,000,000원	93,500,000원
	㈜한빛산업	23,500,000원	

3 전기분 재무제표를 검토한 결과 다음과 같은 오류를 확인하였다. 관련되는 재무제표를 적절히 수정하시오. (4점)

- 교육훈련비(제조원가에 속함) 1,500,000원이 누락된 것으로 확인된다.

문제 2 다음 거래 자료를 일반전표입력 메뉴에 추가 입력하시오.(일반전표입력의 모든 거래는 부가가치세를 고려하지 말 것) (18점)

입력 시 유의사항
- 일반적인 적요의 입력은 생략하지만, 타계정 대체거래는 적요번호를 선택하여 입력한다.
- 채권·채무와 관련된 거래는 별도의 요구가 없는 한 반드시 기 등록되어 있는 거래처코드를 선택하는 방법으로 거래처명을 입력한다.
- 제조경비는 500번대 계정코드를, 판매비와 관리비는 800번대 계정코드를 사용한다.
- 회계처리시 계정과목은 별도제시가 없는 한 등록되어 있는 계정과목 중 가장 적절한 과목으로 한다.

1 8월 27일 ㈜풍암산업으로부터 원재료 16,000,000원(200개, @80,000원)을 구입하기로 계약하고, 계약금 1,600,000원을 당좌수표를 발행하여 지급하였다. (3점)

2 9월 17일 당사는 ㈜안동에 지급할 외상매입금 25,000,000원 중 20,000,000원은 보통예금 계좌에서 이체하여 지급하고, 나머지 5,000,000원은 채무를 면제받았다. (3점)

3 10월 25일 사업 확장에 필요한 자금을 조달하기 위하여 새로운 보통주 주식 5,000주(주당 액면금액 5,000원, 1주당 발행금액 10,000원)를 발행하였으며, 발행대금은 보통예금 통장으로 입금되었다. 신주발행과 관련된 비용 500,000원은 현금으로 지급하였다. (단, 하나의 전표로 입력할 것. 주식할인발행차금은 없다고 가정한다.) (3점)

4 12월 8일 제품의 수출을 위하여 중국에 출장 갔던 홍길동은 12월 4일에 지급하였던 출장비 1,500,000원 중 1,250,000원을 사용하고 나머지는 회사에 현금으로 반납하였다. (단, 거래처를 입력할 것) (3점)

5 12월 10일 11월분 건강보험료를 현금으로 납부하였다. 총금액은 412,500원이며, 이 중 50%는 직원 부담분이고 나머지 50%는 회사부담분(제조부문 직원분: 123,750원, 관리부문 직원분 : 82,500원)이다. 단, 회사부담분은 복리후생비로 처리한다. (3점)

6 12월 18일 투자목적으로 ㈜우주상사의 토지를 450,000,000원에 취득하고, 대금은 3개월 뒤에 지급하기로 하고, 취득세 20,000,000원은 보통예금에서 이체하였다. (3점)

문제 3 다음 거래 자료를 매입매출전표입력 메뉴에 입력하시오. (18점)

> ■ 입력 시 유의사항 ■
> - 일반적인 적요의 입력은 생략하지만, 타계정 대체거래는 적요번호를 선택하여 입력한다.
> - 별도의 요구가 없는 한 반드시 기 등록되어 있는 거래처코드를 선택하는 방법으로 거래처명을 입력한다.
> - 제조경비는 500번대 계정코드를, 판매비와 관리비는 800번대 계정코드를 사용한다.
> - 회계처리시 계정과목은 별도제시가 없는 한 등록되어 있는 계정과목 중 가장 적절한 과목으로 한다.
> - 입력화면 하단의 분개까지 처리하고, 전자세금계산서 및 전자계산서는 전자입력으로 반영한다.

1 8월 21일 ㈜소이유통에 제품을 판매하고 다음과 같이 전자세금계산서를 발급하였다. 대금 중 12,000,000원은 우현상사에서 발행한 어음으로 받았고 나머지는 다음 달에 받기로 하였다. (3점)

전자세금계산서(공급자 보관용)								승인번호		20200821-15454645-58811886	
공급자	사업자등록번호	136-81-29187		종사업장번호		공급받는자	사업자등록번호	117-81-19863		종사업장번호	
	상호(법인명)	대림상사㈜		성명(대표자)	고상돈		상호(법인명)	㈜소이유통		성명	이소이
	사업장주소	경기도 고양시 덕양구 화정로 53					사업장주소	서울시 서초구 강남대로 291			
	업태	제조, 도소매		종목	사무용가구		업태	도소매		종목	가구
	이메일						이메일				
작성일자		공급가액		세액							
2020. 8. 21.		20,000,000원		2,000,000원							
비고											

월	일	품목	규격	수량	단가	공급가액	세액	비고
8	21	가구				20,000,000원	2,000,000원	

합계금액	현금	수표	어음	외상미수금	이 금액을 (청구) 함
22,000,000원			12,000,000원	10,000,000원	

2 10월 11일 미국에 소재한 ㈜필립스에 제품을 $30,000에 직수출하기로 하고, 제품을 선적 완료하였다. 수출대금은 3개월 후에 받기로 하였으며, 선적일 시점 기준환율은 $1=1,200원이다. (3점)

3 11월 7일 영업부 직원의 업무용으로 사용하기 위하여 ㈜전진자동차에서 개별소비세 과세대상 자동차(2,000CC)를 구입하면서 전자세금계산서(공급가액 22,000,000원, 부가가치세 2,200,000원)를 발급받고 대금은 보통예금에서 지급하였다. (3점)

4 11월 17일 소비자 오미자씨에게 제품을 현금으로 판매하고 다음과 같은 현금영수증을 발급하였다.(단, 거래처를 입력할 것) (3점)

대림상사(주)		
사업자번호 136-81-29187		고상돈
경기도 고양시 덕양구 화정로 53 TEL:3289-8085		
홈페이지 http://www.daerym.co.kr		
현금(소득공제)		
구매 2020/11/17/10:46 거래번호 : 0026-0107		
상품명	수량	금액
의자 ADES-38	1	869,000원
2043655000009		
	과세물품가액	790,000원
	부 가 세	79,000원
합 계		869,000원
받은금액		869,000원

5 12월 15일 삼춘상사에서 원재료를 매입하고 다음의 전자세금계산서를 발급받았다. (3점)

전자세금계산서							승인번호		20201215-1000000-00009329	
공급자	사업자등록번호	127-35-56169		종사업장번호		공급받는자	사업자등록번호	136-81-29187	종사업장번호	
	상호(법인명)	삼춘상사		성명(대표자)	이한수		상호(법인명)	대림상사㈜	성 명	고상돈
	사업장주소	경기도 의정부시 망월로 11					사업장주소	경기도 고양시 덕양구 화정로 53		
	업 태	도소매	종 목		목재		업 태	제조·도소매	종 목	사무용가구
	이메일						이메일			
작성일자		공급가액		세액		수정사유				
2020.12.15		2,300,000원		230,000원						
비고										
월	일	품 목	규 격	수 량	단 가		공 급 가 액	세 액	비 고	
12	15	자재		100	23,000원		2,300,000원	230,000원		
합 계 금 액		현 금		수 표	어 음		외 상 미 수 금	이 금액을	영수	함
2,530,000원		1,530,000원			1,000,000원				청구	

6 12월 24일 ㈜삼양전자로부터 영업부 직원들에게 업무용으로 지급할 노트북(유형자산) 3대를 6,600,000원(부가가치세 포함)에 구입하면서 법인명의의 삼성카드로 결제하였다. (3점)

문제 4 일반전표입력 및 매입매출전표입력 메뉴에 입력된 내용 중 다음과 같은 오류가 발견되었다. 입력된 내용을 확인하여 정정하시오. (6점)

1 8월 17일 ㈜모두판다로부터 구매한 복사기를 보통예금에서 이체하고 일반전표에서 상품(2,200,000원)으로 회계처리 하였으나, 사실은 사무실에서 사용할 목적으로 구입하고 지출증빙용현금영수증을 발급받은 것으로 확인되었다. 회사는 이를 비품으로 처리하고 매입세액 공제를 받으려고 한다. (3점)

2 8월 25일 보통예금계좌에 입금된 25,000,000원을 전액 외상매출금의 회수로 회계처리하였으나, 8월 25일 현재 ㈜마산의 외상매출금 잔액(15,000,000원)을 초과하는 금액 10,000,000원은 ㈜마산에서 발행한 어음대금을 조기상환 받은 것으로 확인되었다. (3점)

문제 5 결산정리사항은 다음과 같다. 해당메뉴에 입력하시오. (9점)

1 8월 1일 전액 비용으로 회계처리된 보험료(제조부문 : 1,800,000원, 관리부문 : 1,560,000원)는 1년분(2020.8.1. ~ 2021. 7.31)에 해당하며, 당기분과 차기분은 월단위로 계산한다.(단, 거래처 입력은 생략함) (3점)

2 실제 현금이 장부상 현금보다 500,000원 만큼 많아서 12월 11일에 현금과부족으로 처리하였던 바, 결산일에 300,000원은 외상매출금(㈜영진상사)의 현금 회수임이 밝혀졌으나, 200,000원은 그 원인을 알 수 없었다.(단, 거래처를 입력할 것) (3점)

3 당해 연도에 계상될 감가상각비는 다음과 같다. 감가상각비 관련 결산분개를 하시오. (3점)

구 분	제조부서	관리부서
건 물		1,000,000원
기계장치	1,800,000원	

문제 7 다음 사항을 조회하여 답안을 이론문제 답안작성 메뉴에 입력하시오. (9점)

1 4월 중 현금으로 지급한 차량유지비(판매비 및 관리비에 속함)의 금액은 얼마인가? (3점)

2 3월 31일 현재 외상매출금 잔액이 가장 큰 거래처명과 그 금액은 얼마인가? (3점)

3 제1기 확정(4월~6월) 부가가치세 신고기간의 전자세금계산서 발급분 중 주민등록번호발급분의 공급가액은 얼마인가? (3점)

제94회 이론 시험

| 전산회계 1급 기출문제 |

◆ 다음 문제를 보고 알맞은 것을 골라 [이론문제 답안작성] 메뉴에 입력하시오. (객관식 문항당 2점)

■ 기본 전제
문제에서 한국채택국제회계기준을 적용하도록 하는 전제조건이 없는 경우, 일반기업회계기준을 적용한다.

1. 다음 중 회계에서 산출되는 정보를 재무회계 분야와 관리회계 분야로 나눌 때, 관리회계 분야에 해당하는 회계정보의 항목은?

   ① 일정시점에 있어서 회사의 재무상태 정보
   ② 일정기간 동안 성과평가를 위한 사업부서별 손익정보
   ③ 일정기간 동안 기업의 현금 유출·입 내역에 관한 정보
   ④ 일정기간 동안 자본의 크기와 그 변동내역에 관한 정보

2. 제조업을 경영하는 회사가 받을어음에 대한 대손충당금을 신규로 설정할 경우, 손익계산서 항목 중 변하지 않는 것은?

   ① 매출총이익
   ② 영업이익
   ③ 법인세비용차감전순이익
   ④ 당기순이익

3. 다음 자본의 분류 중 그 성격이 다른 것은?

   ① 매도가능증권평가손실
   ② 자기주식
   ③ 감자차손
   ④ 주식할인발행차금

4. 다음 중 재화의 수익인식 기준에 대한 설명으로 잘못된 것은?

   ① 상품권 매출 : 물품 등을 제공하거나 판매하면서 상품권을 회수할 때
   ② 단기할부판매 : 재화를 고객에게 인도하는 때
   ③ 위탁판매 : 위탁자가 수탁자로부터 판매대금을 지급받은 때
   ④ 시용판매 : 고객이 매입의사를 표시하는 때

5. 재고자산 평가방법에 대하여 잘못 설명한 것은?
   ① 개별법은 실제수익과 실제원가가 대응되어 이론적으로 가장 우수하다고 할 수 있으나 실무에서 적용하는 데는 어려움이 있다.
   ② 재고수량이 동일할 때 물가가 지속적으로 상승하는 경우에는 선입선출법을 적용하면 다른 평가방법을 적용하는 경우보다 상대적으로 이익이 크게 표시된다.
   ③ 총평균법은 매입거래가 발생할 때마다 단가를 재산정해야하는 번거로움이 있다.
   ④ 후입선출법은 일반적인 물량흐름과 반대이다.

6. 다음 중 일반기업회계기준상 유형자산의 감가상각에 대한 설명으로 옳은 것은?
   ① 다른 요건이 동일하다면 유형자산의 취득 초기에는 정액법에 의한 감가상각비가 정률법에 의한 감가상각비보다 크다.
   ② 정률법은 내용연수 동안 감가상각비를 매 기간 동일하게 계산하는 방법이다.
   ③ 감가상각은 미래에 발생하게 될 유형자산의 대체시에 발생하게 될 비용을 충당하기 위하여 설정하는 부채를 인식하는 과정이다.
   ④ 감가상각방법은 해당 자산으로부터 예상되는 미래 경제적 효익의 소멸형태에 따라 선택하고, 소멸형태가 변하지 않는 한 매기 계속 적용한다.

7. 다음 계정과목 중 영업외수익 항목이 아닌 것은?
   ① 투자자산처분이익 ② 유형자산처분이익 ③ 자기주식처분이익 ④ 단기매매증권평가이익

8. 다음 중 유동성배열법에 의한 재무상태표 작성시 가장 나중에 배열되는 항목은?
   ① 미지급법인세 ② 퇴직급여충당부채 ③ 유동성장기부채 ④ 매입채무

9. 다음 중 당기총제조원가를 구성하지 않는 것은?
   ① 직접재료비 ② 직접노무비 ③ 제조간접비 ④ 기초재공품

10. 다음 주어진 자료를 이용하여 제조간접비를 계산하면 얼마인가?

    • 기초재공품재고액 : 1,000,000원   • 기말원재료재고액 : 500,000원
    • 기말재공품재고액 : 2,000,000원   • 당기제품제조원가 : 10,000,000원
    • 당기 기초(기본)원가 : 7,000,000원

    ① 1,000,000원 ② 4,000,000원 ③ 4,500,000원 ④ 1,500,000원

11. 다음은 어떠한 원가의 행태를 나타내는 그림인가?

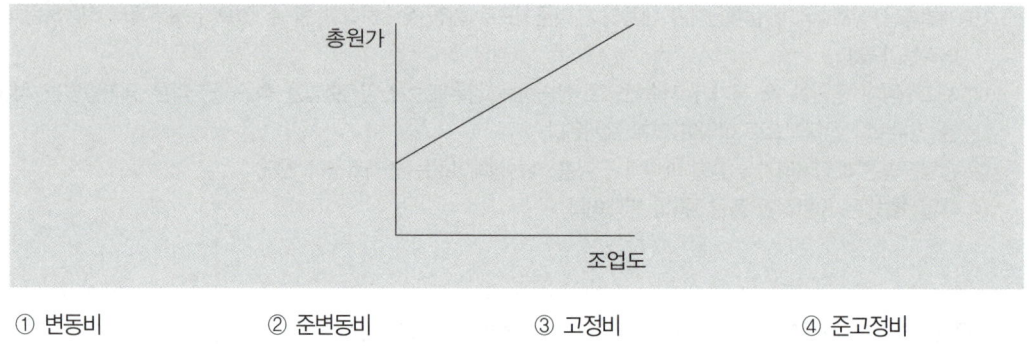

① 변동비　　　② 준변동비　　　③ 고정비　　　④ 준고정비

12. 당사는 선입선출법으로 종합원가계산을 하고 있다. 다음 자료를 보고 기말재공품의 원가를 계산하면 얼마인가?

- 완성품환산량 단위당 재료비 : 500원
- 완성품환산량 단위당 가공비 : 400원
- 기말재공품 수량 : 700개(재료비는 공정초기에 모두 투입되었으며 가공비는 60%를 투입한 상태임)

① 419,000원　　　② 518,000원　　　③ 610,000원　　　④ 710,000원

13. 다음 부가가치세의 과세표준(공급가액)에 대한 설명 중 가장 거리가 먼 것은?

① 재화의 수입에 대한 과세표준에는 그 재화에 대한 관세도 포함된다.
② 재화를 공급받는 자에게 지급하는 장려금이나 대손금액은 과세표준에서 공제한다.
③ 용역의 공급에 대하여 부당하게 낮은 대가를 받는 경우, 자기가 공급한 용역의 시가를 공급가액으로 본다.
④ 금전 이외의 대가를 받는 경우, 자기가 공급한 재화 또는 용역의 시가를 과세표준으로 한다.

14. 현행 부가가치세법에 대한 설명으로 옳지 않은 것은?

① 사업자만이 부가가치세를 납부할 의무가 있다.
② 납세지는 사업자단위과세 및 주사업장총괄납부사업자가 아닌 경우, 각 사업장의 소재지로 한다.
③ 사업자단위과세사업자가 아닌 경우, 사업자는 사업장마다 사업개시일로부터 20일 이내에 사업장 관할세무서장에게 사업자등록을 신청해야 한다.
④ 신규로 사업을 시작하는 자에 대한 최초의 과세기간은 사업개시일부터 그 날이 속하는 과세기간의 종료일까지로 한다.

15. 다음 중 부가가치세 영세율과 관련된 설명 중 틀린 것은?

① 영세율은 세부담의 역진성을 완화하기 위한 제도이다.
② 수출하는 재화는 영세율이 적용된다.
③ 직수출하는 재화의 경우에는 세금계산서 발급의무가 면제된다.
④ 국외에서 공급하는 용역의 공급에 대하여는 영세율이 적용된다.

제94회 실무 시험

| 전산회계 1급 기출문제 |

◆ ㈜다모아전자(회사코드:0943)은 전자제품을 제조하여 판매하는 중소기업이며, 당기(제6기) 회계기간은 2020.1.1.~2020.12.31.이다. 전산세무회계 수험용 프로그램을 이용하여 다음 물음에 답하시오.

> ■ 기본 전제 ■
> 문제에서 한국채택국제회계기준을 적용하도록 하는 전제조건이 없는 경우, 일반기업회계기준을 적용하여 회계처리 한다.

문제 1 다음은 기초정보관리 및 전기분재무제표에 대한 자료이다. 각각의 요구사항에 대하여 답하시오. (10점)

1 거래처별 초기이월 자료를 검토하여 올바르게 수정 또는 추가 입력하시오. (3점)

계정과목	거래처	금액	재무상태표상 금액
외상매입금	남성산업기계	30,656,000원	56,656,000원
	세콤전자	26,000,000원	
미지급금	㈜고요상사	2,500,000원	3,800,000원
	㈜유앤아이	1,300,000원	

2 계정과목 및 적요 등록 메뉴에서 통신비(판매비및일반관리비) 계정의 대체전표 적요 3번에 "사무실 인터넷 사용료 지급"을 등록하시오. (3점)

3 전기 재무제표를 검토한 결과 다음과 같은 오류를 확인하였다. 관련된 전기분 재무제표를 적절히 수정하시오. (4점)

> • 사회복지공동모금회에 대한 기부금 5,000,000원이 누락된 것으로 확인된다.

문제 2 다음 거래 자료를 일반전표입력 메뉴에 추가 입력하시오.(일반전표입력의 모든 거래는 부가가치세를 고려하지 말 것) (18점)

> ■ 입력 시 유의사항 ■
> - 일반적인 적요의 입력은 생략하지만, 타계정 대체거래는 적요번호를 선택하여 입력한다.
> - 채권·채무와 관련된 거래는 별도의 요구가 없는 한 반드시 기 등록되어 있는 거래처코드를 선택하는 방법으로 거래처명을 입력한다.
> - 제조경비는 500번대 계정코드를, 판매비와 관리비는 800번대 계정코드를 사용한다.
> - 회계처리시 계정과목은 별도제시가 없는 한 등록되어 있는 계정과목 중 가장 적절한 과목으로 한다.

1 9월 14일 제품 1세트(원가 400,000원)를 매출거래처에 견본품으로 무상제공하다.(단, 견본비 계정과목으로 회계처리할 것) (3점)

2 9월 30일 제2기 예정 부가가치세 신고(7/1~9/30)를 위해 부가세예수금 9,910,000원과 부가세대급금 11,230,000원을 상계처리하고 환급받을 부가가치세 1,320,000원에 대하여는 미수금계정과목으로 회계처리하였다.(단, 거래처입력은 생략한다.) (3점)

3 10월 5일 독일의 AUTO사로부터 7월 5일에 외상으로 수입하였던 기계장치(유형자산)의 대금 $150,000의 지급기일이 되어 보통예금에서 지급하였다. 이에 대한 환율정보는 다음과 같다. (3점)

> · 7월 5일 : $1=₩1,200   · 10월 5일 : $1=₩1,100

4 10월 15일 ㈜대광건설에 대한 미지급금 50,000,000원을 상환하기 위하여 받을어음(해피상사) 40,000,000원을 배서양도하였으며, 나머지는 보통예금으로 지급하였다. (3점)

5 11월 13일 기업은행에서 차입한 장기차입금에 대한 원금 20,000,000원과 이자 300,000원을 보통예금 계좌에서 자동이체하여 지급하였다. (3점)

6 11월 17일 회사가 보유중인 자기주식 전부를 25,000,000원에 처분하고 매각대금은 보통예금으로 받았다. 단, 처분시점의 자기주식 장부가액은 23,250,000원이고 자기주식처분손실 계정의 잔액은 1,500,000원이다. (3점)

문제 3 다음 거래 자료를 매입매출전표입력 메뉴에 입력하시오. (18점)

> ■ 입력 시 유의사항 ■
> - 일반적인 적요의 입력은 생략하지만, 타계정 대체거래는 적요번호를 선택하여 입력한다.
> - 별도의 요구가 없는 한 반드시 기 등록되어 있는 거래처코드를 선택하는 방법으로 거래처명을 입력한다.
> - 제조경비는 500번대 계정코드를, 판매비와 관리비는 800번대 계정코드를 사용한다.
> - 회계처리시 계정과목은 별도제시가 없는 한 등록되어 있는 계정과목 중 가장 적절한 과목으로 한다.
> - 입력화면 하단의 분개까지 처리하고, 전자세금계산서 및 전자계산서는 전자입력으로 반영한다.

1 10월 11일 구매확인서에 의해 수출용제품에 대한 원재료(공급가액 44,000,000원)를 ㈜평산기업으로부터 매입하고 영세율전자세금계산서를 발급받았다. 매입대금은 3개월 만기의 당사 발행 약속어음으로 지급하였다. (3점)

2 10월 19일 제조부문에서 사용하는 기계장치의 수선비 165,000원을 다음과 같은 신용카드매출전표로 결제하였다.(단, 수선비에 대한 지출은 자산의 가치증가나 내용연수를 연장시키지 못함.) (3점)

신 용 카 드 매 출 전 표

단말기번호	21293691	전표번호	223567
카드종류		거래종류	결제방법
신한카드		신용구매	일시불
회원번호(Card No)		취소시 원거래일자	
1140-2303-4255-8956			
유효기간		거래일시	품명
		2020.10.19	
전표제출		금 액/AMOUNT	150,000
		부 가 세/VAT	15,000
전표매입사		봉 사 료/TIPS	
		합 계/TOTAL	165,000
거래번호		승인번호/(Approval No.)	
		9721245	
가맹점	㈜진진		
대표자	김영진	TEL	
가맹점번호		사업자번호	106-86-44955
주소	서울시 송파구 올림픽로 92		
		서명(Signature)	
		㈜다모아전자	

3 10월 30일 ㈜세무로부터 공급받았던 원재료 중 일부가 품질에 문제가 있어 반품하였으며, 회계처리는 외상매입금 계정과 상계하여 처리하기로 한다.(분개금액은 (-)로 표시할 것) (3점)

전자세금계산서						승인번호		124589545252	
공급자	사업자등록번호	㈜세무	종사업장번호		공급받는자	사업자등록번호	123-87-11024	종사업장번호	
	상호(법인명)	104-81-36565	성명(대표자)	김지연		상호(법인명)	㈜다모아전자	성명	조서우
	사업장주소	인천시 계양구 작전동 420				사업장주소	경기도 군포시 고산로 679(산본동)		
	업태	제조/도소매	종목	전자제품		업태	도소매	종목	전자제품
	이메일					이메일			
작성일자		공급가액		세액		수정사유			
2020.10.30.		-7,000,000원		-700,000원		일부반품			
비고									

월	일	품목	규격	수량	단가	공급가액	세액	비고
10	30	원재료				-7,000,000원	-700,000원	

합계금액	현금	수표	어음	외상미수금	이 금액을 영수 함 청구
-7,700,000원				-7,700,000원	

4 11월 15일 러시아의 Moisa사에게 직수출로 제품을 $20,000(환율 $1=₩1,100)에 판매하고 선적하였다. 대금은 한 달 후에 받기로 하였다. (3점)

5 12월 12일 당사 영업장 증축을 위하여 ㈜한국토건으로부터 토지를 150,000,000원에 취득하고 전자계산서를 발급받았다. 대금 중 50,000,000원은 당좌수표를 발행하여 지급하고, 나머지는 3개월 뒤에 지급하기로 하였다. (3점)

6 12월 15일 하나무역에 제품을 판매하고 다음과 같은 신용카드매출전표(비씨카드)로 결제받았다. (3점)

매 출 전 표

단말기번호 11213692	전표번호

카드종류	거래종류 결제방법
비씨카드	신용구매 일시불
회원번호(Card No)	취소시 원거래일자
4140-0202-3245-9989	
유효기간	거래일시 품명
	2020.12.15.
전표제출	금 액/AMOUNT 2,000,000
	부 가 세/VAT 200,000
전표매입사	봉 사 료/TIPS
	합 계/TOTAL 2,200,000
거래번호	승인번호/(Approval No.)
	98421147
가맹점 ㈜다모아전자	
대표자 조서우 TEL	
가맹점번호 사업자번호 123-87-11024	
주소 경기도 군포시 고산로 679(산본동)	
	서명(Signature)
	하나무역

문제 4   일반전표입력 및 매입매출전표입력 메뉴에 입력된 내용 중 다음과 같은 오류가 발견되었다. 입력된 내용을 확인하여 정정하시오. (6점)

1 9월 5일 보통예금에 입금된 ㈜태산정공의 외상매출금 회수액 5,500,000원을 제품매출에 대한 계약금으로 회계처리하였다. (3점)

2 10월 4일 영업부에서 매출거래처 야유회를 지원하기 위해 ㈜성실로부터 현금으로 구매한 기념품 3,000,000원(부가가치세 별도, 전자세금계산서 수취)을 복리후생비로 회계처리하였다. (3점)

문제 5   결산정리사항은 다음과 같다. 해당메뉴에 입력하시오. (9점)

1 2020년 4월 1일에 2년 후에 이자(연 6%)와 원금을 일시 상환하는 조건으로 100,000,000원을 하나은행으로부터 차입하였는데 당기분 이자비용을 인식하기로 한다.(단, 거래처입력은 생략하며, 월할계산 할 것) (3점)

2 기말 현재 당사가 단기시세차익을 목적으로 취득한 ㈜삼전산업 주식의 취득원가 및 각 년도말 공정가액은 다음과 같다. 공정가액으로 평가하기로 한다. (3점)

주 식 명	2020.3.20.취득가액	2020.12.31.공정가액
㈜삼전산업	75,000,000원	81,000,000원

3 기말 현재 외상매출금과 받을어음 잔액에 대하여 각각 1%의 대손충당금을 보충법으로 설정하시오. (3점)

문제 6 다음 사항을 조회하여 답안을 [이론문제 답안작성] 메뉴에 입력하시오. (9점)

1 3월말 현재 유동자산은 전년도 12월말 유동자산보다 얼마나 더 증가하였는가?(양수로 표시할 것) (3점)

2 상반기 중 제품매출액이 가장 큰 달과 가장 적은 달의 차액은 얼마인가?(양수로 표시할 것) (3점)

3 1기 확정(4월~6월) 부가가치세 신고기간 중 현금영수증으로 매출된 공급대가의 합계액은 얼마인가? (3점)

제95회 이론 시험

| 전산회계 1급 기출문제 |

◆ 다음 문제를 보고 알맞은 것을 골라 **이론문제 답안작성** 메뉴에 입력하시오. (객관식 문항당 2점)

> **기본 전제**
> 문제에서 한국채택국제회계기준을 적용하도록 하는 전제조건이 없는 경우, 일반기업회계기준을 적용한다.

1. 다음 중 기말 결산 과정에서 가장 먼저 수행해야 할 절차는 무엇인가?
① 재무제표의 작성
② 수정전시산표의 작성
③ 기말수정분개
④ 수익·비용계정의 마감

2. 다음 자료에 의하여 결산시 재무상태표에 표시되는 현금 및 현금성자산금액은 얼마인가?

- 국세환급통지서 : 200,000원
- 선일자수표 : 300,000원
- 우편환증서 : 10,000원
- 직원가불금 : 100,000원
- 자기앞수표 : 30,000원
- 취득당시에 만기가 3개월 이내에 도래하는 정기적금 : 500,000원

① 540,000원   ② 640,000원   ③ 740,000원   ④ 1,140,000원

3. 다음 자료에 의하여 다음 빈칸에 들어갈 금액은 얼마인가?

대손충당금
(단위:원)

4/30 외상매출금	xxx	1/1 전기이월	50,000
12/31 차기이월	70,000	12/31 대손상각비	( )
	xxx		xxx

• 당기 중 회수가 불가능한 것으로 판명되어 대손처리된 외상매출금은 5,000원이다.

① 10,000원   ② 15,000원   ③ 20,000원   ④ 25,000원

4. 다음 중 기업회계기준에서 자산을 타인에게 사용하게 함으로써 발생하는 수익의 유형으로 옳지 않은 것은?
① 이자수익   ② 배당금수익   ③ 로열티수익   ④ 상품판매수익

5. 다음 중 유형자산의 감가상각비를 계산하기 위한 필수요소가 아닌 것은? (감가상각방법은 정액법으로 가정함)
① 생산량   ② 취득원가   ③ 내용연수   ④ 잔존가치

6. 다음 중 무형자산과 관련된 설명으로 옳지 않은 것은?
   ① 무형자산은 회사가 사용할 목적으로 보유하는 물리적 실체가 없는 비화폐성 자산이다
   ② 개발비는 개발단계에서 발생하여 미래 경제적 효익을 창출할 것이 기대되는 자산이다.
   ③ 내부적으로 창출한 브랜드, 고객목록과 이와 실질이 유사한 항목은 무형자산으로 인식할 수 있다.
   ④ 연구단계와 개발단계에 따라 무형자산이나 비용으로 구분할 수 없는 경우 발생한 지출은 모두 연구단계에서 발생한 것으로 본다.

7. 다음 자료를 바탕으로 자본조정의 금액을 계산하면 얼마인가?(단, 각 계정과목은 독립적이라고 가정함)

   • 감자차손 : 200,000원   • 주식발행초과금 : 600,000원
   • 자기주식처분이익 : 300,000원   • 자기주식 : 400,000원

   ① 600,000원   ② 900,000원   ③ 950,000원   ④ 1,000,000원

8. 다음 중 전자제품 도소매업을 영위하는 ㈜세무의 당기 손익계산서상 영업이익에 영향을 미치는 거래로 볼 수 있는 것은?
   ① 노후화된 업무용 차량을 중고차매매상사에 판매하고 유형자산처분손실을 계상하였다.
   ② 사업 운영자금에 관한 대출이자를 지급하고 이자비용으로 계상하였다.
   ③ 상품을 홍보하기 위해 광고물을 제작하고 광고선전비로 계상하였다.
   ④ 기말 결산 시 외화예금에 대해 외화환산손실을 계상하였다.

9. 다음 중 원가에 대한 설명으로 가장 옳지 않은 것은?
   ① 제조원가는 직접재료원가, 직접노무원가, 제조간접원가를 말한다.
   ② 직접재료원가는 기초원재료재고액과 당기원재료매입액의 합계에서 기말원재료재고액을 차감한 금액을 말한다.
   ③ 제품생산량이 증가하여도 관련 범위 내에서 제품 단위당 고정원가는 일정하다.
   ④ 혼합원가는 조업도의 증감에 관계없이 발생하는 고정비와 조업도의 변화에 따라 일정 비율로 증가하는 변동비로 구성된 원가이다.

10. 회사는 제조간접비를 직접노무시간을 기준으로 배부하고 있다. 당기말 현재 실제제조간접비 발생액은 70,000원이고, 실제직접노무시간은 700시간이며, 예정배부율은 시간당 95원일 경우 배부차이는 얼마인가?
    ① 3,500원 과대배부   ② 3,500원 과소배부   ③ 7,000원 과대배부   ④ 7,000원 과소배부

11. 다음 중 보조부문원가의 배부 방법 중 가장 정확한 배부법은 무엇인가?
    ① 직접배부법   ② 간접배부법   ③ 상호배부법   ④ 단계배부법

12. 다음 자료를 이용하여 평균법에 의한 가공비 완성품 환산량을 계산하시오.(재료비는 공정 초기에 전량 투입되며, 가공비는 공정 전반에 걸쳐 균등하게 발생함)

- 기초재공품수량 : 500개(완성도 30%)
- 당기착수량 : 600개
- 당기완성품수량 : 1,000개
- 기말재공품수량 : 100개(완성도 50%)

① 500개　　② 550개　　③ 1,000개　　④ 1,050개

13. 다음 중 현행 부가가치세법에 대한 설명으로 틀린 것은?
① 부가가치세는 사업장마다 신고 및 납부하는 것이 원칙이다
② 부가가치세 부담은 전적으로 최종소비자가 하는 것이 원칙이다.
③ 사업상 독립적으로 재화를 공급하는 자는 영리를 목적으로 하는 경우에만 납세의무가 있다.
④ 부가가치세의 납세의무자는 과세대상인 재화 또는 용역을 공급하는 사업자와 재화를 수입하는 자이다.

14. 다음 중 부가가치세법상 재화의 공급으로 간주되어 과세대상이 되는 항목은?(아래 항목은 전부 매입세액 공제받음)
① 직장 연예 및 직장 문화와 관련된 재화를 제공하는 경우
② 사업을 위해 착용하는 작업복, 작업모 및 작업화를 제공하는 경우
③ 사용인 1인당 연간 10만원 이내의 경조사와 관련된 재화 제공
④ 사업자가 자기생산·취득재화를 자기의 고객이나 불특정 다수에게 증여하는 경우

15. 다음 중 세금계산서의 필요적 기재사항이 아닌 것은?
① 공급가액　　② 부가가치세액　　③ 공급품목　　④ 작성연월일

제95회 실무 시험

| 전산회계 1급 기출문제 |

◆ ㈜옥산테크(회사코드:0953)은 운동기구을 제조하여 판매하는 중소기업이며, 당기(제5기) 회계기간은 2021. 1. 1. ~ 2021. 12. 31. 이다. 전산세무회계 수험용 프로그램을 이용하여 다음 물음에 답하시오.

문제 1 다음은 기초정보관리 및 전기분재무제표 대한 자료이다. 각각의 요구사항에 대하여 답하시오. (10점)

1 다음은 ㈜옥산테크의 사업자등록증이다. [기초정보관리]의 [회사등록] 메뉴에 입력된 내용을 검토하여 누락분은 추가입력하고 잘못된 부분은 정정하시오.(단, 주소 입력 시 우편번호는 입력하지 않아도 무방함) (3점)

사 업 자 등 록 증
(법인사업자)
등록번호 : 220-81-62517

법 인 명(단체명) : ㈜옥산테크
대　표　자 : 이필재

개 업 연 월 일 : 2017년 8월 14일　　법 인 등 록 번 호 : 110181-0095668
사 업 장 소 재 지 : 경상북도 경주시 강변로 214(성건동)
본 점 소 재 지 : 경상북도 경주시 강변로 214(성건동)
사 업 의 종 류 : 업태 제조　　　종목 운동기구

발 급 사 유 : 신규

사업자 단위 과세 적용사업자 여부 : 여(　) 부(∨)
전자세금계산서 전용 전자우편주소 :

2017 년 09 월 11 일

경 주 세 무 서 장

---

2 다음 자료를 보고 계정과목 및 적요등록에 반영하시오. (3점)

- 코드 : 853
- 성격 : 경비
- 계정과목 : 행사비
- 대체적요 : 1. 학회 행사비용 지급

3 외상매출금과 외상매입금의 초기이월은 다음과 같다. [거래처별초기이월]메뉴에서 수정 또는 추가 입력하시오. (4점)

구 분	거래처	올바른금액(원)
외상매출금	㈜대원	2,000,000
	㈜동백	4,500,000
	㈜소백	2,000,000
외상매입금	비바산업	–
	우송유통	43,000,000
	공간기업	2,000,000

문제 2 다음 거래 자료를 일반전표입력 메뉴에 추가 입력하시오.(일반전표입력의 모든 거래는 부가가치세를 고려하지 말 것) (18점)

■ 입력 시 유의사항 ■
- 일반적인 적요의 입력은 생략하지만, 타계정 대체거래는 적요번호를 선택하여 입력한다.
- 채권·채무와 관련된 거래는 별도의 요구가 없는 한 반드시 기 등록되어 있는 거래처코드를 선택하는 방법으로 거래처명을 입력한다.
- 제조경비는 500번대 계정코드를, 판매비와 관리비는 800번대 계정코드를 사용한다.
- 회계처리시 계정과목은 별도제시가 없는 한 등록되어 있는 계정과목 중 가장 적절한 과목으로 한다.

1 7월 3일 공장에서 사용 중인 기계장치 수리비로 15,000,000원을 ㈜한국의 보통예금으로 이체하였으며, 기계장치의 가치가 증가한 자본적 지출이다. (3점)

2 7월 5일 태종빌딩과 전월에 체결한 본사 건물 임대차계약의 잔금일이 도래하여 임차보증금 50,000,000원 중 계약일에 지급한 5,000,000원을 제외한 45,000,000원을 보통예금 계좌에서 이체하였다.(단, 하나의 전표로 처리할 것) (3점)

3 7월 7일 사무실에서 사용할 에어컨을 ㈜수연전자에서 2,000,000원에 구입하고 그 대금은 2주 후에 지급하기로 하였다. 에어컨 설치비용 250,000원은 보통예금 계좌에서 바로 지급하였다. (단, 에어컨은 자산으로 처리할 것) (3점)

4 8월 6일 ㈜달리자의 외상매출금 10,000,000원 중 6,000,000원은 보통예금에 입금받았고, 나머지 4,000,000원은 자기앞수표로 받았다. (3점)

5 8월 19일 전자부품용 기계장치(취득가액 35,000,000원, 감가상각누계액 31,500,000원)를 성능저하로 폐기처분하였다. (당기의 감가상각비는 고려하지 않음) (3점)

6 11월 20일 제품의 판매용 사진 촬영을 위해서 손 모델인 이아람씨를 고용하고 수수료 3,000,000원 중 원천징수세액 99,000원을 제외한 나머지 금액을 보통예금 계좌에서 지급하였다.(단, 수수료비용 계정과목은 판매비와 관리비 항목을 사용할 것.) (3점)

문제 3 다음 거래 자료를 매입매출전표입력 메뉴에 입력하시오. (18점)

■ 입력 시 유의사항 ■

- 일반적인 적요의 입력은 생략하지만, 타계정 대체거래는 적요번호를 선택하여 입력한다.
- 별도의 요구가 없는 한 반드시 기 등록되어 있는 거래처코드를 선택하는 방법으로 거래처명을 입력한다.
- 제조경비는 500번대 계정코드를, 판매비와 관리비는 800번대 계정코드를 사용한다.
- 회계처리시 계정과목은 별도제시가 없는 한 등록되어 있는 계정과목 중 가장 적절한 과목으로 한다.
- 입력화면 하단의 분개까지 처리하고, 전자세금계산서 및 전자계산서는 전자입력으로 반영한다.

1 8월 7일 생산부서에서 회식을 하고 법인체크카드(비씨)로 결제하자마자 바로 보통예금에서 인출되었다. (3점)

```
단말기번호
8002124738                    120524128234
카드종류
IBK비씨카드                    신용승인
카드번호
2224-1222-1014-1345
판매일자
2021/08/07  13:52:46
거래구분
일시불                         금액        300,000원

은행확인                       세금         30,000원
비씨
판매자                         봉사료           0원
                              합계        330,000원
대표자
이성수
사업자등록번호
117-09-52793
가맹점명
동보성
가맹점주소
서울 양천구 신정4동 973-12
                              서명
                              Semusa
```

2 10월 1일 천안 제1공장에서 사용하던 기계장치(취득가액 50,000,000원, 감가상각누계액 40,000,000원)를 ㈜재생에 4,400,000원(부가가치세 포함)에 매각하고 현금영수증을 발급하였다. 매각대금은 전액 자기앞수표로 받았다. (3점)

3 10월 11일 희망상사에 제품을 판매하고 다음과 같이 전자세금계산서를 발급하였다. (3점)

	전자세금계산서						승인번호	20211011-1000000-00009329		
공급자	사업자등록번호	220-81-62517	종사업장번호			공급받는자	사업자등록번호	127-44-61631	종사업장번호	
	상호(법인명)	㈜옥산테크	성명(대표자)	이필재			상호(법인명)	희망상사	성 명	김마리
	사업장주소	경상북도 경주시 강변로 214					사업장주소	서울시 마포구 광성로 11		
	업 태	제조	종 목	운동기구			업 태	도매	종 목	운동기구
	이메일						이메일			
작성일자		공급가액		세액			수정사유			
2021.10.11		5,000,000원		500,000원						
비고										
월	일	품 목		규 격	수 량	단 가	공 급 가 액	세 액	비 고	
10	11	A제품			100	50,000원	5,000,000원	500,000원		
합 계 금 액		현 금		수 표		어 음	외 상 미 수 금	이 금액을	영수 / 청구	함
5,500,000원		3,500,000원					2,000,000원			

4 10월 30일 다음은 구매한 원재료에 하자가 있어 반품을 한 후 발급받은 수정세금계산서이다. 수정세금계산서 수취와 동시에 원재료 및 외상매입금과 상계처리하였다. (3점)

	수정전자세금계산서(공급받는자 보관용)						승인번호	20211030-21058052-117266459		
공급자	사업자등록번호	484-81-88130	종사업장번호			공급받는자	사업자등록번호	220-81-62517	종사업장번호	
	상호(법인명)	㈜한강	성 명(대표자)	김서울			상호(법인명)	㈜옥산테크	성 명	이필재
	사업장주소	경기도 광명시 광명로 58(가학동)					사업장주소	경상북도 경주시 강변로 214		
	업 태	제조, 도소매	종 목	원목			업 태	제조	종 목	운동기구
	이메일						이메일			
작성일자		공급가액		세액			수정사유			
2021. 10. 30.		-3,000,000원		-300,000원						
비고										
월	일	품 목		규 격	수 량	단 가	공 급 가 액	세 액	비 고	
10	30	철강원자재(원재료)			-100	30,000원	-3,000,000원	-300,000원		
합 계 금 액		현 금		수 표		어 음	외 상 미 수 금	이 금액을	영수 / 청구	함
-3,300,000원							-3,300,000원			

5 11월 10일 ㈜남서울로부터 원재료를 13,200,000원(부가가치세 포함)에 매입하고 전자세금계산서를 받았다. 동 일자에 매입대금 중 11월 1일에 지급한 선급금 1,000,000원을 제외한 나머지 금액을 보통예금에서 이체하였다(단, 하나의 전표로 처리할 것). (3점)

6 11월 19일 일본의 미즈노사에 수출제품(공급가액 ¥2,000,000)을 다음과 같이 직접 납품(선적)하고, 선수 계약금을 제외한 잔여대금은 11월 말일에 받기로 하였다. 수출신고번호 입력은 생략한다. (3점)

거래일자	외화	기준환율	거래내역
11월 9일	¥100,000	1,055원/¥100	계약금이 입금되었으며 외화 보통예금에 외화로 보유 중
11월 19일	¥1,900,000	1,100원/¥100	수출제품 전체 선적됨.

문제 4 일반전표입력 및 매입매출전표입력 메뉴에 입력된 내용 중 다음과 같은 오류가 발견되었다. 입력된 내용을 확인하여 정정하시오. (6점)

1 8월 10일 본사 판매부서가 사용하고 있는 화물자동차에 대해 ㈜만능공업사에서 정비를 받으면서 583,000원(부가가치세 포함)을 현금으로 결제하고 현금영수증을 발급받았다. 회계담당자는 매입세액을 공제받지 못하는 것으로 처리하여 일반전표에 입력하였다. (3점)

2 12월 20일 대한적십자사에 현금으로 기부한 30,000원이 세금과공과(판매비와 관리비)로 처리되어 있음을 확인하였다. (3점)

문제 5 결산정리사항은 다음과 같다. 해당메뉴에 입력하시오. (9점)

1 기말 현재 당사가 장기투자를 목적으로 보유하고 있는 ㈜하나가 발행한 주식의 취득원가, 전년도 말 및 당해연도 말 공정가액은 다음과 같다. 단, 하나의 전표로 입력할 것. (3점)

주식명	취득원가	전년도 말 공정가액	당해연도 말 공정가액
㈜하나 보통주	30,000,000원	32,000,000원	28,000,000원

2 12월 31일 기말현재, 장기차입금 현황은 다음과 같다. (3점)

구분	금액	차입일자	상환(예정)일자	거래처
장기차입금1	15,000,000원	2018. 12. 1	2023. 12. 1	국민은행
장기차입금2	25,000,000원	2018. 7. 1	2022. 6. 30	한일물산

3 당사는 매 회계연도말에 외상매출금과 받을어음 잔액의 1%를 대손충당금으로 설정하고 있다. 이에 대한 기말 수정분개를 입력하시오. (당기에 발생한 대손채권은 없는 것으로 가정하며, 대손충당금 설정에 필요한 정보는 관련 데이터를 조회하여 사용할 것) (3점)

문제 6 다음 사항을 조회하여 답안을 이론문제 답안작성 메뉴에 입력하시오. (9점)

1 2021년 제1기 확정신고기간(4월~6월)의 세금계산서 수취분 중 고정자산매입을 제외한 일반매입의 세액은 얼마인가? (3점)

2 2월 원재료매입액은 얼마인가? (3점)

3 제1기 확정 부가가치세 신고에 반영된 내역 중 6월에 카드로 매출된 공급대가는 얼마인가? (3점)

제96회 이론 시험

| 전산회계 1급 기출문제 |

◆ 다음 문제를 보고 알맞은 것을 골라 이론문제 답안작성 메뉴에 입력하시오. (객관식 문항당 2점)

■ 기본 전제 ■
문제에서 한국채택국제회계기준을 적용하도록 하는 전제조건이 없는 경우, 일반기업회계기준을 적용한다.

1. 「재무정보가 정보이용자의 의사결정에 유용하기 위해서는 신뢰할 수 있는 정보이어야 한다.」는 내용과 가장 거리가 먼 항목은?
   ① 중립성   ② 비교가능성   ③ 검증가능성   ④ 표현의 충실성

2. 당기말 결산을 위한 장부마감 전에 다음과 같은 오류사항이 발견되었다. 오류 정리시 당기순이익에 영향을 미치는 항목은?
   ① 전기 주식할인발행차금 미상각
   ② 매도가능증권평가손실 미계상
   ③ 단기매매증권평가이익 미계상
   ④ 당기의 기타대손상각비를 대손상각비로 계상

3. 다음 중 일반기업회계기준에 따른 재고자산의 회계처리에 대한 설명으로 옳지 않은 것은?
   ① 재고자산은 이를 판매하여 수익을 인식한 기간에 매출원가로 인식한다.
   ② 재고자산의 시가가 장부금액 이하로 하락하여 발생한 평가손실은 재고자산의 장부금액에서 직접 차감한다.
   ③ 재고자산의 장부상 수량과 실제 수량과의 차이에서 발생하는 감모손실의 경우 정상적으로 발생한 감모손실은 매출원가에 가산한다.
   ④ 재고자산의 장부상 수량과 실제 수량과의 차이에서 발생하는 감모손실의 경우 비정상적으로 발생한 감모손실은 영업외비용으로 분류한다.

4. 다음 중 유형자산의 취득원가에 포함되는 부대비용을 모두 고른 것은?

   a. 설치장소 준비를 위한 지출   b. 종합부동산세   c. 자본화 대상인 차입원가
   d. 재산세   e. 유형자산의 취득과 직접 관련된 취득세

   ① a, e   ② c, d   ③ b, c, d   ④ a, c, e

5. 일반기업회계기준에 따르면 무형자산의 창출과정은 연구단계와 개발단계로 구분할 수 있다. 다음 중 개발단계에 속하는 활동의 일반적인 예로 적절하지 않은 것은?

① 새로운 지식을 얻고자 하는 활동
② 생산 전 또는 사용 전의 시작품과 모형을 설계, 제작 및 시험하는 활동
③ 새로운 기술과 관련된 공구, 금형, 주형 등을 설계하는 활동
④ 상업적 생산목적이 아닌 소규모의 시험공장을 설계, 건설 및 가동하는 활동

6. 다음은 ㈜은혜상사가 당기에 구입하여 보유하고 있는 단기매매증권이다. 다음 자료에 따라 당기 말 재무제표에 표시될 단기매매증권 및 영업외손익은 얼마인가?

- 4월 1일 : ㈜장현테크가 발행한 보통주 200주를 주당 10,000원에 취득하였다.
- 8월 31일 : ㈜장현테크로부터 중간배당금(주당 1,000원)을 수령하였다.
- 12월 31일 : ㈜장현테크의 보통주 시가는 주당 12,000원으로 평가된다.

	단기매매증권	영업외수익		단기매매증권	영업외수익
①	2,400,000원	200,000원	②	2,400,000원	600,000원
③	2,000,000원	200,000원	④	2,000,000원	600,000원

7. 다음 (   )안에 들어갈 용어와 해당계정이 올바르게 짝지어진 항목은?

> 자본항목에서, (   )이란 자본거래에 해당하지만 자본금이나 자본잉여금으로 분류할 수 없는 항목을 말한다.

① 자본조정 – 매도가능증권평가손실
② 자본조정 – 자기주식처분손실
③ 기타포괄손익누계액 – 감자차손
④ 기타포괄손익누계액 – 자기주식처분손실

8. 다음 중 재화의 판매로 인한 수익 인식 요건이 아닌 것은?

① 재화의 소유에 따른 유의적인 위험과 보상이 구매자에게 이전된다.
② 판매자는 판매한 재화에 대하여, 소유권이 있을 때 통상적으로 행사하는 정도의 관리나 효과적인 통제를 할 수 있다.
③ 수익금액을 신뢰성 있게 측정할 수 있다.
④ 경제적 효익의 유입 가능성이 매우 높다.

9. 다음 원가관리회계에 관한 설명 중 가장 거리가 먼 항목은?

① 제품원가계산을 위한 원가정보를 제공한다.
② 경영계획수립과 통제를 위한 원가정보를 제공한다.
③ 예산과 실제 간의 차이분석을 위한 원가정보를 제공한다.
④ 외부 이해관계자들에게 기업분석을 위한 원가정보를 제공한다.

10. 다음의 자료를 근거로 매출원가를 계산하면 얼마인가?

- 기초 재공품재고액 : 100,000원
- 기말 재공품재고액 : 130,000원
- 기말 제품재고액 : 280,000원
- 당기 총제조원가 : 350,000원
- 기초 제품재고액 : 300,000원

① 160,000원 ② 220,000원 ③ 290,000원 ④ 340,000원

11. 다음 중 보조부문의 원가를 배부하는 방법과 관련된 내용으로 틀린 것은?
① 직접배부법은 보조부문 상호 간의 용역제공관계를 무시하므로 계산이 가장 간단한 방법이다.
② 단계배부법과 상호배부법은 보조부문 상호 간의 용역제공관계를 고려한다.
③ 원가계산의 정확성은 상호배부법 > 단계배부법 > 직접배부법 순이다.
④ 단일배부율법은 보조부문원가를 변동원가와 고정원가로 구분하여 각각 다른 배부기준을 적용하여 배분한다.

12. 다음 중 종합원가계산의 특징으로 옳지 않은 것은?
① 다양한 종류의 제품을 소량 생산하는 경우에 적합한 방법이다.
② 일반적으로 직접원가와 간접원가로 나누어 계산하지 않는다.
③ 기말시점에는 공정별로 재공품이 존재한다.
④ 개별원가계산에 비해 상대적으로 적은 운영비용이 소요된다.

13. 부가가치세법상 재화의 공급시기로 옳지 않은 것은?
① 현금판매, 외상판매의 경우 : 재화가 인도되거나 이용가능하게 되는 때
② 무인판매기에 의한 공급 : 무인판매기에서 현금을 인취하는 때
③ 반환조건부 판매, 동의조건부 판매, 그 밖의 조건부 판매의 경우 : 그 조건이 성취되거나 기한이 지나 판매가 확정되는 때
④ 장기할부판매, 완성도기준지급 또는 중간지급조건부로 재화를 공급하는 경우 : 대가의 전부를 실제 받았을 때

14. 다음 중 그 공급이 부가가치세 면세대상에 해당하지 않는 것은?
① 토지 ② 복권 ③ 신문광고 ④ 수돗물

15. 다음 중 부가가치세법상 세금계산서 제도와 관련한 설명 중 틀린 것은?
① 공급시기가 도래하기 전에 세금계산서를 발급하고 발급일로부터 7일 이내에 대가를 지급받는 경우에는 적법한 세금계산서를 발급한 것으로 본다.
② 세금계산서의 필요적 기재사항의 일부가 기재되지 않은 경우에도 그 효력이 인정된다.
③ 월합계 세금계산서등의 경우에는 재화 또는 용역의 공급일이 속하는 달의 다음달 10일까지 발급가능하다.
④ 법인사업자는 전자세금계산서 의무발급대상자이다.

제96회 실무 시험

| 전산회계 1급 기출문제 |

◆ ㈜소담패션(회사코드:0963)은 스포츠의류등을 제조하여 판매하는 중소기업이며, 당기(제6기) 회계기간은 2021.1.1.~2021.12.31.이다. 전산세무회계 수험용 프로그램을 이용하여 다음 물음에 답하시오.

■ 기본 전제 ■
문제에서 한국채택국제회계기준을 적용하도록 하는 전제조건이 없는 경우, 일반기업회계기준을 적용하여 회계처리 한다.

문제 1 다음은 기초정보관리 및 전기분재무제표에 대한 자료이다. 각각의 요구사항에 대하여 답하시오. (10점)

1 다음 자료를 이용하여 거래처등록의 해당 탭에 추가로 입력하시오. (3점)

- 거래처코드 : 99605
- 카드번호 : 9410-0900-5580-8352
- 카드종류 : 사업용카드
- 카드사명 : 시티카드
- 유형 : 매입
- 사용여부 : 여

2 다음 계정과목에 대하여 적요를 추가적으로 등록하시오. (3점)

- 코드 : 0819
- 현금적요 : 7. 공기청정기임차료 지급
- 계정과목 : 임차료
- 대체적요 : 7. 공기청정기임차료 미지급

3 전기분 재무제표를 검토한 결과 다음과 같은 오류가 발견되었다. 모든 전기분 재무제표의 관련된 부분을 수정하시오. (4점)

계정과목	틀린 금액	올바른 금액	내용
운반비(524)	660,000원	6,600,000원	입력 오류

문제 2 다음 거래 자료를 일반전표입력 메뉴에 추가 입력하시오.(일반전표입력의 모든 거래는 부가가치세를 고려하지 말 것) (18점)

> **■ 입력 시 유의사항 ■**
> - 일반적인 적요의 입력은 생략하지만, 타계정 대체거래는 적요번호를 선택하여 입력한다.
> - 채권·채무와 관련된 거래는 별도의 요구가 없는 한 반드시 기 등록되어 있는 거래코드를 선택하는 방법으로 거래처명을 입력한다.
> - 제조경비는 500번대 계정코드를, 판매비와 관리비는 800번대 계정코드를 사용한다.
> - 회계처리시 계정과목은 별도제시가 없는 한 등록되어 있는 계정과목 중 가장 적절한 과목으로 한다.

1 7월 20일 국민은행에서 2021년 8월 30일까지 상환하기로 하고 5,000,000원을 차입하여 즉시 ㈜섬메이의 미지급금 5,000,000원을 지급하였다. (3점)

2 8월 21일 공장이전을 위해 신축중이던 건물이 완공되어 취득세 등 관련 소요 공과금 7,500,000원을 보통예금 계좌에서 이체 지급하였다. (3점)

3 8월 30일 국민은행에서 차입한 단기차입금을 상환하기 위하여 보통예금 계좌에서 5,000,000원을 국민은행에 이체하였다. (3점)

4 9월 10일 지난달 영업팀 임직원들에게 급여를 지급하면서 원천징수한 소득세 160,000원을 신용카드(비씨카드)로 납부하였다. (3점)

5 10월 22일 영통산업에 제품을 판매하면서 발생한 화물운송비 150,000원을 보통예금 계좌에서 이체하였다. (3점)

6 11월 1일 사채 액면총액 20,000,000원, 상환기간 3년, 발행가액 22,000,000원으로 발행하고 납입금은 보통예금에 입금되었다. (3점)

문제 3 다음 거래 자료를 매입매출전표입력 메뉴에 입력하시오. (18점)

■ 입력 시 유의사항 ■
- 일반적인 적요의 입력은 생략하지만, 타계정 대체거래는 적요번호를 선택하여 입력한다.
- 별도의 요구가 없는 한 반드시 기 등록되어 있는 거래처코드를 선택하는 방법으로 거래처명을 입력한다.
- 제조경비는 500번대 계정코드를, 판매비와 관리비는 800번대 계정코드를 사용한다.
- 회계처리시 계정과목은 별도제시가 없는 한 등록되어 있는 계정과목 중 가장 적절한 과목으로 한다.
- 입력화면 하단의 분개까지 처리하고, 전자세금계산서 및 전자계산서는 전자입력으로 반영한다.

1 8월 3일 새로 출시한 제품의 홍보를 위하여 판매부서에서 광고대행사인 ㈜블루에게 홍보물(영상콘텐츠) 제작을 의뢰하여 배포하고 전자세금계산서를 발급받았다. 해당 대금 1,100,000원(부가가치세 포함)은 8월 31일에 지급하기로 하였다.(미지급금 계정을 사용할 것) (3점)

2 8월 10일 ㈜삼성상회에 제품을 판매하고 다음의 전자세금계산서를 발급하였다. 대금은 7월 30일에 보통예금으로 수령한 계약금을 제외하고 ㈜삼성상회가 발행한 약속어음(만기 2021년 10월 31일)을 수취하였다. (3점)

전자세금계산서(공급자 보관용)						승인번호			
공급자	사업자등록번호	206-81-95706	종사업장번호		공급받는자	사업자등록번호	102-81-42945	종사업장번호	
	상호(법인명)	㈜소담패션	성 명(대표자)	황희상		상호(법인명)	㈜삼성상회	성 명	이현희
	사업장주소	경상남도 고성군 동해면 외산로 592				사업장주소	인천광역시 남동구 구월남로 129		
	업 태	제조.도소매	종 목	스포츠의류		업 태	도매	종 목	의류
	이메일	JI1234@gmail.net				이메일	samsung@naver.com		
작성일자	공급가액		세액		수정사유				
2021.08.10	50,000,000원		5,000,000원						
비고									
월	일	품 목	규 격	수 량	단 가	공 급 가 액	세 액	비 고	
8	10	전자부품		10	5,000,000원	50,000,000원	5,000,000원		
합 계 금 액	현 금		수 표		어 음	외 상 미 수 금	이 금액을 영수 / 청구 함		
55,000,000원	11,000,000원				44,000,000원				

3 11월 10일 선적완료한 제품은 미국 소재법인인 ebay에 11월 2일 $10,000에 직수출하기로 계약한 것이며, 수출대금은 차후에 받기로 하였다. 계약일 시점 기준환율은 $1=1,210원이며, 선적일 시점 기준환율은 $1=1,250원이다. (3점)

4 11월 20일 경리부의 업무용 도서를 구입하면서 현금을 지급하고 ㈜설영문고로부터 다음과 같이 현금영수증을 발급받았다. (3점)

```
              ㈜설영문고
     116-81-80370              홍지안
   서울특별시 서초구 명달로 105
   홈페이지 http://www.kacpta.or.kr
              현금(지출증빙)
   구매 2021/11/20/15:34   거래번호 : 0026-0107
      상품명          수량         금액
     법인세 조정 실무    1        100,000원

      합   계                  100,000원
     받은금액                  100,000원
```

5 11월 30일 내국신용장에 의해 수출용 제품에 필요한 원자재(공급가액 : 10,000,000원)를 ㈜현우로부터 매입하고 영세율전자세금계산서를 발급받았다. 매입금액 전액에 대해 약속어음을 발행(만기 : 2021년 12월 31일)하여 지불하였다. (3점)

6 12월 7일 당사가 생산한 제품(원가 350,000원, 시가 500,000원이며 부가가치세는 제외된 금액임)을 매출 거래처 직원 결혼선물용으로 사용하였다. (3점)

문제 4 일반전표입력 및 매입매출전표입력 메뉴에 입력된 내용 중 다음과 같은 오류가 발견되었다. 입력된 내용을 확인하여 정정하시오. (6점)

1 8월 3일 매출처 ㈜네오전자의 부도로 외상매출금 잔액 1,100,000원이 회수불능하여 전액 대손상각비로 처리하였는데, 확인 결과 부도시점에 외상매출금에 대한 대손충당금잔액이 800,000원이었던 것으로 확인된다. (3점)

2 12월 20일 업무용 승용차(모닝, 배기량 1,000cc인 경차임)를 현금으로 구입(11,950,000원, 부가가치세별도)하면서 과세유형을 불공제로 입력하였다. (3점)

차량명	판매가격 (부가가치세 별도)	제조사	구입점	비고
모닝(스탠다드)	11,950,000원	기아자동차㈜	기아차 남양주점 (208-81-56451)	전자세금계산서 수취

문제 5 결산정리사항은 다음과 같다. 해당메뉴에 입력하시오. (9점)

1 기말 외상매입금 계정 중에는 미국 ABC Ltd.의 외상매입금 3,000,000원(미화 $2,500)이 포함되어 있다.(결산일 현재 적용환율 : 1,150원/$) (3점)

2 2021년 6월 1일에 공장 건물 중 일부를 임대(임대기간: 2021. 6. 1.~2022. 5. 31.)하고, 일시에 수령한 12개월분 임대료 50,400,000원을 전액 임대료(영업외수익)로 회계처리하였다. 월할계산 하시오. (3점)

3 당해 사업연도 법인세등은 10,000,000원이다. 법인세의 중간예납세액 6,000,000원(선납세금 계정)을 8월 15일에 납부하였고 나머지 금액에 대해서는 다음연도 3월 31일까지 납부할 예정이다. (3점)

문제 6 다음 사항을 조회하여 답안을 [이론문제 답안작성] 메뉴에 입력하시오. (9점)

1 상반기(1월~6월) 중 제품매출액이 가장 많은 달과 그 금액은 얼마인가? (3점)

2 4월 말 현재 미지급금이 가장 많은 거래처명과 그 금액은 얼마인가? (3점)

3 2021년 제1기 예정신고기간(1월~3월) 동안 삐에로패션으로부터 수취한 매입세금계산서의 매수와 공급가액은 얼마인가? (3점)

제97회 이론 시험

전산회계 1급 기출문제

◆ 다음 문제를 보고 알맞은 것을 골라 │이론문제 답안작성│ 메뉴에 입력하시오. (객관식 문항당 2점)

■ 기본 전제
문제에서 한국채택국제회계기준을 적용하도록 하는 전제조건이 없는 경우, 일반기업회계기준을 적용한다.

1. 다음 중 분개의 구조 상 차변 요소가 아닌 것은?
① 자본의 감소   ② 자산의 감소   ③ 비용의 발생   ④ 부채의 감소

2. 다음 중 재무상태표에 유동부채로 분류되는 것은?
① 예수금   ② 장기차입금   ③ 사채   ④ 임대보증금

3. 다음은 ㈜세무의 2021년 결산일 현재 기준 보유 자산의 잔액이다. 결산을 통해 재무상태표에 현금 및 현금성자산으로 표시될 금액은?

- 통화 : 303,000원
- 단기금융상품(취득일부터 만기가 3개월 이내임) : 150,000원
- 우편환 : 6,000원
- 매출채권 : 22,000원
- 단기매매증권 : 40,000원

① 459,000원   ② 449,000원   ③ 475,000원   ④ 453,000원

4. 다음 자료를 정률법으로 감가상각할 경우 1차 회계연도(2021년 1월 1일 ~ 2021년 12월 31일)에 재무상태표에 계상될 감가상각누계액은 얼마인가?

- 취득원가 : 3,750,000원(취득일 : 2021년 1월 1일)
- 내용연수 : 5년
- 상각률 : 0.451

① 1,691,250원   ② 660,000원   ③ 1,100,000원   ④ 1,320,000원

5. 다음 중 무형자산에 해당하지 않은 것을 모두 고른 것은?

a. 특허권   b. 내부적으로 창출된 영업권   c. 광업권
d. 전세권   e. 저작권

① a, e   ② b, e   ③ b, d   ④ c, e

6. 다음 중 충당부채를 부채로 인식하기 위한 요건에 대한 설명으로 가장 옳지 않은 것은?
   ① 과거사건이나 거래의 결과로 현재의무가 존재한다.
   ② 그 의무의 이행에 소요되는 금액을 신뢰성 있게 추정할 수 있다.
   ③ 우발부채도 충당부채에 포함되므로 재무상태표에 부채로 인식하여야 한다.
   ④ 당해 의무를 이행하기 위하여 자원이 유출될 가능성이 매우 높다.

7. 회사가 증자할 때 발행가액이 액면가액을 초과하여 발행한 경우 그 차액은 어느 것에 해당되는가?
   ① 이익준비금   ② 이익잉여금   ③ 자본잉여금   ④ 자본조정

8. ㈜무릉의 재무상태가 다음과 같을 때, 기말자산은 얼마인가?

기 초		기 말		총수익	총비용
부채	자본	자산	부채		
400,000원	160,000원	(?)	450,000원	300,000원	240,000원

① 110,000원   ② 170,000원   ③ 540,000원   ④ 670,000원

9. 다음의 원가분류 중 추적가능성에 따른 분류가 아닌 항목은?
   ① 직접재료비   ② 간접재료비   ③ 직접노무비   ④ 제조경비

10. 다음의 원가자료에서 '기초원가 - 가공원가 - (당기총)제조원가'의 금액의 순으로 옳게 연결된 항목은?

   • 원재료매입액 : 350,000원   • 직접재료비 : 400,000원   • 간접재료비 : 50,000원
   • 직접노무비 : 250,000원   • 공장전력비 : 150,000원   • 공장건물 임차료 : 50,000원

   ① 400,000원 - 250,000원 - 900,000원
   ② 400,000원 - 500,000원 - 900,000원
   ③ 650,000원 - 500,000원 - 900,000원
   ④ 650,000원 - 500,000원 - 1,250,000원

11. 다음 중 개별원가계산에 관한 설명으로 옳지 않은 것은?
   ① 직접비와 제조간접비의 구분이 중요하다.
   ② 건설업, 조선업 등 다품종소량생산 업종에서 주로 사용되는 원가계산 방법이다.
   ③ 제품별로 원가계산을 하게 되므로 원가를 직접비와 간접비로 구분하여 공통원가인 간접비는 합리적인 방법에 의하여 제품별로 배부한다.
   ④ 완성품환산량의 계산이 원가계산의 핵심과제이다.

12. 기초재공품 20,000개(완성도 30%), 당기완성품 수량은 130,000개, 기말재공품은 50,000개(완성도 10%)이다. 평균법하에서 가공비에 대한 완성품 환산량은 얼마인가? (단, 재료는 공정초에 전량 투입되고, 가공비는 공정 전반에 걸쳐 균등하게 투입됨)

① 110,000개　　　② 129,000개　　　③ 135,000개　　　④ 180,000개

13. 우리나라 부가가치세법에 대한 설명 중 가장 거리가 먼 항목은?
① 세부담의 역진성을 완화하기 위해 면세제도를 두고 있다.
② 소비지국 과세원칙에 따라 수입하는 재화에는 부가가치세가 과세된다.
③ 사업자가 아닌 자가 일시적으로 재화를 공급하는 경우, 부가가치세 납부의무가 없다.
④ 부가가치세의 과세대상은 크게 재화와 용역의 공급 그리고 재화와 용역의 수입으로 구분된다.

14. 부가가치세법상 재화의 공급으로 보지 아니하는 거래를 모두 고른 것은?

> a. 저당권 등 담보 목적으로 부동산을 제공하는 것
> b. 사업장별로 그 사업에 관한 모든 권리와 의무를 포괄적으로 승계시키는 사업의 양도
> c. 매매계약에 의한 재화의 인도
> d. 폐업시 잔존재화(해당 재화의 매입 당시 매입세액공제 받음)
> e. 상속세를 물납하기 위해 부동산을 제공하는 것

① a, d　　　② b, c, e　　　③ a, b, e　　　④ a, b, d, e

15. 다음 중 부가가치세법상 대손세액공제에 관한 설명 중 틀린 것은?
① 부가가치세가 과세되는 재화 또는 용역의 공급과 관련된 채권이어야 한다.
② 부도발생일로부터 3개월 이상 지난 수표·어음·중소기업의 외상매출금은 대손세액공제 대상이다.
③ 확정신고와 함께 대손금액이 발생한 사실을 증명하는 서류를 제출하여야 한다.
④ 대손이 확정되면 공급자는 대손이 확정된 날이 속하는 과세기간의 매출세액에서 대손세액을 차감한다.

제97회 실무 시험

| 전산회계 1급 기출문제 |

◆ ㈜석모기계(회사코드:0973)는 기계설비를 제조하여 판매하는 중소기업이며, 당기(제6기) 회계기간은 2021. 1. 1. ~ 2021. 12. 31. 이다. 전산세무회계 수험용 프로그램을 이용하여 다음 물음에 답하시오.

문제 1 다음은 기초정보관리 및 전기분재무제표에 대한 자료이다. 각각의 요구사항에 대하여 답하시오. (10점)

1 다음 자료를 보고 [거래처등록]메뉴에서 등록하시오. (3점)

- 회 사 명 : ㈜가나전자(거래처코드 : 01056)
- 대 표 자 : 이은성
- 업 태 : 제조, 도소매
- 사업장 주소 : 서울특별시 서초구 신반포로47길 118 101호
- 유 형 : 매입
- 사업자등록번호 : 129-86-78690
- 종 목 : 전자제품

※ 주소 입력 시 우편번호 입력은 생략해도 무방함.

2 다음 자료를 보고 거래처별 초기이월을 수정 또는 입력하시오. (3점)

계정과목	거래처명	전기로부터 이월된 금액	올바른 금액
받을어음	㈜송강산업	300,000원	3,000,000원
	㈜강림상사	2,800,000원	12,800,000원
미지급금	㈜더라벨	6,100,000원	3,600,000원
	㈜통진흥업	-	2,500,000원

3 전기분손익계산서를 검토한 결과 다음과 같은 오류가 발견되었다. 전기분재무제표 메뉴에서 관련된 부분을 모두 수정하시오. (4점)

- 오류내용 : 생산부 직원의 회식비 지출액 2,400,000원이 영업부의 복리후생비(811)로 반영되어 있음.

문제 2 다음 거래 자료를 일반전표입력 메뉴에 추가 입력하시오.(일반전표입력의 모든 거래는 부가가치세를 고려하지 말 것) (18점)

> ■ 입력 시 유의사항 ■
> - 일반적인 적요의 입력은 생략하지만, 타계정 대체거래는 적요번호를 선택하여 입력한다.
> - 채권·채무와 관련된 거래는 별도의 요구가 없는 한 반드시 기 등록되어 있는 거래처코드를 선택하는 방법으로 거래처명을 입력한다.
> - 제조경비는 500번대 계정코드를, 판매비와 관리비는 800번대 계정코드를 사용한다.
> - 회계처리시 계정과목은 별도제시가 없는 한 등록되어 있는 계정과목 중 가장 적절한 과목으로 한다.

1 7월 7일 매출 거래처인 ㈜달라일러가 회생계획인가결정을 받음에 따라 ㈜달라일러에 대한 외상매출금 12,000,000원을 대손처리하였다. 대손발생일 직전의 외상매출금에 대한 대손충당금 잔액은 5,000,000원이다. (3점)

2 7월 15일 매출거래처인 ㈜희망기계의 외상매출금 6,500,000원에 대하여 다음의 전자어음을 받고, 나머지 금액은 보통예금으로 받았다. (3점)

```
                    전 자 어 음
   석모기계㈜   귀하                    00520151020123456789
      금   오백만원정                       5,000,000원
         위의 금액을 귀하 또는 귀하의 지시인에게 지급하겠습니다.
   지급기일  2021년 8월 20일      발 행 일  2021년 7월 15일
   지 급 지  신한은행             발행지주소 서울 성북구 돈암로 1
   지급장소  영등포지점           발 행 인  ㈜희망기계
```

3 7월 20일 보유 중인 자기주식 12,000주를 처분하였다. 자기주식 12,000주에 대한 장부가액은 12,000,000원이고 12,000주 전부를 11,500,000원에 처분하고 그 대가를 전부 보통예금으로 입금받았다.(단, 자기주식처분이익 계정의 잔액이 300,000원 있고, 처분수수료는 없는 것으로 가정한다.) (3점)

4 8월 5일 신주 20,000주를 발행하여 건물을 취득하였다. 주당 액면가액은 5,000원이며 발행시점의 공정가액은 주당 8,000원이다. (3점)

5 11월 19일 영업부서에서 홍보물을 배포하기 위해 고용한 일용직 근로자에게 일당 120,000원을 현금으로 지급하였다. (3점)

6 12월 5일 영업부서 임직원의 퇴직금에 대하여 확정기여형(DC형) 퇴직연금에 가입하고 있으며, 12월분 퇴직연금 5,300,000원을 당사 보통예금계좌에서 이체하여 납부하였다. (3점)

문제 3 다음 거래 자료를 매입매출전표입력 메뉴에 입력하시오. (18점)

> ■ 입력 시 유의사항 ■
> - 일반적인 적요의 입력은 생략하지만, 타계정 대체거래는 적요번호를 선택하여 입력한다.
> - 별도의 요구가 없는 한 반드시 기 등록되어 있는 거래처코드를 선택하는 방법으로 거래처명을 입력한다.
> - 제조경비는 500번대 계정코드를, 판매비와 관리비는 800번대 계정코드를 사용한다.
> - 회계처리시 계정과목은 별도제시가 없는 한 등록되어 있는 계정과목 중 가장 적절한 과목으로 한다.
> - 입력화면 하단의 분개까지 처리하고, 전자세금계산서 및 전자계산서는 전자입력으로 반영한다.

1 8월 3일 판매부서 사무실로 사용하기 위해 입주해있는 ㈜에이스오피스텔의 관리실로부터 7월분 관리비 중 면세품목에 대하여 전자계산서(공급가액 30,000원, 부가가치세 0원)를 발급받고 보통예금에서 바로 지급하였다. (3점)

2 8월 21일 새로운 기계로 교체하기 위하여 ㈜한국자원에 기존에 사용하던 기계장치(취득원가 80,000,000원, 감가상각누계액 77,000,000원)를 2,200,000원(부가가치세 포함)에 매각하면서 전자세금계산서를 발급하였으며, 대금은 전액 ㈜한국자원이 발행한 약속어음으로 받았다. (3점)

3 10월 15일 다음 자료를 보고 적절한 회계처리를 하시오. (단, 수표 1,000,000원은 모두 당좌수표임) (3점)

전자세금계산서						승인번호		20211015-1000000-00009329	
공급자	사업자등록번호	130-85-56442	종사업장번호		공급받는자	사업자등록번호	506-81-94325	종사업장번호	
	상호(법인명)	㈜무릉	성명(대표자)	이학주		상호(법인명)	석모기계㈜	성 명	임병수
	사업장주소	경기도 의정부시 신곡로 1588				사업장주소	경기도 남양주시 경춘로 855-11		
	업 태	제조	종 목	기계		업 태	제조, 도소매외	종 목	기계설비
	이메일					이메일			
작성일자		공급가액		세액		수정사유			
2021.10.15		3,300,000원		330,000원					
비고									
월	일	품 목	규 격	수 량	단 가	공 급 가 액	세 액	비 고	
10	15	A원재료		100	33,000원	3,300,000원	330,000원		
합 계 금 액		현 금		수 표		어 음	외 상 미 수 금	이 금액을 영수 함	
3,630,000원				1,000,000원			2,630,000원		청구

4 11월 30일 ㈜렌트로부터 11월 1일에 임차 개시한 영업부 직원의 거래처 방문용 차량(배기량 2,000cc인 4인승 승용차)과 관련하여 11월분 임차료(공급가액 600,000원, 부가가치세 60,000원)에 대한 전자세금계산서를 수취하였다. 11월분 임차료는 12월 10일에 보통예금에서 자동이체될 예정이다. (3점)

5 12월 12일 구매확인서에 의하여 유성산업㈜에 C제품(100단위, @150,000)을 판매하고 영세율전자세금계산서를 발급하였다. 대금은 10일 후에 받기로 하였다. (3점)

6 12월 30일 중국에 소재한 NewYork.com으로부터 수입한 원재료와 관련하여 인천세관으로부터 전자수입세금계산서(공급가액 40,000,000원, 부가가치세 4,000,000원)를 발급받았고, 이와 관련한 부가가치세는 당좌수표로 납부하였다. (3점)

문제 4 일반전표입력 및 매입매출전표입력 메뉴에 입력된 내용 중 다음과 같은 오류가 발견되었다. 입력된 내용을 확인하여 정정하시오. (6점)

1 8월 10일 이자수익 300,000원 중 원천징수세액인 46,200원을 제외한 나머지 금액인 253,800원이 보통예금으로 입금되어 입금된 금액에 대해서만 회계처리하였다.(원천징수세액은 자산으로 처리하고 하나의 전표로 입력하시오.) (3점)

2 12월 10일 원재료 매입시 현금으로 지급한 운송비 110,000원(부가가치세 포함)을 신규직원의 실수로 일반전표에 입력하였다. 운송은 일양택배가 하였으며, 별도의 전자세금계산서를 발급받았다. (3점)

문제 5 결산정리사항은 다음과 같다. 해당메뉴에 입력하시오. (9점)

1 9월 5일에 판매부서에서 사용할 A4용지 10박스를 110,000원(부가가치세 포함)에 구입하고 공급가액인 100,000원에 대하여 소모품으로 회계처리 하였다. 결산일 현재 판매부서에는 A4용지 4박스가 남아 있다. 이에 대한 기말 수정분개를 입력하시오. (3점)

2 2021년 5월 1일 공장화재보험료 1년분(2021년 5월 1일 ~ 2022년 4월 30일) 3,600,000원을 보통예금으로 납부하면서 전액 보험료(제조경비)로 회계처리 되어있다.(단, 보험료는 월할계산하며 거래처입력은 생략함) (3점)

3 기중에 현금시재가 부족하여 현금과부족으로 계상하였던 차변금액 20,000원에 대하여 결산일 현재에도 그 차이원인을 알 수 없어 당기 비용(영업외비용)으로 처리하였다. (3점)

문제 6 다음 사항을 조회하여 답안을 〈이론문제 답안작성〉 메뉴에 입력하시오. (9점)

3 2021년 제1기 확정신고기간(4월~6월)의 차가감하여 납부할 부가가치세액은 얼마인가? (단, 2021년 제1기 예정신고기간(1월~3월)의 부가가치세 예정신고미환급세액은 2,000,000원이 있다.) (3점)

4 상반기(1월~6월) 중 접대비(판)가 가장 많이 발생한 월과 그 월의 접대비 금액은 얼마인가? (3점)

5 6월 말 현재 유동부채는 전월 말 대비 얼마가 증가(또는 감소)되었는가? 단, 양수로 입력하시오. (3점)

제98회 이론 시험

| 전산회계 1급 기출문제 |

◆ 다음 문제를 보고 알맞은 것을 골라 「이론문제 답안작성」 메뉴에 입력하시오. (객관식 문항당 2점)

기본 전제
문제에서 한국채택국제회계기준을 적용하도록 하는 전제조건이 없는 경우, 일반기업회계기준을 적용한다.

1. 다음은 재무회계 개념체계에 대한 설명이다. 회계정보의 질적 특성 중 목적적합성과 관련이 없는 것은?
   ① 적시성   ② 중립성   ③ 예측가치   ④ 피드백가치

2. 다음 중 현금 및 현금성자산 금액을 모두 합하면 얼마인가?

   · 선일자수표 : 500,000원   · 타인발행 당좌수표 : 400,000원
   · 당좌예금 : 500,000원   · 차용증서 : 800,000원
   · 취득 당시 만기가 2개월인 양도성예금증서 : 600,000원

   ① 800,000원   ② 1,100,000원   ③ 1,200,000원   ④ 1,500,000원

3. 부산의 5월초 상품재고액은 500,000원이며, 5월의 상품 매입액은 350,000원, 5월의 매출액은 600,000원이다. 매출총이익률은 매출액의 20%라고 한다면, 5월말 상품재고액은 얼마인가?
   ① 250,000원   ② 370,000원   ③ 480,000원   ④ 620,000원

4. 결산마감시 당기분 감가상각누계액으로 4,000,000원을 계상하였다. 재무제표에 미치는 영향을 바르게 설명한 것은?
   ① 자본이 4,000,000원 감소한다.   ② 자산이 4,000,000원 증가한다.
   ③ 당기순이익이 4,000,000원 증가한다.   ④ 부채가 4,000,000원 증가한다.

5. 다음 중 무형자산의 인식 및 최초측정에 대한 설명으로 가장 틀린 것은?
   ① 무형자산을 최초로 인식할 때에는 원가로 측정한다.
   ② 다른 종류의 무형자산이나 다른 자산과의 교환으로 무형자산을 취득하는 경우에는 무형자산의 원가를 교환으로 제공한 자산의 공정가치로 측정한다.
   ③ 무형자산을 창출하기 위한 내부 프로젝트를 연구단계와 개발단계로 구분할 수 없는 경우에는 그 프로젝트에서 발생한 지출은 모두 개발단계에서 발생한 것으로 본다.
   ④ 내부적으로 창출한 무형자산의 원가는 그 자산의 창출, 제조, 사용준비에 직접 관련된 지출과 합리적이고 일관성있게 배분된 간접 지출을 모두 포함한다.

6. 다음 중 유가증권의 분류에 대한 설명으로 가장 틀린 것은?
   ① 유가증권은 취득한 후에 만기보유증권, 단기매매증권, 그리고 매도가능증권 중의 하나로 분류한다.
   ② 만기가 확정된 채무증권으로서 상환금액이 확정되었거나 확정이 가능한 채무증권을 만기까지 보유할 적극적인 의도와 능력이 있는 경우에는 매도가능증권으로 분류한다.
   ③ 지분증권과 만기보유증권으로 분류되지 아니하는 채무증권은 단기매매증권과 매도가능증권 중의 하나로 분류한다.
   ④ 단기매매증권은 주로 단기간 내의 매매차익을 목적으로 취득한 유가증권으로서 매수와 매도가 적극적이고 빈번하게 이루어지는 것을 말한다.

7. 다음은 충당부채와 우발부채에 대한 설명이다. 일반기업회계기준으로 판단했을 때 적합한 설명이 아닌 것은?
   ① 퇴직급여충당부채는 충당부채에 해당한다.
   ② 우발부채는 일반기업회계기준상 재무제표에 부채로 인식하여야 한다.
   ③ 충당부채는 당해 의무를 이행하기 위한 자원유출 가능성이 매우 높아야 한다.
   ④ 충당부채는 그 의무 이행에 소요되는 금액을 신뢰성 있게 추정할 수 있어야 한다.

8. 다음 중 일반기업회계기준에 의한 수익인식기준으로 맞는 것은?
   ① 상품권 판매 : 상품권을 판매한 시점
   ② 할부판매 : 고객이 매입의사표시를 한 시점
   ③ 위탁판매 : 수탁자가 제3자에게 판매한 시점
   ④ 시용판매 : 상품 인도시점

9. 다음 중 종합원가계산의 특징으로 가장 옳은 것은?
   ① 직접원가와 간접원가로 나누어 계산한다.
   ② 단일 종류의 제품을 연속적으로 대량 생산하는 경우에 적용한다.
   ③ 고객의 주문이나 고객이 원하는 형태의 제품을 생산할 때 사용되는 방법이다.
   ④ 제조간접원가는 원가대상에 직접 추적할 수 없으므로 배부기준을 정하여 배부율을 계산하여야 한다.

10. 다음은 당기에 영업을 시작한 ㈜합격의 자료이다. 다음의 자료를 이용하여 재료비와 가공비의 완성품환산량을 계산하면 각각 얼마인가?(단, 원재료는 초기에 전량 투입되고 가공비는 공정전체에 걸쳐 균등하게 발생함)

    • 당기착수량 : 500개   • 당기완성품 수량 : 300개   • 기말재공품 수량 : 200개(완성도 50%)

	재료비	가공비
①	300	300
②	300	400
③	500	300
④	500	400

11. 다음은 원가의 행태에 대한 그래프이다. 변동비와 관계있는 도표로 알맞게 짝지어진 것은?

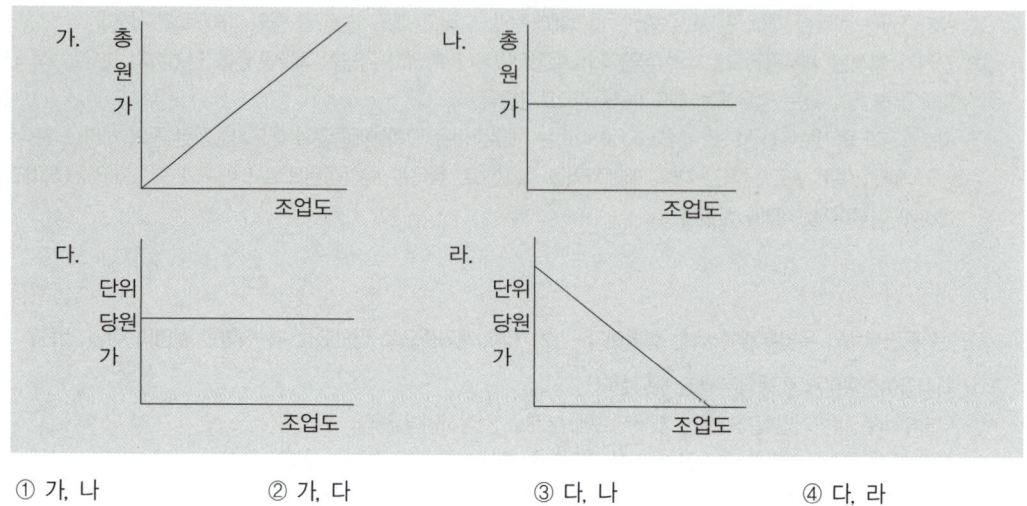

① 가, 나   ② 가, 다   ③ 다, 나   ④ 다, 라

12. 다음 중 보조부문원가 배분방법에 대한 설명으로 가장 옳은 것은?
① 단계배분법은 보조부문의 배분 순서와 상관없이 원가를 계산한다.
② 상호배분법은 보조부문간의 용역수수관계를 고려하는 배분방법이다.
③ 직접배분법은 정확한 계산 방법이지만, 계산이 매우 복잡하다.
④ 단계배분법은 각 보조부문에서 발생한 원가를 제조부문에 직접배분하는 방법이다.

13. 우리나라 부가가치세의 특징과 가장 관련이 없는 것은?
① 국세   ② 간접세   ③ 개별소비세   ④ 소비지국 과세원칙

14. 다음은 부가가치세법상 면세포기와 관련된 설명이다. 맞게 설명한 것은?
① 면세포기는 관할세무서장의 승인을 얻어야 한다.
② 면세사업자는 면세포기 신고일로부터 3년간은 부가가치세를 면제받지 못한다.
③ 면세사업자는 모든 재화, 용역에 대하여 면세포기가 가능하다.
④ 면세사업자가 면세를 포기해도 매입세액공제가 불가능하다.

15. 다음은 ㈜한국의 과세자료이다. 부가가치세 과세표준은 얼마인가? 단, 거래금액에는 부가가치세가 포함되어 있지 않다.

- 외상판매액 : 2,000,000원
- 대표이사 개인목적으로 사용한 제품(원가 80,000원, 시가 120,000원) : 80,000원
- 비영업용 소형승용차(2,000CC) 매각대금 : 100,000원
- 화재로 인하여 소실된 제품 : 200,000원

① 2,080,000원　　② 2,120,000원　　③ 2,220,000원　　④ 2,380,000원

제98회 실무 시험

| 전산회계 1급 기출문제 |

◆ ㈜동진상사(회사코드:0983)은 스포츠의류를 제조하여 판매하는 중소기업이며, 당기(제6기) 회계기간은 2021. 1. 1. ~ 2021. 12. 31. 이다. 전산세무회계 수험용 프로그램을 이용하여 다음 물음에 답하시오.

문제 1   다음은 기초정보관리 및 전기분재무제표에 대한 자료이다. 각각의 요구사항에 대하여 답하시오. (10점)

1 다음 자료를 보고 [거래처등록]메뉴에서 등록하시오. (3점)

- 거래처코드 : 01212
- 거래처명 : ㈜세무전자
- 유형 : 동시
- 사업자등록번호 : 206-86-31522
- 대표자 : 김기태
- 업태 : 도소매
- 종목 : 가전제품
- 사업장주소 : 서울시 강남구 양재대로 55길 19

※ 주소입력 시 우편번호 입력은 생략해도 무방함.

2 거래처별 초기이월 채권과 채무잔액은 다음과 같다. 자료에 맞게 추가입력이나 정정 및 삭제하시오. (3점)

계정과목	거래처	잔액	계
단기대여금	우진상사	7,500,000원	12,000,000원
	㈜가나상사	3,200,000원	
	다라상사	1,300,000원	
단기차입금	마바상사	5,500,000원	16,000,000원
	자차상사	10,500,000원	

3 전기분손익계산서를 검토한 결과 다음과 같은 오류가 발견되었다. 전기분손익계산서, 전기분잉여금처분계산서, 전기분재무상태표 중 관련된 부분을 수정하시오. (4점)

계정과목	틀린 금액	올바른 금액	내용
상여금(0803)	5,000,000원	3,400,000원	입력오류

문제 2 다음 거래 자료를 일반전표입력 메뉴에 추가 입력하시오.(일반전표입력의 모든 거래는 부가가치세를 고려하지 말 것) (18점)

■ 입력 시 유의사항 ■
- 일반적인 적요의 입력은 생략하지만, 타계정 대체거래는 적요번호를 선택하여 입력한다.
- 채권·채무와 관련된 거래는 별도의 요구가 없는 한 반드시 기 등록되어 있는 거래처코드를 선택하는 방법으로 거래처명을 입력한다.
- 제조경비는 500번대 계정코드를, 판매비와 관리비는 800번대 계정코드를 사용한다.
- 회계처리시 계정과목은 별도제시가 없는 한 등록되어 있는 계정과목 중 가장 적절한 과목으로 한다.

---

1 7월 12일 ㈜우리서점에서 영업부 업무관련 도서를 70,000원에 구입하고 보통예금으로 지급하였다. (3점)

2 7월 28일 ㈜해운에 대한 외상매출금 4,700,000원과 외상매입금 5,800,000원을 상계처리하기로 하고 나머지 잔액은 당사의 당좌수표를 발행하여 지급하였다. (3점)

3 7월 31일 지난 3월 단기 시세차익을 목적으로 취득하였던 ㈜한국의 주식 2,000주(1주당 액면가 5,000원, 1주당 구입가 10,000원)를 24,000,000원에 처분하고 보통예금으로 입금받았다. (3점)

4 8월 1일 당사는 본사건물 신축을 위한 차입금의 이자비용 7,000,000원을 현금으로 지급하고, 금융비용은 전액 자본화하기로 하였다. 이 건물의 착공일은 2019년 1월 13일이며, 완공일은 2021년 11월 30일이다. (3점)

5 9월 30일 제2기 예정 부가가치세 신고를 위해 부가세대급금 8,000,000원과 부가세예수금 11,300,000원을 상계처리하고 관련 회계처리를 하시오.(단, 거래처입력은 생략하고, 총액을 상계처리) (3점)

6 12월 19일 제품 생산에 필요한 원재료를 매입하기 위해서 ㈜우리공장과 계약을 체결하고, 계약금 2,000,000원을 보통예금에서 지급하였다. (3점)

문제 3 다음 거래 자료를 매입매출전표입력 메뉴에 입력하시오. (18점)

> ■ 입력 시 유의사항 ■
> - 일반적인 적요의 입력은 생략하지만, 타계정 대체거래는 적요번호를 선택하여 입력한다.
> - 별도의 요구가 없는 한 반드시 기 등록되어 있는 거래처코드를 선택하는 방법으로 거래처명을 입력한다.
> - 제조경비는 500번대 계정코드를, 판매비와 관리비는 800번대 계정코드를 사용한다.
> - 회계처리시 계정과목은 별도제시가 없는 한 등록되어 있는 계정과목 중 가장 적절한 과목으로 한다.
> - 입력화면 하단의 분개까지 처리하고, 전자세금계산서 및 전자계산서는 전자입력으로 반영한다.

1 7월 21일 비사업자인 이순옥씨에게 제품을 99,000원(부가가치세 포함)에 현금매출하고 현금영수증을 발급하지 않았다. (3점)

2 9월 4일 원재료 매입처의 사무실 이전을 축하하기 위해 프리티화원에서 200,000원의 축화화환을 주문하고, 보통예금계좌에서 이체하고 현금영수증(지출증빙용)을 발급받았다. (3점)

```
              프리티화원
       114-91-21113              김화원
   서울 송파구 문정동 101-2 TEL:3289-8085
   홈페이지 http://www.kacpta.or.kr
              현금(지출증빙)
   구매 2021/09/04/13:06    거래번호 : 0004-0027
        상품명          수량           금액
        축화화환          1         200,000원
     2041815650198
                      물 품 가 액     200,000원
                      부  가  세           0원
        합  계                       200,000원
        받은금액                      200,000원
```

3 9월 15일 당사는 제품을 제조하기 위해 ㈜한국에서 기계장치를 50,000,000원(부가가치세 별도)에 10개월 할부로 구매하고 전자세금계산서를 발급받았다. 할부대금은 다음 달부터 지급한다. (3점)

4 10월 10일 ㈜광고에 제품을 15,000,000원(부가가치세 별도)에 판매하고 전자세금계산서를 발급하였다. 제품에 대한 판매대금은 보통예금 계좌로 입금받았다. (3점)

5 10월 18일 업무용 비품으로 사용하던 냉장고(취득가액 2,800,000원, 처분시 감가상각누계액 1,600,000원)를 ㈜미래에 현금 1,100,000원(부가가치세 포함)을 받아 처분하고 전자세금계산서를 발급하였다. (3점)

6 11월 28일 본사 신축을 위해 구입하는 토지 취득에 대한 법률자문 및 등기대행 용역을 ㈜국민개발로부터 제공받았다. 용역에 대한 수수료 3,000,000원(부가가치세 별도)은 현금으로 지급하고 전자세금계산서를 발급 받았다. (3점)

문제 4 일반전표입력 및 매입매출전표입력 메뉴에 입력된 내용 중 다음과 같은 오류가 발견되었다. 입력된 내용을 확인하여 정정하시오. (6점)

1 7월 10일 세금과공과로 처리한 금액(100,000원)은 임직원들에게 6월 15일에 급여를 지급하면서 원천징수한 소득세를 납부한 것으로 확인되었다. (3점)

2 9월 27일 본사업무에 사용하는 개별소비세 과세대상 자동차(2,500cc)에 대해 ㈜가제트수리에서 수리하면서 550,000원(부가가치세 포함)을 현금으로 결제하고 전자세금계산서를 발급받았다. 해당 금액에 대하여 매입세액공제대상으로 처리하였다. (3점)

문제 5 결산정리사항은 다음과 같다. 해당메뉴에 입력하시오. (9점)

1 구입 당시 자산으로 계상한 공장 소모품(단가 50,000원, 20개) 중 기말 현재 6개가 재고로 남아 있다.(사용분에 대해 비용처리 할 것) (3점)

2 당기 법인세비용을 7,000,000원으로 가정하여 계상한다.(단, 법인세 중간예납세액은 조회하여 입력할 것) (3점)

3 기말 현재 보유하고 있는 감가상각대상자산은 다음과 같다. 해당 자산을 고정자산등록메뉴에 등록하고 계산된 상각범위액을 감가상각비로 반영하시오. (3점)

- 계정과목 : 기계장치
- 코드번호 : 101
- 전기말감가상각누계액 : 9,000,000원
- 내용연수 : 5년
- 취득년월일 : 2019년 7월 27일
- 취득원가 : 30,000,000원
- 경비구분 : 제조
- 감가상각방법 : 정률법

문제 6 다음 사항을 조회하여 답안을 │이론문제 답안작성│메뉴에 입력하시오. (9점)

1 1기 확정(4월~6월) 부가가치세 신고기간 중 카드로 매출된 공급대가는 얼마인가? (3점)

2 2021년 상반기(1월~6월)에 접대비(판매비와관리비)가 가장 많이 발생한 월과 금액은? (3점)

3 5월말 현재 외상매입금 잔액이 가장 큰 거래처명과 그 금액은 얼마인가? (3점)

제99회 이론 시험

| 전산회계 1급 기출문제 |

◆ 다음 문제를 보고 알맞은 것을 골라 │이론문제 답안작성│ 메뉴에 입력하시오. (객관식 문항당 2점)

■ 기본전제 ■
문제에서 한국채택국제회계기준을 적용하도록 하는 전제조건이 없는 경우, 일반기업회계기준을 적용한다.

1. 다음 중 손익계산서 작성 시 따라야 할 원칙이 아닌 것은?
① 발생주의   ② 순액주의   ③ 수익과 비용의 대   ④ 구분계산의 원칙

2. 다음 중 유가증권에 대한 설명으로 옳지 않은 것은?
① 단기매매증권의 미실현보유손익은 당기손익으로 처리한다.
② 매도가능증권에 대한 미실현보유손익은 기타포괄손익누계액으로 처리한다.
③ 만기보유증권은 공정가치로 평가하여 재무상태표에 표시한다.
④ 단기매매증권은 유동자산으로 분류한다.

3. 다음 중 재고자산으로 분류되는 경우는?
① 도매업을 영위하는 회사가 판매 목적으로 보유하는 상품
② 제조업을 영위하는 회사가 공장 이전을 위하여 보유 중인 토지
③ 부동산매매업을 영위하는 회사가 단기 시세차익을 목적으로 보유하는 유가증권
④ 서비스업을 영위하는 회사가 사옥 이전 목적으로 보유 중인 건물

4. 다음 중 아래의 빈칸에 공통으로 들어갈 내용으로 가장 적합한 것은?

다른 종류의 자산과의 교환으로 취득한 유형자산의 취득원가는 교환을 위하여 제공한 자산의 (　　　)로/으로 측정한다. 다만, 교환을 위하여 제공한 자산의 (　　　)이/가 불확실한 경우에는 교환으로 취득한 자산의 (　　　)을/를 취득원가로 할 수 있다.

① 공정가치   ② 취득가액   ③ 장부가액   ④ 미래가치

5. 다음은 ㈜서울의 재고자산 관련 자료이다. 선입선출법과 총평균법에 따른 각 기말재고자산 금액으로 옳은 것은?

일 자	적 요	수 량	단 가
01월 01일	기초재고	10개	100,000원
03월 14일	매입	30개	120,000원
09월 29일	매출	20개	140,000원
10월 17일	매입	10개	110,000원

	선입선출법	총평균법
①	2,500,000원	2,420,000원
②	2,500,000원	2,820,000원
③	3,500,000원	3,420,000원
④	3,500,000원	3,820,000원

6. ㈜한국은 2021년 6월 1일 대한은행으로부터 50,000,000원(상환기간 2년, 이자율 연 12%)을 차입하여 단기투자를 목적으로 삼한전자의 주식을 매입하였다. 2021년 10월 10일 주가가 상승하여 이 중 일부를 처분하였다. 이와 관련하여 ㈜한국의 2021년 재무제표에 나타나지 않는 계정과목은 무엇인가?

① 이자비용　　② 단기매매증권　　③ 단기차입금　　④ 단기매매증권처분이익

7. 기말 외상매출금 잔액 50,000,000원에 대하여 1%의 대손충당금을 설정하려 한다. 기초 대손충당금이 300,000원이 있었으며, 당기 중 회수가 불가능한 것으로 판명된 매출채권 150,000원을 대손 처리하였다. 보충법에 의한 기말 대손충당금 설정 분개로 올바른 것은?

①	(차)	대손상각비	500,000원	(대)	대손충당금	500,000원
②	(차)	대손상각비	350,000원	(대)	대손충당금	350,000원
③	(차)	대손상각비	300,000원	(대)	대손충당금	300,000원
④	(차)	대손상각비	150,000원	(대)	대손충당금	150,000원

8. 다음 중 자본잉여금 항목이 아닌 것은?

① 주식발행초과금　　② 자기주식처분이익　　③ 감자차익　　④ 재평가차익

9. 다음은 제조원가와 관련된 자료이다. 당기제품제조원가는 얼마인가?

- 직접재료비 1,000,000원
- 제조간접비 700,000원
- 기말재공품 600,000원
- 직접노무비 500,000원
- 기초재공품 300,000원
- 기초제품 800,000원

① 1,100,000원　② 1,900,000원　③ 2,500,000원　④ 2,700,000원

10. ㈜한국전자는 제조간접원가를 배부할 때 직접노무시간을 기준으로 배부하고 있다. 당기 제조간접원가 배부차이는 100,000원 과대배부이다. 당기말 실제 제조간접원가 발생액은 400,000원이고, 실제 직접노무시간이 2,000시간일 경우 직접노무시간당 제조간접원가 예정배부율은 얼마인가?

① 200원/직접노무시간
② 250원/직접노무시간
③ 300원/직접노무시간
④ 350원/직접노무시간

11. 다음 중 제조원가명세서를 작성하기 위하여 필요하지 않은 것은?

① 당기 직접노무원가 발생액
② 당기 직접재료 구입액
③ 당기 기말제품 재고액
④ 당기 직접재료 사용액

12. 다음은 의사결정과 관련된 원가의 분류 중 하나에 대한 설명이다. 가장 밀접한 관련이 있는 것은?

과거의 의사결정과 관련하여 이미 발생한 원가로 현재나 미래의 의사결정과는 관련이 없는 원가

① 매몰원가　② 차액원가　③ 기회비용　④ 회피가능원가

13. 다음 중 부가가치세 면세대상이 아닌 것은?

① 항공기에 의한 여객운송 용역
② 도서, 신문, 잡지, 관보
③ 연탄과 무연탄
④ 우표, 인지, 증지, 복권

14. 다음 중 부가가치세 과세표준에 대한 설명으로 옳지 않은 것은?

① 대손금은 과세표준에서 공제하지 않는다.
② 공급에 대한 대가의 지급이 지체되었음을 이유로 받는 연체이자는 공급가액에 포함한다.
③ 금전 이외의 대가를 받는 경우 자기가 공급한 재화 또는 용역의 시가를 과세표준으로 한다.
④ 외화로 대가를 받은 후 공급시기가 되기 전에 환가한 경우 환가한 금액을 과세표준으로 한다.

15. 다음 중 부가가치세법상 사업자등록에 대한 설명으로 옳은 것은?

① 사업자는 사업장마다 사업개시일부터 20일 이내에 사업자등록을 신청하는 것이 원칙이다.
② 신규 사업자는 사업개시일 이전이라면 사업자등록 신청이 불가능하다.
③ 일반과세자가 3월 25일에 사업자등록을 신청하고 실제 사업개시일은 4월 1일인 경우 4월 1일부터 6월 30일까지가 최초 과세기간이 된다.
④ 사업자등록의 신청은 사업장 관할세무서장이 아닌 다른 세무서장에게는 불가능하다.

제99회 실무 시험

| 전산회계 1급 기출문제 |

◆ 덕양상사㈜(회사코드:0993)는 사무용가구를 제조하여 판매하는 중소기업으로, 당기(제6기) 회계기간은 2021.1.1.~2021.12.31.이다. 전산세무회계 수험용 프로그램을 이용하여 다음 물음에 답하시오.

문제 1 다음은 기초정보관리 및 전기분재무제표에 대한 자료이다. 각각의 요구사항에 대하여 답하시오. (10점)

1 업무용승용차를 리스하여 사용하고자 한다. 다음 자료를 계정과목및적요등록에 반영하시오. (3점)

- 코드 : 851
- 성격 : 3.경비
- 계정과목 : 차량리스료
- 현금적요 1번 : 업무용승용차 리스료

2 다음 자료를 보고 거래처등록 메뉴에 등록하시오. (3점)

- 거래처코드 : 01230
- 사업자등록번호 : 128-86-01280
- 종목 : 가구
- 거래처명 : ㈜백세가구
- 대표자 : 김기백
- 사업장주소 : 경기도 고양시 일산동구 강송로 14(백석동)
- 유형 : 동시
- 업태 : 도소매

※ 주소입력 시 우편번호 입력은 생략해도 무방함.

3 담당자의 실수로 전기 기말재공품재고액이 잘못 입력되었음이 확인되었다. 당사의 올바른 전기 기말재공품재고액은 2,500,000원이다. 이와 관련하여 관련 전기분 재무제표를 모두 수정하시오. (4점)

문제 2 다음 거래 자료를 일반전표입력 메뉴에 추가 입력하시오.(일반전표입력의 모든 거래는 부가가치세를 고려하지 말 것) (18점)

> **입력 시 유의사항**
> • 일반적인 적요의 입력은 생략하지만, 타계정 대체거래는 적요번호를 선택하여 입력한다.
> • 채권 · 채무와 관련된 거래는 별도의 요구가 없는 한 반드시 기 등록되어 있는 거래처코드를 선택하는 방법으로 거래처명을 입력한다.
> • 제조경비는 500번대 계정코드를, 판매비와 관리비는 800번대 계정코드를 사용한다.
> • 회계처리시 계정과목은 별도제시가 없는 한 등록되어 있는 계정과목 중 가장 적절한 과목으로 한다.

1 07월 22일 거래처 ㈜영동상사에서 받은 약속어음 1,350,000원의 만기가 도래하여 당좌수표로 수령하였다. (3점)

2 08월 03일 근로자들의 코로나19 진단 비용으로 3,000,000원을 보통예금 계좌에서 지급하였다. 이 금액 중 60%는 공장 생산직 근로자분이며 나머지는 본사 영업부 근로자분이다. (단, 코로나19 진단 비용은 복리후생을 위한 성격의 지출이다.) (3점)

3 09월 28일 국민은행으로부터 이자수익 200,000원 중 원천징수세액 15.4%를 제외한 나머지 금액인 169,200원이 보통예금 계좌로 입금되었다. (단, 원천징수세액은 자산으로 처리한다.) (3점)

4 10월 05일 수입한 원재료에 대한 관세 3,000,000원과 통관 수수료 300,000원을 인천세관에 현금으로 납부하였다. (3점)

5 11월 12일 보통주 10,000주를 주당 20,000원(주당 액면가 10,000원)에 신주 발행하고, 보통예금 계좌로 발행대금 납입액 200,000,000원이 입금되었음을 확인하였다. (단, 신주발행비용은 없는 것으로 가정하고, 관련 계정을 조회하여 처리한다.) (3점)

6 11월 16일 ㈜한국의 외상매입금 잔액 1,500,000원을 결제하기 위하여 ㈜세화로부터 받은 어음 1,500,000원을 배서양도 하였다. (3점)

문제 3 다음 거래 자료를 매입매출전표입력 메뉴에 입력하시오. (18점)

■ 입력 시 유의사항 ■

- 일반적인 적요의 입력은 생략하지만, 타계정 대체거래는 적요번호를 선택하여 입력한다.
- 별도의 요구가 없는 한 반드시 기 등록되어 있는 거래처코드를 선택하는 방법으로 거래처명을 입력한다.
- 제조경비는 500번대 계정코드를, 판매비와 관리비는 800번대 계정코드를 사용한다.
- 회계처리시 계정과목은 별도제시가 없는 한 등록되어 있는 계정과목 중 가장 적절한 과목으로 한다.
- 입력화면 하단의 분개까지 처리하고, 전자세금계산서 및 전자계산서는 전자입력으로 반영한다.

1 07월 15일 거래처의 영업부 대리 이순재씨의 결혼식을 축하하기 위해 화환을 구입하고 다음의 전자계산서를 발급받았으며, 대금은 다음 달에 지급하기로 하였다. (3점)

전자계산서(공급받는자 보관용)						승인번호	20210715-21058052-11726691		
공급자	사업자등록번호	118-90-52396	종사업장번호		공급받는자	사업자등록번호	128-88-12345	종사업장번호	
	상호(법인명)	플라워24	성명(대표자)	이세영		상호(법인명)	덕양상사㈜	성명(대표자)	강성원
	사업장 주소	경기도 고양시 일산서구 가좌로1				사업장 주소	경기도 고양시 일산동구 중앙로1275번길		
	업태	소매	종목	꽃		업태	제조	종목	사무용가구
	이메일					이메일			
작성일자		공급가액			수정사유				
2021.07.15.		220,000원							
비고									
월	일	품목	규격	수량	단가		공급가액	비고	
07	15	화환					220,000원		
합계금액		현금	수표	어음	외상미수금	이 금액을 청구 함			
220,000원					220,000				

2 08월 01일 명지기계사에 원재료 운송용 트럭(취득가액 : 35,000,000원, 전기말 감가상각누계액 : 16,500,000원)을 20,000,000원(부가가치세 별도)에 처분하고 전자세금계산서를 발급하였다. 대금은 한 달 후에 수령하기로 하였으며, 처분 시점에 감가상각은 하지 않기로 한다. (3점)

[3] 10월 22일 비사업자인 김민국씨에게 제품을 판매하고 대금을 현금으로 수취하였으며, 다음과 같이 현금영수증을 발급하였다. (3점)

```
               덕양상사㈜
      128-88-12345              강성원
   경기도 고양시 일상동구 중앙로 1275번길   TEL:3289-8085
              현금(소득공제)
   구매 2021/10/22         거래번호 : 0026-0107
     상품명        수량         금액
     전자제품        1        550,000원

              공 급 가 액      500,000원
              부가가치세        50,000원
              합    계      550,000원
              받 은 금 액     550,000원
```

[4] 12월 01일 본사 영업부 임직원의 업무수행을 위하여 ㈜자동차로부터 승용차(6인승)를 렌트하였다. 월 이용료는 990,000원(부가가치세 포함)으로 보통예금 계좌에서 지급하고 전자세금계산서를 발급받았다. (3점)

[5] 12월 09일 공장건물 임대인인 ㈜동국개발로부터 임차료 4,400,000원(부가가치세 포함)과 공장 전기요금 770,000원(부가가치세 포함)에 대한 전자세금계산서 1매를 발급받고 당좌수표를 발행하여 지급하였다. (임대차계약서상 임차료는 매월 9일에 지급하기로 약정되어 있으며, 하나의 전표로 처리할 것) (3점)

[6] 12월 30일 내국신용장에 의하여 수출용 제품의 원재료(공급가액 50,000,000원)를 ㈜한울로부터 매입하고 영세율전자세금계산서를 발급받았다. 대금 중 50%는 동사로부터 받아 보관 중이던 약속어음을 배서양도 하였고, 나머지 금액은 6개월 만기의 당사 발행 약속어음으로 지급하였다. (3점)

영세율전자세금계산서					승인번호		20211230-1208020-00014287	
공급자	사업자등록번호	387-87-01232			공급받는자	사업자등록번호	128-88-12345	
	상호(법인명)	㈜한울	성명(대표자)	김화영		상호(법인명)	덕양상사㈜	성명(대표자)	강성원
	사업장 주소	서울시 관악구 봉천동 458				사업장 주소	경기도 고양시 일산동구 중앙로1275번길	
	업태	제조/도소매	종목	사무용가구		업태	제조/도소매	종목	사무용가구
	E-MAIL					E-MAIL		

작성일자	2021.12.30.	공급가액	50,000,000원	세액		수정사유	
비고							

월	일	품목	규격	수량	단가	공급가액	세액	비고
12	30	원재료				50,000,000원	0원	

합계금액	현금	수표	어음	외상미수금	이 금액을 청구 함
50,000,000원			50,000,000원		

문제 4 일반전표입력 및 매입매출전표입력 메뉴에 입력된 내용 중 다음과 같은 오류가 발견되었다. 입력된 내용을 확인하여 정정하시오. (6점)

[1] 07월 25일 매출거래처 직원에 대한 조의금 300,000원을 현금으로 지급한 것으로 처리한 거래는 당사의 공장 생산부 직원의 결혼축하금인 것으로 확인되었다. (3점)

[2] 11월 02일 중앙전자(일반과세자)로부터 부품(원재료)을 매입하면서 매입대금 132,000원(부가가치세 포함)을 현금으로 지급하고 현금영수증(사업자지출 증빙용)을 수취하였으나, 이를 분실하여 지출결의서로 일반전표에 회계처리하였다. 이후 회사는 국세청 홈택스를 통하여 현금영수증 발급분임을 확인하였다. (3점)

문제 5 결산정리사항은 다음과 같다. 해당메뉴에 입력하시오. (9점)

1. 단기차입금에 대한 미지급이자 150,000원을 계상하다. (3점)

2. ㈜한미은행으로부터 차입한 장기차입금 50,000,000원 중 30,000,000원은 내년 2월 16일 만기가 도래하고, 회사는 만기의 연장 없이 상환할 계획이다. (3점)

3. 단기대여금에 대한 당기 기간 경과분 이자미수액 300,000원을 계상하다. (이자 수령약정일은 다음연도 1월 20일이다.) (3점)

문제 6 다음 사항을 조회하여 답안을 [이론문제 답안작성] 메뉴에 입력하시오. (9점)

1. 1월 말 현재 유동자산과 유동부채 간의 차액은 얼마인가? (단, 양수로 입력할 것) (3점)

2. 2021년 제1기 부가가치세 확정신고기간(4월~6월)의 과세표준과 납부세액은 각각 얼마인가? (3점)

3. 2021년 5월 말 기준 ㈜세무가구에 대한 외상매입금 잔액은 얼마인가? (3점)

제100회 이론 시험

| 전산회계 1급 기출문제 |

◆ 다음 문제를 보고 알맞은 것을 골라 이론문제 답안작성 메뉴에 입력하시오. (객관식 문항당 2점)

▪ 기본 전제 ▪
문제에서 한국채택국제회계기준을 적용하도록 하는 전제조건이 없는 경우, 일반기업회계기준을 적용한다.

1. 다음 중 재무제표를 통해 제공되는 정보에 대한 설명으로 틀린 것은?

① 재무제표는 추정에 의한 측정치를 포함하지 않는다.
② 재무제표는 특정 기업실체에 관한 정보를 제공한다.
③ 재무제표는 화폐단위로 측정된 정보를 주로 제공한다.
④ 재무제표는 산업 또는 경제 전반에 관한 정보를 제공하지 않는다.

2. 다음의 회계처리로 인하여 재무제표에 미치는 영향을 바르게 설명한 것은?

비품 7,000,000원을 소모품비로 회계처리 하였다.

① 수익이 7,000,000원 과대 계상된다.
② 자산이 7,000,000원 과소 계상된다.
③ 비용이 7,000,000원 과소 계상된다.
④ 순이익이 7,000,000원 과대 계상된다.

3. 다음은 ㈜상무물산의 제1기(1.1.~12.31.) 재고자산에 대한 내역이다. 선입선출법에 의한 기말재고자산 금액은 얼마인가?

일자	적요	수량	단가
01.23	매입	3,000개	300원
04.30	매출	500개	500원
05.31	매출	1,500개	600원
08.15	매입	2,000개	400원
12.25	매출	500개	500원

① 750,000원　② 850,000원　③ 916,666원　④ 950,000원

4. 다음 중 무형자산으로 인식되기 위한 인식기준이 아닌 것은?

① 식별가능성　② 통제가능성　③ 미래 경제적 효익　④ 판매가능성

5. 다음은 ㈜대한이 당기 중 취득하여 기말 현재 보유하고 있는 유가증권 관련 자료이다. 기말 회계처리로 적절한 것은 무엇인가?

- 취득원가 2,000,000원인 ㈜미국의 주식은 단기보유목적으로 취득하였으며, 동 주식의 기말공정가치는 2,400,000원이다.
- 취득원가 1,800,000원인 ㈜중국의 시장성 있는 주식을 장기투자목적으로 취득하였고, 동 주식의 기말공정가치는 1,700,000원이다.

① (차) 유가증권 300,000원 (대) 유가증권평가이익 300,000원
② (차) 단기매매증권 400,000원 (대) 단기매매증권평가이익 400,000원
③ (차) 단기매매증권 400,000원 (대) 단기매매증권평가이익 400,000원
　(차) 만기보유증권평가손실 100,000원 (대) 만기보유증권 100,000원
④ (차) 단기매매증권 400,000원 (대) 단기매매증권평가이익 400,000원
　(차) 매도가능증권평가손실 100,000원 (대) 매도가능증권 100,000원

6. 다음은 기계장치에 대한 감가상각 관련 자료이다. 연수합계법에 의한 1차연도의 감가상각비는 얼마인가?

- 취득원가 : 60,000,000원(1월 1일 취득)
- 잔존가치 : 취득원가의 10%
- 내용연수 : 3년

① 9,000,000원　② 15,000,000원　③ 18,000,000원　④ 27,000,000원

7. 다음 중 유형자산에 대한 특징이 아닌 것은?

① 물리적 형태가 있는 자산이다.
② 판매를 목적으로 취득한 자산이다.
③ 비화폐성 자산이다.
④ 여러 회계기간에 걸쳐 경제적 효익을 제공해주는 자산이다.

8. 다음의 자료를 이용하여 매출원가를 구하시오.

- 기초상품재고액 5,000,000원
- 당기매입액 2,000,000원
- 매입할인 100,000원
- 매입운임 200,000원
- 기말상품재고액 2,000,000원

① 4,900,000원　② 5,000,000원　③ 5,100,000원　④ 5,200,000원

9. 다음 중 보조부문원가의 배분방법에 대한 설명으로 옳지 않은 것은?

① 상호배분법은 가장 정확성이 높은 배분방법이다.
② 직접배분법은 배분순위를 고려하지 않는 가장 단순한 방법이다.
③ 직접배분법은 단계배분법에 비해 순이익을 높게 계상하는 배분방법이다.
④ 보조부문원가 배분방법 중 배분순위를 고려하여 배분하는 것은 단계배분법이다.

10. 다음 자료를 이용하여 5월 노무비 발생액을 계산하면 얼마인가?

• 노무비 전월 선급액 : 500,000원	• 노무비 당월 지급액 : 200,000원
• 당월 선급액과 당월 미지급액은 없다.	

① 100,000원　　② 300,000원　　③ 400,000원　　④ 700,000원

11. 다음 중 개별원가계산과 종합원가계산에 대한 설명으로 옳은 것은?

① 개별원가계산은 표준화된 제품을 연속이며 대량으로 생산하는 기업에 적합하다.
② 종합원가계산은 직접재료비와 직접노무비의 실제로 발생한 원가를 각 제품별로 대응시킨다.
③ 개별원가계산은 종합원가계산에 비해 각 제품별 정확한 원가계산이 가능하다.
④ 종합원가계산은 특정제조지시서를 사용한다.

12. 직접재료원가와 직접노무원가는 실제원가로, 제조간접원가는 예정배부율로 계산하는 방법인 정상개별원가계산에 의하여 제조간접비를 예정배부하는 경우 예정배부액 계산식으로 옳은 것은?

① 배부기준의 예정조업도 × 예정배부율
② 배부기준의 실제조업도 × 실제배부율
③ 배부기준의 예정조업도 × 실제배부율
④ 배부기준의 실제조업도 × 예정배부율

13. 다음 중 부가가치세법상 영세율에 대한 설명으로 틀린 것은?

① 영세율은 부분면세제도이다.
② 영세율의 목적은 소비지국 과세원칙의 구현이다.
③ 영세율의 목적은 국제적 이중과세 방지를 위한 것이다.
④ 영세율이 적용되는 경우에도 세금계산서를 발급하는 경우가 있다.

14. 다음 중 부가가치세법상 용역의 공급으로 과세하지 않는 것은?

① 고용관계에 의하여 근로를 제공하는 경우
② 사업자가 특수관계 있는 자에게 사업용 부동산의 임대용역을 무상공급하는 경우
③ 자기가 주요 자재를 전혀 부담하지 아니하고 상대방으로부터 인도받은 재화를 단순히 가공만 하는 경우
④ 건설사업자가 건설자재의 전부 또는 일부를 부담하고 공급하는 용역의 경우

15. 다음 중 부가가치세법상 세금계산서에 대한 설명으로 가장 옳지 않은 것은?

① 법인사업자 및 개인사업자는 반드시 전자세금계산서를 발급하여야 한다.
② 세금계산서는 사업자가 원칙적으로 재화 또는 용역의 공급시기에 재화 또는 용역을 공급받는 자에게 발급하여야 한다.
③ 전자세금계산서를 발급하였을 때에는 발급일의 다음 날까지 전자세금계산서 발급명세를 국세청장에게 전송하여야 한다.
④ 세관장은 수입되는 재화에 대하여 부가가치세를 징수할 때에는 수입된 재화에 대한 수입세금계산서를 수입하는 자에게 발급하여야 한다.

제100회 실무 시험

| 전산회계 1급 기출문제 |

◆ 세무사랑㈜(회사코드:1003)은 부동산임대업 및 전자제품의 제조·도소매업을 영위하는 중소기업으로 당기(제7기) 회계기간은 2021.1.1.~2021.12.31.이다. 전산세무회계 수험용 프로그램을 이용하여 다음 물음에 답하시오.

■ 기 본 전 제 ■
- 문제에서 한국채택국제회계기준을 적용하도록 하는 전제조건이 없는 경우, 일반기업회계기준을 적용하여 회계처리 한다.
- 문제의 풀이와 답안작성은 제시된 문제의 순서대로 진행한다.

문제 1 다음은 기초정보관리 및 전기분재무제표에 대한 자료이다. 각각의 요구사항에 대하여 답하시오. (10점)

1 당사는 현재 사용하고 있는 창고의 일부를 1년간 임대하기로 하고, 임차인으로부터 1년치 임대료를 현금으로 선수령하였다. [계정과목및적요등록] 메뉴에서 다음 사항을 추가로 입력하시오. (3점)

- 코드 : 274
- 성격 : 2.일반
- 계정과목 : 선수임대료
- 대체적요 : 1.기간미경과 임대료 계상

2 신한은행에서 통장을 신규 개설하였다. 다음의 자료를 이용하여 [거래처등록] 메뉴에 입력하시오. (3점)

- 코드번호 : 98004
- 유형 : 정기적금
- 계좌개설일 : 2021년 11월 10일
- 계좌번호 : 413-920-769077
- 계좌개설은행/지점 : 신한은행/마곡점

3 거래처별 초기이월 자료를 검토하여 수정 또는 추가 입력하시오. (4점)

계정과목	거래처	금액
받을어음	㈜하늘정밀	13,300,000원
	㈜일렉코리아	11,700,000원
지급어음	㈜프로테크	14,500,000원
	㈜부흥기업	13,500,000원

문제 2 다음 거래 자료를 일반전표입력 메뉴에 추가 입력하시오.(일반전표입력의 모든 거래는 부가가치세를 고려하지 말 것) (18점)

■ 입력 시 유의사항 ■
- 일반적인 적요의 입력은 생략하지만, 타계정 대체거래는 적요번호를 선택하여 입력한다.
- 채권·채무와 관련된 거래는 별도의 요구가 없는 한 반드시 기 등록되어 있는 거래처코드를 선택하는 방법으로 거래처명을 입력한다.
- 제조경비는 500번대 계정코드를, 판매비와 관리비는 800번대 계정코드를 사용한다.
- 회계처리시 계정과목은 별도제시가 없는 한 등록되어 있는 계정과목 중 가장 적절한 과목으로 한다.

1 07월 04일 공장 생산직 직원들의 업무능력 향상을 위한 외부강사 초빙교육에 따른 교육훈련비 500,000원 중 원천징수세액 16,500원을 차감한 금액을 보통예금 계좌에서 지급하였다. (3점)

2 07월 11일 원재료 보관용 창고의 화재와 도난에 대비하기 위하여 화재손해보험에 가입하고 3개월분 보험료 3,000,000원을 보통예금 계좌에서 이체하였다(단, 보험료는 전액 비용계정으로 회계처리한다). (3점)

3 07월 25일 단기투자목적으로 보유 중인 ㈜한국의 주식에 대하여 배당금 1,500,000원이 확정되었다. 배당금은 당일 당사의 보통예금 계좌로 입금되었다. (3점)

4 08월 16일 다음은 영업팀에서 거래처와의 식사비용을 법인카드(신한카드)로 결제하고 수령한 신용카드매출전표이다. (3점)

매 출 전 표

단말기번호	10032158	전표번호	
카드종류		거래종류	결제방법
신한카드		신용구매	일시불
회원번호(Card No)		취소 시 원거래일자	
1140-2303-4255-8956			
유효기간		거래일시 2021. 08. 16.	품명
전표제출		금 액/AMOUNT	300,000원
		부 가 세/VAT	30,000원
전표매입사		봉 사 료/TIPS	
		합 계/TOTAL	330,000원
거래번호		승인번호/(Approval No.) 51874871	
가맹점	일등참치		
대표자	김이등	TEL	
가맹점번호		사업자번호	126-05-00480
주소	서울 성동구 상왕십리동 514-4		
		서명(Signature) 세무사랑㈜	

5 08월 25일 직원 김성실에 대한 8월분 급여명세서는 다음과 같으며, 공제내역을 제외한 차인지급액을 보통예금에서 계좌이체하여 지급하였다. (3점)

2021년 8월 급여명세서

김성실(생산부) 귀하

	기본급	1,500,000원
지급내역	자격수당	100,000원
	직무수당	130,000원
	식대	100,000원
	월차수당	70,000원
	지급총액	1,900,000원
공제내역	소득세	15,560원
	지방소득세	1,550원
	국민연금	81,000원
	건강보험	61,740원
	고용보험	14,400원
	공제총액	174,250원
	차인지급액	1,725,750원
[귀하의 노고에 감사드립니다.]		

6 09월 17일 유기견 보호단체에 기부금 2,500,000원을 보통예금 계좌에서 기부하였다. (3점)

문제 3 다음 거래 자료를 매입매출전표입력 메뉴에 입력하시오. (18점)

> **■ 입력 시 유의사항 ■**
> - 일반적인 적요의 입력은 생략하지만, 타계정 대체거래는 적요번호를 선택하여 입력한다.
> - 별도의 요구가 없는 한 반드시 기 등록되어 있는 거래처코드를 선택하는 방법으로 거래처명을 입력한다.
> - 제조경비는 500번대 계정코드를, 판매비와 관리비는 800번대 계정코드를 사용한다.
> - 회계처리시 계정과목은 별도제시가 없는 한 등록되어 있는 계정과목 중 가장 적절한 과목으로 한다.
> - 입력화면 하단의 분개까지 처리하고, 전자세금계산서 및 전자계산서는 전자입력으로 반영한다.

1 09월 03일 해피상사에 제품을 판매하고 다음과 같이 전자세금계산서를 발급하였다. (3점)

전자세금계산서						승인번호	20210903 - 21058052 - 11726645		
공급자	사업자등록번호	214-87-10127	종사업장번호		공급받는자	사업자등록번호	120-35-68795	종사업장번호	
	상호(법인명)	세무사랑㈜	성명(대표자)	원경희		상호(법인명)	해피상사	성명(대표자)	김수은
	사업장 주소	서울시 서초구 명달로 105 (서초동)				사업장 주소	서울시 마포구 상암동 331		
	업태	제조 외	종목	전자제품 외		업태	도매업	종목	컴퓨터
	이메일					이메일			
작성일자		공급가액		세액		수정사유			
2021.09.03.		6,000,000원		600,000원					
비고									
월	일	품목	규격	수량	단가	공급가액	세액	비고	
09	03	전자부품		100개	60,000원	6,000,000원	600,000원		
합계금액		현금		수표	어음	외상미수금	이 금액을	영수 청구	함
6,600,000원		3,300,000원				3,300,000원			

2 09월 25일 조아무역에 제품을 5,500,000원(부가가치세 포함)에 판매하고 신용카드(비씨카드)로 결제받았다. (3점)

3 10월 15일 공장의 시설보호 목적으로 CCTV 설치를 완료하고 ㈜에스콤으로부터 전자세금계산서를 발급받았다. 대금총액은 5,500,000원(부가가치세 포함)으로 당일에 500,000원을 현금으로 지급하였으며, 나머지는 10회에 걸쳐 매달 균등액을 지급하기로 하였다(단, 설비장치 계정과목을 사용하되 고정자산등록은 생략한다). (3점)

4 10월 20일 대만에서 원재료를 공급가액 10,000,000원(부가가치세 별도)에 수입하고 수입전자세금계산서를 인천세관장으로부터 발급받았으며, 부가가치세액을 즉시 현금으로 납부하였다(부가가치세액에 대한 회계처리만 할 것). (3점)

수입전자세금계산서						승인번호	20211020 - 111254645 - 557786			
세관명	등록번호	121-83-00561	종사업장 번호		공급받는자	사업자 등록번호	214-87-10127	종사업장 번호		
	세관명	인천세관	성명 (대표자)	인천세관장		상호 (법인명)	세무사랑㈜	성명 (대표자)	원경희	
	세관주소	인천광역시 중구 서해대로 339				사업장 주소	서울시 서초구 명달로 105 (서초동)			
	수입신고번호 또는 일괄발급기간(총건)	1234567890				업태	제조 외	종목	전자제품 외	
						이메일				
작성일자		공급가액		세액		수정사유				
2021.10.20.		10,000,000		1,000,000		해당 없음				
월	일	품목	규격	수량	단가	과세표준		세액		비고
10	20	원재료				10,000,000		1,000,000		
합계금액		11,000,000원								

5 11월 30일 ㈜리스로부터 영업직 직원들이 사용할 목적으로 업무용승용차를 리스하였다. 해당 리스는 운용리스이며, 리스계약일은 2021년 11월 30일, 리스기간은 5년 약정, 월 리스료는 800,000원이다. ㈜리스로부터 1회차 임차료(판)에 대한 전자계산서를 당일에 발급받았으며, 대금은 익월 초에 지급하기로 하였다. (3점)

6 12월 12일 해외거래처인 베스트인터내셔날에 제품 1,000개(1개당 $200)를 직수출하고, 대금은 외상으로 하였다. 선적일(12월 12일)의 기준환율은 1,300원/$이었다(단, 수출신고번호 입력은 생략한다). (3점)

문제 4 일반전표입력 및 매입매출전표입력 메뉴에 입력된 내용 중 다음과 같은 오류가 발견되었다. 입력된 내용을 확인하여 정정하시오. (6점)

1 08월 19일 영업부서에서 소모품(비용으로 처리) 550,000원(부가가치세 포함)을 ㈜마트에서 구매하고 삼성카드로 결제하였다. 이를 제조원가의 소모품비로 회계처리 하였다. (3점)

② 11월 19일 한성공업에 대한 외상매출금 25,000,000원을 전액 현금으로 회수한 것으로 일반전표에 회계처리를 하였으나, 15,000,000원은 동사 발행 약속어음(만기일 2022년 6월 30일)으로 받고, 잔액만 현금으로 회수된 것으로 확인되었다. (3점)

문제 5 결산정리사항은 다음과 같다. 해당메뉴에 입력하시오. (9점)

① 결산일 현재 영업부 건물에 대하여 우진화재에 지급한 화재보험료의 상세 내역이다. 단, 보험료 지급액은 전부 판매비와 관리비로 처리하였으며, 보험료는 월할 계산한다. (3점)

② 12월 1일 장부상 현금보다 실제 현금 보유액이 30,000원 많은 것을 발견하여 현금과부족으로 회계처리 하였으며, 현금과부족의 원인을 기말까지 파악할 수 없다. (3점)

③ 기말 외상매입금 계정에 미국 Rose사에 대한 외상매입금 3,300,000원($3,000)이 포함되어 있다(결산일 현재 기준환율 : 1,200원/$). (3점)

문제 6 다음 사항을 조회하여 답안을 이론문제 답안작성 메뉴에 입력하시오. (9점)

① 1월부터 6월까지의 현금지급액은 총 얼마인가? (3점)

② 2021년 4월부터 6월까지 매입전자세금계산서 매수가 가장 많은 거래처명을 입력하시오. (3점)

③ 당사의 제1기 예정신고기간의 신용카드 사용에 따른 매입세액공제액은 얼마인가? (3점)

제101회 이론 시험

| 전산회계 1급 기출문제 |

◆ 다음 문제를 보고 알맞은 것을 골라 │이론문제 답안작성│ 메뉴에 입력하시오. (객관식 문항당 2점)

> ■ 기 본 전 제 ■
> 문제에서 한국채택국제회계기준을 적용하도록 하는 전제조건이 없는 경우, 일반기업회계기준을 적용한다.

1. 다음의 손익계산서 항목 중 유형자산처분손실이 발생할 경우 변동되는 것은?

① 매출원가　　② 매출총이익　　③ 영업이익　　④ 법인세비용차감전순손익

2. 다음 중 현금및현금성자산에 해당하지 않는 것은?

① 당좌예금
③ 보통예금
② 타인발행수표
④ 취득 당시 만기가 1년 이후에 도래하는 양도성예금증서

3. 다음의 거래를 회계처리할 때 사용되지 않는 계정과목은 무엇인가?

> 업무용 승용차 20,000,000원을 취득하면서 먼저 지급한 계약금 2,000,000원을 제외한 나머지 잔액은 약속어음을 발행하여 지급하였다.

① 선급금　　② 지급어음　　③ 미지급금　　④ 차량운반구

4. 아래의 고정자산 관리대장에 의하여 2022년 기말결산 시 감가상각비(제조원가)로 인식할 금액은 얼마인가? 단, 월할 계산하고 소수점 미만 금액은 절사한다.

구분	자산명	취득일	취득가액 (단위 : 원)	잔존가치 (단위 : 원)	상각 방법	내용 연수	상각률	사용 부서
차량 운반구	BMW520d	2022.03.01.	65,000,000	15,000,000	정액법	5	0.2	영업부
	포터2 더블캡	2019.05.02.	30,000,000	5,000,000	정액법	5	0.2	생산부

① 5,000,000원　　② 6,000,000원　　③ 8,333,333원　　④ 15,000,000원

5. 다음 중 무형자산에 대한 설명으로 옳지 않은 것은?

① 무형자산은 영업상 목적으로 획득 또는 보유하는 것으로, 물리적 형체가 없다.
② 식별가능성은 특정 무형자산을 다른 자산과 구분하여 별도로 인식할 수 있음을 의미한다.
③ 무형자산의 미래경제적효익은 재화의 매출이나 용역수익, 원가절감, 또는 자산의 사용에 따른 기타 효익의 형태로 발생한다.
④ 무형자산을 최초로 인식할 때에는 시가로 측정한다.

6. 다음의 계정별원장을 분석하여 9월 1일 단기매매증권처분가액을 계산하면 얼마인가?

단기매매증권		단기매매증권처분이익
8/1 현금 500,000원	9/1 현금 500,000원	9/1 현금 100,000원

① 400,000원　② 500,000원　③ 600,000원　④ 1,000,000원

7. 아래의 분개를 각 계정별원장에 전기한 것으로 가장 적절한 것은?

12월 1일 (차) 급여 2,000,000원　(대) 미지급금 1,950,000원
　　　　　　　　　　　　　　　　　　예수금 50,000원

① 예수금
　12/1 급여 50,000원

② 미지급금
　　　　　　　　12/1 예수금 50,000원

③ 미지급금
　12/1 급여 2,000,000원

④ 미지급금
　　　　　　　　12/1 급여 1,950,000원

8. 다음의 계정과목 중 계정체계의 분류가 나머지와 다른 것은?
① 매도가능증권처분이익　② 자산수증이익　③ 단기매매증권평가이익　④ 자기주식처분이익

9. 다음 중 제조원가명세서에 표시되지 않는 것은?
① 직접재료비, 직접노무비, 제조간접비
② 당기총제조원가
③ 당기제품제조원가
④ 제품매출원가

10. 다음은 종합원가계산과 개별원가계산에 대한 설명이다. 옳지 않은 것을 고르시오.
① 다품종 주문생산에 적합한 원가계산방법은 개별원가계산이다.
② 정유업, 제당업, 제분업은 종합원가계산이 적합하다.
③ 건설업, 주문에 의한 기계제조업, 항공기제조업은 개별원가계산이 적합하다.
④ 상대적으로 정확한 제품원가계산이 가능한 방법은 종합원가계산이다.

11. 다음 자료를 이용하여 평균법에 의한 가공비 완성품환산량을 계산하시오. 단, 재료비는 공정 초기에 전량 투입되며, 가공비는 공정 전반에 걸쳐 균등하게 발생한다.

- 기초재공품 수량 : 400개(완성도 20%)
- 당기착수 수량 : 450개
- 당기완성품 수량 : 800개
- 기말재공품 수량 : 50개(완성도 40%)

① 450개　　② 800개　　③ 820개　　④ 850개

12. 다음 중 원가와 관련된 설명으로 옳지 않은 것은?

① 당기총제조원가는 직접재료비, 직접노무비, 제조간접비의 합계이다.
② 재공품의 기초, 기말재고가 없는 경우 당기총제조원가는 당기제품제조원가와 같다.
③ 매몰원가는 의사결정을 할 때 고려되지 않는 과거에 발생한 원가의 합계이다.
④ 기회원가는 여러 대안에 대한 의사결정을 하였을 때, 선택하지 않은 대안의 기대치 합계이다.

13. 다음 중 부가가치세법상 세금계산서 및 거래징수와 관련된 설명으로 잘못된 것은?

① 사업자가 재화 또는 용역을 공급하는 경우에는 부가가치세를 재화 또는 용역을 공급받는 자로부터 징수하여야 한다.
② 세금계산서는 재화 또는 용역의 공급시기에 발급한다.
③ 세금계산서는 재화 또는 용역의 공급받는 자와 대가를 지급하는 자가 다른 경우 대가를 지급하는 자에게 발급하여야 한다.
④ 재화 또는 용역의 공급시기가 되기 전이라도 대가의 전부 또는 일부를 수령한 경우 세금계산서를 발급할 수 있다.

14. 다음 중 부가가치세법상 면세 대상 용역에 해당하는 것은?

① 전세버스 운송 용역　　② 골동품 중개 용역
③ 도서대여 용역　　④ 자동차운전학원 교육 용역

15. 다음 자료에 의하여 부가가치세 과세표준을 계산하면 얼마인가?

- 총매출액 : 1,000,000원
- 매출에누리액 : 16,000원
- 판매장려금(금전) 지급액 : 50,000원
- 외상매출금 연체이자 : 5,000원
- 매출할인액 : 30,000원
- 대손금 20,000원

① 929,000원　　② 934,000원　　③ 954,000원　　④ 959,000원

제101회 실무 시험

| 전산회계 1급 기출문제 |

◆ ㈜동진상사(회사코드:1013)는 스포츠의류를 제조하여 판매하는 중소기업으로 당기(제7기)의 회계기간은 2022.1.1.~2022.12.31.이다. 전산세무회계 수험용 프로그램을 이용하여 다음 물음에 답하시오.

■ 기 본 전 제 ■
- 문제에서 한국채택국제회계기준을 적용하도록 하는 전제조건이 없는 경우, 일반기업회계기준을 적용하여 회계처리 한다.
- 문제의 풀이와 답안작성은 제시된 문제의 순서대로 진행한다.

문제 1 다음은 기초정보관리 및 전기분재무제표에 대한 자료이다. 각각의 요구사항에 대하여 답하시오. (10점)

1 제품 매출을 위해 소망카드와 신용카드가맹점 계약을 하였다. 다음의 자료를 이용하여 [거래처등록] 메뉴에서 거래처를 등록하시오(단, 주어진 자료 외의 다른 항목은 입력할 필요 없음). (3점)

- 코드 : 99605
- 거래처명 : 소망카드
- 가맹점번호 : 654800341
- 유형 : 매출

2 다음 자료를 이용하여 [계정과목및적요등록] 메뉴에서 계정과목을 등록하시오. (3점)

- 코드 : 855
- 계정과목 : 인적용역비
- 성격 : 경비
- 대체적요 : 1. 사업소득자 용역비 지급

3 ㈜동진상사의 기초 채권 및 채무의 올바른 잔액은 다음과 같다. [거래처별초기이월] 자료를 검토하고 오류가 있으면 삭제 또는 수정, 추가 입력하여 올바르게 정정하시오. (4점)

계정과목	거래처	금액	재무상태표 금액
외상매출금	㈜부산무역	49,000,000원	82,000,000원
	㈜영월상사	33,000,000원	
외상매입금	㈜여주기업	51,000,000원	75,800,000원
	㈜부여산업	24,800,000원	

문제 2 다음 거래 자료를 일반전표입력 메뉴에 추가 입력하시오.(일반전표입력의 모든 거래는 부가가치세를 고려하지 말 것) (18점)

> ■ 입력 시 유의사항 ■
> - 일반적인 적요의 입력은 생략하지만, 타계정 대체거래는 적요번호를 선택하여 입력한다.
> - 채권·채무와 관련된 거래는 별도의 요구가 없는 한 반드시 기 등록되어 있는 거래처코드를 선택하는 방법으로 거래처명을 입력한다.
> - 제조경비는 500번대 계정코드를, 판매비와 관리비는 800번대 계정코드를 사용한다.
> - 회계처리시 계정과목은 별도제시가 없는 한 등록되어 있는 계정과목 중 가장 적절한 과목으로 한다.

[1] 09월 18일 ㈜강남에 지급하여야 하는 외상매입금 2,500,000원 중 1,300,000원은 3개월 만기 약속어음을 발행하여 지급하고, 나머지는 면제받았다. (3점)

[2] 10월 13일 제품 3,000,000원을 거래처 일만상사에 판매하기로 계약하고, 계약금으로 공급대가의 20%를 일만상사 발행 당좌수표로 받다. (3점)

[3] 10월 15일 추석 명절을 맞아 다음과 같이 직원 상여금을 보통예금 계좌에서 지급하였다. (3점)

성명	부서	상여금(원)	공제액(원)			차인지급액(원)
			근로소득세	지방소득세	공제합계	
김세무	영업부	500,000	50,000	5,000	55,000	445,000
이회계	생산부	900,000	90,000	9,000	99,000	801,000
계		1,400,000	140,000	14,000	154,000	1,246,000

[4] 11월 11일 9월 30일에 열린 주주총회에서 결의했던 금전 중간배당금 2,000,000원을 보통예금으로 지급하였다(단, 9월 30일의 회계처리는 적정하게 이루어졌으며, 원천징수는 없는 것으로 가정한다). (3점)

[5] 12월 28일 사무실에서 사용할 비품으로 공기청정기를 구입하고 구입대금은 신용카드로 결제하였다(카드대금은 미지급금 계정을 사용할 것). (3점)

	㈜윤서전자	
사업자번호 106-81-20225		이윤서
경기도 부천시 경인옛로 111		TEL : 3385-8085
	홈페이지 http://www.ys.com	

카드 매출전표

구매 2022/12/28/10:46 거래번호 : 0006-0007

상품명	수량	공급대가
공기청정기(25평형) 2543655000009	1	3,000,000원
	합　계	3,000,000원
	받은금액	3,000,000원

************************ 결 제 카 드 ************************
씨티카드 5540-80**-****-**97
승인번호 : 00098867

[6] 12월 30일 ㈜동진상사는 영업부 임직원의 퇴직금에 대하여 확정급여형(DB형) 퇴직연금에 가입하고 있으며, 12월분 퇴직연금 납입액 5,500,000원을 당사 보통예금 계좌에서 이체하였다. 단, 납입액 5,500,000원 중 2%는 금융기관에 지급하는 수수료이다. (3점)

문제 3 다음 거래 자료를 매입매출전표입력 메뉴에 입력하시오. (18점)

■ 입력 시 유의사항 ■

- 일반적인 적요의 입력은 생략하지만, 타계정 대체거래는 적요번호를 선택하여 입력한다.
- 별도의 요구가 없는 한 반드시 기 등록되어 있는 거래처코드를 선택하는 방법으로 거래처명을 입력한다.
- 제조경비는 500번대 계정코드를, 판매비와 관리비는 800번대 계정코드를 사용한다.
- 회계처리시 계정과목은 별도제시가 없는 한 등록되어 있는 계정과목 중 가장 적절한 과목으로 한다.
- 입력화면 하단의 분개까지 처리하고, 전자세금계산서 및 전자계산서는 전자입력으로 반영한다.

[1] 07월 25일 수출 관련 구매확인서에 근거하여 제품 10,000,000원(공급가액)을 ㈜정남에 공급하고 영세율전자세금계산서를 발급하였다. 7월 15일에 기수령한 계약금 2,000,000원을 제외한 대금은 외상으로 하였다(서류번호는 입력하지 않음). (3점)

2 09월 20일 주경상사에서 원재료를 매입하고 다음의 전자세금계산서를 발급받았다. (3점)

전자세금계산서						승인번호	20220920-1000000-00009329			
공급자	사업자등록번호	109-53-56618	종사업장번호			공급받는자	사업자등록번호	136-81-29187	종사업장번호	
	상호(법인명)	주경상사	성명(대표자)	한수진			상호(법인명)	㈜동진상사	성명(대표자)	김동진
	사업장 주소	경기도 의정부시 망월로 11					사업장 주소	경기도 안산시 단원구 별망로 178		
	업태	도소매	종목	의류			업태	제조·도소매	종목	스포츠의류
	이메일						이메일			
작성일자		공급가액		세액		수정사유				
2022.09.20.		1,300,000원		130,000원		해당 없음				
비고										

월	일	품목	규격	수량	단가	공급가액	세액	비고
9	20	원단		100	13,000원	1,300,000원	130,000원	

합계금액	현금	수표	어음	외상미수금	이 금액을	영수/청구	함
1,430,000원	1,000,000원		430,000원				

3 10월 26일 영업사원을 대상으로 직장 내 성희롱 예방교육을 실시하고, ㈜예인으로부터 전자계산서를 발급받았다. 대금 1,650,000원은 보통예금에서 이체하였다. (3점)

4 11월 11일 독일 왓츠자동차로부터 5인승 업무용 승용차(3,000cc)를 수입하면서 인천세관장으로부터 수입전자세금계산서를 다음과 같이 수취하고, 부가가치세는 당좌수표를 발행하여 즉시 납부하다(부가가치세만 회계처리할 것). (3점)

수입전자세금계산서						승인번호	20221111-1000000-00009329			
세관명	사업자등록번호	128-88-12345	종사업장번호			공급받는자	사업자등록번호	136-81-29187	종사업장번호	
	세관명	인천세관	성명(대표자)	인천세관장			상호(법인명)	㈜동진상사	성명(대표자)	김동진
	세관 주소	인천광역시 남동구 구월남로 129					사업장 주소	경기도 안산시 단원구 별망로 178		
	수입신고번호 또는 일괄발급기간(총건)						업태	제조·도소매	종목	스포츠의류
							이메일			
작성일자		과세표준		세액		수정사유				
2022.11.11.		88,000,000원		8,800,000원		해당 없음				
비고										

월	일	품목	규격	수량	단가	과세표준	세액	비고
11	11	승용차(3000cc)				88,000,000원	8,800,000원	
합계금액		96,800,000원						

5 12월 07일 영업부에서 회식을 하고 법인체크카드(하나카드)로 결제하자마자 바로 보통예금에서 인출되었다. (3점)

단말기번호 502252251	전표번호 120724128234
카드종류 하나카드	신용승인
카드번호 9451-1122-1314-1235	
판매일자 2022/12/07 11:12:36	
거래구분	금액 400,000원
일시불	세금 40,000원
은행확인	봉사료 0원
하나카드	합계 440,000원
판매자	
대표자	이성수
사업자등록번호	875-03-00273
가맹점명	명량
가맹점주소 경기도 화성시 마도면 마도로620번길 79	
	서명 ㈜동진상사

6 12월 30일 개인사업자인 미래회계학원에 제품을 현금으로 판매하고 다음과 같은 현금영수증을 발급하였다(단, 거래처를 입력할 것). (3점)

㈜동진상사		
사업자번호 136-81-29187		김동진
경기도 안산시 단원구 별망로 178		TEL : 031-3289-8085
현금(지출증빙)		
구매 2022/12/30/10:46		거래번호 : 0026-0107
상품명	수량	금액
패딩셋트	3set	6,600,000원
과 세 물 품 가 액		6,000,000원
부 가 세		600,000원
합 계		6,600,000원
승 인 금 액		6,600,000원

문제 4 [일반전표입력] 및 [매입매출전표입력] 메뉴에 입력된 내용 중 다음과 같은 오류가 발견되었다. 입력된 내용을 확인하여 삭제, 수정 또는 추가 입력하여 오류를 정정하시오. (6점)

1 12월 10일 공장의 창문이 파손되어 유리창을 교체하면서 800,000원(부가가치세 별도)을 ㈜글라스에 자기앞수표로 지급하고 전자세금계산서를 수령하였다. 이는 수익적지출에 해당하나 자본적 지출로 잘못 회계처리 하였다. (3점)

2 12월 18일 영업부 사무실의 수도광열비 74,500원을 현금으로 지급한 것으로 회계처리하였으나, 이는 제품 제조공장에서 발생한 전기요금으로 확인되었다. (3점)

문제 5 결산정리사항은 다음과 같다. 해당메뉴에 입력하시오. (9점)

1 결산일 현재 현금과부족에 대한 원인을 확인한 결과 영업부 직원의 출장경비 영수증이 누락된 것으로 판명되어 해당 직원으로부터 아래의 영수증을 제출받았다(출장경비는 여비교통비 계정을 사용할 것). (3점)

지방모텔		
사업자번호 106-28-20180		이지안
강원도 삼척시 세멘로 24	TEL : 3285-8083	
영수증		
상품명	수량	금액
일반실	2	140,000원
합 계		140,000원
받은금액		140,000원

이지방맛집		
사업자번호 106-11-10175		이지방
강원도 삼척시 동굴로 33	TEL : 3285-3085	
영수증		
상품명	수량	금액
송이전골	3	90,000원
합 계		90,000원
받은금액		90,000원

2 11월 25일 미국 K사로부터 차입한 외화장기차입금 36,000,000원($30,000)에 대하여 결산일 현재의 기준환율 1,150원/$을 적용하여 평가하다. (3점)

3 12월 31일 결산일 현재 재고자산의 기말재고액은 다음과 같다(단, 전표입력의 구분은 5:결산차변 또는 6:결산대변으로 입력할 것). (3점)

문제 6 다음 사항을 조회하여 답안을 「이론문제 답안작성」 메뉴에 입력하시오. (9점)

1 제1기 부가가치세 예정신고에 반영된 내용 중 3월 현금영수증 발행분 매출의 공급가액은 얼마인가? (3점)

2 상반기(1월~6월) 중 외상매출금이 가장 많이 감소한 거래처와 그 금액은 얼마인가? (3점)

3 4월 중 현금으로 지급한 도서인쇄비(판매비및일반관리비)의 금액은 얼마인가? (3점)

제92회 이론시험 정답 및 해설

A형	1	2	3	4	5	6	7	8	9	10	11	12	13	14	15
	①	④	②	③	④	①	①	③	③	④	②	①	②	④	③

1. ① 재무회계개념체계 비용의 인식 146(가)에 의하면 수익과 직접 관련하여 발생한 비용은 동일한 거래나 사건에서 발생하는 수익을 인식할 때 대응하여 인식하여야 하며, 관련수익과 직접적인 인과관계를 파악 할 수는 없지만 당해 지출이 일정 기간 동안 수익창출 활동에 기여하는 것으로 판단될 경우 합리적이고 체계적으로 배분하여 비용으로 인식한다.

2. ④ 10월 12일 처분가액(2,450,000원)이 장부가액(2,500,000원)보다 50,000원이 낮으므로 영업외비용(단기투자자산처분손실) 50,000원 발생함. 12월 31일 기말 공정가액 2,550,000원(500주×5,100원)이 2,500,000원(2019년도 공정가액) 보다 50,000원 상승하였으므로 영업외수익(단기투자자산평가이익) 50,000원 발생함.

3. ② 도매업을 운영하는 회사가 판매 목적으로 보유하는 상품은 재고자산에 해당된다. ① 유형자산 ③ 투자자산 ④ 유형자산

4. ③ 50,000,000원 + 500,000원 + 2,000,000원 = 52,500,000원
  유형자산의 취득원가에는 구입원가, 설치비 및 시운전비, 외부운송비용 및 등기수수료, 설계비, 취득세, 등록세, 자본적 지출금액 등이 포함된다. 그러나 새로운 시설을 개설하는데 소요되는 원가, 새로운 상품과 서비스를 소개하는 데 소요되는 원가, 새로운 지역에서 새로운 고객층을 대상으로 영업하는데 소유되는 원가(예: 직원 교육훈련비), 관리 및 기타 일반간접원가는 유형자산의 취득원가에 포함되지 않는다. 따라서 보기에서 제시된 기계장치 사용을 위한 직원 교육비를 제외한 나머지 금액이 해당 기계장치의 취득원가가 된다.

5. ④ 시산표는 일반기업회계기준에 따른 재무제표에 포함되지 않는다.

6. ① 재고자산평가충당금은 재고자산의 차감적 평가계정이며, 감가상각누계액은 유형자산의 차감적 평가계정이고, 대손충당금은 채권의 차감적 평가계정이다. 퇴직급여충당부채는 부채성항목으로 비유동부채이다.

7. ① 유효이자율법 적용시 할인발행인 경우 사채이자는 매년 증가한다.

8. ③ 1기 {(5,000,000원 + 500,000원) - 1,000,000원 } * 1/5 * 3/12 = 225,000원

9. ③ 12,800,000원
  - 제조간접비 실제배부율 = 실제 제조간접비 ÷ 실제조업도 = 3,000,000원 ÷ 1,000시간(기계시간)
    = @3,000원/기계시간
  - 제조간접비 배부액 =개별작업의 실제조업도 × 제조간접비 실제배부율
  - 제품 A = 600시간 × 3,000원 = 1,800,000원
  - 제품 B = 400시간 × 3,000원 = 1,200,000원
  - 제품원가
    - 제품 A = 7,000,000 + 4,000,000 + 1,800,000 = 12,800,000원
    - 제품 B = 3,000,000 + 1,000,000 + 1,200,000 = 5,200,000원

10. ④ 매몰원가는 원가의 행태에 따른 분류가 아닌 의사결정과의 관련성에 따른 분류에 해당한다.

11. ②
  * 올해 초 사업을 개시하였으므로 기초재고자산은 없음.
  * 당기제품제조원가 : 500,000원 + 300,000원 - 400,000원 = 400,000원
  * 매출원가 : 400,000원 - 100,000원 = 300,000원

12. ① 기말제품재고액, 당기제품매출원가는 제조원가명세서에 포함 되지 않음.

13. ② 매출액 50,000,000원 - 매출에누리 2,000,000원 = 과세표준 48,000,000원
  매출에누리, 매출환입, 매출할인은 과세표준에서 차감항목임 / 대손금, 판매장려금은 공제되지 않는 항목임.

14. ④ 용역의 수입은 부가가치세 과세대상 거래에 해당하지 않는다.

15. ③ 부가가치세법 제39조 1항 8호

제92회 실무시험 정답 및 해설

문제 1

1 기초정보관리의 거래처등록 메뉴에서 3425(코드) "현영상사" 등록

2 계정과목 및 적요등록에서 833. 광고선전비 현금적요 입력

3 전기분원가명세서 : 복리후생비 3,200,000원을 2,300,000원으로 수정입력, 당기제품제조원가 550,000,000원 확인
전기분손익계산서 : 당기제품제조원가 550,900,000원을 550,000,000원으로 수정입력, 당기순이익 88,000,000원 확인
전기분잉여금처분계산서 : 당기순이익 87,100,000원에서 88,000,000원으로 수정입력, 이월이익잉여금 125,000,000원 확인
전기분재무상태표 : 이월이익잉여금 124,100,000원을 125,000,000원으로 수정입력

문제 2

1 7월 30일 일반전표입력
  (차) 퇴직연금운용자산   10,000,000원   (대) 보통예금   10,000,000원

2 8월 28일 일반전표입력
  (차) 대손충당금(단기대여금) 3,000,000원   (대) 단기대여금(부영상사) 5,000,000원
    기타의대손상각비 2,000,000원

3 10월 1일 일반전표입력
  (차) 단기매매증권   180,000원   (대) 현금   200,000원
    차량운반구   20,000원

4 10월 7일 일반전표입력
  (차) 보통예금   4,200,000원   (대) 외상매출금(ABC상사) 3,600,000원
                    외환차익   600,000원

5 10월 21일 일반전표입력
  (차) 선납세금   77,000원   (대) 이자수익   500,000원
    보통예금   423,000원

6 11월 1일 일반전표 입력
  (차) 접대비(판)   171,000원   (대) 미지급금(비씨카드) 171,000원
                    또는 미지급비용

문제 3

1 9월 30일 매입매출전표입력
유형: 11.과세, 공급가액 50,000,000원, 부가세 5,000,000원, 거래처:㈜영광패션, 전자:여, 분개:혼합
  (차) 보통예금   30,000,000원   (대) 제품매출   50,000,000원
    받을어음   25,000,000원   부가세예수금 5,000,000원

2 10월 28일 매입매출전표입력
유형:54.불공(불공제사유:3), 공급가액 30,000,000원, 부가세 3,000,000원, 거래처:㈜우주자동차, 전자:여, 분개:혼합
  (차) 차량운반구   33,000,000원   (대) 미지급금   33,000,000원

3 11월 5일 매입매출전표입력
유형 : 53. 면세,공급가액:550,000원,부가세:0원, 거래처:서석컨설팅, 전자:여, 분개:혼합
(차) 교육훈련비(판)　　　　　550,000원　　　(대) 선급금　　　　　　　　100,000원
　　　　　　　　　　　　　　　　　　　　　　　　미지급금　　　　　　　450,000원
　　　　　　　　　　　　　　　　　　　　　　　　또는 미지급비용

4 11월 10일 매입매출전표입력
유형:22.현과, 공급가액:2,000,000원, 부가세:200,000원, 거래처: 박사원, 분개: 현금 또는 혼합
(차) 현금　　　　　　　　　2,200,000원　　　(대) 제품매출　　　　　　2,000,000원
　　　　　　　　　　　　　　　　　　　　　　　　부가세예수금　　　　　200,000원

5 12월 10일 매입매출전표입력
유형: 57(매입-카과), 공급가액:1,000,000원, 부가세:100,000원, 거래처:하나로마트, 분개: 혼합 또는 카드
(차) 복리후생비(제)　　　　1,000,000원　　　(대) 미지급금(하나카드)　　1,100,000원
　　부가세대급금　　　　　　100,000원　　　　　　또는 미지급비용

6 12월 15일 매입매출전표입력
유형:55(수입), 공급가액:50,000,000원, 부가세:5,000,000원, 거래처 : 부산세관, 전자 : 여, 분개 : 외상 또는 혼합
(차) 부가세대급금　　　　　5,000,000원　　　(대) 보통예금　　　　　　5,000,000원

문제 4

1 8월 15일　일반전표입력 메뉴 수정
수정 전 : (차) 접대비(판)　　　　200,000원　　　(대) 현금　　　　　200,000원
수정 후 : (차) 복리후생비(제)　　200,000원　　　(대) 현금　　　　　200,000원

2 9월 22일 일반전표입력 메뉴 수정
수정 전 : (차) 수선비(제)　　　2,000,000원　　(대) 보통예금　　　2,000,000원
수정 후 : (차) 수선비(제)　　　1,000,000원　　(대) 보통예금　　　2,000,000원
　　　　　(차) 건물　　　　　1,000,000원

문제 5

1 12월 31일 일반전표입력
(차) 소모품비(판)　　　　　330,000원　　　(대) 소모품　　　　　　330,000원

2 (방법1) 수동결산 : 12월 31일 일반전표 입력
(차) 퇴직급여(제)　　　　5,000,000원　　(대) 퇴직급여충당부채　　11,000,000원
　　퇴직급여(판)　　　　6,000,000원
(방법2) 자동결산
　　생산직 퇴직급여 전입액은 퇴직금추계액에서 퇴직급여충당금 설정 전 잔액을 차감하여 산출한 5,000,000원을 노무비의 퇴직급여(전입액)에 입력 후 전표 추가한다.
　　관리직 퇴직급여 전입액은 퇴직금추계액에서 퇴직급여충당금 설정 전 잔액을 차감하여 산출한 6,000,000원을 판매비와 관리비의 퇴직급여(전입액)에 입력 후 전표 추가한다.

3 자동결산, 수동결산 중 선택
(방법1) 수동결산 : 12월 31일 일반전표 입력
(차) 감가상각비(제)　　　　8,000,000원　　　　(대) 감가상각누계액(207)　 8,000,000원
(방법2) 자동결산
결산자료입력 메뉴를 선택한 후 해당 칸에 제조경비-일반감가상각비-기계장치 8,000,000원 입력한 후 전표추가

문제 6

1 580,483,625원 [재무상태표 6월 조회, 유동자산 998,135,000원 − 유동부채 417,651,375원]

2 15,000원, 부가가치세 신고서 1월~3월 매입세액-그 밖의 공제매입세액-일반매입-세액을 검색한다.

3 4,200,000원, 부가가치세 신고서 1월~3월 매입세액-세금계산서수취분-고정자산매입-세액을 검색한다.

제93회 이론시험 정답 및 해설

A형	1	2	3	4	5	6	7	8	9	10	11	12	13	14	15
	③	③	④	②	④	④	④	②	④	④	①	③	③	②	②

1. ③ • 자산과 부채는 유동성이 큰 항목부터 배열한다.
   • 자산, 부채, 자본은 총액으로 표기한다.
   • 자본항목 중 잉여금은 주주와의 거래인 자본잉여금과 영업활동의 결과인 이익잉여금으로 구분 표시한다.

2. ③ 3개 선일자수표 : 매출채권, 우표 : 소모품비 등

3. ④ 현금주의 당기순이익 300,000원 − 70,000원 + 50,000원 = 발생주의 당기순이익 280,000원

4. ② 일반기업회계기준 2.23. 부채는 1년을 기준으로 유동부채와 비유동부채를 분류한다. 다만 정상적인 영업주기 내에 소멸할 것으로 예상되는 매입채무와 미지급비용 등은 보고기간 종료일로부터 1년 이내에 결제되지 않더라도 유동부채로 분류한다.

5. ④ 신뢰성 : 표현의 충실성, 검증가능성, 중립성
   목적적합성 : 예측가치, 피드백가치, 적시성

6. ④ 일반기업회계기준 10.14. 유형자산의 취득 또는 완성 후의 지출이 자산의 인식기준을 충족하는 경우에는 자본적 지출로 처리하고 그렇지 않은 경우에는 발생한 기간의 비용으로 인식한다. 자본적 지출은 내용연수를 연장시키거나 자산 가치를 증가시키는 지출을 의미하는 것이다. 그러나 건물벽의 부분도색비용은 수익적 지출에 해당한다.

7. ④ 시산표상에서 차변과 대변의 금액이 동일하게 잘못된 오류로서 이중기입, 계정과목의 오기 등은 발견할 수 없다.

8. ② 900,000원 = 주식발행초과금 300,000원 + 감자차익 250,000원 + 자기주식처분이익 350,000원

9. ④ 취득가액은 두 가지 의사결정 고려시 전혀 관련성이 없는 매몰원가이다.

10. ④ 보조부문의 원가를 변동원가와 고정원가로 구분하여 각각 다른 배분기준을 적용하여 배분하는 방법은 이중배분율법이다.

11. ① 선입선출법과 평균법에 의한 완성품 환산량의 차이는 기초재공품에 대한 완성도로 인해 결정된다. 따라서 기초재공품이 없다면 선입선출법과 평균법에 의한 완성품환산량의 차이는 존재하지 않는다.

12. ③ 조업도의 변동에 관계없이 발생원가 총액이 일정한 것은 고정비를 의미하는 것이며, 공장 건물에 대한 화재보험료는 조업도의 수준과 상관없이 일정한 금액이 발생하는 고정비에 해당한다.

13. ③ 조기환급기간이 끝난 날부터 25일 이내에 조기환급기간에 대한 과세표준과 환급세액을 신고한다.

14. ② 무인판매기에서 현금을 꺼내는 때가 재화의 공급시기이다.

15. ② 부가가치세법 시행령 제71조 제1항
    내국신용장, 구매확인서에 공급하는 재화 등은 영세율이 적용되어도 세금계산서 발급의무가 있다.

제93회 실무시험 정답 및 해설

문제 1

1 기초정보관리 ≫ 거래처등록 ≫ 일반거래처

2 거래처별 초기이월에서 수정
   외상매출금 ㈜국제무역 23,000,000원을 38,000,000원으로 수정
              ㈜영진상사 13,000,000원을 27,000,000원으로 수정
   외상매입금 ㈜한국기업 50,000,000원을 70,000,000원으로 수정
              ㈜한빛산업 23,500,000원으로 추가입력

3 전기분재무제표에서 수정
   • 전기분원가명세서 : 교육훈련비 1,500,000원 추가입력, 당기제품제조원가 75,150,000원 확인
   • 전기분손익계산서 : 제품매출원가의 당기제품제조원가 수정 입력 73,650,000원에서 75,150,000원으로 수정입력
                      당기순이익 13,230,000원 확인
   • 전기분잉여금처분계산서 : F6 불러오기 당기순이익 14,730,000원에서 13,230,000원 확인
   • 전기분재무상태표 : 이월이익잉여금 52,620,000원을 51,120,000원으로 수정입력(대차차액이 0원인 것을 확인)

문제 2

1 8월 27일 일반전표 입력
   (차) 선 급 금(㈜풍암산업)   1,600,000원   (대) 당좌예금   1,600,000원

2 9월 17일 일반전표입력
   (차) 외상매입금(㈜안동)   25,000,000원   (대) 보통예금   20,000,000원
                                                  채무면제이익   5,000,000원

3 10월 25일 일반전표 입력
   (차) 보통예금   50,000,000원   (대) 자본금   25,000,000원
                                                  현금   500,000원
                                                  주식발행초과금 24,500,000원

4 12월 8일 일반전표입력
   (차) 여비교통비(판)   1,250,000원   (대) 가지급금(홍길동) 1,500,000원
        현금   250,000원

5 12월 10일 일반전표입력
   (차) 예수금   206,250원   (대) 현금   412,500원
        복리후생비(제)   123,750원
        복리후생비(판)   82,500원

6 12월 18일 일반전표입력
   (차) 투자부동산   470,000,000원   (대) 미지급금(㈜우주상사) 450,000,000원
                                                  보통예금   20,000,000원

문제 3

1 8월 21일 매입매출전표입력
유형:11.과세, 공급가액 20,000,000원, 부가세 2,000,000원, 거래처:㈜소이유통, 전자:여, 분개:혼합
(차) 받을어음(우현상사)   12,000,000원   (대) 제품매출   20,000,000원
    외상매출금   10,000,000원   부가세예수금   2,000,000원

2 10월 11일 매입매출전표 입력
유형:16.수출(구분:1. 직접수출), 공급가액:36,000,000원, 부가세:0원, 거래처:㈜필립스, 분개: 외상, 혼합
(차) 외상매출금   36,000,000원   (대) 제품매출   36,000,000원

3 11월 7일 매입매출전표 입력
유형:54.불공, 공급가액: 22,000,000원, 부가가치세: 2,200,000원, 거래처:㈜전진자동차, 전자:여, 분개:혼합, 불공제사유:3, 비영업용 소형승용차 구입·유지 및 임차
(차) 차량운반구   24,200,000원   (대) 보통예금   24,200,000원

4 11월 17일 매입매출전표입력
유형:22.현과, 공급가액: 790,000원, 부가가치세: 79,000원, 거래처: 오미자, 분개:현금 또는 혼합
(차) 현금   869,000원   (대) 제품매출   790,000원
                                           부가세예수금   79,000원

5 12월 15일 매입매출전표 입력
유형:51.과세, 공급가액:2,300,000원, 부가세:230,000원 거래처:삼춘상사, 전자:여, 분개:혼합
(차) 원재료   2,300,000원   (대) 현금   1,530,000원
    부가세대급금   230,000원   지급어음   1,000,000원

6 12월 24일 매입매출전표 입력
유형:57.카과, 공급가액:6,000,000원, 부가세:600,000원, 거래처:㈜삼양전자, 카드사:삼성카드, 분개:혼합 또는 카드
(차) 비 품   6,000,000원   (대) 미지급금(삼성카드) 6,600,000원
    부가세대급금   600,000원

문제 4

1 일반전표입력에서 전표를 삭제 후 매입매출전표에 입력
수정전 : 8월 17일 일반전표입력
(차) 상품   2,200,000원   (대) 보통예금   2,200,000원
수정후 : 8월 17일 매입매출전표입력
유형:61.현과, 공급가액:2,000,000원, 부가세:200,000원, 거래처:㈜모두판다, 분개:혼합(현금)
(차) 비품   2,000,000원   (대) 보통예금   2,200,000원
    부가세대급금   200,000원

2 8월 25일 일반전표 수정
수정전 : (차) 보통예금   25,000,000원   (대) 외상매출금(㈜마산) 25,000,000원
수정후 : (차) 보통예금   25,000,000원   (대) 외상매출금(㈜마산) 15,000,000원
                                              받을어음(㈜마산)   10,000,000원

문제 5

1 12월 31일 일반전표입력
(차) 선급비용　　　　　　1,960,000원　　　(대) 보험료(제조)　　　1,050,000원
　　　　　　　　　　　　　　　　　　　　　　　　보험료(판관비)　　　910,000원

2 12월 31일 일반전표입력
(차) 현금과부족　　　　　　500,000원　　　(대) 외상매출금(㈜영진상사)　300,000원
　　　　　　　　　　　　　　　　　　　　　　　　잡　이　익　　　　　200,000원

3 12월 31일 일반전표입력
(차) 감가상각비(제)　　　1,800,000원　　　(대) 감가상각누계액(기계장치) 1,800,000원
　　　감가상각비(판)　　　1,000,000원　　　　　　감가상각누계액(건물)　1,000,000원
또는 결산자료입력 메뉴에서
제조경비-감가상각비-기계장치 1,800,000원, 판관비-감가상각비-건물 1,000,000원 입력 후 전표추가

문제 6

1 560,000원(일계표 및 월계표에서 4월 한 달 기간으로 조회)

2 ㈜유민, 50,700,000원(거래처원장에서 외상매출금 과목으로 조회)

3 주민등록번호발급분 : 5,000,000원(세금계산서합계표 4~6월 입력 후 매출 탭 조회)

제94회 이론시험 정답 및 해설

A형	1	2	3	4	5	6	7	8	9	10	11	12	13	14	15
	②	①	①	③	③	④	③	②	④	②	②	②	②	①	①

1. ② 성과평가를 위한 사업부서별 손익정보는 내부관리목적의 관리회계에 속한다.

2. ① 받을어음에 대한 대손충당금 설정은 판매비 및 관리비에 속하므로, 변하지 않는 것은 매출총이익이다.

3. ① 매도가능증권평가손익은 기타포괄손익누계액이지만 나머지는 자본조정이다.

4. ③ 위탁판매의 경우 위탁자는 수탁자가 해당 재화를 제3자에게 판매한 시점에 수익을 인식한다.

5. ③ 이동평균법은 매입거래가 발생할 때마다 단가를 재산정 해야하는 번거로움이 있다.

6. ④ 일반기업회계기준 10.40

7. ③, ①②④는 영업외수익 항목이고 ③은 자본잉여금(자본)에 속하는 항목이다.

8. ② 자산과 부채는 유동성이 큰 항목부터 배열하는 것을 원칙으로 한다.(일반기업회계기준 2.19)
   퇴직급여충당부채는 비유동부채이고 미지급법인세, 유동성장기부채, 매입채무는 유동부채이다.

9. ④ 기초재공품

10. ②
    당기제품제조원가 10,000,000원 = 기초재공품재고액(1,000,000원) + 당기총제조원가 − 기말재공품재고액(2,000,000원)
    따라서 당기총제조원가는 11,000,000원
    당기총제조원가 = 기초원가(직접재료비 + 직접노무비) + 제조간접비
              = 7,000,000원 + 제조간접비
    따라서 제조간접비는 4,000,000원

11. ② 준변동비에 대한 그래프이다. 준변동비는 조업도와 관계없이 발생하는 고정비와 조업도의 변동에 비례하여 발생하는 변동비로 구성되어 있는 원가를 말한다.

12. ②
    기말재공품 재료비 : 700개 × 500원 = 350,000원
    기말재공품 가공비 : (700개 × 0.6) × 400원 = 168,000원
    기말재공품 원가 : 350,000원 + 168,000원 = 518,000원

13. ② 부가가치세법 제29조, 과세표준에서 장려금이나 대손금액을 공제하지 않는다.

14. ① 부가가치세법 제3조
    부가가치세 납부할 의무가 있는 자는 사업자, 재화를 수입하는 자로서 개인, 법인(국가,지방자치단체와 지방자치단체조합 포함), 법인격이 없는 사단 및 재단 또는 그 밖의 단체이다.

15. ① 영세율은 소비지국 과세원칙을 구현하기 위한 제도이다.

제94회 실무시험 정답 및 해설

문제 1

1
- 외상매입금 : 남성산업기계 20,656,000원에서 30,656,000원으로 수정
  세콤전자 26,000,000원 추가입력
- 미지급금 : ㈜고요상사 1,500,000원에서 2,500,000원으로 수정
  ㈜유앤아이 1,300,000원 추가입력

2 계정과목 및 적요등록 : 814.통신비 계정과목의 대체전표 적요 3번에 "사무실 인터넷 사용료 지급"입력

3 전기분재무제표에서 수정
전기분손익계산서 : 기부금 5,000,000원 추가입력
전기분이익잉여금처분계산서 : 당기순이익 수정 (5,000,000원 감소)
→ 상단[F6(불러오기)]하여 수정 → 미처분이익잉여금이 158,567,000원으로 변동 확인
전기분재무상태표 : 이월이익잉여금을 158,567,000원으로 수정입력하여 대차차액이 없는지 확인

문제 2

1 9월 14일 일반전표입력
(차) 견본비(판)   400,000원   (대) 제품   400,000원
                                    (적요8. 타계정으로 대체액 손익계산서 반영분)

2 9월 30일 일반전표입력
(차) 부가세예수금   9,910,000원   (대) 부가세대급금 11,230,000원
    미수금   1,320,000원

3 10월 5일 일반전표입력
(차) 미지급금(AUTO사) 180,000,000원 (대) 보통예금   165,000,000원
                                        외환차익   15,000,000원

4 10월 15일 일반전표입력
(차) 미지급금(㈜대광건설) 50,000,000원 (대) 받을어음(해피상사) 40,000,000원
                                          보통예금   10,000,000원

5 11월 13일 일반전표입력
(차) 장기차입금(기업은행) 20,000,000원 (대) 보통예금   20,300,000원
    이자비용   300,000원

6 11월 17일 일반전표 입력
(차) 보통예금   25,000,000원   (대) 자기주식   23,250,000원
                                        자기주식처분손실   1,500,000원
                                        자기주식처분이익   250,000원

문제 3

1 10월 11일 매입매출전표 입력
유형:52.영세, 공급가액 44,000,000원, 부가세:0원, 거래처:㈜평산기업, 전자:여 분개:혼합
(차) 원재료   44,000,000원   (대) 지급어음   44,000,000원

2 10월 19일 매입매출전표 입력
유형:57.카과, 공급가액 :150,000원, 세액 :15,000원, 거래처 :㈜진진, 분개:혼합 또는 카드

(차) 수선비(제)	150,000원	(대) 미지급금 또는 미지급비용(신한카드)	165,000원
부가세대급금	15,000원		

3 10월 30일 매입매출전표 입력
유형:51.과세, 공급가액:-7,000,000원, 부가세:-700,000원, 거래처:㈜세무, 전자:여, 분개:외상 또는 혼합

(차) 원재료(매입환출및에누리)	-7,000,000원	(대) 외상매입금	-7,700,000원
부가세대급금	-700,000원		

4 11월 15일 매입매출전표입력
유형:16.수출(영세율 구분 : 1. 직접수출(대행수출 포함)), 공급가액 22,000,000원, 부가세 0원, 거래처 Moisa사, 분개 : 외상 또는 혼합

(차) 외상매출금　　　　　22,000,000원　　　(대) 제품매출　　　　　22,000,000원

5 12월 12일 매입매출전표 입력
유형: 53.면세, 공급가액:150,000,000원, 부가세:0원, 거래처: ㈜한국토건, 전자:여, 분개: 혼합

(차) 토지	150,000,000원	(대) 당좌예금	50,000,000원
		미지급금	100,000,000원

6 12월 15일 매입매출전표 입력
유형:17.카과, 공급가액:2,000,000원, 부가세:200,000원, 거래처:하나무역, 분개:혼합/외상/카드

(차) 외상매출금	2,200,000원	(대) 제품매출	2,000,000원
(비씨카드)		부가세예수금	200,000원

문제 4

1 9월 5일 일반전표 수정

수정 전 : (차) 보통예금	5,500,000원	(대) 선수금(㈜태산정공)	5,500,000원
수정 후 : (차) 보통예금	5,500,000원	(대) 외상매출금(㈜태산정공)	5,500,000원

2 10월 4일 매입매출전표 수정
수정 전 : 유형:51.과세, 공급가액:3,000,000원, 부가세:300,000원, 거래처:㈜성실, 전자:여, 분개:현금

(차) 복리후생비(판)	3,000,000원	(대) 현금	3,300,000원
부가세대급금	300,000원		

수정 후 : 유형:54.불공, 공급가액:3,000,000원, 부가세:300,000원, 거래처:㈜성실, 전자:여, 분개:혼합 또는 현금
불공제사유: 4 접대비 및 이와 유사한 비용관련

(차) 접대비(판)　　　　　3,300,000원　　　(대) 현금　　　　　3,300,000원

문제 5

1 12월 31일 일반전표입력

(차) 이자비용　　　　　4,500,000원　　　(대) 미지급비용　　　　　4,500,000원

2 12월 31일 일반전표입력

(차) 단기매매증권　　　　　6,000,000원　　　(대) 단기매매증권평가이익　　6,000,000원

*81,000,000원(2020.12.31.공정가액) - 75,000,000원(2020.3.20.취득가액) = 6,000,000원(평가이익)

3 결산자료입력 메뉴의 외상매출금과 받을어음 란에 각각 2,313,900원과 762,500원을 입력하고, [전표추가]버튼을 눌러 저장한다.

계정	계정잔액	1%	대손충당금 잔액	당기말 설정액
외상매출금	258,390,000원	2,583,900원	270,000원	2,313,900원
받을어음	94,250,000원	942,500원	180,000원	762,500원

또는 결산자료입력 메뉴를 선택한 후, 상단의 [F8대손상각]을 클릭한 후 대손율 1%를 확인하고, 하단의 결산반영 버튼을 누른다.
그리고 [전표추가]버튼을 눌러 저장한다.
또는 아래의 분개를 일반전표에 입력
(차) 대손상각비[835]   3,076,400원   (대) 외상매출금 대손충당금[109] 2,313,900원
                                                     받을어음 대손충당금[111]   762,500원

문제 6

1 466,290,000원(당기 재무상태표 조회)
당기 3월말 720,313,000원 - 전기 말 254,023,000원

2 158,470,000원(총계정원장 제품매출 조회)
1월 : 177,250,000원 - 3월 18,780,000원

3 17,300,000원(매입매출장 조회)

제95회 이론시험 정답 및 해설

A형	1	2	3	4	5	6	7	8	9	10	11	12	13	14	15
	②	③	④	④	①	③	①	③	③	②	③	④	③	④	③

1. ② 기말 결산을 위해 가장 먼저 수정전시산표를 작성한다.
2. ③ 200,000 + 10,000 + 30,000 + 500,000 = 740,000원
3. ④ 대손충당금 차변합계 (5,000원 + 70,000원)에서 전기이월 (50,000원)을 차감하면 12월 31일 대손상각비는 25,000원임.
4. ④ 이자수익, 배당금수익, 로열티수익은 자산을 타인에게 사용하게 함으로써 발생하는 수익의 유형에 해당하나(일반기업회계기준 문단 16.4), 상품판매수익은 재화를 구매자에게 이전함에 따라 발생하는 수익에 해당한다.
5. ① 정액법으로 상각하는 경우 생산량은 감가상각비를 계산하기 위한 요소가 아니다.
6. ③ 내부적으로 창출한 브랜드, 고객목록과 이와 실질이 유사한 항목은 무형자산으로 인식할 수 없다.[일반기업회계기준 11장 무형자산 11]
7. ① 자본조정 항목은 감자차손과 자기주식이다.
   200,000 + 400,000 = 600,000원
8. ③ 광고선전비는 판매비와 관리비에 해당하여 영업이익에 영향을 미치지만, 유형자산처분손실, 이자비용, 외화환산손실은 영업외비용에 해당하므로 영업이익에는 영향을 미치지 않는다.
9. ③ 제품 생산량이 증가함에 따라 제품 단위당 고정원가는 감소한다.
10. ② 예정배부액 = 700시간 × 95원 = 66,500원
    배부차이 = 예정배부액(66,500원) - 실제발생액(70,000원) = 3,500원(과소배부)
11. ③ 상호배부법은 둘 이상의 보조부문이 있을 경우 보조부문 간의 용역 수수관계를 완전히 반영하기 때문에 보조부문원가의 배부방법 중 가장 정확하다.
12. ④ 기말재공품 환산량 = 100개 × 50% = 50개
    평균법에 의한 가공비 완성품 환산량 = 1,000개(당기완성품수량) + 50개(기말재공품 환산량) = 1,050개
13. ③ 영리목적이 없는 경우에도 사업상 독립적으로 재화를 공급하면 납세의무가 있다.
14. ④ 부가가치세법 시행령 제19조2 및 부가가치세법 제10조
    ①,②,③은 실비변상적이거나 복리후생적인 목적으로 제공해 재화의 공급으로 보지 않는 경우에 해당하며 ④는 재화의 공급으로 간주하는 경우에 해당한다.
15. ③ 공급품목은 임의적 기재사항이다(부가가치세법 제32조 제1항 제5호 및 같은 법 시행령 제67조 제2항 제4호).

제95회 실무시험 정답 및 해설

문제 1

1 ① 법인등록번호 : 110181-0096550을 110181-0095668로 수정
② 종목 : 철근을 운동기구로 수정
③ 사업장관할세무서 : 경산세무서를 경주세무서로 수정

2 [계정과목 및 적요등록] 메뉴에서 행사비(코드 : 853) 계정과목 및 대체적요 추가 입력

3 • 외상매출금
㈜대원 2,000,000원으로 수정
㈜동백 4,500,000원으로 추가
• 외상매입금
비바산업 삭제
우송유통 43,000,000원으로 수정

문제 2

1 7월 3일 일반전표입력
(차) 기계장치　　　　　　　15,000,000원　　(대) 보통예금　　　　　　　15,000,000원

2 7월 5일 일반전표입력
(차) 임차보증금(태종빌딩)　50,000,000원　　(대) 보통예금　　　　　　　45,000,000원
　　　　　　　　　　　　　　　　　　　　　　　선급금(태종빌딩)　　　　5,000,000원

3 7월 7일 일반전표입력
(차) 비품　　　　　　　　　2,250,000원　　(대) 미지급금(㈜수연전자)　2,000,000원
　　　　　　　　　　　　　　　　　　　　　　　보통예금　　　　　　　　　250,000원

4 8월 6일 일반전표입력
(차) 보통예금　　　　　　　6,000,000원　　(대) 외상매출금(㈜달리자)　10,000,000원
　　현금　　　　　　　　　　4,000,000원

5 8월 19일 일반전표입력
(차) 감가상각누계액(207)　 31,500,000원　　(대) 기계장치　　　　　　　35,000,000원
　　유형자산처분손실　　　　 3,500,000원

6 11월 20일 일반전표입력
(차) 수수료비용(판)　　　　 3,000,000원　　(대) 보통예금　　　　　　　 2,901,000원
　　　　　　　　　　　　　　　　　　　　　　　예수금　　　　　　　　　　　99,000원

문제 3

1 8월 7일 매입매출전표입력
유형 : 57. 카과, 공급가액 : 300,000원, 부가세 : 30,000원, 거래처 : 동보성, 분개 : 혼합
(차) 복리후생비(제)　　　　　300,000원　　(대) 보통예금　　　　　　　　330,000원
　　부가세대급금　　　　　　　 30,000원

② 10월 1일 매입매출전표입력
　유형: 22.현과, 공급가액: 4,000,000원, 부가세: 400,000원, 거래처: ㈜재생, 분개: 혼합
　(차) 감가상각누계액(207)　　40,000,000원　　(대) 기계장치　　　　50,000,000원
　　　 현금　　　　　　　　　 4,400,000원　　　　 부가세예수금　　　 400,000원
　　　 유형자산처분손실　　　　 6,000,000원

③ 10월 11일 매입매출전표입력
　유형: 11.과세, 공급가액:5,000,000원, 부가세:500,000원 거래처: 희망상사, 전자:여, 분개: 혼합
　(차) 현　금　　　　　　　　 3,500,000원　　(대) 제품매출　　　　 5,000,000원
　　　 외상매출금(희망상사)　 　2,000,000원　　 　 부가세예수금　　　 500,000원

④ 10월 30일 매입매출전표입력
　유형 :51.과세, 공급가액 : -3,000,000원, 부가세 : -300,000원, 거래처 : ㈜한강, 전자세금 : 여, 분개 : 혼합, 외상
　(차) 원재료　　　　　　　　 -3,000,000원　　(대) 외상매입금　　　 -3,300,000원
　　　 부가세대급금　　　　　　 -300,000원

⑤ 11월 10일 매입매출전표입력
　유형: 51.과세, 공급가액: 12,000,000원, 부가세: 1,200,000원, 거래처: ㈜남서울, 전자: 여, 분개: 혼합
　　(차) 원재료　　　　　　 12,000,000원　　(대) 보통예금　　　　 12,200,000원
　　　　 부가세대급금　　　　 1,200,000원　　　 　선급금　　　　　　 1,000,000원
　또는 (차) 선수금　　　　　 1,055,000원　　(대) 제품매출　　　　 22,000,000원
　　 (차) 외환차손　　　　　　 　45,000원
　　 (차) 외상매출금　　　　 20,900,000원

⑥ 11월 19일 매입매출전표입력
　유형: 16.수출, 영세율구분: 1.직수출, 공급가액 : 22,000,000원, 부가세:0원, 거래처: 미즈노사, 전자:부, 분개:혼합
　(차) 선수금　　　　　　　 1,055,000원　　(대) 제품매출　　　　 22,000,000원
　　　 외상매출금　　　　 　 20,945,000원

문제 4

① 8월 10일 일반전표 삭제 후 매입매출전표 입력
　수정전 : (차) 차량유지비(판)　 583,000원　　(대) 현금　　　　　　 583,000원
　수정후 : 유형:61.현과, 거래처:㈜만능공업사, 공급가액:530,000원, 부가세:53,000원, 분개 : 현금 또는 혼합
　　　　(차) 차량유지비(판)　　 530,000원　　(대) 현금　　　　　　　583,000원
　　　　 부가세대급금　　　　　　53,000원

② 12월 20일 일반전표수정
　수정전 : (차) 세금과공과(판)　　30,000원　　(대) 현금　　　　　　　30,000원
　수정후 : (차) 기부금　　　　　　 30,000원　　(대) 현금　　　　　　　30,000원

문제 5

① 12월 31일 일반전표입력
　(차) 매도가능증권평가이익　 2,000,000원　　(대) 매도가능증권(178)　 4,000,000원
　　　 매도가능증권평가손실　 2,000,000원

② 12월 31일 일반전표입력
　(차) 장기차입금(한일물산)　25,000,000원　　(대) 유동성장기부채(한일물산)　25,000,000원

3 12월 31일 일반전표 입력
   (차) 대손상각비(판)   2,850,430원   (대) 대손충당금(109)   2,178,930원
                                         대손충당금(111)   671,500원
   226,393,000 x 1% − 85,000 = 2,178,930원
   82,900,000 x 1% −157,500 = 671,500원
   또는 결산자료입력(자동결산) 대손상각비 해당 계정에 금액입력 후 전표추가

문제 6

1 700,000원, 부가가치세 신고서 4월~6월 매입세액-세금계산서수취분-일반매입-세액에서 확인

2 86,300,000원 (월계표 조회)

3 484,000원
   [장부관리] − [매입매출장] 메뉴에서 6월 1일과 6월 30일 입력한 후 구분 2.매출 유형 17.카과를 선택

제96회 이론시험 정답 및 해설

A형	1	2	3	4	5	6	7	8	9	10	11	12	13	14	15
	②	③	②	④	①	②	②	②	④	④	④	①	④	③	②

1. ② [일반기업회계기준 제3장 회계정보의 질적특성 46] 회계정보의 질적특성중 신뢰성에 대한 질문이다. 비교가능성은 신뢰성에 해당하지 않는다.

2. ③ 전기의 주식할인발행차금 미상각 → 자본조정 항목
   매도가능증권평가손실 미계상 → 기타포괄손익누계액 항목
   당기의 기타대손상각비를 판매비와관리비로 계산 → 당기순이익 계산에는 영향없음

3. ② 재고자산의 시가가 장부금액 이하로 하락하여 발생한 평가손실은 재고자산의 차감계정으로 표시하고 매출원가에 가산한다. (일반기업회계기준 제7장 재고자산 20)

4. ④ 종합부동산세와 재산세는 유형자산의 보유 단계에서 발생하는 비용이므로 발생기간의 비용으로 인식하여야 한다.

5. ① 새로운 지식을 얻고자 하는 활동은 연구단계에 속하는 활동의 일반적인 예에 해당한다(일반기업회계기준 실무지침 11.13).

6. ② 단기매매증권 200주 × 12,000원 = 2,400,000원
   단기매매증권평가이익 200주 × (12,000원 - 10,000원) = 400,000원
   배당금수익 200주 × 1,000원 = 200,000원

7. ② [일반기업회계기준 2.31~2.32]

8. ② 판매자는 판매한 재화에 대하여, 소유권이 있을 때 통상적으로 행사하는 정도의 관리나 효과적인 통제를 할 수 없다. (일반기업회계기준 제16장 수익 10)

9. ④

10. ④ 당기 제품제조원가 : 기초 재공품재고액(100,000원) + 당기 총제조원가(350,000원) - 기말 재공품재고액(130,000원) = 320,000원
    매출원가 : 기초 제품재고액(300,000원) + 당기 제품제조원가(320,000원) - 기말 제품재고액(280,000원) = 340,000원

11. ④ 보조부문원가를 변동원가와 고정원가로 구분하여 각각 다른 배부기준을 적용하여 배부하는 방법은 이중배부율법이다

12. ① 종합원가계산은 단일 종류의 제품을 연속적으로 대량 생산하는 경우에 적용하는 방법이다.

13. ④ 대가의 각 부분을 받기로 한 때

14. ③ 신문을 공급하는 경우에는 부가가치세가 면제되지만, 신문광고에 대해서는 부가가치세가 과세된다.(부가가치세법 제26조 제1항 제8호).

15. ② 세금계산서의 필요적 기재사항이 일부라도 기재되지 않은 경우 그 효력이 인정되지 않는다.

제96회 실무시험 정답 및 해설

문제 1

1 기초정보등록의 거래처등록 메뉴(신용카드 탭)에 입력

2 [계정과목및적요등록] 메뉴에서 임차료(코드 : 0819)의 현금적요 및 대체적요 추가 입력

3 ① 전기분원가명세서 : 운반비 6,600,000원으로 수정 입력되면서 전기분원가명세서 당기제품제조원가 300,660,000원 → 306,600,000원으로 수정됨
② 전기분손익계산서 : 당기제품제조원가 306,600,000원으로 수정 입력하면 당기순이익 99,340,000원 → 93,400,000원으로 수정됨
③ 전기분잉여금처분계산서 : 당기순이익 93,400,000원으로 수정 입력하면(또는 F6. 불러오기), 미처분이익잉여금 122,340,000원 → 116,400,000원으로 수정됨
④ 전기분재무상태표 : 이월이익잉여금 116,400,000원으로 수정입력함.

문제 2

1 7월 20일 일반전표입력
(차) 미지급금(㈜섬메이)   5,000,000원   (대) 단기차입금(국민은행)   5,000,000원

2 8월 21일 일반전표입력
(차) 건물   7,500,000원   (대) 보통예금   7,500,000원

3 8월 30일 일반전표입력
(차) 단기차입금(국민은행)   5,000,000원   (대) 보통예금   5,000,000원

4 9월 10일 일반전표입력
(차) 예수금   160,000원   (대) 미지급금(비씨카드)   160,000원

5 10월 22일 일반전표입력
(차) 운반비(판)   150,000원   (대) 보통예금   150,000원

6 11월 1일 일반전표입력
(차) 보통예금   22,000,000원   (대) 사채   20,000,000원
                                사채할증발행차금   2,000,000원

문제 3

1 8월 3일 매입매출전표입력
유형: 51.과세, 공급가액: 1,000,000원, 부가세: 100,000원, 거래처: ㈜블루, 전자: 여, 분개: 혼합
(차) 광고선전비(판)   1,000,000원   (대) 미지급금   1,100,000원
    부가세대급금   100,000원

2 8월 10일 매입매출전표 입력
유형 : 11.과세, 공급가액 : 50,000,000원, 부가세 : 5,000,000원, 거래처 : ㈜삼성상회, 전자 : 여, 분개 : 혼합
(차) 선수금   11,000,000원   (대) 제품매출   50,000,000원
    받을어음   44,000,000원   부가세예수금   5,000,000원

3 11월 10일 매입매출전표 입력
유형:16.수출(영세율구분 1.직접수출), 공급가액:12,500,000원, 부가세:0원, 거래처:ebay, 전자:부, 분개:외상 또는 혼합
(차) 외상매출금　　　　　12,500,000원　　(대) 제품매출　　　　12,500,000원

4 11월 20일 매입매출전표 입력
유형:62.현면, 공급가액:100,000원, 부가세:0원, 거래처:㈜설영문고, 전자:부, 분개:현금 또는 혼합
(차) 도서인쇄비(판)　　　　100,000원　　(대) 현금　　　　　　100,000원
　　(또는 도서인쇄비(제))

5 11월 30일 매입매출전표 입력
유형 : 52.영세, 공급가액 : 10,000,000원, 부가세 : 0원, 거래처 : ㈜현우, 전자 : 여, 분개 : 혼합
(차) 원재료　　　　　　　10,000,000원　　(대) 지급어음　　　　10,000,000원

6 12월 7일 매입매출전표 입력
유형:14. 건별, 공급가액:500,000원, 부가세:50,000원, 기래차: 생략, 분개:혼합
- 간주공급 중 사업상 증여에 해당하며, 부가가치세 과세표준은 시가이다.
(차) 접대비(판)　　　　　400,000원　　(대) 제품　　　　　　350,000원 (적요: 8 타계정으로 대체)
　　　　　　　　　　　　　　　　　　　　　부가세예수금　　　50,000원

문제 4

1 8월 3일 일반전표 입력
(수정 전)
(차) 대손상각비(판)　　　1,100,000원　　(대) 외상매출금(㈜네오전자)　1,100,000원

(수정 후)
(차) 대손충당금(109)　　　800,000원　　(대) 외상매출금(㈜네오전자)　1,100,000원
　　대손상각비(판)　　　300,000원

2 12월 20일 매입매출전표 수정
(수정 전)
유형: 54.불공, 사유: 3, 공급가액:11,950,000원, 부가세:1,195,000원, 거래처:기아차 남양주점, 전자:여, 분개: 현금 또는 혼합
(차) 원재료　　　　　　　13,145,000원　　(대) 현금　　　　　　13,145,000원

(수정 후)
유형: 51.과세, 공급가액:11,950,000원, 부가세:1,195,000원, 거래처: 기아차 남양주점, 전자:여, 분개: 현금 또는 혼합
(차) 차량운반구　　　　　11,950,000원　　(대) 현금　　　　　　13,145,000원
　　부가세대급금　　　　1,195,000원

문제 5

1 12월 31일 일반전표 입력
(차) 외상매입금(ABC Ltd.)　125,000원　　(대) 외화환산이익　　125,000원

2 12월 31일 일반전표 입력
(차) 임대료(904)　　　　　21,000,000원　　(대) 선수수익　　　　21,000,000원

3 12월 31일 일반전표 입력
   (차) 법인세등   10,000,000원   (대) 선납세금   6,000,000원
                                            미지급세금   4,000,000원
   또는 결산자료입력에서 선납세금 6,000,000원, 미지급세금 4,000,000원 입력 후 전표추가

문제 6

1 5월, 223,800,000원(총계정원장에서 제품매출 계정 조회)
2 남해백화점, 2,200,000원(거래처원장에서 기간을 4월 30일까지로 조회)
3 13매, 21,750,000원(세금계산서합계표에서 1~3월로 조회한 후, 매입 탭 - 전체데이터 탭을 조회)

제97회 이론시험 정답 및 해설

A형	1	2	3	4	5	6	7	8	9	10	11	12	13	14	15
	②	①	①	①	③	③	③	④	④	③	④	③	④	③	②

1. ② 자산의 감소는 대변 요소이다.
2. ① 예수금은 유동부채이며, 나머지는 모두 비유동부채이다.
3. ① 통화(303,000원) + 단기금융상품(150,000원) + 우편환(6,000원) = 459,000원
4. ① 3,750,000원×0.451 = 1,691,250원
5. ③ 내부적으로 창출된 영업권은 무형자산으로 인식할 수 없으며, 전세권은 기타비유동자산에 해당한다.
6. ③ 우발부채는 부채로 인식하지 아니한다.
7. ③ 주식발행초과금은 자본잉여금에 해당한다.
8. ④ 당기순이익(60,000원) = 총수익(300,000원) − 총비용(240,000원)
   당기순이익(60,000원) = 기말자본(?) − 기초자본(160,000원)에서 기말자본 = 220,000원
   기말자산(?) = 기말부채(450,000원) + 기말자본(220,000원) = 670,000원
9. ④ 제조경비는 생산요소별 분류로 직접비와 간접비 모두를 포함한다.
10. ③
    기초원가 = 직접재료비 + 직접노무비
    가공원가 = 직접노무비 + 제조간접비
    (당기총)제조원가 = 직접재료비 + 직접노무비 + 제조간접비
11. ④ 종합원가계산에 대한 설명이다.
12. ③ 평균법에 의한 가공비 완성품 환산량 130,000개 + 50,000개 × 10% = 135,000개
13. ④ 부가가치세의 과세대상은 크게 재화와 용역의 공급 그리고 재화의 수입으로 구분된다.
14. ③ c는 재화의 실질공급, d는 재화의 간주공급에 해당한다.
15. ② 부도발생일로부터 6개월 이상 지난 수표・어음・중소기업의 외상매출금은 대손세액공제 대상이다.

제97회 실무시험 정답 및 해설

문제 1

1

코드	거래처명	등록번호	유형
01056	(주)가나전자	129-86-78690	매입

1. 사업자등록번호: 129-86-78690 사업자등록상태조회
2. 주민 등록 번호: _____-_____ 주 민 기 재 분 부 0:부 1:여
3. 대 표 자 성 명: 이은성
4. 업   종: 업태 제조,도소매 종목 전자제품
5. 주   소: 서울특별시 서초구 신반포로47길 118 101호

2 [거래처별 초기이월] 메뉴의 받을어음 거래처에서 ㈜송강산업은 3,000,000원으로, ㈜강림상사는 12,800,000원으로 입력, 미지급금 거래처에서 ㈜더라벨은 3,600,000원, ㈜통진흥업은 2,500,000원으로 입력하고 재무상태표 금액과 거래처 합계액이 일치하는지 확인

3
- 전기분원가명세서 : 복리후생비 5,900,000원을 8,300,000원으로 수정입력.
- 전기분손익계산서
  - 제품매출원가에서 당기제품제조원가 437,000,000원을 439,400,000원으로 수정입력.
  - 복리후생비 9,800,000원을 7,400,000원으로 수정입력.

문제 2

1 7월 7일 일반전표입력
(차) 대손충당금(109)   5,000,000원   (대) 외상매출금(㈜달라일러)   12,000,000원
    대손상각비   7,000,000원

2 7월 15일 일반전표입력
(차) 받을어음(㈜희망기계) 5,000,000원   (대) 외상매출금(㈜희망기계)   6,500,000원
    보통예금   1,500,000원

3 7월 20일 일반전표입력
(차) 보통예금   11,500,000원   (대) 자기주식   12,000,000원
    자기주식처분이익   300,000원
    자기주식처분손실   200,000원

4 8월 5일 일반전표입력
(차) 건물   160,000,000원   (대) 자본금   100,000,000원
                                              주식발행초과금   60,000,000원

5 11월 19일 일반전표입력
(차) 잡급(판)   120,000원   (대) 현금   120,000원

6 12월 5일 일반전표입력
(차) 퇴직급여(판)   5,300,000원   (대) 보통예금   5,300,000원

문제 3

1 8월 3일 매입매출전표입력
유형: 53.면세, 공급가액: 30,000원, 부가세 : 0원, 거래처:㈜에이스오피스텔, 전자: 여, 분개: 혼합
(차) 건물관리비(판)　　　　　30,000원　　(대) 보통예금　　　　　　30,000원

2 8월 21일 매입매출전표 입력
유형: 11.과세, 공급가액 : 2,000,000원, 부가세 : 200,000원, 거래처 : ㈜한국자원, 전자 : 여, 분개 : 혼합
(차) 미수금(㈜한국자원)　　2,200,000원　　(대) 기계장치　　　　　80,000,000원
　　감가상각누계액　　　　77,000,000원　　　　부가세예수금　　　　　200,000원
　　유형자산처분손실　　　　1,000,000원

3 10월 15일 매입매출전표입력
유형: 51.과세, 공급가액:3,300,000원, 부가세:330,000원 거래처: ㈜무릉, 전자:여, 분개: 혼합
(차) 원재료　　　　　　　　3,300,000원　　(대) 외상매입금　　　　　2,630,000원
　　부가세대급금　　　　　　330,000원　　　　당좌예금　　　　　　1,000,000원

4 1월 30일 매입매출전표입력
유형: 54.불공(불공제사유 3), 임차공급가액: 600,000원, 부가세: 60,000원, 거래처: ㈜렌트, 전자: 여, 분개: 혼합
(차) 임차료(판)　　　　　　660,000원　　(대) 미지급금　　　　　　660,000원
　　　　　　　　　　　　　　　　　　　　　　또는 미지급비용

5 12월 12일 매입매출전표입력
유형: 12.영세, 영세율구분:3, 공급가액:15,000,000원, 부가세:0원 거래처: 유성산업㈜, 전자:여, 분개: 외상 또는 혼합
(차) 외상매출금　　　　　15,000,000원　　(대) 제품매출　　　　　15,000,000원

6 12월 30일 매입매출전표입력
유형: 55.수입, 공급가액: 40,000,000원, 부가세: 4,000,000원, 거래처: 인천세관, 전자: 여, 분개: 혼합
(차) 부가세대급금　　　　　4,000,000원　　(대) 당좌예금　　　　　4,000,000원

문제 4

1 8월 10일 일반전표입력
수정전 : (차) 보통예금　　　253,800원　　(대) 이자수익　　　253,800원
수정후 : (차) 보통예금　　　253,800원　　(대) 이자수익　　　300,000원
　　　　　　선납세금　　　　46,200원

2 수정 전 : 12월 10일 일반전표입력 삭제
(차) 운반비(판)　　　　　110,000원　　(대) 현　금　　　　　110,000원

수정 후 : 12월 10일 매입매출전표 입력
유형: 51.과세, 공급가액: 100,000원, 부가가치세: 10,000원, 거래처:일양택배, 전자: 여, 분개: 현금 또는 혼합
(차) 원재료　　　　　　　100,000원　　(대) 현　금　　　　　110,000원
　　부가세대급금　　　　　10,000원

문제 5

1 12월 31일 일반전표 입력
　　(차) 소모품비(판)　　　　　60,000원　　　(대) 소모품　　　　　60,000원

2 12월 31일 일반전표 입력
　　(차) 선급비용　　　　　1,200,000원　　　(대) 보험료(제)　　　1,200,000원
　　*3,600,000원 × 4/12 = 1,200,000원(선급비용)

3 12월 31일 일반전표 입력
　　(차) 잡손실　　　　　　　20,000원　　　(대) 현금과부족　　　　20,000원

문제 6

1 2,377,100원
　　부가가치세 신고서에서 4월 ~ 6월분 조회 후 납부할 세액 확인
　　4,377,100 − 2,000,000 = 2,377,100원

2 5월, 3,425,000원 (총계정원장 조회, 월별 탭)

3 79,444,000원
　　재무상태표에서 조회
　　6월말 잔액(413,682,300원) − 5월말 잔액(334,238,300원) = 79,444,000원

제98회 이론시험 정답 및 해설

A형	1	2	3	4	5	6	7	8	9	10	11	12	13	14	15
	②	④	②	①	③	②	②	③	②	④	②	②	③	②	③

1. ② 중립성은 회계정보의 질적 특성 중 신뢰성과 관련이 있다.

2. ④ 400,000원+500,000원+600,000원=1,500,000원
   타인발행 당좌수표, 당좌예금, 취득 당시 만기가 2개월인 양도성예금증서는 현금 및 현금성자산이다. 선일자수표는 받을어음, 차용증서는 대여금으로 분류한다.

3. ②
   매출총이익 : 600,000원 × 0.2=120,000원
   매출원가 : 600,000원-120,000원=480,000원
   기말상품재고액 : 500,000원+350,000원-480,000원=370,000원

4. ① 비용 계상 → 이익 감소, 자본 감소, 자산 감소

5. ③ 무형자산을 창출하기 위한 내부 프로젝트를 연구단계와 개발단계로 구분할 수 없는 경우에는 그 프로젝트에서 발생한 지출은 모두 연구단계에서 발생한 것으로 본다.

6. ② 만기가 확정된 채무증권으로서 상환금액이 확정되었거나 확정이 가능한 채무증권을 만기까지 보유할 적극적인 의도와 능력이 있는 경우에는 만기보유증권으로 분류한다.

7. ② 우발부채는 일반기업회계기준상 부채의 인식기준을 충족하지 못하여 재무제표에 부채로 인식하지 아니하고 주석에 기재한다.
   [일반기업회계기준 제14장 14.5]

8. ③
   ① 상품권 판매 : 상품 등을 제공 또는 판매하여 상품권을 회수한 시점
   ② 할부판매 : 재화를 고객에게 판매하는 시점
   ④ 시용판매 : 소비자가 매입의사를 표시하는 시점

9. ②
   ①, ③, ④는 개별원가계산에 관한 설명이다.

10. ④
    재료비 = 300 + (200×100%) = 500개
    가공비 = 300 + (200×50%) = 400개

11. ② 변동비 그래프는 가, 다 이며, 고정비 그래프는 나, 라 이다.

12. ②
    ① 단계배분법은 보조부문의 배분 순서에 따라 원가를 계산한다.
    ③ 직접배분법은 정확한 원가배분을 하지 못하나, 계산이 간편하다.
    ④ 각 보조부문에서 발생한 원가를 제조부문에 직접배분하는 방법은 직접배분법이다.

13. ③ 부가가치세는 개별소비세가 아니라 일반소비세 이다.

14. ② 부가가치세법 제28조 제2항, 면세의 포기를 신고한 사업자는 신고한 날부터 3년간 부가가치세를 면제받지 못한다.
    ① 면세포기절차는 승인을 요하지 않는다.
    ③ 면세포기는 영세율 적용의 대상이 되는 재화, 용역등에 가능하다.
    ④ 면세포기를 신고하면 거래징수당한 매입세액을 공제받을 수 있게 된다.

15. ③ 제품을 재해로 인하여 소실한 경우에는 재화의 공급으로 보지 아니하며, 재화공급의 특례(간주공급)에 해당하는 경우에는 시가를 기준으로 과세한다.
    ∴ 2,220,000원=2,000,000원(외상판매액)+120,000원(시가, 개인적공급)+100,000원(비영업용승용차매각대금)

제98회 실무시험 정답 및 해설

문제 1

1 일반거래처에 등록 : 해당TAB에 내용입력
- 거래처코드 : 01212
- 거래처명 : ㈜세무전자
- 유형 : 동시
- 사업자등록번호 : 206-86-31522
- 대표자 : 김기태
- 업태 : 도소매
- 종목 : 가전제품
- 사업장주소 : 서울시 강남구 양재대로 55길 19

2
1. 거래처별초기이월 메뉴 단기대여금의 ㈜가나상사 잔액을 2,200,000원에서 3,200,000원으로 수정
2. 단기차입금 계정에 자차상사 잔액을 10,000,000원에서 10,500,000원으로 수정

3
- 전기분손익계산서 : 상여금 5,000,000원을 3,400,000원으로 수정입력, 당기순이익 88,700,000원 확인
- 전기분잉여금처분계산서 : 당기순이익 87,100,000원이 88,700,00원으로 상단 F6(불러오기)하여 반영, 미처분이익잉여금 126,600,000원 확인
- 전기분재무상태표 : 이월이익잉여금 125,000,000원을 126,600,000원으로 수정입력

문제 2

1 7월 12일 일반전표입력
(차) 도서인쇄비(판)   70,000원   (대) 보통예금   70,000원

2 7월 28일 일반전표 입력
(차) 외상매입금(㈜해운)   5,800,000원   (대) 외상매출금(㈜해운)   4,700,000원
                                            당좌예금   1,100,000원

3 7월 31일 일반전표입력
(차) 보통예금   24,000,000원   (대) 단기매매증권   20,000,000원
                                 단기매매증권처분이익   4,000,000원

4 8월 1일 일반전표 입력
(차) 건설중인자산   7,000,000원   (대) 현금   7,000,000원
또는 (출금) 건설중인자산   7,000,000원
※ 차입금에 대한 이자는 당기비용처리가 원칙이나 금융비용을 자본화하는 경우는 취득원가에 가산한다.

5 9월 30일 일반전표 입력
(차) 부가세예수금   11,300,000원   (대) 부가세대급금   8,000,000원
                                      미지급세금   3,300,000원

6 12월 19일 일반전표 입력
(차) 선급금(㈜우리공장)   2,000,000원   (대) 보통예금   2,000,000원

문제 3

1 7월 21일 매입매출전표 입력
  • 유형 : 14.건별   • 공급가액 : 90,000원   • 부가세 : 9,000원   • 공급처 : 이순옥   • 분개 :현금 또는 혼합
  (차) 현금   99,000원   (대) 제품매출   90,000원
                                          부가세예수금   9,000원

  또는 (입금) 제품매출   90,000원
           부가세예수금   9,000원

2 9월 4일 매입매출전표 입력
  • 유형 : 62.현면   • 공급가액 : 200,000원   • 부가세 : 0원   • 공급처 : 프리티화원   • 분개 : 혼합
  (차) 접대비(제)   200,000원   (대) 보통예금   200,000원

3 9월 15일 매입매출전표 입력
  • 유형 : 51.과세   • 공급가액 : 50,000,000원   • 부가세 : 5,000,000원   • 공급처 : ㈜한국
  • 전자 : 여   • 분개 : 혼합
  (차) 기계장치   50,000,000원   (대) 미지급금   55,000,000원
       부가세대급금   5,000,000원

4 10월 10일 매입매출전표입력
  • 유형 : 11.과세   • 공급가액 : 15,000,000원   • 부가세 : 1,500,000원   • 공급처 : ㈜광고
  • 전자 : 여   • 분개 : 혼합
  (차) 보통예금   16,500,000원   (대) 제품매출   15,000,000원
                                          부가세예수금   1,500,000원

5 10월 18일 매입매출전표입력
  • 유형 : 11.과세   • 공급가액 : 1,000,000원   • 부가세 : 100,000원   • 공급처 : ㈜미래
  • 전자 : 여   • 분개 : 혼합
  (차) 감가상각누계액   1,600,000원   (대) 비품   2,800,000원
       현금   1,100,000원   부가세예수금   100,000원
       유형자산처분손실   200,000원

6 11월 28일 매입매출전표 입력
  • 유형 : 54.불공   • 공급가액 : 3,000,000원   • 부가세 : 300,000원   • 공급처 : ㈜국민개발
  • 전자 : 여   • 분개 : 현금 또는 혼합   • 불공제사유 :6.토지의 자본적 지출관련
  (차) 토지   (대) 현금   3,300,000원
  또는 (출금) 토지   3,300,000원

문제 4

1 7월 10일 일반전표입력 수정
  수정 전 : (차) 세금과공과(판)   100,000원   (대) 현금   100,000원
  수정 후 : (차) 예수금   100,000원
       또는 (출금) 예수금   100,000원

2 9월 27일 매입매출전표 수정
  수정 전
   • 유형 : 51.과세   • 공급가액 : 500,000원   • 부가세 : 50,000원   • 공급처 : ㈜가제트수리
   • 전자 : 여   • 분개 : 현금
   (차) 차량유지비(판)   500,000원   (대) 현금   550,000원
       부가세대급금   50,000원
  수정 후
   • 유형 : 54.불공   • 공급가액 : 500,000원   • 부가세 : 50,000원   • 공급처 : ㈜가제트수리
   • 전자 : 여   • 분개 : 현금
   (차) 차량유지비(판)   550,000원   (대) 현금   550,000원
   또는 (출금) 차량유지비(판)   550,000원

문제 5

1 12월 31일 일반전표입력
   (차) 소모품비(제)   700,000원   (대) 소모품   700,000원
2 12월 31일 일반전표입력
   (차) 법인세등   7,000,000원   (대) 선납세금   1,000,000원
                                      미지급세금   6,000,000원
   또는 결산자료 입력메뉴를 이용하여 금액을 입력한 후 전표추가
3 고정자산등록메뉴에 해당 금액을 입력하여 상각범위액을 확인 – 결산자료입력 – 감가상각비 입력 –전표추가 또는 12월 31일자 일반전표에 입력
   (차) 감가상각비(제)   9,471,000원   (대) 감가상각누계액(기계장치)   9,471,000원

문제 6

1 2,200,000원
   (장부관리 매입매출장 메뉴에서 4월 1일과 6월 30일 입력한 후 구분 2.매출 유형 17.카과를 선택)
2 2월, 22,100,000원(총계정원장 조회)
3 사랑상사, 63,000,000원(거래처원장에서 외상매입금 과목으로 조회)

제99회 이론시험 정답 및 해설

A형	1	2	3	4	5	6	7	8	9	10	11	12	13	14	15
	②	③	①	①	③	③	②	④	②	②	③	①	①	②	①

1. ② [일반기업회계기준 제2장 2.57] 수익과 비용은 각각 총액으로 보고하는 것을 원칙으로 한다. 다만, 다른 장에서 수익과 비용을 상계하도록 요구하는 경우에는 상계하여 표시하고, 허용하는 경우에는 상계하여 표시할 수 있다.

2. ③ 만기보유증권은 상각후원가로 평가하여 재무상태표에 표시한다.

3. ① 도매업을 운영하는 회사가 판매 목적으로 보유하는 상품은 재고자산에 해당한다.
   - 제조업을 영위하는 회사가 공장 이전을 위하여 보유하는 토지 및 서비스업을 영위하는 회사가 사옥 이전을 목적으로 보유하는 건물은 모두 유형자산에 해당한다.
   - 부동산매매업을 영위하는 회사가 단기 시세차익을 목적으로 보유하는 유가증권은 투자자산에 해당한다.

4. ① 다른 종류의 자산과의 교환으로 취득한 유형자산의 취득원가는 원칙적으로 교환을 위하여 제공한 자산의 공정가치로 측정한다. 다만, 교환을 위하여 제공한 자산의 공정가치가 불확실한 경우에는 교환으로 취득한 자산의 공정가치를 취득원가로 할 수 있다.

5. ③
   - 선입선출법 : (20개×120,000원)+(10개×110,000원)=3,500,000원
   - 총평균법 : (30개×114,000원*1)=3,420,000원
   - *1 총평균법 단가 : [(10개×100,000원)+(30개×120,000원)+(10개×110,000원)] ÷ 50개=114,000원

6. ③ 상환기간이 2년이므로 장기차입금으로 인식하여야 한다.

7. ②
   - 대손충당금 잔액 : 기초 대손충당금 300,000원−당기 대손상각액 150,000원=150,000원
   - 기말 대손충당금 : 기말 외상매출금 잔액 50,000,000원×1%=500,000원
   - 당기 대손충당금 설정액 : 기말 대손충당금 500,000원−대손충당금 잔액 150,000원=350,000원

8. ④ 재평가차익은 기타포괄손익누계액 항목이다.

9. ② 1,900,000원 =기초재공품 300,000원+당기총제조원가 2,200,000원−기말재공품 600,000원
   - 당기총제조원가 : 직접재료비 1,000,000원+직접노무비 500,000원+제조간접비 700,000원=2,200,000원

10. ② 250원/직접노무시간 =예정배부액 500,000원÷실제 직접노무시간 2,000시간
    - 예정배부액−실제발생액 400,000원=100,000원(과대배부)
    - ∴ 예정배부액=500,000원
    - 예정배부액 : 실제 직접노무시간 2,000시간 × 예정배부율=500,000원
    - ∴ 예정배부율=250원/시간

11. ③ 당기 기말제품 재고액은 손익계산서에서 매출원가를 산출하는데 필요한 자료이므로 제조원가명세서와는 상관없는 자료이다.

12. ① 매몰원가에 대한 설명이다.

13. ① 부가가치세법 제26조 제1항, 항공법에 따른 항공기에 의한 여객운송 용역은 부가가치세를 면세하는 여객운송 용역에서 제외한다. 따라서 항공기에 의한 여객운송 용역은 부가가치세 과세 대상이다.

14. ② 부가가치세법 제29조 제5항 5호, 공급에 대한 대가의 지급이 지체되었음을 이유로 받는 연체이자는 공급가액에 포함하지 않는다.

15. ① 부가가치세법 제8조 제1항
    - 신규로 사업을 시작하려는 자는 사업개시일 이전이라도 사업자등록 신청할 수 있다.
    - 사업개시일 이전에 사업자등록을 신청한 경우에는 그 신청한 날부터 그 신청일이 속하는 과세기간의 종료일까지로 한다.
    - 사업자등록의 신청은 사업장 관할세무서장이 아닌 다른 세무서장에게도 가능하다.

제99회 실무시험 정답 및 해설

문제 1

1 [계정과목및적요등록] > 계정코드 851번 > • 오른쪽 상단 계정코드(명) : 차량리스료 입력
　　　　　　　　　　　　　　　　　　　　• 성격 : 3.경비 선택
　　　　　　　　　　　　　　　　　　　　• 현금적요 1.란 : 업무용승용차 리스료 입력

2 [기초정보관리] > [거래처등록] > [일반거래처] 탭에 위에서 제시한 항목과 내용을 모두 입력

3 • 전기분재무상태표 : 재공품 1,500,000원 → 2,500,000원으로 수정
　• 전기분원가명세서 : ① 기말재공품이 2,500,000원으로 변경되었는지 확인
　　　　　　　　　　　② 당기제품제조원가 81,320,000원 확인
　• 전기분손익계산서 : ① 전기분원가명세서에서 당기제품제조원가 81,320,000원 확인
　　　　　　　　　　　② 당기순이익 122,880,000원 확인
　• 전기분이익잉여금처분계산서 : ① 당기순이익이 122,880,000원으로 수정되었는지 확인
　　　　　　　　　　　　　　　　② 미처분이익잉여금 190,770,000원 확인
　• 전기분재무상태표 : 이월이익잉여금을 전기분이익잉여금처분계산서에서 확인한 미처분이익잉여금 190,770,000원으로 수정입력

문제 2

1 2021.07.22. (차) 현금　　　　　　　1,350,000원　　　(대) 받을어음(㈜영동상사)　1,350,000원
　　　또는 입금전표　받을어음(㈜영동상사) 1,350,000원

2 일반전표 입력
　　2021.08.03. (차) 복리후생비(제)　　1,800,000원　　　(대) 보통예금　　　　　　3,000,000원
　　　　　　　　　 복리후생비(판)　　1,200,000원

3 일반전표 입력
　　2021.09.28. (차) 보통예금　　　　　169,200원　　　(대) 이자수익　　　　　　　200,000원
　　　　　　　　　 선납세금　　　　　　30,800원

4 일반전표 입력
　　2021.10.05. (차) 원재료　　　　　3,300,000원　　　(대) 현금　　　　　　　　3,300,000원
　　　또는 출금전표　원재료 3,300,000원

5 일반전표 입력
　　2021.11.12. (차) 보통예금　　　200,000,000원　　　(대) 자본금　　　　　　100,000,000원
　　　　　　　　　　　　　　　　　　　　　　　　　　　　주식할인발행차금　　20,000,000원
　　　　　　　　　　　　　　　　　　　　　　　　　　　　주식발행초과금　　　80,000,000원

6 일반전표 입력
　　2021.11.16. (차) 외상매입금(㈜한국)　1,500,000원　　(대) 받을어음(㈜세화)　　1,500,000원

문제 3

1 07월 15일 매입매출전표 입력
- 유형 : 53.면세   · 공급가액 : 220,000원   · 부가세 : 0원   · 거래처 : 플라워24
- 전자 : 여   · 분개:혼합

(차) 접대비(판)   220,000원   (대) 미지급금   220,000원
　또는 접대비(제)   또는 미지급비용

2 08월 01일 매입매출전표 입력
- 유형 : 11.과세   · 공급가액 : 20,000,000원   · 부가세 : 2,000,000원   · 거래처 : 명지기계사
- 전자 : 여   · 분개 : 혼합

(차) 미수금   22,000,000원   (대) 차량운반구   35,000,000원
　감가상각누계액(209)   16,500,000원   부가세예수금   2,000,000원
                                              유형자산처분이익   1,500,000원

3 10월 22일 매입매출전표 입력
- 유형 : 22.현과   · 공급가액 : 500,000원   · 부가세 : 50,000원   · 거래처 : 김민국   · 분개 : 현금 또는 혼합

(차) 현금   550,000원   (대) 제품매출   500,000원
                                              부가세예수금   50,000원

4 12월 01일 매입매출전표 입력
- 유형 : 54.불공   · 공급가액 : 900,000원   · 부가세 : 90,000원   · 거래처 : ㈜자동차
- 전자 : 여   · 분개 : 혼합

(차) 임차료(판)   990,000원   (대) 보통예금   990,000원

5 12월 9일 매입매출전표 입력
- 유형 : 51.과세   · 공급가액 : 4,700,000원   · 부가세 : 470,000원   · 거래처 : ㈜동국개발
- 전자 : 여   · 분개 : 혼합

(차) 임차료(제)   4,000,000원   (대) 당좌예금   5,170,000원
　전력비(제)   700,000원
　부가세대급금   470,000원

6 12월 30일 매입매출전표 입력
- 유형 : 52.영세   · 공급가액 : 50,000,000원   · 부가세 : 0원   · 거래처 : ㈜한울
- 전자 : 여   · 분개 : 혼합

(차) 원재료   50,000,000원   (대) 받을어음(㈜한울)   25,000,000원
                                              지급어음(㈜한울)   25,000,000원

문제 4

1 07월 25일 일반전표 수정
- 수정 전 (차) 접대비(판)   300,000원   (대) 현금   300,000원
- 수정 후 (차) 복리후생비(제)   300,000원   (대) 현금   300,000원
　　또는 출금전표   복리후생비(제) 300,000원

2 1. 11월 02일 일반전표 삭제
　　• 수정 전 (차) 원재료　　132,000원　　　　(대) 현금　　132,000원
　　• 수정 후 전표 삭제
　2. 11월 02일 매입매출전표 입력
　　• 유형 : 61.현과　　• 공급가액 : 120,000원　　• 부가세 : 12,000원
　　• 거래처 : 중앙전자　• 분개 : 현금 또는 혼합
　　(차) 원재료　　　　　120,000원　　　　(대) 현금　　132,000원
　　　　부가세대급금　　 12,000원

문제 5

1 일반전표 입력
　2021.12.31. (차) 이자비용　　　　150,000원　　(대) 미지급비용　　　150,000원

2 일반전표 입력
　2021.12.31. (차) 장기차입금　　30,000,000원　　(대) 유동성장기부채　30,000,000원
　　　　　　　　(㈜한미은행)　　　　　　　　　　　(㈜한미은행)

3 일반전표 입력
　2021.12.31. (차) 미수수익　　　　300,000원　　(대) 이자수익　　　　300,000원

문제 6

1 483,358,000원
　• 1월 말 재무상태표 조회 : 유동자산 701,000,000원−유동부채 217,642,000원=483,358,000원

2 과세표준 : 297,000,000원, 납부세액 : 7,621,000원
　• 부가가치세 신고서 메뉴에서 4.1.~6.30.을 입력한 후 확인

3 27,000,000원
　• 거래처원장에서 5월 말 기준 외상매입금 과목으로 조회

제100회 이론시험 정답 및 해설

A형	1	2	3	4	5	6	7	8	9	10	11	12	13	14	15
	①	②	④	④	④	④	②	③	③	④	③	④	①	①	①

1. ① [일반기업회계기준 재무회계개념체계 문단 138] 어떤 항목이 신뢰성 있게 측정되기 위해서 그 측정속성의 금액이 반드시 확정되어 있다는 것을 의미하지는 않으며, 추정에 의한 측정치도 합리적인 근거가 있을 경우 당해 항목의 인식에 이용될 수 있다. 예를 들어, 제품의 보증수리에 소요될 비용을 과거의 보증수리 실적을 토대로 추정하는 것은 합리적 추정치가 될 수 있다.

2. ② 자산을 비용으로 처리하면 자산 과소계상, 비용 과대계상, 순이익 과소계상을 초래하지만 수익에는 영향을 미치지 않는다.

3. ④ 950,000원 =(500개×300원)+(2,000개×400원)

4. ④ 영업활동에서 사용되는 자산은 유형자산이며, 판매 목적의 자산은 재고자산으로 분류하여야 한다.

5. ④ [일반기업회계기준 6.30] 단기매매증권과 매도가능증권은 공정가치로 평가한다. 다만, 매도가능증권 중 시장성이 없는 지분증권의 공정가치를 신뢰성 있게 측정할 수 없는 경우에는 취득원가로 평가한다.

6. ④ 27,000,000원 =(취득원가 60,000,000원−잔존가치 6,000,000원)×3/6

7. ② 판매를 목적으로 취득하는 자산은 재고자산이다.

8. ③ 5,100,000원
 =기초상품 5,000,000원+(당기매입 2,000,000원−매입할인 100,000원)+매입운임 200,000원−기말상품 2,000,000원

9. ③ 보조부문원가의 배분방법 중 어떤 방법을 선택해도 순이익은 동일하다.

10. ④ 700,000원 =전월 선급액 500,000원+당월 지급액 200,000원

11. ③ 개별원가계산은 다품종 소량생산하는 기업에 적합하며, 특정제조지시서를 사용하고, 종합원가에 비해 각 제품별 정확한 원가계산이 가능하다. 종합원가계산은 동일한 종류의 제품을 연속적으로 대량생산하는 기업에 적합하며, 계속제조지시서를 사용한다.

12. ④ 배부기준의 실제조업도 × 예정배부율

13. ① 영세율은 완전면세제도이다.

14. ① 부가가치세법 제12조, 고용관계에 따라 근로를 제공하는 것은 용역의 공급으로 보지 아니한다. 사업자가 대가를 받지 아니하고 타인에게 용역을 공급하는 것은 용역의 공급으로 보지 아니한다. 다만, 사업자가 특수관계인에게 사업용 부동산의 임대용역 등을 공급하는 것은 용역의 공급으로 본다.

15. ① 부가가치세법 제32조 제2항, 법인사업자와 직전 연도의 사업장별 재화 및 용역의 공급가액(면세공급가액을 포함)의 합계액이 3억원 이상인 개인사업자는 세금계산서를 발급하려면 전자적 방법으로 세금계산서를 발급하여야 한다.

제100회 실무시험 정답 및 해설

문제 1

1 [계정과목및적요등록] > 274.사용자설정계정과목 >
- 계정과목 : 선수임대료
- 성격 : 2.일반
- 대체적요 : 1. 기간미경과 임대료 계상

2 [거래처등록] > [금융기관] 탭 >
- 코드 : 98004
- 거래처명 : 신한은행(지점을 포함하여 등록한 때에도 정답으로 인정함)
- 유형 : 3.정기적금
- 계좌번호 : 413-920-769077
- 계좌개설은행/지점 : 088.신한은행/마곡점
- 계좌개설일 : 2021년 11월 10일

3 [거래처별초기이월] > 받을어음 >
- ㈜하늘정밀 : 14,300,000원 → 13,300,000원
- ㈜일렉코리아 : 10,700,000원 → 11,700,000원

지급어음 >
- ㈜프로테크 : 15,400,000원 → 14,500,000원
- ㈜부흥기업 : 13,500,000원 추가 입력

문제 2

1 일반전표 입력
2021.07.04. (차) 교육훈련비(제)　500,000원　(대) 예수금　16,500원
　　　　　　　　　　　　　　　　　　　　　　보통예금　483,500원

2 일반전표 입력
2021.07.11. (차) 보험료(제)　3,000,000원　(대) 보통예금　3,000,000원

3 일반전표 입력
2021.07.25. (차) 보통예금　1,500,000원　(대) 배당금수익　1,500,000원

4 일반전표 입력
2021.08.16. (차) 접대비(판)　330,000원　(대) 미지급금(신한카드)　330,000원
　　　　　　　　　　　　　　　　　　　　또는 미지급비용

5 일반전표 입력
2021.08.25. (차) 임금(제)　1,900,000원　(대) 예수금　174,250원
　　　　　　　　　　　　　　　　　　　　　보통예금　1,725,750원

6 일반전표 입력
2021.09.17. (차) 기부금　2,500,000원　(대) 보통예금　2,500,000원

문제 3

1 매입매출전표입력
- 유형 : 11.과세 · 공급가액 : 6,000,000원 · 부가세 : 600,000원 · 거래처 : 해피상사
- 전자 : 여 · 분개 : 혼합

2021.09.03. (차) 현금　3,300,000원　(대) 제품매출　6,000,000원
　　　　　　　외상매출금　3,300,000원　　부가세예수금　600,000원

2 매입매출전표 입력
　• 유형 : 17.카과　　　　• 공급가액 : 5,000,000원　　• 부가세 : 500,000원　　• 거래처 : 조아무역
　• 분개 : 카드 또는 혼합　• 신용카드사 : 비씨카드
　2021.09.25. (차) 외상매출금(비씨카드)　5,500,000원　　(대) 제품매출　　　5,000,000원
　　　　　　　　　　　　　　　　　　　　　　　　　　　　　 부가세예수금　 500,000원

3 매입매출전표 입력
　• 유형 : 51.과세　　　　• 공급가액 : 5,000,000원　　• 부가세 : 500,000원　　• 거래처 : ㈜에스콤
　• 전자 : 여　　　　　　• 분개 : 혼합
　2021.10.15. (차) 설비장치　　　　　　　5,000,000원　　(대) 미지급금(㈜에스콤)　5,000,000원
　　　　　　　　부가세대급금　　　　　　 500,000원　　　　 현금　　　　　　　 500,000원

4 매입매출전표 입력
　• 유형 : 55.수입　　　　• 공급가액 : 10,000,000원　• 부가세 : 1,000,000원　• 거래처 : 인천세관
　• 전자 : 여　　　　　　• 분개 : 현금 또는 혼합
　2021.10.20. (차) 부가세대급금　　　　　1,000,000원　　(대) 현금　　　　　　1,000,000원
　　 또는 출금전표　 부가세대급금 1,000,000원

5 매입매출전표 입력
　• 유형 : 53.면세　　　　• 공급가액 : 800,000원　　　• 부가세 : 0원　　　　 • 거래처 : ㈜리스
　• 전자 : 여　　　　　　• 분개 : 혼합
　2021.11.30. (차) 임차료(판)　　　　　　 800,000원　　(대) 미지급금(㈜리스)　　800,000원
　　　　　　　　　　　　　　　　　　　　　　　　　　　　　 또는 미지급비용

6 매입매출전표 입력
　• 유형 : 16.수출　　　　• 공급가액 : 260,000,000원　• 부가세 : 0원　　　　 • 거래처 : 베스트인터내셔날
　• 분개 : 외상 또는 혼합　• 영세율구분 : 1.직접수출(대행수출 포함)
　2021.12.12. (차) 외상매출금　　　　 260,000,000원　　(대) 제품매출　　 260,000,000원

문제 4

1 매입매출입력전표 수정
　수정 전
　　• 유형 : 57.카과　　　　• 공급가액 : 500,000원　　　• 부가세 : 50,000원　　• 거래처 : ㈜마트
　　• 분개 : 카드 또는 혼합　• 신용카드사 : 삼성카드
　　2021.08.19. (차) 소모품비(제)　　　　　500,000원　　(대) 미지급금(삼성카드)　550,000원
　　　　　　　　　부가세대급금　　　　　　 50,000원

　수정 후
　　• 유형 : 57.카과　　　　• 공급가액 : 500,000원　　　• 부가세 : 50,000원　　• 거래처 : ㈜마트
　　• 분개 : 카드 또는 혼합　• 신용카드사 : 삼성카드
　　2021.08.19. (차) 소모품비(판)　　　　　500,000원　　(대) 미지급금(삼성카드)　550,000원
　　　　　　　　　부가세대급금　　　　　　 50,000원　　　　 또는 미지급비용

2 일반전표 수정
   • 수정 전
     2021.11.19. (차) 현금   25,000,000원   (대) 외상매출금(한성공업) 25,000,000원
   • 수정 후
     2021.11.19. (차) 받을어음(한성공업) 15,000,000원   (대) 외상매출금(한성공업) 25,000,000원
                     현금   10,000,000원

문제 5

1 일반전표 입력
   2021.12.31. (차) 선급비용   3,000,000원   (대) 보험료(판)   3,000,000원

2 일반전표 입력
   2021.12.31. (차) 현금과부족   30,000원   (대) 잡이익   30,000원

3 일반전표 입력
   2021.12.31. (차) 외화환산손실   300,000원   (대) 외상매입금(Rose)   300,000원
   • 외화환산손실 : $3,000×1,200원-3,300,000원=300,000원

문제 6

1 65,500,000원
   [현금출납장] > 기간 : 1월 1일~6월 30일 > 출금 누계액 확인

2 기린전자
   [세금계산서합계표] > 조회기간 : 4월~6월 > [매입] 탭 > [과세기간 종료일 다음달 11일까지(전자분)] 탭 확인

3 360,000원
   • [매입매출장] > 조회기간 : 1월 1일~3월 31일 > 구분 : 3.매입 > 유형 : 57.카과
   • 또는 [부가가치세신고서] > 조회기간 : 1월 1일~3월 31일 > 41.신용카드매출수령금액합계표

제101회 이론시험 정답 및 해설

A형	1	2	3	4	5	6	7	8	9	10	11	12	13	14	15
	④	④	②	①	④	③	④	④	④	④	③	④	③	③	③

1. ④ 유형자산처분손실은 영업외비용으로 영업이익에서 차감하므로 법인세비용차감전순손익 금액이 감소한다.
2. ④ [일반기업회계기준 문단 2.35] 현금및현금성자산은 통화 및 타인발행수표 등 통화대용증권과 당좌예금, 보통예금 및 큰 거래비용 없이 현금으로 전환이 용이하고 이자율 변동에 따른 가치변동의 위험이 경미한 금융상품으로서 취득 당시 만기일(또는 상환일)이 3개월 이내인 것을 말한다.
3. ② 재고자산을 제외한 다른 자산을 취득하면서 대금은 약속어음을 발행하여 지급한 경우에는 지급어음이 아니라 미지급금 계정으로 처리한다.
4. ① 5,000,000원 =(생산부 포터2 더블캡 취득원가 30,000,000원−잔존가치 5,000,000원)×상각률 0.2
   - 감가상각비(판) : (영업부 BMW520d 취득원가 65,000,000원−잔존가치 15,000,000원)×상각률 0.2×10/12 =8,333,333원
5. ④ [일반기업회계기준 문단 11.10] 무형자산을 최초로 인식할 때에는 원가로 측정한다.
6. ③ 600,000원 =단기매매증권 취득가액 500,000원+단기매매증권처분이익 100,000원
   - 회계처리

   8월 1일 : (차) 단기매매증권 500,000원   (대) 현금 500,000원
   9월 1일 : (차) 현금 600,000원   (대) 단기매매증권 500,000원
                                       단기매매증권처분이익 100,000원

7. ④
   - 회계처리 : (차) 급여 (비용 발생) 2,000,000원   (대) 미지급금 (부채 증가) 1,950,000원
                                                   예수금 (부채 증가)   50,000원
   - 계정별원장 전기

미지급금(부채)		예수금(부채)	
(감소)	(증가)	(감소)	(증가)
	12/1 급여 1,950,000원		12/1 급여 50,000원

8. ④ 자기주식처분이익은 자본잉여금이고, 나머지 항목은 영업외수익이다.
9. ④ 제품매출원가는 손익계산서 항목에 해당한다.
10. ④ 상대적으로 정확한 제품원가계산이 가능한 방법은 개별원가계산 방법이다.
11. ③ 820개 =당기완성품 수량 800개+기말재공품 완성품환산량 20개
    - 기말재공품 완성품환산량 : 기말재공품 수량 50개×완성도 40%=20개
12. ④ 기회원가는 여러 대안에 대한 의사결정을 하였을 때, 선택하지 않은 대안 중 차선의 대안에 대한 기대치이다.
13. ③ 부가가치세법 제34조 제1항, 세금계산서는 사업자가 제15조 및 제16조에 따른 재화 또는 용역의 공급시기에 재화 또는 용역을 공급받는 자에게 발급하여야 한다.
14. ③ 부가가치세법 제26조 제1항, 도서 및 도서대여 용역의 공급에 대하여는 부가가치세를 면제한다.
    - 나머지 ①,②,④는 부가가치세가 과세된다.
15. ③ 954,000원 =총매출액 1,000,000원−매출에누리 16,000원−매출할인 30,000원
    - 부가가치세 제29조 제5항 및 제6항, 매출할인, 매출에누리, 대가 지급의 지연으로 받는 연체이자는 공급가액에 포함하지 않는다. 판매장려금(금전) 지급액과 대손금액은 과세표준에서 공제하지 않는다.

제101회 실무시험 정답 및 해설

문제 1

1 [거래처등록] > [신용카드] 탭 > • 코드 : 99605
· 거래처명 : 소망카드
· 유형 : 1.매출
· 가맹점번호 : 654800341

2 [계정과목및적요등록] > 코드 : 0855 > • 계정과목 : 인적용역비
· 성격 : 3.경비
· 대체적요 : 적요NO 1. 사업소득자 용역비 지급

3 [거래처별초기이월] > • 외상매출금 > • ㈜부산무역 23,000,000원 → 49,000,000원으로 수정
· ㈜영월상사 13,000,000원 → 33,000,000원으로 수정
· 외상매입금 > • ㈜여주기업 50,000,000원 → 51,000,000원으로 수정
· ㈜부여산업 24,800,000원 추가입력

문제 2

1 일반전표 입력
2022.09.18. (차) 외상매입금(㈜강남) 2,500,000원   (대) 지급어음(㈜강남) 1,300,000원
                                                   채무면제이익   1,200,000원

2 일반전표 입력
2022.10.13. (차) 현금   600,000원   (대) 선수금(일만상사) 600,000원
또는 입금전표   선수금(일만상사) 600,000원

3 일반전표 입력
2022.10.15. (차) 상여금(판)   500,000원   (대) 예수금   154,000원
             상여금(제)   보통예금   1,246,000원

4 일반전표 입력
2022.11.11. (차) 미지급배당금   2,000,000원   (대) 보통예금   2,000,000원

5 일반전표 입력
2022.12.28. (차) 비품   3,000,000원   (대) 미지급금(씨티카드) 3,000,000원

6 일반전표 입력
2022.12.30. (차) 퇴직연금운용자산 5,390,000원 (대) 보통예금   5,500,000원
             수수료비용(판)   110,000원

문제 3

1 매입매출전표 입력
· 유형 : 12.영세   · 공급가액 : 10,000,000원   · 부가세 : 0원   · 거래처 : ㈜정남
· 전자 : 여   · 분개 : 혼합   · 영세율구분 : 3.내국신용장·구매확인서에 의하여 공급하는 재화
2022.07.25. (차) 외상매출금(㈜정남) 8,000,000원   (대) 제품매출   10,000,000원
             선수금(㈜정남)   2,000,000원

2 매입매출전표 입력
- 유형 : 51.과세   • 공급가액 : 1,300,000원   • 부가세 : 130,000원   • 거래처 : 주경상사
- 전자 : 여   • 분개 : 혼합

2022.09.20. (차) 원재료   1,300,000원   (대) 현금   1,000,000원
              부가세대급금   130,000원   지급어음(주경상사)   430,000원

3 매입매출전표 입력
- 유형 : 53.면세   • 공급가액 : 1,650,000원   • 거래처 : ㈜예인   • 전자 : 여   • 분개 : 혼합

2022.10.26. (차) 교육훈련비(판)   1,650,000원   (대) 보통예금   1,650,000원

4 매입매출전표 입력
- 유형 : 54.불공   • 공급가액 : 88,000,000원   • 부가세 : 8,800,000원   • 거래처 : 인천세관
- 전자 : 여   • 분개 : 혼합   • 불공제사유 : 3.비영업용 소형승용자동차 구입·유지 및 임차

2022.11.11. (차) 차량운반구   8,800,000원   (대) 당좌예금   8,800,000원

5 매입매출전표 입력
- 유형 : 57.카과   • 공급가액 : 400,000원   • 부가세 : 40,000원   • 거래처 : 명량
- 분개 : 혼합 또는 카드   • 신용카드사 : 하나카드

2022.12.07. (차) 복리후생비(판)   400,000원   (대) 보통예금   440,000원
              부가세대급금   40,000원

6 12월 30일 매입매출전표입력
- 유형 : 22.현과   • 공급가액 : 6,000,000원   • 부가세 : 600,000원   • 거래처 : 미래회계학원   • 분개 : 혼합 또는 현금

2022.12.30. (차) 현금   6,600,000원   (대) 제품매출   6,000,000원
                                                  부가세예수금   600,000원

문제 4

1 매입매출전표입력

수정 전 :
- 유형 : 51.과세   • 공급가액 : 800,000원   • 부가세 : 80,000원   • 거래처 : ㈜글라스
- 전자 : 여   • 분개 : 혼합(현금)

2022.12.10. (차) 건물   800,000원   (대) 현금   880,000원
              부가세대급금   80,000원

수정 후 :
- 유형 : 51.과세   • 공급가액 : 800,000원   • 부가세 : 80,000원   • 거래처 : ㈜글라스
- 전자 : 여   • 분개 : 혼합(현금)

2022.12.10. (차) 수선비(제)   800,000원   (대) 현금   880,000원
              부가세대급금   80,000원

2 일반전표입력
- 수정 전 : 2022.12.18. 출금전표 수도광열비(판) 74,500원
- 수정 후 : 2022.12.18. (차) 전력비(제)   74,500원   (대) 현금   74,500원
           또는 출금전표 전력비(제) 74,500원

문제 5

1 일반전표 입력

2022.12.31. (차) 여비교통비(판)   230,000원   (대) 현금과부족   230,000원
또는 (차) 여비교통비(판)   140,000원   (대) 현금과부족   230,000원
        여비교통비(판)   90,000원
또는 (차) 여비교통비(판)   140,000원   (대) 현금과부족   140,000원
    (차) 여비교통비(판)   90,000원   (대) 현금과부족   90,000원
또는 (차) 여비교통비(판)   230,000원   (대) 현금과부족   140,000원
                                            현금과부족   90,000원

2 일반전표입력

2022.12.31. (차) 외화장기차입금(미국 K사)   1,500,000원   (대) 외화환산이익   1,500,000원
- 외화장기차입금 평가금액 : $30,000×1,150원=34,500,000원
- 외화환산이익 : 외화장기차입금 장부금액 36,000,000원−외화장기차입금 평가금액 34,500,000원=1,500,000원

3 [결산자료입력] > 제품매출원가 > • 원재료비 : 기말원재료재고액 4,400,000원 입력   > F3 전표추가
                           • 당기총제조비용 : 기말재공품재고액 5,000,000원 입력
                           • 당기완성품제조원가 : 기말제품재고액 5,600,000원 입력

문제 6

1 700,000원

[매입매출장] > 조회기간 : 3월 1일~3월 31일 > 구분 : 2.매출 > 유형 : 22.현과

2 삼선상회, 20,800,000원

[거래처원장] > 기간 : 1월 1일~6월 30일 > 계정과목 : 외상매출금 > 대변 금액 비교

3 25,000원

[일계표(월계표)] > 조회기간 : 4월 1일~4월 30일 > 5.판매비및일반관리비 > 도서인쇄비 > 차변 현금